A RIQUEZA
DAS NAÇÕES

A RIQUEZA DAS NAÇÕES
Volume 2

Adam Smith

Tradução
ALEXANDRE AMARAL RODRIGUES
EUNICE OSTRENSKY

wmf **martinsfontes**

SÃO PAULO 2020

Título do original inglês: THE WEALTH OF NATIONS.
Copyright © 2003, Editora WMF Martins Fontes Ltda.,
São Paulo, para a presente edição.

1ª edição 2003
4ª edição 2016
3ª tiragem 2020

Tradução
ALEXANDRE AMARAL RODRIGUES
EUNICE OSTRENSKY

Revisão da tradução
Eunice Ostrensky
Acompanhamento editorial
Luzia Aparecida dos Santos
Revisões
Renato da Rocha Carlos
Maysa Monção
Sandra Garcia Cortés
Produção gráfica
Geraldo Alves
Paginação
Studio 3 Desenvolvimento Editorial

Dados Internacionais de Catalogação na Publicação (CIP)
(Câmara Brasileira do Livro, SP, Brasil)

Smith, Adam, 1723-1790.
 A riqueza das nações, volume 2 / Adam Smith ; tradução Alexandre Amaral Rodrigues, Eunice Ostrensky. – 4ª. ed. – São Paulo : Editora WMF Martins Fontes, 2016.

Título original: The wealth of nations.
ISBN 978-85-469-0045-9

1. Economia 2. Smith, Adam, 1723-1790 I. Título.

16-01959   CDD-330

Índices para catálogo sistemático:
1. Economia   330

Todos os direitos desta edição reservados à
Editora WMF Martins Fontes Ltda.
Rua Prof. Laerte Ramos de Carvalho, 133 01325-030 São Paulo SP Brasil
Tel. (11) 3293-8150 e-mail: info@wmfmartinsfontes.com.br
http://www.wmfmartinsfontes.com.br

CAPÍTULO 4

Dos drawbacks

Não satisfeitos com o monopólio do mercado interno, os comerciantes e manufatores desejam ainda a mais ampla venda de seus produtos no exterior. Mas, como seu país não possui jurisdição alguma sobre nações estrangeiras, raramente pode lhes proporcionar qualquer monopólio no exterior. Assim, resta-lhes geralmente contentar-se com a reivindicação de determinados incentivos à exportação.

Entre esses incentivos, o chamado *drawback* parece o mais razoável. Permitir que se restitua ao comerciante, quando da exportação, o valor total ou parcial de quaisquer impostos de consumo ou tributos internos, incidentes sobre a produção do país, jamais causará a exportação de quantidade de mercadorias superior à que se exportaria caso não incidisse tributo algum. Tais incentivos não tendem a encaminhar, para uma aplicação específica, uma parcela do capital do país superior à que espontaneamente teria essa mesma destinação, vindo apenas a impedir que o tributo modifique a aplicação de qualquer parcela desse capital. Esses incentivos não tendem a subverter o equilíbrio que naturalmente se estabelece entre as diversas ocupações na sociedade, vindo antes a impedir que o tributo cause essa modificação. Eles não tendem a destruir, mas sim a preservar o que na maioria dos casos convém preservar: a divisão e distribuição naturais do trabalho na sociedade.

Pode-se dizer o mesmo do *drawback* na reexportação de mercadorias estrangeiras importadas, que na Grã-Bretanha geralmente corresponde, de longe, à maior parte do imposto sobre importações. Por força da segunda das regras anexas à Lei do Parlamento, que impôs o agora chamado Antigo Tributo, todo comerciante, inglês ou estrangeiro, tinha direito à restituição, quando da exportação, de metade daquele tributo. O comerciante inglês teria de exportar no prazo de doze meses; o comerciante estrangeiro, no prazo de nove meses. Vinhos, passas de Corinto e tecidos de seda eram as únicas mercadorias que não se sujeitavam a essa regra, por gozarem de outros benefícios, ainda mais vantajosos. Os tributos introduzidos por essa Lei do Parlamento eram, naquela época, os únicos incidentes sobre a importação de mercadorias estrangeiras. O prazo para requerer esse e todos os demais *drawbacks* foi posteriormente ampliado para três anos, por força da lei instituída no sétimo ano do reinado de Jorge I, Capítulo 21, Seção 10.

Os tributos introduzidos desde o Antigo Tributo são, em sua maior parte, inteiramente restituídos por ocasião da exportação. Essa regra geral, entretanto, sofre numerosas exceções, e a doutrina do *drawback* tornou-se bem menos simples do que era quando de sua instituição.

No momento da exportação de algumas mercadorias estrangeiras cuja importação, segundo se supunha, excederia em muito o necessário para o consumo interno, restituía-se a totalidade dos tributos, não se retendo sequer a metade do Antigo Tributo. Antes da revolta de nossas colônias norte-americanas, detínhamos o monopólio do tabaco de Maryland e Virgínia. Importávamos cerca de 96 mil barris, ao passo que o consumo interno era estimado em até 14 mil barris. Para facilitar a grande exportação que se fazia necessária para nos livrarmos do restante, restituía-se a totalidade dos tributos, contanto que a exportação se fizesse dentro de três anos.

Ainda detemos o monopólio quase integral do açúcar de nossas ilhas nas Índias Ocidentais. Assim, se o açúcar for exportado dentro de um ano, todos os impostos sobre a importação são restituídos; caso seja exportado dentro de três anos, esses impostos são todos restituídos, tirante a metade do Antigo Tributo, ainda retida por ocasião da exportação da maioria das mercadorias. Embora a importação de açúcar supere consideravelmente o necessário para o consumo interno, o excedente é insignificante se comparado ao que era usual no caso do tabaco.

Algumas mercadorias, que constituem objeto de especial inveja por parte de nossos próprios manufatores, têm sua importação proibida para o consumo interno. Mediante o pagamento de certos impostos, contudo, elas podem ser importadas e estocadas para exportação. Mas, quando de sua exortação, nenhuma parcela dos referidos impostos é restituída. Ao que parece, nossos manufatores não desejam que sequer essa importação restrita seja incentivada, temendo que parte dessas mercadorias seja roubada dos armazéns e entre, dessa maneira, em concorrência com suas próprias mercadorias. É apenas observando essas regras que podemos importar tecidos de seda, cambraia e tecidos delicados de linho ou algodão franceses, calicós pintados, estampados, coloridos ou tingidos etc.

Não desejamos sequer transportar mercadorias francesas, e preferimos deixar de lucrar a tolerar que aqueles a quem consideramos inimigos obtenham algum lucro por nosso intermédio. Por ocasião da exportação de todas as mercadorias francesas, retêm-se não somente a metade do Antigo Tributo, como também os segundos 25%.

Por força da quarta das regras anexas ao Antigo Tributo, o *drawback* autorizado quando da exportação de todos os vinhos era bem superior à metade dos impostos sobre a importação então pagos, e parece ter sido propósito dos então legisladores conceder mais que um incentivo comum ao ramo do transporte de vinhos. Permitiu-se também a restituição, por ocasião da exportação, de muitos dos outros tributos, instituídos simultaneamente ao Antigo Tributo ou em momento posterior – o chamado imposto adicional, o Novo Tributo, os Tributos de ⅓ e de ⅔, o imposto de 1692, a cunhagem sobre o vinho. No entanto, como todos esses tributos, exceção feita ao imposto adicional e ao imposto de 1692, eram pagos em dinheiro no ato da importação, os juros incidentes sobre uma quantia tão vultosa implicavam um gasto que tornava insensato esperar algum lucro no ramo de transporte de vinho. Assim, apenas uma parte do tributo denominado imposto sobre o vinho era restituída quando da exportação, nada se recuperando das 25 libras por tonelada de vinhos franceses, ou dos tributos instituídos em 1745, 1763 e 1768. Os dois impostos de 5% introduzidos em 1779 e 1781, incidentes sobre todos os impostos de importação anteriores, eram restituíveis quando da exportação de quaisquer mercadorias, permitindo-se do mesmo modo sua recuperação por ocasião da exportação de vinhos. O último tributo especificamente incidente sobre o vinho, introduzido em 1780, pode ser inteiramente restituído – concessão que, em meio a tantos tributos elevados que são retidos, jamais poderia causar, muito provavelmente, a exportação de uma única tonelada de vinho. Essas regras se aplicam em relação a todos os lugares para os quais é lícito exportar, excetuadas as colônias britânicas na América.

A chamada Lei para o Incentivo do Comércio, introduzida no décimo-quinto ano do reinado de Carlos II, havia dado à Grã-Bretanha, em seu capítulo 7º, o monopólio do fornecimento às colônias de todas as mercadorias cultivadas ou manufaturadas na Europa, incluído, por conseqüência, o vinho. Num país de litoral tão vasto como nossas colônias da América do Norte e das Índias Ocidentais, onde nossa autoridade foi sempre tão reduzida e onde os habitantes estavam autorizados a transportar em seus próprios navios suas mercadorias não-enumeradas, a princípio para todos os lugares da Europa e posteriormente para todos os lugares da Europa ao sul do cabo de Finisterra, é pouco provável que esse monopólio jamais pudesse ser muito respeitado. Provavelmente, os habitantes das colônias encontraram sempre meios de trazer de volta algum carregamento dos países para os quais se lhes permitia transportar carga. Eles parecem ter encontrado alguma dificuldade, contudo, em importar vinhos europeus dos locais em que era produzido, tampouco podendo importá-los da Grã-Bretanha, dada a incidência de numerosos e elevados tributos, em sua maior parte insuscetíveis de restituição por ocasião da exportação. Por não ser uma mercadoria européia, o vinho da Madeira podia ser importado diretamente na América e nas Índias Ocidentais, países que desfrutavam, quanto a suas mercadorias não-enumeradas, de comércio livre com a Ilha da Madeira. Essas circunstâncias provavelmente introduziram o gosto generalizado pelo vinho da Madeira, constatado por nossos oficiais em todas as nossas colônias no começo da guerra, iniciada em 1755, e que o trouxeram consigo para a metrópole, onde esse vinho não era até então muito apreciado. Ao fim dessa guerra, em 1763 (por força da lei instituída no quarto ano do reinado de Jorge III, Capítulo. 15, Seção 12), a totalidade dos tributos, exceto 3 libras e 10 shillings, podia ser restituída quando da exportação às colônias de todos os vinhos, exceto os franceses, para cuja comercialização e consumo o preconceito nacional não concederia nenhum tipo de incentivo. O período transcorrido entre a concessão desse benefício e a revolta de nossas colônias norte-americanas foi provavelmente curto demais para permitir alguma mudança considerável nos costumes desses países.

Essa mesma lei, que, com o *drawback* sobre todos os vinhos que não os franceses, favoreceu muito mais as colônias que outros países, favoreceu-as muito menos quanto à maioria das demais mercadorias. Quando da exportação da maior parte das mercadorias para outros países, metade do Antigo Tributo era restituída. Mas essa lei dispunha que nenhuma parcela desse tributo seria restituída quando da exportação, para as colônias, de quaisquer mercadorias cultivadas ou manufaturadas na Europa ou nas Índias Orientais, excetuados vinhos, calicós brancos e musselinas.

Talvez os *drawbacks* tenham sido originalmente instituídos para incentivar o ramo do transporte, particularmente adequado, segundo se supunha, para trazer ouro e prata ao país, já que o frete das embarcações era freqüentemente pago em dinheiro por estrangeiros. Todavia, embora o ramo do transporte certamente não merecesse nenhum incentivo em particular, embora o motivo de sua instituição talvez fosse extremamente descabido, o instituto em si parece suficientemente razoável. Tais *drawbacks* não podem forçar a aplicação, nesse ramo de atividades, de uma parcela do capital do país superior à que espontaneamente se destinaria para lá, não fossem os impostos sobre a importação. Esses *drawbacks* apenas evitam a total eliminação desse ramo pelos referidos impostos. Embora não mereça privilégio algum, o ramo do transporte tampouco deve ser obstruído, mas sim deixado livre, como todas as demais atividades comerciais. Trata-se de um expediente necessário para capitais que não podem encontrar emprego na agricultura ou nas manufaturas do país, em seu comércio interno ou em seu comércio exterior de bens de consumo.

Ao invés de experimentar prejuízo, a receita aduaneira lucra com os *drawbacks*, dada a parcela dos tributos que fica retida. Se a totalidade dos tributos ficasse retida, as mercadorias estrangeiras, sobre as quais são pagos esses tributos, raramente poderiam ser exportadas, nem, em conseqüência disso, importadas, por falta de mercado. Portanto, esses tributos, retidos em parte, nunca teriam sido pagos.

Essas razões parecem justificar suficientemente os *drawbacks*, e ainda os justificariam se a totalidade dos tributos, incidentes sobre a produção interna ou as mercadorias estrangeiras, fosse sempre restituída por ocasião da exportação. Nesse caso, a receita do imposto de consumo realmente sofreria um pouco, ao passo que a receita aduaneira seria bem mais atingida. Mas essas regras permitiriam melhor restabelecer o equilíbrio natural das atividades e a divisão e distribuição naturais do trabalho, sempre mais ou menos afetados por tais tributos.

Essas razões, contudo, somente justificam *drawbacks* quando da exportação de mercadorias a países inteiramente estrangeiros e independentes, e não àqueles onde nossos comerciantes e manufatores gozam de algum monopólio. Assim, um *drawback* na exportação de mercadorias européias para nossas colônias americanas nem sempre provocará exportação superior à que ocorreria sem o direito à restituição. Em virtude do monopólio que nossos comerciantes e manufatores nelas desfrutam, com freqüência a mesma quantidade de mercadorias seria talvez enviada, ainda que a totalidade dos tributos ficasse retida. Os *drawbacks*, por conseguinte, podem com freqüência implicar pura perda para a receita dos impostos de consumo e de importação, sem alterar a situação do comércio, nem torná-lo mais amplo sob qualquer aspecto. Mais adiante, ao tratar das colônias, mostrarei em que medida esses *drawbacks* são justificáveis, como incentivo adequado à sua atividade, e em que medida é vantajoso para a metrópole isentá-las de impostos pagos por todos os demais súditos.

Contudo, deve-se sempre compreender que os *drawbacks* apenas são úteis quando as mercadorias para exportação, favorecidas pelas restituições, sejam realmente exportadas a países estrangeiros, em vez de clandestinamente reimportadas pelo nosso país. Pois é bem sabido que alguns *drawbacks*, particularmente aquele sobre o tabaco, têm sido objeto dessa violação, dando margem a numerosas fraudes danosas tanto à receita tributária como ao comerciante honesto.

CAPÍTULO 5

Dos subsídios

Na Grã-Bretanha, é freqüente que sejam solicitados – e, por vezes, concedidos – subsídios à exportação do produto de alguns ramos da atividade interna. Alega-se que tais subsídios permitirão a nossos comerciantes e manufatores vender suas mercadorias por preço idêntico ou inferior ao de seus rivais no exterior. Acredita-se que um maior volume de mercadorias será desse modo exportado e, por conseqüência, que a balança comercial será mais favorável a nosso país. Não podemos garantir a nossos operários o monopólio do mercado externo, a exemplo do que fizemos com o mercado interno. Não podemos forçar o estrangeiro a comprar as mercadorias por eles produzidas, a exemplo do que fizemos com nossos conterrâneos. Concluiu-se, assim, que o melhor expediente seria pagar aos estrangeiros para que nos comprem as mercadorias. É desse modo que o sistema mercantil se propõe enriquecer o conjunto do país e pôr dinheiro em todos os nossos bolsos por meio da balança comercial.

Admite-se que os subsídios somente devem ser concedidos aos ramos de atividade que não podem ser levados adiante sem tal benefício. No entanto, pode operar sem subsídio todo ramo de atividade em que o comerciante venda suas mercadorias por um preço capaz de repor, com o lucro normal, a totalidade do capital* empregado para prepará-las e colocá-las no mercado. Qualquer desses ramos encontra-se, evidentemente, no mesmo nível que todos os demais efetuados sem subsídios, não podendo, portanto, exigir algo a mais que estes últimos. Demandam subsídio apenas os ramos em que o comerciante é obrigado a vender suas mercadorias por um preço que não lhe repõe o capital juntamente com o lucro normal, ou, ainda, em que é ele obrigado a vendê-las por preço inferior, na realidade, ao custo de colocá-las no mercado. O subsídio é concedido para compensar essa perda e incentivá-lo a continuar ou talvez iniciar uma atividade cujas despesas se estimam superiores aos retornos, um ramo em que toda operação consome uma parcela do capital nela empregado, e cuja natureza é tal que, se todas as demais atividades se lhe assemelhassem, em breve não restaria capital algum no país.

Deve-se observar que as atividades mantidas por meio de subsídios são as únicas realizáveis entre duas nações, por qualquer período considerável, em que uma delas sempre e sistematicamente perderá, vendendo suas mercadorias por menos do que realmente lhe custa colocá-las no mercado. Mas se o subsídio não repusesse ao comerciante o que do contrário ele perderia ante o preço de suas mercadorias, seu próprio interesse logo o obrigaria a empregar seu capital de outro modo ou a encontrar uma atividade em que o preço das mercadorias repusesse, com o lucro normal, o capital empregado para colocá-las no mercado. O efeito dos subsídios, como o de todos os demais expedientes do sistema mercantil, só pode ser o de forçar a atividade do país em direção a um caminho muito menos

---

* "... *with the ordinary profits of stock, the whole capital employed...*", no original. Como nesta passagem *stock* e *capital* possuem a mesma significação, optou-se pela supressão de uma das ocorrências da palavra, para evitar repetição em português. (N. T.)

vantajoso que aquele para o qual ele se encaminharia espontaneamente.

O engenhoso e bem informado autor dos *Tratados sobre o comércio de trigo* demonstrou claramente que, desde a primeira instituição do subsídio à exportação de trigo, o preço do trigo exportado, avaliado com bastante moderação, excedeu o do trigo importado, com avaliação muito elevada, em montante muito superior à totalidade dos subsídios que haviam sido pagos naquele período. Imagina o autor, apoiado nos verdadeiros princípios do sistema mercantil, que isso é prova evidente de ser esse comércio forçado de trigo benéfico para a nação, uma vez que o valor da exportação excedia o da importação num montante muito superior ao da totalidade do gasto extraordinário despendido pelo público para fomentar a exportação. O autor não leva em consideração que esse gasto extraordinário ou subsídio é a menor parte do dispêndio que a exportação de trigo realmente exige da sociedade. O capital que o agricultor empregou no seu cultivo deve ser igualmente computado. Se o preço do trigo, quando vendido no mercado externo, não repuser, além do subsídio, também o capital e seu lucro normal, a sociedade é perdedora no tocante à diferença, isto é, o capital nacional é reduzido nessa medida. No entanto, a razão pela qual se julgou necessária a concessão de subsídios foi justamente a suposta insuficiência do preço para cobrir todos esses custos.

Afirma-se que o preço médio do trigo tem caído consideravelmente desde a introdução do subsídio. Já procurei mostrar que o preço médio do trigo começou a cair um pouco no final do século passado, mantendo esse movimento ao longo dos primeiros sessenta e quatro anos do atual. Mas esse evento, supondo-o tão real como acredito que seja, deve ter ocorrido a despeito – e não, possivelmente, como conseqüência – do subsídio. O mesmo ocorreu na França, onde entretanto não apenas inexistiam os subsídios, mas a exportação de trigo estava sujeita à total proibição até 1764.

É provável, portanto, que essa queda gradual do preço médio dos grãos não se deva, em última análise, a nenhuma dessas normas, mas à gradual e imperceptível alta do valor real da prata, que, como procurei demonstrar no Livro I desta obra, ocorreu de maneira geral no mercado europeu ao longo do presente século. Parece inteiramente impossível que os subsídios pudessem de algum modo contribuir para a redução dos preços dos grãos.

Já se observou que, em anos de fartura, o subsídio, por gerar uma exportação extraordinária, necessariamente mantém o preço do trigo no mercado interno acima do nível para o qual tenderia a cair. Foi esse o objetivo confesso da instituição do subsídio. Em anos de escassez, embora o subsídio seja com freqüência suspenso, ainda assim a grande exportação que ele proporciona em anos de fartura deve muitas vezes impedir, em grau maior ou menor, que a fartura de um ano compense a escassez do outro. Portanto, tanto em anos de fartura como em anos de escassez, o subsídio tende necessariamente a elevar o preço do trigo em dinheiro, no mercado interno, a um nível superior ao que, do contrário, alcançaria.

Nenhuma pessoa razoável contestará, a meu ver, que, no estágio atual da agricultura, o subsídio deve necessariamente apresentar essa tendência. Muitos sustentam, no entanto, que o subsídio tende a incentivar a agricultura de dois modos distintos: primeiro, ao abrir um mercado externo mais amplo para o trigo do agricultor, imaginam que o subsídio tende a aumentar a demanda por essa mercadoria e, por conseqüência, sua produção; em segundo lugar, assegurando-lhe um preço superior ao que poderia ele esperar no atual estágio da agricultura, supõe-se que o subsídio tende a incentivá-la. Imaginam que esse duplo incentivo deve provocar, ao longo de muitos anos, um crescimento tal da produção de trigo capaz de reduzir seu preço no mercado interno muito mais do que poderia o subsídio elevá-lo, conforme o estágio efetivo da agricultura ao fim desse período.

A isso respondo que, seja qual for a dimensão do mercado externo que o subsídio às exportações possa conquistar, isto ocorrerá, todo ano, inteiramente a expensas do mercado interno, visto que cada *bushel* de trigo assim exportado – e que sem o subsídio não seria exportado – permaneceria no mercado interno para aumentar o consumo e reduzir o preço dessa mercadoria. Observe-se que o subsídio ao trigo, a exemplo de todos os subsídios à exportação, faz incidir dois impostos diferentes sobre a população: primeiro, o imposto que é obrigada a recolher a fim de pagar o subsídio; em segundo lugar, o imposto consistente no elevado preço da mercadoria no mercado interno, o qual tem de ser pago por toda a população, pois todo o conjunto desta última é comprador de trigo. No caso específico dessa mercadoria, portanto, o segundo imposto é em larga medida o mais oneroso. Suponhamos que, comparando dois anos consecutivos, o subsídio de 5 shillings sobre a exportação da quarta de trigo aumente o preço dessa mercadoria, no mercado interno, em apenas 6 pence por *bushel* (ou 4 shillings por quarta) sobre o preço que caso contrário se praticaria no estágio atual da safra. Mesmo à luz dessa bem moderada suposição, o vasto conjunto da população, além de recolher o imposto que paga o subsídio de 5 shillings sobre cada quarta de trigo exportada, deve ainda pagar outros 4 shillings sobre cada quarta de trigo por ele mesmo consumida. Ora, de acordo com o muito bem informado autor dos *Tratados sobre o comércio de trigo*, a proporção entre o trigo exportado e o consumido internamente não passa, em média, de 1 para 31. Portanto, para cada 5 shillings pagos do primeiro imposto, a população deve pagar £6 e 4s do segundo. Um imposto de tal modo oneroso, incidente sobre o artigo de maior necessidade, deve reduzir os meios de subsistência do trabalhador pobre ou causar algum aumento de seu salário, proporcional ao incidente sobre seu sustento. Na medida em que causar o primeiro efeito, deve esse imposto reduzir a capacidade de o trabalhador pobre criar e educar seus filhos, tendendo ainda, nessa medida, a reduzir a população do país. Na medida em que causar o segundo efeito, deve reduzir a capacidade que os empregadores dos pobres têm de empregar um número tão grande destes como aconteceria noutras circunstâncias, tendendo por conseguinte, nessa medida, a restringir a atividade do país. Assim, a exportação extraordinária de trigo acarretada pelo subsídio não apenas diminui, todo ano, o mercado e o consumo interno na mesma medida em que amplia o externo, mas também, ao limitar a população e a atividade do país, manifesta a tendência última de tolher e restringir a expansão gradual do mercado interno. No longo prazo, portanto, deve o subsídio diminuir – ao invés de aumentar – o mercado e o consumo de trigo em geral.

Imagina-se que o aumento do preço do trigo em dinheiro, ao tornar a mercadoria mais lucrativa para o agricultor, deva necessariamente incentivar sua produção.

Respondo que seria esse o caso se o efeito do subsídio fosse o de elevar o preço real do trigo ou permitir que o agricultor mantivesse, com a mesma quantidade de trigo, um maior número de trabalhadores em condições iguais – quer sejam prósperas, moderadas ou penosas – às de outros trabalhadores nas redondezas. Mas é evidente que não pode o subsídio, a exemplo de qualquer outra instituição humana, ter semelhante efeito. O subsídio pode afetar, em algum grau considerável, não o preço real, mas o preço nominal do trigo. E, embora esse imposto, incidente sobre o conjunto da população, seja muito oneroso para quem o paga, é pouquíssimo vantajoso para os que dele se beneficiam.

O verdadeiro efeito do subsídio não é tanto aumentar o valor real do trigo, mas antes reduzir o valor real da prata, fazendo que a mesma quantidade desta última seja trocada por uma quantidade inferior, não apenas de trigo, mas de todas as demais mercadorias produzidas no país, já que o preço de todas estas é determinado pelo preço em dinheiro do trigo.

O preço do trigo determina o preço em dinheiro da mão-de-obra, cujo montante deve possibilitar ao trabalhador a compra de trigo suficiente para sua manutenção e a de sua família nas condições prósperas, moderadas ou penosas proporcionadas por seus empregadores, de acordo com o estado ascendente, estacionário ou decadente da sociedade.

O preço do trigo em dinheiro determina o preço de todos os demais produtos naturais do campo, que devem manter, em todo período de desenvolvimento, certa proporção com o do trigo, embora essa proporção seja variável no tempo. Ele determina, por exemplo, o preço em dinheiro do pasto e do feno, da carne de açougue, dos cavalos, da manutenção destes e, como conseqüência, do transporte terrestre, ou seja, da maior parte do comércio interno do país.

Ao determinar o preço de todos os outros produtos naturais do campo, o preço do trigo determina o das matérias-primas de quase todas as manufaturas. Ao determinar o preço em dinheiro da mão-de-obra, determina também os da técnica e da atividade manufatureiras. Determinado um e outro, o preço do trigo determina o preço total da manufatura. Assim, o preço em dinheiro do trabalho e de tudo o que seja produto do campo ou do trabalho deve aumentar ou diminuir de acordo com o preço em dinheiro do trigo.

Portanto, embora possa o agricultor, como conseqüência do subsídio, vender seu trigo por 4 shillings o *bushel*, em vez de 3 shillings e 6 pence, pagando ao proprietário um arrendamento em dinheiro proporcional a esse aumento do preço em dinheiro de seu produto, mesmo assim não melhorará muito a situação do proprietário e do agricultor, já que, em conseqüência desse aumento do preço do trigo, 4 shillings não comprarão mais mercadorias de produção nacional de qualquer tipo do que 3 shillings e 6 pence teriam comprado antes. O agricultor não será capaz de lavrar muito melhor sua terra, nem o proprietário será capaz de viver muito melhor. Esse aumento do preço do trigo pode conferir-lhes uma pequena vantagem na compra de mercadorias estrangeiras. Na compra de mercadorias de produção nacional, tal aumento não lhes trará vantagem alguma. E quase todos os gastos do agricultor, bem como a grande maioria dos gastos do proprietário, são feitos em mercadorias de produção nacional.

A depreciação do valor da prata resultante da riqueza das minas se faz sentir de modo idêntico, ou quase idêntico, por todo o mundo comercial, sendo assunto pouco relevante para qualquer país em particular. A decorrente elevação de todos os preços em dinheiro, embora realmente não enriqueça os que os recebem, tampouco os empobrece propriamente. Uma baixela de prata torna-se realmente mais barata, e o valor real de tudo o mais permanece precisamente o mesmo de antes.

Mas a depreciação do valor da prata que ocorre, em face de sua situação específica ou de suas instituições políticas, apenas num determinado país é assunto muito relevante, e, longe de realmente enriquecer alguém, tende de fato a empobrecer a todos. A alta do preço em dinheiro de todas as mercadorias, que no caso se restringe a esse país, tende a desestimular em maior ou menor grau todo tipo de atividade desenvolvida internamente e a possibilitar que nações estrangeiras, vendendo todo tipo de mercadoria por uma quantidade de prata inferior à que poderiam proporcionar os operários do referido país, pratiquem preços mais baixos não apenas no mercado externo, mas até mesmo no mercado interno.

Como proprietários de minas, Espanha e Portugal encontram-se na situação peculiar de serem os distribuidores de ouro e prata para todos os demais países da Europa. É natural, portanto, que esses metais sejam um pouco mais baratos na Espanha e em Portugal do que em qualquer outra parte da Europa. A diferença, contudo, não deveria superar o custo do frete e do seguro, sendo que, diante do alto valor e pequeno volume desses metais, o preço do frete não é expressivo e o do seguro é idêntico ao de qualquer outra mercadoria de igual valor. Assim, Espanha e Portugal pouco sofreriam com sua situação peculiar, se não agravassem suas desvantagens em virtude de suas instituições políticas.

A Espanha, ao tributar a exportação de outro e prata, e Portugal, ao proibi-la, acrescem ao valor dessa exportação o custo do contrabando e elevam o valor desses metais em outros países, em face do preço praticado nos seus, pelo montante correspondente a esse custo. Quando se represa um curso de água, logo que a represa estiver cheia passará por sobre o dique um volume de água idêntico ao que passaria se não houvesse represa alguma. A proibição da exportação não pode reter na Espanha e em Portugal uma quantidade de ouro e prata superior à que estes podem empregar ou à que a produção anual de sua terra e de seu trabalho permitirá empregar, na forma de moedas, prataria, douraduras e outros adornos de ouro e prata. Quando obtêm essa quantidade de metais, a represa está cheia, e toda a corrente que posteriormente para lá afluir deve transbordar. Assim, não obstante as referidas restrições, a exportação anual de ouro e prata efetuada pela Espanha e por Portugal é, segundo se estima, praticamente igual ao total da importação anual desses metais. Todavia, assim como as águas são mais profundas atrás da barragem que defronte, do mesmo modo a quantidade de ouro e prata mantida na Espanha e em Portugal por essas restrições, em proporção com a produção anual de sua terra e trabalho, deve ser superior à que se encontra em outros países. Quanto mais alta e forte a barragem, maior deve ser a diferença, em profundidade, das águas atrás e diante dela. Quanto mais elevado o imposto, maiores são as penalidades que resguardam as proibições, mais vigilante e severa será a polícia que cuida do cumprimento da lei, e maior deverá ser a diferença na proporção de ouro e prata para com o produto da terra e do trabalho na Espanha e em Portugal em face da mesma proporção em outros países. Afirma-se, assim, que essa diferença é bastante considerável, e que freqüentemente lá se encontra uma profusão de prataria em casas onde nada, quanto ao mais, seria em outros países considerado adequado ou correspondente a esse tipo de suntuosidade. O baixo preço do ouro e da prata ou, o que vem a ser o mesmo, o alto preço de todas as demais mercadorias, efeito necessário da abundância de metais preciosos, desestimula tanto a agricultura como as manufaturas de Portugal e da Espanha, possibilitando que as nações estrangeiras lhes forneçam diversos tipos de produtos naturais e quase todos os tipos de produtos manufaturados por uma quantidade de ouro e prata inferior à que eles despenderiam para cultivá-los ou produzi-los em seu próprio país.

A tributação e a proibição operam de dois modos diferentes. Elas não apenas reduzem em larga medida o valor dos metais preciosos na Espanha e em Portugal, mas, ao reterem internamente uma certa quantidade desses metais que do contrário iria a outros países, mantêm o valor desses metais em outros países algo acima do que noutras circunstâncias se encontraria, proporcionando-lhes assim uma dupla vantagem no comércio com Portugal e Espanha. Abram-se as comportas, e imediatamente haverá menos água acima e mais abaixo do ápice da barragem, logo se alcançando um mesmo nível de água de ambos os lados. Suprimam-se o imposto e a proibição, e então a quantidade de ouro e prata diminuirá consideravelmente na Espanha e em Portugal e aumentará um tanto em outros países, nivelando-se, ou quase se nivelando, em todos, o valor desses metais, isto é, sua proporção para com a produção anual da terra e trabalho. A perda que a Espanha e Portugal experimentariam com a exportação desses metais seria inteiramente nominal e imaginária. O valor nominal de suas mercadorias e da produção anual da terra e do trabalho cairia, sendo expresso ou representado por uma quantidade inferior de prata. O valor real, todavia, seria o mesmo que antes, suficiente para manter, comandar e empregar a mesma quantidade de trabalho. Como o valor nominal de suas mercadorias cairia, o valor real do ouro e da prata remanescentes subiria, e uma quantidade inferior desses metais atenderia inteiramente às mesmas finalidades de circulação e comércio que antes exigiam quantidade maior. O ouro e a prata remetidos ao exterior não seriam enviados inutilmente, mas trariam em contrapartida um valor equivalente de mercadorias de um gênero ou outro. Essas mercadorias, ainda, não seriam todas meros objetos luxuosos e extravagantes, a serem consumidos por pessoas que nada produzem em troca de seu consumo. Como essa exportação extraordinária de ouro e prata não aumentaria a riqueza e a renda reais das pessoas ociosas, tampouco causaria aumento expressivo de seu consumo. Provavelmente, a grande maioria dessas mercadorias – e, certamente, ao menos uma parcela delas – consistiria em matérias-primas, ferramentas e provisões para dar emprego e sustento às pessoas laboriosas, que reproduziriam, com lucro, o valor integral de seu consumo. Uma parte do capital ocioso da sociedade se transformaria assim em capital ativo, pondo em movimento uma quantidade de atividade superior à que fora antes empreendida. A produção anual da terra e do trabalho de pronto cresceria ligeiramente e, em poucos anos, provavelmente cresceria em larga medida, aliviada que estaria a atividade econômica de um dos pesos mais opressivos sob os quais se encontra na atualidade.

O subsídio à exportação de trigo age necessariamente de modo idêntico ao dessa política absurda da Espanha e de Portugal. Seja qual for o estágio efetivo da agricultura, o subsídio torna nosso trigo um pouco mais caro no mercado interno do que seria nesse estágio, e o barateia ligeiramente no mercado externo. E, como o preço médio em dinheiro do trigo determina em maior ou menor grau o de todas as outras mercadorias, o subsídio reduz consideravelmente o valor da prata no mercado interno e tende a elevá-lo ligeiramente no mercado externo. O subsídio possibilita aos estrangeiros, particularmente aos holandeses, não apenas consumir nosso trigo por preço inferior ao que noutras circunstâncias pagariam, mas às vezes consumi-lo por preço até mesmo menor que o disponível para nossa própria população nas mesmas ocasiões, conforme nos assegura Sir Mathew Decker com sua eminente autoridade. O subsídio impede que nossos operários forneçam suas mercadorias por uma quantidade de prata tão pequena como fariam noutras circunstâncias e possibilita que os holandeses forneçam as suas por uma quantidade inferior. Tende o subsídio a encarecer um pouco nossas manufaturas em todos os mercados e a tornar as dos holandeses um tanto mais baratas do que noutro caso seriam, conferindo à atividade econômica destes últimos, como conseqüência, dupla vantagem sobre a nossa.

Elevando no mercado interno não tanto o preço real, mas o preço nominal de nosso trigo, o subsídio aumenta não a quantidade de mão-de-obra que uma certa quantidade de trigo permite sustentar e empregar, mas somente a quantidade de prata necessária para a troca, desestimulando nossas manufaturas sem acarretar proveito expressivo, seja para nossos agricultores, seja para nossa aristocracia rural. O subsídio põe, é certo, um pouco mais de dinheiro no bolso de ambos, e talvez seja difícil persuadir a grande maioria deles de que isso não signifique um proveito bastante expressivo. No entanto, se esse dinheiro perde valor – em termos da quantidade de trabalho, provisões e mercadorias nacionais de todos os diferentes gêneros que é capaz de comprar –, na mesma medida em que aumenta em quantidade, o referido proveito será pouco mais que nominal e imaginário.

Há talvez um único grupo de pessoas, em todo o país, para o qual o subsídio foi, ou poderia ser, realmente proveitoso. É o dos exportadores e importadores de trigo. Em anos de fartura, o subsídio necessariamente provocou uma exportação superior à que normalmente se daria. Evitando assim que a fartura de um ano atenuasse a escassez de outro, o subsídio provocou, em anos de escassez, uma importação superior à que normalmente seria necessária. Nos dois casos, o subsídio aumentou os negócios do comerciante de trigo. Em anos de escassez, não apenas lhe possibilitou importar uma quantidade maior, mas também vendê-la por preço melhor, obtendo lucro superior ao que auferiria caso não se evitasse, em grau maior ou menor, que a fartura de um ano compensasse a escassez de outro. É nesse grupo, com efeito, que tenho observado o maior empenho pela continuidade ou renovação do subsídio.

Ao introduzir o elevado imposto sobre a importação de trigo estrangeiro, equivalente em tempos de moderada abundância à proibição, e ao instituir o subsídio, nossa aristocracia rural parece ter imitado a conduta de nossos manufatores. O imposto lhes assegurou o monopólio do mercado interno, e mediante o subsídio empenharam-se por prevenir que esse mercado jamais estivesse saturado de sua mercadoria. Por meio de ambos os instrumentos, empenharam-se em aumentar o valor real do trigo, do mesmo modo que nossos manufatores, por meio de institutos semelhantes, elevaram o valor real de muitos tipos diversos de mercadorias manufaturadas. Talvez não tenha nossa aristocracia rural atentado para a grande e essencial diferença, estabelecida pela natureza, entre o trigo e quase todos os outros tipos de mercadoria. Quando, seja pelo monopólio do mercado interno, seja pelo subsídio à exportação, possibilita-se que nossos manufatores de lã ou linho vendam suas mercadorias por preço um pouco superior ao que normalmente obteriam, eleva-se não somente o preço nominal, mas o preço real dessas mercadorias. Estas passam a equivaler a uma quantidade maior de trabalho e subsistência, elevando-se não somente o lucro nominal, mas também o lucro real, a riqueza real e a renda desses manufatores, aos quais se possibilita quer uma vida melhor para si mesmos, quer o emprego de uma quantidade maior de mão-de-obra nessas manufaturas específicas. Desse modo, tais manufaturas são realmente incentivadas, encaminhando-se em sua direção uma quantidade de atividade do país provavelmente superior à que para lá afluiria espontaneamente. Todavia, quando mediante institutos semelhantes eleva-se o preço nominal ou em dinheiro do trigo, não se eleva seu valor real. Não se aumenta a riqueza real, a renda real de nossos agricultores ou de nossa aristocracia rural. Não se incentiva a produção de trigo, pois não se possibilita àqueles a manutenção ou emprego de mais trabalhadores em seu cultivo. A natureza das coisas imprimiu no trigo um valor real que não se pode alterar apenas alterando-se seu preço em dinheiro. Nenhum subsídio à exportação, nenhum monopólio do mercado interno pode aumentar esse valor. A mais acirrada concorrência não é capaz de reduzi-lo. Pelo mundo afora, esse valor equivale geralmente à quantidade de mão-de-obra que é capaz de manter, correspondendo em cada lugar específico à quantidade de mão-de-obra que pode ser mantida conforme as condições – prósperas, moderadas ou penosas – em que a mão-de-obra é normalmente mantida nesse lugar. Os tecidos de lã e linho não são mercadorias reguladoras, pelas quais o valor real de todas as demais mercadorias será em última instância medido e determinado – o trigo é. O valor real de todas as demais mercadorias, em última instância, é medido e determinado pela proporção que seu preço médio em dinheiro guarda com o preço médio em dinheiro do trigo. O valor real do trigo não varia de acordo com essas variações de seu preço médio em dinheiro, que às vezes ocorrem de um século para outro. É o valor real da prata que se modifica de acordo com essas variações.

Os subsídios à exportação de qualquer mercadoria produzida no país estão sujeitos, primeiramente, à objeção geral que se pode fazer a todos os diferentes expedientes do sistema mercantil: compelem parte da atividade econômica do país para um caminho menos vantajoso em comparação com o que seguiria espontaneamente. Em segundo lugar, expõem-se os subsídios à objeção específica de compelirem a atividade do país não apenas para um caminho menos vantajoso, mas para um verdadeiramente desvantajoso, pois o comércio que somente pode ser levado adiante por meio de subsídios é necessariamente um comércio deficitário. O subsídio à exportação de trigo sujeita-se, ainda, à objeção de não ser capaz, sob aspecto algum, de fomentar o cultivo daquela mercadoria específica cuja produção visava incentivar. Portanto, quando nossa aristocracia rural pleiteou a introdução do subsídio, embora imitasse nossos comerciantes e manufatores, não agiu com a plena compreensão de seus próprios interesses, a qual, normalmente, orienta a conduta dos outros dois grupos. Ela onerou a receita pública com uma despesa muito elevada e instituiu um imposto muito alto sobre todo o conjunto da população, sem porém aumentar, em grau significativo, o valor real de sua própria mercadoria. Reduzindo ligeiramente, desse modo, o valor real da prata, ela desestimulou, em alguma medida, a atividade geral do país, e, ao invés de promover, retardou, em grau variável, a melhora de suas próprias terras, necessariamente dependente da atividade geral do país.

Para incentivar a produção de qualquer mercadoria, dever-se-ia imaginar que um subsídio à produção seria mais eficaz que um subsídio à exportação. Ademais, aquele subsídio imporia somente um tributo à população, que esta teria de recolher para financiar o subsídio. Ao invés de aumentar o preço da mercadoria no mercado interno, o subsídio à produção tenderia a reduzi-lo, e assim, ao invés de impor um segundo tributo à população, poderia, ao menos em parte, restituir-lhe o que esta recolhera para o primeiro. Contudo, é raríssima a concessão de subsídios à produção. Os preconceitos incutidos pelo sistema comercial nos fizeram acreditar que a riqueza nacional advém mais imediatamente da exportação que da produção. A exportação tem sido mais favorecida, por conseguinte, como meio mais imediato de trazer dinheiro ao país. Afirma-se, ainda, que os subsídios à produção têm se revelado, à luz da experiência, mais sujeitos a fraudes que os subsídios à exportação. Não sei dizer em que medida isso é verdadeiro. Que os subsídios às exportações vêm servindo abusivamente a muitos propósitos fraudulentos, é coisa bem sabida. Entretanto, não interessa a comerciantes e manufatores, os grandes inventores de todos esses expedientes, que o mercado interno esteja saturado de suas mercadorias – desfecho às vezes provocado por um subsídio à produção. Já o subsídio à exportação, possibilitando-lhes a venda ao exterior do excedente e a manutenção do preço da parte remanescente no mercado interno, evita eficazmente o referido desfecho. Assim, dentre todos os expedientes do sistema mercantil, o subsídio à exportação é o preferido por comerciantes e manufatores. Vi diferentes empresários de certas manufaturas ajustarem entre si, privadamente, a concessão, de seu próprio bolso, de subsídio à exportação de determinada proporção das mercadorias com que negociam. Esse expediente foi tão bem-sucedido que duplicou o preço de suas mercadorias no mercado interno, não obstante o aumento muito expressivo da produção. Se reduzir o preço em dinheiro do trigo, o efeito do subsídio a essa mercadoria deve ser maravilhosamente diferente.

Algo semelhante a um subsídio à produção, entretanto, vem sendo concedido em algumas ocasiões especiais. Os subsídios de tonelagem concedidos à pesca de arenque branco e baleia podem ser considerados, talvez, como algo dessa natureza. É possível supor que esses subsídios tendam diretamente a tornar o preço desses bens, no mercado interno, mais baixo do que seria noutras circunstâncias. Mas deve-se reconhecer que, sob outros aspectos, seus efeitos são idênticos aos do subsídio à exportação. Por meio desses subsídios, uma parcela do capital do país é empregada em colocar no mercado mercadorias cujo preço não remunera seu custo, juntamente com os lucros normais do capital.

Embora os subsídios de tonelagem a essas atividades pesqueiras não contribuam para a riqueza da nação, talvez se possa pensar que eles contribuam para sua defesa, pelo aumento do número de marinheiros e embarcações. Alegar-se-á que isso por vezes pode ser feito mediante tais subsídios, com um dispêndio muito inferior ao da manutenção de uma grande marinha permanente, se posso assim expressar-me*, do mesmo modo que se mantém um exército permanente.

Não obstante essas alegações favoráveis, as seguintes considerações, no entanto, fazem-me acreditar que, ao conceder pelo menos um desses subsídios, o legislador foi logrado gritantemente.

Primeiramente, o subsídio às pequenas embarcações de pesca de arenque parece demasiado elevado.

Desde o início da pesca de inverno de 1771, até o fim da pesca de inverno de 1781, o subsídio de tonelagem à pesca de arenque realizada por pequenas embarcações foi de 30 shillings por tonelada. Durante esses onze anos, o número total de barris, resultante da pesca de arenque em pequenas embarcações na Escócia, chegou a 378.347. O arenque pescado e curado no mar denomina-se fisga do mar**. Para transformá-lo no chamado arenque para venda, é necessário embalá-lo novamente com uma quantidade adicional de sal. Nesse caso, calcula-se que de 3 barris de fisgas do mar resultem, após nova embalagem, 2 barris de arenque para venda. Assim, o arenque para venda, pescado durante esses 11 anos, alcançaria, de acordo com esse cálculo, 252.231 barris e $1/3$. Durante o mesmo período, o subsídio de tonelagem pago chegou a £155.463 11s, ou seja, 8 shillings e $2^{1}/_{4}$ pence por barril de fisga do mar, e 12 shillings e $3^{1}/_{4}$ pence por barril de arenque para venda.

---

* A observação do autor explica-se porque o adjetivo *standing*, aqui traduzido como "permanente", também significa "de pé", "ereto", "vertical", aplicável diretamente ao exército, mas apenas em sentido figurado, obviamente, à marinha. (N. T.)

** *Sea-sticks*, no original. (N. T.)

O sal utilizado para curar o arenque é às vezes escocês e noutras vezes estrangeiro, sendo fornecido aos salgadores, em ambos os casos, sem incidência do imposto de consumo. O referido imposto sobre o sal escocês é atualmente de 1 shilling e 6 pence; sobre o sal estrangeiro, é de 10 shillings o *bushel*. Estima-se que o barril de arenque exija cerca de 1 *bushel* e ¼ de sal estrangeiro. No caso do sal escocês, o barril de arenque exige, em média, 2 *bushels*. Se os arenques entram no país destinados à exportação, o mencionado imposto não é exigível; se destinados ao consumo interno, pagam apenas 1 shilling por barril, curados com sal estrangeiro ou escocês. Trata-se do antigo imposto escocês sobre o *bushel* de sal, quantidade essa considerada necessária, de acordo com uma estimativa moderada, para curar 1 barril de arenques. Na Escócia, o sal estrangeiro é pouquíssimo usado, a não ser para curar peixes. Mas, de 5 de abril de 1771 a 5 de abril de 1782, a quantidade de sal estrangeiro importada alcançou 936.974 *bushels*, a £84 o *bushel*. A quantidade de sal escocês fornecida pelos produtores aos salgadores de peixe não excedeu 168.226 *bushels*, a somente £56 o *bushel*. Poderia parecer, assim, que o sal estrangeiro é o mais utilizado na atividade pesqueira. Além disso, existe um subsídio de 2s 8d por barril de arenque exportado, sendo que mais de ⅔ do arenque pescado por pequenas embarcações são exportados. Tomando em consideração todo o exposto, conclui-se que, durante esses onze anos, cada barril de arenque, pescado pelas mencionadas embarcações e curado com sal escocês, custou ao governo, quando exportado, 17s 11¾d; quando destinado ao consumo interno, custou 14s 3¼d. Cada barril curado com sal estrangeiro, quando exportado, custou ao governo £1 7s 5¼d; quando destinado ao consumo interno, custou £1 3s 9¾d. O preço do barril de arenque de boa qualidade, para venda, oscila de 17 ou 18 shillings a 24 ou 25 shillings, cerca de um guinéu em média[3].

---

3. Cf. os cálculos no fim do volume [apêndice].

Em segundo lugar, o subsídio à pesca de arenque branco é um subsídio de tonelagem, guardando proporção não com a diligência ou o êxito da pesca, mas com a carga do navio. Assim é que embarcações têm com freqüência saído ao mar, infelizmente, com o objetivo único de colher não o peixe, mas o subsídio. No ano de 1759, quando o subsídio era de 50 shillings por tonelada, o conjunto da atividade pesqueira em pequenas embarcações, na Escócia, foi responsável por somente 4 barris de fisgas do mar. Naquele ano, cada barril de fisgas do mar custou ao governo £113 15s em subsídios, ao passo que o barril de arenque para venda custou £159 7s 6d.

Em terceiro lugar, a modalidade pesqueira contemplada pelo subsídio de tonelagem à pesca de arenque branco (por embarcações pequenas ou dotadas de convés, com capacidade de 20 a 80 toneladas de carga) não parece tão bem adaptada à situação da Escócia como à da Holanda, de onde tal prática parece se ter emprestado. A Holanda situa-se a grande distância dos principais mares aonde afluem os arenques, podendo realizar essa pesca apenas em embarcações dotadas de convés, capazes de transportar água e provisões suficientes para uma viagem a mares distantes. Mas as Hébrides ou ilhas ocidentais, as ilhas de Shetland e as costas setentrional e noroeste da Escócia, principais regiões em cujas cercanias se realiza a pesca do arenque, encontram-se entrecortadas em toda parte por braços de mar, que adentram em boa medida a terra e se chamam, na língua da região, lagos do mar. É principalmente a esses lagos que os arenques afluem durante as estações em que migram para os mares – estou certo de que as migrações dessas e de muitas outras espécies de peixes não são muito regulares ou constantes. Assim, a forma de pesca que se adapta melhor ao caso específico da Escócia parece ser aquela feita por botes, possibilitando aos pescadores transportar o arenque à praia logo que apanhado, a fim de ser curado ou consumido fresco. No entanto, o grande incentivo que um subsídio de 30 shillings por tonelada confere à pesca realizada em pequenas embarcações corresponde, necessariamente, a um desestímulo à pesca em botes, a qual, sem esse subsídio, é incapaz de levar os peixes curados ao mercado nas mesmas condições. Por essa razão, a pesca em botes – muito expressiva antes da instituição do subsídio às pequenas embarcações e responsável, segundo se afirma, pelo emprego de um número de marinheiros não inferior ao da pesca em pequenas embarcações atualmente – está quase inteiramente abandonada. Concedo que não posso falar com muita precisão acerca da anterior extensão dessa atividade pesqueira agora arruinada e abandonada. Como não se pagava subsídio algum para o aparelhamento da pesca em botes, não há registros lançados pelas autoridades responsáveis pela alfândega ou pelos tributos sobre o sal.

Em quarto lugar, durante certas épocas do ano, o arenque constitui, em muitas localidades da Escócia, parte expressiva da alimentação das pessoas comuns. Um subsídio que tendesse a baixar o preço do arenque no mercado interno poderia contribuir, em boa medida, para o bem-estar de grande número de nossos concidadãos, cujas condições de vida não são de modo algum afluentes. Mas o subsídio à pesca de arenque em pequenas embarcações não se presta a essa bela finalidade. Ele arruinou a pesca em botes, que é de longe a mais bem adaptada ao abastecimento do mercado interno, ao passo que o subsídio adicional de 2 shillings e 8 pence por barril exportado faz que a maior parte (mais de $2/3$) do produto da pesca em pequenas embarcações seja remetida ao exterior. De trinta a quarenta anos atrás, antes de se estabelecer o subsídio às pequenas embarcações, o preço normal do arenque branco, segundo me asseguraram, era de 15 shillings por barril. De dez a quinze anos atrás, antes que a pesca em botes estivesse completamente arruinada, afirma-se que o referido preço oscilava entre 17 e 20 shillings por barril. Nos últimos cinco anos, o preço tem sido, em média, de 25 shillings o barril. É possível, contudo, que esse elevado preço se deva à efetiva escassez de arenques na costa da Escócia. Devo também observar que o tonel ou barril, geralmente vendido com os arenques e cujo preço está embutido em todos os anteriormente listados, teve seu preço aproximadamente duplicado desde o início da guerra americana, passando de cerca de 3 shillings para cerca de 6. Devo igualmente destacar que os dados por mim recebidos com os preços de épocas anteriores não são, de modo algum, inteiramente uniformes e consistentes. Um senhor idoso, muito meticuloso e experiente, assegurou-me que, há mais de cinqüenta anos, o preço habitual de um barril de arenque de boa qualidade, para venda, era de 1 guinéu, valor esse, penso eu, que ainda pode ser considerado como preço médio. Mas todos os dados concordam, segundo creio, que o preço não caiu no mercado doméstico em conseqüência do subsídio à pesca em pequenas embarcações.

Quando os empresários da pesca, após receberem subsídios tão generosos, continuam a vender suas mercadorias por preço igual ou mesmo superior ao que costumavam praticar, seria de se esperar que seu lucro fosse muito expressivo. Não é improvável que, para alguns indivíduos, isso tenha ocorrido. De modo geral, entretanto, tenho todas as razões para acreditar que se deu coisa bem diversa. Tais subsídios costumam ter o efeito de incentivar empresários imprevidentes a se aventurar em negócios que não compreendem, de modo que as perdas causadas por sua própria negligência e ignorância compensam com sobras tudo o que poderiam ganhar graças à extrema liberalidade do Governo. Em 1750, por força da mesma lei que pela primeira vez concedera o subsídio de 30 shillings por tonelada para incentivo da pesca do arenque branco (lei do 23º ano do reinado de Jorge II, Capítulo 24), fundou-se uma sociedade por ações, com capital de 500 mil libras, em que (além de todos os outros incentivos, do subsídio de tonelagem recém-mencionado, do subsídio de 2 shillings e 8 pence por barril exportado e do fornecimento de sal britânico ou estrangeiro sem incidência de impostos) se concedia aos acionistas, durante um período de 14 anos e para cada 100 libras subscritas e integralizadas ao capital da companhia, o direito de receber 3 libras por ano, a serem pagas pelo coletor-geral das alfândegas em parcelas iguais e semestrais. Além dessa grande empresa, cujo presidente e diretores teriam de residir em Londres, foi autorizada pela mesma lei a constituição de várias câmaras de pesca nos diversos portos do reino afastados das principais cidades, contanto que o capital subscrito para cada uma não fosse inferior a 10 mil libras, a ser administrado por sua própria conta e risco, arcando com seu lucro ou prejuízo. Asseguraram-se a essas câmaras inferiores a mesma anuidade e os mesmos incentivos de toda ordem outorgados à grande empresa de Londres. O capital da grande empresa foi prontamente subscrito, e diversas câmaras de pesca foram constituídas nos vários portos do reino afastados das principais cidades. Não obstante todos esses incentivos, quase todas as empresas, grandes ou pequenas, perderam todo o seu capital ou boa parte dele. Mal há vestígios, hoje, de qualquer dessas empresas, estando a pesca de arenque branco integralmente – ou quase – em mãos de empreendedores privados.

Se alguma manufatura específica fosse realmente necessária à defesa da sociedade, nem sempre seria prudente, talvez, depender de nossos vizinhos para seu fornecimento. E se essa atividade manufatureira não pudesse de outro modo ser sustentada no país, não seria talvez insensato que todos os demais ramos da atividade econômica fossem tributados para mantê-la. Os subsídios à exportação de pólvora e tecidos para velas britânicos talvez possam ser defendidos com esse fundamento.

No entanto, embora muito raramente seja razoável tributar a atividade econômica do grande conjunto da população para manter a de uma classe específica de manufatores, ainda assim, na irreflexão de uma grande prosperidade, quando o público desfruta de renda superior à que sabe perfeitamente como empregar, talvez a concessão de tais subsídios a manufaturas de sua predileção possa ser considerada tão natural como outro gasto fútil qualquer. Nas despesas públicas, bem como nas despesas privadas, a grande riqueza talvez possa, com freqüência, ser admitida como justificativa para grandes loucuras. Mas deve seguramente haver algo mais que insensatez corriqueira na manutenção de tal dissipação em épocas de grandes dificuldade e apuros.

Às vezes, o chamado subsídio não é mais que um *drawback*, não se sujeitando, assim, às mesmas objeções dirigidas ao subsídio propriamente dito. O subsídio à exportação de açúcar refinado, por exemplo, pode ser considerado como uma restituição dos impostos pagos sobre o açúcar escuro e o mascavo, dos quais resulta o açúcar refinado. O subsídio à exportação de sedas manufaturadas pode ser considerado uma restituição do imposto de importação incidente sobre a seda bruta e fiada. O subsídio à exportação de pólvora pode ser visto como uma restituição do imposto de importação sobre o enxofre e o salitre. Na terminologia aduaneira, esses benefícios só recebem o nome de restituições* quando as mercadorias são exportadas no mesmo estado em que foram importadas. Quando esse estado foi de tal modo alterado que a mercadoria manufaturada recebe nova denominação, tais benefícios são denominados subsídios.

Os prêmios conferidos pelo público a artesãos e manufatores que se notabilizam em suas respectivas atividades não estão sujeitos às mesmas objeções dirigidas aos subsídios. Ao incentivarem a habilidade e o engenho extraordinários, servem tais prêmios para manter a competi-

---

* No original, *drawbacks*. (N. T.)

ção entre os trabalhadores realmente empregados em suas respectivas ocupações, não sendo suficientemente expressivos para desviar na direção destes uma parcela do capital do país superior à que se encaminharia espontaneamente nessa direção. Não tendem tais prêmios a alterar o equilíbrio natural entre as diversas ocupações, mas sim a tornar o trabalho feito em cada uma o mais perfeito e completo possível. Ademais, o gasto acarretado por esses prêmios é muito reduzido, ao passo que os subsídios implicam despesas elevadíssimas. Somente o subsídio ao trigo já custou por vezes ao país mais de 300 mil libras por ano.

Às vezes os subsídios são denominados prêmios, assim como noutras vezes os *drawbacks* são referidos como subsídios. Em qualquer dos casos, devemos sempre atentar não para a palavra, mas para a natureza do objeto em questão.

DIGRESSÃO SOBRE O COMÉRCIO DE TRIGO E AS LEIS SOBRE O TRIGO

Não poderia concluir este capítulo dedicado aos subsídios sem observar que são inteiramente imerecidos os elogios dirigidos à lei instituidora do subsídio à exportação de trigo, bem como ao sistema de regulamentações a ela inerente. Um exame minucioso da natureza do comércio de trigo e das principais leis britânicas atinentes a esse assunto será suficiente para demonstrar a veracidade dessa afirmação. A grande importância do tema justifica a extensão desta digressão.

A atividade do comerciante de trigo compõe-se de quatro diferentes segmentos, os quais, embora possam às vezes ser levados a cabo pela mesma pessoa, constituem por sua natureza quatro atividades separadas e distintas, a saber: a do negociante dedicado ao comércio interno; a do comerciante que importa para consumo interno; a do exportador da produção nacional para consumo externo; a do transportador, ou seja, a do importador de trigo destinado à reexportação.

I. Por mais opostos que pareçam à primeira vista, os interesses do negociante dedicado ao comércio interno são rigorosamente idênticos aos do grande conjunto da população, mesmo em anos de escassez extrema. Interessa ao primeiro elevar o preço do trigo tanto quanto a efetiva escassez da estação o exija, mas nunca poderá lhe interessar elevá-lo ainda mais. Ao elevar o preço, ele desestimula o consumo, impondo em maior ou menor medida à população, sobretudo em seus estratos mais baixos, um regime de austeridade e boa administração. Se, por elevar o preço excessivamente, ele desestimula de tal modo o consumo que a provisão da estação tende a superar o consumo desse mesmo período, assim remanescendo por algum tempo mesmo após a chegada da nova safra, tal negociante arrisca-se não apenas a perder parte expressiva de seu trigo devido a causas naturais, mas também a ver-se obrigado a vender o restante por um preço muito inferior ao que poderia ter obtido vários meses antes. Se, ao não elevar suficientemente o preço, ele desestimula tão pouco o consumo que a provisão da estação tende a ficar aquém do consumo desse período, não apenas perde esse comerciante parte do lucro que do contrário poderia ter auferido, mas também expõe a população a sofrer, antes de finda a estação, os terríveis horrores da fome, em vez das dificuldades da carestia. Interessa à população que seu consumo diário, semanal e mensal mantenha a máxima proporção possível com a provisão da estação. O interesse do negociante de trigo dedicado ao comércio interno é o mesmo. Ao fornecer o trigo observando o mais possível tal proporção, esse negociante tende a vender todo o seu trigo pelo preço mais elevado, com o máximo lucro. O conhecimento da situação da safra, assim como das vendas diárias, semanais e mensais, permite-lhe julgar, com maior ou menor precisão, em que medida a oferta se encontra adequada. Sem visar ao interesse da população, ele é necessariamente levado, pela consideração de seu próprio interesse, a tratá-la, mesmo em anos de escassez, do mesmo modo que o prudente capitão de um navio é obrigado a tratar sua tripulação em determinadas circunstâncias. Quando ele prevê que as provisões provavelmente escassearão, submete sua tripulação a racionamento. Embora possa ele algumas vezes, por excesso de zelo, introduzir o racionamento sem efetiva necessidade, todos os transtornos que a tripulação possa sofrer por essa razão são irrelevantes se comparados ao perigo, à miséria e à ruína a que poderia por vezes estar exposta devido a uma conduta menos previdente. Da mesma maneira, ainda que o referido negociante de trigo, por excesso de avareza, às vezes eleve o preço um pouco mais do que o exigiria a escassez da estação, todo o transtorno que a população possa sofrer em razão dessa atitude, que efetivamente a protege da fome ao final da estação, é irrelevante se comparado ao que poderia esta se expor em virtude de uma conduta mais generosa por parte do comerciante no início da estação. O próprio comerciante de trigo será provavelmente o mais atingido por esse excesso de avareza, não só devido à indignação que geralmente se levanta contra si, mas também, mesmo se escapar aos efeitos disso, em razão da quantidade de trigo remanescente em suas mãos ao final da estação, que, se favorável a estação subseqüente, terá sempre de vender por preço muito inferior ao que poderia ter conseguido noutras circunstâncias.

Com efeito, fosse possível a uma grande companhia de comerciantes possuir toda a safra de um vasto país, poderia talvez ser de seu interesse proceder como os holandeses em relação às especiarias das Molucas, os quais, segundo se afirma, destroem ou jogam fora uma considerável parcela da safra para manter o preço do restante. Mas é quase impossível, mesmo por imposição da lei, estabelecer um monopólio tão amplo no tocante ao trigo. Onde a lei permitir a liberdade comercial, o trigo, dentre todas as mercadorias, será o menos suscetível de ser açambarcado ou monopolizado pela força de um punhado de grandes capitais, capazes de comprar a maior parte da safra. Não só o valor desta última excede largamente o que podem comprar os capitais de alguns indivíduos, mas também, supondo-os capazes de comprá-la, o modo como se dá a produção dessa mercadoria torna inteiramente impraticável tal compra. Como em todo país civilizado o trigo é a mercadoria que registra maior consumo anual, a quantidade de atividade econômica dedicada anualmente à sua produção é superior à empregada em qualquer outra mercadoria. Mal esse trigo é ceifado e já se encontra necessariamente dividido entre um número de proprietários superior ao de qualquer outra mercadoria, não sendo possível reuni-los num só local, a exemplo de determinado número de manufatores independentes, pois que se encontram necessariamente espalhados pelos mais diferentes rincões do país. Esses proprietários originais fornecem imediatamente aos consumidores das redondezas ou então a outros negociantes dedicados ao comércio interno, que por sua vez fornecem a estes consumidores. Portanto, os negociantes internos de trigo, incluindo tanto o agricultor como o padeiro, são necessariamente mais numerosos que os comerciantes de qualquer outra mercadoria, e sua dispersão faz que ajustes amplos de preços sejam praticamente impossíveis. Se num ano de escassez, portanto, qualquer deles julgasse ter em seu poder uma quantidade de trigo bem superior à que poderia vender, pelo preço corrente, antes do final da estação, nunca cogitaria em manter o preço elevado para prejuízo próprio e exclusivo benefício de seus rivais e concorrentes, preferindo antes reduzir imediatamente o preço, a fim de se desfazer do trigo antes da chegada da nova safra. Os mesmos motivos, os mesmos interesses que regulariam desse modo a conduta de qualquer negociante também regulariam a de todos os demais, obrigando-os geralmente a vender o trigo a um preço que, na medida em que lhes é possível estimar, mostra-se o mais adequado à escassez ou fartura da estação.

Todo aquele que examinar atentamente a história das crises de carestia e fome que já assolaram qualquer parte da Europa no curso deste século e no dos dois anteriores, muitas das quais conhecemos por relatos bastante precisos, verificará, a meu ver, que a carestia jamais resultou de conluio algum entre os negociantes internos de trigo, nem de qualquer outra causa que não uma real escassez, talvez por vezes ocasionada, em determinados locais, pelos estragos da guerra, mas na imensa maioria dos casos decorrendo das adversidades da estação. Quanto à fome, jamais resultou de outra causa que não a violência do Governo ao tentar, por meios inadequados, remediar as inconveniências de uma carestia.

Num vasto país produtor de trigo, onde haja liberdade de comércio e comunicação entre todas as suas diferentes regiões, a escassez provocada pela mais adversa das estações nunca poderá ser tão intensa a ponto de causar a fome. A mais escassa das safras, se administrada com moderação e economia, manterá durante o ano o mesmo número de pessoas normalmente alimentadas de modo mais rico em anos de moderada fartura. As estações mais desfavoráveis para a safra são as de seca ou chuva excessivas. Mas como o trigo cresce igualmente em terras baixas ou altas, em solos propensos a muita umidade ou em solos propensos a excessiva aridez, a seca ou a chuva danosa a uma parte do país favorecerá a outra. Assim, embora tanto na estação seca como na chuvosa a safra seja bem inferior a outra colhida em estação mais moderada, o que se perde em cada estação numa parte do país é em certa medida compensado pelo que se ganha na outra. Nos países produtores de arroz, onde esta cultura exige não apenas um solo muito úmido, mas também, em certos períodos de seu crescimento, que esteja submersa, os efeitos de uma seca são muito mais funestos. Todavia, mesmo nesses países é talvez raro, se o governo permitir o livre comércio, que a seca seja tão generalizada a ponto de necessariamente acarretar a fome. A seca em Bengala, há alguns anos, terá causado, provavelmente, uma enorme carestia. Algumas regulamentações inadequadas e algumas restrições insensatas impostas sobre o comércio do arroz pelos empregados da Companhia da Índias Orientais contribuíram, talvez, para transformar essa carestia em fome generalizada.

Quando o Governo, para remediar os transtornos de uma carestia, ordena aos negociantes que vendam o trigo a um preço que supõe razoável, impede-os com isso de levar o trigo ao mercado, o que poderá por vezes causar a fome mesmo no início da estação, ou, se o levam, possibilita à população – e com isso lhe facilita – consumir o trigo de modo tão rápido que a fome necessariamente sobrevirá antes do final da estação. A ilimitada e irrestrita liberdade do comércio de trigo, única medida preventiva eficaz para evitar a desgraça da fome, é assim o melhor paliativo para os transtornos de uma carestia – os transtornos de uma verdadeira escassez não podem ser neutralizados, mas apenas atenuados. Não há atividade econômica que mais mereça a plena proteção da lei, que dela mais necessite, pois nenhuma outra está tão exposta ao ódio da população.

Em anos de escassez, os estratos inferiores da população atribuem seu sofrimento à avareza do comerciante de trigo, que se torna o objeto de seu ódio e indignação. Portanto, ao invés de lucrar com essa situação, ele corre o perigo de se ver totalmente arruinado e de ter seus armazéns saqueados e destruídos pela violência da população. Todavia, é em anos de escassez, quando os preços estão altos, que o comerciante de trigo conta auferir a maior parte de seus ganhos. Ele geralmente celebra contrato com alguns agricultores para que lhe forneçam uma certa quantidade de trigo, durante determinado número de anos, a um determinado preço. O preço contratual é fixado de acordo com o que se supõe ser moderado e razoável, vale dizer, o preço corrente ou médio, que, antes destes últimos anos de escassez, costumava girar em torno de 28 shillings a quarta de trigo, preço com o qual mantêm proporção os demais cereais. Assim, em anos de escassez, o comerciante de trigo compra uma grande parte dessa mercadoria pelo preço normal e a vende por quantia muito mais elevada. Parece bastante claro que esse lucro extraordinário é apenas suficiente para colocar a referida atividade em pé de igualdade com outras e para compensar o comerciante de trigo de inúmeras perdas que experimenta noutras ocasiões, seja em razão da natureza perecível da própria mercadoria, seja devido às flutuações freqüentes e imprevisíveis de seu preço. Para constatar que assim é, basta atentar para a circunstância de que, na mencionada atividade, é tão raro fazer fortuna como em qualquer outra. Contudo, o ódio da população, que irrompe em anos de escassez, os únicos que podem ser muito lucrativos para o negociante, faz que as pessoas de caráter e fortuna evitem entrar nessa atividade. Esta última é deixada assim à mercê de uma categoria inferior de negociantes, constituída por moleiros, padeiros, farinheiros e um grande número de vendedores ambulantes miseráveis – quase os únicos a servirem de intermediário, no mercado interno, entre o produtor e o consumidor.

A antiga política da Europa, ao invés de desencorajar esse ódio popular contra uma atividade tão benéfica para a população, parece, ao contrário, tê-lo autorizado e estimulado.

Por força das leis instituídas no quinto e sexto anos do reinado de Eduardo VI, Capítulo 14, todo aquele que comprasse trigo ou qualquer cereal com propósito de revendê-lo deveria ser considerado um atravessador ilegal, sujeitando-se, ao infringir a lei pela primeira vez, a dois meses de prisão e multa equivalente ao valor do cereal; em caso de reincidência, a pena seria de seis meses de prisão e multa correspondente ao dobro do valor do cereal; na hipótese de uma terceira infração, seria o atravessador posto no pelourinho, sendo preso em seguida por tempo indeterminado à discrição do rei, com o confisco de todos os seus bens. A antiga política da maior parte dos países da Europa não era melhor que a da Inglaterra.

Nossos antepassados parecem ter imaginado que a população compraria o trigo mais barato do agricultor que do comerciante, já que este, segundo receavam, exigiria um lucro exorbitante sobre o preço pago ao agricultor. Esforçaram-se, portanto, por aniquilar totalmente esse tipo de comércio. Esforçaram-se mesmo por impedir, o máximo possível, que intermediário algum, de qualquer tipo, se pusesse entre o produtor e o consumidor, sendo esse o objetivo de muitas restrições impostas à atividade dos que denominavam intermediários* ou transportadores de trigo, atividade essa que ninguém estava autorizado a exercer sem uma licença certificando suas qualidades de homem probo e conduta honesta. Pela lei de Eduardo VI, a autorização de três juízes de paz era necessária para a concessão da referida licença. Mas até esta exigência foi depois considerada insuficiente, e por força de uma lei do reinado de Isabel o poder de conceder a aludida licença foi reservado às sessões trimestrais do tribunal superior de juízes de paz**.

A antiga política da Europa esforçou-se desse modo em regulamentar a agricultura, a grande atividade do campo, mediante regras completamente diferentes das estabelecidas para a atividade manufatureira, principal atividade das cidades. Deixando o agricultor sem outra clientela que não a de seus consumidores e agentes imediatos, os intermediários e os transportadores de trigo, tentou essa política forçá-lo a exercer não apenas a atividade de agricultor, mas também as de comerciante de trigo ou varejista de trigo. Em sentido contrário, essa política proibia em muitos casos o manufator de exercer a atividade de lojista ou de vender suas próprias mercadorias a varejo. A primeira lei pretendia promover o interesse geral do país, barateando o trigo, sem talvez compreender precisamente como isso se faria. A segunda lei buscava promover os interesses de um

---

* No original, *kidders*. (N. T.)

** No original, *quarter-sessions*. Tratava-se de tribunal com poderes limitados e competência em matéria civil e penal, integrado por juízes de paz em cada condado da Inglaterra. (N. T.)

grupo específico de pessoas, os lojistas, que ficariam arruinados caso se permitisse ao manufator vender suas mercadorias a varejo, pois que, supunha-se, negociaria-as a preços muito mais baixos.

Mas, tivesse o manufator sido autorizado a manter uma loja e vender suas próprias mercadorias a varejo, não poderia ele vender mais barato que o lojista comum. Qualquer parcela do capital a investir na loja teria de ser retirada de sua atividade manufatureira. Para levar adiante seu negócio em pé de igualdade com o de outras pessoas, teria de auferir lucro como lojista, assim como deve obter lucro como manufator. Suponhamos, por exemplo, que na cidade específica em que vivesse o lucro normal do capital, tanto do manufator como do lojista, fosse de 10%. Nesse caso, tal manufator teria de embutir, em cada mercadoria vendida em sua loja, um lucro de 20%. Ao levá-las de sua oficina à sua loja, ele teria de avaliá-las ao preço pelo qual as poderia vender a um negociante ou lojista, que por sua vez as teriam comprado por atacado. Se as avaliasse a um preço inferior, perderia uma parte do lucro de seu capital como manufator. Ao revendê-las em sua loja, se não conseguisse o mesmo preço pelo qual outro lojista as venderia, perderia uma parte do lucro do capital empregado nesta atividade comercial. Assim, embora parecesse obter o dobro do lucro com as mesmas mercadorias, ele na verdade auferiria apenas um único lucro sobre o capital total empregado, já que essas mercadorias fariam parte, sucessivamente, de dois capitais distintos. Se ele obtivesse lucro inferior a este, perderia consideravelmente, pois não teria empregado seu capital total de modo tão vantajoso como grande parte de seus vizinhos.

O que se proibia ao manufator era, de certo modo, imposto ao agricultor: dividir o capital em dois negócios distintos, destinando uma parte a seu celeiro e ao depósito de feno e palha, para atendimento das exigências eventuais do mercado, e empregando a outra no cultivo de sua terra.

Mas, assim como ao empregar esta última parcela do capital não poderia o agricultor obter lucro inferior ao comum na atividade agrícola, tampouco poderia empregar a primeira com lucro inferior ao que normalmente obtém o capital investido na atividade comercial. Quer o capital efetivamente empregado no comércio de trigo pertencesse à pessoa denominada agricultor, quer à que se denominava comerciante de trigo, o mesmo lucro era em ambos os casos imprescindível, a fim de remunerar seu proprietário por tê-lo empregado desse modo, a fim de pôr seu negócio em pé de igualdade com outros e a fim de impedir o deslocamento de seu interesse, logo que possível, noutra direção. Portanto, o agricultor desse modo forçado a exercer o comércio de trigo não poderia vender sua mercadoria por preço inferior ao de outro comerciante qualquer de trigo, num cenário de livre concorrência.

O comerciante que pode empregar todo o seu capital num único ramo de negócios possui vantagem semelhante à do operário que pode empregar todo o seu trabalho em uma única operação. Assim como este último adquire uma destreza que lhe permite, com as mesmas duas mãos, executar quantidade muito maior de trabalho, do mesmo modo adquire o comerciante um método tão fácil e pronto de transacionar, de comprar e vender suas mercadorias, que poderá, com o mesmo capital, efetuar volume muito superior de negócios. Assim como normalmente o operário pode oferecer seu trabalho a um preço muito menor, também o comerciante pode normalmente oferecer suas mercadorias por um pouco menor do que praticaria se estivessem seu capital e sua atenção disseminados por uma variedade maior de objetos. A maior parte dos manufatores não seria capaz de vender suas mercadorias a varejo por preços tão baixos como os de um comerciante vigilante e ativo, cujo único negócio consiste em comprá-las por atacado e revendê-las a varejo. Seria ainda menos factível à maior parte dos agricultores vender a varejo seu próprio trigo, fornecendo-o a habitantes de uma cidade situada talvez a quatro ou cinco milhas de distância, por um preço tão barato como o de um vigilante e ativo comerciante de trigo, cujo único negócio consiste em comprar trigo por atacado, armazená-lo num grande celeiro e revendê-lo a varejo.

A lei que proibia ao manufator o exercício do comércio procurou forçar o aprofundamento dessa divisão no emprego do capital, a fim de que ocorresse com rapidez superior à que normalmente se verificaria. A lei que obrigava o agricultor a exercer o comércio de trigo buscou reduzir a velocidade dessa divisão. Ambas as leis constituíam evidente violação da liberdade natural, sendo portanto injustas. Ambas, ainda, eram tão impolíticas como injustas. Interessa a toda sociedade que tais coisas jamais sejam forçadas ou obstruídas. Quem emprega seu trabalho ou seu capital numa variedade de objetos superior à exigida por sua situação nunca poderá prejudicar seu vizinho vendendo mais barato que este. Pode prejudicar a si próprio, e isso geralmente ocorre. O faz-tudo nunca vai ficar rico, diz o provérbio*. Mas a lei deve sempre confiar às pessoas o cuidado de seus próprios interesses, pois estas sempre avaliarão sua situação particular melhor que o legislador. Seja como for, a lei que obrigava o agricultor a exercer o comércio de trigo era de longe a mais perniciosa das duas.

Essa lei obstruiu não apenas a divisão no emprego do capital, muito vantajosa para qualquer sociedade, mas também a melhoria da terra e seu cultivo. Obrigando o agricultor a exercer duas atividades em vez de uma, forçava-o a dividir o capital em duas partes, das quais apenas uma poderia ser empregada no cultivo. No entanto, tivesse ele disposto da liberdade de vender toda a safra de trigo, logo que debulhado, a um comerciante desse gênero, todo o seu capital poderia voltar imediatamente à terra, sendo emprega-

---

* No original, *Jack of all Trades Will never Be Rich*. (N. T.)

do na compra de mais gado e na contratação de mais empregados para melhor cultivá-la e introduzir benfeitorias. No entanto, obrigado a vender o trigo a varejo, o agricultor tinha de manter uma grande parte de seu capital, ao longo do ano, nos celeiros e depósitos de feno e palha, não podendo, assim, cultivar tão bem a terra como esse capital noutras circunstâncias permitiria. Essa lei, portanto, necessariamente impedia a melhoria da terra, tendendo não a baratear o trigo, mas sim a torná-lo mais escasso e, como conseqüência, mais caro do que normalmente seria.

Depois do agricultor, o comerciante de trigo, se devidamente protegido e incentivado, é na verdade quem mais contribuiria para o cultivo do trigo. Ele respaldaria a atividade do agricultor, assim como o atacadista respalda a do manufator.

Proporcionando mercado imediato ao manufator, comprando-lhe as mercadorias logo que produzidas e por vezes adiantando mesmo o preço de mercadorias ainda não produzidas, o atacadista permite que o manufator mantenha todo o seu capital – e às vezes mais que isso – permanentemente empregado na atividade manufatureira e, conseqüentemente, que produza uma quantidade de mercadorias muito maior do que se fosse obrigado a vendê-las por si mesmo aos consumidores imediatos ou mesmo aos varejistas. Ademais, como o capital do atacadista geralmente basta para repor o de muitos manufatores, no intercâmbio entre estes e aquele interessa ao detentor de um grande capital apoiar os numerosos detentores de pequenos capitais, assistindo-os nos prejuízos e infortúnios que de outro modo poderiam mostrar-se ruinosos.

Um intercâmbio do mesmo tipo, estabelecido universalmente entre agricultores e comerciantes de trigo, produziria efeitos igualmente benéficos para os agricultores. Estes poderiam manter a totalidade de seu capital – e até mais do que isso – permanentemente empregada no cultivo da terra. No caso de qualquer acidente, a que nenhuma outra atividade se acha mais sujeita, os agricultores encontrariam em seu cliente habitual, o rico comerciante de trigo, uma pessoa interessada em apoiá-los e com capacidade de fazê-lo, não se vendo, como hoje, inteiramente à mercê da indulgência do proprietário ou da piedade do administrador. Fosse possível – talvez não seja – estabelecer-se imediata e universalmente esse intercâmbio, fosse possível direcionar imediatamente todo o capital agrícola do reino para sua verdadeira atividade, o cultivo da terra, retirando-o de todo outro emprego em que parte dele se encontre atualmente desviada, e fosse possível, para ocasionalmente apoiar e auxiliar as operações desse grande capital, dispor imediatamente de outro capital de volume quase igual, não é muito fácil imaginar, talvez, quão grande, vasto e súbito seria o desenvolvimento em todo o território do país que tal alteração de circunstâncias por si produziria.

Portanto, a lei de Eduardo VI, ao proibir o máximo possível que algum intermediário se posicionasse entre o produtor e o consumidor, procurou aniquilar uma atividade cujo livre exercício não apenas é o melhor paliativo para os transtornos da carestia, mas também a melhor prevenção dessa calamidade. Depois do agricultor, ninguém contribui tanto para o cultivo do trigo como o comerciante desse gênero.

O rigor dessa lei foi depois suavizado por diversas outras, que sucessivamente permitiram a intermediação de trigo quando seu preço não excedesse 20, 24, 32 e 40 shillings a quarta. Por fim, pela lei do 15º ano de reinado de Carlos II, Capítulo 7, a intermediação ou compra de trigo para revenda, desde que seu preço não excedesse 48 shillings a quarta (observando o dos outros cereais a devida proporção), foi considerada lícita para todos os que não fossem atravessadores, isto é, que não revendessem a mercadoria no mesmo mercado no período de três meses. Toda a liberdade já usufruída pelos negociantes de trigo dedicados ao comércio interno foi concedida por essa lei. A lei do 12º ano do presente reinado, que revoga quase todas as leis antigas contra intermediários e atravessadores, não revoga as restrições da referida lei do reinado de Carlos II, cuja vigência, portanto, ainda se mantém.

Essa mesma lei, todavia, em certa medida sanciona dois preconceitos populares sobremaneira absurdos.

Em primeiro lugar, supõe que, ao atingir o trigo o preço de 48 shillings a quarta (subindo proporcionalmente o preço dos outros cereais), é provável que a intermediação dessa mercadoria prejudique a população. Parece no entanto evidente, em face do exposto, que, seja qual for o preço do trigo, a intermediação pelos comerciantes internos nunca chegará a prejudicar a população. Além disso, embora 48 shillings por quarta possa ser considerado um preço muito elevado, é, em anos de escassez, um preço normalmente praticado logo após a colheita, quando dificilmente alguma parte da nova safra pode ser liquidada, sendo então impossível, mesmo por ignorância, supor que alguma parte dela possa ser objeto de intermediação prejudicial à população.

Em segundo lugar, a mesma lei supõe que, ao atingir certo preço, o trigo provavelmente se torna alvo de atravessadores, isto é, será comprado em larga escala para pronta revenda no mesmo mercado, prejudicando assim a população. Mas, se um comerciante compra trigo em larga escala, quer se dirigindo a um mercado distante, quer nele mesmo, com o objetivo de pronta revenda no mesmo mercado, é porque no seu modo de ver o mercado não poderá ser abastecido tão fartamente ao longo da estação como nesta ocasião específica, devendo o preço, portanto, subir em breve. Se ele se enganar a esse respeito e o preço não subir, perderá não somente todo o lucro do capital assim empregado, mas também uma parte do próprio capital, em razão das despesas e perdas necessariamente ligadas à armazenagem e conservação do trigo. Por conseguinte, ele prejudica de modo muito mais profundo a si próprio do que à população específica cujas compras terá impedido num determinado dia, pois esta poderá depois comprar por preços igualmente baratos em qualquer outro dia. Se ele estiver certo, em lugar de prejudicar o grande conjunto da população, presta-lhe um serviço muito importante. Fazendo que esta última sinta o transtorno da carestia pouco antes do que ocorreria noutras circunstâncias, poupa-lhe um sofrimento posterior mais intenso, que não deixaria a população de experimentar se o baixo preço incentivasse um consumo mais rápido que o adequado à efetiva escassez da estação. Quando realmente há escassez, o melhor a fazer em benefício da população é dividir o decorrente transtorno o mais uniformemente possível ao longo dos diversos meses, semanas e dias do ano. O interesse do comerciante de trigo obriga-o a estudar qual a divisão mais exata possível. E, como ninguém mais pode ter o mesmo interesse, o mesmo conhecimento ou a mesma capacidade do comerciante de trigo para efetuar com a mesma exatidão tal divisão, essa importantíssima operação comercial lhe deve ser inteiramente confiada. Noutras palavras, o comércio de trigo, ao menos no tocante ao abastecimento do mercado interno, deve ser perfeitamente livre.

O temor popular à intermediação e ao atravessamento pode ser comparado aos terrores e suspeitas populares acerca da bruxaria. Os pobres-diabos acusados deste último crime não eram mais inocentes das desgraças a eles atribuídas que os acusados do crime antes mencionado. A lei que pôs termo a todos os processos criminais contra a bruxaria, que pôs fora do alcance de qualquer pessoa satisfazer sua própria malevolência acusando seu semelhante desse crime imaginário, parece ter eficazmente posto fim àqueles terrores e suspeitas ao eliminar a grande causa que os incentivava e amparava. A lei que restituísse plena liberdade ao comércio interno de trigo provavelmente se mostraria em igual medida eficaz para pôr fim ao temor popular da intermediação e do atravessamento.

Contudo, a contribuição da lei do 15º ano do reinado de Carlos II, Capítulo 7, não obstante todas as suas imperfeições, talvez tenha sido superior, tanto para o farto abastecimento do mercado interno como para o aumento do cultivo, à de qualquer outra lei do *statute book*. É dessa lei que o comércio interno de trigo tem extraído toda a liberdade e proteção já desfrutadas, e tanto o abastecimento do mercado interno como o fomento do cultivo são promovidos de modo muito mais eficaz pelo comércio interno que pelo comércio de importação e exportação.

Segundo cálculos do autor dos *Tratados sobre o comércio de trigo*, a proporção entre a quantidade média de todos os tipos de cereais importados e os consumidos pela Grã-Bretanha não supera a razão de 1 para 570. Para o abastecimento do mercado interno, assim, a importância do comércio interno em face do comércio de importação deve ser de 570 para 1.

Segundo o mesmo autor, a quantidade média de todos os tipos de cereais exportados da Grã-Bretanha não excede $1/31$ da produção anual. Assim, para o fomento do cultivo mediante a oferta de um mercado para a produção interna, a importância do comércio interno em face do comércio de exportação deve obedecer à razão de 30 para 1.

Não tenho muita fé em aritmética política, não pretendo garantir a exatidão de qualquer desses cálculos. Apenas os menciono para mostrar como, na opinião das pessoas mais sensatas e versadas, o comércio externo é bem menos importante que o comércio interno. O baixíssimo preço do trigo nos anos imediatamente anteriores à instituição do subsídio talvez possa, com razão, ser em alguma medida atribuído à ação dessa lei de Carlos II, que fora introduzida cerca de vinte e cinco anos antes, tendo portanto tempo suficiente para produzir efeito.

Poucas palavras serão suficientes para explicar tudo o que tenho a dizer acerca dos outros três ramos do comércio de trigo.

II. A atividade do importador de trigo estrangeiro para consumo interno contribui, evidentemente, para o imediato abastecimento do mercado interno, devendo, nessa medida, ser imediatamente benéfica para o grande conjunto da população. Essa atividade tende, de fato, a fazer baixar um pouco o preço médio em dinheiro do trigo, porém não a reduzir seu valor real, isto é, a quantidade de trabalho que é capaz de manter. Se a importação fosse sempre livre, nossos arrendatários e nossa aristocracia rural provavelmente conseguiriam, um ano pelo outro, menos dinheiro por seu trigo que no presente, em que, na prática, a importação está no mais das vezes proibida. No entanto, o dinheiro recebido teria maior valor, compraria mais mercadorias de todos os outros tipos e empregaria mais trabalho. Como conseqüência, sua riqueza e renda reais seriam equivalentes às atuais, embora pudessem ser expressas por uma quantidade menor de prata, e eles não seriam tão desestimulados e impossibilitados de cultivar o trigo como ocorre atualmente. Pelo contrário, o aumento do valor real da prata, em conseqüência da queda do preço em dinheiro do trigo, reduz um pouco o preço em dinheiro de todas as outras mercadorias. Onde isso ocorre, a atividade econômica do país se beneficia em todos os mercados externos, tendendo, por essa razão, a estimular e a aumentar essa mesma atividade. Ora, a dimensão do mercado interno para o trigo tem de ser proporcional à atividade geral do país onde ocorre seu cultivo, ou ao número dos que produzem outras coisas e portanto têm outras coisas ou – o que vem a ser o mesmo – o preço de outras coisas para oferecer em troca do trigo. E, em todo país, o mercado interno, sendo o mais próximo e conveniente, é igualmente o maior e mais importante mercado para o trigo. Portanto, o aumento do valor real da prata, efeito da queda do preço médio em dinheiro do trigo, tende a ampliar o maior e mais importante mercado para o trigo, incentivando assim seu cultivo, ao invés de desestimulá-lo.

Por força da lei do 22º ano do reinado de Carlos II, Capítulo 13, a importação de trigo sujeitava-se a um imposto de 16 shillings por *quarta*, desde que o preço no mercado interno não excedesse 53 shillings e 4 pence por *quarta*, ou a um imposto de 8 shillings, desde que o preço não excedesse 4 libras. O primeiro desses preços foi praticado, em mais de um século, apenas em tempos de enorme escassez, ao passo que o segundo, pelo que sei, nunca se praticou. Contudo, enquanto o trigo não superasse o segundo preço, ficava sujeito por essa lei a um imposto elevadíssimo; enquanto não superasse o primeiro, sujeitava-se a um imposto equivalente à proibição de importação. A importação de outros tipos de cereais era restringida a preços e por impostos quase tão altos, proporcionalmente ao valor da respectiva mercadoria, como os aplicados ao trigo[4]. Leis posteriores aumentaram ainda mais esses impostos.

---

4. Antes da lei do 13º ano do atual reinado, o imposto de importação incidente sobre diferentes tipos de cereais era o seguinte:

Cereal	Imposto devido	Imposto devido	Imposto devido
Feijão	até 28 shillings por quarta: 19 shillings e 10d	até 40 shillings: 16 shillings e 8d	acima de 40 shillings: 12d
Cevada	até 28 shillings: 19 shillings e 10d	até 32 shillings: 16 shillings	acima de 32 shillings: 12d
A importação de malte é proibida pela lei anual do imposto sobre o malte.			
Aveia	até 16 shillings: 5 shillings e 10d	acima de 16 shillings: 9½d	
Ervilha	até 40 shillings: 16 shillings e 10d	acima de 40 shillings: 9¾d	
Centeio	até 36 shillings: 19 shillings e 10d	até 40 shillings: 16 shillings e 8d	acima de 40 shillings: 12d
Trigo	até 44 shillings: 21 shillings e 9d	até 53 shillings e 4d: 17 shillings	até 4 libras: 8 shillings
Trigo	acima de 4 libras: aproximadamente 1 shilling e 4d		
Trigo-sarraceno	até 32 shillings por quadra: 16 shillings		

Esses diferentes impostos foram parcialmente introduzidos pela lei do 22º ano de reinado de Carlos II, no lugar do Antigo Tributo, e em parte pelo Novo Tributo, pelo Tributo de $1/3$ e $2/3$ e pelo Tributo de 1747.

A rigorosa observância dessas leis em anos de escassez teria forçosamente acarretado grande sofrimento para a população. Em tais momentos, contudo, sua execução geralmente era suspensa por leis provisórias, que permitiam, durante um período limitado, a importação de trigo estrangeiro. A necessidade dessas leis provisórias demonstra suficientemente a impropriedade da lei geral.

Tais restrições à importação, embora anteriores ao estabelecimento do subsídio, foram ditadas pelo mesmo espírito, pelos mesmos princípios que posteriormente instituíram esse benefício. Por mais prejudiciais que fossem em si mesmas, essas e outras restrições à importação tornaram-se necessárias em conseqüência da introdução do subsídio. Se, estando o preço do trigo pouco abaixo de 48 shillings a quarta ou não muito acima disso, tivesse sido possível a importação de trigo estrangeiro livre de impostos ou com incidência de um pequeno imposto, poderia esse trigo ser reexportado com o benefício do subsídio, para grande prejuízo da receita pública e completo desvirtuamento desse instituto, cujo objetivo era ampliar o mercado para a produção nacional e não para a de países estrangeiros.

III. A atividade do exportador de trigo para consumo externo não contribui diretamente, é certo, para o amplo abastecimento do mercado interno. No entanto, contribui indiretamente. Seja qual for a fonte habitual desse abastecimento – produção nacional ou importação do exterior –, se não houver produção ou importação habituais de trigo superiores ao consumo normal, o abastecimento do mercado interno não poderá nunca ser muito abundante. Ora, salvo se o excedente puder ser exportado em todas as circunstâncias normais, agricultores e importadores terão o cuidado de nunca cultivar ou importar mais do que o mero consumo do mercado interno exigir. O excessivo abastecimento desse mercado será muito raro, ocorrendo geralmente o contrário, já que as pessoas cuja atividade consiste em abastecê-lo terão no mais das vezes o receio de que suas mercadorias não encontrem saída. A proibição de exportar limita a melhoria e o cultivo do país ao necessário para o abastecimento de seus próprios habitantes. A liberdade de exportação possibilita o aumento do cultivo para fornecimento ao mercado externo.

Pela lei do 12º ano do reinado de Carlos II, Capítulo. 4, ficava permitida a exportação de cereais sempre que o preço do trigo não excedesse 40 shillings a quarta, considerando-se proporcionalmente o preço dos outros cereais. Pela lei do 15º ano do reinado do mesmo príncipe, esta liberdade foi ampliada, permitindo-se a exportação sempre que o preço do trigo não excedesse 48 a quarta. Pela lei do 22º ano, esse limite foi estendido a qualquer preço mais elevado. É certo que o imposto sobre a libra-peso era devido ao rei por ocasião de tal exportação. No entanto, todos os cereais eram avaliados a preços tão baixos no Livro de Tarifas que esse imposto sobre a libra-peso correspondia, no caso do trigo, a apenas 1 shilling; sobre a aveia, a 4 pence; e, sobre todos os demais cereais, a 6 pence a quarta. Pela lei do 1º ano do reinado de Guilherme e Maria, instituidora do subsídio à exportação, esse pequeno imposto ficava virtualmente eliminado sempre que o preço do trigo não excedesse 48 shillings a quarta. Pela lei do 11º e 12º anos do reinado de Guilherme III, Capítulo 20, ficava esse imposto expressamente extinto no caso de qualquer preço mais elevado.

Desse modo, a atividade do comerciante exportador não apenas era incentivada por um subsídio, mas contava ainda com muito mais liberdade que a do comerciante interno. Pela última dessas leis, ficava permitida a compra, por qualquer preço, de trigo destinado à exportação, ao passo que se vedava a compra destinada à revenda interna, salvo quando o preço não excedesse 48 shillings a quarta. Contudo, como já se demonstrou, o interesse do comerciante interno nunca pode se contrapor ao do grande conjunto da população. O interesse do comerciante exportador não só pode, mas algumas vezes de fato se opõe ao interesse da população.

LIVRO IV

Se, estando seu próprio país sob os efeitos de uma carestia, um país vizinho se encontrar em situação de fome, pode interessar ao comerciante exportador vender trigo a este último país em quantidade capaz de muito agravar as calamidades da carestia no primeiro. O objetivo direto dessa lei não foi o pleno abastecimento do mercado interno, mas sim, a pretexto de incentivar a agricultura, aumentar ao máximo o preço em dinheiro do trigo, causando desse modo, tanto quanto possível, constante carestia no mercado interno. Com o desestímulo às importações, o abastecimento deste mercado, mesmo em épocas de grande escassez, estava limitado à produção interna, mas o incentivo às exportações, ainda quando o preço chegava a 48 shillings a quarta, não permitia a esse mercado, mesmo em épocas de considerável escassez, beneficiar-se da totalidade dessa produção. As leis provisórias, proibindo por certo período a exportação de trigo e retirando por certo período o imposto sobre sua importação, expedientes a que a Grã-Bretanha tão freqüentemente se viu obrigada a recorrer, demonstram suficientemente a impropriedade de seu sistema geral. Fosse correto esse sistema, ela não teria sido tão freqüentemente compelida a arredá-lo.

Se todas as nações seguissem o sistema liberal de livre exportação e importação, os vários Estados em que se divide um grande continente se assemelhariam, nesse sentido, às diferentes províncias de um grande império. Entre as várias províncias de um grande império, a liberdade de comércio interno revela-se, tanto pela razão como pela experiência, não só como o melhor paliativo para a carestia, mas também como a prevenção mais eficaz contra a fome. O mesmo ocorreria com a liberdade de importação e exportação entre os vários Estados em que se divide um grande continente. Quanto maior for um continente, mais fácil será a comunicação através de todas as suas diferentes partes, tanto por terra como por água, e menor será a exposição de qualquer delas a essas calamidades, sendo maior a probabilidade de que a escassez de um país seja atenuada pela prosperidade de algum outro. Mas pouquíssimos países adotaram integralmente esse sistema liberal. Por quase toda parte, o livre comércio de trigo está mais ou menos restringido, e em muitos países encontra-se cerceado por regulamentações que, de tão absurdas, freqüentemente agravam o inevitável infortúnio da carestia, transformando-o na terrível calamidade da fome. Nesses países, a demanda de trigo pode tornar-se tão vultosa e urgente que um pequeno Estado vizinho, casualmente submetido nessa mesma época a relativa escassez, não poderia aventurar-se a lhes fornecer sem se expor à mesma terrível calamidade. Assim, a péssima política de um país pode, em certa medida, tornar perigoso e imprudente o estabelecimento, em outro país, daquilo que noutras circunstâncias seria a melhor política. Contudo, a liberdade irrestrita de exportação seria muito menos perigosa em grandes Estados, cujo abastecimento, em vista da produção muito mais expressiva, raramente poderia ser muito afetado por alguma exportação de trigo. Num cantão suíço ou em algum dos pequenos Estados da Itália, poderá talvez ser necessário, em certas ocasiões, restringir a exportação de trigo. Em países tão grandes como a França ou a Inglaterra, essa necessidade dificilmente se verificará. Ademais, impedir que o agricultor envie suas mercadorias, a qualquer tempo, para o melhor mercado significa, evidentemente, sacrificar as leis normais da justiça a uma consideração de utilidade pública, a uma espécie de razão de estado. Trata-se de um ato de autoridade legislativa que apenas se deve exercer – e que somente pode ser perdoado – em casos da mais extrema necessidade. Para que se proíba a exportação de trigo – se isso alguma vez ocorrer –, será sempre necessário que o preço dessa mercadoria esteja muito alto.

As leis relativas ao trigo podem ser comparadas, em toda parte, às leis relativas à religião. As pessoas de tal modo se interessam pelo que diz respeito à sua subsistência nesta vida ou à sua felicidade numa vida futura que o governo tem de ceder aos preconceitos da população e instituir, para a preservação da tranqüilidade pública, o sistema que elas aprovam. Talvez seja essa a razão pela qual tão raramente encontramos um sistema razoável instituído no tocante a qualquer desses tópicos fundamentais.

IV. A atividade do comerciante transportador, isto é, do importador de trigo estrangeiro destinado à reexportação, contribui para o pleno abastecimento do mercado interno. É certo que o propósito direto dessa atividade não é a venda de trigo neste último mercado. Mas tal comerciante estará normalmente disposto a fazê-lo, mesmo por um preço consideravelmente inferior ao que poderia esperar obter no mercado externo, pois desse modo evita os custos de carregamento e descarregamento, de frete e seguro. Muito raramente sofrem privações os habitantes de um país que, graças a essa atividade de transporte, torna-se depósito e armazém para o abastecimento de outros países. Embora essa atividade de transporte possa assim contribuir para a redução do preço médio em dinheiro do trigo no mercado interno, não reduzirá por esse meio o valor real dessa mercadoria. Apenas provocará pequeno aumento do valor real da prata.

Essa atividade de transporte estava na prática proibida na Grã-Bretanha, em situações normais, pelos elevados impostos incidentes sobre a importação de trigo estrangeiro, insuscetíveis em sua grande maioria de restituição quando da exportação. Em situações extraordinárias, quando a escassez exigia a suspensão desses impostos por força de leis provisórias, a exportação ficava sempre proibida. Assim, em virtude desse sistema de leis, tal atividade de transporte estava, de fato, proibida em todas as situações.

Portanto, tal sistema de leis, que guarda relação com a instituição do subsídio, não parece merecer parte alguma do elogio que tem recebido. O desenvolvimento e a prosperidade da Grã-Bretanha, tantas vezes imputados a essas leis, podem muito facilmente ser atribuídos a outras causas. A segurança que as leis na Grã-Bretanha dão a cada indivíduo, garantindo-lhe que desfrutará do produto de seu trabalho, é por si suficiente para fazer que um país prospere, não obstante essas e vinte outras regulamentações absurdas do comércio. E essa segurança foi consolidada, pela revolução*, quase simultaneamente à instituição do subsídio. O esforço natural de todo indivíduo para melhorar sua própria condição, quando se lhe permite que o exerça com liberdade e segurança, é um princípio tão poderoso que, por si e sem auxílio algum, é capaz não só de conduzir a sociedade à riqueza e prosperidade, como ainda de superar uma centena de obstáculos impertinentes com os quais a insensatez das leis humanas tantas vezes sobrecarrega suas operações. No entanto, esses obstáculos têm sempre como efeito, em medida maior ou menor, o cerceamento da liberdade ou a diminuição da segurança dessa sociedade. Na Grã-Bretanha, a atividade econômica é perfeitamente segura, e, embora longe de ser totalmente livre, é tão ou mais livre que em qualquer outro país da Europa.

Apesar de o período de maior prosperidade e desenvolvimento da Grã-Bretanha ter sido posterior à instituição desse sistema de leis relacionado com o subsídio, não devemos só por isso atribuí-lo a essas leis. Ele também foi posterior à dívida nacional. Mas esta seguramente não foi causa do referido período.

Embora esse sistema de leis relacionado com o subsídio tenha exatamente a mesma tendência que a política da Espanha e de Portugal, isto é, de reduzir um pouco o valor dos metais preciosos no país em que essas diretrizes são implementadas, a Grã-Bretanha é certamente, no entanto, um dos países mais ricos da Europa, ao passo que a Espanha

---

* Smith refere-se à chamada Revolução Gloriosa, de 1688. Sobre a introdução do subsídio nessa ocasião, cf. Livro I, Capítulo 11. (N. T.)

e Portugal talvez estejam entre os mais pobres. A diferença entre tais situações pode, contudo, ser facilmente justificada por duas causas distintas. Em primeiro lugar, os impostos na Espanha, a proibição em Portugal de exportar ouro ou prata e a vigilante polícia que fiscaliza o cumprimento dessas leis, em dois países muito pobres que em conjunto importam anualmente mais de 6 milhões de libras esterlinas, devem atuar não só mais diretamente como também muito mais energicamente que as leis do trigo na Grã-Bretanha para a redução do valor desses metais. E, em segundo lugar, essa má política não é, nestes países, contrabalançada pela liberdade e segurança geral da população. Ali a atividade econômica não é livre nem segura, e os governos civis e eclesiásticos da Espanha e de Portugal são de tal ordem que por si seriam suficientes para perpetuar seu atual estado de pobreza, mesmo que suas regulamentações sobre o comércio fossem tão sensatas quanto na verdade são, em sua maioria, absurdas e insensatas.

A lei do 13º ano do reinado atual, Capítulo 43, parece ter instituído um novo sistema no tocante às leis sobre o trigo, sob muitos aspectos superior ao anterior, mas talvez não tão bom em um ou dois aspectos.

Por força dessa lei, o elevado imposto sobre a importação destinada ao consumo interno é eliminado tão logo o preço do trigo médio atinja 48 shillings a quarta; o do centeio, ervilha ou feijão médios, 32 shillings; o da cevada, 24 shillings; e o da aveia, 16 shillings. Em seu lugar, incide um pequeno imposto de apenas 6 pence sobre a quarta de trigo, calculando-se o dos demais cereais proporcionalmente. Quanto a todos esses diferentes tipos de cereais, mas particularmente quanto ao trigo, o mercado interno fica assim aberto ao fornecimento do exterior a preços consideravelmente mais baixos que os anteriores.

Pela mesma lei, elimina-se o antigo subsídio de 5 shillings à exportação de trigo tão logo o preço atinja 44 shillings a quarta, em vez de 48, preço que anteriormente eliminava o subsídio; o de 2 shillings e 6 pence à exportação de cevada fica eliminado tão logo o preço atinja 22 shillings, em vez de 24, preço que anteriormente o eliminava; o de 2 shillings e 6 pence à exportação de farinha de aveia fica eliminado tão logo o preço atinja 14 shillings, em vez de 15, preço que anteriormente o eliminava. O subsídio ao centeio é reduzido de 3 shillings e 6 pence para 3 shillings, e fica eliminado tão logo o preço atinja 28 shillings, em vez de 32, preço que anteriormente o eliminava. Se os subsídios são tão inadequados como me empenhei em provar, quanto mais próxima sua eliminação, quanto mais baixos forem, tanto melhor.

Quando vigoram os mais baixos preços, a mesma lei permite a importação de trigo livre de impostos para reexportação, contanto que seja a mercadoria depositada num armazém sob guarda conjunta do rei e do importador. Essa liberdade, na verdade, não abrange mais que vinte e cinco dos vários portos da Grã-Bretanha. São, contudo, os principais, e talvez não haja armazéns adequados para esse fim na maioria dos outros portos.

Nesse aspecto, tal lei parece constituir, evidentemente, um avanço em relação ao antigo sistema.

Mas, por força da mesma lei, concede-se um subsídio de 2 shillings por quarta à exportação de aveia, contanto que o preço não exceda 14 shillings. Jamais se concedera um subsídio à exportação desse cereal, nem à exportação de ervilhas e feijão.

Ainda pela mesma lei, a exportação de trigo fica proibida tão logo o preço atinja 44 shillings a quarta; a de centeio, tão logo atinja 28 shillings; a de cevada, tão logo atinja 22 shillings; a de aveia, tão logo atinja 14 shillings. Todos esses diferentes preços parecem ser muito baixos e, além disso, parece inadequado proibir completamente a exportação precisamente aos preços em que o subsídio, concedido para incentivá-la, é eliminado. O subsídio deveria ter sido eliminado a um preço muito mais baixo ou então a exportação deveria ter sido permitida a um preço muito superior.

Nesse aspecto, portanto, esta lei parece inferior ao antigo sistema. Todavia, com todas as suas imperfeições, talvez possamos dizer dela o que se dizia das leis de Sólon: embora não seja a melhor, é o que os interesses, os preconceitos e a índole do tempo permitiriam de melhor. Talvez possa no devido tempo abrir caminho para uma lei melhor.

CAPÍTULO 6

Dos tratados de comércio

Quando uma nação se compromete por um tratado a permitir a entrada de certas mercadorias de um país estrangeiro, ao mesmo tempo que proíbe a entrada de mercadorias de todos os outros países, ou a isentar as mercadorias de um país de impostos aos quais sujeita as de todos os outros países, então o país ou, pelo menos, seus comerciantes e manufatores cuja atividade é assim favorecida necessariamente retiram grandes vantagens desse tratado. Os comerciantes e manufatores desfrutam de uma espécie de monopólio no país que se mostra tão indulgente com eles. Esse país torna-se um mercado mais amplo e mais vantajoso para suas mercadorias; mais amplo porque, excluindo a entrada dos produtos de outras nações ou os sujeitando a tarifas de importação mais elevadas, ele absorve uma quantidade maior das mercadorias desses comerciantes e manufatores; mais vantajoso, porque os comerciantes do país favorecido, por desfrutarem de uma espécie de monopólio nesse mercado, freqüentemente venderão suas mercadorias a um preço melhor do que se estivessem expostos à livre concorrência de todas as outras nações.

No entanto, embora esses tratados possam ser vantajosos para os comerciantes e manufatores do país favorecido, são necessariamente desvantajosos para os comerciantes e manufatores do país que concede o favor. É um monopólio que assim se assegura, em detrimento destes, a uma nação estrangeira, e que os obriga a sempre comprar as mercadorias estrangeiras de que necessitam a um preço mais elevado do que se a livre concorrência das outras nações fosse admitida. Por conseguinte, será necessário vender a preço mais baixo a parte da própria produção com a qual essa nação compra mercadorias estrangeiras, porque, quando duas coisas são trocadas uma pela outra, o baixo preço de uma é a conseqüência necessária do alto preço da outra, ou melhor, é a mesma coisa que o alto preço da outra. É provável então que cada tratado desse gênero diminua o valor de troca da produção anual do país. Essa diminuição, porém, dificilmente representará uma perda positiva; ao contrário, representará simplesmente um decréscimo do ganho que, em outras circunstâncias, o país poderia obter. Embora venda seus produtos mais baratos do que em outra situação poderia vendê-los, provavelmente não os venderá a um preço inferior a seu custo; nem os venderá, como no caso dos subsídios, por um preço que não reporá o capital empregado em seu transporte para o mercado, juntamente com os lucros normais do capital. Se isso acontecesse, o comércio não poderia durar por muito tempo. Portanto, mesmo o país que favorece outro pode ainda ganhar com o comércio, embora menos do que se houvesse livre concorrência.

Contudo, supõe-se, com base em princípios muito diferentes destes, que certos tratados de comércio sejam vantajosos. Algumas vezes, um país comercial concede um monopólio desse tipo, em seu próprio prejuízo, a certos bens de uma nação estrangeira, na esperança de que, na totalidade das operações de comércio que se estabeleceriam entre os dois países, esse país venderia anualmente mais do que compraria, e receberia, anualmente, um saldo em ouro e prata. Foi precisamente com base nesse princípio que tanto se elogiou o tratado de comércio entre Inglaterra e Portugal, concluído em 1703 pelo Sr. Methuen. O que se segue é uma tradução literal desse tratado, que consiste unicamente em três artigos.

Artigo I

Sua Sagrada Majestade, o rei de Portugal, promete, tanto em seu próprio nome como no de seus sucessores, admitir para sempre daqui por diante em Portugal os tecidos de lã e outras fábricas de lã da Grã-Bretanha, como era costume até serem proibidos por lei, não obstante a seguinte condição:

Artigo II

Fica estipulado que Sua Sagrada e Real Majestade da Grã-Bretanha, em seu próprio nome e no de seus sucessores, será obrigada para sempre daqui por diante a admitir na Grã-Bretanha os vinhos de produção portuguesa, de sorte que em tempo algum, haja paz ou guerra entre os reinos da Grã-Bretanha e França, não poderá exigir por tais vinhos, sob o nome de aduana ou de imposto, ou a qualquer outro título, direta ou indiretamente, quer sejam transportados para a Inglaterra em pipas, tonéis ou quaisquer outros cascos, mais do que o que se costuma pedir para igual quantidade ou medida de vinho da França, diminuindo ou abatendo uma terça parte do tributo alfandegário ou imposto. Porém, se em qualquer tempo essa dedução ou abatimento de tributos alfandegários, que será feito como acima declarado, for por algum modo dificultado e prejudicado, Sua Sagrada e Real Majestade de Portugal poderá, justa e licitamente, proibir os tecidos de lã e todas as demais fábricas de lanifícios da Inglaterra.

Artigo III

Os Excelentíssimos Senhores plenipotenciários prometem e tomam para si que seus senhores acima nomeados ratificarão o presente tratado e que dentro do prazo de dois meses se farão as ratificações.

Por este Tratado, a Coroa de Portugal se compromete a admitir os lanifícios ingleses nas mesmas condições de antes da proibição, isto é, não aumentar os impostos pagos anteriormente. Porém não se compromete a admiti-los em termos melhores do que os de qualquer outra nação, da França ou Holanda, por exemplo. Em contrapartida, a Coroa da Grã-Bretanha compromete-se a admitir os vinhos de Portugal, cobrando apenas $2/3$ dos impostos de importação que pagam os vinhos da França, vinhos estes que, muito provavelmente, entrarão em concorrência com os portugueses. Até aqui, portanto, esse tratado é claramente vantajoso para Portugal e desvantajoso para a Grã-Bretanha.

Entretanto, o tratado foi celebrado como uma obra-prima da política comercial inglesa. Portugal recebe anualmente do Brasil uma quantidade de ouro muito superior à que emprega em seu comércio interno, seja em moeda, seja em barras. O excedente é demasiado valioso para ser deixado ocioso e encerrado em cofres e, como não encontra mercado interno vantajoso, é preciso, não obstante qualquer proibição, enviá-lo para fora e trocá-lo por algo que encontre no país um mercado mais vantajoso. Uma grande parte desse excedente vem anualmente para a Inglaterra, em troca de mercadorias inglesas ou de outras nações européias que recebam seus retornos através da Inglaterra. O Sr. Baretti foi informado de que o paquete semanal vindo de Lisboa transporta para a Inglaterra, tomando a média de uma semana, mais de 50 mil libras em ouro. Essa soma provavelmente foi exagerada. Ela corresponderia a mais de 2,6 milhões de libras por ano, o que é mais do que se supõe forneça o Brasil.

Alguns anos atrás, nossos comerciantes estavam descontentes com a Coroa de Portugal. Haviam sido infringidos ou revogados alguns privilégios que lhes foram concedidos, não por tratado, mas por pura graça da Coroa, é bem verdade que por solicitação da Coroa da Grã-Bretanha e provavelmente em troca de favores ainda maiores – defesa e proteção. Assim, as pessoas normalmente mais interessadas em enaltecer o comércio com Portugal estavam então dispostas a apresentá-lo como menos vantajoso do que comumente se imaginara. Afirmavam que a maior parte, quase a totalidade, dessa importação anual de ouro não beneficiava a Grã-Bretanha, mas outras nações européias, pois as frutas e os vinhos de Portugal anualmente importados pela Grã-Bretanha quase compensavam o valor das mercadorias britânicas exportadas para Portugal.

Suponhamos, porém, que a totalidade do ouro importado beneficiasse a Grã-Bretanha, e que seu montante fosse ainda maior do que o Sr. Baretti parece imaginar. Mesmo assim, esse comércio não seria mais vantajoso do que qualquer outro comércio mediante o qual, pelo mesmo valor enviado para fora, recebêssemos em troca um igual valor em bens de consumo.

É de presumir que somente uma parte ínfima dessa importação seja empregada como acréscimo anual aos objetos de ouro e prata ou à moeda do reino. O restante deve necessariamente ser enviado para fora e trocado por bens de consumo de uma espécie ou de outra. Ora, se esses bens de consumo fossem comprados diretamente com a produção da indústria inglesa, essa seria uma operação mais vantajosa para a Inglaterra do que, primeiro, comprar com essa produção o ouro de Portugal e depois comprar com este ouro os bens de consumo. Um comércio direto de bens de consumo com o exterior é sempre mais vantajoso do que um comércio indireto, pois para trazer o mesmo valor de mercadorias estrangeiras para o mercado interno é necessário muito menos capital de um modo do que de outro. Portanto, seria mais vantajoso para a Inglaterra se uma parcela menor de sua indústria houvesse sido empregada para produzir artigos adequados ao mercado português, e uma parcela maior se destinasse à produção de artigos adequados a outros mercados, onde se podem encontrar os bens de consumo para os quais existe demanda na Grã-Bretanha. Dessa maneira, a Inglaterra empregaria muito menos capital do que emprega hoje para adquirir tanto o ouro de que necessita para seu próprio uso, como os bens de consumo. Haveria então um capital disponível, que poderia ser empregado em outros fins, para promover um volume adicional de indústria e gerar um aumento da produção anual.

Mesmo que a Grã-Bretanha fosse totalmente excluída do comércio de Portugal, ela teria poucas dificuldades em conseguir anualmente toda a provisão de ouro de que necessita, seja em lingotes, seja para fazer objetos, seja para usar como moeda, seja para o comércio exterior. O ouro, como de resto toda mercadoria, sempre poderá ser comprado por seu valor num lugar ou noutro, por quem tiver esse valor para dar. Além disso, o excedente anual de ouro de Portugal seria sempre enviado para fora e, mesmo que não fosse exportado pela Grã-Bretanha, iria para qualquer outra nação, que teria prazer em revendê-lo pelo seu preço, tal como a Grã-Bretanha o faz atualmente. Ao comprarmos ouro de Portugal estamos, é verdade, comprando-o em primeira mão, ao passo que, ao comprá-lo de outra nação, à exceção da Espanha, nós o compraríamos em segunda mão e talvez pagássemos um pouco mais caro. No entanto, essa diferença certamente seria muito insignificante para merecer a atenção do governo.

Dizem que quase todo o nosso ouro vem de Portugal. Em relação a outras nações, a balança comercial nos é desfavorável ou não nos favorece tanto. Mas deveríamos nos lembrar de que, quanto mais ouro importarmos de um país, menos necessariamente teremos de importar de outros. A demanda efetiva de ouro, como a de qualquer outra mercadoria, é em todo país limitada a uma certa quantidade. Se $9/10$ dessa quantidade são importados de um país, não restará senão $1/10$ para ser importado dos outros. Além disso, quanto mais ouro se importar anualmente de certos países específicos, acima do que é necessário para a indústria da ourivesaria e para a moeda, tanto mais se terá, forçosamente, que exportar para outros países; e quanto mais a balança comercial, o mais insignificante dos objetos da política moderna, nos parecer favorável em relação a certos países, tanto mais ela nos parecerá desfavorável em relação a muitos outros.

Foi todavia com base nessa idéia tola, segundo a qual a Inglaterra não teria condições de subsistir sem o comércio com Portugal, que França e Espanha, já no fim da última guerra*, exigiram do rei de Portugal, sem a menor intenção de ofenderem ou provocarem, que fechasse os portos a todos os navios britânicos e, para assegurar essa exclusão, que neles recebesse guarnições francesas ou espanholas. Caso o rei de Portugal se sujeitasse a essas condições ignominiosas, propostas por seu cunhado, o rei da Espanha, a Grã-Bretanha se teria livrado de um inconveniente muito maior do que a perda do comércio com Portugal: o peso de apoiar um aliado tão fraco, tão desprovido de tudo quanto é necessário para a autodefesa, que todo o poderio da Inglaterra, mesmo se ela o dirigisse para esse único propósito, talvez não fosse suficiente para defendê-lo numa segunda campanha. A perda do comércio com Portugal provocaria, sem dúvida, um transtorno considerável para os comerciantes que naquela altura estavam bastante envolvidos nele, e que talvez não conseguissem encontrar, em um ou dois anos, um outro método igualmente vantajoso de empregarem seus capitais; esse provavelmente seria todo o inconveniente que a Inglaterra sofreria com essa notável amostra de política comercial.

A grande importação anual de ouro e prata não se destina à fabricação de ourivesaria ou de moeda, mas ao comércio exterior. Os metais permitem realizar, de modo mais

---

* Em 1762. (N. T.)

vantajoso que quaisquer outros bens, um comércio exterior indireto de bens de consumo. Como instrumentos universais de comércio, são recebidos muito mais prontamente em troca de outras mercadorias do que todos os outros bens; em razão de seu pequeno volume e grande valor, custa menos transportá-los de um lugar a outro do que quase todas as outras espécies de mercadorias, e perdem menos de seu valor em todos esses transportes. Portanto, dentre todas as mercadorias compradas num país estrangeiro unicamente com o propósito de serem novamente revendidas ou trocadas por alguns outros bens num outro país, não existe nenhuma tão conveniente como o ouro e a prata. A principal vantagem do comércio com Portugal consiste em facilitar todo o comércio exterior indireto de bens de consumo, e ainda que esta não seja uma vantagem capital é, sem dúvida, uma vantagem considerável.

Parece bastante evidente que qualquer acréscimo anual que se faça, segundo se pode razoavelmente supor, na ourivesaria ou na moeda do reino não exigiria senão uma importação anual de ouro e prata extremamente reduzida, e ainda que não mantivéssemos nenhum comércio direto com Portugal sempre seria possível adquirir facilmente, num lugar ou noutro, essa pequena quantidade.

Embora o comércio dos ourives seja bastante considerável na Grã-Bretanha, a maior parte das peças novas de ouro e prata que eles vendem anualmente é feita de peças antigas fundidas, de modo que o acréscimo anual à totalidade da ourivesaria do reino não é muito grande, e exigiria somente uma pequena importação anual.

O mesmo se passa com a moeda. Ninguém imagina, creio eu, que mesmo a maior parte da cunhagem anual – que em dez anos atingiu, antes da última reforma da moeda de ouro, mais de 800 mil libras por ano em ouro – representasse um acréscimo ao dinheiro anteriormente corrente no reino. Num país onde o custo de cunhagem é pago pelo governo, o valor da moeda, mesmo contendo exatamente o peso-padrão de ouro e prata, nunca pode ser maior do que o valor de uma igual quantidade desses metais não cunhados, pois o único trabalho que se tem é o de ir à Casa da Moeda e de esperar, talvez, algumas semanas para conseguir para uma certa quantidade de ouro e prata não cunhados uma igual quantidade desses metais em moeda. Mas em todos os países a maior parte da moeda corrente está sempre mais ou menos desvalorizada ou depreciada, de um modo ou de outro, em relação a seu padrão. Na Grã-Bretanha, antes da última reforma, a moeda estava bastante depreciada: o ouro estava mais de 2% abaixo de seu peso-padrão, e a prata, mais de 8%. Ora, se com 44½ guinéus, contendo o peso-padrão integral – 1 libra-peso de ouro –, se podia comprar pouco mais de 1 libra-peso de ouro não cunhado, com 44½ guinéus faltando uma parte de seu peso não se podia comprar 1 libra-peso, e portanto seria necessário acrescentar algo para compensar o déficit; por conseguinte, o preço corrente do lingote de ouro no mercado, em vez de ser igual ao preço de cunhagem, isto é, £46 14s 6d, era então cerca de £47 14s e, às vezes, cerca de 48 libras. Contudo, quando a maior parte da moeda se encontrava nesse estado de degradação, 44½ guinéus recém-saídos da Casa da Moeda não comprariam mais artigos no mercado do que quaisquer outros guinéus correntes, porque ao entrarem nos cofres do comerciante, confundindo-se com outra moeda, não poderiam mais tarde distinguir-se, salvo após um trabalho que não valia a diferença. Como os outros guinéus, não valiam mais do que £46 14s 6d. No entanto, uma vez derretidos, produziam, sem nenhuma perda significativa, 1 libra-peso de ouro-padrão, que poderia ser vendida a qualquer hora entre £47 14s e £48 em ouro ou prata, quantia inteiramente satisfatória para cumprir tanto os propósitos da moeda como da moeda que fora derretida. Assim, havia um lucro evidente em derreter novas moedas, o que se fazia tão instantaneamente que nenhuma precaução do governo poderia evitá-lo. As operações da Cada da Moeda eram, pela mesma razão, um pouco semelhantes aos bordados de Penélope: o trabalho que se fazia durante o dia era desfeito à noite. A Casa da Moeda se ocupava não tanto de fazer acréscimos diários à moeda, mas de substituir a melhor parte dela, diariamente derretida.

Se os indivíduos privados que levam ouro e prata à Casa da Moeda fossem obrigados a pagar pela cunhagem, isso viria a aumentar o valor desses metais, da mesma maneira que a forma acrescenta valor às peças de ourivesaria. O ouro e a prata cunhados seriam mais valiosos que os não cunhados. Um imposto de senhoriagem, quando não fosse exorbitante, acrescentaria ao lingote o valor integral do imposto, pois, como em todos os lugares o governo detém o privilégio exclusivo da cunhagem, nenhuma moeda é lançada no mercado a um preço inferior ao que o governo julgue adequado conferir-lhe. Se o imposto fosse de fato exorbitante, ou seja, se estivesse muito acima do real valor do trabalho e da despesa necessários para a cunhagem, os falsificadores de moeda, tanto dentro como fora do país, se veriam encorajados, pela grande diferença entre o valor do lingote e o da moeda, a derramar no país uma quantidade imensa de moedas falsas, o que poderia reduzir o valor da moeda oficial. Entretanto, na França o imposto de senhoriagem é de 8%, e nem por isso surgiu qualquer sensível inconveniente desse tipo. Os riscos a que o falsificador está em todos os lugares exposto, se ele vive no país cuja moeda falsifica, e aos quais seus agentes ou correspondentes se expõem, se ele viver num país estrangeiro, são demasiado grandes para que se decida neles incorrer em nome de um lucro de 6 ou 7%.

Na França, a senhoriagem aumenta o valor da moeda acima da proporção da quantidade de ouro puro que contém. Assim, pelo edito de janeiro de 1726[1] o preço da cunhagem de ouro puro de vinte e quatro quilates foi fixado na

---

1. Veja-se *Dictionnaire des monnoies*, vol. II, verbete *seigneurage*, p. 489, por M. Abot de Bazinghen, conselheiro-comissário na Corte das Moedas de Paris.

Casa da Moeda em 740 libras, 9 *sous* e ¹/₁₁ *denier*, por marco de 8 onças de Paris. A moeda de ouro francesa, levando em consideração a variação oficial no padrão da cunhagem, contém vinte e um quilates e três quartos de ouro puro, e dois quilates e um quarto de liga. Por conseguinte, o marco de ouro-padrão não vale mais do que 671 libras e 10 *deniers*. Mas na França esse marco de ouro-padrão é cunhado em 30 luíses de ouro de vinte e quatro libras cada, ou 720 libras. A cunhagem aumenta, portanto, o valor de um marco de lingote de ouro-padrão pela diferença entre 671 libras e 10 *deniers* e 720 libras, ou seja, 48 libras, 19 *sous* e 2 *deniers*.

A senhoriagem eliminará, em muitos casos, e diminuirá, sempre, o lucro obtido na fundição da nova moeda. Esse lucro sempre provém da diferença entre a quantidade de metal que deveria conter a moeda corrente e a que ela realmente contém. Se essa diferença for menor que a senhoriagem, haverá prejuízo ao invés de lucro. Se for igual à senhoriagem, não haverá nem lucro nem prejuízo. Se for maior do que a senhoriagem, haverá de fato algum lucro, mas menor do que seria se não existisse senhoriagem. Por exemplo, se antes da última reforma da moeda de ouro houvesse uma senhoriagem de 5% sobre a cunhagem, haveria um prejuízo de 3% na fundição da moeda de ouro. Se a senhoriagem fosse de 2%, não haveria nem lucro nem prejuízo. Se a senhoriagem fosse de 1%, haveria um lucro, mas somente de 1%, e não de 2%. Assim, onde o dinheiro for recebido por quantia, e não por peso, a senhoriagem é o meio mais eficaz de impedir a fundição da moeda e, pela mesma razão, de sua exportação. Em geral, as peças fundidas ou exportadas são as melhores e mais pesadas, porque são estas que geram os maiores lucros.

A lei de incentivo à cunhagem, ou seja, a que a isentou de todos os impostos de fabricação, foi instituída pela primeira vez durante o reinado de Carlos II por prazo limitado, sendo mais tarde prorrogada em diversas ocasiões, até que em 1769 se tornou perpétua. Para encher seus cofres, o Banco da Inglaterra é freqüentemente obrigado a fundir lingotes na Casa da Moeda, e por isso provavelmente imaginou ser de seu interesse que o governo, e não ele, o Banco, arcasse com as despesas de cunhagem. É provável que tenha sido por complacência para com essa grande companhia que o governo concordou em tornar a lei perpétua. Porém, caso o hábito de pesar ouro venha a cair em desuso, como muito possivelmente acontecerá dado o transtorno da operação, caso a moeda de ouro da Inglaterra passe a ser recebida por quantia, como era antes da última cunhagem, talvez essa grande companhia descubra que nessa, como em muitas outras ocasiões, se equivocou muito quanto a seus verdadeiros interesses.

Antes da última cunhagem, quando a moeda corrente de ouro da Inglaterra estava 2% abaixo de seu peso-padrão, como não existia senhoriagem, a moeda estava 2% abaixo do valor da quantidade de ouro-padrão que devia conter. Assim, quando essa grande companhia comprava ouro em lingotes para cunhagem, era obrigada a pagar por ele 2% acima do que valia após a cunhagem. Mas se houvesse uma senhoriagem de 2% sobre a cunhagem, a moeda corrente de ouro, embora 2% abaixo de seu peso-padrão, seria no entanto igual em valor à quantidade de ouro-padrão que devia conter, pois nesse caso o valor da fabricação compensaria a diminuição do peso. Na verdade, a companhia teria de pagar o imposto de senhoriagem, que, sendo de 2%, implicaria um prejuízo de precisamente 2% sobre a transação total, mas tal prejuízo não seria maior do que na realidade foi.

Se a senhoriagem fosse de 5%, e a moeda corrente de ouro estivesse apenas 2% abaixo de seu peso-padrão, o banco ganharia, nesse caso, 3% sobre o preço do lingote; mas como teria de pagar um imposto de senhoriagem de 5% sobre a cunhagem, seu prejuízo sobre a transação total seria, do mesmo modo, de exatamente 2%.

Se a senhoriagem fosse de apenas 1% e a moeda corrente de ouro estivesse 2% abaixo de seu peso-padrão, o banco teria, nesse caso, perdido 1% sobre o preço do lingote; mas como teria de pagar um imposto de senhoriagem de 1%, seu prejuízo sobre a transação total seria exatamente de 2%, da mesma maneira que em todos os outros casos.

Se houvesse um imposto moderado de senhoriagem, e ao mesmo tempo a moeda contivesse seu peso-padrão integral, como vem acontecendo, com pouca variação, desde a última cunhagem, então tudo o que o banco pudesse perder com o imposto de senhoriagem ele ganharia com o preço do lingote, e tudo o que pudesse ganhar com o preço do lingote perderia com a senhoriagem. Com a transação total, portanto, o banco não ganharia nem perderia, de modo que estaria, bem como nos casos anteriores, exatamente na mesma situação em que se encontraria se não existisse senhoriagem.

Quando o imposto incidente sobre uma mercadoria é tão moderado que nem sequer incentiva o contrabando, o comerciante que faz negócios com tal mercadoria, embora adiante o pagamento desse imposto, não o paga propriamente, já que o recupera no preço da mercadoria. Em última análise, o imposto é pago pelo comprador ou consumidor final. Ora, o dinheiro é uma mercadoria em relação à qual todos os homens são comerciantes. Ninguém o compra, senão com a intenção de vendê-lo novamente, e em relação a ele não existe, em situações normais, um comprador ou consumidor final. Assim, quando o imposto sobre a cunhagem é tão moderado que não incentiva a fabricação de moedas falsas, embora todos o paguem antecipadamente, ninguém ao final o paga, já que todos o recuperam no acréscimo de valor que esse imposto confere à moeda.

É por isso que em nenhuma hipótese um imposto moderado de senhoriagem aumentaria as despesas do banco, ou as de quaisquer outros indivíduos privados que levam seus lingotes à Casa da Moeda a fim de serem cunhados; em nenhuma hipótese, também, a ausência de um imposto moderado de senhoriagem diminui essas despesas. Quer exista ou não a senhoriagem, se a moeda corrente contém integralmente seu peso-padrão, a cunhagem não custa nada a ninguém, e, se ela estiver abaixo desse peso, a cunhagem sempre deverá custar a diferença entre a quantidade de lingotes que a moeda deveria conter e a quantidade que ela realmente contém.

Assim, quando cobre as despesas de cunhagem, o governo não apenas incorre num pequeno gasto, como perde uma pequena receita que poderia recolher por meio de um imposto adequado; e nem o banco nem qualquer outra pessoa beneficiam-se minimamente com esse ato inútil de generosidade pública.

Porém, é provável que os diretores do banco não consintam de bom grado com a instituição de uma senhoriagem, baseados na autoridade de uma especulação que não lhes promete um ganho positivo, mas apenas pretende protegê-lhes de um eventual prejuízo. No atual estado da moeda de ouro, e enquanto continuar a ser recebida por peso, eles certamente nada ganharão com tal mudança. Mas se o hábito de pesar a moeda de ouro vier a cair em desuso, como tudo leva a crer que acontecerá, e se a moeda de ouro chegar a atingir o estado de degradação a que chegou antes da última cunhagem, o ganho do banco, ou, melhor dizendo, suas economias, provavelmente serão, em conseqüência da instituição da senhoriagem, bastante consideráveis. O Banco da Inglaterra é a única companhia que envia uma quantidade significativa de lingotes à Casa da Moeda, e o encargo da cunhagem anual recai totalmente ou quase totalmente sobre ele. Se essa cunhagem anual não tivesse outra finalidade senão reparar as inevitáveis perdas e o necessário desgaste da moeda, ela não poderia exceder 50 mil ou, no máximo, 100 mil libras. Mas quando a moeda se deprecia abaixo de seu peso-padrão, a cunhagem anual deve preencher, além disso, as grandes lacunas provocadas constantemente na moeda corrente, em razão da exportação e das operações de fundição. Foi por isso que durante os dez ou doze anos imediatamente anteriores à última reforma da moeda de ouro, a cunhagem anual atingiu uma média de mais ou menos 850 mil libras. Mas se existisse uma senhoriagem de 4 ou 5% sobre a moeda de ouro, é provável que o imposto, mesmo no estado em que as coisas se encontravam então, definitivamente colocasse fim à atividade de fundir e de exportar. O banco, em vez de perder anualmente cerca de 2,5% sobre os lingotes que precisavam ser cunhados em mais de 850 mil libras, ou de incorrer num prejuízo anual de mais de 21.250 libras, provavelmente não teria sofrido a décima parte desse prejuízo.

A soma anual concedida pelo Parlamento para custear a despesa de cunhagem é de apenas 14 mil libras, e em situações normais a despesa real do governo ou a remuneração dos funcionários da Casa da Moeda não ultrapassa, segundo me asseguraram, a metade dessa soma. Talvez se pense que a economia de uma quantia tão pequena, ou mesmo o ganho de uma outra quantia que não seria muito superior, sejam demasiado insignificantes para merecerem uma atenção séria por parte do governo. Mas uma economia de 18 mil ou 20 mil libras por ano, em face de um evento que não é improvável, pois freqüentemente se verificou no passado e muito possivelmente voltará a ocorrer, decerto é algo bastante digno de uma atenção séria, mesmo por parte de uma companhia tão grande como o Banco da Inglaterra.

Talvez algumas das reflexões e observações precedentes fossem mais adequadas aos capítulos do Livro I que tratam da origem e do uso do dinheiro, e da diferença entre o preço real e o preço nominal das mercadorias. Mas, como a lei de incentivo à cunhagem tem sua origem nesses preconceitos vulgares introduzidos pelo sistema mercantil, julguei mais apropriado reservá-las para este capítulo. Nada poderia ser mais conforme ao espírito desse sistema do que uma espécie de subsídio sobre a produção de moeda, exatamente aquilo que, de acordo com tal sistema, constitui a riqueza de cada nação. Com efeito, o dinheiro é um dos inúmeros e admiráveis expedientes de que se serve para enriquecer o país.

CAPÍTULO 7

Das colônias

Parte I

Motivos que levam a estabelecer novas colônias

Os interesses que ocasionaram os primeiros estabelecimentos das diversas colônias européias na América e nas Índias Ocidentais não foram tão claros e distintos como os que levaram ao estabelecimento das colônias da Grécia e Roma antigas.

Cada um dos diferentes Estados da Grécia antiga possuía um território bastante pequeno, e, quando a população de qualquer um deles se multiplicava além do que esse território podia facilmente sustentar, enviava-se uma parte do povo em busca de novas habitações em alguma região remota e distante do mundo, pois os vizinhos guerreiros que os cercavam por todos os lados não permitiam a qualquer um desses Estados expandir mais seu próprio território. As colônias dos Dórios afluíram sobretudo à Itália e Sicília, que, nos séculos anteriores à fundação de Roma, eram habitadas por nações bárbaras e incivilizadas; as nações dos jônicos e eólios, duas das outras grandes tribos gregas, dirigiram-se para a Ásia Menor e para as ilhas do mar Egeu, cujos habitantes pareciam, naquela época, viver quase no mesmo estado em que viviam os habitantes da Itália e Sicília. Embora considerasse a colônia como uma filha que tinha a todo o momento direito a grandes favores e auxílios, e que em troca lhe devia muita gratidão e respeito, todavia a tratava como uma filha emancipada, sobre a qual a mãe não pretendia reivindicar nenhuma autoridade ou jurisdição direta. A colônia estabelecia sua própria forma de governo, promulgava suas próprias leis, elegia os próprios magistrados, e conservava a paz ou declarava a guerra contra seus vizinhos como um Estado independente, que não precisava aguardar a aprovação ou o consentimento da metrópole. Portanto, nada pode ser mais claro e distinto do que os interesses que governaram esses povos em cada estabelecimento desse gênero.

Roma, como a maioria das outras repúblicas antigas, foi fundada originalmente sobre uma lei agrária, a qual dividia o território comum, segundo certa proporção, entre os diferentes cidadãos que compunham o Estado. O curso das questões humanas – os casamentos, a sucessão e a alienação –, necessariamente desarranjou essa divisão original, e muitas vezes as terras que haviam sido destinadas à subsistência de várias famílias diferentes caíram na posse de uma única pessoa. Para remediar essa desordem (pois esse estado de coisas foi considerado uma desordem), instituiu-se uma lei restringindo a extensão de terra que qualquer cidadão podia possuir a 500 *jugera*, cerca de 350 acres ingleses. Essa lei, no entanto (embora leiamos que a executaram numa ou duas ocasiões), foi negligenciada ou burlada, de modo que a desigualdade de riquezas continuou a crescer continuamente. A maior parte dos cidadãos não possuía nenhuma terra e, segundo os hábitos e costumes daqueles tempos, sem isso era impossível a um homem livre manter sua independência. Nos tempos de hoje, embora um homem pobre não possua terras próprias, todavia, se possuir um pequeno capital, pode arrendar as terras de um outro, ou exercer algum pequeno comércio varejista; caso contrário, isto é, se não possuir nenhum capital, pode encontrar emprego como trabalhador rural ou como artífice. Mas, entre os antigos romanos, as terras dos ricos eram todas cultivadas por escravos, que trabalhavam sob as vistas de um inspetor, o qual era, também ele, escravo. Assim, eram pequenas as oportunidades que um homem livre e pobre tinha de encontrar emprego, seja como rendeiro, seja como trabalhador. Além disso, todas as atividades do comércio e das manufaturas, mesmo o comércio varejista, eram realizadas pelos escravos dos homens ricos, em benefício de seus senhores, e estes tinham tamanha riqueza, autoridade e crédito, que se tornava difícil ao homem livre e pobre competir com eles. Os cidadãos que não possuíam terra, portanto, praticamente não dispunham de outros meios de subsistência senão a generosidade dos candidatos nas eleições gerais*. Quando tinham a intenção de instigar o povo contra os ricos e poderosos, os tribunos o lembravam da antiga divisão de terras, e descreviam a lei que restringia essa espécie de propriedade privada como a lei fundamental da república. O povo passou a vociferar por terra, mas, por outro lado, os ricos e poderosos, segundo somos levados a crer, estavam perfeitamente determinados a não lhes dar nenhuma porção da terra que possuíam. Assim, para em alguma medida contentar os pobres, os ricos freqüentemente propunham enviá-los para uma nova colônia. Porém, a Roma conquistadora não necessitava, mesmo nessas ocasiões, mandar seus cidadãos à procura de riquezas, por assim dizer, pelo vasto mundo, sem saber onde iriam se estabelecer. Em geral, designava a esses cidadãos terras nas províncias conquistadas da Itália, onde, uma vez que estavam dentro dos domínios da república, jamais poderiam formar um Estado independente; na melhor das hipóteses, podiam formar uma espécie de corporação, que, embora tivesse o poder de promulgar as normas de seu próprio governo, estava a todo momento sujeita às emendas, à jurisdição e à autoridade legislativa da metrópole. A criação de uma colô-

---

* Smith retomará a esse assunto no Livro V, Parte IV, Capítulo III. (N. T.)

nia desse gênero não apenas servia para de algum modo satisfazer o povo, mas, além disso, muitas vezes estabelecia um tipo de guarnição numa província recentemente conquistada, cuja obediência, do contrário, teria sido incerta. Portanto, a colônia romana, quer consideremos a natureza da própria fundação, quer os motivos que levaram a criá-la, era totalmente distinta da colônia grega. Daí por que os termos que denotam esses diferentes estabelecimentos têm significados bastante diversos. O termo em latim (*colonia*) designa simplesmente uma plantação; o termo grego αποικία, pelo contrário, significa uma separação de moradia, uma migração do país, um abandono do lar. Mas, ainda que sob muitos aspectos as colônias romanas fossem diferentes das gregas, os interesses que levaram a estabelecê-las eram igualmente claros e distintos. As duas instituições deveram sua origem à necessidade irresistível, ou à clara e evidente utilidade.

O estabelecimento das colônias européias na América e nas Índias Ocidentais não foi fruto da necessidade, nem a utilidade que delas resultou, ainda que bastante grande, é inteiramente clara e distinta. Essa utilidade não se fez sentir no momento em que se estabeleceram as primeiras colônias; não foi o que motivou esse estabelecimento ou as descobertas que a ela levaram, e mesmo hoje talvez não se possa compreender bem a natureza, a extensão e os limites dessa utilidade.

Durante os séculos XIV e XV, os venezianos realizavam um comércio bastante vantajoso de especiarias e outros artigos das Índias Orientais, os quais eles distribuíam entre as outras nações da Europa. Compravam-nos principalmente do Egito, que àquela época estava sob o domínio dos mamelucos, inimigos dos turcos, dos quais os venezianos, por sua vez, eram também inimigos; e essa união de interesses, assistida pelo dinheiro de Veneza, formou uma associação tal, que praticamente deu aos venezianos o monopólio do comércio.

Os grandes lucros dos venezianos excitaram a avidez dos portugueses. Durante o curso do século XV, estes se haviam empenhado em encontrar um caminho marítimo que os levasse aos países dos quais os mouros lhes traziam, através do deserto, marfim e ouro em pó. Descobriram as ilhas da Madeira, Canárias, Açores, de Cabo Verde, o litoral da Guiné, de Loango, Congo, Angola, Benguela e finalmente o cabo da Boa Esperança. Havia muito os portugueses ansiavam por tomar parte do rentável comércio dos venezianos, e esta última descoberta lhes abriu uma perspectiva provável de consegui-lo. Em 1497, Vasco da Gama zarpou do porto de Lisboa com uma frota de quatro navios, e depois de navegar por onze meses chegou à costa do Indostão, completando assim uma série de descobertas que haviam sido perseguidas com grande constância e pouquíssima interrupção durante quase um século.

Alguns anos antes disso, enquanto a Europa, apreensiva, aguardava o resultado dos empreendimentos portugueses, cujo êxito era ainda incerto, um piloto genovês concebeu o projeto tanto mais ousado de navegar para as Índias Orientais pelo Ocidente. Nessa época, eram ainda muito imperfeitos os conhecimentos que os europeus tinham da localização exata dessas regiões. Os poucos viajantes europeus que os conheciam haviam exagerado as distâncias, talvez porque a olhos ingênuos e ignorantes o que era uma distância realmente grande, e que não podiam medir, parecia quase infinita, ou talvez porque, ao representarem a uma distância tão imensa da Europa as regiões por eles visitadas, desejavam aumentar ainda mais o prodígio de suas aventuras. Com muito acerto, Colombo concluiu que, quanto mais longo fosse o caminho pelo Oriente, mais curto ele devia ser pelo Ocidente. Propôs-se, então, a tomar essa rota – a mais curta e a mais segura –, e teve a boa sorte de convencer Isabel de Castela quanto à possibilidade de êxito desse projeto. Zarpou do porto de Palos em agosto de 1492, quase cinco anos antes de a expedição de Vasco da Gama partir de Portugal, e, após uma viagem de dois a três meses, descobriu, primeiro, algumas das pequenas ilhas Bahamas ou Lucayan e, em seguida, a grande ilha de São Domingos.

Mas as regiões que Colombo descobriu, nessa ou em viagens subseqüentes, em nada se pareciam às regiões que estivera buscando. Em vez da riqueza, da terra cultivada e da densa população da China e do Indostão, nada encontrou em São Domingos e em todas as outras partes do Novo Mundo que pudera então visitar, a não ser uma região totalmente coberta por florestas, inculta e habitada unicamente por algumas tribos de selvagens nus e miseráveis. No entanto, Colombo não estava inteiramente persuadido de que essas regiões não fossem as mesmas descritas por Marco Polo, o primeiro europeu a visitar, ou pelo menos a deixar como legado, a descrição da China ou das Índias Orientais; muitas vezes, uma leve semelhança, como a que encontrou entre o nome de Cibao, montanha de São Domingos, e o nome de Cipango, mencionado por Marco Polo, era suficiente para remetê-lo à idéia favorita que o dominava, ainda que essa idéia fosse desmentida pela mais clara evidência. Em suas cartas a Ferdinando e Isabel, Colombo dava o nome de 'Índias' às regiões que havia descoberto. Não tinha dúvidas de que eram a extremidade das regiões descritas por Marco Polo, e de que não estavam muito distantes do Ganges, ou das regiões conquistadas por Alexandre. Mesmo quando finalmente se convenceu de que se tratava de regiões diferentes, Colombo continuou a se iludir com a idéia de que aquelas regiões ricas não estavam a uma distância tão grande, razão pela qual foi, numa das viagens seguintes, em busca delas ao longo da costa da Terra Firma e em direção ao istmo de Darién.

Em conseqüência desse equívoco de Colombo, desde então se impingiu o nome de 'Índias' àquelas desafortunadas terras, e quando afinal se descobriu que as novas Índias eram totalmente diferentes das antigas, as primeiras foram denominadas Índias Ocidentais, em contraposição às últimas, que passaram a se chamar Índias Orientais.

No entanto, era importante para Colombo que os países por ele descobertos, quaisquer que fossem, pudessem ser descritos à corte espanhola como regiões de grande relevância. Ora, naquela época essas regiões, por aquilo que constituía a riqueza real de um país, ou seja, os produtos animais e vegetais do solo, não ofereciam nada que pudesse justificar semelhante descrição.

O maior quadrúpede vivíparo de São Domingos era o cori, espécie de animal intermediário entre o rato e o coelho, e que o Sr. Buffon supôs ser idêntico ao apereá do Brasil. Ao que parece, essa espécie jamais foi muito numerosa, e, segundo se diz, já faz muito tempo que foi quase inteiramente destruída, assim como outras espécies de animais ainda menores, pelos cães e gatos dos espanhóis. Porém, esses animais, juntamente com um lagarto bastante grande chamado ivana ou iguana, constituíam a principal parte da alimentação animal fornecida pela terra.

A alimentação vegetal dos habitantes não era tão escassa, embora por outro lado não fosse muito abundante, haja vista sua falta de labor. Era constituída por milho, carás, batatas, bananas etc., plantas que eram na época absolutamente desconhecidas na Europa e que desde então jamais foram muito apreciadas aqui, ou das quais não se espera ser possível retirar uma substância tão nutritiva como a das espécies comuns de grãos e legumes cultivadas nesta parte do mundo desde tempos imemoriais.

Na verdade, o algodoeiro fornecia a matéria-prima de uma manufatura muito importante, e certamente naquela época o algodão era, para os europeus, o mais valioso dos produtos vegetais daquelas ilhas. Mas, embora no final do século XV as musselinas e outros artigos de algodão das Índias Orientais fossem muito apreciados em todas as partes da Europa, não havia em lugar algum manufaturas de algodão. Assim, naquela época mesmo esse produto não parecia, aos olhos dos europeus, ter grande importância.

Nada encontrando nos animais ou nos vegetais dos países recém-descobertos que pudesse justificar a descrição bastante vantajosa que desejaria fazer deles, Colombo voltou sua atenção para os minerais, e se jactou por ter encontrado, na riqueza dos produtos desse terceiro reino, a plena compensação pela insignificância dos produtos dos outros dois reinos. As pequenas pepitas de ouro com as quais os habitantes enfeitavam suas roupas e que, segundo fora informado, eles freqüentemente encontravam nos córregos e torrentes que caíam das montanhas, bastaram para convencê-lo de que essas montanhas tinham em abundância as mais ricas minas de ouro. Então descreveu São Domingos como um país abundante em ouro, e, por essa razão (de acordo com os preconceitos não somente dos tempos de hoje, mas também de então), como uma fonte inesgotável de verdadeira riqueza para a Coroa e para o reino da Espanha. Quando Colombo, em regresso de sua primeira viagem, foi introduzido, com as honras de uma espécie de triunfo, perante os soberanos de Castela e Aragão, carregaram diante dele, em pompa solene, os principais produtos das regiões que ele havia descoberto. A única parte valiosa desses produtos era constituída por pequenos filetes, braceletes e outros ornamentos de ouro, além de alguns fardos de algodão. Os restantes eram objetos de mera curiosidade, próprios a suscitar o assombro do povo: alguns juncos de tamanho extraordinário, alguns pássaros de belíssima plumagem, e exemplares empalhados do aligátor gigante e do manatim; tudo isso vinha precedido de seis ou sete infelizes nativos, cuja cor e aparência singular muito contribuíram para a novidade do espetáculo.

Como resultado das descrições feitas por Colombo, o Conselho de Castela resolveu tomar posse de regiões cujos habitantes eram evidentemente incapazes de se defender. O pio propósito de convertê-los ao cristianismo santificou a injustiça do projeto. Mas a esperança de lá encontrar tesouros de ouro foi o único motivo do empreendimento; e, para dar maior peso a esse motivo, Colombo propôs que metade de todo o ouro e prata que se encontrasse lá deveria pertencer à Coroa. Essa proposta foi aprovada pelo Conselho.

Enquanto a totalidade ou a maior parte do ouro que os primeiros aventureiros importaram para a Europa não lhes custasse mais do que o trabalho de pilhar os indefesos selvagens, não era difícil pagar esse imposto, por mais pesado que fosse. Porém, quando os nativos vieram a ser literalmente despojados de tudo quanto antes possuíam – o que se consumou plenamente em seis ou oito anos em São Domingos e em todos os outros países descobertos por Colombo – e quando, para se encontrar mais ouro e prata, tornou-se necessário cavar as minas, já não havia mais nenhuma possibilidade de pagar esse imposto. Daí por que, segundo se diz, a cobrança rigorosa desse imposto levou ao completo abandono das minas de São Domingos, que desde então jamais voltaram a ser exploradas. Por conseguinte, logo em seguida se reduziu o imposto a $1/3$ da produção bruta das minas de ouro, depois a $1/5$, a $1/10$ e, finalmente, a $1/20$. O imposto sobre a prata continuou por muito tempo a equivaler a $1/5$ da produção bruta; somente durante este século é que foi reduzido a $1/10$. Todavia, os primeiros aventureiros não pareciam muito interessados na prata. Nada que fosse menos precioso do que o ouro lhes parecia digno de atenção.

Todos os outros empreendimentos dos espanhóis no Novo Mundo, posteriores aos de Colombo, parecem se dever ao mesmo motivo. Foi a sagrada sede por ouro que levou Oieda, Nicuessa e Vasco Nuñez de Balboa ao istmo de Darién, Cortez ao México e Almagro e Pizzarro ao Chile e Peru. Quando esses aventureiros chegavam a alguma costa desconhecida, sua primeira pergunta era sempre se lá se podia encontrar ouro; e, conforme a informação que recebessem a respeito desse detalhe, decidiam ou abandonar o país ou nele se fixar.

Porém, dentre todos esses projetos dispendiosos e incertos, que levam à falência a maior parte dos que neles se envolvem, talvez nenhum seja mais ruinoso do que a busca por novas minas de prata e ouro. Talvez seja a mais desvantajosa loteria do mundo, ou seja, uma loteria na qual há a menor proporção entre o ganho dos que levam o prêmio e a perda dos que tiram bilhetes em branco; pois, embora os prêmios sejam poucos e os bilhetes em branco muitos, o preço comum de um bilhete representa toda a fortuna de um homem excessivamente rico. Assim, os projetos de mineração, em vez de reporem o capital neles investido, juntamente com os lucros normais do capital, costumam absorver tanto o capital como o lucro. Daí por que, de todos os projetos, são aqueles aos quais o legislador prudente, desejoso de aumentar o capital de sua nação, evitará dar incentivos extraordinários, ou para os quais estará menos inclinado a destinar a parcela maior do capital que iria para esses projetos espontaneamente. Na realidade, a absurda confiança que quase todos os homens depositam em sua boa sorte é tal, que sempre haverá uma parcela demasiado grande de capital que se investirá espontaneamente nessas espécies de projeto, por menor que seja a possibilidade de êxito.

Mas, ainda que o julgamento da sóbria razão e da experiência a respeito desses projetos sempre tenha sido extremamente desfavorável, o julgamento da avidez humana em geral decide de outro modo. A mesma paixão que sugeriu a tantas pessoas a absurda idéia da pedra filosofal sugeriu, a muitas outras, a igualmente absurda idéia de minas de ouro e prata imensamente ricas. Estas pessoas não levam em conta que o valor desses metais, em todas as épocas e nações, se devia sobretudo à escassez deles, e que essa escassez provinha do fato de que a natureza os depositou em quantidades extremamente pequenas num só lugar; de que em quase todos os lugares a natureza envolveu essas quantidades tão pequenas com substâncias duras e intratáveis, e, conseqüentemente, de que em todos os lugares são necessários trabalhos e despesas para chegar até esses metais e extraí-los. Iludem-se pensando que em muitos lugares poderiam encontrar veios desses metais tão grandes e abundantes como aqueles que comumente se encontram nas minas de chumbo, cobre, estanho ou ferro. O sonho de *Sir* Walter Raleigh, sobre a cidade de ouro e o país de Eldorado, basta para nos persuadir de que mesmo os homens sábios nem sempre estão a salvo dessas estranhas ilusões*. Mais de cem anos após a morte desse grande homem, o jesuíta Gumilla ainda estava convencido da existência desse país maravilhoso, e exprimiu com grande entusiasmo (ousaria mesmo dizer com grande sinceridade) como ele seria feliz se pudesse levar a luz do Evangelho a um povo que tinha condições de recompensar com tanta generosidade os pios labores de seu missionário.

É comum pensar que hoje não se conhecem, nos primeiros países descobertos pelos espanhóis, minas de ouro e de prata que valeriam a pena ser exploradas. Provavelmente, as quantidades desses metais que os primeiros aventureiros teriam lá encontrado, assim como a fertilidade das minas que foram exploradas imediatamente depois das primeiras descobertas, foram em grande medida exageradas. No entanto, o que esses aventureiros relataram ter encon-

---

* *Sir* Walter Raleigh (1554-1618) fundou a primeira colônia inglesa na América, a Virgínia, nome dado em homenagem à chamada rainha virgem, a rainha Isabel, que o tinha como seu favorito. Ainda sob o governo de Isabel, explorou a Guiana e liderou o ataque à Armada Espanhola em Cádiz (1596). Seria ele quem teria introduzido o fumo na Inglaterra. Ferrenho inimigo dos espanhóis, pretendia armar os índios da Guiana e Venezuela para que lutassem contra o invasor espanhol. Com a ascensão de Jaime I ao trono inglês, há uma guinada na política externa do governo inglês, que se aproxima dos espanhóis. Em 1603, acusado de conspirar com a Espanha – acusação, aliás, bastante duvidosa –, Raleigh foi condenado à morte. A pena foi comutada, mas Raleigh amargou 13 anos de prisão na Torre, onde escreveu *History of the World*, dando mostras de grande erudição. Segundo Christopher Hill, que lhe dedicou um capítulo inteiro em seu *Origens intelectuais da Revolução Inglesa*, "Em 1616, [Raleigh] foi libertado para embarcar para a Guiana, de onde prometera trazer ouro para o rei sem lutar contra os espanhóis. Não trouxe nenhum ouro e bateu-se com os espanhóis; em 1618, foi executado por exigência do embaixador espanhol, Gondomar" (in *Origens intelectuais da Revolução Inglesa*, Martins Fontes, São Paulo, 1992, p. 181). (N. T.)

trado foi suficiente para atiçar a avidez de todos os seus compatriotas. Todo espanhol que navegasse para a América esperava encontrar um Eldorado. Além disso, a Fortuna fez nessa ocasião o que raramente fizera antes. De algum modo ela tornou reais as extravagantes esperanças de seus adoradores, e na descoberta e conquista do México e do Peru (a primeira ocorrida aproximadamente trinta anos, e a segunda cerca de quarenta anos após a primeira expedição de Colombo) a Fortuna presenteou esses adoradores com algo que não era muito diferente da profusão de metais preciosos que tanto buscavam.

Foi então um projeto de comércio com as Índias Orientais que deu origem à primeira descoberta do Ocidente. Um projeto de conquista levou a todos os estabelecimentos dos espanhóis nessas regiões recém-descobertas. O motivo que os levou a empreender essa conquista foi um projeto de exploração de minas de ouro e prata; e uma seqüência de acidentes, que nenhuma sabedoria humana poderia prever, tornou esse projeto muito mais bem-sucedido do que os empreendedores poderiam razoavelmente esperar.

Os primeiros aventureiros de todas as outras nações da Europa a tentarem fundar colônias na América estavam animados pelas mesmas expectativas quiméricas; não alcançaram o mesmo êxito, porém. Foi somente mais de um século depois de se fazerem os primeiros estabelecimentos no Brasil que se descobriram algumas minas de prata, de ouro e de diamantes. Nas colônias inglesas, francesas, holandesas e dinamarquesas, até agora não se descobriu nenhuma mina, pelo menos nenhuma que atualmente se considere valer a pena explorar. Contudo, os primeiros colonizadores ingleses na América do Norte ofereceram ao rei $1/5$ de todo o ouro e prata que pudessem encontrar, como estímulo para receberem suas licenças. É por isso que se reservou à Coroa essa quinta parte nas licenças concedidas a *Sir* Walter Raleigh, às Companhias de Londres e Plymouth, ao Conselho de Plymouth etc. À expectativa de encontrar minas de ouro e prata, esses primeiros colonizadores juntaram ainda a de descobrir, pelo noroeste, uma passagem para as Índias Orientais. Até agora, essas duas expectativas foram frustradas.

Parte II

Causas da prosperidade das novas colônias

A colônia criada por homens de uma nação civilizada, que tomam posse de um país deserto ou de um país tão escassamente povoado que os nativos logo cedem lugar aos novos colonos, avança mais rapidamente para um estado de riqueza e grandeza do que qualquer outra sociedade humana.

Os colonizadores levam consigo conhecimentos em agricultura e em outras artes úteis bastante superiores aos que poderiam se desenvolver espontaneamente entre nações selvagens e bárbaras ao longo de muitos séculos. Também levam consigo o hábito da subordinação, alguma noção sobre o governo regular instituído em seus países de origem, do sistema de leis que a este serve de base e de uma administração regular da justiça. Naturalmente, pois, instituem algo de mesmo gênero em sua nova colônia. Mas, entre as nações bárbaras e selvagens, o progresso natural da lei e do governo é ainda mais lento do que o progresso natural das artes, as quais somente florescem depois de instituídos o governo e as leis que são necessários para lhes garantirem proteção. Todo colono adquire mais terras do que consegue cultivar. Não tem rendas a pagar, praticamente não precisa pagar impostos. Não divide com nenhum proprietário o produto da terra, e costuma ser insignificante a parte devida ao soberano. O colono tem todos os motivos para tornar sua produção a maior possível, produção esta que, nessas condições, lhe pertence quase exclusivamente. Porém, geralmente sua terra é tão vasta que, apesar de todos os seus esforços e apesar de todos os esforços de outras pessoas que conseguir empregar, raras vezes pode fazer essa terra produzir a décima parte do que é capaz de produzir. Então, o colono anseia por reunir trabalhadores de todas as partes, e por recompensá-los com os mais liberais salários. Esses salários liberais, associados à fartura e ao baixo preço das terras, logo fazem esses trabalhadores deixar o patrão para se tornarem, eles mesmos, proprietários, e para recompensarem, com igual liberalidade, outros trabalhadores, que por sua vez em breve os deixarão pela mesma razão por que deixaram seu primeiro patrão. A recompensa liberal da mão-de-obra incentiva o casamento. Durante os tenros anos da infância, as crianças são bem alimentadas e adequadamente tratadas, de modo que, quando crescem, o valor de sua mão-de-obra mais do que restitui a despesa de sua manutenção. Uma vez chegadas à maturidade, o alto preço do trabalho e o baixo preço das terras lhes permitem estabelecer-se da mesma maneira que, antes delas, seus pais se haviam estabelecido.

Em outros países, como a renda e os lucros devoram os salários, as duas classes superiores oprimem a classe inferior. Mas nas novas colônias os interesses das duas classes superiores as obrigam a tratar a classe inferior com mais generosidade e humanidade, pelo menos nos lugares em que a classe inferior não vive em estado de escravidão. É possível comprar, por uma ninharia, terras incultas que a natureza dotou de grande fertilidade. O aumento do rendimento que o proprietário – o qual é sempre o empreendedor – espera da benfeitoria da terra constitui seu lucro, que é o mais das vezes bastante elevado. Porém não há meios de gerar esse grande lucro sem empregar o trabalho de outras pessoas para roçar e cultivar a terra; e a desproporção, bastante comum nas novas colônias, entre a grande extensão da terra e o pequeno número de pessoas torna difícil ao proprietário conseguir essa mão-de-obra. Por isso, não discute sobre salários: está disposto a empregar mão-de-obra a qualquer preço. Os altos salários do trabalho incentivam a população; o baixo preço e a abundância de terras férteis incentivam as benfeitorias, e permitem ao proprietário pagar esses altos salários. É nesses salários que consiste quase todo o preço da terra, e, ainda que sejam bastante elevados se os considerarmos como salários do trabalho, são todavia baixos, se considerados como o preço de algo que é tão valioso. Ora, o que incentiva o aumento da população e o avanço das benfeitorias incentiva também o progresso da verdadeira riqueza e grandeza.

É por isso que o avanço de muitas das antigas colônias gregas, em riqueza e grandeza, parece ter sido extremamente rápido. No decorrer de um ou dois séculos, várias delas parecem ter rivalizado com as respectivas metrópoles e até mesmo as superado. Segundo todos os relatos, fica claro que Siracusa e Agrigento, na Sicília; Tarento e Locri, na Itália; Éfeso e Mileto, na Ásia Menor, eram, pelo menos, iguais a qualquer das cidades da Grécia antiga. Ainda que fundadas posteriormente, desde muito cedo essas colônias cultivaram todas as artes do refinamento, a Filosofia, a Poesia e a Eloqüência, artes nas quais alcançaram o mesmo grau de perfeição que qualquer região da metrópole. É digno de nota que as escolas de dois dos mais antigos filósofos gregos – Tales e Pitágoras – estabeleceram-se, não na antiga Grécia, mas a primeira numa colônia asiática e a segunda, numa colônia da Itália. Todas essas colônias se estabeleceram em regiões habitadas por nações selvagens e bárbaras, as quais facilmente cederam lugar aos novos colonizadores. Tinham terras férteis em abundância, e, como fossem absolutamente independentes da metrópole, dispunham de liberdade para conduzir seus próprios negócios da maneira que julgassem mais conveniente aos próprios interesses.

A história das colônias romanas de modo algum é tão brilhante. É verdade que, algumas delas, tais como Florença, vieram, ao longo de muitos séculos, e após a queda da metrópole, a se tornar Estados de grande vulto. Mas, ao que parece, nenhuma delas teria experimentado um avanço tão rápido. Todas se estabeleceram em províncias conquistadas que, em muitos casos, antes já estavam plenamente habitadas. Raras vezes a quantidade de terra que cabia a cada colono era bastante considerável, e, como a colônia não era independente, os colonos nem sempre tinham a liberdade de conduzir seus próprios negócios da maneira que julgassem mais conveniente a seus interesses particulares.

No que se refere à abundância de terras férteis, as colônias européias estabelecidas na América e nas Índias Ocidentais se assemelham às da antiga Grécia e até mesmo as superam. No que se refere a sua dependência em relação à metrópole, assemelham-se às colônias da antiga Roma; mas a grande distância que as separa da Europa parece em maior ou menor medida aliviar, em todas, o peso dessa dependência. Por sua localização, encontram-se menos sob as vistas e sob o poder das metrópoles. Sua conduta, quando buscaram os próprios interesses à sua maneira, muitas vezes não chamou a atenção dos europeus, quer porque estes não a conhecessem, quer porque não a compreendessem; outras vezes, simplesmente essa conduta foi tolerada e aceita, porque a distância tornou difícil refreá-la. Em muitas ocasiões, até mesmo o governo arbitrário e violento da Espanha se viu obrigado a revogar ou amenizar as ordens dadas para o governo de suas colônias, por medo de uma insurreição geral. Assim, tem sido imenso o avanço de todas as colônias européias, em riqueza, população e melhorias.

Graças à parte de ouro e prata que lhe cabia, a Coroa espanhola retirou alguma receita de suas colônias desde o momento de seu primeiro estabelecimento. Além disso, essa receita era de natureza capaz de suscitar na avidez humana as mais extravagantes expectativas de riquezas ainda maiores. Desde o momento de seu primeiro estabelecimento, portanto, as colônias espanholas atraíram fortemente a atenção da metrópole, enquanto as colônias de outras nações européias ficaram, em grande medida, negligenciadas por muito tempo. Malgrado a atenção de uma parte e a negligência de outra, nem por isso a primeira prosperou mais e as últimas prosperaram menos. Em proporção com a extensão das regiões de que em alguma medida têm a posse, as colônias espanholas são consideradas menos populosas e prósperas do que as de quase todas as outras nações européias. No entanto, mesmo o avanço das colônias espanholas, em população e aperfeiçoamento, certamente tem sido muito rápido e muito grande. De acordo com os relatos de Ulloa, a cidade de Lima, fundada na época da conquista, há quase trinta anos possuía 50 mil habitantes. O mesmo autor nos descreve Quito, que originalmente não passava de um mísero vilarejo de índios, como uma cidade que na mesma época era igualmente populosa. Gemelli Carreri – que na verdade seria, conforme dizem, um pretenso viajante, embora pareça se ter servido, em tudo quanto escreveu, de excelentes informações – afirma que a Cidade do México continha 100 mil habitantes, número que, a despeito de todos os exageros dos escritores espanhóis, provavelmente é cinco vezes superior à população da cidade no tempo de Montezuma. Esses números ultrapassam em muito os de Boston, Nova York e Filadélfia, três das maiores cidades das colônias inglesas. Antes da conquista dos espanhóis, não existia gado próprio para tiro nem no México nem no Peru. Seu único animal de carga era a lhama, que tinha, ao que parece, uma força bastante inferior à do asno comum. Esses países desconheciam o arado; ignoravam o uso do ferro. Não cunhavam moedas nem haviam criado nenhum outro instrumento de trabalho, seu comércio se realizava por escambo. Uma espécie de pá de madeira era seu principal instrumento agrícola. Serviam-se de pedras afiadas como facas e de machadinhas para cortar; usavam ossos de peixe e tendões de certos animais como agulhas para costurar; e estes parecem ter sido seus principais instrumentos de trabalho. Nesse estado de coisas, parece impossível que qualquer um desses impérios pudesse se desenvolver tanto ou ser tão bem cultivado como hoje, quando dispõem em abundância de todas as espécies de gado europeu, e quando o emprego do ferro, do arado e de muitas das técnicas da Europa foram introduzidos entre eles. Ora, a população de um país deve, necessariamente, ser proporcional a seu grau de desenvolvimento e cultivo. Apesar da cruel destruição dos nativos que se seguiu à conquista, é provável que esses dois grandes impérios sejam, hoje, mais populosos do que jamais foram antes. E certamente também o povo é muito diferente, pois penso que todos reconhecerão que os crioulos espanhóis são, em muitos aspectos, superiores aos antigos índios.

Depois das colônias espanholas, a dos portugueses no Brasil é a mais antiga de todas as nações européias na América. Mas, como se passou muito tempo desde a primeira descoberta sem que se encontrassem minas de ouro e de prata, e como, precisamente por essa razão, a colônia gerava pouca ou nenhuma receita para a Coroa, durante muito tempo ela foi em grande medida negligenciada. E, no entanto, durante esse período em que ficou negligenciada veio a se tornar uma grande e poderosa colônia. Enquanto Portugal esteve sob o domínio da Espanha, o Brasil foi atacado pelos holandeses, que tomaram posse de sete das catorze províncias nas quais aquele país se dividia. Os holandeses esperavam em pouco tempo conquistar as outras sete províncias, quando Portugal recuperou sua independência por meio da ascensão ao trono da dinastia Bragança. Então, os holandeses, que eram inimigos dos espanhóis, tornaram-se amigos dos portugueses, os quais, por sua vez, eram também inimigos dos espanhóis. Assim, os espanhóis aceitaram deixar a parte do Brasil que não haviam conquistado ao rei de Portugal, que, por seu turno, concordou em deixar a eles a parte que haviam conquistado, pois se tratava de questão que não valia a pena discutir com tão bons aliados. Mas o governo holandês logo começou a oprimir os colonizadores portugueses, que, em vez de perderem tempo se queixando, decidiram pegar em armas contra seus novos senhores, e, por sua valentia e determinação – com a conivência da metrópole, é verdade, mas sem nenhuma ajuda declarada da parte dela –, expulsaram os holandeses do Brasil. Estes, vendo que era impossível conservar qualquer parte desse país, consideraram que fosse melhor restaurá-lo por inteiro à Coroa de Portugal. Contam que nessa colônia existem mais de 600 mil habitantes, entre portugueses ou descendentes de portugueses, crioulos, mulatos e uma raça mista de portugueses e brasileiros. Supõe-se que não exista nenhuma outra colônia na América que possua um número tão grande de habitantes de origem européia.

No final do século XV e durante a maior parte do século XVI, Espanha e Portugal eram as duas maiores potências navais do oceano – pois, embora o comércio de Veneza se estendesse a todas as regiões da Europa, suas frotas praticamente jamais navegavam além do Mediterrâneo. Por serem os primeiros descobridores, os espanhóis reivindicavam para si toda a América, e, ainda que não pudessem impedir uma potência naval tão forte como a de Portugal de se estabelecer no Brasil, tal era, naquele tempo, o terror que inspiravam os espanhóis, que a maioria das outras nações européias temiam estabelecer-se em qualquer outra parte desse grande continente. Os franceses que tentaram se estabelecer na Flórida foram todos mortos pelos espanhóis. Mas o declínio naval desta última nação, em conseqüência da derrota ou do malogro do que denominavam "Invencível Armada", ocorrida no final do século XVI, privou-a do poder de obstruir por mais tempo os estabelecimentos de outras nações européias. Assim, no decorrer do século XVII, os ingleses, franceses, holandeses, dinamarqueses e suecos, todas as grandes nações que possuíam portos no oceano, tentaram fundar algumas colônias no Novo Mundo.

Os suecos estabeleceram-se em Nova Jersey, e o número de famílias suecas que ainda hoje lá se encontram demonstra suficientemente que essa colônia tinha grandes possibilidades de prosperar, caso tivesse recebido proteção da metrópole. Mas, sendo negligenciada pela Suécia, em pouco tempo foi tragada pela colônia holandesa de Nova York, a qual, por sua vez, caiu sob o domínio dos ingleses em 1674.

As pequenas ilhas de São Tomé e Santa Cruz são as únicas regiões do Novo Mundo que constituíram possessão dos dinamarqueses. Além disso, esses pequenos estabelecimentos estiveram sob o governo de uma companhia exclusiva, a única que tinha direito tanto a comprar o excedente de produção dos colonizadores, como a fornecer-lhes os produtos estrangeiros de que necessitassem, e que portanto tinha, nas compras e nas vendas, não apenas o poder como também a maior tentação de oprimir os colonizadores. O governo de uma companhia exclusiva de comerciantes talvez seja o pior de todos os governos que um país pode ter. Ainda assim, esse governo não foi capaz de interromper definitivamente o desenvolvimento dessas colônias, embora o tenha tornado mais lento e fraco. O último rei da Dinamarca* dissolveu essa companhia, e desde então essas colônias têm prosperado de maneira extraordinária.

Os estabelecimentos holandeses nas Índias Ocidentais, assim como os das Índias Orientais, foram originalmente colocados sob o governo de uma companhia exclusiva. Por conseguinte, o desenvolvimento de algumas delas, ainda que rápido, se comparado ao de quase todos os outros países cultivados e povoados de longa data, foi todavia fraco e lento, se comparado ao da maior parte das novas colônias. A colônia de Suriname, ainda que bastante considerável, é ainda inferior à maioria das colônias açucareiras perten-

---

* Trata-se de Frederico V. (N. T.)

centes a outras nações européias. A colônia de Nova Bélgica, agora dividida nas duas províncias de Nova York e Nova Jersey, provavelmente também em pouco tempo se tornaria uma colônia importante, mesmo que tivesse permanecido sob o governo dos holandeses. A grande quantidade e o baixo preço das terras são causas tão poderosas de prosperidade, que nem mesmo o pior governo do mundo consegue deter por completo a eficácia de sua ação. Além disso, a grande distância da metrópole permitiria aos colonizadores burlar em maior ou menor grau, por meio do contrabando, o monopólio de que a companhia gozava em detrimento deles. Atualmente, a companhia autoriza que todos os navios holandeses façam comércio com o Suriname, pagando, pela licença, de 2,5% sobre o valor de sua carga, e se reserva o monopólio exclusivo do comércio direto da África para a América, que consiste quase inteiramente no tráfico de escravos. Esse relaxamento dos privilégios exclusivos da companhia provavelmente é a principal causa daquele grau de prosperidade de que atualmente goza essa colônia. Curaçao e São Eustáquio, as duas principais ilhas pertencentes aos holandeses, são portos livres, abertos aos navios de todas as nações; e uma tal liberdade, em meio a outras colônias melhores, cujos portos estão abertos somente a navios de uma única nação, tem sido a grande fonte da prosperidade dessas duas ilhas estéreis.

A colônia francesa do Canadá esteve, durante a maior parte do último século e uma parte deste século, sob o governo de uma companhia exclusiva. Sob uma administração tão nociva, seu progresso foi necessariamente muito lento, se comparado ao de outras novas colônias, mas se tornou muito mais rápido quando essa companhia foi dissolvida após a queda do chamado "Projeto do Mississippi". Quando os ingleses tomaram posse desse país, encontraram nele cerca do dobro de habitantes que o padre Charlevoix lhe havia atribuído vinte ou trinta anos antes. Esse jesuíta viajara por todo o país e não tinha nenhum motivo para retratá-lo de um modo pior do que era realmente.

A colônia francesa de São Domingos foi fundada por piratas e flibusteiros que, durante muito tempo, não recorreram à proteção da França, nem reconheceram sua autoridade; e quando essa raça de bandidos de tal modo adquiriu o caráter de cidadãos a ponto de reconhecer essa autoridade, durante muito tempo foi necessário ainda exercer tal autoridade com extrema gentileza. No decorrer desse período, houve um crescimento muito rápido da população e do desenvolvimento dessa colônia. Mesmo a opressão da companhia exclusiva, a que por algum tempo a colônia esteve sujeita, assim como todas as outras colônias da França, não foi capaz de interromper por completo seus progressos, ainda que os tenha indiscutivelmente retardado. O curso desse desenvolvimento foi retomado tão logo a colônia se libertou dessa opressão. Hoje, é a mais importante das colônias açucareiras das Índias Ocidentais, e sua produção, segundo se afirma, supera a de todas as colônias açucareiras da Inglaterra, tomadas em conjunto. Em geral, todas outras colônias açucareiras da França são bastante prósperas.

No entanto, não há nenhuma outra colônia cujo desenvolvimento tenha sido mais rápido do que o das colônias inglesas da América do Norte.

As duas grandes causas da prosperidade de todas as novas colônias são, ao que parece, a abundância de terras férteis e a liberdade de governar seus próprios negócios a seu modo.

Quanto às terras nas colônias inglesas na América do Norte, ainda que lá existam em abundância, sua fertilidade é todavia inferior à das terras das colônias espanholas e portuguesas, e não é superior a algumas das colônias que os franceses possuíam antes da última guerra. Mas as instituições políticas das colônias inglesas são mais favoráveis à melhoria e ao cultivo dessa terra do que as instituições políticas de qualquer uma das três outras nações.

LIVRO IV

Em primeiro lugar, se o açambarcamento de terras incultas é um abuso que não se pode impedir totalmente nas colônias inglesas, pelo menos nelas foi mais restrito do que em quaisquer outras colônias. A lei colonial que impõe a todo proprietário a obrigação de melhorar e cultivar, dentro de prazo determinado, uma certa proporção de suas terras, e que, no caso de insucesso, declara que essas terras negligenciadas poderão ser concedidas a qualquer pessoa, embora talvez não venha sendo estritamente executada, ainda assim produziu algum efeito.

Em segundo lugar, na Pensilvânia não existe direito de primogenitura, e por isso as terras se dividem, como os bens móveis, em partes iguais entre todos os filhos da família. Nas três províncias da Nova Inglaterra, o mais velho tem apenas a dupla parte, como na lei mosaica. Assim, embora nessas províncias uma grande quantidade de terra seja às vezes açambarcada por um único indivíduo, é provável que no curso de uma ou duas gerações essa terra se encontre de novo suficientemente dividida. É certo que nas outras colônias inglesas vigora o direito de primogenitura, como na lei da Inglaterra. Mas, como em todas as colônias inglesas a posse da terra é assegurada por mero censo – o que facilita a alienação –, em geral, o concessionário de uma grande extensão de terra considera que seja de seu interesse alienar, o mais rápido possível, a maior parte dela, reservando para si unicamente um pequeno foro, em lugar de todos os outros serviços. Nas colônias espanholas e portuguesas, o assim chamado direito de *majorazzo* (*Jus Majoratus*) tem lugar na sucessão de todas as grandes propriedades fundiárias a que esteja vinculado algum título honorífico. Essas propriedades são todas transmitidas a uma única pessoa, e efetivamente são intransferíveis e inalienáveis. É verdade que as colônias francesas são regidas pelo costume de Paris, o qual, na herança da terra, é muito mais favorável aos filhos mais jovens do que a lei da Inglaterra. Nas colônias francesas, porém, uma parte qualquer de um bem de raiz, cuja posse se deva ao título nobre de cavalaria e vassalagem, que se aliene fica sujeita, durante um período de tempo limitado, ao direito de resgate, quer por parte do herdeiro do senhor, quer por parte do herdeiro da família, e a posse de todos os grandes domínios do país se dá a esses títulos nobres, o que necessariamente torna difícil a alienação. Entretanto, é provável que numa nova colônia uma grande propriedade fundiária não cultivada seja muito mais prontamente dividida por alienação do que por sucessão. Já se observou que a quantidade e o baixo preço das terras são as principais causas da rápida prosperidade das novas colônias. Ora, o açambarcamento das terras verdadeiramente destrói essa abundância e esse baixo preço. Além disso, o maior obstáculo ao desenvolvimento da nova colônia é o açambarcamento de terras não cultivadas. Ora, a mão-de-obra que seja empregada no aperfeiçoamento e no cultivo da terra assegurará à sociedade uma produção tanto mais considerável em quantidade como em valor. Nesse caso, o que a mão-de-obra produz permite pagar não apenas seus próprios salários e o lucro do capital que lhe dá emprego, como também a renda da terra na qual essa mão-de-obra é empregada. Assim, a mão-de-obra dos colonizadores ingleses, na medida em que for mais empregada no aperfeiçoamento e cultivo da terra, provavelmente fornecerá uma produção maior e mais valiosa do que a de qualquer das outras três nações, uma vez que, em razão do açambarcamento de terras, essa mão-de-obra é em maior ou menor medida desviada para empregos de outra natureza.

Em terceiro lugar, é de presumir que a mão-de-obra dos colonizadores ingleses não apenas proporcione um produto maior e mais valioso, mas, em conseqüência da natureza moderada de seus impostos, uma proporção maior desse produto pertence aos próprios colonizadores, que podem então armazená-lo e utilizá-lo para pôr em movimento uma quantidade ainda maior de mão-de-obra. Até agora, os colonizadores ingleses jamais contribuíram com coisa alguma para a defesa da metrópole ou para a manutenção do governo civil dela. Pelo contrário, até o momento as despesas de sua própria defesa têm estado quase exclusivamente a cargo da metrópole. Mas o custo das frotas e dos exércitos é incomparavelmente maior do que a despesa necessária do governo civil. Além disso, as despesas de seu governo civil têm sido bastante módicas. Em geral, limitam-se ao que é necessário para pagar salários satisfatórios ao governador, aos juízes e a alguns outros funcionários da administração, e para manter um pequeno número de obras públicas de primeira utilidade. As despesas das instituições civis da baía de Massachusetts, antes do início dos atuais distúrbios, costumavam ser de apenas 18 mil libras por ano; as de New Hampshire e Rhode Island, de 3.500 libras cada uma; as de Connecticut, de 4 mil libras; as de Nova York e Pensilvânia, de 4.500, cada uma; a de Nova Jersey, de 1.200 libras; as da Virgínia e da Carolina do Sul, de 8 mil libras cada uma. As despesas com as instituições civis da Nova Escócia e da Geórgia são parcialmente cobertas por uma subvenção anual do Parlamento. Mas, além disso, a Nova Escócia paga por ano cerca de 7 mil libras para cobrir despesas públicas da colônia, e a Geórgia, cerca de 2.500 libras por ano. Em resumo, todas as diferentes instituições civis na América do Norte, com exceção das instituições civis de Maryland e da Carolina do Norte, das quais não obtive cálculos precisos, não custavam aos habitantes, antes do início dos atuais distúrbios, mais de 64.700 libras por ano, exemplo sempre memorável de que com uma pequena despesa é possível não apenas governar 3 milhões de pessoas, mas, mais ainda, governá-las bem. É verdade que a parte mais importante das despesas do governo, a da defesa e proteção, constantemente ficou a cargo da metrópole. Nas colônias, além disso, o cerimonial do governo civil, por ocasião da recepção a um novo governador, da abertura de uma nova Assembléia etc., ainda que realizado com a decência conveniente, não vem acompanhado de pompa ou parada dispendiosas. Seu governo eclesiástico é administrado de maneira igualmente frugal. As colônias desconhecem o dízimo, e seu clero, que está longe de ser numeroso, é mantido ou por estipêndios bastante moderados, ou pela contribuição voluntária do povo. As potências da Espanha e de Portugal, pelo contrário, retiram parte de sua manutenção dos impostos arrecadados de suas colônias. A França, é verdade, jamais retirou nenhuma receita considerável de suas colônias, já que os impostos que delas arrecada são em geral gastos nas próprias colônias. Mas o governo colonial dessas três nações é dirigido segundo um cerimonial muito mais dispendioso. Assim, por exemplo, são geralmente enormes as quantias gastas por ocasião da recepção a um novo vice-rei do Peru. Essas cerimônias não apenas significam impostos reais pagos pelos colonizadores ricos nessas ocasiões particulares, como também servem para introduzir entre eles o hábito da vaidade e do desperdício em todas as outras ocasiões. Não são apenas impostos ocasionais demasiado nefastos, como ainda contribuem para instituir impostos perpétuos de mesma espécie ainda mais nefastos, a saber: os impostos ruinosos da luxúria e da extravagância privadas. É de notar ainda que nas colônias dessas três nações o governo eclesiástico é extremamente opressivo. Em todas elas existe a cobrança de dízimos, que nas colônias da Espanha e de Portugal são arrecadados com o mais extremo rigor. Todas elas, além disso, se vêem oprimidas por uma numerosa classe de frades mendicantes, cujo estado de mendicância, sendo não apenas autorizado como ainda santificado pela religião, representa o mais nefasto imposto sobre a gente pobre, a quem se ensina, com o máximo cuidado, que constitui dever dar e um pecado muito grande recusar-lhes caridade. Como se tudo isso já não fosse suficiente, o clero é, em todas essas colônias, o maior açambarcador de terras.

Em quarto lugar, ao venderem o excedente de produção, ou seja, o que ultrapassa seu próprio consumo, as colônias inglesas têm sido mais favorecidas e receberam um mercado mais amplo do que as colônias de qualquer outra nação européia. Toda nação européia se empenhou, em maior ou menor grau, em obter para si o monopólio do comércio de suas colônias, e, por essa razão, proibiu navios de nações estrangeiras de fazerem comércio com elas, além de proibi-las de importar mercadorias européias de qualquer nação estrangeira. No entanto, são muito diferentes as maneiras pelas quais se praticou esse monopólio nas diversas nações.

Algumas nações abandonaram todo o comércio de suas colônias a uma companhia exclusiva, da qual os colonizadores eram obrigados a comprar todas as mercadorias européias de que precisassem, e para a qual eram obrigados a vender toda a sua produção excedente. Era interesse da companhia, então, não apenas vender as mercadorias européias ao maior preço possível e comprar os produtos da colônia ao menor preço possível, como ainda não comprar desta última, mesmo a esse baixo preço, senão a quantidade que pudesse colocar à venda na Europa a um preço altíssimo. Era seu interesse não somente degradar, em todos os casos, o valor da produção excedente da colônia, como ainda, em muitos casos, desestimular o aumento dessa quantidade, e mantê-la abaixo de seu estado natural. De todos os expedientes que possam ser inventados para tolher o crescimento natural de uma nova colônia, o mais eficaz, sem dúvida alguma, é o de uma companhia exclusiva. E no entanto esta tem sido a política da Holanda, ainda que ao longo deste século sua companhia tenha renunciado, sob muitos aspectos, ao exercício de seu privilégio de exclusividade. Essa também era a política da Dinamarca até o reinado do último rei; algumas vezes, foi a política da França e ultimamente, desde 1755, depois de abandonada por todas as outras nações em razão de sua natureza absurda, tornou-se a política de Portugal, pelo menos em relação a duas das principais províncias do Brasil, Pernambuco e Maranhão*.

Outra nações, embora sem criarem uma companhia exclusiva, confinaram todo o comércio de suas colônias a um

---

* No original, *Fernambuco and Marannon*. (N. T.)

porto específico da metrópole, do qual nenhum navio era autorizado a zarpar, senão como parte de uma frota e numa estação do ano particular, ou, então, se o navio partisse isoladamente, em virtude de uma licença específica, pela qual em muitos casos se pagava bastante dinheiro. É verdade que essa política abriu o comércio das colônias a todos os nativos da metrópole, desde que seu comércio se fizesse a partir do porto específico, na estação específica e nos navios específicos. Mas quando todos os diferentes comerciantes, os quais juntavam seus estoques para equipar esses navios providos de licença, descobrissem que era de seu interesse agir de comum acordo, o comércio que se fizesse dessa maneira necessariamente seria levado adiante com base em princípios muito parecidos aos de uma companhia exclusiva. O lucro desses comerciantes seria quase igualmente exorbitante e opressivo. O abastecimento das colônias seria precário, o que as obrigaria a comprar a preços muito altos e a vender a preços excessivamente baixos. Até poucos anos atrás, porém, esta sempre fora a política da Espanha, e por isso se afirma que o preço de todas as mercadorias européias eram enormes nas Índias Ocidentais espanholas. Ulloa nos conta que em Quito uma libra de ferro era vendida por cerca de 4 a 6 pence, e 1 libra de aço, por cerca de 6 a 9 pence. Ora, é basicamente para comprar mercadorias européias que as colônias se desfazem de sua própria produção. Assim, quanto mais pagam pelas mercadorias européias, menos realmente conseguem por seus produtos, de modo que o alto preço das primeiras é a mesma coisa que o baixo preço dos últimos. Sob esse aspecto, a política de Portugal com relação a todas as suas colônias, excetuados Pernambuco e Maranhão, é idêntica à antiga política da Espanha, sendo que, com relação a estas duas províncias, recentemente Portugal adotou uma política ainda pior.

Outras nações deixam o comércio de suas colônias livre a todos os súditos que possam conduzi-lo de todos os diferentes portos da metrópole, e que não tenham necessidade de nenhuma outra licença além dos despachos comuns da aduana. Neste caso, o número e a situação dos diferentes comerciantes dispersos por todo o país tornam-lhes impossível formar uma associação geral, e sua concorrência é suficiente para impedi-los de conseguir lucros muito exorbitantes. Sob uma política tão liberal, as colônias têm condições tanto de vender a própria produção como de comprar as mercadorias da Europa a um preço razoável. No entanto, desde a dissolução da Companhia de Plymouth, quando nossas colônias estavam apenas na infância, sempre tem sido esta a política da Inglaterra. Também tem sido em geral a política da França, e é o sistema que esse país uniformemente adotou desde a dissolução do que na Inglaterra comumente se chama de "Companhia Francesa do Mississippi". Assim, os lucros do comércio que a França e a Inglaterra fazem com suas colônias, ainda que certamente sejam um pouco mais elevados do que seriam se a concorrência fosse livre a todas as outras nações, não são, entretanto, de modo algum exorbitantes; por isso, o preço das mercadorias européias não é extravagantemente alto na maior parte das colônias da França e da Inglaterra.

Mais ainda, na exportação do próprio excedente de produção, as colônias da Grã-Bretanha estão limitadas ao mercado da metrópole unicamente com relação a certas mercadorias. Por terem sido enumeradas na Lei de Navegação e em algumas leis subseqüentes, essas mercadorias foram denominadas *mercadorias enumeradas*. As restantes são chamadas de *mercadorias não enumeradas*, podendo ser exportadas diretamente a outros países, desde que em navios britânicos ou das colônias, cujos donos e ¾ dos marinheiros sejam súditos britânicos.

Entre as mercadorias não enumeradas estão alguns dos mais importantes produtos da América e das Índias Ocidentais: grãos de todos os tipos, madeiras para construção, mantimentos salgados, peixes, açúcar e rum.

Os grãos são naturalmente o primeiro e principal objeto da cultura em todas as novas colônias. Ao facultar às colônias um mercado bastante amplo para os grãos, a lei as incentiva a estender essa cultura muito além do consumo de um país pouco povoado, e com isso as prepara para fornecer de antemão uma ampla subsistência para uma população em contínuo crescimento.

Num país totalmente coberto por florestas, onde conseqüentemente a madeira tem pouco ou nenhum valor, o gasto para limpar o solo representa o principal obstáculo para se aprimorar a terra. Ao permitir que as colônias tenham um mercado bastante amplo para sua madeira, a lei procura facilitar o aprimoramento das terras, elevando o preço de uma mercadoria que do contrário teria pouco valor, o que lhes dá condições de obter algum lucro daquilo que, em outras circunstâncias, não passaria de mero gasto.

Num país que não possui a metade da população que poderia ter, e no qual nem sequer a metade das terras é cultivada, o gado naturalmente se multiplica além do consumo imediato dos habitantes, e, por essa razão, freqüentemente tem pouco ou nenhum valor. Ora, é necessário, conforme já se mostrou, que o preço do gado mantenha uma certa proporção com o preço do trigo, antes que se possa introduzir benfeitorias na maior parte das terras de um país. Ao permitir que o gado americano, de todas as espécies, morto ou vivo, seja comercializado num mercado bastante amplo, a lei procura elevar o valor de uma mercadoria cujo alto preço é tão essencial ao aprimoramento das terras. Os bons efeitos dessa liberdade, porém, devem ser um tanto reduzidos pela lei promulgada no 4º ano de reinado de Jorge III, Capítulo 15, que inclui os couros e as peles entre as mercadorias enumeradas, tendendo com isso a reduzir o valor do gado americano.

Aumentar a navegação e o poderio naval da Grã-Bretanha, por meio da extensão da pesca praticada pelas colônias, é a finalidade que a legislação parece ter mantido quase constantemente em vista. Por essa razão, a pesca tem contado com todos os incentivos que lhe pode oferecer a liberdade, o que conseqüentemente lhe permite florescer. A pesca praticada pela Nova Inglaterra, em particular, foi, durante os recentes distúrbios, talvez uma das mais importantes do mundo. A pesca da baleia, que, malgrado uma enorme subvenção oficial, é praticada na Grã-Bretanha com tão poucos resultados que, na opinião de muitas pessoas (opinião que eu, todavia, não pretendo reiterar), a produção total não ultrapassa em muito o valor das subvenções anualmente pagas, é praticada na Nova Inglaterra em grandes proporções, sem contar com nenhuma subvenção. O peixe constitui um dos principais artigos com os quais os norte-americanos realizam comércio com a Espanha, Portugal e o Mediterrâneo.

Originalmente, o açúcar era uma mercadoria enumerada que podia ser exportada unicamente para a Grã-Bretanha. Mas em 1731, por representação dos plantadores de cana-de-açúcar, permitiu-se sua exportação para todas as regiões do mundo. No entanto, as restrições com as quais essa liberdade foi concedida, associadas ao elevado preço do açúcar na Grã-Bretanha, tornaram-na em grande medida sem efeito. A Grã-Bretanha e suas colônias ainda continuam a ser quase o único mercado para todo o açúcar produzido nas colônias britânicas. O consumo aumenta com tanta rapidez que, embora a importação de açúcar tenha crescido consideravelmente nestes vinte anos em conseqüência do crescente desenvolvimento da Jamaica e das Ilhas Cedidas, a exportação a países estrangeiros não é, segundo se diz, muito maior do que antes.

O rum é um artigo muito importante no comércio que os americanos mantêm com a costa da África, de onde, em troca, os americanos trazem escravos negros.

Se todo o excedente de produção da América em grãos de todas as espécies, em mantimentos salgados e em peixe, fosse incluído entre as mercadorias enumeradas e, por conseguinte, forçosamente entrasse no mercado da Grã-Bretanha, exerceria uma enorme influência sobre a produção de nosso país. Provavelmente, foi menos por consideração aos interesses da América do que por receio dessa interferência que não apenas essas importantes mercadorias foram excluídas da lista das mercadorias enumeradas, como ainda se proibiu por lei, em condições normais, a importação para a Grã-Bretanha de todos os grãos, com exceção do arroz, e dos mantimentos salgados.

As mercadorias não enumeradas podiam, originalmente, ser exportadas para todas as partes do mundo. As madeiras e o arroz, que de início constavam na lista das mercadorias enumeradas, quando mais tarde foram retirados dessa lista, ficaram restritos, no que diz respeito ao mercado da Europa, aos países situados ao sul do cabo Finisterra. Em virtude da lei promulgada no 6º ano de reinado de Jorge III, Capítulo 52, todas as mercadorias não enumeradas foram sujeitas às mesmas restrições. As regiões da Europa que se situam ao sul do cabo de Finisterra não são países produtores de manufaturas, e por isso tivemos menos receio de que os navios das colônias transportassem, desses países, produtos manufaturados que pudessem se interpor aos nossos produtos.

São de duas espécies as mercadorias enumeradas: a primeira compreende as mercadorias que ou são produtos específicos da América, ou não podem ser produzidas na metrópole ou, pelo menos, não são aí de fato produzidas. A essa espécie pertencem o melaço, o café, o coco, o tabaco, a pimenta, o gengibre, as barbatanas de baleia, a seda em rama, o algodão cru, o anil, o castor e outras peles da América, o índigo, a tatajuba e outras madeiras corantes. A segunda espécie compreende as mercadorias que não são produtos específicos da América, mas que são ou podem ser produzidas na metrópole, embora em quantidades insuficientes para suprir a maior parte de sua demanda, a qual é suprida principalmente por países estrangeiros. Dessa espécie são os materiais navais, os mastros, as vergas e os gurupés; o alcatrão, o piche e a terebintina; lingotes e barras de ferro; minério de cobre, couros e peles cruas, a potassa e o perlasso. Nem mesmo a mais abundante importação de mercadorias da primeira espécie poderia desestimular a produção ou interferir na venda de qualquer parte da produção da metrópole. Esperava-se que, ao limitar essas mercadorias ao mercado interno, os comerciantes não apenas tivessem condições de comprá-las a um preço mais baixo nas colônias e, conseqüentemente, de revendê-las com um lucro maior no mercado interno do país, como também de estabelecer, entre as colônias e os países estrangeiros, um comércio de transporte bastante vantajoso, do qual a Grã-Bretanha deveria, necessariamente, ser o centro ou entreposto, pois seria o primeiro país europeu a importar essas mercadorias. A importação de mercadorias da segunda espécie também poderia, como se supunha, ser feita de tal modo que interferisse, não na venda das mercadorias de mesma espécie produzidas na Grã-Bretanha, mas na venda das mercadorias importadas de países estrangeiros, porque os impostos de importação peculiares sempre as tornariam mais caras do que as nossas, e contudo bem mais baratas do que as estrangeiras. Assim, ao restringir essas mercadorias ao nosso mercado interno, pretendia-se desestimular a produção, não da Grã-Bretanha, mas a de alguns países estrangeiros em relação aos quais se imaginava que a balança comercial fosse desfavorável à Grã-Bretanha.

A proibição de exportar das colônias a qualquer outro país, que não a Grã-Bretanha, mastros, vergas, gurupés, alcatrão, piche e terebintina, tendia naturalmente a baixar o preço da madeira nas colônias e, por conseguinte, a aumentar o custo de limpeza do solo, principal obstáculo ao aprimoramento das terras. Entretanto, por volta do início deste século, em 1703, a Companhia Sueca de comércio de piche e alcatrão tentou aumentar o preço de suas mercadorias na Grã-Bretanha, proibindo sua exportação, a não ser nos navios da Companhia, ao preço por ela fixado, e nas quantidades que ela julgasse adequadas. A fim de neutralizar esse exemplo notável de política mercantil, e de tornar-se o mais possível independente, não somente da Suécia, mas também de todas as outras potências setentrionais, a Grã-Bretanha concedeu um subsídio à importação de materiais navais da América. O efeito desse subsídio foi o de elevar o preço da madeira na América muito mais do que poderia baixá-lo a restrição ao mercado interno; e, como as duas medidas foram promulgadas na mesma época, seu efeito conjunto foi antes o de incentivar do que desestimular a limpeza do solo na América.

Ainda que o ferro em lingotes e em barra estivesse incluído entre as mercadorias enumeradas, todavia, como está isento, em sua importação para a América, das pesadas tarifas alfandegárias a que está sujeito em sua importação de todos os outros países, a primeira parte da medida contribui mais para estimular a instalação de fornalhas na América do que a segunda parte contribui para desestimulá-la. Ora, não existe nenhuma outra manufatura que exija um consumo tão grande de madeira como a fornalha; por isso, não há nenhuma outra manufatura que possa contribuir mais para o desmatamento de um país coberto de florestas.

Talvez a legislação não tenha pretendido, nem mesmo compreendido, a tendência de algumas dessas medidas a elevar o valor das diferentes espécies de madeira na América e, com isso, a facilitar o desmatamento das terras. Se, sob esse aspecto, seus efeitos benéficos foram acidentais, nem por isso foram menos reais.

Permite-se a mais perfeita liberdade de comércio entre as colônias britânicas da América e as Índias Ocidentais, tanto no que diz respeito às mercadorias enumeradas, como às não enumeradas. Essas colônias vieram a se tornar, hoje, tão populosas e prósperas, que cada uma delas encontra em alguma das outras um grande e vasto mercado para os diversos artigos de sua produção. Tomadas em conjunto, todas essas colônias formam um grande mercado interno para os respectivos produtos.

Porém, a liberalidade da Inglaterra em relação ao comércio de suas colônias limita-se basicamente ao que se refere ao mercado para sua produção, seja em estado bruto, seja no que se poderia chamar de primeiro estágio de manufatura. Quanto aos produtos manufaturados mais avançados ou mais refinados, mesmo os retirados da produção das colônias, os comerciantes e manufatores preferem reservá-los para si; e contam com suficiente crédito entre os legisladores para impedir, tanto por meio de elevados impostos de importação, como mediante proibições absolutas, o estabelecimento dessas espécies de manufaturas nas colônias.

Por exemplo, enquanto o açúcar mascavo das colônias britânicas paga, na importação, apenas 6 shillings e 4 pence por quintal, o açúcar branco paga 1 libra, 1 shilling e 1 pence; e quando é refinado, uma ou duas vezes, em torrões, paga 4 libras, 2 shillings, $5^8/_{20}$ pence. Quando foram instituídos esses elevados impostos de importação, a Grã-Bretanha era o único – e ainda hoje continua a ser o principal – mercado para o qual o açúcar das colônias britânicas podia ser exportado. Por isso, esses impostos equivaliam a uma proibição, inicialmente de purificar ou refinar o açúcar para qualquer mercado estrangeiro, e, hoje, de purificá-lo ou refiná-lo para o mercado, o que talvez abranja mais de $9/_{10}$ da produção total. Desse modo, a manufatura voltada para a purificação ou o refino do açúcar, ainda que florescente em todas as colônias açucareiras da França, tem-se desenvolvido pouco nas colônias inglesas, a não ser para o mercado das próprias colônias. Enquanto Grenada esteve sob o controle dos franceses, havia em quase todas as colônias uma refinaria de açúcar, pelo menos para purificá-lo. Desde que passou a ser domínio dos ingleses, quase todas as construções desse tipo foram abandonadas, e atualmente (outubro de 1773) não restam, segundo me asseguraram, mais do que duas ou três delas em toda a ilha. Por tolerância da alfândega, no entanto, atualmente o açúcar purificado ou refinado, se reduzido de torrões a pó, costuma ser importado como açúcar mascavo.

Ao mesmo tempo que a Grã-Bretanha incentiva na América as manufaturas de ferro em barra e em lingotes, isentando-as de impostos de importação a que mercadorias semelhantes estariam sujeitas quando importadas de qualquer outro país, ela impõe a proibição absoluta de instalar forjas e fornalhas para produzir aço e usinas de fundição em qualquer uma de suas colônias americanas. Ela não permitirá que seus colonos trabalhem em manufaturas mais elaboradas, mesmo que seja para consumo próprio; ao contrário, insistirá que comprem dos comerciantes e manufatores britânicos todos os bens dessa espécie de que necessitem.

A Grã-Bretanha proíbe a exportação de uma província a outra – por água, e mesmo o transporte por terra, a cavalo ou em carroça – de chapéus, lã e artigos de lã que sejam produzidos na América. Essa norma impede, necessariamente, que sejam implantadas todas as manufaturas relativas a essas espécies de mercadorias para a venda a distância, e com isso limita a atividade de seus colonos unicamente àquelas manufaturas mais rudes e feitas à mão que uma família particular comumente produz para seu uso pessoal ou para o uso de alguns de seus vizinhos na mesma província.

Porém, proibir um grande povo de tirar todo o partido possível de cada artigo de sua própria produção, ou de empregar seu capital e seu trabalho da maneira que ele considerar a mais vantajosa para si, constitui manifesta violação dos mais sagrados direitos da humanidade. Apesar disso, por mais injusta que possa ser essa proibição, até agora ela não foi extremamente prejudicial às colônias. Nestas, a terra continua a ser tão barata, e o trabalho, conseqüentemente, tão caro, que os colonos podem importar da metrópole quase todos os produtos manufaturados mais refinados ou elaborados, a um preço mais barato do que aquele pelo qual eles mesmos conseguiriam manufaturá-los. Assim, embora eles não tenham sido proibidos de instalar essas mercadorias, é provável que, em seu atual estágio de desenvolvimento, a consideração pelo próprio interesse os impedisse de fazê-lo. Em seu atual estágio de desenvolvimento, talvez essas proibições, ainda que não tolham sua atividade, ou a afastem de qualquer emprego a que se deixaria levar espontaneamente, representam tão-somente símbolos impudentes da escravidão imposta aos colonos, sem nenhuma razão suficiente, mas meramente pela inveja dos comerciantes e manufatores da metrópole. Num estágio mais avançado, essas proibições poderiam ser realmente opressivas e insuportáveis.

Se a Grã-Bretanha limita a seu próprio mercado algumas das mais importantes produções da colônia, também oferece, em compensação, a algumas outras uma vantagem nesse mercado, quer instituindo impostos mais elevados sobre produções semelhantes que sejam importadas de outros países, quer concedendo subsídios à sua importação das colônias. É da primeira dessas maneiras que ela oferece uma vantagem no mercado interno para o açúcar, o tabaco e o ferro de suas colônias; e é da segunda maneira que ela favorece sua seda em rama, seu cânhamo e seu linho, seu índigo, suas munições navais e suas madeiras de construção. Essa segunda maneira de incentivar a produção da colônia por meio de subsídios à importação é, tanto quanto consegui me certificar, peculiar à Grã-Bretanha. A primeira não é. Portugal não se satisfaz em instituir impostos mais elevados sobre a importação de tabaco de qualquer outro país; pelo contrário, proíbe-a sob as mais severas penas da lei.

Com relação à importação de mercadorias da Europa, a Grã-Bretanha tem também tratado com mais liberalidade suas colônias do que qualquer outra nação.

A Grã-Bretanha permite que parte dos impostos de importação de mercadorias estrangeiras – quase sempre a metade, geralmente uma porção ainda maior e algumas vezes até mesmo a totalidade – seja restituída quando essas mesmas mercadorias são exportadas para qualquer país estrangeiro. Não seria difícil prever que nenhum país estrangeiro independente receberia essas mercadorias, se chegassem a eles com a elevada carga tributária a que estão sujeitas quase todas as mercadorias estrangeiras importadas pela Grã-Bretanha. Assim, caso não se restituísse uma parte desses impostos no momento da exportação, seria o fim do comércio de transporte, comércio este tão favorecido pelo sistema mercantil.

No entanto, nossas colônias não são, de modo algum, países estrangeiros independentes; além disso, ao reservar-se o direito exclusivo de fornecer-lhes todas as mercadorias de procedência européia, a Grã-Bretanha poderia tê-las forçado (da mesma maneira como outros países forçaram suas colônias) a receber essas mercadorias, oneradas com os mesmos impostos de importação pagos na metrópole. Mas, pelo contrário, até 1763 concediam-se, à exportação da maior parte das mercadorias estrangeiras para nossas colônias, os mesmos *drawbacks* que se pagavam na exportação a todos os outros países estrangeiros independentes. Na verdade, em 1763 a lei promulgada no 4º ano de reinado de Jorge III reduziu consideravelmente essa concessão, determinando que "nenhuma parcela do imposto intitulado Antigo Tributo seria restituído às mercadorias de origem, produção ou fabricação da Europa ou das Índias Orientais que fossem exportadas deste reino para qualquer colônia ou estabelecimento na América, à exceção dos vinhos, morins e musselinas". Antes dessa lei, era possível comprar inúmeras espécies diferentes de mercadorias a preço mais baixo nas colônias do que na metrópole, e isso ainda hoje ocorre com relação a algumas mercadorias.

É preciso notar que os principais mentores das medidas legais relativas ao comércio foram os comerciantes que realizam comércio com as colônias. Não devemos nos admirar, portanto, se, na maioria dessas medidas, houver mais atenção aos interesses destes comerciantes do que aos das colônias ou mesmo aos da metrópole. Quando lhes foi concedido o privilégio exclusivo de fornecer às colônias todas as mercadorias européias de que elas precisassem, e de comprar todas as partes de seu excedente de produção para que não interferissem no comércio que eles mesmos realizavam no mercado interno, sacrificaram-se os interesses das colônias em nome dos interesses desses comerciantes. Quando se concederam os mesmos *drawbacks* para a reexportação da maior parte das mercadorias da Europa e das Índias Orientais a qualquer país independente, sacrificaram-se os interesses da metrópole aos interesses dos comerciantes, mesmo segundo as idéias mercantis sobre esses interesses. Eram os comerciantes que tinham interesse em pagar o menos possível pelas mercadorias estrangeiras que enviavam às colônias, e, conseqüentemente, em recuperar o mais possível os impostos que haviam pago antecipadamente na importação dessas mercadorias para a Grã-Bretanha. Com isso, teriam condições de vender nas colônias quer a mesma quantidade de mercadorias com um lucro maior, quer uma quantidade maior de mercadorias com o mesmo lucro, e, por conseguinte, de ganhar alguma coisa de um modo ou de outro. Era igualmente de interesse das colônias obter todas essas mercadorias ao mais baixo preço e no maior volume possível. Mas talvez nem sempre esse fosse o interesse da metrópole. Freqüentemente ela poderia sofrer perda de receita ao restituir uma grande parte dos impostos pagos por ocasião da importação dessas mercadorias; também sofreriam suas manufaturas, cujos produtos seriam vendidos a preços muito mais baixos na colônia, por causa das condições facilitadas – oferecidas pelos *drawbacks* –, sob as quais os produtos estrangeiros manufaturados poderiam ser transportados para cá. É comum afirmarem que o desenvolvimento da manufatura de linho da Grã-Bretanha foi em grande medida retardado pelos *drawbacks* à reexportação de linho alemão para as colônias americanas.

Mas, embora a política da Grã-Bretanha relativa ao comércio de suas colônias tenha sido ditada pelo mesmo espírito mercantil que inspirou outras nações, em termos gerais essa política foi ainda menos estreita e menos opressiva do que a de outras nações.

Tirante o comércio exterior, os colonos ingleses gozam de inteira liberdade para dirigir seus próprios negócios da maneira como julgarem conveniente. Sua liberdade é igual, sob todos os aspectos, à de seus concidadãos da metrópole, e é garantida da mesma maneira por uma assembléia de representantes do povo, que somente reivindicam o direito de instituir impostos para a manutenção do governo da colônia. A autoridade dessa assembléia subjuga o poder executivo, e nem o mais miserável ou o mais detestável colono tem, enquanto obedecer à lei, alguma razão para temer o ressentimento, seja do governador, seja de algum outro oficial civil ou militar da província. Ainda que nas assembléias da colônia nem sempre haja uma representação rigorosamente igual do povo – como tampouco é a Câmara dos Comuns da Inglaterra –, aproximam-se consideravelmente desse caráter; e como o poder executivo não dispõe dos meios para corrompê-las, ou melhor, não tenha necessidade de fazê-lo, já que conta com o apoio da metrópole, talvez em geral sejam mais influenciadas pelas inclinações de seus constituintes. Nos legislativos da colônia, os conselhos que correspondem à Câmara dos Lordes na Grã-Bretanha não são compostos por uma nobreza hereditária. Em algumas das colônias, como nas três dos governos da Nova Inglaterra, esses conselhos não são indicados pelo rei, mas escolhidos pelos representantes do povo. Não há, em nenhuma das colônias inglesas, nobreza hereditária. É verdade que em todas elas, assim como em todos os outros países livres, o descendente de uma antiga família de colonizadores é mais respeitado do que um novo-rico de igual mérito e fortuna; mas este é tão-só mais respeitado, e nenhum outro privilégio possui que possa importunar seus vizinhos. Antes do início dos atuais distúrbios, as assembléias das colônias não apenas detinham o poder legislativo, como ainda parte do poder executivo. Em Connecticut e Rhode Island, as assembléias elegiam o governador. Nas outras colônias, indicavam os funcionários da receita que recolhiam os impostos instituídos pelas respectivas assembléias, perante as quais esses funcionários eram diretamente responsáveis. Portanto, existe mais igualdade entre os colonos ingleses do que entre os habitantes da metrópole. Seus costumes são mais republicanos, e seus governos – em particular os das três províncias da Nova Inglaterra – também têm sido até aqui mais republicanos.

Ao contrário, são os governos absolutos da Espanha, Portugal e França que vigoram nas respectivas colônias, e por causa da grande distância os poderes discricionários que esses governos geralmente delegam a todos os seus oficiais inferiores são naturalmente exercidos com mais violência do que de hábito. Sob todos os governos absolutos, há mais liberdade na capital do que em qualquer outra parte do país. Pessoalmente, o soberano jamais pode ter interesse ou inclinação para desvirtuar a ordem da justiça, ou para oprimir o grande conjunto do povo. Na capital, sua presença em maior ou menor grau subjuga todos os seus oficiais inferiores, que nas províncias mais remotas, onde as reclamações do povo têm menos possibilidade de alcançá-lo, podem exercer sua tirania com muito mais segurança. Ora, as colônias européias na América são mais remotas do que as mais distantes províncias dos maiores impérios jamais antes conhecidos. O governo das colônias inglesas talvez seja o único que, desde o início do mundo, poderia garantir perfeita liberdade aos habitantes de uma província tão distante. No entanto, a administração das colônias francesas sempre foi conduzida com mais gentileza e moderação do que a das colônias espanholas e portuguesas. Essa conduta superior é a um só tempo mais conforme ao caráter da nação francesa e àquilo que forma o caráter de uma nação, a saber, a natureza de seu governo. Ora, ainda que seja arbitrário e violento, se comparado ao governo da

Grã-Bretanha, o governo da França é todavia legítimo e livre, se comparado aos governos da Espanha e de Portugal.

Porém, é principalmente no desenvolvimento das colônias norte-americanas que se manifesta a superioridade da política inglesa. O desenvolvimento das colônias açucareiras da França tem sido no mínimo igual, talvez até superior, ao da maioria das colônias açucareiras inglesas, e no entanto estas usufruem de um governo livre, de natureza quase idêntica ao que existe nas colônias inglesas da América do Norte. Mas as colônias açucareiras da França não são desestimuladas, como as da Inglaterra, a refinar o próprio açúcar; e, o que é ainda mais importante, a natureza do governo das ilhas francesas naturalmente introduz um melhor tratamento aos escravos negros.

Em todas as colônias européias a cultura da cana-de-açúcar é feita pelos escravos negros. Supõe-se que a constituição dos que nasceram no clima temperado da Europa seja incapaz de suportar o trabalho de cavar o solo sob o sol escaldante das Índias Ocidentais; além disso, a cultura da cana-de-açúcar, tal como é feita hoje, depende inteiramente de trabalho braçal, ainda que na opinião de muitos fosse possível introduzir nela, com grandes vantagens, o uso do arado. Mas, assim como o lucro e o sucesso da cultura que é feita por meio do gado dependem em muito do tratamento que se dá a esse gado, também o lucro e o sucesso da cultura que se faz por meio de escravos devem depender do bom tratamento que se dá a esses escravos; ora, quanto ao bom tratamento dos escravos, todos admitem, segundo penso, que os colonos franceses são superiores aos ingleses. Enquanto garantir somente uma frágil proteção ao escravo contra a violência de seu senhor, a lei provavelmente será mais bem executada numa colônia onde o governo é arbitrário do que numa colônia que seja inteiramente livre. Em todos os países onde se estabeleceu a desafortunada legislação escravista, o magistrado, ao proteger o escravo, de alguma forma interfere na administração da propriedade privada do senhor; e num país livre, onde o senhor talvez seja ou um membro da assembléia da colônia, ou um eleitor desse membro, este não ousará fazer isso, senão com grande cautela e prudência. O respeito que esse membro é obrigado a prestar ao senhor torna-lhe mais difícil proteger o escravo. Mas num país em que o governo é em grande medida arbitrário, no qual seja habitual ao magistrado interferir até mesmo na administração da propriedade privada dos indivíduos e talvez enviar-lhes uma *lettre de cachet* se não a administrarem de acordo com seu gosto, é muito mais fácil para o magistrado oferecer alguma proteção ao escravo, e naturalmente a mera humanidade o dispõe a fazê-lo. A proteção do magistrado torna o escravo menos desprezível aos olhos de seu senhor, que é então induzido a considerá-lo com mais respeito e a tratá-lo com mais gentileza. O trato gentil torna o escravo não apenas mais fiel, mas mais inteligente, e portanto, com dobrada razão, mais útil. O escravo se aproxima mais da condição de um criado livre, e pode possuir algum grau de integração e ligação com os interesses de seu senhor, virtudes que freqüentemente pertencem aos criados livres, mas que jamais podem pertencer a um escravo, quando é tratado como usualmente são tratados os escravos nos países nos quais o senhor goze de absoluta liberdade e segurança.

Creio que a história de todos os tempos e nações virá em apoio a esta verdade: a condição do escravo é melhor sob um governo arbitrário do que sob um governo livre. Na história romana, a primeira vez em que vemos um magistrado se interpor para proteger o escravo da violência de seu senhor ocorre sob os imperadores. Quando Védio Pólio, na presença de Augusto, ordenou que um de seus escravos, que havia cometido uma falta leve, fosse cortado em pedaços e atirado em seu viveiro de peixe para servir-lhes de alimento, o imperador, indignado, mandou que emancipasse imediatamente, não apenas aquele escravo, mas todos os outros que lhe pertenciam. Sob a República, nenhum magistrado podia ter autoridade suficiente para proteger o escravo, muito menos para punir o senhor.

É preciso observar que o capital investido no aprimoramento das colônias açucareiras da França, particularmente a grande colônia de São Domingo, é proveniente, quase na totalidade, da gradual cultura e melhoria dessas colônias. É quase inteiramente o produto do solo e da atividade das colônias, ou, o que vem a ser o mesmo, o preço dessa produção gradualmente acumulada pela boa administração, e empregada para dar origem a uma produção ainda maior. Mas o capital investido no aprimoramento e cultivo das colônias açucareiras da Inglaterra foi, grande parte dele, enviado para fora da Inglaterra, além de não ter sido, de modo algum, produto do solo e da atividade dos colonizadores. Em grande medida, a prosperidade das colônias açucareiras inglesas se deveu às grandes riquezas da Inglaterra, parte das quais transbordou, por assim dizer, para essas colônias. Ao contrário, a prosperidade das colônias açucareiras da França se deveu inteiramente à boa administração dos colonos, que deve portanto ter sido superior à dos colonos ingleses; e nada é mais notável quando se comparam uns e outros do que essa superioridade dos franceses no tratamento dos escravos.

Tal foi, em linhas gerais, a política das diferentes nações européias com relação a suas colônias.

Portanto, a política da Europa tem poucos motivos para se orgulhar, quer do estabelecimento original de suas colônias da América, quer de sua prosperidade ulterior, no que diz respeito a seus governos internos.

Loucura e injustiça parecem ter sido os princípios que presidiram e orientaram o primeiro projeto de estabelecimento dessas colônias; a loucura de entrar numa corrida por minas de ouro e de prata, e a injustiça de cobiçar a posse de um país cujos habitantes, inofensivos, longe de algum dia terem feito algum mal ao povo da Europa, receberam os primeiros aventureiros manifestando todos os testemunhos possíveis de bondade e hospitalidade.

É verdade que os aventureiros responsáveis pela formação dos estabelecimentos mais recentes adicionaram ao projeto quimérico de encontrar minas de ouro e prata outros motivos mais sensatos e mais louváveis; mas mesmo esses motivos são pouco honrosos para a política da Europa.

Oprimidos em seu país, os puritanos ingleses fugiram para a América em busca de liberdade, e lá estabeleceram os quatro governos da Nova Inglaterra. Os católicos ingleses, tratados com injustiça ainda maior, estabeleceram o governo de Maryland; os quacres, o da Pensilvânia. Os judeus portugueses, perseguidos pela Inquisição, esbulhados de suas fortunas e banidos para o Brasil, introduziram pelo seu exemplo alguma espécie de ordem e disciplina entre os criminosos e prostitutas degredados que povoaram originalmente aquele país, além de lhes ensinarem a cultura da cana-de-açúcar. Em todas essas diferentes ocasiões, não foram a sabedoria e a política, mas a desordem e a injustiça dos governos europeus que levaram ao povoamento e cultivo da América.

Os diversos governos da Europa têm tão pouco mérito em executar alguns dos mais importantes desses estabelecimentos como em projetá-los. A conquista do México foi um projeto concebido, não pelo Conselho da Espanha, mas pelo governador de Cuba; e foi executado pelo espírito do ousado aventureiro a quem confiaram o projeto, apesar de tudo o que aquele governador, que logo se arrependeu de o confiar a tal pessoa, podia fazer para frustrá-lo. Os conquistadores do Chile e Peru, bem como de quase todas as outras colônias no continente americano, não levavam consigo nenhum outro incentivo público, além de uma autorização genérica para criar colônias e fazer conquistas em nome do rei da Espanha. Esses empreendimentos ficavam inteiramente por conta e risco dos aventureiros; o governo da Espanha mal contribuiu com eles. Não foi muito maior, aliás, a contribuição do governo da Inglaterra para levar adiante o estabelecimento de algumas de suas mais importantes colônias na América do Norte.

Quando esses estabelecimentos já se encontravam formados e se haviam tornado tão importantes a ponto de atrair a atenção da metrópole, as primeiras medidas legais que esta instituiu para as colônias sempre tinham em vista assegurar para ela, metrópole, o monopólio do comércio colonial, expandir seu próprio mercado à custa das colônias e, por conseguinte, mais amortecer e desestimular do que avivar e promover o curso de sua prosperidade. Uma das mais essenciais diferenças na política das várias nações européias em relação a suas colônias consiste nos distintos modos em que se exerceu esse monopólio. A melhor de todas elas – a da Inglaterra – é somente um pouco menos mesquinha e opressiva do que o restante das outras nações.

Assim, de que modo a política da Europa contribuiu, ora para o primeiro estabelecimento, ora para a atual grandeza das colônias da América? De um modo, e de um único modo apenas, contribuiu em muito. *Magna virûm Mater!* Ela criou e educou os homens que foram capazes de realizar essas grandes ações e lançar as fundações de um império tão grande; em nenhum outro canto do mundo a política foi capaz de formar tais homens, nem jamais os formou de fato e verdadeiramente. As colônias devem à política da Europa a educação e as grandes concepções de seus empreendedores e ativos fundadores; e, no que se refere a seu governo interno, algumas das maiores e mais importantes colônias não devem quase mais nada a essa política.

Parte III

Das vantagens que a Europa obteve da descoberta da América e da descoberta de uma passagem para as Índias Orientais pelo cabo da Boa Esperança

Essas são vantagens que as colônias americanas obtiveram da política européia.

Quais serão então as vantagens obtidas pela Europa da descoberta e colonização da América?

É possível dividir essas vantagens em duas classes: em primeiro lugar, as vantagens gerais que a Europa, considerada como um único e vasto país, obteve desses grandes acontecimentos; em segundo lugar, as vantagens específicas que cada país colonizador obteve das colônias particulares a ele pertencentes, como resultado da autoridade ou do domínio que sobre elas exerce.

As vantagens gerais que a Europa, considerada como um único e vasto país, obteve da descoberta e colonização da América consistem, em primeiro lugar, no aumento de suas fruições, e, em segundo lugar, no aumento do nível de sua atividade.

O excedente de produção da América, importado pela Europa, fornece aos habitantes deste grande continente uma variedade de mercadorias que não poderiam de outro modo possuir; algumas dessas mercadorias são destinadas a seu uso e sua comodidade, algumas ao seu prazer, e outras à decoração e ao ornamento, contribuindo assim para aumentar suas fruições.

Além disso, há de se admitir prontamente que a descoberta e colonização da América contribuíram para fomentar a atividade, primeiro, de todos os países que estabelecem comércio direto com ela, tais como Espanha, Portugal, França e Inglaterra; e, segundo, de todos os países que, embora não mantenham comércio direto com a América, enviam-lhe, por intermédio de outros países, mercadorias de sua própria produção, tais como o Flandres austríaco, e algumas províncias da Alemanha que, por intermédio dos países acima mencionados, enviam à América uma quantidade considerável de linho e outros artigos. É evidente que todos esses países conquistaram um mercado mais amplo para seu excedente de produção, e por conseguinte devem ter sido, necessariamente, estimulados a aumentar o volume dessa produção.

Mas talvez não pareça tão evidente que esses grandes acontecimentos pudessem igualmente contribuir para incentivar a atividade de países como a Hungria e a Polônia, que talvez jamais tenham enviado uma única mercadoria de sua produção para a América. De que tais acontecimentos produziram esse efeito, porém, não resta dúvida alguma. Uma parte da produção da América é consumida na Hungria e na Polônia, e aí também existe uma certa demanda pelo açúcar, chocolate e tabaco daquela região do mundo. Ora, é preciso comprar essas mercadorias com algo que seja ou o produto do trabalho da Hungria e Polônia, ou com algo que tenha sido comprado com uma parte desse produto. Essas mercadorias da América possuem valores novos, representam novos equivalentes, introduzidos na Hungria e Polônia para serem trocados pelo excedente de produção daqueles países. Quando são transportadas para lá, criam um novo mercado, mais amplo, para esse excedente de produção. Fazem subir o valor dele, e com isso contribuem para incentivar seu aumento. Ainda que nenhuma parte deste excedente de produção jamais venha a ser levada para a América, é possível levá-la para outros países que a comprem com parte da porção que lhes cabe no excedente de produção da América; assim, encontrará mercado por meio da circulação do comércio que originalmente foi posto em movimento pelo excedente de produção da América.

É até mesmo possível que esses grandes acontecimentos tenham contribuído para aumentar as fruições e a atividade de países que não apenas jamais enviaram nenhuma mercadoria para a América, como também jamais dela receberam coisa alguma. Mesmo tais países podem ter recebido um volume maior de outras mercadorias de países cujo excedente de produção tenha aumentado em razão do comércio com a América. Assim como esse maior volume necessariamente fez aumentar suas fruições, também fez aumentar sua atividade. Um número maior de novos equivalentes de uma espécie ou outra deve ter sido apresentado àqueles países, para ser trocado pelo excedente de produção daquela atividade. Criou-se necessariamente um mercado mais amplo para o excedente de produção, de modo que o valor deste aumentasse e com isso estimulasse seu crescimento. A massa de mercadorias anualmente despejada no grande círculo do comércio europeu, e distribuída, em virtude de suas várias revoluções*, entre todas as diferentes nações compreendidas nesse círculo, deve necessariamente ter crescido pelo excedente total de produção da América. Portanto, é de esperar que uma grande parcela dessa massa maior tenha caído em cada uma dessas nações, aumentando suas fruições e promovendo o crescimento de sua atividade.

O comércio exclusivo das metrópoles tende a diminuir, ou pelo menos a manter abaixo do grau que do contrário alcançariam, tanto as fruições como a atividade de todas essas nações em geral, e das colônias americanas em particular. É um peso morto sobre a ação de uma das principais molas responsáveis pelo movimento da maior parte dos negócios da humanidade. Ao tornar a produção da colônia mais cara em todos os outros países, o comércio exclusivo diminui o consumo dessa produção, restringindo com isso a um só tempo a atividade das colônias e as fruições e atividades de todos os outros países; estes então encontram menos deleite quando pagam mais por aquilo de que desfrutam, e produzem menos quando conseguem menos pelo que produzem. Ao tornar mais cara nas colônias a produção de todos os outros países, restringe da mesma maneira a atividade de todos os outros países, bem como as fruições e a atividade das colônias. É um entrave que, visando ao suposto benefício de alguns países determinados, impe-

---

* Pode parecer estranho ao leitor o uso da expressão "várias revoluções" (*various revolutions*, no original). É que neste trecho Smith toma emprestada a linguagem da astronomia para designar o movimento circular das mercadorias em torno de outras. Seria possível substituir a expressão acima por "várias rotações", mas se perderia a força do original. (N. T.)

de os prazeres e comprime a atividade de todos os outros países, mais ainda das colônias do que de qualquer outro. Não apenas exclui o máximo possível todos os outros países de um mercado específico, como ainda confina, o mais possível, as colônias a um único mercado específico. Ora, vai muita diferença entre ser excluído de um certo mercado específico, quando todos os outros permanecem abertos, e ser confinado a um mercado específico, quando todos os demais estão fechados. No entanto, o excedente de produção das colônias é a fonte original de tudo quanto faz aumentar as fruições e a atividade que revertem à Europa em razão da descoberta e colonização da América, e o comércio exclusivo das metrópoles tende a tornar essa fonte muito menos abundante do que do contrário seria.

São de duas diferentes espécies as vantagens específicas que cada país colonizador retira das colônias que particularmente lhe pertencem: em primeiro lugar, as vantagens comuns que todo império retira das províncias sujeitas a seu domínio; e, em segundo lugar, as vantagens especiais que se supõe resultem das províncias de uma natureza tão peculiar como as colônias européias na América.

As vantagens comuns que todo império retira das províncias sujeitas a seu domínio consistem, primeiro, na força militar que as colônias fornecem para sua defesa; e, segundo, na receita que elas geram para a manutenção do governo civil das metrópoles. As colônias romanas proporcionavam, ocasionalmente, tanto uma como a outra vantagem. As colônias gregas às vezes forneciam força militar, mas raramente geravam alguma receita, pois era raro reconhecerem que estavam sujeitas ao domínio da metrópole. O mais das vezes eram aliadas dela na guerra, mas raramente suas súditas em tempos de paz.

Até o momento, as colônias européias da América jamais forneceram nenhuma força militar para a defesa da metrópole. Aliás, sua força militar até hoje nunca foi suficiente para sua própria defesa, razão por que nas diferentes guerras nas quais suas metrópoles se envolveram foi necessário, em geral, desviar uma parte bastante considerável de sua força militar para defender as colônias. Portanto, sob esse aspecto todas as colônias européias têm sido, sem exceção, antes a causa da fraqueza do que da força de suas respectivas metrópoles.

Somente as colônias da Espanha e de Portugal contribuem com alguma receita para a defesa da metrópole ou para a manutenção do governo civil desta. Os impostos arrecadados nas colônias de outras nações européias, em particular nas da Inglaterra, raras vezes foram iguais aos gastos que produziram em tempos de paz, e jamais foram suficientes para cobrir as despesas que as colônias geravam em tempos de guerra. Assim, essas colônias têm sido fonte de despesas, não de receita, para suas respectivas metrópoles.

As vantagens dessas colônias para suas respectivas metrópoles consistem exclusivamente naquelas vantagens especiais que se supõe resultem de províncias de uma natureza tão peculiar como as colônias européias da América; e a única fonte de todas essas vantagens especiais, conforme se reconhece amplamente, é o comércio exclusivo.

Em conseqüência desse comércio exclusivo, toda aquela parte do excedente de produção das colônias inglesas, por exemplo, que consiste nas chamadas "mercadorias enumeradas", não pode ser enviada para nenhum outro país além da Inglaterra. É preciso, pois, que posteriormente os outros países comprem da Inglaterra essa parte do excedente de produção das colônias. Assim, este é necessariamente mais barato na Inglaterra do que em qualquer outro país, e deve contribuir para aumentar as fruições da Inglaterra mais do que a de todos os outros países; deve igualmente contribuir mais para incentivar sua atividade. Quanto a todas as parcelas de seu próprio excedente de produção que a Inglaterra troca pelas mercadorias enumeradas, ela necessariamente consegue um preço melhor do que quaisquer outros países podem conseguir pelas suas parcelas do excedente de produção, quando as trocam pelas mesmas mercadorias. Por exemplo, os produtos manufaturados ingleses permitem comprar uma quantidade maior de açúcar e de tabaco de suas colônias do que os mesmos produtos de outros países permitem comprar. Assim, na medida em que os produtos manufaturados da Inglaterra e os de outros países devem ser ambos trocados pelo açúcar e tabaco das colônias inglesas, essa superioridade de preço fornece aos primeiros um estímulo maior do que aquele que poderiam receber os últimos em tais circunstâncias. Portanto, assim como o comércio exclusivo das colônias diminui a um só tempo as fruições e a atividade dos países que não o detêm, ou pelo menos as conserva abaixo do nível a que de outro modo alcançariam, também confere, aos países que o detêm, uma clara vantagem sobre esses outros países.

Porém, talvez se venha a descobrir que se trata mais de uma vantagem relativa, por assim dizer, do que de uma vantagem absoluta propriamente dita; com efeito, a superioridade que a vantagem confere ao país que dela desfruta consiste menos em promover o aumento da atividade e da produção deste país acima do que naturalmente seriam, em caso de livre comércio, do que em reduzir a atividade e a produção dos outros países abaixo do que seriam sem essa restrição.

Assim, por exemplo, o tabaco de Maryland e da Virgínia, por meio do monopólio que a Inglaterra desfruta sobre esse gênero, certamente chega ao mercado da Inglaterra muito mais barato do que ao mercado da França, país ao qual a Inglaterra costuma vender uma parte considerável dessa mercadoria. Ora, caso a França e todos os outros países europeus tivessem a todo o tempo direito ao livre comércio com Maryland e Virgínia, o tabaco dessas colônias poderia, hoje, entrar a um preço mais baixo do que atualmente entra, não apenas no mercado desses países, como também no da Inglaterra. Em conseqüência de usufruir de um mercado muito mais amplo do que aquele de que até o momento desfrutou, a produção de tabaco poderia de tal modo crescer, e provavelmente cresceria tanto durante esse período, que os lucros da cultura de tabaco ficariam reduzidos ao nível natural dos lucros provenientes das culturas de trigo, em relação aos quais se supõe que sejam um pouco superiores. Hoje, o preço do tabaco poderia ser, e provavelmente seria, um pouco mais baixo do que é. Uma quantidade igual de mercadorias, seja da Inglaterra, seja dos outros países, permitiria comprar em Maryland e na Virgínia uma quantidade maior do que permite comprar no presente, e por conseguinte seria lá vendida a um preço muito melhor. Assim, se a abundância e o baixo preço dessa erva permitissem aumentar as fruições e a atividade, seja da Inglaterra, seja de qualquer outro país, provavelmente esses efeitos seriam produzidos num grau mais elevado do que são hoje, se o mercado fosse livre. Decerto, nesse caso a Inglaterra não gozaria de nenhuma vantagem sobre outros países. Ela poderia comprar o tabaco de suas colônias a um preço um pouco mais baixo, e conseqüentemente vender algumas de suas próprias mercadorias a um preço um pouco mais alto do que vende hoje. No entanto, não poderia vender o tabaco ou comprar as mercadorias a preços superiores aos que outros países praticariam. Talvez isso lhe permitisse conquistar uma vantagem absoluta, mas certamente a faria perder uma vantagem relativa.

No entanto, temos sólidas razões para crer que, na tentativa de conquistar essa vantagem relativa no comércio colonial e executar o projeto ofensivo e maligno de excluir o mais possível outras nações de toda a participação nesse comércio, a Inglaterra não apenas sacrificou parte da vantagem absoluta que ela, bem como qualquer outra nação, poderia retirar desse comércio, como ainda sujeitou-se a um só tempo a uma desvantagem absoluta e relativa em quase todos os outros setores do comércio.

Quando a Inglaterra arrogou para si, mediante a Lei de Navegação*, o monopólio do tráfico colonial, os capitais estrangeiros que antes haviam sido empregados nesse tráfico necessariamente dele se retiraram. O capital inglês, que antes não movimentava senão uma parte desse tráfico, agora movimentava a totalidade dele. O capital que havia antes fornecido às colônias apenas uma parte das mercadorias européias de que precisavam era agora tudo o que se empregava para fornecer-lhes a totalidade dessas mercadorias. Mas esse capital não era capaz de fornecer-lhes todas as mercadorias, e as que de fato lhes fornecia eram necessariamente vendidas a um preço muito mais elevado. O capital que antes havia comprado somente uma parte do excedente de produção das colônias era agora tudo o que se empregava para comprar a totalidade desse excedente. Mas esse capital não permitia comprar a totalidade do excedente de produção ao preço antigo, nem mesmo a algo próximo do preço antigo, e portanto tudo o que de fato comprou foi necessariamente comprado a um preço muito baixo. Ora, num emprego do capital em que o comerciante vendeu a preço muito alto e comprou a um preço muito baixo, os lucros devem ter sido bastante grandes, muito acima do nível normal de lucros em outros ramos do comércio. Não era possível que esses lucros superiores no comércio colonial deixassem de atrair de outros ramos do comércio parte do capital antes neles aplicado. Porém, se essa reviravolta do capital fez necessariamente aumentar aos poucos a concorrência entre capitais no comércio

---

* As primeiras Leis de Navegação datam de 1650 e 1651, e foram promulgadas pelo Parlamento durante o período da República. A intenção dos legisladores era aumentar a produção colonial, para que a Inglaterra fosse abastecida de tudo quanto precisasse, e pudesse também se livrar da dependência dos suprimentos holandeses transportados pelo Báltico. É, portanto, no contexto das disputas bélicas da marinha inglesa – as guerras contra a Holanda – e do domínio político da classe burguesa na Inglaterra que deve ser situada essa legislação. (N. T.)

colonial, também fez, pela mesma razão, diminuir sucessivamente essa concorrência em todos aqueles outros ramos do comércio; se fez baixar gradualmente os lucros desse comércio, também fez, pela mesma razão, aumentar gradativamente os lucros dos demais ramos do comércio, até que os lucros de todos alcançaram um novo nível, diferente do que vigorava antes, e até mesmo um pouco superior.

Esse duplo efeito de retirar capital de todos os outros comércios e, ao mesmo tempo, fazer aumentar a taxa de juros um pouco acima do que do contrário seria não apenas foi provocado pelo monopólio, no momento em que foi criado, mas continuou a ser sempre produzido por ele desde então.

Em primeiro lugar, esse monopólio tem continuamente atraído o capital de todos os outros gêneros de comércio, para aplicá-lo no comércio colonial.

Embora a riqueza da Grã-Bretanha tenha crescido muito desde a promulgação da Lei de Navegação, certamente não cresceu na mesma proporção que a riqueza das colônias. Ora, o comércio exterior de todos os países naturalmente cresce em proporção a sua riqueza, e seu excedente de produção, em proporção à totalidade de sua produção. Por isso, tendo se apropriado de tudo o que se pode chamar de comércio exterior das colônias, sem que seu capital tenha aumentado em proporção à extensão desse comércio, a Grã-Bretanha não poderia continuar a mantê-lo se não retirasse incessantemente dos outros ramos de seu comércio alguma parte do capital que antes havia sido neles aplicado, e se não impedisse que nesses ramos do comércio fosse aplicada uma quantidade muito maior de capital que, do contrário, seria investido neles. Assim, desde a promulgação da Lei de Navegação o comércio colonial tem continuamente crescido, enquanto muitos outros ramos do comércio exterior, particularmente o de outras regiões da Europa, têm continuamente declinado. Os produtos de nossas manufaturas destinados à venda no exterior, em vez de se adequarem – como ocorria antes da Lei de Navegação – ao mercado vizinho da Europa, ou mesmo ao mercado mais distante dos países situados em torno do Mediterrâneo, acomodaram-se, em sua maioria, ao mercado ainda mais distante da colônia, ao mercado em que detêm monopólio, mais do que ao mercado em que possuem muitos concorrentes. As causas do declínio em outros ramos do comércio exterior, que *Sir* Matthew Decker e outros escritores atribuíram ao excesso de impostos e ao sistema viciado de tributação, ao alto preço da mão-de-obra, ao aumento do luxo etc., podem ser, todas elas, encontradas no crescimento imoderado do comércio colonial. Como o capital mercantil da Grã-Bretanha, ainda que muito grande, não é todavia infinito, e como esse capital, ainda que tenha aumentado imensamente desde a Lei de Navegação, não aumentou todavia em proporção ao comércio colonial, jamais seria possível manter esse comércio sem retirar uma parcela desse capital de alguns outros ramos do comércio e, por conseguinte, sem provocar certo declínio desses outros setores.

É preciso observar que a Inglaterra já era antes um grande país comercial, seu capital mercantil era considerável e provavelmente poderia se tornar a cada dia maior, não apenas antes de a Lei de Navegação instituir o monopólio do comércio colonial, mas antes mesmo que esse comércio tivesse adquirido uma grande importância. Na guerra contra a Holanda, durante o governo de Cromwell, a marinha inglesa era superior à holandesa; e durante a guerra que estourou no início do reinado de Carlos II ela era pelo menos igual, talvez superior, às marinhas reunidas da França e da Holanda. Talvez mal se notasse essa superioridade hoje, pelo menos se a marinha holandesa mantivesse atualmente a mesma proporção que mantinha na época com o comércio holandês. Porém não é possível atribuir esse grande poderio naval, em cada uma dessas duas guerras, à Lei de Navegação. Durante a primeira delas, mal se havia formulado o projeto dessa Lei* e, ainda que antes de irromper a segunda guerra já houvesse recebido força de lei**, nenhum artigo dessa legislação teria tempo para produzir efeitos consideráveis, muito menos ainda o artigo que instituía o comércio exclusivo com as colônias. Tanto as colônias como seu comércio eram então irrelevantes, se comparados ao que são hoje. A ilha da Jamaica era um deserto inóspito, pouco habitado, e menos ainda cultivado. Nova York e Nova Jersey eram possessões da Holanda, e metade da província de St. Christopher estava nas mãos dos franceses. A ilha de Antígua, as duas Carolinas, a Pensilvânia, Geórgia e Nova Escócia não haviam ainda sido colonizadas. Virgínia, Maryland e Nova Inglaterra já existiam como colônias; mas, ainda que fossem muito prósperas, talvez na época não houvesse uma única pessoa na Europa ou na América capaz de prever ou mesmo suspeitar que sua riqueza, população e prosperidade pudessem experimentar um desenvolvimento tão rápido. A ilha de Barbados, em suma, era a única colônia britânica de alguma importância cuja situação guardava, naquele tempo, alguma semelhança com o que é atualmente. O comércio colonial, de que a Inglaterra, mesmo por algum tempo após a Lei de Navegação, desfrutava apenas parcialmente (pois a Lei de Navegação somente entrou em vigor vários anos de-

---

* A Lei de Navegação é, na verdade, um conjunto de leis criadas a partir de 1650. A República pretendia, então, tirar dos holandeses o domínio do comércio de transporte, o que levou à primeira guerra contra a Holanda (1652-4). Assim, embora a legislação completa mal houvesse sido esboçada em 1652, é provável que seus primeiros artigos fossem uma das principais causas dessa primeira guerra. Mas, como se verá a seguir, Smith nega que o monopólio de comércio colonial, criado pelas Leis de Navegação, seja o responsável pelo desenvolvimento comercial e pelo domínio marítimo da Grã-Bretanha. (N. T.)

** A segunda guerra contra a Holanda ocorre entre 1665 e 1667, durante o governo de Carlos II. Portanto, nesse, como em muitos outros casos, a monarquia inglesa deu prosseguimento às conquistas comerciais realizadas durante a República e o Protetorado de Cromwell. (N. T.)

pois de ser promulgada), não poderia ser, naquela época, causa do grande comércio da Inglaterra, nem do grande poderio naval que era mantido por esse comércio. O comércio que naquele tempo mantinha esse grande poderio naval era o da Inglaterra e dos países situados às margens do Mediterrâneo. Ora, a participação da Grã-Bretanha hoje nesse comércio não seria capaz de manter nenhuma grande potência naval. Caso o crescente comércio das colônias fosse liberado a todas as nações, fosse qual fosse a participação devida à Grã-Bretanha (e é provável que tal participação fosse bastante grande), ela constituiria inteiramente um acréscimo a esse grande comércio que já detinha antes. Em conseqüência do monopólio, o aumento do tráfico colonial provocou nem tanto um acréscimo ao comércio que a Grã-Bretanha já possuía antes, mas uma mudança completa de direção.

Em segundo lugar, esse monopólio necessariamente contribuiu para que a taxa de lucro em todos os ramos do comércio britânico se mantivesse mais alta do que naturalmente teria sido, se todas as nações fossem autorizadas a praticar o livre comércio com as colônias britânicas.

Se o monopólio do comércio colonial necessariamente atraiu para si uma proporção maior do capital da Grã-Bretanha do que iria para ele espontaneamente, de outro lado, expulsando todos os capitais estrangeiros, forçosamente reduziu a quantidade total de capital empregado nesse comércio, e o levou a ficar abaixo do que naturalmente seria, caso fosse praticado o livre comércio. Ora, ao diminuir a concorrência dos capitais naquele ramo do comércio, inevitavelmente aumentou a taxa de lucros. Além disso, ao diminuir a concorrência dos capitais britânicos em todos os outros ramos do comércio, forçosamente aumentou a taxa de lucro, na Grã-Bretanha, em todos aqueles outros ramos. Qualquer que possa ter sido, em algum período específico depois da instituição da Lei de Navegação, o estado ou o volume do capital comercial da Grã-Bretanha, é necessário que o monopólio do comércio colonial tenha provocado, durante a continuação desse estado, um aumento da taxa normal do lucro britânico superior ao que do contrário seria tanto naquele como em todos os outros ramos do comércio britânico. Se, desde a instituição da Lei de Navegação, a taxa normal do lucro britânico caiu consideravelmente – como decerto aconteceu –, teria caído necessariamente ainda mais, se o monopólio instituído por essa Lei não houvesse contribuído para mantê-la elevada.

Ora, tudo o que num país faz a taxa normal de lucro aumentar acima do que seria por si só necessariamente sujeita esse país a uma desvantagem absoluta e a uma desvantagem relativa em todos os outros ramos do comércio dos quais a Grã-Bretanha não detenha o monopólio.

Sujeita a Grã-Bretanha a uma desvantagem absoluta, na medida em que nesses ramos do comércio seus comerciantes não têm condições de obter o lucro maior sem vender tanto as mercadorias de países estrangeiros importadas para o seu país, como as mercadorias de seu país exportadas aos países estrangeiros, a preço mais alto do que seriam vendidas sem essa circunstância. É necessário que seu próprio país venda e compre a preços mais elevados; é preciso que a um só tempo compre e venda menos; é necessário, enfim, que suas fruições e sua produção sejam menores do que seriam em outras circunstâncias.

Sujeita a Grã-Bretanha a uma desvantagem relativa na medida em que, nesses ramos do comércio, outros países que não estão sujeitos às mesmas desvantagens são colocados ou muito mais acima ou menos abaixo dela do que seriam sem isso. Permite que as fruições e a produção desses outros países sejam maiores, em comparação às fruições e produção da Grã-Bretanha. Torna a superioridade deles maior ou sua inferioridade menor do que do contrário seriam. Ao aumentar o preço da produção da Grã-Bretanha acima do que seria em outras circunstâncias, permite aos comerciantes dos outros países vender a preço mais baixo do que ela nos mercados estrangeiros, e com isso a afasta de quase todos os outros ramos do comércio, dos quais não detenha o monopólio.

Muitas vezes nossos comerciantes se queixam de que o motivo pelo qual vendem seus produtos manufaturados a preço tão baixo nos mercados estrangeiros são os altos salários da mão-de-obra britânica; nada dizem, porém, sobre os altos lucros do capital. Queixam-se dos ganhos extravagantes de outras pessoas, mas silenciam sobre os ganhos de seu capital. No entanto, é possível que os altos lucros do capital britânico contribuam, em muitos casos, para elevar o preço dos produtos manufaturados britânicos ao mesmo nível dos salários da mão-de-obra britânica, e em alguns casos talvez até mais do que isso.

É assim que o capital da Grã-Bretanha, como se poderia corretamente afirmar, foi em parte retirado e em parte excluído da maioria dos diferentes ramos do comércio dos quais ela não detém o monopólio, particularmente do comércio da Europa e dos países situados à margem do Mediterrâneo.

Esse capital foi em parte retirado desses ramos do comércio pela atração que o lucro superior no comércio colonial exerceu sobre ele, superioridade esta resultante do crescimento contínuo desse comércio e da constante insuficiência do capital que o havia mantido um ano para poder mantê-lo no ano seguinte.

Foi em parte excluído desses ramos do comércio pela vantagem que a alta taxa de lucro vigente na Grã-Bretanha oferece a outros países em todos os diferentes ramos do comércio dos quais a Grã-Bretanha não detenha o monopólio.

Assim como o monopólio do comércio colonial atraiu desses outros ramos uma parte do capital britânico que do contrário teria sido neles investido, também impulsionou para eles muitos capitais estrangeiros que jamais se teriam voltado para eles, caso não houvessem sido expulsos do comércio colonial. Nesses outros ramos do comércio, o monopólio diminuiu a concorrência do capital britânico, permitindo com isso aumentar a taxa de lucro britânico acima do que seria em outras circunstâncias. Inversamente, aumentou a concorrência dos capitais estrangeiros, e com isso reduziu a taxa de lucros estrangeiros abaixo do que seria em outras circunstâncias. Seja como for, de um modo e de outro necessariamente sujeitou a Grã-Bretanha a uma desvantagem relativa em todos esses outros ramos do comércio.

No entanto, talvez se possa dizer que o comércio colonial seja mais vantajoso para a Grã-Bretanha do que qualquer outro comércio; e o monopólio, forçando para esse comércio uma proporção do capital da Grã-Bretanha muito maior do que em outras circunstâncias seria nele investido, converteu esse capital num emprego mais vantajoso ao país do que qualquer outro que pudesse encontrar.

A maneira mais vantajosa de aplicar o capital, para o país ao qual pertence, é aquela que permite manter nesse país a maior quantidade possível de força de trabalho produtiva, e aumentar ao máximo a produção anual da terra e do trabalho do país. Ora, como já se mostrou no Livro II, a quantidade de força de trabalho produtiva que qualquer capital empregado no comércio exterior de consumo tem condições de manter é exatamente proporcional à freqüência de seus retornos. Por exemplo, um capital de mil libras empregado no comércio exterior de consumo, cujos retornos aconteçam regularmente uma vez por ano, consegue manter em constante emprego, no país ao qual pertence, uma quantidade de força de trabalho produtiva igual ao que mil libras podem lá manter durante um ano. Retornos que forem feitos duas ou três vezes ao ano permitirão manter em constante emprego uma quantidade de força de trabalho produtiva igual ao que 2 ou 3 mil libras conseguem lá manter por um ano. É por isso que um comércio exterior de consumo realizado com um país vizinho é, em geral, mais vantajoso do que o mesmo comércio realizado com um país distante; pela mesma razão, um comércio exterior direto de consumo, como também já se mostrou no Livro II, é em geral mais vantajoso do que um comércio indireto.

Ora, o monopólio do comércio colonial, na medida em que influenciou o emprego do capital da Grã-Bretanha, forçou, em todas as circunstâncias, que parte desse capital saísse de um comércio exterior de consumo efetuado com um país vizinho e entrasse num comércio exterior com um país mais distante.

Em primeiro lugar, o monopólio do comércio colonial forçou, em todas as circunstâncias, que uma parte do capital da Grã-Bretanha fosse retirada do comércio exterior de consumo realizado com um país vizinho e passasse a se aplicar à mesma espécie de comércio, porém realizado com um país mais distante.

Em todos os casos, forçou que parte do capital saísse do comércio com a Europa e com os países situados às margens do Mediterrâneo e entrasse no comércio com as mais distantes regiões da Europa e das Índias Ocidentais, cujos retornos são, necessariamente, menos freqüentes, não apenas por conta da maior distância, mas também por conta das condições específicas daqueles países. Já fiz notar que as novas colônias sempre têm escassez de capital. Seu capital é sempre muito menor do que aquele que poderiam empregar com grande lucro e vantagem no aperfeiçoamento e cultivo da terra. Portanto, elas têm uma constante demanda por mais capital além do que possuem, e, a fim de suprir a escassez de seu capital, procuram emprestar o máximo possível da metrópole, em relação à qual, por conseguinte, estão sempre endividadas. O modo mais comum de os colonos contraírem essa dívida não consiste em tomar empréstimos, sob fiança, dos homens ricos da metrópole, embora às vezes também façam isso, mas em rolar as dívidas com os correspondentes que lhes fornecem mercadorias européias, por tanto tempo quanto esses correspondentes autorizarem. Freqüentemente seus retornos anuais não atingem mais de $1/3$ do que devem, às vezes até uma proporção menor do que essa. Assim, a totalidade do capital que seus correspondentes lhes adianta raramente é restituída à Grã-Bretanha em menos de três anos, às vezes nem mesmo em menos de quatro ou cinco anos. Ora, um capital britânico de mil libras, por exemplo, que seja restituído à Grã-Bretanha somente uma vez em cinco anos, consegue manter em constante emprego apenas $1/5$ da atividade britânica que poderia manter se a totalidade do capital fosse restituída uma vez por ano; e, em lugar da atividade que mil libras permitiriam manter por um ano, consegue manter em constante emprego somente a quantidade que 200 libras podem manter por ano. Não resta dúvida de que, em razão do elevado preço que paga pelas mercadorias européias, em razão dos juros que paga contra as letras de câmbio com vencimento de longo prazo e da comissão paga na renovação das letras de câmbio com vencimento de mais curto prazo, o colono ressarce – e provavelmente mais do que o ressarce – seu correspondente de todos os prejuízos que este possa ter sofrido pelo atraso no pagamento. No entanto, ainda que possa ressarcir o prejuízo de seu correspondente, o colono não pode ressarcir o prejuízo da Grã-Bretanha. Num comércio cujos retornos sejam muito lentos, é possível que o lucro do comerciante seja tão grande ou mesmo maior do que o lucro num comércio no qual esses retornos sejam bastante freqüentes e rápidos; mas a vantagem do país no qual reside, a quantidade de trabalho produtivo que constantemente lá é mantida, a produção anual da terra e do trabalho são sempre, necessariamente, muito menores. Todos os que já tiveram alguma experiência nesses diferentes ramos do comércio prontamente admitirão, imagino eu, que os retornos do comércio com a América, e ainda mais os retornos do comércio com as Índias Ocidentais, são, em geral, não apenas mais lentos, como mais irregulares, além de mais incertos, do que os retornos do comércio com qualquer região da Europa e até mesmo com os países situados à margem do Mediterrâneo.

Em segundo lugar, o monopólio do comércio colonial forçou, em alguns casos, que parte do capital da Grã-Bretanha saísse do comércio direto de consumo e fosse para um comércio indireto de consumo.

Entre as mercadorias enumeradas que não podem ser enviadas para nenhum outro mercado senão o da Grã-Bretanha, há várias cuja quantidade excede em muito o consumo da Grã-Bretanha, uma parte das quais, portanto, deve ser exportada para outros países. Ora, não é possível fazer isso sem forçar que uma parte do capital da Grã-Bretanha vá para o mercado exterior indireto de consumo. Maryland e Virgínia, por exemplo, enviam anualmente à Grã-Bretanha mais de 96 mil tonéis de tabaco, sendo que o consumo da Grã-Bretanha não excede, segundo se afirma, 14 mil tonéis. É preciso, portanto, exportar mais 82 mil tonéis de tabaco para a França, Holanda e os países situados às margens dos mares Báltico e Mediterrâneo. Ora, a parte do capital da Grã-Bretanha que traz esses 82 mil tonéis para a Grã-Bretanha, que por sua vez os reexporta daqui para aqueles outros países, e que traz de volta, desses outros países para a Grã-Bretanha, ou mercadorias ou dinheiro, é empregada num comércio exterior indireto de consumo, sendo forçada a esse emprego pela necessidade que tem de dispor desse enorme excedente. Se quiséssemos calcular quantos anos demoraria para a totalidade desse capital retornar à Grã-Bretanha, deveríamos somar aos prazos dos retornos americanos os retornos de todos aqueles outros países. Se, no comércio exterior direto de consumo que realizamos com a América, o total do capital empregado muitas vezes não retorna em menos de três ou quatro anos, não é provável que o total do capital empregado nesse comércio exterior indireto retorne a ela em menos de quatro ou cinco anos. Se o primeiro consegue manter em constante emprego apenas $1/3$ ou $1/4$ da atividade interna que poderia ser mantida por um capital restituído uma vez ao ano, o outro consegue manter em constante emprego apenas ¼ ou ⅕ daquela atividade. Em alguns dos portos secundários costuma-se conceder um crédito aos correspondentes estrangeiros aos quais os comerciantes exportam tabaco. No porto de Londres, porém, é comum vender tabaco por dinheiro vivo. A regra é: *Pese e pague*. No porto de Londres, portanto, a defasagem de tempo entre os retornos finais do total do comércio indireto e os retornos da América se refere apenas ao período em que as mercadorias podem permanecer estocadas no armazém antes de serem vendidas – aliás, pode ser que aí permaneçam por bastante tempo. Mas se, para vender seu tabaco, as colônias não tivessem sido limitadas ao mercado da Grã-Bretanha, provavelmente chegaria a nós uma quantidade desse produto muito inferior ao que seria necessário para o consumo interno. As mercadorias que a Grã-Bretanha atualmente compra, para seu próprio consumo, com o grande excedente de tabaco que exporta a outros países, ela provavelmente teria comprado, nesse caso, com a produção imediata de sua própria atividade, ou com alguma parte dos próprios produtos manufaturados. Aquela produção, esses produtos, em vez de se adequarem quase completamente a um único grande mercado, como ocorre hoje, provavelmente se adaptariam a um grande número de mercados menores. Em lugar de um único mercado exterior indireto de consumo, a Grã-Bretanha provavelmente teria realizado um grande número de pequenos comércios exteriores diretos de mesma espécie. Por causa da freqüência dos retornos, uma parte, e provavelmente uma parte bem pequena – talvez menos de ⅓ ou ¼ –, do capital que atualmente realiza esse grande comércio indireto seria suficiente para realizar todos aqueles pequenos comércios diretos, poderia manter em constante emprego uma igual quantidade da atividade britânica, e poderia igualmente sustentar a produção anual da terra e do trabalho da Grã-Bretanha. Uma vez que todos os propósitos desse comércio seriam então atingidos com um capital muito menor, restaria um vultoso capital poupado para se aplicar em outros propósitos: introduzir melhorias nas terras, aumentar as manufaturas e ampliar o comércio da Grã-Bretanha; concorrer pelo menos com outros capitais britânicos empregados de todas essas distintas maneiras para reduzir a taxa de lucro em todos eles, e com isso dar à Grã-Bretanha, em todos esses comércios, uma superioridade sobre outros países ainda maior do que aquela de que goza atualmente.

Além disso, o monopólio do comércio colonial forçou parte do capital da Grã-Bretanha a sair de todo o comércio exterior de consumo para ir a um comércio de transporte; conseqüentemente, parte desse capital deixou de sustentar, em maior ou menor grau, a atividade da Grã-Bretanha e passou integralmente a sustentar, de um lado, a atividade das colônias e, de outro, a atividade de alguns outros países.

Por exemplo, as mercadorias que anualmente são compradas com o grande excedente dos 82 mil tonéis de tabaco reexportados por ano pela Grã-Bretanha não são totalmente consumidas na Grã-Bretanha. Parte delas – tal como o linho da Alemanha e da Holanda – regressa às colônias para lá ser consumida. Ora, essa parcela do capital da Grã-Bretanha que compra o tabaco com o qual mais tarde é comprado o linho necessariamente deixa de sustentar a atividade da Grã-Bretanha e passa unicamente a sustentar, de uma parte, a atividade das colônias e, de outra, a dos países que pagam esse tabaco com o produto de seu esforço.

Além disso, quando forçou que fosse em sua direção uma proporção do capital da Grã-Bretanha muito superior àquela que iria naturalmente, o monopólio do comércio colonial parece ter rompido inteiramente o equilíbrio natural que teria existido, em outras circunstâncias, entre todos os diferentes ramos da atividade britânica. Em vez de se adequar a um grande número de pequenos mercados, a atividade da Grã-Bretanha se adaptou basicamente às necessidades de um único e grande mercado. Em vez de percorrer um grande número de pequenos canais, seu comércio tomou como curso principal um único e grande canal. Ora, com isso o sistema total de sua atividade e de seu comércio se tornou menos seguro; a constituição de seu corpo político tornou-se menos saudável do que seria sem o monopólio. Em seu estado atual, a Grã-Bretanha se parece a um desses corpos enfermos, nos quais houve o crescimento exagerado de algumas das partes vitais, e que por essa razão são passíveis de inúmeras desordens perniciosas às quais dificilmente se expõem os corpos cujas partes obedeçam a uma proporção apropriada. Uma pequena obstrução no grande vaso sangüíneo que foi artificialmente dilatado para além de suas dimensões naturais, e através do qual seja forçada a circular uma proporção não-natural da atividade e do comércio do país, provocará, muito provavelmente, as mais perigosas desordens em todo o corpo político. É por isso que a expectativa de ruptura com as colônias exerce sobre o povo britânico um terror que nem mesmo a *armada* espanhola ou as ameaças de uma invasão francesa o fizeram sentir. Foi esse terror, fundado ou não, que converteu a revogação da Lei do Selo numa medida popular, pelo menos entre os comerciantes. A maior parte deles se habituou a imaginar que uma exclusão total do mercado colonial, mesmo que durasse poucos anos, representaria uma interrupção total de seus negócios, e a maior parte de nossos operários, que representaria o fim de seus empregos. Uma ruptura com qualquer um de nossos vizinhos do continente, ainda que provavelmente também provocasse certa cessação ou interrupção nos empregos de algumas dessas diferentes classes, não suscita, porém, essa comoção geral. O sangue cuja circulação é obstruída em algumas das veias menores passa facilmente a verter numa veia maior, sem provocar nenhuma desordem perigosa; mas, quando há uma obstrução numa das veias maiores, as conseqüências imediatas e inevitáveis são convulsões, apoplexia e finalmente a morte. Basta uma leve obstrução ou interrupção no emprego de uma dessas manufaturas que crescem de maneira desmedida, e que, por força de subsídios ou do monopólio do comércio interno ou colonial, adquirem artificialmente uma dimensão contrária à natureza, para não raro sobrevirem numerosas perturbações, motins alarmantes ao governo, capazes mesmo de perturbar as deliberações do legislativo. Quantas desordens, quantas confusões inevitavelmente provocaria então – diziam – uma súbita e completa interrupção no emprego de uma parcela tão grande de nossos manufatores?

O único meio, ao que parece, de livrar para sempre a Grã-Bretanha de um estado assim tão crítico seria um relaxamento moderado e gradual das leis que lhe asseguram o monopólio exclusivo do comércio colonial, até que esse comércio se tornasse em grande medida livre. É o único expediente que lhe dá ocasião, ou mesmo a obriga, a retirar desse emprego descomunal uma parte de seu capital para dirigi-la, ainda que com lucros menores, para outros empregos; que, diminuindo gradativamente um ramo de sua atividade e aumentando gradualmente todos os demais, pode aos poucos restaurar entre todos os diferentes ramos aquela proporção natural, o equilíbrio saudável e apropriado que a perfeita liberdade necessariamente estabelece, e que tão-só a perfeita liberdade é capaz de conservar. Abrir o comércio colonial, de um só golpe, a todas as nações poderia não apenas ocasionar certos inconvenientes passageiros, mas causar mesmo um dano importante e permanente à maior parte daqueles cujo esforço e trabalho estejam atualmente comprometidos com esse comércio. A mera perda repentina de emprego, mesmo dos navios que importam os 82 mil tonéis de tabaco que excedem o consumo da Grã-Bretanha, poderia ocasionar danos bastante significativos. Tais são os infelizes efeitos de todas as medidas legais do sistema mercantil! Não apenas introduzem perturbações extremamente perigosas no estado do corpo político, mas perturbações muitas vezes difíceis de remediar sem provocar, pelo menos durante algum tempo, perturbações ainda maiores. Como, portanto, se deve abrir gradualmente o comércio colonial? Que restrições devem ser abolidas em primeiro lugar, e quais são as últimas a serem abolidas? Enfim, como restaurar gradualmente o sistema natural da justiça e da perfeita liberdade? Eis o que precisamos deixar à decisão da sabedoria dos futuros estadistas e legisladores.

Por extrema felicidade, cinco diferentes acontecimentos, imprevistos e inesperados, concorreram para impedir que a Grã-Bretanha se ressentisse tão fortemente como em geral se esperava da total exclusão, que já vem ocorrendo há mais de um ano (desde 1º de dezembro de 1774), de um ramo tão importante do comércio colonial: o das doze Províncias Unidas da América Setentrional. Em primeiro lugar, ao se prepararem para o acordo firmado entre elas de não mais importar, essas colônias esvaziaram a Grã-Bretanha de todas as mercadorias adequadas ao mercado delas; segundo, a demanda extraordinária da Frota Espanhola esvaziou, nesse ano, a Alemanha e o Norte de muitas mercadorias, em particular o linho, que costumavam concorrer com as manufaturas da Grã-Bretanha, mesmo no mercado britânico; terceiro, a paz entre a Rússia e a Turquia provocou uma extraordinária demanda no mercado turco, que fora extremamente mal abastecido durante o período de calamidade e enquanto a tropa russa cruzava o Arquipélago; quarto, a demanda do Norte da Europa pelos produtos manufaturados da Grã-Bretanha tem crescido ano a ano, de um tempo para cá; e quinto, a recente divisão e conseqüente pacificação da Polônia, ao abrir o comércio para esse grande país, acrescentou neste ano uma demanda extraordinária à crescente demanda do Norte. Esses acontecimentos, à exceção do quarto, são, por sua própria natureza, transitórios e acidentais e, se por infelicidade a exclusão de um ramo tão importante do comercio colonial perdurar muito mais, é possível que ainda venham a sobrevir novas calamidades. Mesmo assim, como essa calamidade sobrevirá gradativamente, será sentida menos duramente do que se sobreviesse de uma vez só, e nesse ínterim o trabalho e o capital do país poderão encontrar um novo emprego e tomar uma nova direção, de modo que se possa impedir esse mal de jamais assumir proporções consideráveis.

Portanto, o monopólio do comércio colonial, na medida em que arrastou para si uma proporção do capital da Grã-Bretanha superior à que atrairia em outras circunstâncias, em todos os casos desviou esse capital de um comércio exterior de consumo com um país vizinho para investi-lo num comércio semelhante com um país distante; em muitos casos, retirou-o de um comércio exterior de consumo para investi-lo num comércio exterior de tipo indireto; e, enfim, em alguns casos, desviou-o de todo o comércio exterior de consumo para investi-lo num comércio de transporte. Por conseguinte, em todos esses casos desviou essa parcela do capital de uma direção na qual teria mantido uma quantidade maior de mão-de-obra produtiva para colocá-la numa outra direção, em que ela consegue manter uma quantidade muito menor de mão-de-obra produtiva. Além disso, ao adaptar a um único mercado particular uma parte tão grande da atividade e do comércio da Grã-Bretanha, tornou o conjunto dessa atividade e desse comércio mais precário e menos solidamente seguro, do que seria se sua produção se houvesse acomodado a uma variedade maior de mercados.

Sem prejuízo disso, precisamos evitar ao máximo confundir os efeitos do comércio colonial e os efeitos do monopólio desse comércio. Os primeiros são sempre e necessariamente benéficos; os últimos, sempre e necessariamente danosos. Mas os primeiros são tão benéficos, que o comércio colonial, embora sujeito a um monopólio e apesar dos efeitos danosos desse mesmo monopólio, é ainda assim, no conjunto, vantajoso, imensamente vantajoso, ainda que muitas vezes seja menos vantajoso do que poderia ser em outras circunstâncias.

Em seu estado natural e livre, o efeito do comércio colonial consiste em abrir um grande mercado, ainda que distante, para aquelas parcelas da produção da atividade britânica que excedam a demanda dos mercados mais próximos, ou seja, os da Europa e os dos países situados às margens do mar Mediterrâneo. Em seu estado natural e livre, o comércio colonial, sem retirar desses mercados nenhuma parcela da produção que sempre lhes foi enviada, incentiva a Grã-Bretanha a aumentar continuamente o excedente, continuamente apresentando novos equivalentes que sejam trocados por esse excedente. Em seu estado natural e livre, o comércio colonial tende a aumentar a quantidade de mão-de-obra produtiva na Grã-Bretanha, mas sem alterar, sob nenhum aspecto, a direção daquela que sempre fora empregada anteriormente no país. No estado natural e livre do comércio colonial, a concorrência de todas as outras nações impediria a taxa de lucros de aumentar acima do nível comum, seja no novo mercado, seja no novo emprego. O novo mercado, sem nada retirar do antigo, criaria, por assim dizer, uma nova produção para seu próprio abastecimento; e a nova produção, por sua vez, constituiria um novo capital para levar adiante o novo emprego, que também nada retiraria do emprego antigo.

Ao contrário, o monopólio do comércio colonial, ao excluir a concorrência das outras nações e com isso aumentar a taxa de lucro tanto no novo mercado como no novo emprego, atrai, de um lado, a produção do antigo mercado e, de outro, o capital do antigo investimento. A finalidade confessa do monopólio comercial é fazer que nossa participação no comércio colonial aumente além do que seria, não fosse assim. Se nossa participação nesse comércio não fosse maior do que seria sem o monopólio, não haveria razão alguma para criar o monopólio. Ora, tudo o que força para um ramo do comércio, cujos retornos sejam mais demorados e mais distantes do que os retornos da maior parte dos outros comércios, uma parcela maior do capital de um país do que iria espontaneamente para esse ramo torna, necessariamente, a quantidade total de mão-de-obra produtiva anualmente lá mantida, a produção anual da terra e do trabalho desse país, menores do que seriam em outras circunstâncias. Mantém a renda dos habitantes desse país abaixo do nível que naturalmente atingiria, e com isso diminui seu poder de acumulação. Não apenas impede, a todo o tempo, que seu capital mantenha uma quantidade tão grande de mão-de-obra produtiva como a que manteria em outras circunstâncias, mas ainda impede esse capital de crescer tão rapidamente como de outro modo cresceria e, conseqüentemente, de manter uma quantidade ainda maior de mão-de-obra produtiva.

No entanto, os bons efeitos naturalmente resultantes do comércio colonial mais do que compensam os maus efeitos do monopólio, de modo que, tomando todos esses efeitos juntos, esse comércio não apenas é vantajoso, mas extremamente vantajoso, mesmo como é atualmente realizado. O novo mercado e o novo emprego que abre o comércio colonial têm uma extensão muito maior do que a parcela do antigo mercado e do antigo emprego que se perde com o monopólio. A nova produção e o novo capital criados dessa forma, por assim dizer, pelo comércio colonial mantêm na Grã-Bretanha um contingente de mão-de-obra produtiva muito superior àquele que possa ter sido paralisado pela retirada do capital de outros negócios, cujos retornos são mais freqüentes. Porém, se o comércio colonial, mesmo como é hoje praticado, é vantajoso à Grã-Bretanha, isso não ocorre por causa do monopólio, mas a despeito do monopólio.

Se o comércio colonial abre um novo mercado para a Europa, abre-o menos para sua produção bruta que para seus produtos manufaturados. A agricultura é a atividade típica de todas as novas colônias, atividade esta que o baixo preço da terra torna mais vantajosa do que qualquer outra. É por isso que nas colônias existe uma abundância de produtos brutos e, em vez de importá-los de outros países, têm em geral um grande excedente para exportar. Nas novas colônias, a agricultura ou retira mão-de-obra de outros empregos, ou a impede de procurar algum outro emprego. Há pouca mão-de-obra que se possa reservar para a fabricação de objetos de primeira necessidade, e nenhuma para a fabricação dos objetos de luxo. Os colonos acham mais barato comprar de outros países os objetos fabricados de um gênero e outro do que fabricá-los eles mesmos. É sobretudo por meio do estímulo aos produtos manufaturados da Europa que o comércio colonial indiretamente incentiva sua agricultura. Os produtos manufaturados da Europa, aos quais esse comércio dá emprego, constituem um novo mercado para a produção da terra; assim, por intermédio do comércio colonial amplia-se o mais vantajoso de todos os mercados – o mercado interno para o trigo e o gado, ou seja, para o pão e para a carne da Europa.

No entanto, os exemplos de Portugal e Espanha são uma prova suficiente de que o monopólio do comércio de colônias populosas e prósperas não basta para estabelecer as manufaturas num país, nem mesmo para conservá-las. Espanha e Portugal eram países de manufatura antes mesmo de adquirirem colônias importantes; deixaram de ser, uma e outro, depois de adquirirem as colônias mais ricas e férteis do mundo.

Na Espanha e em Portugal, os maus efeitos do monopólio, agravados por outras causas, talvez tenham praticamente sobrepujado os bons efeitos naturais do comércio colonial. Ao que parece, essas causas são: outros monopólios de espécie distinta; a desvalorização do ouro e da prata, que vieram a estar aquém do valor vigente na maioria dos países; a exclusão dos mercados estrangeiros por causa de impostos inadequados lançados sobre o transporte de mercadorias de uma parte do país para outra; mas, acima de tudo, a administração irregular e parcial da justiça, que freqüentemente protege o devedor rico e poderoso nos processos judiciais movidos contra ele pelo credor prejudicado, e que faz a porção laboriosa da nação sentir temor de fabricar mercadorias para esses homens arrogantes e eminentes, a quem não se recusam a vender a crédito e de quem não estão nada certos de receber o pagamento.

Ao contrário, na Inglaterra os bons efeitos naturais do comércio colonial, auxiliados por várias outras causas, superaram em larga medida os maus efeitos do monopólio. Ao que parece, são estas as causas: a liberdade geral de comércio, que, a despeito de algumas restrições, é pelo menos igual, senão superior, à que vige em qualquer outro país; a liberdade de exportar, com isenção de impostos, quase todos os gêneros de mercadorias produzidas pela atividade interna a quase todos os países estrangeiros, e, o que talvez seja o mais importante, a liberdade ilimitada de transportá-las de uma parte de nosso país para outra região qualquer, sem ser obrigado a prestar contas a nenhum escritório público, e sem estar sujeito a inspeções e interrogatórios de nenhuma espécie; mas, acima de tudo, a eqüitativa e imparcial administração da justiça, que torna os direitos do mais miserável súdito britânico respeitáveis aos olhos dos mais poderosos, e que, assegurando a todos os homens o fruto de seu trabalho, confere o maior e mais efetivo estímulo a toda espécie de atividade.

Contudo, se o comércio colonial favoreceu, como certamente fez, as manufaturas da Grã-Bretanha, não foi por causa do monopólio, mas a despeito do monopólio. O efeito do monopólio é, não aumentar a quantidade, mas modificar a qualidade e a forma de uma parte das manufaturas da Grã-Bretanha, e acomodar a um mercado, cujos retornos são longos e demorados, o que em outras circunstâncias se adaptaria a um mercado cujos retornos são freqüentes e próximos. Conseqüentemente, seu efeito é o de desviar uma parte do capital da Grã-Bretanha de um emprego no qual teria mantido uma quantidade maior de atividade manufatureira para investi-la num emprego em que mantém um volume de atividade muito menor, e com isso diminuir, em vez de aumentar, o volume total de atividade manufatureira da Grã-Bretanha.

Portanto, o monopólio do comércio colonial, assim como todos os outros expedientes vis e malignos do sistema mercantil, rebaixa a atividade de todos os outros países, mas em particular a das colônias, sem minimamente aumentar – ao contrário, diminuindo – a atividade do país em favor do qual foi criado.

Malgrado a extensão do capital desse país numa certa época, o monopólio impede o capital de manter um volume tão grande de força de trabalho produtivo como em outras circunstâncias manteria, e de gerar uma renda tão grande aos habitantes industriosos como do contrário poderia gerar. Ora, como somente é possível aumentar o capital com as poupanças das rendas, se o monopólio impede de gerar uma renda tão grande como a que poderia gerar naturalmente, então necessariamente impede também de aumentar o capital tão depressa como aumentaria em outras circunstâncias, e, por conseguinte, de manter um volume ainda maior de força de trabalho produtivo e de produzir uma renda ainda maior aos habitantes industriosos do país. Assim, em todos os tempos o monopólio necessariamente tornou menos abundante do que seria uma das grandes fontes originais de renda: os salários do trabalho.

Ao aumentar a taxa de lucro mercantil, o monopólio desestimula o aprimoramento da terra. O lucro desse aprimoramento depende da diferença entre o que a terra realmente produz e o que pode produzir por meio da aplicação de certo capital. Se essa diferença oferecer um lucro superior ao que se pode obter de um capital igual em qualquer investimento comercial, o aprimoramento da terra irá retirar capital de todos os investimentos comerciais. Se o lucro for menor, serão os investimentos comerciais que atrairão capital do aprimoramento da terra. Assim, tudo o que faz aumentar a taxa do lucro mercantil, ou diminui a superioridade ou aumenta a inferioridade do lucro de aprimoramento da terra: no primeiro caso, impede que o capital seja aplicado no aprimoramento da terra; no segundo, retira capital desta aplicação. Ora, ao desestimular o aprimoramento, o monopólio necessariamente retarda o crescimento natural de uma outra grande fonte original de renda: a renda da terra. Por outro lado, ao aumentar a taxa de lucro, o monopólio necessariamente contribui para manter a taxa de juros do mercado mais elevada do que poderia ser. Ora, o preço da terra relativamente à renda que ela gera, ou seja, o número de anos de rendimento que em geral se paga por ela, necessariamente cai à medida que a taxa de juros aumenta, e aumenta à medida que a taxa de juros cai. Portanto, o monopólio prejudica de duas maneiras os interesses do proprietário de terras: primeiro, retardando o aumento natural de sua renda, e, segundo, retardando o aumento natural do preço que conseguiria por sua terra, proporcionalmente à renda que ela gera.

É verdade que o monopólio provoca um aumento na taxa de lucro mercantil e com isso eleva um pouco o ganho de nossos comerciantes. Porém, na medida em que obstrui o aumento natural do capital, tende antes a reduzir do que a elevar a soma total do rendimento que os habitantes do país retiram dos lucros do capital, já que um pequeno lucro sobre um grande capital geralmente proporciona um rendimento maior do que um grande lucro sobre um pequeno capital. O monopólio faz aumentar a taxa de lucro, mas impede que a soma total do lucro aumente tanto quanto poderia aumentar se não houvesse o monopólio.

Como resultado do monopólio, todas as fontes originais de rendimento, isto é, os salários do trabalho, a renda da terra e os lucros do capital, tornam-se então menos abundantes do que seriam em outras condições. Com a finalidade de promover o pequeno interesse de uma pequena classe de homens num país, fere-se o interesse de todas as outras classes de homens desse país, e o de todos os homens em todos os outros países.

Foi somente quando provocou um aumento na taxa normal de lucro que o monopólio se mostrou ou poderia se mostrar vantajoso a uma certa classe específica de homens. Mas, além de todos os maus efeitos que, como já mencionei, necessariamente advêm para o país como um todo quando a taxa de lucro é elevada, existe um efeito que talvez seja mais fatal do que todos os outros somados, mas que, a julgarmos pela experiência, é inseparável dela. Em todos os lugares, a alta taxa de lucro parece destruir a parcimônia que, do contrário, é natural ao caráter do comerciante. Quando os lucros são altos, essa virtude da severidade parece supérflua, porque a dispendiosa luxúria convém mais à afluência da posição em que se encontra o comerciante. Ora, os detentores dos grandes capitais mercantis são, necessariamente, os condutores e comandantes de tudo quanto compõe a atividade de um país, e a influência que seu exemplo exerce sobre os costumes de toda a porção industriosa do país é muito maior do que a de qualquer outra classe de homens. Se o empregador é cuidadoso e parcimonioso, muito provavelmente o operário também será; mas se o patrão é dissoluto e desregrado, o empregado, habituado a ajustar seu trabalho ao modelo que lhe prescreve o patrão, também moldará sua vida de acordo com o exemplo que este lhe coloca diante dos olhos. É assim que se impede a acumulação nas mãos dos que têm naturalmente mais pendor para acumular; é assim que os fundos destinados à manutenção do trabalho produtivo param de crescer, pois deixam de receber o rendimento dos que naturalmente mais proporcionam seu crescimento. Em vez de crescer, o capital do país gradualmente definha; a cada dia se torna menor a quantidade de trabalho produtivo mantido nesse país. Terão os lucros exorbitantes dos comerciantes de Cádiz e Lisboa aumentado o capital da Espanha e de Portugal? Terão eles mitigado a pobreza, promovido a atividade desses dois países miseráveis? O tom das despesas mercantis nessas duas cidades comerciais tem sido tão elevado, que esses lucros exorbitantes, longe de aumentarem o capital geral do país, mal parecem suficientes para conservar os capitais que os produziram. A cada dia, os capitais estrangeiros forçam mais e mais sua entrada, se assim posso me expressar, no comércio de Cádiz e Lisboa. É para expulsar esses capitais estrangeiros de um comércio para cuja manutenção seu próprio capital se torna a cada dia mais insuficiente que os espanhóis e portugueses se empenham, dia após dia, em apertar as amarras de seu absurdo monopólio. Se compararmos os costumes mercantis de Cádiz e Lisboa aos de Amsterdam, perceberemos como a conduta e o caráter dos comerciantes são afetados de maneira diferente pelos altos e baixos lucros do capital. É verdade que os comerciantes de Londres ainda não se tornaram, em geral, senhores tão magníficentes como os de Cádiz e Lisboa, mas tampouco são, em geral, burgueses tão cuidadosos e parcimoniosos como os de Amsterdam. No entanto, supõe-se que vários deles sejam muito mais ricos do que a maior parte dos primeiros, e não tão ricos como a maioria dos últimos. Mas a taxa de seu lucro costuma ser muito mais baixa do que a dos primeiros e um tanto mais elevada do que a dos últimos. *O que vem fácil vai fácil*, diz o provérbio; e o tom comum das despesas parece em toda a parte se regular, não tanto de acordo com a real capacidade de gastar, mas pela suposta facilidade de conseguir dinheiro para gastar.

É assim que a única vantagem proporcionada pelo monopólio a uma única classe de homens torna-se, de mil maneiras distintas, nociva ao interesse geral do país.

Fundar um grande império com o único propósito de formar uma população de consumidores pode parecer à primeira vista um projeto adequado unicamente a uma nação de lojistas. No entanto, trata-se de um projeto inteiramente inadequado a uma nação de lojistas, mas que convém extraordinariamente a uma nação cujo governo seja influenciado por lojistas. Esses estadistas, e apenas eles, são capazes de imaginar que terão algum benefício se empregarem o sangue e o tesouro de seus concidadãos para fundar um império dessa espécie. Se tu disseres a um lojista "Adquire-me uma grande propriedade, e eu sempre comprarei minhas roupas em tua loja, ainda que eu venha a pagar por elas um pouco mais caro do que eu pagaria em outras lojas", verás que ele não se mostrará tão disposto a aceitar tua proposta. Mas se uma outra pessoa qualquer adquirisse para ti uma tal propriedade, o lojista ficaria muito grato a teu benfeitor se ele pudesse obrigar-te a comprar todas as tuas roupas na loja dele. A Inglaterra comprou uma vasta propriedade num país distante para alguns de seus súditos que não se sentiam confortáveis no país. De fato, o preço foi muito baixo e, em vez de custar as rendas de um contrato de trinta anos – o preço normal das terras atualmente –, representou um pouco mais do que as despesas dos diferentes equipamentos dos navios que fizeram a primeira descoberta, a exploração da costa, e tomaram a posse fictícia do país. A terra era boa e de grande extensão, e os cultivadores, tendo bastante solo para trabalhar, e dispondo por algum tempo de liberdade para vender sua produção onde quisessem, tornaram-se, no curso de pouco mais de trinta ou quarenta anos (entre 1620 e 1660), um povo tão numeroso e próspero que os lojistas e outros comerciantes da Inglaterra desejaram assegurar para si o monopólio de sua freguesia. Assim, sem sequer pretextarem o pagamento de uma parte, quer do valor original de compra, quer das despesas subseqüentes de aprimoramento, os lojistas apresentaram uma petição ao Parlamento para que os cultivadores da América ficassem, daí por diante, unicamente limitados às suas lojas, primeiro, para comprar todas as mercadorias européias de que precisassem, e, segundo, para vender todos aqueles artigos de sua própria produção que os comerciantes julgassem conveniente comprar. Sim, pois julgaram que não lhes convinha comprar todos os artigos da produção daquele país, na medida em que certos artigos importados pela Inglaterra poderiam interferir em algumas das atividades que eles mesmos realizavam aqui. Quanto a estes artigos específicos da produção americana, desejavam que os colonos os vendessem onde pudessem – o mais longe possível –, e por essa razão propuseram que o mercado para tais produtos ficasse restrito aos países situados ao sul do cabo Finisterra. Uma cláusula da famosa Lei de Navegação fez que essa proposta típica de um lojista tivesse força de lei.

Até agora, a conservação desse monopólio tem sido o principal, ou, mais propriamente, talvez o único propósito e desígnio do domínio que a Grã-Bretanha arroga sobre suas colônias. Supõe-se que o comércio exclusivo constitua a grande vantagem das províncias, as quais até o momento jamais forneceram receita ou força militar para a manutenção do governo civil ou da defesa da metrópole. O monopólio é o principal símbolo de sua dependência, e é o único fruto que até aqui se colheu dessa dependência. Toda e qualquer despesa que a Grã-Bretanha até o momento desembolsou para manter essa dependência foi na realidade desembolsada para conservar esse monopólio. Antes do começo dos presentes distúrbios, as despesas normais de administração durante os tempos de paz consistiam no pagamento de soldo para vinte regimentos de infantaria, nas despesas de artilharia, de munições e provisões extraordinárias imprescindíveis para mantê-los, e nos custos de uma força naval bastante considerável, constantemente em guarda, para proteger dos navios piratas de outras nações a imensa costa da América do Norte e de nossas ilhas nas Índias Ocidentais. A despesa total dessa administração em tempos de paz representava um encargo para a receita da Grã-Bretanha, e era, ao mesmo tempo, a parcela menor daquilo que o domínio das colônias havia custado à metrópole. Se quiséssemos ter uma idéia do montante total, seria necessário acrescentar à despesa anual da administração em tempos de paz os juros das somas que a Grã-Bretanha empregou, em diversas ocasiões, para defendê-las, como conseqüência de tratar suas colônias como províncias sujeitas a seu domínio. Em particular, seria necessário acrescentar a despesa total da última guerra, e uma grande parte das despesas contraídas na guerra anterior a esta. A última guerra nada mais foi senão uma querela entre colônias, de modo que o custo total dela deveria ter sido pago pelas colônias, não importando o lugar do mundo em que essas despesas tenham sido contraídas, na Alemanha ou nas Índias Ocidentais. Esse custo ultrapassou 90 milhões de libras esterlinas, incluindo não apenas a nova dívida contraída, mas os dois shillings por libra do imposto territorial, e as quantias que a cada ano foram emprestadas do fundo de amortização. A Guerra Espanhola, que iniciou em 1739, foi basicamente uma querela entre colônias. Seu principal objetivo era impedir a sindicância em navios da colônia que praticavam contrabando com o continente espanhol. Na realidade, essa despesa total é um subsídio que se concedeu para manter o monopólio. O suposto propósito de tal despesa era incentivar as manufaturas e permitir o crescimento do comércio da Grã-Bretanha. Mas seu efeito real foi aumentar a taxa do lucro mercantil e possibilitar a nossos comerciantes investir num ramo do comércio, cujos retornos são mais lentos e distantes do que os da maioria dos outros comércios, uma parcela maior de seu capital do que investiriam em outras circunstâncias – duas conseqüências que, se fosse possível evitá-las por meio de um subsídio, talvez valesse bastante a pena concedê-lo.

Assim, com o atual sistema de administração, o domínio que a Grã-Bretanha exerce sobre suas colônias não é senão uma fonte de prejuízos e desvantagens.

Propor que a Grã-Bretanha renuncie a toda a autoridade sobre suas colônias e que as deixe eleger seus próprios magistrados, instituir suas próprias leis, e declarar a guerra e fazer a paz conforme julgarem melhor, seria propor uma medida que jamais foi, e nunca será, adotada por qualquer nação do mundo. Jamais uma nação renunciou voluntariamente ao domínio sobre uma província, por mais difícil que fosse governá-la, e por menor que fosse a receita gerada pela província proporcionalmente às despesas que ocasionasse. Tais sacrifícios, ainda que freqüentemente sejam conformes ao interesse, sempre ferem o orgulho das nações e, o que talvez seja ainda mais importante, são sempre contrários ao interesse privado da parte que as governa, a qual perderia, com isso, muitos dos cargos honrosos e lucrativos, muitas das oportunidades de adquirir riqueza e distinção, vantagens que raras vezes deixa de proporcionar a posse das províncias mais turbulentas e mais onerosas para o conjunto da população. Nem o mais entusiasta dos visionários seria capaz de propor semelhante medida com alguma esperança séria de que fosse adotada. Se no entanto fosse adotada, a Grã-Bretanha não apenas se livraria imediatamente de toda a despesa anual necessária para manter a administração das colônias em tempos de paz, como ainda firmaria com estas um tratado de comércio que poderia efetivamente lhe assegurar o livre comércio, embora menos lucrativo para os comerciantes, mas mais vantajoso para o grande conjunto da população, do que o monopólio de que goza hoje a Grã-Bretanha. Separando-se assim, como bons amigos, rapidamente seria revigorado o afeto natural das colônias para com a metrópole, sentimento este que nossas recentes dissensões talvez tenham quase extinguido. É possível que esse gesto as levasse não apenas a respeitar, por séculos a fio, o tratado de comércio concluído conosco no ato da separação, mas a favorecer-nos na guerra e no comércio; desse modo, em vez de súditos turbulentos e facciosos, se tornariam nossos mais fiéis, aficionados e generosos aliados. Enfim, seria possível reviver, entre a Grã-Bretanha e suas colônias, a mesma sorte de afeição paterna, de um lado, e respeito filial, de outro, que costumavam subsistir entre as colônias da antiga Grécia e a metrópole da qual descendiam.

Para tornar uma província mais vantajosa ao império ao qual ela pertence, seria preciso que ela fornecesse ao Estado, em tempos de paz, uma receita suficiente não apenas para cobrir o custo total de sua administração, mas também para contribuir com sua parte para o sustento do governo geral do império. Toda província contribui, em maior ou menor grau, para aumentar as despesas desse governo geral. Portanto, se uma província específica não contribuir com sua parte para cobrir essas despesas, um ônus desigual necessariamente será lançado sobre alguma outra parte do império. Também por razão análoga, a receita extraordinária que cada província fornece ao Estado em tempos de guerra devia estar, com relação à receita extraordinária da totalidade do império, na mesma proporção que sua receita normal fornece em tempos de paz. Ora, todos admitirão prontamente que nem a receita normal nem a receita extraordinária que a Grã-Bretanha retira de suas colônias guardam essa proporção com a receita total do império britânico. Na verdade, supõe-se que o monopólio, por aumentar o rendimento privado dos indivíduos da Grã-Bretanha e permitir-lhes, por conseguinte, pagar impostos mais elevados, compensa o déficit da receita pública das colônias. Mas, como já procurei mostrar, esse monopólio, ainda que seja um imposto muito oneroso sobre as colônias, e ainda que possa aumentar o rendimento de uma classe específica de pessoas na Grã-Bretanha, reduz, ao invés de elevar, o rendimento do grande conjunto da população e, conseqüentemente, longe de aumentar, diminui a capacidade que a população tem de pagar impostos. E, além disso, os homens cujos rendimentos aumentam por causa do monopólio constituem uma classe específica, a qual é absolutamente impossível tributar acima da proporção das outras classes, sendo, aliás, extremamente impolítico tentar tributar acima dessa proporção, conforme procurarei mostrar no livro seguinte. Assim, não é possível extrair recurso algum dessa classe particular de pessoas.

Os impostos coloniais podem ser instituídos tanto pelas assembléias próprias das colônias como pelo Parlamento da Grã-Bretanha.

Não parece muito provável que algum dia se possa negociar com as assembléias das colônias a tal ponto de fazê-las arrecadar de seus eleitores uma receita pública suficiente não apenas para manter, em qualquer ocasião, suas próprias instituições civis e militares, mas para pagar a parte que lhes cabe das despesas do governo geral do império britânico. Mesmo no que se refere ao Parlamento inglês, embora situado diretamente sob as vistas do soberano, passou-se muito tempo antes que fosse levado a acatar esse sistema de negociações, ou pudesse se tornar suficientemente liberal na concessão de subsídios para a manutenção das instituições civis e militares, mesmo as de seu próprio país. Somente foi possível estabelecer esse sistema de negociações, mesmo em relação ao Parlamento inglês, quando se distribuiu entre os membros do Parlamento a maior parte dos cargos ou do controle dos cargos ligados a essas instituições civis e militares. Mas, quanto às assembléias das colônias, ainda que o soberano dispusesse dos mesmos meios para negociar com elas, a distância que estão das vistas do soberano, seu número, sua localização dispersa e suas várias constituições tornariam essa tarefa extremamente difícil; e, além disso, esses meios simplesmente não existem. Seria absolutamente impossível distribuir entre todos os líderes de todas as assembléias das colônias uma participação tal, quer nos cargos, quer no controle dos cargos relacionados ao governo geral do império britânico, que pudesse levá-los a renunciar à sua popularidade interna, e a instituir impostos sobre seus eleitores para a defesa daquele governo geral, cujos emolumentos em quase sua totalidade teriam de ser divididos entre pessoas estranhas a eles. Além disso, a inevitável ignorância da administração a respeito da relativa importância dos diferentes membros das diferentes assembléias, os ressentimentos que não raro seriam certamente causados, os erros que muitas vezes seriam inevitavelmente cometidos na tentativa de estabelecer esse tipo de negociação com as colônias, parecem tornar esse sistema de negociações completamente impraticável em relação às colônias.

Mais ainda: não seria razoável supor que as assembléias das colônias possam ser juízes adequados das coisas necessárias para a defesa e o sustento do império inteiro. Não foi confiado a elas o cuidado com a defesa e o sustento de todo o império. Isso não lhes diz respeito, e não dispõem de meios regulares para disso se informarem. A exemplo de um conselho paroquial, a assembléia de uma província talvez julgue de maneira muito apropriada os assuntos relativos a seu distrito particular, porém não dispõe de meios adequados para julgar os assuntos relativos ao império inteiro. Nem sequer pode julgar de maneira adequada a proporção que sua província guarda com a totalidade do império, ou o relativo grau de sua riqueza e importância em face das outras províncias, porque estas outras províncias não estão sob a jurisdição e superintendência da assembléia de uma determinada província. Somente a assembléia que inspeciona e supervisiona os assuntos da totalidade do império tem competência para julgar o que é necessário para a defesa e o sustento de todo o império, e em que proporção deve cada parte do todo contribuir.

Por isso se propôs que as colônias sejam tributadas por requisição, isto é, o Parlamento da Grã-Bretanha determinaria a quantia que cada colônia precisaria pagar e a assembléia provincial cobraria e arrecadaria essa quantia da maneira que fosse mais conveniente à situação particular da província. Assim, o que se relacionasse à totalidade do império seria então determinado pela assembléia que inspeciona e supervisiona os assuntos do império inteiro, enquanto os assuntos locais de cada colônia continuariam a ser regulados por sua própria assembléia. Neste caso, ainda que as colônias não possuíssem representantes do Parlamento britânico, não haveria nenhuma probabilidade, a julgarmos pela experiência, de que a requisição parlamentar fosse insensata. Jamais o Parlamento inglês se mostrou minimamente disposto a sobretaxar as partes do império que não estão representadas no Parlamento. As ilhas de Guernsey e Jersey, que não possuem nenhum meio de resistir à autoridade do Parlamento, têm uma carga tributária muito menor do que qualquer região da Grã-Bretanha. Até este momento, quando o Parlamento tentou exercer – com ou sem razão – seu suposto direito de tributar as colônias, jamais exigiu delas algo que sequer se aproximasse de uma justa proporção com o que era pago pelos súditos britânicos. Além disso, se a contribuição das colônias tivesse de aumentar ou cair proporcionalmente ao aumento ou queda do imposto territorial, o Parlamento não poderia tributá-las sem tributar, ao mesmo tempo, os próprios eleitores, e neste caso seria possível considerar as colônias como virtualmente representadas no Parlamento.

Não faltam exemplos de impérios nos quais as diferentes províncias não são tributadas, se me permitirem a expressão, em massa. Ao contrário, nesses impérios o soberano determina a quantia que cada província precisa pagar e, em algumas delas, cobra e arrecada essa quantia conforme julgue conveniente; em outras, autoriza que a quantia seja cobrada e arrecadada conforme os respectivos Estados de cada província determinarem. Em algumas províncias da França, o rei não apenas institui os impostos que considera adequados, como ainda os cobra e arrecada do modo que considera adequado. De outras províncias, exige uma certa quantia, mas deixa que os Estados de cada uma delas cobrem e arrecadem essa soma conforme julgarem conveniente. De acordo com o sistema tributário por requisição, o Parlamento da Grã-Bretanha ficaria quase na mesma situação, em relação às assembléias das colônias, que o rei da França está com relação aos Estados dessas províncias que ainda gozam o privilégio de possuírem Estados próprios, províncias estas que, podemos supor, são mais bem governadas.

Mas, de acordo com esse sistema, se as colônias não têm nenhum motivo razoável para temer que sua parcela dos encargos públicos venha a exceder a proporção adequada com a parcela que cabe a seus concidadãos britânicos, a Grã-Bretanha, por outro lado, poderia ter motivos razoáveis para temer que essa parcela jamais representasse uma proporção adequada. Durante algum tempo no passado, o Parlamento da Grã-Bretanha não teve nas colônias a mesma autoridade estável que o rei francês tem nas províncias da França que ainda gozam o privilégio de contarem com Estados próprios. Caso as assembléias das colônias não mostrassem uma disposição extremamente favorável (e não é muito provável que a mostrem, a menos que as negociações com elas sejam mais hábeis do que têm sido até agora), ainda encontrariam muitos pretextos para evadir ou rejeitar as mais razoáveis requisições do Parlamento. Suponhamos que irrompesse uma guerra com a França e fosse necessário imediatamente arrecadar 10 milhões para defender a sede do império. Seria preciso emprestar tal soma contra o crédito de alguns fundos parlamentares hipotecados para o pagamento dos juros. O Parlamento proporia levantar parte desses fundos mediante um imposto a ser arrecadado na Grã-Bretanha, e parte dele mediante uma requisição a todas as diferentes assembléias das colônias da América e das Índias Ocidentais. Ora, pergunto: será que as pessoas adiantariam prontamente seu dinheiro contra o crédito de um fundo em parte dependente do bom humor dessas assembléias, todas extremamente distantes do local da guerra, e que algumas vezes talvez não se considerem muito interessadas no desfecho dessa guerra? É provável que se adiantasse a esse fundo apenas o dinheiro correspondente ao imposto arrecadado na Inglaterra. Assim, todo o ônus da dívida contraída por causa da guerra cairia, como sempre aconteceu até hoje, sobre a Grã-Bretanha, ou seja, sobre uma parte do império, não sobre o império inteiro. Talvez a Grã-Bretanha seja o único Estado, desde o começo dos tempos, que, à medida que ampliou seu império, só aumentou suas despesas sem jamais aumentar seus recursos. Outros Estados, em geral, descarregam sobre províncias que sejam suas súditas ou subordinadas a parte mais considerável dos gastos de defesa do império. A Grã-Bretanha até aqui permitiu que suas províncias súditas e subordinadas descarregassem sobre ela quase a totalidade de seus gastos. Para colocar a Grã-Bretanha em pé de igualdade com suas colônias, as quais até agora a lei presumiu como suas súditas e subordinadas, parece necessário, com base no sistema de tributação por requisição parlamentar, que o Parlamento disponha de alguns meios para fazer essas requisições imediatamente entrarem em vigor, no caso de as assembléias das colônias tentarem evadir ou rejeitá-las. Não é muito fácil imaginar que meios seriam esses, muito menos explicá-los.

Ao mesmo tempo, se o Parlamento da Grã-Bretanha viesse a adquirir o pleno direito de tributar as colônias, mesmo independentemente do consentimento das próprias assembléias, a partir de então as assembléias perderiam toda a sua importância e, a reboque, também todas as lideranças da América britânica. Os homens desejam participar da administração dos negócios públicos, sobretudo em razão da importância que isso lhes confere. A estabilidade e duração de todos os sistemas de livre governo dependem do poder que a maior parte dos líderes – a aristocracia natural de um país – tem de conservar ou defender sua respectiva importância. É nos ataques que esses líderes fazem continuamente à importância uns dos outros e na defesa de sua própria importância que consiste todo o jogo das facções e da ambição internas. Os líderes da América, assim como os de todos os outros países, desejam preservar sua própria importância. Sentem ou imaginam que se suas assembléias – as quais gostam de chamar pelo nome de parlamentos e de considerar como iguais em autoridade ao Parlamento da Grã-Bretanha – se degradassem a ponto de se verem transformadas em humildes ministros e funcionários executivos deste Parlamento, eles mesmos perderiam quase toda a sua importância. Por isso rejeitaram a proposta segundo a qual seriam tributados por requisição, preferindo, como fazem outros homens ambiciosos e altivos, desembainhar a espada em defesa de sua própria importância.

Quando iniciou o declínio da República romana, os aliados de Roma, que haviam carregado a maior parte do fardo de defender o Estado e ampliar o império, exigiram o direito a gozar de todos os privilégios dos cidadãos romanos. A recusa que receberam fez irromper a guerra social. Ao longo dessa guerra, Roma concedeu os privilégios à maior parte deles, um a um, à medida que se desligavam da confederação geral. O Parlamento da Grã-Bretanha insiste em tributar as colônias; as colônias se recusam a ser tributadas por um Parlamento no qual não estão representadas. Se a Grã-Bretanha consentisse em ceder a cada colônia que se desligasse da confederação geral um número de representantes proporcional à sua contribuição para a receita pública do império (pois desse modo a colônia estaria sujeita aos mesmos impostos e, em compensação, teria direito à mesma liberdade de comércio de seus concidadãos britânicos), com a condição de que o número de seus representantes aumentasse à medida que a proporção de sua contribuição viesse a aumentar na seqüência, então se ofereceria aos líderes de cada colônia um novo método de adquirir importância, um novo e fascinante objeto de ambição. Em vez de futilmente discutirem sobre os pequenos prêmios que são encontrados na rifa mesquinha de uma facção colonial, poderiam então ter a esperança, graças à presunção que cada homem naturalmente tem de seu mérito e sua fortuna, ganhar alguns dos grandes prêmios por vezes sorteados na roda da grande loteria pública da política britânica. A não ser que se recorra a este método (e parece difícil imaginar outro mais simples) ou a qualquer outro que permita preservar a importância e satisfazer a ambição dos líderes da América, é pouco provável que algum dia estes homens voluntariamente se submetam a nós; e jamais devemos perder de vista que cada gota de sangue derramada para forçá-los a se submeter será sempre sangue daqueles que são, ou gostaríamos que fossem, nossos concidadãos. Somente os fracos se jactam de que, no estado a que as coisas chegaram, nossas colônias seriam facilmente conquistadas apenas mediante o uso da força. Neste momento, os homens que hoje governam as resoluções daquilo que denominam seu Congresso Continental sentem dentro de si um grau de importância que talvez nem mesmo os mais eminentes súditos na Europa sintam. De lojistas a negociantes e advogados transformam-se em estadistas e legisladores; eis que se empenham em elaborar uma nova forma de governo para um vasto império, destinado, gabam-se eles, a se tornar – e de fato parece bastante provável que isso venha a acontecer – um dos maiores e mais formidáveis que já existiram no mundo. Quinhentas diferentes pessoas que, talvez, atuem de distintas maneiras sob o Congresso Continental, e quinhentas mil que, talvez, atuem sob estas quinhentas, todas igualmente sentem dentro de si um crescimento proporcional de sua própria importância. Quase todo indivíduo do partido dominante na América ocupa atualmente, em sua própria imaginação, um posto superior, não apenas ao que ocupava antes, mas ao que jamais esperou ocupar; e, salvo se um novo objeto de ambição for apresentado a ele ou a seus líderes, se ele possuir o brio normal de um homem, morrerá em defesa desse posto.

O presidente Henaut observou que hoje lemos com prazer o relato de uma série de pequenos fatos da história da Liga que, quando aconteceram, talvez ninguém considerasse como notícias de extrema importância. E no entanto, diz ele, todo homem gostava então de imaginar que tinha alguma importância; e as inumeráveis memórias que chegaram a nós desses tempos foram escritas, em sua maioria, por gente que se deleitava em recordar e louvar acontecimentos nos quais se jactava de ter atuado como protagonista. São bem conhecidas a obstinação com que, naquela ocasião, a cidade de Paris defendeu-se e a terrível fome que preferiu suportar a ter de se submeter ao melhor dos reis da França, ao rei que, mais tarde, se tornou o mais amado. A maior parte dos cidadãos, ou melhor, dos que governavam a maior parte deles, lutou em defesa de sua própria importância, que seria destruída, anteviam eles, no momento em que se restabelecesse o antigo governo. Quanto às nossas colônias, a menos que seja possível induzi-las a consentir com a união, muito provavelmente se defenderão contra a melhor de todas as metrópoles com a mesma obstinação com que a cidade de Paris se defendeu de seus melhores reis.

A representação era uma idéia desconhecida nos tempos antigos. Quando se concedia ao povo de um Estado o direito de cidadania num outro Estado, esse povo não tinha outro meio de exercer seu direito senão formando uma associação para votar e deliberar com o povo daquele outro Estado. A concessão à maior parte dos habitantes da Itália dos privilégios de cidadãos romanos acabou por trazer a completa ruína à República romana. Não mais foi possível distinguir quem era e quem não era cidadão romano. Nenhuma tribo tinha condições de conhecer seus próprios membros. Turbas de todas as espécies podiam se introduzir nas assembléias do povo, expulsar os verdadeiros cidadãos e decidir sobre os assuntos da República como se elas mesmas fossem estes cidadãos. Ora, mesmo que os americanos enviassem cinqüenta ou sessenta novos representantes ao Parlamento, o porteiro da Câmara dos Comuns não teria grande dificuldade em distinguir quem fosse e quem não fosse cidadão. Assim, embora a constituição romana tenha sido inevitavelmente arruinada pela união de Roma com os Estados aliados da Itália, não há a menor probabilidade de que a constituição britânica possa ser prejudicada pela união da Grã-Bretanha com suas colônias. Pelo contrário, essa união seria o complemento da constituição, que parece, pois, imperfeita sem ela. A assembléia que delibera e decide a respeito dos assuntos de todas as regiões do império, se quiser ficar bem informada, sem dúvida precisa ter representantes de cada uma dessas regiões. Não pretendo afirmar, porém, que seja fácil realizar essa união, ou que a execução desse plano não apresente dificuldades, dificuldades grandes até. Todavia jamais ouvi falar de uma dificuldade que parecesse intransponível. A principal talvez seja criada, não pela natureza das coisas, mas pelos preconceitos e opiniões das pessoas deste e do outro lado do Atlântico.

Nós, do lado de cá do Atlântico, temos medo de que o grande número de representantes americanos venha a subverter o equilíbrio da constituição, ou seja, venha a aumentar excessivamente a influência da Coroa, de um lado, ou a força da democracia, de outro. Mas se o número de representantes americanos fosse proporcional ao volume de impostos gerados pelos americanos, o número de pessoas a governar aumentaria exatamente em proporção aos meios de governá-las, e os meios de governá-las aumentariam na mesma proporção que o número de pessoas a governar. Portanto, os elementos monárquico e democrático da constituição conservariam, após a união, exatamente o mesmo grau de força relativa com respeito um ao outro que mantinham antes.

As pessoas do outro lado do oceano temem que a distância da sede do governo possa expô-las a inúmeras opressões. Mas seus representantes no Parlamento, cujo número deveria ser, desde o início, bastante considerável, teriam plenas condições de protegê-las de toda a opressão. A distância não seria capaz de enfraquecer demasiadamente a dependência do representante em relação a seus eleitores, e o representante ainda continuaria a sentir que devia sua cadeira no Parlamento, e todas as vantagens disso resultantes, à boa vontade dos eleitores. Por isso, seria de interesse do primeiro cultivar essa boa vontade denunciando, com toda a autoridade de um membro do legislativo, toda e qualquer arbitrariedade de que um funcionário civil ou militar pudesse ser culpado naquelas regiões remotas do império. Além disso, os nativos daquele país poderiam muito bem se ufanar – aliás com alguma dose de razão – de que a distância da América em relação à sede do governo não duraria muito tempo. Até aqui, têm sido tão rápidos os progressos daquele país em riqueza, população e aperfeiçoamento, que talvez no curso de pouco menos de um século o volume de impostos arrecadados na América exceda o valor total dos impostos recolhidos na Grã-Bretanha. Neste caso, a sede do império naturalmente se transportaria então para a parte do império que mais contribuísse para a defesa e manutenção geral do todo.

A descoberta da América e a da passagem para as Índias Ocidentais pelo cabo da Boa Esperança são dois dos maiores e mais importantes acontecimentos registrados na história da humanidade. Suas conseqüências têm sido enormes, mas, no curto espaço de dois a três séculos, transcorrido desde essas descobertas, ainda é impossível que alguém consiga prever toda a amplitude de suas conseqüências. Nenhuma sabedoria humana é capaz de prever que benefícios ou infortúnios podem daqui por diante se seguir desses grandes acontecimentos. De algum modo, ao unir as mais distantes regiões do mundo, ao permitir-lhes satisfazer as necessidades mútuas, aumentar as fruições mútuas e incentivar a atividade umas das outras, a tendência geral dessas conseqüências seria, aparentemente, benéfica. É verdade que, para os nativos tanto das Índias Orientais como das Índias Ocidentais, todos os benefícios comerciais que possam ter resultado desses acontecimentos soçobraram e se perderam nos terríveis infortúnios que trouxeram em seu bojo. Porém, esses infortúnios parecem se dever mais a acidentes do que a algo na natureza dos próprios acontecimentos. Na época específica em que se deram tais descobertas, a superioridade de forças dos europeus era, por casualidade, tão incontestável, que estes se sentiram em condições de praticar impunemente todas as espécies de injustiça naquelas regiões longínquas. Talvez daqui por diante os nativos desses países possam se tornar mais fortes, ou os da Europa mais fracos, de modo que os habitantes de todos os diferentes cantos do mundo alcancem aquela igualdade de coragem e força que, pelo medo mútuo inspirado, constitui o único motivo capaz de subjugar a injustiça de nações independentes, e fazê-las sentir um temor reverencial pelos direitos umas das outras. Mas nada parece mais capaz de estabelecer essa igualdade de força do que a transmissão mútua de conhecimentos e de aperfeiçoamentos de todas as sortes – conseqüência natural, ou melhor, necessária de um amplo comércio de todos os países com todos os países.

Nesse ínterim, um dos principais efeitos dessas descobertas tem sido o de elevar o sistema mercantil a um nível de esplendor e glória que do contrário jamais teria atingido. A finalidade desse sistema é enriquecer uma grande nação mais pelo comércio e pelas manufaturas que pelo aperfeiçoamento e cultivo da terra, mais pela atividade das cidades que pela atividade do campo. Ora, em conseqüência dessas descobertas, as cidades mercantis da Europa, em vez de fornecerem manufaturas e transporte apenas para uma parte extremamente pequena do mundo (a parte da Europa banhada pelo oceano Atlântico e os países situados às margens dos mares Báltico e Mediterrâneo), fornecem agora manufaturas para os numerosos e prósperos cultivadores da América, e transportam mercadorias – além de fornecerem, sob alguns aspectos, também manufaturas – para quase todas as diferentes nações da Ásia, África e América. Abriram-se para sua atividade dois novos mundos, cada um dos quais muito maior e muito mais amplo do que o Velho Mundo, sendo que certo país do Novo Mundo oferece um mercado que a cada dia se torna ainda maior.

De fato, os países que possuem as colônias da América e que comerciam diretamente com as Índias Orientais desfrutam de todo o aparato e esplendor desse grande comércio. Outros países, por sua vez, não obstante todas as odiosas restrições intentadas para excluí-los, freqüentemente desfrutam de uma porção maior dos benefícios reais desse comércio. As colônias da Espanha e de Portugal, por exemplo, oferecem mais estímulos reais à atividade de outros países do que à da Espanha e de Portugal. Levando em conta somente o linho, o consumo dessas colônias atinge, segundo se afirma (embora eu não tenha como confirmar essa cifra), mais de 3 milhões de libras esterlinas por ano. Ora, são basicamente a França, Flandres e Holanda que suprem esse enorme consumo; Espanha e Portugal não suprem senão uma parcela mínima dele. O capital que abastece as colônias com essa grande quantidade de linho é anualmente distribuído entre esses outros países, gerando um rendimento para seus habitantes. Somente os lucros desse capital são gastos na Espanha e em Portugal, onde ajudam a sustentar o fausto e a prodigalidade dos comerciantes de Cádiz e Lisboa.

Mesmo as regulações por cujo intermédio cada nação procura assegurar para si a exclusividade de comércio de suas próprias colônias são muitas vezes mais danosas para os países em favor dos quais foram instituídas do que para os países contra os quais são dirigidas. A injusta opressão à atividade de outros países cai de volta, se me permitem a expressão, nas cabeças dos opressores, e esmaga sua atividade mais do que a de outros países. Por exemplo, em virtude dessas regulações, o comerciante de Hamburgo precisa enviar para Londres o linho que ele destina ao mercado americano, e deve trazer de volta, de Londres, o tabaco que destina ao mercado alemão, porque não pode nem enviar o linho diretamente para a América, nem trazer o tabaco diretamente de lá. Por causa dessa restrição, provavelmente o comerciante é obrigado a vender um pouco mais barato o linho e a comprar o tabaco a um preço um pouco mais alto do que compraria se não houvesse tal restrição; com isso, também seus lucros ficam um pouco mais reduzidos. No entanto, nesse comércio entre Hamburgo e Londres, certamente ele recebe os retornos de seu capital com rapidez muito maior do que receberia no comércio direto com a América, mesmo se supusesse – o que de modo algum é o caso – que os pagamentos da América sejam tão pontuais como os de Londres. No comércio, portanto, a que essas regulações confinam o comerciante de Hamburgo, seu capital consegue manter em emprego constante um volume muito maior de atividade alemã do que possivelmente manteria no comércio do qual ele está excluído. Assim, embora o primeiro emprego do capital talvez seja menos lucrativo para o comerciante que o outro, não é menos vantajoso para seu país. O caso muda inteiramente quando se trata do emprego para o qual o monopólio naturalmente atrai, se me permitem a expressão, o capital do comerciante londrino. Talvez este emprego seja mais lucrativo para o comerciante do que a maior parte dos outros empregos; mas, por causa da lentidão dos retornos, não é possível que seja mais vantajoso para seu país.

Desse modo, após todas as injustas tentativas que cada país da Europa fez para açambarcar todas as vantagens do comércio de suas próprias colônias, nenhum país até agora foi capaz de açambarcar outra coisa senão a despesa de manter, em tempos de paz, e de defender, em tempos de guerra, a autoridade opressiva que assume sobre as colônias. Quanto aos inconvenientes resultantes da posse de suas colônias, cada país os açambarcou plenamente; quanto às vantagens resultantes de seu comércio, cada metrópole se viu obrigada a dividi-las com muitos outros países.

Sem dúvida, à primeira vista o monopólio do grande comércio da Europa naturalmente parece constituir uma aquisição do mais alto valor. Aos olhos cegos da ambição irrefletida, o monopólio naturalmente se mostra, em meio à acirrada, mas confusa, luta da política e da guerra, como um objeto extremamente deslumbrante, pelo qual vale a pena lutar. Todavia, é o deslumbrante esplendor do objeto – a imensa extensão do comércio – a qualidade mesma que torna nocivo o monopólio desse comércio, ou que faz um emprego, por sua própria natureza, menos vantajoso para o país do que a maior parte dos outros empregos, absorver uma parcela do capital do país muito maior do que aquela que, do contrário, seria levada a ele.

Como já mostrei no Livro II, o capital mercantil de cada país naturalmente busca, por assim dizer, o emprego mais vantajoso para esse país. Se é investido no comércio de transporte, o país ao qual pertence se torna o empório de mercadorias de todos os países cujo comércio aquele capital leva adiante. Ora, o detentor desse capital necessariamente deseja pôr à venda, no próprio país, a maior parte possível dessas mercadorias. Com isso, ele se livra do incômodo, do risco e das despesas de exportação, razão para querer vendê-las no próprio país, não apenas por um preço muito menor, mas com um lucro um pouco inferior ao que poderia esperar se exportasse as mercadorias. Portanto, ele naturalmente se esforça o mais possível para converter seu comércio de transporte num comércio exterior de consumo. Pelo mesmo motivo, se seu capital estiver investido num comércio exterior de consumo, ele também há de querer vender no próprio país a maior parte possível das mercadorias internas, as quais ele recolhe a fim de exportá-las a algum mercado externo, esforçando-se então o mais possível para converter seu mercado exterior de consumo num comércio interno. O capital mercantil de cada país corteja assim naturalmente uma aplicação próxima e se esquiva da mais distante; naturalmente corteja a aplicação nas quais os retornos sejam freqüentes, e se esquiva daquela nas quais os retornos sejam distantes e demorados; naturalmente corteja a aplicação que lhe permite manter a maior quantidade de mão-de-obra produtiva no país ao qual pertence, ou no qual seu detentor resida, e se esquiva daquela que lhe permite manter lá a menor quantidade de mão-de-obra produtiva. Naturalmente corteja a aplicação que, em casos normais, é a mais vantajosa e se esquiva da aplicação que, em casos normais, é a menos vantajosa para esse país.

Mas se em qualquer uma dessas aplicações distantes, que em condições normais são as menos vantajosas para o país, o lucro casualmente se elevar um pouco acima do que é suficiente para equilibrar a preferência natural por aplicações mais próximas, essa superioridade de lucros irá retirar capital de todas essas aplicações mais próximas, até que os lucros de todas elas regressem a seu nível apropriado. Contudo, essa superioridade de lucro é prova de que nas atuais circunstâncias da sociedade essas aplicações distantes contam com um pouco menos de capital do que, comparativamente, outras aplicações, e de que o capital da sociedade não foi ainda distribuído da maneira mais adequada entre todas as diferentes aplicações existentes no país. Isso é prova de que alguma coisa é comprada a preço mais barato, ou vendida a preço mais caro do que deveria, e de que uma classe específica de cidadãos é em maior ou menor grau oprimida, quer por pagar mais, quer por receber menos do que convém à igualdade que deveria existir, e que por natureza existe, entre as diferentes classes de homens. Embora o mesmo capital jamais conseguirá manter numa aplicação distante a mesma quantidade de força de trabalho produtivo que mantém numa aplicação próxima, é possível, todavia, que a aplicação distante seja tão necessária ao bem-estar da sociedade como a aplicação próxima, já que as mercadorias negociadas numa aplicação distante talvez sejam necessárias para efetuar muitas das aplicações mais próximas. Mas se os lucros daqueles que negociam tais mercadorias estiverem acima do nível apropriado, as mercadorias serão vendidas a um preço mais caro do que deveriam ser, isto é, um pouco acima de seu preço natural, e todos os que estiverem comprometidos com aplicações mais próximas serão, em maior ou menor grau, oprimidos por esse preço elevado. Portanto, seu interesse neste caso exige que algum capital seja retirado dessas aplicações mais próximas e transferido para uma aplicação mais distante, a fim de reduzir seus lucros ao nível apropriado e os preços das mercadorias negociadas, a seu preço natural. Neste caso extraordinário, o interesse público exige que algum capital seja retirado dessas aplicações que em casos normais são as mais vantajosas, e transferido para uma outra que, em casos normais, são as menos vantajosas ao Estado; e neste caso extraordinário os interesses e inclinações naturais dos homens coincidem com o interesse público, exatamente como em todos os outros casos normais, levando-nos a retirar capital da aplicação próxima e a transferi-lo para a distante.

É assim que os interesses privados e as paixões dos indivíduos naturalmente os dispõem a transferir seus capitais para aplicações que, em casos normais, são as mais vantajosas para a sociedade. Mas se, por causa dessa preferência natural, os indivíduos transferissem uma quantidade muito grande de capital para essas aplicações, a queda do lucro que se faria sentir nelas e a alta que ocorreria em todas as outras imediatamente os inclinariam a alterar essa falha distribuição do capital. Sem nenhuma intervenção da lei, portanto, os interesses privados e as paixões dos homens naturalmente os levam a dividir e a distribuir o capital de toda sociedade entre todas as diferentes aplicações que essa sociedade comporta, na proporção que se aproxima o mais possível da que mais convém ao interesse da sociedade como um todo.

Todas as diferentes regulações do sistema mercantil perturbam, em maior ou menor grau, essa distribuição natural e mais vantajosa do capital. Mas talvez as regulações referentes ao comércio com a América e as Índias Orientais a perturbem mais do que quaisquer outras, porque o comércio com esses dois grandes continentes absorve uma quantidade maior de capital do que quaisquer dois outros ramos do comércio poderiam absorver. Entretanto, as regulações que causam essa perturbação nos outros dois ramos do comércio não são exatamente as mesmas. O monopólio é o grande veículo de cada um desses ramos do comércio; mas se trata de duas espécies distintas de monopólio. Ao que parece, é decerto sempre o monopólio de uma espécie ou de outra o único motor do sistema mercantil.

No comércio com a América, cada nação se empenha em açambarcar o mais possível o mercado inteiro de suas colônias, excluindo absolutamente todas as outras nações de qualquer comércio com elas. Durante a maior parte do século XVI, os portugueses procuraram submeter o comércio com as Índias Orientais a um regime semelhante, na medida em que reivindicavam – graças ao mérito de terem descoberto pela primeira vez o caminho para elas – o direito exclusivo de navegar nos mares da Índia. Os holandeses continuam a excluir todas as outras nações européias de todo e qualquer comércio direto com suas ilhas produtoras de especiarias. Monopólios desse tipo são, evidentemente, criados contra todas as outras nações européias, que desse modo não apenas são excluídas de um comércio para o qual poderia lhes ser conveniente transferir parte de seu capital, mas são também obrigadas a comprar as mercadorias negociadas nesse comércio a um preço um pouco mais caro do que comprariam caso pudessem importá-las diretamente dos países produtores.

Mas, desde a queda do poderio de Portugal, nenhuma nação européia reivindicou o direito exclusivo de navegar nos mares das Índias, cujos principais portos estão agora abertos aos navios de todas as nações européias. No entanto, o comércio com as Índias Orientais, exceto em Portugal e, de poucos anos para cá, na França, foi submetido em todos os países da Europa a uma companhia exclusiva. Monopólios desse tipo são criados, mais propriamente, contra a nação mesma que os institui. A maior parte dessa nação é assim não apenas excluída de um comércio para o qual lhe seria conveniente transferir alguma parte de seu capital, mas também obrigada a comprar as mercadorias negociadas nesse comércio um pouco mais caras do que seriam se o comércio fosse aberto e livre para todos os cidadãos. Desde a criação da Companhia Inglesa das Índias Ocidentais, por exemplo, os outros habitantes da Inglaterra, além de serem excluídos do comércio, precisam pagar no preço das mercadorias provenientes das Índias Orientais que consomem não apenas todos os lucros extraordinários que a Companhia possa ter obtido dessas mercadorias como conseqüência do monopólio, mas todo o desperdício extraordinário que a fraude e o abuso, indissociáveis da administração dos negócios de uma companhia tão grande, necessariamente provocaram. Assim, o despropósito dessa segunda espécie de monopólio é muito mais manifesto do que o primeiro.

Essas duas espécies de monopólio perturbam em maior ou menor grau a distribuição natural do capital da sociedade; mas nem sempre a perturbam do mesmo modo.

Os monopólios da primeira espécie sempre atraem para o comércio particular em que se estabeleceram uma parcela do capital da sociedade superior à que espontaneamente se voltaria para esse comércio.

Os monopólios da segunda espécie às vezes podem atrair capital para o comércio particular em que se estabeleceram, mas também podem, outras vezes, afastá-lo desse comércio, de acordo com as circunstâncias. Nos países pobres, os monopólios naturalmente atraem para esse comércio mais capital do que de outro modo iria para ele. Nos países ricos, naturalmente afastam desse comércio uma boa parte do capital que, do contrário, seria nele aplicado.

Países pobres como a Suécia e a Dinamarca, por exemplo, provavelmente jamais teriam enviado um único navio para as Índias Orientais, caso o comércio não estivesse sujeito a uma companhia exclusiva. A criação de uma companhia desse tipo necessariamente incentiva os empreendimentos marítimos. Como seu monopólio os assegura contra todos os concorrentes no mercado interno, têm as mesmas oportunidades nos mercados externos que os comerciantes de outras nações. Seu monopólio lhes dá a certeza de um grande lucro sobre uma quantidade considerável de mercadorias, e a oportunidade de um lucro considerável sobre uma imensa quantidade de mercadorias. Sem esse estímulo extraordinário, os comerciantes pobres desses países pobres provavelmente jamais cogitariam arriscar seu pequeno capital num empreendimento tão remoto e incerto como necessariamente deve lhes parecer o comércio com as Índias Orientais.

Inversamente, um país rico como a Holanda provavelmente enviaria para as Índias Orientais, caso o comércio fosse livre, um número muito maior de navios do que de fato envia. O capital limitado da Companhia Holandesa das Índias Orientais provavelmente afasta desse comércio um volume bastante grande de capitais mercantis que, caso contrário, seriam investidos nele. O capital mercantil da Holanda é tão grande que, por assim dizer, continuamente transborda, buscando escoamento ora nos fundos públicos de países estrangeiros, ora nos empréstimos a comerciantes e empreendedores privados de países estrangeiros, ora no mais indireto dos comércios exteriores de consumo, ora finalmente no comércio de transporte. Uma vez inteiramente preenchidas todas as aplicações próximas, uma vez investido nelas todo o capital que se possa investir com alguma margem razoável de lucro, o capital da Holanda necessariamente flui para as aplicações mais distantes. Caso fosse absolutamente livre, o comércio com as Índias Orientais provavelmente absorveria a maior parte desse capital redundante. Isso porque as Índias Orientais oferecem, tanto para os produtos manufaturados da Europa como para o ouro e a prata, além de outros produtos da América, um mercado muito maior e mais amplo do que a Europa e a América juntas.

Toda perturbação da distribuição natural de capital é necessariamente prejudicial para a sociedade na qual isso ocorre, seja porque afasta de um ramo particular de comércio o capital que do contrário seria investido nele, seja porque atrai para um comércio particular o capital que, do contrário, não seria investido nele. Se é verdade que, sem uma companhia exclusiva, o comércio da Holanda com as Índias Orientais seria maior do que realmente é, por outro lado esse país necessariamente sofreria um prejuízo considerável na medida em que parte de seu capital seria excluída da aplicação mais conveniente a ela. Do mesmo modo, se é verdade que, sem uma companhia exclusiva, o comércio da Suécia e da Dinamarca com as Índias Orientais seria menor do que efetivamente é, ou nem sequer existiria (o que talvez seja ainda mais provável), por outro lado esses dois países inevitavelmente seriam também prejudicados, na medida em que parte de seu capital seria retirada para uma aplicação que deve ser em maior ou menor grau inadequada às suas circunstâncias atuais. Nas atuais circunstâncias, talvez fosse melhor para esses dois países comprar de outras nações as mercadorias provenientes das Índias Orientais, mesmo pagando um pouco mais caro, do que transferir uma parte tão grande de seu pequeno capital para um comércio tão distante, no qual os retornos são tão demorados, e no qual esse capital não consegue senão manter uma reduzida quantidade de mão-de-obra produtiva em seu país – onde há tanta falta de mão-de-obra produtiva, onde tão pouco se fez e onde há tanto ainda por fazer.

Assim, mesmo quando um determinado país não tivesse condições de realizar, sem a ajuda de uma companhia exclusiva, um comércio direto com as Índias Orientais, disso não se seguiria que uma companhia desse tipo precisaria lá ser criada, mas apenas que tal país não deveria, nessas circunstâncias, fazer comércio diretamente com as Índias Orientais. Para comprovar que em geral essas companhias não são necessárias para realizar o comércio com as Índias

Orientais, basta verificar a experiência dos portugueses, que, sem a ajuda de uma companhia exclusiva, desfrutaram da quase-totalidade desse comércio durante mais de um século seguido.

Afirma-se que nenhum comerciante privado poderia ter capital suficiente para manter, nos diferentes portos das Índias Orientais, feitores e agentes encarregados de providenciar mercadorias para os navios que o comerciante pudesse ocasionalmente enviar para lá; mais ainda, se não fosse capaz de manter esses agentes, a dificuldade de encontrar carga muitas vezes faria seus navios perderem a época propícia de regresso, e a despesa de um atraso tão grande não apenas consumiria todos os lucros do empreendimento, como ainda freqüentemente acarretaria um prejuízo considerável. Mas se esse argumento de fato provasse alguma coisa, provaria que nenhum ramo do comércio poderia se manter sem uma companhia exclusiva, o que contradiz a experiência de todas as nações. Não existe nenhum grande ramo do comércio no qual o capital de um determinado comerciante privado baste para movimentar todos os ramos subordinados que devem ser postos em atividade para que o ramo principal seja movimentado. Porém, quando uma nação está madura para qualquer importante ramo de comércio, alguns comerciantes naturalmente investem seus capitais no ramo principal, enquanto outros investem nos ramos secundários; e, ainda que desse modo todos os diferentes ramos do comércio sejam postos em movimento, é muito raro que todos eles sejam movimentados pelo capital de um único comerciante privado. Assim, se uma nação estiver madura para o comércio com as Índias Orientais, uma certa parcela de seu capital naturalmente se dividirá entre todos os diferentes ramos desse comércio. Alguns de seus comerciantes considerarão que é de seu interesse residir nas Índias Orientais, e aplicar seus capitais lá para providenciar mercadorias aos navios que serão enviados por outros comerciantes residentes na Europa. Se os estabelecimentos obtidos pelas diferentes nações européias nas Índias Orientais fossem tirados das companhias exclusivas a que atualmente pertencem e colocados sob a proteção direta do soberano, essa residência se tornaria a um só tempo segura e cômoda, pelo menos para os comerciantes das nações específicas às quais pertencem esses estabelecimentos. Mas se, numa época qualquer, essa parte do capital de um determinado país que espontaneamente tendesse e se inclinasse, se me permitem a expressão, para o comércio com as Índias Orientais não fosse suficiente para movimentar todos os diferentes ramos desse comércio, então teríamos uma prova de que, naquele momento específico, o país em questão não estava maduro para esse comércio e que faria melhor se durante algum tempo comprasse, mesmo a preço mais alto, de outras nações européias as mercadorias provenientes das Índias Orientais de que precisasse, em vez de importá-las, ele mesmo, diretamente de lá. O que o país viesse a perder em razão do alto preço pago por essas mercadorias dificilmente seria equivalente à perda que sofreria desviando uma grande parcela de seu capital de outras aplicações mais necessárias, mais úteis, ou mais adequadas às suas circunstâncias e à sua situação, do que o comércio direto com as Índias Orientais.

Embora possuam muitos estabelecimentos importantes tanto na costa da África como nas Índias Orientais, os europeus ainda não criaram em qualquer uma dessas duas regiões colônias numerosas e prósperas como as das ilhas e do continente americano. A África e vários dos outros países compreendidos sob o nome genérico de Índias Orientais são, todavia, habitados por bárbaros. Jamais essas nações foram tão frágeis e indefesas como os miseráveis e desamparados americanos; além disso, eram muito mais numerosos proporcionalmente à fertilidade natural dos países que habitavam. As mais bárbaras nações, quer da África, quer das Índias Orientais, eram formadas por pastores; mesmo os hotentotes estavam em estágio pastoril. Ora, os nativos de todas as regiões da América, exceto México e Peru, eram somente caçadores, e há uma diferença imensa entre o número de pastores e o número de caçadores que uma mesma extensão de território igualmente fértil permite sustentar. Portanto, na África e nas Índias Orientais foi mais difícil desalojar os nativos e estender as colônias européias sobre a maior parte das terras dos habitantes originais. Ademais, já fiz notar que a índole das companhias exclusivas é desfavorável ao desenvolvimento de novas colônias, o que provavelmente constitui a principal causa do pequeno progresso que fizeram nas Índias Orientais. Os portugueses realizavam o comércio com a África e as Índias Orientais sem a ajuda de nenhuma companhia exclusiva, e suas colônias no Congo, em Angola e Benguela, na costa africana, e em Goa, nas Índias Orientais, embora extremamente oprimidas pelo peso da superstição e toda a sorte de maus governos, apresentam ainda uma pálida semelhança com as colônias da América, sendo parcialmente habitadas pelos portugueses que lá se estabeleceram há várias gerações. As colônias holandesas no cabo da Boa Esperança e na Batávia são atualmente as mais importantes colônias que os europeus fundaram tanto na África como nas Índias Orientais, e esses estabelecimentos encontram-se localizados numa região particularmente afortunada. O cabo da Boa Esperança era habitado por uma raça de gente quase tão bárbara e incapaz de se defender como os nativos da América. Além disso, esse cabo situa-se a meio caminho, por assim dizer, entre a Europa e as Índias Orientais, sendo então o ponto de parada de quase todos os navios europeus, tanto na ida como na volta. Por si só, o abastecimento desses navios com todo o gênero de mantimentos frescos, com frutas e às vezes vinho, proporciona um mercado bastante amplo para o excedente de produção dos colonos. A Batávia ocupa entre as principais regiões das Índias Orientais a mesma posição que o cabo da Boa Esperança ocupa entre a Europa e todas as regiões das Índias Orientais. A Batávia se localiza na mais freqüentada rota do Indostão para a China e o Japão, quase a meio caminho nessa rota. Igualmente, quase todos os navios que navegam entre a Europa e a China tocam a Batávia; e, além disso tudo, é o centro e o principal mercado do chamado comércio regional das Índias Orientais, não apenas da parcela desse comércio realizada pelos europeus, como também da que realizam os nativos indianos – razão por que freqüentemente são vistos nesse porto navios conduzidos por habitantes da China e do Japão, de Tonquim, de Málaga, da Cochinchina e das ilhas Célebes. Essas localizações vantajosas permitiram às duas colônias superar todos os obstáculos que a natureza opressiva de uma companhia exclusiva possa ocasionalmente ter oposto a seu desenvolvimento. Permitiram à Batávia superar a vantagem adicional de possuir talvez o mais insalubre clima do mundo.

Ainda que não tenham fundado nenhuma colônia importante além das duas acima mencionadas, as companhias inglesa e holandesa fizeram conquistas notáveis nas Índias Orientais. Mas foi na maneira pela qual cada uma delas governa seus novos súditos que a índole natural de uma companhia exclusiva se revelou mais claramente. Conta-se que nas ilhas produtoras de pimenta os holandeses queimam a produção excedente de uma estação fértil, e reservam apenas o que esperam vender na Europa com um lucro que considerem suficiente. Nas ilhas em que os holandeses não possuem estabelecimentos, concedem um prêmio a quem colher as flores novas e folhas verdes dos cravos-da-índia e das árvores de noz-moscada que lá naturalmente crescem, mas que a selvagem política já teria quase totalmente destruído, segundo dizem. Mesmo nas ilhas em que possuem estabelecimentos os holandeses já teriam, pelo que se sabe, reduzido brutalmente o número dessas árvores. Eles suspeitam que, se a produção de suas próprias ilhas for muito superior à exigida pelo mercado, os nativos encontrarão meios de transportar parte dessa produção para outras nações; e o melhor modo que os holandeses imaginam de assegurar seu próprio monopólio é cuidar para que não cresçam mais plantas além das que conseguem levar ao mercado. Usando diferentes artifícios, todos eles opressivos, reduziram a população de várias das ilhas Molucas ao número de homens meramente suficiente para fornecer víveres e outros artigos de primeira necessidade às exíguas guarnições que possuem, e aos navios de sua bandeira que ocasionalmente lá aportem para receberem carregamento de especiarias. No entanto, afirma-se que mesmo sob o governo dos portugueses essas ilhas eram bastante populosas. A companhia inglesa ainda não teve tempo de instituir um sistema tão absolutamente destrutivo em Bengala. Mas seu plano de governo tem exatamente a mesma tendência. Asseguraramme que se trata de coisa bastante corriqueira ver o chefe, ou seja, o primeiro comissário de uma feitoria, ordenar que um camponês arranque com o arado um rico campo de papoulas e ali semeie arroz ou outro grão qualquer. O pretexto era o de evitar a escassez de provisões, mas a verdadeira razão é dar ao chefe a oportunidade de vender a preço melhor a grande quantidade de ópio que por acaso tinha então à mão. Em outras ocasiões, a ordem era a inversa: quando o chefe previa a possibilidade de obter um lucro extraordinário com o ópio, um rico campo de arroz ou de outro grão qualquer era arrancado com arado para dar lugar a uma plantação de papoulas. Várias vezes os empregados da companhia tentaram instituir por sua própria conta o monopólio de algum dos mais importantes setores, não apenas do comércio exterior do país, mas também do comércio interior. Se fossem autorizados a ir adiante, certamente uma hora ou outra teriam tentado restringir a produção de determinados artigos, cujo monopólio teriam assim usurpado, não somente à quantidade que eles mesmos pudessem comprar, mas à quantidade que pudessem esperar vender com o lucro que considerassem suficiente. Desse modo, ao longo de um ou dois séculos, a política da companhia inglesa se teria mostrado tão absolutamente destrutiva como a dos holandeses.

Porém, nada pode ser mais diretamente contrário ao verdadeiro interesse dessas companhias, consideradas como soberanos dos países que conquistaram, do que esse plano destrutivo. Em quase todos os países a receita do soberano é gerada pelo rendimento dos súditos. Quanto maior for o rendimento do povo, portanto, maior será a produção anual de sua terra e mão-de-obra, e maior será o rendimento que poderão gerar ao soberano. Assim, é interesse do soberano aumentar o mais possível essa produção anual. Mas se este é o interesse de todo soberano, é mais particularmente ainda interesse de um soberano que, como o de Bengala, tira basicamente sua receita de uma renda fundiária. É necessário que essa renda seja proporcional à quantidade e ao valor da produção; ora, uma e outro devem depender da extensão do mercado. A quantidade será sempre conforme, com maior ou menor exatidão, ao consumo dos que têm condições de pagar, e o preço que pagarão será sempre proporcional à avidez de sua concorrência. Portanto, é interesse de um tal soberano abrir o mais amplo mercado à produção de seu país, permitir a mais perfeita liberdade de comércio, a fim de aumentar tanto quanto possível o número e a concorrência dos compradores, e, conseqüentemente, de abolir não somente todos os monopólios, mas todas as restrições ao transporte da produção nacional de uma parte do país para outra, à sua exportação a países estrangeiros ou à importação de todas as espécies de mercadorias pelas quais seja possível trocar essa produção nacional. É dessa maneira que o soberano terá mais e mais condições de aumentar tanto a quantidade como o valor dessa produção, e por conseguinte da parte que lhe cabe nela, ou seja, sua própria receita.

Mas parece que uma companhia de comerciantes é incapaz de se considerar como soberano, mesmo depois de se ter tornado um deles. Ainda pensam que vender, ou comprar para revender, seja seu principal negócio, e por um estranho disparate divisam no caráter do soberano apenas um apêndice do caráter do comerciante, algo subserviente ao papel do comerciante, e que lhes deve servir somente como um meio de comprar a preço mais baixo nas Índias e com isso revender com mais lucro na Europa. Tendo essa finalidade em vista, os comerciantes se esforçam o mais possível para afastar do mercado dos países sujeitos a seu governo todos os concorrentes, e conseqüentemente para pelo menos reduzir uma parte do excedente de produção desses países ao que seja meramente suficiente para suprir sua própria demanda, ou seja, ao que possam esperar vender na Europa com um lucro que considerem razoável. Seus hábitos mercantis os levam assim, por uma propensão quase necessária, ainda que talvez imperceptível, a preferir, em todas as ocasiões normais, o pequeno e transitório lucro do monopolista à grande e permanente receita do soberano, e gradualmente os levaria também a tratar os países sujeitos a seu governo quase do mesmo modo como os holandeses tratam as ilhas Molucas. É interesse da Companhia das Índias Orientais, considerada como soberano, que as mercadorias européias levadas a seus domínios das Índias sejam vendidas ao preço mais baixo possível, e que as mercadorias indianas trazidas desses mesmos domínios tenham o melhor preço possível, ou sejam vendidas ao preço mais alto possível. Mas o interesse da companhia, na qualidade de comerciante, é o inverso disso. Como soberano, seu interesse é exatamente idêntico ao do país que governam; como comerciante, seu interesse é diretamente oposto ao do país por ela governado.

Porém, se a índole de semelhante governo, mesmo no que se refere à sua direção na Europa, é assim essencialmente viciosa – talvez de maneira irremediável –, a da administração na Índia o é ainda mais. Essa administração é necessariamente composta de um conselho de comerciantes, profissão sem dúvida muitíssimo respeitável, mas que em nenhum país do mundo traz em seu bojo aquela espécie de autoridade que naturalmente subjuga o povo e ordena a submissão voluntária, sem que seja necessário recorrer ao uso da força. Tal conselho somente consegue constranger à obediência recorrendo à força militar de que se faz acompanhar, e por isso seu governo é necessariamente militar e despótico. E no entanto sua atividade característica é a de comerciante. Consiste em vender, em nome de seus patrões, as mercadorias européias que lhes são consignadas, e em troca comprar as mercadorias originárias das Índias para o mercado europeu. Consiste em vender as primeiras o mais caro e comprar as outras o mais barato possível, e conseqüentemente excluir o mais possível todos os rivais do mercado específico no qual possuem loja. Portanto, a índole da administração, no que se refere ao comércio da companhia, é igual à índole da direção: tende a tornar o governo subserviente ao interesse do monopólio e, por conseguinte, a tolher o crescimento natural de pelo menos algumas partes do excedente de produção do país, restringindo-as ao que é meramente suficiente para atender à demanda da companhia.

Além disso, todos os membros da administração negociam mais ou menos por conta própria, e é inútil proibi-los de fazer isso. Nada pode ser mais tolo do que esperar que os funcionários de um imenso escritório comercial situado a 10 mil milhas de distância, sobre os quais, por conseqüência, é quase impossível exercer alguma espécie de controle, renunciem imediatamente, a uma simples ordem de seus patrões, a fazer qualquer tipo de negócio por conta própria, abandonem para sempre todas as esperanças de fazer fortuna quando detêm em suas mãos os meios para tanto, e se contentem com os módicos salários que os patrões lhes pagam, salários que, módicos como são, raramente estão sujeitos a aumentos, já que são de praxe tão altos quanto permitem os lucros reais do comércio da companhia. Nessas circunstâncias, dificilmente a proibição aos empregados da companhia de negociar por conta própria tem outro efeito senão dar condições aos funcionários superiores, a pretexto de executar as ordens do patrão, de oprimir os funcionários inferiores que tiveram a infelicidade de não cair em suas graças. Os empregados naturalmente se esforçam para criar, em favor de seu próprio comércio privado, monopólio idêntico ao do comércio público da companhia. Se forem deixados livres para agir como querem, implantarão esse monopólio aberta e diretamente, simplesmente proibindo todas as outras pessoas de negociar artigos que eles mesmos escolheram negociar; e esse talvez seja o melhor e menos opressivo meio de implantá-lo. Mas se uma ordem vinda da Europa os proibir de fazer isso, não terão menos empenho em implantar um monopólio do mesmo tipo, mas secreta e indiretamente, de um modo muito mais destrutivo para o país. Eles se servirão de toda a autoridade do governo, corromperão toda a administração da justiça, para atormentar e arruinar os que interferirem em qualquer ramo do comércio que esses funcionários escolherem adotar, e que exercerão com a ajuda de agentes disfarçados ou pelo menos não reconhecidos publicamente. Mas o comércio privado dos empregados naturalmente compreenderá uma variedade muito maior de artigos do que o comércio público da companhia. Enquanto o comércio público da companhia não vai além do comércio da Europa, compreendendo ainda somente uma parte do comércio exterior do país, o comércio privado dos empregados pode se estender a todos os diferentes ramos tanto do comércio interno como externo do país. O monopólio da companhia pode unicamente ter a tendência a tolher o crescimento natural da parte do excedente de produção que seria exportada à Europa caso houvesse liberdade de comércio. O monopólio dos empregados, por sua vez, tende a tolher o crescimento natural de toda a parcela da produção que escolham negociar, da que é destinada ao consumo interno, bem como da que se destina à exportação, e conseqüentemente tende a desvalorizar o cultivo do país inteiro, e a reduzir o número de seus habitantes. Tende a reduzir o volume de produtos de toda espécie, mesmo dos artigos de primeira necessidade (se os empregados da companhia decidirem negociá-los), unicamente à quantidade que esses empregados conseguirem comprar e vender com um lucro que lhes convenha.

Mais ainda, ao defenderem o próprio interesse contra o interesse do país por eles governados, os empregados, pela natureza mesma de sua posição, necessariamente revelam uma severidade muito mais rígida que a evidenciada pelos patrões na defesa de seus interesses particulares. O país pertence a seus patrões, que não conseguem evitar de ter alguma consideração pelo interesse do que lhes pertence. Ora, o país não pertence aos empregados. O verdadeiro interesse dos patrões, se estes fossem capazes de compreendê-lo, identifica-se ao do país[2]; e não é senão por ignorância e pela mesquinhez do preconceito mercantil que oprimem o país. Mas o verdadeiro interesse dos empregados não se identifica em absoluto ao do país, e a mais perfeita informação não poria necessariamente cobro a suas opressões. É por isso que as regulações expedidas da Europa, embora freqüentemente frágeis, na maioria das vezes eram bem-intencionadas. Por outro lado, nas regulações instituídas pelos empregados na Índia o que se vê é mais inteligência e talvez intenções menos louváveis. Não deixa de ser bastante singular o governo no qual cada membro da administração deseja sair do país e por conseguinte se livrar do governo o quanto antes, e que veria com a mais completa indiferença seu país ser destruído por um terremoto no dia seguinte em que o houvesse abandonado, carregando consigo toda a sua fortuna.

---

2. O interesse de um proprietário de ações nos fundos da Companhia das Índias não é de modo nenhum, porém, idêntico ao do país em cujo governo seu voto lhe permite exercer alguma influência. Veja-se Livro V, Capítulo I, Parte III.

Porém, não é minha intenção lançar, com tudo o que acabo de dizer, nenhuma imputação odiosa ao caráter geral dos empregados da Companhia das Índias Orientais, muito menos ao caráter de determinadas pessoas. É o sistema de governo, a situação em que os empregados se encontram, que tenho a intenção de censurar, não o caráter dos que agiram nesse governo e nessa situação. Agiram de acordo com a orientação natural de sua situação, e provavelmente não agiriam melhor os que bradaram mais ferozmente contra eles. Na guerra e nas negociações, muitas foram as ocasiões em que os conselhos de Madras e Calcutá se comportaram com uma firmeza e com uma sabedoria resoluta que teriam honrado o senado de Roma nos melhores dias da República. Os membros desses conselhos, todavia, foram educados para profissões muito distintas da guerra e da política. Mas unicamente sua situação, sem os recursos que conferem a educação, a experiência e mesmo o exemplo, parece ter formado em todos eles, de uma só vez, as grandes qualidades que a atividade exigia, e os dotado de habilidades e virtudes que eles mesmos não tinham plena consciência de possuir. Assim, se em algumas ocasiões sua situação os incitou a atos de magnanimidade que dificilmente se poderia esperar deles, não deveria nos espantar que em outras os tenha impelido a façanhas de natureza um tanto quanto diferente.

Tais companhias são, portanto, nocivas sob todos os aspectos; sempre mais ou menos inconvenientes aos países em que se estabeleceram, e destrutivas para todos os que tiveram o azar de cair sob seu governo.

CAPÍTULO 8

Conclusão do sistema mercantil

Ainda que o incentivo à exportação e o desestímulo à importação sejam os dois grandes motores pelos quais o sistema mercantil se propõe a enriquecer todo país, esse sistema parece todavia seguir, no que se refere a algumas mercadorias específicas, um plano oposto: desestimular a exportação e incentivar a importação. E no entanto a finalidade última que esse sistema invoca é sempre a mesma, a saber, enriquecer o país por meio de uma balança comercial favorável. Desestimula a exportação das matérias-primas da manufatura, bem como dos instrumentos de trabalho, a fim de conferir a nossos operários uma vantagem sobre as outras nações e de possibilitar-lhes vender mais barato essas mercadorias em todos os mercados estrangeiros; e, ao restringir desse modo a exportação de um pequeno número de mercadorias de pouco valor, propõe-se a gerar uma exportação muito mais intensa e de valor muito maior de outros artigos. Incentiva a importação de matérias-primas da manufatura para que nossos trabalhadores tenham condições de processá-las a um preço mais baixo, e com isso impedir uma importação maior e mais valiosa das mercadorias manufaturadas. Não observo, pelo menos em nosso *Statute Book**,

---

* Publicação contendo as leis promulgadas durante um certo período legislativo. (N. T.)

que se tenha dado algum estímulo à importação dos instrumentos de trabalho. Quando as manufaturas atingiram um certo patamar de grandeza, a própria fabricação dos instrumentos de trabalho se torna objeto de um grande número de manufaturas muito relevantes. Fornecer um certo incentivo à importação desses instrumentos significaria interferir demais nos interesses das manufaturas. Por isso, em vez de se incentivar, freqüentemente se proibiu esse tipo de importação. Assim, a importação de cardas de lã, salvo as provenientes da Irlanda ou as que fizessem parte da carga de navios apreendidos ou naufragados, foi proibida por lei editada no 3º ano de reinado de Eduardo VI, proibição esta renovada pela lei editada no 39º ano de reinado de Isabel, e deste então prorrogada e tornada perpétua por leis subseqüentes.

A importação de matérias-primas da manufatura foi ora incentivada por isenção de impostos de importação a que outras mercadorias estão sujeitas, ora por subsídios.

A importação de lã de ovelha de vários países diferentes, de algodão em rama de todos os países, do linho não cardado, da maioria dos corantes, da maior parte dos couros não curtidos provenientes da Irlanda ou das colônias britânicas, das peles de foca originárias da atividade pesqueira da Groenlândia Britânica, de ferro em lingotes e em barra vindos das colônias britânicas, bem como a de várias outras matérias-primas da manufatura, tem sido incentivada mediante uma isenção de todos os direitos alfandegários, desde que esses produtos tenham sido declarados nas alfândegas segundo as formas prescritas. O interesse privado de nossos comerciantes e manufatores talvez tenha arrancado do legislativo essas isenções e a maior parte de nossas outras regulamentações comerciais. Ainda assim, todas elas são absolutamente justas e razoáveis, e se fosse possível ampliá-las a todas as outras matérias-primas da manufatura, desde que respeitadas as necessidades do Estado, certamente o público sairia ganhando.

Porém, em alguns casos a avidez de nossos grandes manufatores ampliou essas isenções para muito além do que se possa com justiça considerar como as matérias brutas de seu trabalho. A lei editada no 24º ano de reinado de Jorge II, Capítulo 46, instituiu um pequeno imposto de apenas 1 penny por libra sobre a importação de fios de linho marrom estrangeiro, em substituição aos impostos muito mais altos a que estava sujeito antes, a saber, de 6 pence por libra de fio de vela, de 1 shilling por libra sobre todos os fios da França e da Holanda, e de £2 13s 4d por quintal sobre todo fio de Moscou. Mas essa redução não satisfez por muito tempo nossos manufatores. Até mesmo esse pequeno imposto sobre a importação de linho marrom foi suprimido pela lei editada no 29º ano de reinado do mesmo rei, Capítulo 15 – a mesma lei que havia concedido um subsídio à exportação do linho britânico e do linho irlandês cujo preço não fosse superior a 18 pence por jarda. Porém, nas diferentes operações necessárias à preparação do fio de linho há muito mais trabalho empregado do que nas operações seguintes necessárias para transformar o fio em tecido de linho. É preciso empregar pelo menos três ou quatro fiandeiros para manter um único tecelão constantemente ocupado (isso para não falar do trabalho dos cultivadores e dos cardadores de linho), e mais de $4/5$ da quantidade total de trabalho necessário para a fabricação do tecido de linho são empregados na preparação do fio de linho. Mas nossos fiandeiros são gente pobre, geralmente mulheres espalhadas por todas as diferentes partes do país, sem apoio ou proteção. Não é da venda do trabalho delas, mas da venda do trabalho completo dos tecelões, que nossos grandes mestres manufatores extraem seus lucros. O mesmo interesse que têm em vender a manufatura acabada o mais caro possível têm também em comprar as matérias-primas ao preço mais baixo possível. Ao arrancar do legislativo subsídios à exportação de seu próprio linho, elevados impostos sobre a importação de todo o linho estrangeiro, e a proibição total de consumo interno de alguns tipos de linho francês, os manufatores buscam vender as próprias mercadorias ao maior preço possível. Ao incentivar a importação de fios de linho estrangeiro, fazendo-o concorrer com o fio fabricado por nossos trabalhadores, buscam comprar o trabalho dos fiandeiros pobres o mais barato possível. Estão decididos a manter baixos tanto os salários de seus tecelões como os ganhos das pobres fiandeiras, e não é absolutamente para beneficiar o operário que procuram aumentar o preço do trabalho completo ou baixar o preço das matérias-primas. O que nosso sistema mercantil incentiva, antes de tudo, é a atividade realizada em benefício dos ricos e poderosos. A atividade realizada em benefício dos pobres e miseráveis é demasiadas vezes negligenciada ou então oprimida.

Tanto o subsídio à exportação de linho como a isenção de impostos sobre a importação de fios estrangeiros – que foram concedidos somente por quinze anos, ainda que adiados por duas diferentes prorrogações – expiram com o término da sessão do Parlamento, imediatamente após 24 de junho de 1786.

O incentivo fornecido por meio de subsídios à importação das matérias-primas da manufatura se tem limitado basicamente às matérias-primas importadas de nossas colônias americanas.

Os primeiros subsídios desse gênero foram os concedidos no início do atual século à importação às provisões navais da América. Sob essa denominação estavam compreendidos a madeira própria para mastros, vergas e gurupés, além do cânhamo, alcatrão, piche e terebintina. No entanto, o subsídio de 1 libra por tonelada para a importação de madeira de mastreação e o de 6 libras por tonelada para a importação de cânhamo foram estendidos também para as mesmas matérias-primas, quando importadas da Escócia pela Inglaterra. Esses subsídios foram mantidos à mesma taxa, sem variação, até expirarem, o que, no caso do subsídio à importação do cânhamo, aconteceu em 1º de janeiro de 1741, e no caso do subsídio à importação de madeira de mastreação, ao término da sessão do Parlamento, imediatamente após 24 de junho de 1781.

Os subsídios à importação de alcatrão, piche e terebin sofreram várias alterações durante sua vigência. Na origem, o subsídio ao alcatrão era de 4 libras por tonelada; o subsídio sobre o piche, idem, e o subsídio à terebintina, de 3 libras por tonelada. O subsídio de 4 libras por tonelada de alcatrão foi mais tarde limitado ao alcatrão que tivesse sido preparado de uma forma específica, e o subsídio à importação de outros tipos de alcatrão de boa qualidade, limpo e comercializável, foi reduzido a 2 libras e 4 shillings por tonelada. Também o subsídio ao piche foi reduzido a 1 libra, e o subsídio à terebintina, a 1 libra e 10 shillings por tonelada.

O segundo subsídio à importação de qualquer uma das matérias-primas da manufatura, seguindo ordem cronológica, foi o concedido em virtude de lei editada no 21º ano de reinado de Jorge II, Capítulo 30, relativa à importação de índigo das colônias britânicas. Quando o índigo das colônias valesse ¾ do preço do melhor índigo francês, a lei lhe dava direito a um subsídio de 6 pence por libra. Esse subsídio, que, assim como os outros, era concedido apenas por prazo determinado, continuou a ter vigência graças a várias prorrogações, mas foi reduzido a 4 pence por libra. Autorizou-se que expirasse com o término da sessão do Parlamento, imediatamente após 25 de março de 1781.

O terceiro subsídio desse gênero foi o concedido (bem perto da época em que estávamos começando ora a cortejar nossas colônias americanas, ora a indispormo-nos com elas) por intermédio da lei editada no 4º ano de reinado de Jorge III, Capítulo 26, relativa à importação de cânhamo ou linho não cardado das colônias britânicas. Esse subsídio foi concedido por 21 anos, de 24 de junho de 1764 a 24 de junho de 1785. Nos primeiros sete anos, o subsídio deveria ser de 8 libras por tonelada; no segundo período de sete anos, deveria ser de 6 libras e no último, de 4 libras.

Não se estendia à Escócia, cujo clima não é muito apropriado a essa cultura, embora o cânhamo às vezes cresça lá em pequenas quantidades e com qualidade inferior. Um subsídio semelhante à importação de linho escocês pela Inglaterra teria representado um imenso desestímulo à produção nativa da região sul do Reino Unido.

O quarto subsídio desse gênero foi o concedido mediante lei editada no 5º ano de reinado de Jorge III, Capítulo 45, relativa à importação de madeira da América. Foi concedido por um período de nove anos, de 1º de janeiro de 1766 a 1º de janeiro de 1775. Durante os primeiros três anos, deveria ser de 1 libra para cada 120 pranchas de boa qualidade e para cada carga contendo 50 pés cúbicos de outras madeiras esquadriadas de 12 shillings. Nos três anos seguintes, deveria ser, para pranchas, de 15 shillings, e para outras madeiras esquadriadas, de 8 shillings; nos últimos três anos, deveria ser, para pranchas, de 10 shillings, e para outras madeiras esquadriadas, de 5 shillings.

O quinto subsídio desse gênero foi o concedido pela lei editada no 9º ano de reinado de Jorge III, Capítulo 38, relativa à importação de seda em rama das colônias britânicas. Foi concedido por um período de 21 anos, de 1º de janeiro de 1770 a 1º de janeiro de 1791. Durante os primeiros sete anos, deveria ser de 25 libras para cada 100 libras do valor do produto; durante os sete anos seguintes, deveria ser de 20 libras, e nos últimos sete anos, de 15 libras. A criação do bicho-da-seda e a preparação da seda exigem muito trabalho manual e o trabalho é tão caro na América que mesmo esse grande subsídio não conseguiu produzir, como pude apurar, nenhum efeito considerável.

O sexto subsídio desse gênero foi o concedido pela lei editada no 2º ano de reinado de Jorge III, Capítulo 50, relativo à importação de pipas, tonéis, aduelas e materiais para tampos de barril das colônias britânicas. Foi concedido por um período de nove anos, de 1º de janeiro de 1772 a 1º de janeiro de 1781. Nos três primeiros anos, o subsídio deveria ser de 6 libras para uma certa quantidade desses artigos; nos três anos seguintes, de 4 libras, e nos últimos três anos, de 2 libras.

O sétimo e último subsídio desse gênero foi o concedido pela lei editada no 19º ano de reinado de Jorge III, Capítulo 37, relativo à importação de cânhamo da Irlanda. Foi concedido por um período idêntico ao do subsídio sobre a importação de cânhamo e linho não cardado da América, ou seja, 21 anos – de 24 de junho de 1779 a 24 de junho de 1800. Também esse prazo se dividia em três períodos de sete anos, e em cada um desses períodos a alíquota do subsídio irlandês era idêntica à do subsídio americano. No entanto, ao contrário do subsídio americano, não incluía a importação de linho não cardado, já que isso representaria um desestímulo muito grande ao cultivo dessa planta na Grã-Bretanha. Quando se concedeu este último subsídio, as relações entre legisladores britânicos e irlandeses não eram muito mais amigáveis do que haviam sido antes as relações entre britânicos e americanos. Mas é de esperar que esse favor à Irlanda foi concedido sob auspícios muito melhores do que todos os outros concedidos à América.

Assim, as mesmas mercadorias para as quais concedíamos subsídios, quando importadas da América, estavam sujeitas a impostos consideráveis, quando importadas de qualquer outro país. Via-se o interesse de nossas colônias americanas como idêntico ao da metrópole. A riqueza delas era considerada riqueza nossa. Dizia-se que todo o dinheiro enviado às colônias era integralmente restituído a nós pela balança comercial, de modo que jamais ficaríamos um centavo mais pobres em razão de qualquer gasto que pudéssemos ter com elas. As colônias nos pertenciam sob todos os aspectos; todas as despesas eram então feitas para melhorar uma propriedade que era nossa, e para dar um emprego rentável a nossa gente. Neste momento, penso que seja desnecessário dizer algo mais para mostrar toda a loucura de um sistema que já foi suficientemente revelada por uma experiência funesta. Caso nossas colônias americanas tivessem de fato constituído uma parte da Grã-Bretanha, seria perfeitamente possível considerar esses subsídios como subsídios à produção, e mesmo assim seriam passíveis de todas as objeções de que são passíveis tais subsídios, mas apenas a estas.

A exportação de matérias-primas da manufatura é desestimulada ora por proibições absolutas, ora por elevadas taxas alfandegárias.

Nossos manufatores de lã têm sido muito mais bem-sucedidos do que todas as outras classes de trabalhadores em persuadir o legislativo de que a prosperidade da nação depende do sucesso e amplitude de sua atividade particular. Não apenas conquistaram um monopólio contra os consumidores mediante uma proibição absoluta de importar roupas de lã de qualquer país estrangeiro, como também conquistaram um outro monopólio contra os criadores de ovelhas e produtores de lã por meio de uma proibição semelhante à exportação de ovelhas vivas e de lã. Há inúmeras reclamações, muito justas, de que o rigor de muitas das leis promulgadas para assegurar a receita do Estado impõe punições demasiado severas sobre ações que sempre foram consideradas inocentes antes de as leis as declararem criminosas. Mas ouso afirmar que a mais cruel de nossas leis fiscais é suave e branda em comparação com algumas das leis que o clamor de nossos comerciantes e manufatores arrancou ao legislativo para manterem seus absurdos e opressivos monopólios. Pode-se dizer que, assim como as leis de Drácon, todas essas leis foram escritas com sangue.

Pela lei editada por Isabel, Capítulo 3, em seu 8º ano de reinado, quem praticasse pela primeira vez o crime de exportar ovelhas, cordeiros ou carneiros, teria todos os bens confiscados para sempre, sofreria pena de um ano de detenção, e ao término desse prazo seria levado a uma cidade comercial, onde, em dia de mercado, teria a mão esquerda cortada e pendurada em local público; em caso de reincidência, seria considerado criminoso* e, como conseqüência, condenado à morte. Ao que parece, a finalidade dessa lei era impedir que a raça de nossas ovelhas se propagasse nos países estrangeiros. Mediante lei promulgada por Carlos II, Capítulo 18, nos 13º e 14º anos de seu reinado, a exportação de lã passou a constituir crime de natureza grave**, ficando o exportador, como criminoso, sujeito aos mesmos confiscos e penas.

É de esperar que, em nome do sentimento de humanidade da nação, jamais nenhuma dessas leis tenha sido executada. Até onde sei, porém, a primeira delas nunca foi expressamente revogada, e mesmo o jurisconsulto Hawkins parece considerá-la ainda em vigor. Talvez seja possível pensar que tenha sido tacitamente revogada pela lei promulgada por Carlos II, Capítulo 32, artigo 3, em seu 12º ano de reinado, lei esta que, sem abolir expressamente as punições impostas por leis anteriores, impõe uma nova pena, a saber, de 20 shillings para cada ovelha exportada, ou que se tenha tentado exportar, juntamente com o confisco da ovelha e de todos os outros bens que o proprietário possa ter no navio. A segunda lei acima mencionada foi expressamente revogada pela lei promulgada nos 7º e 8º anos de reinado de Guilherme III, Capítulo 28, artigo 4, as quais assim declaram: "Considerando que a lei contra a exportação de lã, editada no 13º e 14º anos de reinado de Carlos II, dispunha, entre outras coisas mencionadas em seu corpo, que tal prática fosse capitulada como crime de natureza grave; e considerando que a severidade da pena impediu que os criminosos fossem eficazmente processados, a autoridade supramencionada portanto decreta que a dita lei, no que concerne a tornar crime de natureza gra-

---

* No original, *felon*. Autor de crime de natureza grave, cometido dolosamente. (N. T.)

** *Felony*, em inglês. (N. T.)

ve o delito mencionado, seja, a esse respeito somente, revogada e destituída de força legal".

No entanto, as penas que são impostas por essa lei mais branda, ou que, embora impostas por leis anteriores, não foram revogadas por esta, são ainda bastante severas. Além do confisco dos bens, o exportador incorre em multa de 3 shillings para cada libra-peso de lã exportada, ou seja, cerca de quatro ou cinco vezes o valor do artigo. O comerciante ou qualquer outra pessoa considerada culpada desse delito perde o direito a reclamar uma dívida ou conta que um agente ou qualquer outra pessoa tenha contraído com ele. A intenção da lei é arruinar totalmente o culpado, não importa qual seja sua fortuna, tampouco quais os meios pecuniários de que dispõe para pagar essa pesada multa. Mas como a moralidade do grande conjunto do povo não está ainda tão corrompida como a dos elaboradores dessa lei, jamais ouvi dizer que algum devedor tenha tirado proveito dessa cláusula. Se a pessoa condenada por esse delito não for capaz de pagar a multa três meses após o julgamento, será desterrada por sete anos; se regressar antes do término desse prazo, será passível das penas infligidas ao crime de natureza grave, perdendo, se for o caso, o benefício do clero*. Caso o dono do navio tenha ciência do delito, perderá a posse do navio e de todos os equipamentos. O capitão e os marujos que estiverem cientes do delito terão todos os seus bens móveis confiscados, e receberão pena de três meses de detenção. Uma lei posterior veio a impor ao capitão pena de seis meses de detenção.

A fim de impedir a exportação, todo o comércio interno de lã passa a estar sujeito a restrições extremamente duras e opressivas. A lã não pode ser embalada em caixas, barris, cascos, malas, baús ou qualquer outro tipo de emba-

---

* No original, *the benefit of clergy*. Tratava-se de um privilégio que excluía o clero da jurisdição secular. (N. T.)

lagem, mas somente em pacotes de couro ou pano, nos quais devem estar escritas as palavras *lã* ou *fio*, em letras grandes, de pelo menos 3 polegadas, sob pena de confisco da mercadoria e da embalagem, e sob pena também de multa de 3 shillings para cada libra-peso, a ser paga pelo proprietário ou pelo embalador. A lã não poderá ser carregada em lombo de cavalo ou em carroças, ou transportada por terra num raio de 5 milhas da costa, salvo entre o nascer e o pôr-do-sol, sob pena de confisco da mercadoria, dos cavalos e das carroças. O distrito vizinho mais próximo da costa do mar, do qual ou através do qual a lã for carregada ou transportada, será multado em 20 libras, se a lã for avaliada em menos de 10 libras; caso o valor seja superior a essa quantia, então triplica o valor da multa, bem como triplicam as custas judiciais, todas a serem demandadas no período de um ano. A execução do débito será promovida contra dois habitantes quaisquer, a quem a sessão deve reembolsar por uma taxa cobrada aos outros habitantes, como nos casos de roubo. Quem fizer um acordo com o distrito para pagar uma multa menor do que esta será punido com cinco anos de prisão, sendo que qualquer outra pessoa está autorizada a instaurar o processo. Essas medidas têm vigência em todo o reino.

Porém, nos condados de Kent e Sussex, em particular, as restrições são ainda mais impertinentes. Todo proprietário de lã, residente num raio de dez milhas da costa do mar, deve enviar ao oficial da aduana mais próxima, três dias após a tosquia das ovelhas, uma descrição por escrito indicando o número dos velocinos e os locais onde são guardados. Além disso, antes de retirar desses locais uma parte dos velocinos, deve enviar uma declaração semelhante, indicando o número e o peso dos velocinos, bem como o nome e o domicílio da pessoa a quem serão vendidos e o local para onde serão transportados. Nos referidos condados, ninguém, num raio de quinze milhas do mar, pode comprar lã sem previamente se comprometer com o rei de que nenhuma parte da lã comprada será vendida a qualquer outra pessoa num raio de quinze milhas do mar. Se nesses condados alguém for encontrado transportando lã para a costa do mar sem ter pactuado e dado a garantia como mencionado acima, a carga será confiscada e o infrator pagará uma multa de 3 shillings por libra-peso. Se alguém armazenar lã num raio de quinze milhas do mar sem ter cumprido as formalidades preditas, a mercadoria será apreendida e confiscada; e se, após a apreensão, qualquer pessoa reclamar a lã, deverá dar garantia ao Tesouro de que, se condenada em juízo, pagará o triplo das custas, além de todas as outras penalidades.

Quando se impõem restrições como essas ao comércio interior, temos razões para acreditar que não resta muita liberdade para o comércio costeiro. Todo proprietário de lã que transporte ou que faça transportar qualquer quantidade de lã para algum porto ou local da costa marítima, a fim de que a lã seja transportada daí, por mar, para algum outro local ou porto da costa, deve primeiro declarar a mercadoria no porto do qual se pretenda transportá-la, com designação do peso, as marcas e o número de pacotes, antes de levá-la para cinco milhas desse porto, sob pena de ter a mercadoria confiscada, bem como os cavalos, as carroças e outras carruagens, e ainda sob pena de todos os confiscos e multas estipulados pelas demais leis em vigor contra a exportação de lã. No entanto, essa lei (editada por Guilherme III no 1º ano de seu reinado, Capítulo 32) é tão indulgente que declara: "O disposto não impedirá ninguém de transportar a lã do lugar onde se faz a tosquia para sua casa, mesmo quando esteja a cinco milhas do mar, desde que, no prazo de dez dias a contar da tosquia e antes de remover a lã, assine perante o oficial da alfândega mais próxima uma declaração certificando o verdadeiro número de velocinos e o local onde estão armazenados, e não os remova sem assinar, perante o mesmo oficial, uma declaração certificando, com três dias de antecedência, sua intenção de removê-los".

Para justificar a razão pela qual demandaram essas restrições e regulações extraordinárias, nossos manufatores de lã afirmavam, com bastante confiança, que a lã inglesa tinha uma qualidade específica, superior à de qualquer outro país; que não seria possível transformar a lã de outros países num produto de manufatura aceitável sem misturá-la à nossa; que não seria possível fabricar nenhuma roupa fina sem utilizar lã inglesa; e que, portanto, se fosse possível impedir por completo a exportação de nossa lã, a Inglaterra poderia monopolizar quase todo o comércio de lã do mundo e, não tendo então nenhum rival, poderia vender ao preço que quisesse e em pouco tempo adquirir o mais inacreditável grau de riqueza por meio da mais favorável balança comercial. Essa doutrina, a exemplo de muitas outras que são defendidas com o tom da mais alta confiança por um grande número de pessoas, era e ainda continua a ser objeto da crença tácita de um número ainda maior de gente – por quase todos aqueles que ou não têm familiaridade com o comércio de lãs ou não se deram o trabalho de investigar o assunto mais profundamente. Porém, é absolutamente falso afirmar que a lã inglesa seja, sob qualquer aspecto, necessária para fabricar roupas finas; pelo contrário, é totalmente inadequada a esse propósito. Somente é possível fabricar roupas finas utilizando lã espanhola. Aliás, na composição dos tecidos finos, nem sequer é possível misturar lã inglesa à lã espanhola sem estragar e degradar a qualidade do tecido.

Já se mostrou na parte precedente desta obra que o efeito dessas regulações foi o de rebaixar o preço da lã inglesa, não apenas a níveis inferiores aos que naturalmente atingiria nos dias de hoje, mas também a níveis muito inferiores aos que efetivamente alcançou no tempo de Eduardo III. Afirma-se que o preço da lã escocesa foi reduzido à metade, quando, em conseqüência da união com a Inglaterra, ficou sujeita às mesmas regulações. O Reverendo Sr. John Smith, autor extremamente cuidadoso e inteligente de *Dissertação sobre a lã*, observa que na Inglaterra o preço da melhor lã inglesa está em geral abaixo do preço pelo qual no mercado de Amsterdam é vendida uma lã de qualidade bastante inferior. O propósito declarado dessas regulações era rebaixar o preço dessa mercadoria a níveis inferiores ao de seu assim chamado preço natural e correto; ora, parece não haver dúvidas de que essas regulações produziram então o efeito esperado!

Talvez se possa pensar que, ao desestimular a atividade lanífera, essa redução de preço tenha contribuído para rebaixar consideravelmente a produção anual de lã, se não a níveis inferiores aos que alcançava anteriormente, pelo menos a níveis inferiores ao que provavelmente alcançaria, no atual estado de coisas, caso se deixasse, como resultado de um mercado aberto e livre, a mercadoria alcançar seu preço natural e correto. No entanto, estou inclinado a acreditar que essas regulações não conseguiram afetar demasiadamente o volume da produção anual, ainda que talvez o tenham afetado um pouco. A atividade lanífera não é a principal finalidade a que o criador de ovelhas visa quando emprega seu trabalho e seu capital. Ele espera obter lucros não tanto do preço dos velocinos como do preço da carcaça do animal, e freqüentemente o preço médio ou normal deste último artigo deve até mesmo compensar-lhe qualquer prejuízo que possa ter com o preço médio ou normal dos velocinos. Já observei numa parte precedente desta obra que "Quaisquer regulamentações tendentes a rebaixar o preço da lã e dos couros crus a níveis inferiores aos que seriam naturalmente devem, num país desenvolvido e cultivado, ter alguma tendência a elevar o preço da carne. É necessário que o preço do gado de grande e de pequeno porte, alimentado em terras tratadas e cultivadas, seja suficiente para pagar a renda e o lucro que o proprietário e o arrendatário, respectivamente, com razão esperam obter de uma terra tratada e cultivada. Se não for assim, eles logo deixarão de alimentá-lo. Portanto, qualquer parcela desse preço que não seja paga pela lã e pelo couro deve ser paga pela carcaça. Quanto menos se pagar pelos primeiros, tanto mais se deve pagar pela segunda. É indiferente aos proprietários e arrendatários a forma como esse preço se divide entre as diferentes partes do animal, contanto que o recebam integralmente. Assim, em todos os países desenvolvidos e cultivados, não seriam seus interesses de proprietários e arrendatários que ficariam enormemente prejudicados por tais regulações, mas seus interesses de consumidores, por causa da alta do preço dos víveres"*. Portanto, de acordo com esse raciocínio, não é provável que num país desenvolvido e cultivado a desvalorização do preço da lã venha a provocar uma diminuição no volume da produção anual dessa mercadoria, salvo na medida em que, ao aumentar o preço do carneiro, diminua um pouco a demanda e, conseqüentemente, a produção dessa espécie particular de carne. Mesmo neste caso, porém, provavelmente o efeito da desvalorização do preço da lã não será muito considerável.

Mas talvez se possa pensar que, embora seu efeito sobre o volume da produção anual não fosse muito considerável, seu efeito sobre a qualidade da lã seria necessariamente muito grande. Talvez se suponha que a qualidade da lã inglesa deva ter se degradado quase na mesma proporção da desvalorização do preço, se não a um nível inferior ao que tinha no passado, pelo menos a um nível inferior ao que naturalmente teria no atual estágio de aperfeiçoamento e cultivo. Como a qualidade da lã depende da raça, das pastagens e da maneira como as ovelhas são tratadas e limpas durante todo o processo de crescimento dos velocinos, é bastante natural pensar que a atenção dada a todas essas circunstâncias será sempre proporcional à recompensa que o preço dos velocinos possa oferecer pelo trabalho

---

* Veja-se Livro I, Capítulo 11. (N. T.)

e pelo custo exigidos por tal atenção. Ocorre, porém, que a boa qualidade dos velos depende, em grande medida, da saúde, do crescimento e do tamanho do animal; a mesma atenção que é necessário prestar para melhorar a carcaça do animal é, sob alguns aspectos, suficiente para melhorar a qualidade dos velocinos de lã. Apesar da desvalorização do preço, afirma-se que a lã inglesa melhorou consideravelmente, mesmo durante este século. Talvez tivesse melhorado mais se o preço fosse mais alto; todavia, ainda que o baixo preço possa ter colocado entraves à melhoria de qualidade da lã, certamente não a impediu por completo.

Assim, a violência dessas regulações não parece ter afetado a quantidade ou a qualidade da produção anual de lã tanto quanto se esperava (embora, a meu ver, tenha provavelmente afetado muito mais a qualidade do que a quantidade); além disso, ainda que essas regulações tenham em alguma medida prejudicado os interesses dos produtores de lã, parece que, de modo geral, tais interesses foram muito menos prejudicados do que se poderia imaginar.

Essas considerações, porém, não vêm a justificar a proibição absoluta à exportação de lã. Justificam, isso sim, a cobrança de um forte imposto sobre essa exportação.

Prejudicar os interesses de uma certa classe de cidadãos, seja em que grau for, sem nenhum outro propósito senão o de promover os interesses de uma outra classe, é claramente contrário à justiça e igualdade de tratamento que o soberano deve indistintamente a seus súditos de todas as classes. Ora, decerto a proibição fere, em alguma medida, os interesses dos produtores de lã, unicamente para favorecer os interesses dos manufatores.

Todas as diferentes classes de cidadãos têm a obrigação de contribuir para a manutenção do soberano ou da república. Um imposto de 5 ou mesmo 10 shillings sobre a exportação de cada *tod** de lã seria suficiente para gerar uma

---

* *Tod:* peso para lã equivalente a 12,712 quilogramas. (N. T.)

receita bastante considerável ao soberano. Esse imposto prejudicaria os interesses dos produtores de lã um pouco menos do que a proibição, porque provavelmente não faria o preço da lã cair tanto. Por outro lado, seria bastante vantajoso para o manufator, porque, embora não mais pudesse comprar a lã a um preço tão baixo quanto comprava durante a vigência da proibição, ainda assim a compraria pelo menos 5 ou 10 shillings mais barato do que qualquer manufator estrangeiro poderia comprá-la, além de economizar o frete e o seguro que este seria obrigado a pagar. De todo modo, é quase impossível imaginar um imposto que permita gerar uma certa receita ao soberano sem acarretar, ao mesmo tempo, muitos inconvenientes a todas as outras pessoas.

A proibição, apesar de todas as multas que colocam em vigência, não impede a exportação de lã. Sabe-se perfeitamente que mesmo assim continua a ser exportada em grandes quantidades. Isso porque a grande diferença entre o preço no mercado interno e o preço no mercado externo oferece um tal atrativo ao contrabando que nem mesmo todo o rigor da lei consegue impedi-la. Essa exportação ilegal não é vantajosa a ninguém senão ao contrabandista. A exportação legal, sujeita a impostos, se mostraria mais vantajosa a todos os diferentes súditos do Estado, na medida em que geraria receita ao soberano e com isso evitaria a instituição de outros impostos, talvez mais onerosos e incômodos.

A exportação de greda ou argila, necessária à preparação e limpeza dos artigos de lã, tem estado sujeita a quase as mesmas multas incidentes sobre a exportação de lã. Mesmo a argila para cachimbos, embora reconhecidamente diferente da greda, ainda assim, por causa de sua semelhança e porque às vezes é possível exportar a greda como argila de cachimbo, tem estado sujeita às mesmas proibições e multas.

A lei promulgada nos 13º e 14º ano de reinado de Carlos II, Capítulo 7, proibiu não apenas a exportação de couros crus, como ainda de couros curtidos, a não ser aqueles exportados na forma de botas, sapatos ou chinelos; além disso, a mesma lei concedeu um monopólio a nossos fabricantes de botas e sapatos, não só em detrimento de nossos invernadores, como ainda de nossos curtidores. Graças a leis subseqüentes, nossos curtidores conseguiram livrar-se desse monopólio mediante o pagamento de um pequeno imposto de apenas 1 shilling para cada quintal de couro curtido, pesando 112 libras. Também conseguiram a restituição de ²/₃ das tarifas alfandegárias sobre mercadorias de consumo, mesmo quando exportadas sem ulterior mão-de-obra. Quanto às manufaturas de couro, todas elas podem ser exportadas com isenção de impostos, e o exportador tem, além disso, direito à restituição total dos impostos de consumo. Mas nossos invernadores ainda permanecem sujeitos ao antigo monopólio. Esses invernadores, separados uns dos outros e dispersos por todos os diferentes cantos do país, não conseguem, sem grande dificuldade, associar-se para impor monopólios sobre seus concidadãos, ou para se libertar dos monopólios que outros possam ter imposto sobre eles. Por outro lado, os manufatores de todas as espécies, reunidos em numerosas corporações de todas as grandes cidades, conseguem se associar com bastante facilidade. Como até mesmo a exportação dos chifres dos animais é proibida, duas atividades insignificantes, a do fabricante de objetos de chifre e a do fabricante de pentes, desfrutam a esse respeito de um monopólio contra os invernadores.

As restrições, quer pelas proibições, quer pelos impostos, à exportação de mercadorias, parcial porém não completamente acabadas, não se limitam à manufatura de couros. Enquanto restar algo a fazer para que uma mercadoria possa ser utilizada e consumida imediatamente, nossos manufatores acreditam que cabe a eles o direito de fazê-lo. É proibida a exportação do fio de lã e da lã cardada, sob pena de aplicação das mesmas multas incidentes sobre a exportação de lã. Mesmo os tecidos brancos estão sujeitos a um imposto sobre a exportação e, sob esse aspecto, nossos tintureiros detêm até hoje um monopólio contra nossos fabricantes de roupas. É provável que nossos fabricantes de tecidos tivessem condições de se defender desse monopólio, mas acontece que os principais fabricantes de tecidos são, em sua maioria, também tintureiros. Proibiu-se a exportação de caixas de relógios, estojos e mostradores. Ao que parece, nossos relojoeiros não aceitam que o preço dos artefatos desse gênero suba à sua custa em conseqüência da concorrência estrangeira.

Antigas leis promulgadas por Eduardo III, Henrique VIII e Eduardo VI proibiram a exportação de metais. As únicas exceções foram o chumbo e o estanho, provavelmente em razão da grande abundância desses metais, cuja exportação constituía então uma parte considerável do comércio do reino. Com vistas a incentivar o comércio de minérios, a lei promulgada no 5º ano de reinado de Guilherme e Maria, Capítulo 17, isentou da proibição o ferro, o cobre e a pirita metálica feita de minério britânico. A exportação de todos os gêneros de barras de cobre, tanto estrangeiras como britânicas, foi mais tarde autorizada pela lei promulgada nos 9º e 10º anos de reinado de Guilherme III, Capítulo 26. Continua proibida a exportação de bronze não manufaturado, dos chamados bronze de canhão, bronze de sino e velho bronze. Todos os produtos de bronze manufaturado podem ser exportados com isenção de taxas alfandegárias.

Quando não é totalmente proibida, a exportação de matérias-primas da manufatura está, em muitos casos, sujeita a taxas alfandegárias bastante consideráveis.

Por força da lei promulgada no 8º ano de reinado de Jorge I, Capítulo 15, ficou isenta de impostos a exportação de todas as mercadorias, produzidas ou manufaturadas na Grã-Bretanha, sobre as quais leis anteriores faziam incidir algumas taxas alfandegárias. Porém, excetuaram-se as seguintes mercadorias: o alume, o chumbo, os minérios de chumbo, o estanho, os couros curtidos, o sulfato ferroso, os carvões, as cardas de lã, os tecidos de lã branca, a calamina, as peles de todas as espécies, a cola, o pêlo ou lã de coelho, o pêlo da lebre, pêlos de todas as espécies, os cavalos e o litargo de chumbo. À exceção dos cavalos, todas essas mercadorias são ou matérias-primas da manufatura ou manufaturas incompletas (que podem ser consideradas como matérias-primas passíveis de ulterior mão-de-obra), ou instrumentos de trabalho. A lei mencionada mantém-nas sujeitas a todos os antigos impostos sobre elas anteriormente instituídos, ou seja, ao Antigo Tributo* e ao 1% quando iam para fora do país.

A mesma lei isenta de todos os impostos de importação um grande número de drogas estrangeiras utilizadas em tinturas. Cada uma delas, porém, fica posteriormente sujeita a um imposto de exportação, de fato não muito alto. Ao que parece, ao mesmo tempo que nossos tintureiros julgavam de seu interesse incentivar a importação desses corantes, isentando-os de todos os impostos, julgavam de seu interesse também desestimular a exportação deles por meio de um pequeno imposto. No entanto, a avidez sugerida por essa notável peça de habilidade mercantil viu, muito provavelmente, frustrar-se seu objetivo. Inevitavelmente ensinou os importadores a serem mais cuidadosos, para que a importação não superasse o necessário para abastecer o mercado interno. Provavelmente, esse mercado interno sempre estivera mal abastecido; provavelmente, as mercadorias sempre foram um pouco mais caras aí do que seriam se a exportação se houvesse tornado tão livre como a importação.

Por intermédio da lei acima citada, a goma do Senegal, ou goma-arábica, estando incluída na lista das drogas para a tintura, podia ser importada com isenção de impostos. Na verdade, estava sujeita a um pequeno imposto por libra es-

---

* Veja-se Livro V, Capítulo II. (N. T.)

terlina no valor de somente 3 pence por quintal sobre sua reexportação. Nessa época, a França detinha um comércio exclusivo com o país que mais produzia essas drogas – a região vizinha do Senegal –, e não era fácil abastecer o mercado britânico importando diretamente essas drogas de seu local de produção. Por isso, a lei editada no 25º ano de reinado de Jorge II autorizou a importação de goma do Senegal (contrariamente às disposições gerais da Lei de Navegação) de qualquer parte da Europa. Todavia, como a lei não pretendia incentivar essa espécie de comércio, tão contrária à política mercantil da Inglaterra, instituiu um imposto de 10 shillings por quintal sobre essa importação, e nenhuma parcela desse imposto poderia ser posteriormente restituída quando de sua exportação. A vitoriosa guerra iniciada em 1755 conferiu à Inglaterra o mesmo comércio exclusivo com aqueles países que a França detivera antes. Tão logo a paz foi assinada, nossos manufatores trataram de aproveitar essa vantagem e estabelecer um monopólio em seu benefício e em detrimento dos produtores e importadores dessa mercadoria. Assim, a lei promulgada no 5º ano de reinado de Jorge III, Capítulo 37, limitou à Grã-Bretanha a exportação de goma senegalesa, produzida nos domínios de Sua Majestade na África, e a sujeitou às mesmas restrições, regulações, confiscos e multas aplicadas na exportação das mercadorias enumeradas das colônias britânicas na América e nas Índias Ocidentais. Na verdade, a importação da goma-arábica ficou sujeita a um pequeno imposto de 6 pence por quintal, mas sua reexportação ficou sujeita ao enorme imposto de 1 libra e 10 shillings por quintal. Nossos manufatores tinham a intenção de que a produção total desses países fosse importada pela Inglaterra, e, para que eles mesmos pudessem ter condições de comprá-la ao preço que lhes conviesse, desejavam que nenhuma parcela dessa produção fosse novamente exportada, a não ser a um custo alto o suficiente para desestimular a exportação. No entanto, sua avidez, nesta como em muitas outras ocasiões, viu seu objetivo frustrar-se. Esse enorme imposto oferecia uma tal tentação ao contrabando, que grandes quantidades dessa mercadoria foram exportadas clandestinamente, provavelmente para todos os países manufatores da Europa, mas em particular para a Holanda, e não apenas da Grã-Bretanha como ainda da África. Em conseqüência, a lei promulgada por Jorge III, Capítulo 10, em seu 14º ano de reinado reduziu esse imposto sobre a exportação para 5 shillings por quintal.

No Livro de Tarifas, que regulava a arrecadação do Antigo Tributo, as peles de castor eram avaliadas em 6 shillings e 8 pence a peça, e os diferentes subsídios e impostos, instituídos antes do ano de 1722 sobre sua importação, atingiam 1/5 da tarifa, ou 16 pence de cada pele; todos esses impostos eram restituídos quando da exportação, exceto a metade do Antigo Subsídio, que somente equivalia a 2 pence. Considerou-se que o imposto sobre a importação de uma matéria-prima tão importante fosse demasiado elevado, e no ano de 1722 a tarifa foi reduzida a 2 shillings e 6 pence, o que vinha a reduzir o imposto sobre a importação a 6 pence, dos quais apenas a metade seria restituída quando da exportação. A mesma guerra vitoriosa colocou sob o domínio da Grã-Bretanha o país que era o maior produtor de castores e, como as peles de castor estavam incluídas entre as mercadorias enumeradas, sua exportação da América ficou, conseqüentemente, limitada ao mercado da Grã-Bretanha. Nossos donos de manufaturas não tardaram a se convencer das vantagens que poderiam retirar dessa circunstância, e em 1764 o imposto sobre a importação de pele de castor foi reduzido para 1 penny, mas o imposto sobre a exportação foi elevado para 7 pence por pele, sem nenhuma restituição do imposto sobre a importação. Essa mesma lei instituiu um imposto de 18 pence por libra sobre a exportação de peles de castor ou sobre a exportação de pentes, sem fazer nenhuma alteração no imposto sobre a importação dessa mercadoria, que, quando importada por súditos e em navios britânicos, atingia, na época, entre 4 e 5 pence por peça.

É possível considerar os carvões tanto como matéria-prima da manufatura como instrumento de trabalho. Foi essa a razão pela qual se instituíram elevados impostos à sua exportação, os quais atingem atualmente (1783) mais de 5 shillings a tonelada ou mais de 15 shillings por *chaldron**, medida de Newcastle – o que, na maioria dos casos, é mais do que o valor original da mercadoria na mina, ou mesmo no porto de exportação.

Porém, em geral se restringe a exportação dos instrumentos de trabalho propriamente ditos, não por elevados impostos, mas por proibições absolutas. Assim, mediante lei promulgada no 7º e 8º ano de reinado de Guilherme III, Capítulo 20, artigo 8, a exportação de armações ou máquinas para coser luvas ou meias fica proibida sob pena não só de confisco dessas armações ou máquinas que se tenham exportado ou tentado exportar, mas também de multa no valor de 40 libras, metade paga ao rei, e a outra metade à pessoa que denunciar ou demandar judicialmente o infrator. Do mesmo modo, mediante lei promulgada no 14º ano de reinado de Jorge III, Capítulo 71, a exportação para países estrangeiros de quaisquer utensílios utilizados nas manufaturas de algodão, linho, lã e seda, fica proibida sob pena não apenas de confisco desses utensílios, como ainda de multa no valor de 200 libras, a ser paga pela pessoa que praticou a infração, e de outras 200 libras, a serem pagas pelo capitão do navio que, conscientemente, permitir o carregamento desses utensílios a bordo de seu navio.

Se pesadas sanções são impostas à exportação de instrumentos inanimados de trabalho, não seria de esperar que o instrumento vivo, o artífice, continuasse a ser livre. Por

---

* *Chaldron*: medida de carvão equivalente a 36 *bushels*, ou a 1309,32 litros. (N. T.)

isso, mediante lei promulgada no 5º ano de Jorge I, Capítulo 27, quem for condenado por induzir qualquer artífice ou empregado de manufaturas britânicas a praticar ou ensinar seu ofício em algum país estrangeiro será multado, na primeira vez, numa quantia não superior a 100 libras e sentenciado a três meses de detenção até que a multa seja paga; em caso de reincidência, estará sujeito ao pagamento de uma multa cujo valor será fixado a critério dos juízes e à pena de doze meses de detenção, prorrogável até o pagamento da multa. A lei promulgada no 23º ano de reinado de Jorge II, Capítulo 13, agrava essa pena, elevando o valor da multa a 500 libras para cada artífice assim induzido, e doze meses de prisão na primeira infração, e, em caso de reincidência, para mil libras e dois anos de detenção, prorrogável até o pagamento da multa.

Pela primeira dessas leis, se ficar provado que qualquer pessoa induziu um artífice ou que qualquer artífice prometeu ou pactuou ir para o exterior com os propósitos acima mencionados, esse artífice poderá ser obrigado a dar garantias perante o tribunal, e nos termos por este estabelecidos, de que não sairá do país, podendo ser detido até o momento em que forneça tal garantia.

Se um artífice cruzar o mar e estiver exercendo ou ensinando seu ofício em algum país estrangeiro e, após advertido por um dos ministros ou cônsules de Sua Majestade, ou ainda por algum dos secretários de Estado de Sua Majestade então no exercício de suas funções, não regressar ao reino no prazo de seis meses após o recebimento dessa advertência, para lá permanecer e fixar residência, será, em conseqüência disso, declarado incapaz de receber qualquer herança que lhe seja deixada neste reino, de ser executor testamenteiro ou administrador de qualquer pessoa, ou ainda de adquirir quaisquer terras por sucessão, doação ou compra. Terá ainda todos os seus bens, móveis e imóveis, confiscados em proveito do rei; será, sob todos os aspectos, declarado forasteiro* e, conseqüentemente, excluído da proteção do rei.

Imagino que seja desnecessário observar o quanto tais regulações são contrárias a essa liberdade do sujeito tão alardeada e da qual nos mostramos tão zelosos, liberdade que neste caso é abertamente sacrificada aos mesquinhos interesses de nossos comerciantes e donos de manufaturas.

O motivo tão louvável de todas essas regulações é estender nossas manufaturas, não em virtude de seu próprio aperfeiçoamento, mas pela depreciação das manufaturas de todos os nossos vizinhos, e, na medida do possível, pôr termo à incômoda concorrência de rivais tão odiosos e desagradáveis. Nossos donos de manufaturas acham razoável deterem, eles mesmos, o monopólio do engenho de todos os seus concidadãos. Embora todos eles se empenhem em confinar o conhecimento das respectivas ocupações ao menor número possível de empregados, ora restringindo, em algumas atividades, o número de aprendizes que podem ser simultaneamente empregados, ora impondo, em todas as atividades, a necessidade de um longo período de aprendizagem, não admitem, porém, que a parte mais ínfima desse pequeno número de empregados saia do país para instruir os estrangeiros.

O consumo é o único fim e propósito de toda produção, de modo que interesses do produtor somente deveriam ser atendidos na medida em que fosse necessário para promover os interesses do consumidor. Trata-se de uma máxima tão evidente por si mesma que seria absurdo tentar prová-la. Mas no sistema mercantil os interesses do consumidor são quase sempre sacrificados aos interesses do produtor, de tal maneira que esse sistema parece considerar a produção, e não o consumo, como fim último e objetivo derradeiro de toda a atividade e o comércio.

---

* *Alien*, no original. Indica que o infrator deixa de ser sujeito de direitos e passa a ser considerado como um estranho à comunidade política. (N. T.)

Nas restrições à importação de todas as mercadorias estrangeiras que podem competir com as de nossa produção ou manufatura, os interesses do consumidor interno são claramente sacrificados aos interesses do produtor. É unicamente em benefício deste que aquele é obrigado a pagar o aumento de preço que o monopólio quase sempre provoca.

É unicamente em benefício do produtor que se concedem subsídios à exportação de alguns de seus produtos. O consumidor interno é obrigado a pagar, em primeiro lugar, o imposto necessário para custear o subsídio, e, em segundo lugar, o imposto ainda maior que obrigatoriamente resulta do aumento do preço da mercadoria no mercado interno.

Pelo famoso tratado de comércio assinado com Portugal*, o consumidor é impedido, por meio de elevados impostos de importação, de comprar de um país vizinho uma mercadoria que nosso clima não pode produzir, sendo então obrigado a comprá-la de um país distante, embora se saiba que a mercadoria do país distante é de pior qualidade que a do país vizinho. O consumidor interno é obrigado a se submeter a essa inconveniência unicamente para que o produtor tenha condições de importar alguns produtos desse país distante em condições mais vantajosas do que de outro modo encontraria. Além disso, o consumidor é obrigado a pagar todo e qualquer aumento que os preços desses mesmos produtos possam ter sofrido no mercado interno em decorrência dessa exportação forçada.

Mas é no sistema de leis adotado para a administração de nossas colônias da América e das Índias Ocidentais que os interesses do consumidor interno são sacrificados com uma profusão muito mais excessiva aos interesses do produtor do que em todas as nossas outras regulações comerciais. Criou-se um grande império com o único propósito de

---

* Livro IV, Capítulo IV. (N. T.)

gerar uma nação de consumidores, os quais seriam obrigados a comprar nas lojas de nossos diferentes produtores todas as mercadorias que estes fossem capazes de lhes fornecer. Em nome do pequeno aumento de preço que esse monopólio poderia proporcionar aos nossos produtores, os consumidores internos se viram sobrecarregados em toda a despesa relativa à manutenção e defesa desse império. Para esse fim, e só para esse fim, nas duas últimas guerras foram gastos mais de 200 milhões e se contraiu uma nova dívida de mais de 170 milhões, além de tudo o que já se havia gasto para o mesmo propósito em guerras anteriores. Somente o juro dessa dívida excede, não apenas todo o lucro extraordinário que jamais se poderia supor provir do monopólio do comércio colonial, como também todo o valor desse comércio, ou o valor total das mercadorias que, em média, são anualmente exportadas para as colônias.

Não será muito difícil precisar quem foram os inventores de todo esse sistema mercantil. Podemos estar certos de que não foram os consumidores, cujos interesses foram inteiramente negligenciados. Foram, isso sim, os produtores, cujos interesses vêm recebendo a mais dedicada das atenções; e, entre os indivíduos desta última classe, nossos comerciantes e donos de manufaturas têm sido, de longe, os principais arquitetos desse sistema. As regulações mercantis de que cuidei neste capítulo zelam sobretudo pelos interesses de nossos manufatores; sacrificam-se a eles os interesses, não tanto dos consumidores, mas também de outros grupos de produtores.

CAPÍTULO 9

Dos sistemas agrícolas ou dos sistemas de economia política que vêem na produção da terra a única ou principal fonte de receita e riqueza nacional

Os sistemas agrícolas de economia política não exigirão uma explicação tão longa como a que considerei necessária dedicar ao sistema mercantil ou comercial. Até onde sei, esse sistema, que considera a produção da terra como a única fonte de receita e riqueza de um país, jamais foi adotado por nenhuma nação, e atualmente existe apenas na França, nas especulações de alguns homens de grande saber e talento. Certamente não valeria a pena examinar em detalhes os erros de um sistema que em parte alguma do mundo jamais fez, e provavelmente nunca fará, nenhum mal. Mesmo assim, procurarei expor do modo mais claro possível as grandes linhas desse sistema tão engenhoso.

O Sr. Colbert, célebre ministro de Luís XIV, era um homem probo, muito trabalhador e versado no conhecimento de minúcias; possuía grande experiência e sagacidade no exame das contas públicas; numa palavra, era dotado dos talentos mais apropriados para introduzir método e boa ordem na arrecadação e despesa da receita do Estado. Infelizmente, porém, esse ministro veio a adotar todos os preconceitos do sistema mercantil que, por natureza e essência, é um sistema de restrições e regulações, ou seja, um sistema que dificilmente deixaria de agradar a um laborioso e perseverante homem de negócios que se tivesse acostumado a regular os diferentes departamentos da administração pública, e a estabelecer as fiscalizações e os controles necessários para confinar cada um às suas respectivas atribuições. Procurou regular a atividade e o comércio de um grande país seguindo o mesmo modelo dos departamentos de uma repartição pública; e em vez de permitir que cada homem buscasse, à sua maneira, seu próprio interesse, de acordo com o plano liberal da igualdade, liberdade e justiça, concedeu privilégios extraordinários a certos setores da indústria, deixando outros, ao mesmo tempo, submetidos a restrições extraordinárias. Não somente estava disposto, como os outros ministros da Europa, a incentivar mais a atividade da cidade que a do campo, mas, para sustentar a atividade da cidade, até mesmo se dispunha a degradar e manter estagnada a atividade do campo. Para tornar as provisões mais baratas aos habitantes da cidade, e com isso incentivar as manufaturas e o comércio exterior, proibiu totalmente a exportação de trigo e assim excluiu os habitantes do campo de todo o comércio exterior para a que é de longe a mais importante parte de sua atividade. Essa proibição, somada às restrições impostas por antigas leis provinciais da França sobre o transporte de trigo de uma província a outra, e aos impostos arbitrários e degradantes coletados aos cultivadores em quase todas as províncias, desestimulou a agricultura desse país e a manteve estagnada muito abaixo no nível que naturalmente teria atingido num solo tão fértil e com um clima tão propício. Esse estado de desestímulo e depressão foi em maior ou menor grau sentido em cada diferente região do país, impulsionando então inúmeras e variadas investigações a respeito de suas causas. Uma dessas causas parece ser a preferência que as instituições do Sr. Colbert deram à atividade da cidade em detrimento da atividade do campo.

Se a vara estiver muito curvada para um lado, diz o provérbio, será necessário curvá-la igualmente para o outro lado, se quisermos que fique reta. Parece que essa máxima proverbial foi adotada pelos filósofos franceses, autores do sistema que representa a agricultura como a única fonte de receita e riqueza de um país; e se no plano do Sr. Colbert a atividade das cidades era indubitavelmente sobrevalorizada em relação à atividade do campo, no sistema desses filósofos terá sido por certo subvalorizada.

Eles dividem em três grupos as diferentes classes do povo que se supõe contribuir, de um modo ou de outro, para a produção anual da terra e do trabalho do país. A primeira é a classe dos proprietários de terra. A segunda, a classe dos cultivadores, rendeiros e agricultores, a quem honram com o nome particular de *classe produtiva*; a terceira é a classe dos artífices, manufatores e comerciantes, a quem procuram degradar com a denominação humilhante de *classe estéril* ou *improdutiva*.

A classe dos proprietários contribui para a produção anual com as despesas que eventualmente se façam na melhoria da terra, na construção de edifícios, na drenagem, nas cercas e outras benfeitorias que aí venham a realizar ou a conservar, e por meio das quais os cultivadores passam a ter condições de gerar, com o mesmo capital, uma produção maior e, conseqüentemente, uma renda maior. É possível considerar essa renda superior como os juros ou lucros devidos ao proprietário pela despesa ou capital que então empregou no melhoramento de suas terras. Essas espécies de despesas recebem, nesse sistema, o nome de despesas fundiárias (*dépenses foncières*).

Os cultivadores ou rendeiros contribuem para a produção anual por meio daquilo que é chamado nesse sistema de despesas primitivas e despesas anuais (*dépenses primitives et dépenses annuelles*). As despesas primitivas consistem nos instrumentos agrícolas, no rebanho de gado, nas sementes e no sustento da família do rendeiro, dos empregados e do gado, pelo menos durante grande parte do primeiro ano de sua posse, ou até que a terra proporcione alguma colheita. A despesa anual consiste na semente, no desgaste dos instrumentos agrícolas, e na manutenção anual dos empregados e gado do rendeiro, assim como de sua família, na medida em que uma parte desta for empregada no cultivo da terra. A parte da produção da terra que lhe resta depois de ter pago a renda deveria ser suficiente, em primeiro lugar, para o reembolsar, num espaço de tempo razoável, pelo menos durante o período de sua posse, a totalidade das despesas primitivas, juntamente com os lucros normais do capital; e, em segundo lugar, para o reembolsar anualmente a totalidade das despesas anuais, juntamente, também, com os lucros normais do capital. Essas duas espécies de despesas representam dois capitais que o rendeiro emprega no cultivo da terra e, a menos que lhe sejam regularmente repostos – juntamente com um lucro razoável –, ele não pode manter seu emprego no mesmo nível de outros empregos; ao contrário, em nome de seu interesse privado, será obrigado a abandoná-lo o mais cedo possível e procurar um outro. A parte da produção da terra que é então necessária para dar condições ao rendeiro de manter sua atividade devia ser considerada como um fundo consagrado ao cultivo, que, se violado pelo proprietário, necessariamente reduz a produção da própria terra, e em poucos anos impossibilita ao rendeiro pagar não apenas essa renda extorsiva, mas a renda razoável que do contrário o proprietário poderia conseguir por sua terra. A renda que propriamente pertence ao proprietário nada mais é do que o produto líquido que lhe resta depois do pagamento integral de todas as despesas previamente feitas para gerar o produto bruto ou total. É porque o trabalho dos cultivadores, além de cobrir integralmente todas aquelas despesas necessárias, gera um produto líquido dessa espécie, que essa classe de pessoas particularmente se distingue, nesse sistema, pelo honroso nome de classe produtiva. Pela mesma razão, esse sistema denomina as despesas originais e anuais dos cultivadores de despesas produtivas, uma vez que, além de reporem seu próprio valor, ainda geram a reprodução anual desse produto líquido.

As despesas fundiárias, como as chamam, ou as despesas que o proprietário faz para introduzir benfeitorias em suas terras, são, nesse sistema, igualmente honradas com a denominação de despesas produtivas. Até que a totalidade dessas despesas, juntamente com os lucros normais do capital, tenha sido inteiramente reembolsada ao proprietário pelo acréscimo da renda que retira de sua terra, esse acréscimo de renda deve ser considerado como sagrado e inviolável, tanto pela Igreja como pelo rei, ou seja, não deve estar sujeito a dízimo ou tributação. Do contrário, ao desestimular o melhoramento da terra, a Igreja desestimula o futuro aumento de seus próprios dízimos, e o rei, o futuro aumento de seus próprios tributos. Num estado de coisas bem ordenado, portanto, como essas despesas fundiárias, além de reproduzirem seu próprio valor da maneira mais completa possível, geram igualmente, depois de um certo tempo, a reprodução de um produto líquido, são consideradas, nesse sistema, como despesas produtivas.

No entanto, as despesas fundiárias do proprietário de terras, juntamente com as despesas primitivas e anuais do rendeiro, são as três únicas espécies de despesas que esse sistema considera como produtivas. Todas as outras despesas e todas as outras pessoas, mesmo aquelas que o senso comum dos homens imagina como as mais produtivas, são representadas nesse sistema como absolutamente estéreis e improdutivas.

Os artífices e manufatores em particular, cuja atividade, segundo o bom senso, vem a aumentar tanto o valor da produção bruta da terra, são representados nesse sistema como uma classe de pessoas absolutamente estéreis e improdutivas. Os autores desse sistema afirmam que o trabalho de tais pessoas apenas repõe o capital que as emprega, juntamente com seus lucros extraordinários. Esse capital consiste em matérias-primas, ferramentas e salários que lhes são adiantados pelo empregador, identificando-se ao fundo destinado a dar-lhes emprego e sustento. Os lucros desse capital são o fundo destinado à manutenção de quem o emprega. Este, ao mesmo tempo que lhes adianta as matérias-primas, as ferramentas e os salários necessários para lhes manter empregados, também adianta a si mesmo o que é necessário à sua subsistência, e em geral ele torna essa subsistência proporcional ao lucro que espera obter graças ao preço do trabalho daquelas outras pessoas. A menos que o preço do trabalho o venha reembolsar da subsistência que adianta a si mesmo, assim como das matérias-primas, instrumentos e salários que adianta a seus trabalhadores, é evidente que esse preço não o reembolsa da despesa total que fez. Portanto, os lucros do capital empregado na manufatura não são, como a renda da terra, um produto líquido que resta depois da restituição total da despesa que se deve fazer para obtê-los. O capital do rendeiro lhe gera um lucro, assim como o do dono de manufatura, e gera também uma renda a outra pessoa, o que o capital do dono de manufatura não faz. Desse modo, a despesa necessária para empregar os artífices e empregados de manufaturas e fornecer-lhes subsistência nada mais faz que prolongar, por assim dizer, a existência de seu próprio valor, não produzindo nenhum novo valor. É, por conseguinte, uma despesa inteiramente estéril e improdutiva. Ao contrário, a despesa que se faz para empregar rendeiros e trabalhadores rurais, além de prolongar a existência de seu próprio valor, produz um novo valor: a renda do proprietário de terras. Portanto, é uma despesa produtiva.

O capital mercantil é também estéril e improdutivo como o capital empregado na manufatura. Nada mais faz senão prolongar a existência de seu próprio valor, sem produzir nenhum valor novo. Seus lucros são tão-somente o reembolso da subsistência que seu empregador adianta a si mesmo durante o tempo em que o emprega, ou até receber seus retornos. São meramente o reembolso de parte da despesa que é preciso fazer para empregar o capital.

O trabalho dos artífices e manufatores jamais acrescenta nada ao valor total do montante anual do produto bruto da terra. É verdade que representa um acréscimo considerável ao valor de algumas parcelas específicas desse produto. Mas o consumo que no meio-tempo provoca de outras parcelas é exatamente igual ao valor que acrescenta às outras parcelas, de modo que o valor total do montante não é, em momento algum, minimamente aumentado por tal trabalho. Por exemplo, a pessoa que confeccionar laços para um belo par de folhos algumas vezes poderá aumentar para 30 libras o valor de talvez 1 penny de linho. No entanto, embora à primeira vista tal pessoa pareça com isso multiplicar 7200 vezes o valor de uma parte do produto bruto, na verdade nada acrescenta ao valor do montante total do produto bruto. A confecção desse laço talvez lhe custe dois anos de trabalho. As 30 libras que recebe pelo laço quando o trabalho termina nada mais são que o reembolso da subsistência que ela adiantou a si mesma durante os dois anos em que esteve ocupada em confeccioná-lo. O valor que acrescenta ao linho pelo trabalho de cada dia, de cada mês ou de cada ano, nada mais faz senão repor o valor que essa pessoa consome durante aquele dia, mês ou ano. Assim, não há nenhum momento durante o qual ela tenha acrescentado alguma coisa ao valor da soma total do produto bruto da terra, já que a parcela desse produto que ela continuamente consome é sempre igual ao valor que ela está também continuamente produzindo. A extrema pobreza da maior parte das pessoas empregadas nessa manufatura cara, porém frívola, basta para nos convencer de que o preço de seu trabalho não excede, em situações normais, o valor de sua subsistência. Não é isso o que ocorre com o trabalho dos rendeiros e empregados do campo. A renda do proprietário de terras constitui um valor que, em situações normais, esse trabalho torna continuamente produtivo, visto que além disso substitui, da maneira mais completa, a totalidade do consumo, a totalidade da despesa feita para empregar e manter tanto os trabalhadores como seu empregador.

Os artífices, manufatores e comerciantes conseguem aumentar a receita e a riqueza de sua sociedade unicamente por meio da parcimônia, ou, segundo a expressão adotada por esse sistema, por meio da privação, isto é, privando-se de uma parte dos fundos destinados à sua própria subsistência. Nada reproduzem anualmente além desses fundos. Por isso, a menos que anualmente economizem uma parte desses fundos, a menos que anualmente se privem de gozar uma parte deles, a receita e a riqueza de sua sociedade jamais aumentará, no menor grau que seja, por causa de sua indústria. Ao contrário, rendeiros e trabalhadores rurais podem desfrutar por completo a totalidade dos fundos destinados à sua subsistência, e todavia aumentar, ao mesmo tempo, a receita e a riqueza da sociedade à qual pertencem. Além do que se destina à própria subsistência, sua atividade anualmente proporciona um produto líquido, que, ao aumentar, necessariamente aumenta a receita e riqueza de sua sociedade. Portanto, nações, como França ou Inglaterra, que em grande medida são formadas por proprietários e cultivadores, conseguem enriquecer pelo trabalho e pela fruição. Por outro lado, nações, como Holanda e Hamburgo, que são formadas basicamente por comerciantes, artífices e manufatores, somente podem se tornar ricas à força de parcimônia e privações. Assim como é muito diferente o interesse de nações com situações tão diferentes, também é muito diferente o caráter geral do povo. Entre as nações da primeira espécie, a liberalidade, a franqueza e o gosto pelo companheirismo naturalmente fazem parte desse caráter geral. Entre as outras, o que se encontra é a mesquinhez, a torpeza, os temperamentos egoístas, avessos a todo prazer e gozo social.

A classe improdutiva, a dos comerciantes, artífices e manufatores, é mantida e empregada inteiramente às expensas das duas outras classes, a dos proprietários e a dos cultivadores. São elas que fornecem àquela tanto as matérias-primas de seu trabalho como o fundo de sua subsistência; tanto o trigo como o gado que consome enquanto trabalha. Em última instância, são os proprietários e cultivadores que pagam tanto os salários de todos os trabalhadores da classe improdutiva, como os lucros de todos os empreendedores que lhes dão emprego. Esses trabalhadores e aqueles que lhes dão emprego são propriamente servidores dos proprietários e cultivadores. Não passam de servidores que trabalham fora de casa, assim como os serviçais domésticos trabalham dentro de casa. Uns e outros, porém, são igualmente mantidos a expensas dos mesmos senhores. O trabalho de uns e outros é igualmente improdutivo: nada acrescenta ao valor da soma total do produto bruto da terra. Em vez de aumentar o valor dessa soma total, esse trabalho representa um encargo e uma despesa que é preciso pagar com esse produto.

Entretanto, a classe improdutiva é não apenas útil, mas extremamente útil às duas outras classes. É graças à atividade dos comerciantes, artífices e manufatores que os proprietários e cultivadores conseguem comprar as mercadorias estrangeiras, bem como os produtos manufaturados de seu próprio país de que necessitem, por meio do produto de uma quantidade muito menor de seu trabalho do que aquela que seriam obrigados a empregar caso tentassem, de maneira desajeitada e inábil, seja exportar uns, seja fabricar os outros para seu uso pessoal. Graças à classe improdutiva, os cultivadores se vêem livres de muitas preocupações que poderiam desviar sua atenção do cultivo da terra. A superioridade do produto, que, em conseqüência dessa atenção concentrada, têm condições de promover, é plenamente suficiente para cobrir a despesa total que a manutenção e o emprego da classe improdutiva custa tanto aos proprietários como aos próprios cultivadores. Dessa maneira, ainda que seja, por sua própria natureza, completamente improdutiva, a atividade dos comerciantes, artífices e manufatores contribui indiretamente para aumentar a produção da terra. Faz aumentar as forças produtivas do trabalho produtivo, deixando-o livre para se dedicar por completo a seu verdadeiro emprego – o cultivo da terra. E assim freqüentemente o homem cuja atividade é a mais remota da aradura serve, graças a seu trabalho, para tornar o arado mais fácil e mais rápido.

Jamais o interesse dos proprietários e cultivadores será refrear ou desencorajar, sob qualquer aspecto, a atividade dos comerciantes, artífices e manufatores. Quanto maior for a liberdade de que desfrutar a classe improdutiva, maior será a concorrência nos diferentes ramos que a constituem, e mais baratas serão as mercadorias estrangeiras e os produtos manufaturados do próprio país com os quais poderão se abastecer.

Jamais o interesse da classe improdutiva será oprimir as duas outras classes. É o excedente de produção da terra, ou seja, aquilo que resta depois de deduzida a manutenção, primeiro a dos cultivadores, e mais tarde a dos proprietários, que fornece subsistência e emprego à classe improdutiva. Quanto maior for esse excedente, maiores serão também os meios para fornecer subsistência e emprego a essa classe. O estabelecimento da perfeita justiça, da perfeita liberdade e da perfeita igualdade é o segredo extremamente simples para se garantir às três classes, de maneira eficaz, o mais alto grau de prosperidade.

Os comerciantes, artífices e manufatores desses Estados mercantis que, como a Holanda e Hamburgo, basicamente compõem essa classe improdutiva, são, do mesmo modo, mantidos e empregados inteiramente às expensas dos proprietários e cultivadores de terra. A única diferença é que esses proprietários e cultivadores encontram-se, em sua maioria, a uma distância muito mais inconveniente dos comerciantes, artífices e manufatores a quem fornecem as matérias-primas de seu trabalho e o fundo para sua subsistência, porque são habitantes de outros países e súditos de outros governos.

No entanto, os Estados mercantis não são apenas úteis, como ainda extremamente úteis aos habitantes desses outros países. Eles preenchem, em certa medida, um vazio muito importante, tomando o lugar dos comerciantes, artífices e manufatores que os habitantes desses países deviam encontrar em seu meio, mas que, por alguma falha de sua política, ali não encontram.

Jamais o interesse das nações agrícolas, se assim as posso chamar, será desencorajar ou arruinar a atividade das nações mercantis, impondo elevados impostos ao comércio ou às mercadorias que lhes fornecem. Ao tornarem mais caras as mercadorias, esses impostos somente poderiam servir para diminuir o valor real do excedente de produção das próprias terras, com o qual – ou, o que vem a ser o mesmo, com o preço do qual – compram essas mercadorias. Esses impostos poderiam servir apenas para desencorajar o aumento do excedente de produção, e conseqüentemente a melhoria e o cultivo da própria terra. Pelo contrário, o meio mais eficaz de elevar o valor desse excedente de produção, de incentivar seu crescimento e, conseqüentemente, o melhoramento e cultivo da própria terra seria permitir a mais perfeita liberdade de comércio a todas essas nações mercantis.

Essa perfeita liberdade de comércio seria mesmo o meio mais eficaz de fornecer, no tempo devido, a essas nações agrícolas todos os artífices, manufatores e comerciantes de que necessitam em seu país, e de preencher, da maneira mais conveniente e vantajosa, o vazio tão significativo de que se ressentem.

O contínuo crescimento do excedente de produção de sua terra viria a criar, no devido tempo, um capital maior do que aquele que poderia ser aplicado com a taxa normal de lucro no melhoramento e cultivo da terra, e a parte excedente desse capital naturalmente serviria para dar emprego a artífices e manufatores no país. Ora, esses artífices e manufatores, encontrando no país tanto as matérias-primas do trabalho como o fundo de sua subsistência, poderiam imediatamente, mesmo com arte e perícia muito inferiores, trabalhar a preço tão baixo como os mesmos artífices e manufatores desses Estados mercantis, obrigados a trazer esses dois artigos de uma grande distância. Mesmo supondo que, por falta de arte e perícia, durante algum tempo não fossem capazes de trabalhar a um preço tão baixo, ainda assim teriam condições de, ao encontrarem mercado no país, vender seu trabalho a preço tão baixo como o dos artífices e manufatores de tais Estados mercantis, os quais não poderiam ser trazidos àquele mercado senão de uma distância muito grande; e, à medida que sua arte e perícia se fosse aperfeiçoando, em breve teriam condições de vender seu trabalho a preço mais baixo. Portanto, os artífices e manufatores desses Estados mercantis imediatamente encontrariam rivais no mercado das nações agrícolas, e logo em seguida seriam suplantados por esses mesmos rivais, que ofereceriam trabalho ao mais baixo preço; logo em seguida, enfim, se veriam obrigados a se retirar completamente desse mercado. Em conseqüência dos graduais progressos da arte e da perícia dos operários, o baixo preço dos produtos manufaturados dessas nações agrícolas ampliaria, no devido tempo, para além do mercado interno a venda desses produtos, e os faria buscar muitos outros mercados exteriores, dos quais igualmente expulsariam, pouco a pouco, grande parte dos produtos manufaturados dessas nações mercantis.

Esse aumento contínuo tanto do produto bruto como do produto manufaturado das nações agrícolas viria a criar, no devido tempo, um capital maior do que aquele que poderia ser aplicado, com a taxa normal de lucro, na agricultura ou nas manufaturas. O excedente desse capital naturalmente se voltaria para o comércio exterior, e seria empregado na exportação a países estrangeiros das parcelas dos produtos, tanto brutos como manufaturados, que excedessem a demanda do mercado interno. Na exportação da produção de seu próprio país, os comerciantes da nação agrícola teriam, sobre os comerciantes das nações mercantis, uma vantagem semelhante à que tinham seus artífices e manufatores sobre os artífices e manufatores destas nações: a vantagem de encontrar no país os estoques e as provisões que os outros eram obrigados a buscar em lugares distantes. Assim, com menos arte e habilidade na navegação, teriam condições de vender esses estoques a preço tão baixo nos mercados externos como os comerciantes das nações mercantis; e com igual arte e habilidade teriam condições de vendê-los mais baratos. Por conseguinte, em pouco tempo rivalizariam com as nações mercantis nesse ramo do comércio exterior, e no tempo devido, acabariam por excluí-las completamente desse comércio.

Assim, de acordo com esse sistema tão liberal como generoso, o método mais vantajoso mediante o qual uma nação agrícola pode formar os próprios artífices, manufatores e comerciantes é assegurar a mais perfeita liberdade de comércio aos artífices manufatores e comerciantes de todas as outras nações. Com isso, aumenta o valor do excedente de produção das próprias terras, cujo crescimento contínuo gradualmente permite a criação de um fundo que, no tempo devido, necessariamente formará todos os artífices, manufatores e comerciantes de que precise.

Por outro lado, uma nação agrícola que oprima o comércio de nações estrangeiras, seja por elevados impostos, seja por proibições, necessariamente fere os próprios interesses de duas distintas maneiras. Em primeiro lugar, ao aumentar o preço de todas as mercadorias estrangeiras e de todas as espécies de produtos manufaturados, necessariamente faz baixar o valor real do excedente de produção de suas terras, com o qual – ou, o que vem a ser o mesmo, com o preço do qual – compra essas mercadorias e gêneros estrangeiros. Em segundo lugar, ao conceder uma espécie de monopólio do comércio interno a seus comerciantes, artífices e manufatores, provoca na taxa de lucros do comércio e das manufaturas um aumento proporcional ao da taxa de lucros da agricultura, e conseqüentemente ou retira da agricultura parte do capital que anteriormente havia sido empregado nela, ou então impede que se aplique na agricultura uma parte do capital que do contrário seria investido nela. Por isso, essa política desencoraja a agricultura de duas maneiras distintas: primeiro, ao reduzir o valor real de sua produção e assim diminuir a taxa de seu lucro; e, segundo, ao elevar a taxa de lucro em todos os outros investimentos. A agricultura se torna então menos vantajosa, enquanto o comércio e as manufaturas se tornam mais vantajosos do que do contrário seriam, de modo que todos se sentem tentados, por seu interesse privado, a desviar o mais possível seu capital e seu trabalho das aplicações menos para as mais vantajosas.

Ainda que essa política opressiva permitisse a uma nação agrícola formar os próprios artífices, manufatores e comerciantes um pouco antes do que formaria caso houvesse liberdade de comércio – coisa que não deixa, porém, de ser bastante duvidosa –, mesmo assim os formaria, se me permitem a expressão, prematuramente, antes de se tornar madura para tanto. Ao se apressar demasiadamente em criar uma indústria, ela enfraqueceria uma outra espécie de indústria mais valiosa. Ao se apressar demasiadamente em criar uma indústria que tão-só repõe o capital que a emprega, juntamente com o lucro normal, essa política enfraqueceria uma espécie de indústria que, além de repor o capital com lucro, gera ao proprietário de terras um produto líquido, uma renda isenta de impostos. Depreciaria a força de trabalho produtivo ao dar um estímulo demasiado precoce ao trabalho que é absolutamente estéril e improdutivo.

O engenhoso e penetrante autor desse sistema, o Sr. Quesnai, representou em algumas fórmulas aritméticas de que maneira, segundo seu sistema, a soma total da produção anual da terra se distribui entre as três classes acima mencionadas, e como o trabalho da classe improdutiva não faz senão repor o valor de seu próprio consumo, sem aumentar em nada o valor dessa soma total. A primeira dessas fórmulas, que ele, para lhe conferir importância, designa pelo nome de *Quadro econômico*, representa a maneira como supõe que essa distribuição ocorra num estado de mais perfeita liberdade e, por conseguinte, de extrema prosperidade – num estado de coisas em que a produção anual é de tal ordem que consegue proporcionar o maior produto líquido possível, e no qual cada classe desfruta da parte que lhe cabe no volume total de produção anual. Algumas fórmulas subseqüentes representam a maneira como se supõe que esta distribuição se faça em diferentes regimes de entraves e regulações, nos quais a classe dos proprietários, ou classe estéril e improdutiva, é mais favorecida que a classe dos cultivadores, e nos quais uma ou outra usurpam em maior ou menor grau a parte que de direito deveria caber à classe produtiva. Toda usurpação desse gênero, toda violação daquela distribuição natural estabelecida pela mais perfeita liberdade, deve necessariamente, de acordo com esse sistema, degradar mais ou menos, de um ano a outro, o valor e a soma total da produção anual, e deve necessariamente provocar um declínio gradual na verdadeira riqueza e receita da sociedade, declínio que será mais ou menos rápido conforme o grau dessa usurpação, conforme se tenha violado mais ou menos a distribuição natural que a mais perfeita liberdade não deixaria de estabelecer.

Alguns médicos com gosto para a especulação parecem ter imaginado que somente seria possível conservar a saúde do corpo humano por meio de um certo regime preciso de dieta e de exercícios, e toda e qualquer violação desse regime necessariamente provocaria algum grau de doença ou perturbação proporcional ao grau de violação. No entanto, a experiência parece mostrar que o corpo humano freqüentemente conserva, pelo menos em aparência, o mais perfeito estado de saúde sob uma imensa variedade de regimes diversos, mesmo sob regimes que, de acordo com a opinião geral, estão muito longe de ser perfeitamente saudáveis. Parece então que o estado de saúde do corpo humano contém algum princípio desconhecido de conservação, capaz de prevenir ou corrigir, em muitos aspectos, mesmo os maus efeitos de um regime extremamente nocivo. O Sr. Quesnai, ele mesmo médico, e médico com bastante gosto para a especulação, parece ter formado uma idéia semelhante a respeito do corpo político, imaginando que tal corpo somente prosperaria e se desenvolveria sob um certo regime preciso – o rigoroso regime da perfeita liberdade e perfeita justiça. Não considerou porém, ao que parece, que no corpo político o esforço natural que cada homem continuamente faz para melhorar sua condição constitui um princípio de conservação capaz de prevenir e corrigir, em muitos aspectos, os maus efeitos de uma economia política parcial e até certo ponto opressiva. Essa economia política, ainda que indubitavelmente retarde em maior ou menor medida o progresso de uma nação em direção à riqueza e prosperidade, não é capaz de impedir totalmente esse curso, e menos ainda de fazê-lo retroceder. Se uma nação não pudesse prosperar sem desfrutar de perfeita liberdade e perfeita justiça, não haveria no mundo uma única nação que tivesse jamais prosperado. Felizmente, entretanto, a sabedoria da natureza providenciou para que se remediassem, no corpo político, muitos dos maus efeitos da loucura e injustiça do homem, do mesmo modo como, no corpo natural, tomou providências para remediar os maus efeitos da indolência e intemperança.

Porém, o erro capital desse sistema parece residir na representação da classe dos artífices, manufatores e comerciantes como absolutamente estéril e improdutiva. As observações seguintes talvez sirvam para mostrar a impropriedade dessa representação.

Em primeiro lugar, sabe-se que essa classe reproduz anualmente o valor de seu próprio consumo anual e pelo menos prolonga a existência do estoque de riquezas ou capital que a mantém empregada e a faz subsistir. Somente por essa razão já seria então muito impróprio aplicar-lhe a denominação de estéril e improdutiva. Não chamaríamos de estéril e improdutivo um casamento que produzisse apenas um filho e uma filha para substituir o pai e a mãe, ainda que esse casamento não contribuísse para aumentar o número de indivíduos da espécie humana, e nada mais fizesse senão manter a população tal como era antes. Na verdade, rendeiros e trabalhadores rurais, além do capital que os mantém empregados e os faz subsistir, reproduzem anualmente um produto líquido, geram ao proprietário uma renda livre de impostos. Assim como um casamento que gera três filhos é certamente mais produtivo do que o casamento que gera apenas dois, também o labor de rendeiros e trabalhadores rurais é certamente mais produtivo que o labor dos comerciantes, artífices e manufatores. Apesar disso, a produção superior de uma classe não faz que a outra seja estéril e improdutiva.

Em segundo lugar, parece absolutamente impróprio considerar, por essa mesma razão, artífices, manufatores e comerciantes sob a mesma luz dos criados domésticos. O trabalho dos criados domésticos não prolonga a existência do fundo que lhes fornece emprego e subsistência. Sua manutenção e emprego se dão totalmente à custa dos senhores, e o trabalho que realizam não é de natureza a restituir esse custo. Esse trabalho consiste em serviços que, em geral, perecem no instante mesmo em que são realizados, e não se fixam e se convertem em quaisquer mercadorias vendáveis que possam restituir o valor dos salários e da subsistência. Ao contrário, o trabalho dos artífices, manufatores e comerciantes naturalmente se fixa e se converte em algumas mercadorias vendáveis. É por isso que, no capítulo em que trato do trabalho produtivo e do trabalho improdutivo, classifiquei os artífices, manufatores e comerciantes entre os trabalhadores produtivos, e os criados domésticos, entre os trabalhadores estéreis e improdutivos*.

---

* Livro II, Capítulo III. (N. T.)

Em terceiro lugar, em toda e qualquer hipótese parece impróprio afirmar que o trabalho dos artífices, manufatores e comerciantes não aumenta a receita real da sociedade. Por exemplo, mesmo que supuséssemos, como esse sistema parece supor, que o valor diário, mensal e anual dessa classe fosse exatamente igual ao de sua produção diária, mensal e anual, daí não se seguiria que esse trabalho nada acrescentou à receita real, ao real valor da produção da terra e do trabalho da sociedade. Assim, por exemplo, um artífice que nos primeiros seis meses após a colheita execute um trabalho no valor de 10 libras, ainda que no mesmo período houvesse consumido um valor de 10 libras em trigo e outros artigos de primeira necessidade, realmente acrescenta o valor de 10 libras à produção anual da terra e do trabalho da sociedade. Enquanto consumiu seis meses de receita no valor de 10 libras em trigo e outros artigos de primeira necessidade, produziu trabalho de igual valor, suficiente para comprar, para ele ou para outra pessoa, a mesma receita de seis meses. Portanto, o valor do que se consumiu e do que se produziu durante esses seis meses é igual, não a 10, mas a 20 libras. De fato, é possível que nunca tenha existido, num único momento desse período, mais do que 10 libras desse valor. Mas se o valor de 10 libras em trigo e outros artigos de primeira necessidade, consumidos pelo artífice, tivessem sido consumidos por um soldado ou por um criado doméstico, o valor da parcela da produção anual que existia ao fim de seis meses teria sido de 10 libras menos do que realmente é, em conseqüência do trabalho do artífice. Assim, mesmo supondo que o valor produzido pelo artífice em nenhum momento seja maior do que o valor por ele consumido, o valor total das mercadorias realmente existentes no mercado, em qualquer momento que se tome, é, em conseqüência do que ele produz, maior do que do contrário seria.

Quando os defensores desse sistema afirmam que o consumo dos artífices, manufatores e comerciantes é igual ao valor do que produzem, provavelmente não pretendem dizer outra coisa, senão que o rendimento deles, ou seja, o fundo destinado a seu consumo, é igual a esse valor. Porém, se houvessem se expressado com mais exatidão e apenas afirmassem que o rendimento dessa classe é igual ao valor do que ela produz, ocorreria imediatamente ao leitor que tudo o que fosse naturalmente possível poupar desse rendimento necessariamente aumentaria mais ou menos a riqueza real da sociedade. Assim, na tentativa de demonstrar algo semelhante a um argumento, foi necessário que se expressassem como o fizeram, e no entanto, supondo que de fato as coisas se passassem tal como parecem presumir, esse argumento por fim nada conclui.

Em quarto lugar, se não forem parcimoniosos, os rendeiros e trabalhadores rurais não conseguirão aumentar, mais do que os artífices, manufatores e comerciantes, a receita real, a produção anual da terra e do trabalho de sua sociedade. Há somente duas maneiras de aumentar a produção da terra e do trabalho de uma sociedade: ou bem, primeiramente, por um aperfeiçoamento das forças produtivas do trabalho útil atualmente em atividade nessa sociedade, ou bem, em segundo lugar, por um aumento na quantidade desse trabalho.

Para que as forças produtivas do trabalho útil se aperfeiçoem é necessário, primeiro, que se aperfeiçoe a habilidade do trabalhador, e, segundo, que se aperfeiçoem as máquinas com as quais trabalha. Ora, como o trabalho dos artífices e manufatores é suscetível de mais subdivisões que o trabalho dos rendeiros e trabalhadores rurais – o que reduz a tarefa de cada operário a operações mais simples que a dos outros dois trabalhadores –, é igualmente suscetível, por essas razões, dessas duas espécies de aperfeiçoamento num grau muito mais elevado[3]. Sob esse aspecto, pois,

---

3. Veja-se Livro I, Capítulo I.

a classe dos cultivadores não detém nenhuma vantagem sobre a dos artífices e manufatores.

O aumento na quantidade de trabalho útil efetivamente empregado numa sociedade só depende do aumento do capital que a mantém em atividade; por sua vez, o aumento desse capital deve ser precisamente igual ao montante das economias do rendimento, seja dos indivíduos particulares que administram e dirigem o emprego desse capital, seja de alguns outros indivíduos que lhes emprestam esse capital. Se os comerciantes, artífices e manufatores são, como esse sistema parece supor, naturalmente mais inclinados à parcimônia e à poupança do que os proprietários e cultivadores, então é bastante provável que tenham mais condições de aumentar a quantidade de trabalho útil empregado na sociedade à qual pertencem e, conseqüentemente, de aumentar a receita real dessa sociedade, a produção anual de suas terras e de seu trabalho.

Em quinto e último lugar, mesmo supondo que o rendimento dos habitantes de um país consista unicamente, como esse sistema parece supor, na quantidade de subsistência que sua atividade poderia proporcionar-lhes, mesmo nessa hipótese, a receita de um país comercial e manufator sempre será – todo o resto permanecendo igual – muito maior do que a de um país sem comércio e sem manufaturas. Por meio do comércio e das manufaturas, é possível anualmente importar para um país uma quantidade de subsistência maior do que poderiam proporcionar suas terras em seu estágio efetivo de cultivo. Ainda que não possuam terras próprias, os habitantes da cidade atraem para si, por sua atividade, uma quantidade do produto bruto das terras de outras pessoas suficiente para fornecer-lhes, não apenas as matérias-primas de seu trabalho, como o fundo de sua subsistência. O que uma cidade sempre é em relação ao campo em suas cercanias, um Estado ou país independente sempre pode ser em relação a outros Estados ou países independentes. É assim que a Holanda retira de outros países grande parte de sua subsistência: gado vivo de Holstein e Jutland, e trigo de quase todos os diferentes países da Europa. Uma pequena quantidade de produtos manufaturados compra uma grande quantidade de produto bruto. Um país comercial e manufator, portanto, naturalmente compra com uma pequena parte de seus produtos manufaturados grande parte do produto bruto de outras nações, enquanto, pelo contrário, um país sem comércio e manufaturas é geralmente obrigado a comprar, às expensas de grande parte de seu produto bruto, uma parte extremamente pequena do produto manufaturado de outros países. Um país exporta a subsistência e o conforto a pouquíssimos, e importa a subsistência e o conforto de muitos. O outro exporta a subsistência e o conforto de muitos, e importa a subsistência e o conforto de pouquíssimos. Os habitantes de um sempre desfrutarão de uma quantidade muito superior de bens de subsistência do que suas terras poderiam lhes proporcionar no atual estágio de cultivo. Os habitantes de outro devem sempre desfrutar uma quantidade de bens de subsistência muito inferior ao que suas terras poderiam lhes proporcionar.

Mas, apesar de todas as suas imperfeições, talvez esse sistema seja, dentre tudo o que já se publicou a respeito de economia política, o que mais se aproxima da verdade, e por isso merece a consideração de todo homem que deseje examinar com atenção os princípios dessa ciência tão importante. Se, por um lado, ao representar o trabalho empregado na terra como o único trabalho produtivo, as idéias que pretende inculcar sejam, talvez, bastante estreitas e limitadas, por outro, ao representar a riqueza de uma nação como consistindo, não na riqueza não consumível do dinheiro, mas nas mercadorias consumíveis anualmente reproduzidas pelo trabalho da sociedade, e ao representar a perfeita liberdade como o único meio eficaz de tornar essa reprodução anual a maior possível, sua doutrina parece, sob todos os aspectos, tão justa como é generosa e liberal. Seus seguidores são bastante numerosos, e como os homens têm gosto por paradoxos e simulam entender algo que ultrapassa a compreensão de pessoas comuns, o paradoxo que essa doutrina sustenta sobre a natureza improdutiva do trabalho das manufaturas talvez não tenha contribuído pouco para aumentar o número de seus admiradores. Alguns anos atrás, formaram uma seita bastante considerável, conhecida na república francesa das letras pelo nome de *Os economistas*. Certamente, suas obras prestaram algum serviço à nação, não apenas por trazer à baila a discussão de muitos assuntos que jamais antes foram examinados em profundidade, como também por influenciar, em alguma medida, a administração pública em favor da agricultura. De fato, foi por causa de suas representações que a agricultura da França conseguiu se livrar de várias das opressões sob as quais sempre vivera: o prazo de um contrato, independentemente de qualquer compra futura ou proprietário futuro, foi prolongado de nove para vinte e sete anos; as antigas restrições provinciais ao transporte de trigo de uma província a outra do reino foram integralmente abolidas, e a liberdade de exportar trigo a todos os países estrangeiros foi instituída como direito consuetudinário do reino em todos os casos comuns. Nas suas obras, que aliás são bastante numerosas, e não tratam apenas do que propriamente se intitula Economia Política, ou da natureza e causas da riqueza das nações, mas de todos os outros ramos do sistema de governo civil, todos os escritores dessa seita seguem implicitamente, sem nenhuma variação notável, a doutrina do Sr. Quesnai. Por isso, há pouca variação na maior parte de suas obras. A descrição mais clara e mais coerente dessa doutrina se encontra num pequeno livro escrito pelo Sr. Mercier de la Rivière, outrora intendente da Martinica, intitulado *A ordem natural e essencial das sociedades políticas**. A admiração de todos os membros da sei-

---

* *L'ordre naturel et essentiel des sociétés politiques*, 1767. (N. T.)

ta por seu mestre, que era, ele mesmo, homem de grande modéstia e simplicidade, não é inferior à que dedicam os filósofos da antigüidade aos fundadores de seus respectivos sistemas. "Desde a origem do mundo" – afirma um autor extremamente cuidadoso e respeitável, o marquês de Mirabeau – "três grandes invenções forneceram fundamentos sólidos às sociedades políticas, independentemente de tantas outras que mais tarde as vieram enriquecer e embelezar. A primeira é a invenção da escrita, a única capaz de dar à natureza humana o poder de transmitir, sem alteração, suas leis, seus contratos, seus anais e suas descobertas. A segunda é a invenção do dinheiro, que liga todas as relações entre as sociedades civilizadas. A terceira, que deriva das outras duas mas as completa, porque leva seu objeto à perfeição, é o *Quadro econômico*, a grande descoberta de nossa época, da qual nossa posteridade colherá o benefício*."

Se a economia política das nações da Europa moderna tem sido mais favorável às manufaturas e ao comércio estrangeiro, que constituem a atividade das cidades, do que a agricultura, a atividade do campo, a de outras nações seguiu um plano diferente, favorecendo a agricultura em detrimento das manufaturas e do comércio exterior.

A política da China favorece mais a agricultura do que todas as outras atividades. Na China, a condição do trabalhador rural é, segundo se diz, muito superior à do artífice, assim como a do artífice é em muitas regiões da Europa superior à condição do trabalhador rural. Na China, a maior ambição de um homem é adquirir a posse de um pequeno pedaço de terra, seja como proprietário, seja como arrendatário; afirma-se ainda que naquele país os arrendamentos são contratados a prazos bastante razoáveis, e que o arrendatário goza de muitos direitos. Os chineses fazem pouco

---

* *Philosophie rurale ou Economie Générale et Politique de L'Agriculture, pour server de Suite à L'Ami des Hommes*, Amsterdam, 1766, vol. I, pp. 52-3. (N. T.)

caso do comércio exterior. *Vosso comércio é de miseráveis!* costumavam dizer os mandarins de Pequim para o Sr. de Lange, enviado da Rússia[4]. Os chineses fazem pouco ou nenhum comércio exterior, por si mesmos e embarcações próprias, exceto com o Japão, e assim mesmo só admitem a entrada de navios estrangeiros em dois ou três portos de seu reino. Com isso, o comércio exterior da China está absolutamente limitado a um círculo mais estreito do que aquele no qual se estenderia naturalmente caso se permitisse mais liberdade de comércio, seja em navios próprios, seja em navios de outras nações.

Em quase todos os países, o principal alicerce do comércio exterior consiste nas manufaturas, pois pequenos volumes freqüentemente contêm um grande valor, e, por essa razão, são transportados de um país a outro a um custo menor do que a maior parte dos produtos brutos. Além disso, em países menos extensos e de localização menos vantajosa para o comércio interior do que a China, as manufaturas em geral exigem o apoio do comércio exterior. Sem o auxílio de um amplo comércio exterior, jamais poderiam florescer, seja nos países cujo território fosse pequeno demais para fornecer um vasto mercado interior, seja em países onde a comunicação entre uma província e outra fosse tão difícil que impedisse às mercadorias de uma região específica usufruir a totalidade do mercado interior que o país pudesse gerar. É preciso lembrar que a perfeição da atividade manufatureira depende inteiramente da divisão do trabalho; e o grau em que é possível introduzir essa divisão do trabalho em qualquer manufatura é necessariamente regulado, como já se mostrou*, pela extensão do mercado. Ora, a grande extensão do império da China, a imensa mul-

---

4. Veja-se o Diário do Sr. de Lange, nas *Viagens* de Bell, vol. II, pp. 258, 276 e 293 (J. Bell, *Viagens de São Petersburgo na Rússia a diversas regiões da Ásia*, Glasgow, 1763).

* Veja-se Livro I, Capítulo III. (N. T.)

tidão de seus habitantes, a variedade de clima e conseqüentemente de suas produções nas diferentes províncias, além da fácil comunicação através de transporte aquático entre a maior parte dessas províncias, tornam o mercado interno desse país tão extenso a ponto de comportar, por si só, imensas manufaturas, e de admitir subdivisões do trabalho bastante relevantes. Levando em conta apenas a extensão, talvez o mercado interno da China não seja inferior ao de todos os diferentes países da Europa tomados em conjunto. Porém, um mercado exterior mais amplo, que a esse grande mercado interno somasse o mercado externo de todo o resto do mundo – sobretudo se uma grande parte desse comércio fosse realizado em navios nacionais –, certamente aumentaria em muito o progresso das manufaturas da China e aperfeiçoaria consideravelmente as forças produtivas de sua atividade manufatureira. Ampliando sua navegação, os chineses naturalmente aprenderiam a arte de utilizar e construir todas as diferentes máquinas de que as outras nações fazem uso, bem como outros aperfeiçoamentos da arte e da indústria praticados em todas as diferentes regiões do mundo. O plano que os chineses atualmente seguem não lhes oferece nenhuma oportunidade de se aperfeiçoar com o exemplo de outras nações, exceto com o dos japoneses.

Também a política do antigo Egito e do governo hindu do Indostão parecem ter favorecido mais a agricultura que todas as outras atividades.

Tanto no antigo Egito como no Indostão o conjunto do povo era dividido em diferentes castas ou tribos, cada uma das quais estava limitada, dos pais aos filhos, a seguir uma atividade ou classe de empregos particulares. O filho de um sacerdote era necessariamente sacerdote; o filho de um soldado, soldado; o filho de um agricultor, agricultor; o filho de um tecelão, tecelão; o filho de um alfaiate, alfaiate etc. Nos dois países, a casta dos sacerdotes detinha a mais elevada posição social, e a casta dos soldados vinha a seguir; e nos dois países, a casta dos rendeiros e trabalhadores rurais era superior à dos comerciantes e manufatores.

O governo dos dois países dedicava particular atenção aos interesses da agricultura. As obras que os antigos soberanos do Egito construíram para distribuir adequadamente as águas do Nilo eram famosas na antigüidade, e as ruínas de algumas delas até hoje provocam a admiração dos viajantes. As obras semelhantes que os antigos soberanos do Indostão construíram para distribuir adequadamente as águas do Ganges e de muitos outros rios, embora menos célebres, foram, ao que parece, igualmente grandes. É por isso que os dois países, embora ocasionalmente sujeitos à fome, se notabilizaram por sua grande fertilidade. Apesar de extremamente populosos, os dois países conseguiam exportar grandes quantidades de grãos a seus vizinhos em anos de abundância apenas moderada.

Os antigos egípcios sentiam uma aversão supersticiosa pelo mar; por sua vez, como a religião hindu não permite a seus seguidores acender fogueiras e, conseqüentemente, cozinhar alimentos, na realidade os proíbe de empreender longas viagens por mar. Tanto os egípcios como os indianos terão dependido quase totalmente da navegação de outros países para exportar seu excedente de produção, e tal dependência, na medida em que limitou o mercado, também desencorajou o aumento dos produtos manufaturados, mais até que o aumento dos produtos brutos. Os produtos manufaturados necessitam de um mercado muito mais amplo do que os artigos mais importantes da produção bruta da terra. Um único sapateiro fabricará mais de trezentos pares de sapatos por ano, e talvez sua família nem sequer usará seis pares. Assim, a menos que tenha por clientes cinqüenta famílias como a sua, não terá condições de vender toda a produção de seu trabalho. Num país grande, é raro que a mais numerosa classe de artífices seja superior a um em cinqüenta ou a um em cem do total de famílias existentes no país. Mas em países grandes como França e Inglaterra, o número de pessoas empregadas na agricultura foi avaliado por alguns autores em metade, por outros em um terço, e por um outro autor que não conheço, em menos de um quinto da população total do país. Ora, como a totalidade da produção agrícola da França e Inglaterra é, em sua esmagadora maioria, consumida nos próprios países, cada pessoa empregada na agricultura deve precisar, segundo esses cálculos, de uma freguesia pouco superior a uma, duas, ou no máximo quatro famílias iguais à sua, para conseguir vender a produção total de seu trabalho. Portanto, apesar do desestímulo provocado por um mercado bastante limitado, a agricultura consegue manter-se muito melhor do que as manufaturas. De fato, tanto no antigo Egito como no Indostão, a limitação do mercado externo era em alguma medida compensada pelas vantagens de possuírem uma grande rede de navegação interna, que abria, da maneira mais conveniente possível, toda a extensão do mercado interno a cada artigo da produção de todos os diferentes distritos desses países. Além disso, o vasto território do Indostão fazia desse país um imenso mercado interno, suficiente para sustentar uma grande variedade de diferentes manufaturas. Mas o pequeno território do antigo Egito, que jamais se igualou ao da Inglaterra, inevitavelmente tornou o mercado desse país sempre demasiado restrito para sustentar uma grande variedade de manufaturas. Daí por que Bengala, província do Indostão que costuma produzir o maior volume de arroz, sempre foi mais conhecida pela exportação de uma grande variedade de produtos manufaturados do que pela exportação de grãos. Durante muito tempo, o país foi o celeiro do Império Romano.

Os soberanos da China, do antigo Egito e dos diferentes reinos em que por várias vezes o Indostão se dividiu, sempre retiraram toda ou quase toda a sua receita de uma espécie de imposto ou renda territorial. Esse imposto ou renda territorial consistia, como o dízimo na Europa, numa certa porcentagem – $^1/_5$, segundo se diz – da produção da terra, que era entregue em espécie ou paga em dinheiro, de acordo com uma certa estimativa, e que por isso mesmo variava de um ano a outro conforme as variações que a produção viesse a sofrer. Assim, era natural que os soberanos desses países dedicassem especial atenção aos interesses da agricultura, de cuja prosperidade ou declínio dependia diretamente o aumento ou a diminuição anual de sua própria receita.

A política das antigas repúblicas da Grécia e de Roma, embora prestigiasse a agricultura mais do que as manufaturas ou o comércio exterior, parece todavia ter antes desencorajado as duas últimas atividades do que propriamente dado algum estímulo direto e intencional à primeira. Em vários dos antigos Estados da Grécia, o comércio exterior era absolutamente proibido, e em muitos outros as atividades dos artífices e manufatores eram consideradas nocivas à força e agilidade do corpo humano, pois tornavam o corpo inadequado aos hábitos que os exercícios militares e de ginástica buscavam formar nele, e com isso o incapacitavam, em maior ou menor grau, a sofrer as fadigas e enfrentar os perigos da guerra. Considerava-se que essas ocupações fossem convenientes apenas a escravos, razão por que os cidadãos livres do Estado eram proibidos de exercê-las. Mesmo nos lugares em que não existia tal proibição, como em Roma e Atenas, a grande massa do povo se via de fato excluída de todas as ocupações que hoje são comumente exercidas pela classe mais baixa de habitantes das cidades. Essas atividades eram todas praticadas, em Roma e Atenas, pelos escravos pertencentes aos ricos, que as exerciam em benefício de seus senhores, cuja riqueza, poder e proteção tornavam quase impossível a um homem livre pobre encontrar mercado para seu trabalho, quando seu produto passava a concorrer com o dos escravos dos homens ricos. No entanto, raramente os escravos são inventivos. Todos os mais importantes aprimoramentos, os que facilitam e abreviam o trabalho, seja por meio de maquinaria, seja por meio da organização e distribuição do trabalho, foram inventados por homens livres. Caso um escravo propusesse qualquer aprimoramento desse tipo, seu senhor logo seria levado a considerar a proposta como sugerida pela preguiça e pelo desejo de poupar seu labor à custa do senhor. E o pobre escravo, em vez de recompensa, provavelmente receberia muitos insultos e talvez algum castigo. Por isso, nos produtos manufaturados feitos por escravos certamente em geral se empregou mais trabalho para executar a mesma quantidade de tarefas do que nos manufaturados produzidos por homens livres. Por tal razão, o trabalho do escravo deve ter sido, em geral, mais caro do que o do homem livre. O Sr. Montesquieu observa que as minas húngaras, ainda que não sejam mais ricas, sempre foram exploradas a um custo menor, e, por conseguinte, com um lucro maior, do que as minas turcas vizinhas. As minas turcas são exploradas por escravos, e os braços desses escravos são as únicas máquinas que os turcos jamais pensaram em utilizar. Por seu turno, as minas húngaras são exploradas por homens livres, que empregam uma grande quantidade de máquinas para facilitar e abreviar seu trabalho. O muito pouco que se conhece sobre o preço dos produtos manufaturados nos tempos dos gregos e romanos leva a pensar que os produtos mais finos fossem extremamente caros. A seda era vendida por seu peso em ouro. É verdade que naquele tempo não se fabricava seda na Europa; e, como toda ela era trazida das Índias Orientais, é possível que a distância do transporte seja responsável até certo ponto pelo preço elevado. Ao que parece, contudo, o preço que uma dama às vezes pagava por uma peça de linho finíssimo era igualmente exorbitante, segundo contam; e uma vez que o linho sempre era proveniente de uma fábrica européia ou, na pior das hipóteses, egípcia, somente se pode atribuir esse alto preço ao grande custo com o trabalho que deve ser empregado para fabricá-lo, e o custo desse trabalho, por sua vez, não resulta senão da imperfeição das máquinas utilizadas. Também o preço dos finos tecidos de lã, ainda que não tão exorbitante, era, ao que tudo indica, muito mais elevado do que atualmente. Plínio nos conta que alguns tecidos, tingidos de determinada maneira, custavam 100 denários, o que equivale a 3 libras, 6 shillings e 8 pence por libra-peso[5]. Outros tecidos, tingidos de maneira distinta, custavam 1 mil denários a libra-peso, ou 33 libras, 6 shillings e 8 pence. Cabe lembrar que a libra romana continha apenas 12 das nossas onças *avoirdupois*. Na verdade, parece que se deve atribuir esse preço elevado unicamente à tintura. Mas se os próprios tecidos não fossem muito mais caros do que são atualmente, é provável que jamais se aplicasse neles uma tintura tão cara. A desproporção entre o valor do acessório e o valor do principal teria sido muito grande. Mas o que parece absolutamente inacreditável é o preço, mencionado pelo mesmo autor[6], de certos triclínios, uma espécie de travesseiros ou almofadas de lã utilizados para se apoiar, quando se estava reclinado sobre os leitos ao redor da mesa: alguns deles custavam mais de 30 mil libras, outros, mais de 300 mil libras. Também nesse caso o autor não diz que esse preço exorbitante se devia à tintura. O doutor Arbuthnot observa que nos tempos antigos parece ter havido muito menos variedade nos trajes das pessoas elegantes, de ambos os sexos, do que nos tempos modernos, e essa observação é confirmada pela variedade bastante reduzida que vemos nos trajes das antigas estátuas. Disso ele infere que, de modo geral, a vestimenta dos antigos era mais barata do que a nossa, conclusão esta, porém, que não parece acertada. Quando os custos de um traje elegante são muito altos, a variedade nas vestimentas necessariamente deve ser muito pequena; mas quando, em razão do aperfeiçoamento das forças produtivas da arte e da atividade manufatureira, o custo de um traje qualquer passa a ser bastante módico, então haverá naturalmente grande variedade de vestimentas. Os ricos, não podendo se destacar pelo custo de um traje, naturalmen-

---

5. *História natural*, Livro IX, Capítulo XLIX.
6. *Ibid.*, Livro VIII, Capítulo XLVIII.

te procurarão fazê-lo pela multiplicidade e variedade das vestimentas.

Já assinalei que o maior e mais importante ramo do comércio de uma nação é o que se realiza entre os habitantes do campo e os habitantes da cidade*. Os habitantes da cidade obtêm do campo o produto bruto que a um só tempo constitui as matérias-primas de seu trabalho e o fundo de sua subsistência, e eles pagam esse produto bruto enviando de volta ao campo uma certa porção desse produto, manufaturado e preparado para uso imediato. O comércio realizado entre esses dois grupos distintos de pessoas consiste, em última instância, na troca de uma certa quantidade de produtos brutos por uma certa quantidade de produtos manufaturados. Assim, quanto mais caro forem estes, mais baratos serão aqueles; e tudo o que num país tender para aumentar o preço dos produtos manufaturados tenderá a diminuir o preço da produção bruta da terra, e com isso a desestimular a agricultura. Quanto menor a quantidade de produtos manufaturados que uma dada quantidade de produto bruto (ou, o que vem a ser o mesmo, que o preço de uma dada quantidade de produto bruto) for capaz de comprar, menor será o valor de troca dessa dada quantidade de produto bruto, e menor então o estímulo que terão, para aumentar essa quantidade, o proprietário, introduzindo benfeitorias na terra, ou o rendeiro, cultivando a terra. Além disso, tudo o que tende a diminuir, em qualquer país, o número dos artífices e manufatores tende também a diminuir o mercado interno – o mais importante de todos os mercados para o produto bruto da terra –, e com isso desencorajar ainda mais a agricultura.

Por conseguinte, esses sistemas que, preferindo a agricultura a todas as outras atividades a fim de promovê-la, impõem restrições às manufaturas e ao comércio interno, agem contrariamente ao fim mesmo que se propõem e de-

---
* Veja-se Livro III, Capítulo 1. (N. T.)

sencorajam, indiretamente, a espécie mesma de atividade que pretendem promover. A esse respeito, talvez sejam ainda mais incoerentes do que o próprio sistema mercantil. Este sistema, ao incentivar mais as manufaturas e o comércio exterior que a agricultura, impede que uma certa parcela do capital da sociedade mantenha a espécie de atividade mais vantajosa, para manter a menos vantajosa. Ainda assim, esse sistema ao fim e ao cabo realmente incentiva a espécie de atividade que pretende promover. Ao contrário, os sistemas agrícolas ao fim e ao cabo desestimulam realmente sua espécie favorita de atividade.

É desse modo que todo sistema que procura, seja atrair para uma espécie particular de atividade, por meio de incentivos extraordinários, uma parcela do capital da sociedade superior à que nela seria naturalmente investida, seja retirar de uma espécie particular de atividade, por meio de restrições extraordinárias, o capital que do contrário seria naturalmente investido nela, na verdade subverte o grande propósito que pretende promover. Retarda, em vez de acelerar, o progresso da sociedade na direção da verdadeira riqueza e grandeza; diminui, em vez de aumentar, o valor real da produção anual da terra e do trabalho.

Por isso, se todos os sistemas de incentivos e de restrições forem totalmente deixados de lado, o sistema fácil e simples da liberdade natural há de impor-se por si mesmo. Todo homem, desde que não viole as leis da justiça, é deixado perfeitamente livre para buscar seus interesses como bem entender, e para fazer seu trabalho e capital competirem com os de qualquer outro homem ou classe de homens. O soberano desonera-se completamente de um dever que não poderia tentar cumprir sem se expor, sempre, a inúmeras desilusões, dever este para cujo cumprimento adequado nenhuma sabedoria humana ou conhecimento jamais seriam suficientes: o dever de superintender a atividade dos indivíduos privados e dirigi-la para as ocupações que mais convêm ao interesse da sociedade. De acordo com o sistema da liberdade natural, o soberano tem apenas três deveres a cumprir; decerto, três deveres de grande importância, mas claros e compreensíveis ao bom senso: primeiro, o dever de proteger a sociedade da violência e da invasão de outras sociedades independentes; segundo, o dever de proteger, na medida do possível, todo membro da sociedade da injustiça e opressão de qualquer outro membro ou, antes, o dever de instituir uma rigorosa administração da justiça; terceiro, o dever de erigir e manter certas obras públicas e certas instituições públicas que jamais algum indivíduo ou um pequeno número de indivíduos terão interesse em erigir e manter, porque jamais o lucro poderia reembolsar a despesa de um indivíduo ou pequeno número de indivíduos, ainda que em relação a uma grande sociedade esse lucro faça mais do que reembolsar as despesas.

O cumprimento adequado desses vários deveres do soberano necessariamente supõe uma certa despesa; essa despesa, por sua vez, necessariamente exige uma certa receita que a sustente. Assim, no livro que se segue procurarei explicar: primeiro, quais as despesas necessárias do soberano ou da república; quais dessas despesas devem ser custeadas pela contribuição geral de toda a sociedade e quais delas devem ser custeadas apenas por uma parte da sociedade, ou por alguns de seus membros; segundo, quais os diferentes métodos para fazer que toda a sociedade contribua para custear as despesas que cabem a toda a sociedade, e quais as principais vantagens e desvantagens de cada um desses métodos; e, terceiro, que razões ou causas induziram quase todos os governos modernos a hipotecar parte de sua receita ou a contrair dívidas, e quais foram os efeitos dessas dívidas sobre a verdadeira riqueza da sociedade, sobre a produção anual de suas terras e de seu trabalho. Portanto, o livro que se segue se dividirá, naturalmente, em três capítulos.

LIVRO V

*Da receita do soberano ou da república**

---

* *Commonwealth*, no original. Sobre a decisão de traduzir o termo por "república", veja-se, *supra*, "Introdução e plano da obra", p. 4, nota. (N. T.)

CAPÍTULO 1

Dos gastos do soberano ou da república

PARTE I

Dos gastos com a defesa

Apenas mediante o emprego da força militar o soberano consegue cumprir seu primeiro dever, o de proteger a sociedade contra a violência e invasão de outras sociedades independentes. Mas, conforme variam os estágios da sociedade nos diferentes períodos do desenvolvimento, os gastos para preparar essa força militar em tempos de paz e para utilizá-la em tempos de guerra tornam-se muito distintos.

Entre as nações de caçadores, o mais baixo e primitivo estágio da sociedade – encontrado, por exemplo, nas tribos nativas da América do Norte –, todo homem é ao mesmo tempo guerreiro e caçador. Quando parte para a guerra, seja para defender, seja para vingar ofensas infligidas por outras sociedades, sustenta-se como vive em casa, ou seja, com seu próprio trabalho. Como nesse estágio não há propriamente nem soberano nem república, a sociedade não tem despesa alguma nem para prepará-lo para a guerra, nem para sustentá-lo enquanto estiver guerreando.

Entre as nações de pastores, estágio um pouco mais avançado de sociedade – como o encontrado entre os tártaros e os árabes –, todo homem é, igualmente, um guerreiro. Essas nações geralmente não possuem residência fixa, e vivem em tendas ou numa espécie de carroça coberta que é facilmente transportada de um lugar a outro. Toda a nação ou tribo muda de localização conforme as diferentes estações do ano, ou conforme outras circunstâncias quaisquer. Após seus rebanhos e manadas consumirem a pastagem de uma região do país, mudam-se para uma outra, e de lá para uma terceira. Na estiagem a tribo desce para as margens dos rios, e na estação de chuvas se retira para o planalto. Quando essa nação vai à guerra, os guerreiros não confiam suas tropas e manadas à frágil defesa dos anciãos, das mulheres e das crianças e, por outro lado, não deixam que esses anciãos, mulheres e crianças fiquem para trás, sem defesa nem subsistência. Além disso, mesmo nos tempos de paz a nação inteira tem facilidade para participar das campanhas nos tempos de guerra, por estar acostumada a uma vida errante. Quer marche como um exército, quer vague como um grupo de pastores, o modo de vida é muito semelhante, embora a finalidade proposta seja bastante diferente. Vão, portanto, todos juntos à guerra e cada um faz o melhor que pode. Entre os tártaros, como se sabe, até mesmo as mulheres muitas vezes participam da batalha. Se há conquista, tudo o que pertença à tribo hostil torna-se recompensa pela vitória. Mas se são vencidos tudo se perde: não apenas as manadas e os rebanhos, como também as mulheres e as crianças tornam-se butim do conquistador. Até mesmo os que sobrevivem à ação são obrigados, em sua maior parte, a se submeter ao conquistador, se quiserem ter sua subsistência imediata. Os demais se dissipam e se dispersam no deserto.

A vida comum de um tártaro ou árabe, seus exercícios habituais, bastam para prepará-lo para a guerra. Corridas, lutas, bordoadas, arremesso de dardos, manejo do arco etc. são passatempos comuns aos que vivem ao ar livre, e são, todas essas atividades, imagens da guerra. Quando um tártaro ou um árabe realmente parte para a guerra, extrai sua subsistência dos rebanhos e manadas que leva consigo, como nos tempos de paz. Seu chefe ou soberano – pois todas essas nações possuem chefes ou soberanos – não tem despesa nenhuma para prepará-lo para a guerra e, quando no campo de batalha, a possibilidade de saque é a única paga que se espera ou exige.

Um exército de caçadores raramente excede duzentos ou trezentos homens. A precária subsistência que a caça proporciona poucas vezes permitiria que um número maior se reunisse por um período de tempo considerável. Ao contrário, é possível que um exército de pastores seja composto por mais de duzentos ou trezentos mil homens. Parece não existir limite para o número dos que marcham juntos enquanto nada impedir sua viagem, enquanto conseguirem ir de um distrito, cuja pastagem tenha sido consumida por seus rebanhos, a um outro, que ainda esteja intocado. Uma nação de caçadores jamais consegue inspirar temor às nações civilizadas vizinhas. Uma nação de pastores, sim. Não há nada de mais desprezível que uma guerra de índios na América do Norte. Em contrapartida, nada há de mais terrível do que as freqüentes invasões de tártaros na Ásia. A experiência de todos os tempos tem comprovado a opinião de Tucídides, de que a Europa e a Ásia não seriam capazes de resistir aos citas unidos. Os habitantes das amplas – mas indefesas – planícies da Cítia ou da Tartária muitas vezes foram reunidos sob o domínio do chefe de alguma horda ou clã conquistador, e a destruição e devastação da Ásia sempre caracterizaram essa união. Os habitantes dos desertos inóspitos da Arábia – outra grande nação de pastores – jamais estiveram unidos, a não ser sob o domínio de Maomé e seus sucessores imediatos. Sua união, resultante mais do entusiasmo religioso do que da conquista, também foi marcada pelas mesmas características. Se as nações de caçadores da América algum dia se transformassem em nações de pastores, sua proximidade seria muito mais perigosa às colônias européias do que é atualmente.

Num estágio um pouco mais avançado da sociedade, o das nações de agricultores que mantêm algum comércio exterior, e somente possuem as manufaturas rústicas e domésticas que quase todas as famílias produzem para uso próprio, cada homem é, também, um guerreiro ou então facilmente se torna um. Os que vivem da agricultura geralmente passam o dia inteiro ao ar livre, expondo-se a todas as inclemências do tempo. As dificuldades inerentes à vida comum os preparam para as fadigas da guerra, com algumas das quais suas ocupações indispensáveis guardam grande analogia. A ocupação de um homem que abre valas o prepara para trabalhar nas trincheiras, para fortificar um acampamento, assim como para cercar um campo. Os passatempos habituais desses agricultores são idênticos aos dos pastores, e representam, do mesmo modo, imagens da guerra. No entanto, como os agricultores têm menos tempo livre do que os pastores, não se dedicam com a mesma freqüência a esses passatempos. São soldados, mas soldados que não têm tanto domínio de seu treinamento. Mesmo assim, porém, raramente sua preparação para a guerra acarreta algum custo para o soberano ou a república.

Mesmo em seu estágio mais rude e primitivo, a agricultura pressupõe a fixação a um lugar: uma espécie de habitação fixa que não pode ser abandonada sem grande prejuízo. Assim, quando uma nação de simples agricultores parte para o campo de batalha, não é possível que todo o povo participe da guerra. É necessário que pelo menos os anciãos, as mulheres e as crianças permaneçam em casa para cuidar da habitação. Porém, todos os homens em idade militar podem ir para a guerra, o que freqüentemente acontece nas pequenas nações desse gênero. Em todas as nações, supõe-se que os homens em idade militar constituam $1/4$ ou $1/5$ da população total. Ainda que a campanha começasse após a semeadura e terminasse antes da colheita, seria possível dispensar da atividade agrícola, sem grande prejuízo, tanto o agricultor como seus principais trabalhadores. O agricultor confia em que os anciãos, as mulheres e as crianças possam, nesse ínterim, executar bastante bem o trabalho que precisa ser feito. Portanto, não reluta em servir como soldado sem receber pagamento, durante uma campanha curta, e muitas vezes custa tão pouco ao soberano ou à república sustentá-lo no campo de batalha como prepará-lo para a guerra. Ao que parece, era assim que os cidadãos dos diferentes Estados da antiga Grécia serviam como soldados, até depois da segunda guerra contra os persas; e o povo do Peloponeso, até depois da guerra do Peloponeso. Tucídides observa que os habitantes do Peloponeso geralmente deixavam o campo de batalha no verão, regressando a casa para a colheita. Também era assim que servia o povo romano durante a monarquia e os primeiros tempos da República. Foi somente a partir do cerco de Veii que aqueles que ficavam em casa começaram a contribuir de algum modo para o sustento dos que partiam para a guerra. Nas monarquias européias fundadas sobre as ruínas do Império Romano, antes e algum tempo depois de se instituir o que se denomina propriamente de lei feudal, os grandes senhores, com todos os seus dependentes imediatos, costumavam servir à Coroa à própria custa. No campo de batalha e em casa se mantinham com sua própria renda, e não com algum estipêndio ou paga que recebessem do rei nessas ocasiões específicas.

Num estágio mais avançado de sociedade, duas diferentes causas contribuem para tornar totalmente impossível aos homens que partem para o campo de batalha se manter à própria custa: o desenvolvimento das manufaturas e o aperfeiçoamento das técnicas de guerra.

Ainda que um agricultor participe de uma expedição, contanto que esta comece depois da época de semeadura e termine antes da colheita, a interrupção de suas atividades nem sempre provoca uma diminuição considerável de seu rendimento. Quando não intervém o trabalho do agricultor, a natureza faz por si mesma a maior parte do serviço que resta por fazer. Mas no momento em que um artífice, um ferreiro, um carpinteiro ou um tecelão, por exemplo, abandona sua oficina, sua única fonte de rendimento seca completamente. A natureza nada faz por ele, ele é que faz tudo por si. Assim, quando vai para o campo de batalha em defesa do povo, deve, necessariamente, ser mantido pelo povo, já que não dispõe de nenhum rendimento para se manter. Ora, num país em que grande parte dos habitantes é constituída por artífices e manufatores, é preciso recrutar nessas classes a maioria dos homens que vão à guerra, os quais portanto devem ser mantidos pelo povo enquanto o estiverem servindo.

Além disso, quando as técnicas de guerra evoluem, tornando-se uma ciência extremamente intricada e complexa, quando o desfecho da guerra deixa de ser determinado, como acontecia nas primeiras eras da sociedade, por uma simples escaramuça ou batalha, quando a luta se prolonga por várias e distintas campanhas e cada uma delas dura grande parte do ano, torna-se universalmente necessário que o povo mantenha os homens que o servem na guerra, ao menos enquanto estiverem comprometidos com o serviço militar. Do contrário, seja qual fosse, em tempos de paz, a ocupação necessária dos que iam à guerra, um serviço tão cansativo e caro representaria para esses homens um fardo demasiadamente pesado. É por isso que, após a segunda guerra contra os persas, os exércitos atenienses seriam em geral compostos por tropas mercenárias, as quais na verdade eram em parte constituídas por cidadãos, mas em parte também por estrangeiros, todos eles igualmente contratados e pagos à custa do Estado. A partir do cerco de Veii, os exércitos de Roma passaram a receber soldo por seu serviço durante o tempo em que permaneciam no campo de batalha. Sob os governos feudais, em todos os lugares se passou a trocar, depois de um certo tempo, o serviço militar dos grandes senhores e de seus dependentes imediatos por um pagamento em dinheiro, que era utilizado para manter os que estavam a serviço desses governos.

Em comparação com a população total, o número dos que têm condições de ir à guerra é necessariamente muito menor num estágio civilizado do que num estágio primitivo da sociedade. Numa sociedade civilizada, uma vez que os soldados são integralmente mantidos pelo trabalho dos que não são soldados, o número dos primeiros jamais pode ultrapassar o que os últimos conseguem sustentar, e manter, de maneira condizente com suas respectivas posições, tanto a si mesmos como os outros oficiais do governo e da lei a quem estão obrigados a sustentar. Nos pequenos Estados agrários da Grécia antiga, $^1/_4$ ou $^1/_5$ da população total se considerava como soldados e, segundo se diz, às vezes partia para a guerra. Entre as nações civilizadas da Europa moderna, normalmente se calcula que não seja possível empregar como soldados mais do que um centésimo dos habitantes de um país sem provocar a ruína do país que paga as despesas do serviço militar.

Ao que parece, só foi muito depois que todos os gastos com a manutenção do exército no campo de batalha passaram à inteira obrigação do soberano ou da república que em muitas nações os gastos com a preparação do exército para a guerra se tornaram vultosos. Em todas as diferentes repúblicas da Grécia antiga, aprender os serviços militares era parte necessária da educação imposta pelo Estado a todos os cidadãos livres. Em toda cidade teria existido uma liça pública, em que, sob a proteção do magistrado público, diferentes mestres ensinavam aos jovens os diversos exercícios militares. Todos os gastos que qualquer Estado grego parece ter despendido na preparação dos cidadãos para a guerra se resumiam a essa instituição bastante simples. Na Roma antiga, os exercícios do Campo de Marte atendiam ao mesmo propósito dos ginásios na Grécia antiga. Sob os governos feudais, as inúmeras ordenações públicas para que os cidadãos de cada distrito praticassem a arte do arco e da flecha, bem como todos os vários outros exercícios militares, correspondiam ao mesmo propósito, embora não o atingissem com o mesmo êxito. Seja pela falta de interesse dos oficiais encarregados de executar essas ordenações, seja por qualquer outra causa, o fato é que essas ordenações foram negligenciadas em todos os lugares, de modo que ao longo de todos esses governos os serviços militares gradualmente caíram em desuso entre a maioria da população.

Durante todo o período em que existiram as repúblicas da antiga Grécia e Roma, e mesmo muito tempo depois de se instituírem os governos feudais, a profissão de um soldado não era uma profissão separada e distinta, que constituísse a única e principal ocupação de uma classe específica de cidadãos. Todo súdito do Estado, malgrado a profissão ou ocupação pela qual ganhasse a vida, considerava-se tão preparado para exercer a profissão de soldado nas ocasiões normais como obrigado a exercê-la, nas muitas ocasiões extraordinárias.

No entanto, assim como a arte da guerra é, sem dúvida, a mais nobre de todas as artes, com o avanço do progresso acaba por se tornar, também, uma das mais complexas. O estágio da mecânica, bem como o de algumas outras artes com as quais a mecânica está necessariamente associada, determina o grau de perfeição que essa arte poderá atingir numa determinada época. Mas, para que atinja esse grau de perfeição, é necessário que se torne a única ou principal ocupação de uma classe específica de cidadãos, e para que essa e todas as outras artes se aperfeiçoem é necessária a divisão do trabalho. Nas outras artes, a divisão do trabalho naturalmente se introduz pela prudência dos indivíduos, que pensam promover mais seus interesses particulares limitando-se a uma profissão específica, do que exercendo um grande número delas. Porém, no que se refere à profissão de soldado, unicamente a sabedoria do Estado tem condições de a transformar numa profissão específica, separada e distinta de todas as outras. Um cidadão particular que, em tempos de profunda paz e sem contar com nenhum incentivo especial da coletividade, gastasse grande parte de seu tempo em exercícios militares, sem dúvida poderia se aperfeiçoar bastante neles e se divertir muito; mas com certeza não promoveria seus interesses particulares. É somente a sabedoria do Estado que pode tornar de interesse dele abrir mão de grande parte de seu tempo para se dedicar a essa ocupação específica; e os Estados nem sempre mostraram essa sabedoria, mesmo quando sua situação era tal que a conservação de sua existência exigia que se fizessem sábios.

Um pastor dispõe de muito tempo livre; um agricultor, no estágio primitivo da agricultura, dispõe de algum; um artífice ou manufator não dispõe de nenhum. O primeiro pode, sem sofrer nenhuma perda, empregar muito de seu tempo em exercícios marciais; o segundo pode empregar algum tempo nesses exercícios; mas o último não pode empregar uma única hora nessas atividades sem ser prejudicado, razão por que o cuidado de seus interesses particulares naturalmente o leva a negligenciá-las inteiramente. Além disso, os aperfeiçoamentos da agricultura, que são necessariamente introduzidos pelo progresso nas artes e nas manufaturas, não deixam ao agricultor mais tempo livre que ao artífice. Tanto os habitantes do campo como os da cidade passam a negligenciar os exercícios militares, o que faz desaparecer por completo o espírito bélico da grande maioria da população. Ao mesmo tempo, a riqueza que sempre acompanha os aperfeiçoamentos da agricultura e das manufaturas, e que nada é, na verdade, além do produto acumulado desses aperfeiçoamentos, provoca a invasão de todos os seus vizinhos. Uma nação industriosa, e por isso mesmo rica, é de todas as nações a que tem maior probabilidade de sofrer ataques; e, salvo se o Estado tomar algumas medidas inéditas com relação à defesa pública, os hábitos naturais do povo o tornam completamente incapaz de se defender.

Nessas circunstâncias, parece haver apenas dois métodos pelos quais o Estado pode tomar providências razoáveis a respeito da defesa pública.

Em primeiro lugar, o Estado pode, por meio da adoção de uma política extremamente rigorosa, e a despeito da tendência geral dos interesses, do espírito e das inclinações do povo, impor a prática de exercícios militares e obrigar todos os cidadãos em idade militar, ou um certo número deles, a associar, em alguma medida, a profissão de soldado a qualquer outra ocupação ou profissão que estiverem eventualmente exercendo.

Ou, em segundo lugar, mantendo e empregando um certo número de cidadãos na prática constante de exercícios militares, o Estado pode transformar a profissão de soldado numa profissão específica, separada e distinta de todas as outras.

Se o Estado recorrer ao primeiro desses expedientes, considera-se que sua força militar consista numa milícia; se recorrer ao segundo, considera-se que essa força consista num exército permanente. A prática de exercícios militares é a única ou principal ocupação dos soldados de um exército permanente, e a manutenção ou o soldo que o Estado lhes fornece constitui o principal e habitual fundo de sua subsistência. A prática de exercícios militares é somente uma ocupação ocasional dos soldados de uma milícia, que extraem de alguma outra ocupação o fundo principal e habitual de sua subsistência. Numa milícia, o caráter de operário, artífice ou comerciante predomina sobre o de soldado; num exército permanente, o caráter de soldado predomina sobre qualquer outro. Ao que parece, é nessa distinção que reside a diferença essencial entre essas duas espécies de força militar.

Há várias espécies de milícia. Em alguns países, os cidadãos designados à defesa dos Estados parecem ter sido apenas treinados, sem serem, por assim dizer, arregimentados, ou seja, sem serem divididos em grupos de tropas distintas e separadas, cada uma das quais fazia seus exercícios sob o comando de seus próprios oficiais permanentes. Nas repúblicas da antiga Grécia e Roma, cada cidadão, enquanto permanecesse no país, parecia praticar seus exercícios quer em separado e independentemente, quer na companhia de seus pares mais estimados, não se incorporando a nenhum grupo até ser de fato convocado ao campo de batalha. Em outros países, a milícia é não apenas treinada mas arregimentada. Na Inglaterra, Suíça e, creio eu, em todos os outros países da Europa moderna onde se criou uma força militar imperfeita desse tipo, cada miliciano está, mesmo em tempos de paz, incorporado a um grupo específico de tropas, que realiza seus exercícios sob o comando de seus próprios oficiais permanentes.

Antes da invenção das armas de fogo, era superior o exército cujos soldados tinham, individualmente, maior habilidade e destreza no uso das armas. Força e agilidade físicas eram de extrema importância, e comumente determinavam o resultado das batalhas. Mas, do mesmo modo como hoje acontece com a esgrima, somente era possível adquirir essa habilidade e destreza no uso das armas praticando, não em grandes grupos, mas isoladamente, numa escola especial, com um mestre particular, ou com seus pares e companheiros. Desde a invenção das armas de fogo, força e agilidade físicas, ou mesmo extraordinária destreza e habilidade no manuseio das armas, embora estejam longe de ser irrelevantes, têm, contudo, menos importância. A natureza de uma arma, ainda que de modo algum coloque o desajeitado em pé de igualdade com o habilidoso, mais do que nunca os aproxima. Imagina-se que toda a destreza e habilidade necessárias para manuseá-la possam muito bem ser adquiridas com a prática em grandes grupos.

Nos exércitos modernos, regularidade, ordem e pronta obediência a comandos são qualidades que têm mais importância para determinar o destino das batalhas do que a destreza e habilidade dos soldados no manuseio de armas. Porém, o barulho das armas de fogo, a fumaça, a morte invisível a que cada homem se sente a todo momento exposto tão logo esteja ao alcance do tiro de canhão e, freqüentemente, muito tempo antes de se dizer que se trava a batalha, tornam muito difícil manter um grau considerável de regularidade, ordem e pronta obediência a comandos, mesmo no início de uma batalha moderna. Nas batalhas antigas, não havia outro barulho, senão o da voz humana; não havia nenhuma fumaça, nenhuma causa invisível de ferimentos ou morte. Todo homem enxergava com clareza que não havia nenhuma arma mortal, até essa arma realmente se aproximar dele. Era necessário que nessas circunstâncias, e entre tropas que tinham alguma confiança em sua própria habilidade e destreza no manuseio de armas, fosse muito menos difícil conservar algum grau de regularidade e ordem, não apenas no início, mas por todo o desenrolar de uma batalha antiga, e até que um dos dois exércitos fosse claramente derrotado. Entretanto, os hábitos de regularidade, ordem e pronta obediência a comandos podem ser adquiridos tão-só por tropas treinadas em grandes regimentos.

Apesar disso, por mais disciplinada e treinada que seja, uma milícia sempre será muito inferior a um exército permanente bem treinado e disciplinado.

Os soldados que se exercitam somente uma vez por semana, ou uma vez por mês, jamais podem ser tão hábeis no manuseio de armas como os que se exercitam todos os dias ou uma vez a cada dois dias. E embora essa circunstância não tenha nos tempos modernos a mesma relevância que tinha nos tempos antigos, a reconhecida superioridade das tropas prussianas – em grande medida devida, segundo se afirma, à superior perícia no uso de armas – basta para nos convencer de que, mesmo nos dias de hoje, esse é um fator de extrema importância.

Os soldados que são obrigados a obedecer a seu oficial somente uma vez por semana ou uma vez por mês, e que no restante do tempo têm liberdade para administrar seus próprios negócios como bem entendem, sem precisarem, sob alguns aspectos, prestar contas a esse oficial, jamais se comportarão em sua presença com o mesmo temor reverencial, jamais se disporão a obedecer com a mesma prontidão daqueles cuja conduta e vida inteira são diariamente comandadas pelo oficial, e que a cada dia levantam-se e vão dormir, ou ao menos se recolhem a seus alojamentos, de acordo com as ordens dele. No que diz respeito à chamada disciplina, ou seja, ao hábito de obedecer com prontidão, a milícia estará sempre em posição ainda mais inferior a um exército permanente do que às vezes está no que diz respeito aos chamados exercícios manuais, isto é, ao manejo e uso de armas. Na guerra moderna, porém, o hábito de pronta e imediata obediência tem muito mais importância do que uma considerável superioridade no manuseio de armas.

Sem dúvida, as melhores milícias – como a dos tártaros ou árabes – são as que vão à guerra comandadas pelo mesmo oficial a que estão acostumadas a obedecer em tempos de paz. São as que mais se aproximam de um exército permanente no que se refere ao respeito a seus oficiais e ao hábito da pronta obediência. A milícia das Terras Altas, quando servia sob o comando dos próprios chefes de clã, tinha uma superioridade semelhante. No entanto, como os habitantes das Terras Altas não eram pastores nômades, mas sedentários, como todos eles tinham morada fixa e não estavam, nos tempos de paz, acostumados a seguir seu chefe de um lugar a outro, em tempo de guerra estavam menos dispostos a segui-lo por uma relativa distância, ou a continuar por muito tempo no campo de batalha. Depois de conquistarem algum butim, ansiavam regressar para casa, e a autoridade do chefe raramente bastava para detê-los. No que se refere à obediência, sempre foram muito inferiores ao que se relata dos tártaros ou árabes. Além disso, uma vez que esses montanheses, por causa de sua vida sedentária, passam menos tempo ao ar livre, sempre foram menos acostumados a exercícios militares e menos hábeis no uso de armas do que são, pelo que se sabe, os tártaros e os árabes.

É preciso observar, porém, que qualquer espécie de milícia, depois de ter servido por várias e sucessivas campanhas no campo de batalha, torna-se, sob todos os aspectos, um exército permanente. Os soldados exercitam-se diariamente no uso das armas e por se submeterem constantemente ao comando dos próprios oficiais estão habituados à mesma pronta obediência que existe nos exércitos permanentes. Pouco importa o que os soldados faziam antes de iniciar a campanha. Depois de passarem algumas campanhas juntos, transformam-se necessariamente, e em todos os aspectos, num exército permanente. Caso a guerra na América se prolongue por mais uma campanha*, a milícia americana acabará por se converter, sob todos os pontos de vista, num rival à altura daquele exército permanente cujo valor não se mostrou, na última guerra**, absolutamente inferior ao dos mais implacáveis veteranos da França e da Espanha.

Uma vez compreendida essa distinção, será fácil perceber como a história de todas as épocas testemunha a irresistível superioridade de um exército permanente bem organizado sobre uma milícia.

Um dos primeiros exércitos permanentes de que temos relatos claros, baseados em registros históricos fidedignos, é o de Felipe da Macedônia. Suas guerras freqüentes contra a Trácia, a Ilíria, a Tessália e contra algumas cidades gre-

---

* É provável que Smith tenha escrito este trecho em 1775, mesmo ano em que o Parlamento inglês aprova a chamada Lei do Selo, estopim da revolução norte-americana. A finalidade dessa lei é levantar fundos para pagar tropas britânicas aquarteladas nas fronteiras americanas, o que gera revolta dos norte-americanos. O que está em xeque, para a metrópole, é seu direito de fazer leis para as colônias. Em 1776 os americanos declaram a independência da Inglaterra, e em 1778 a guerra se expande, torna-se mundial, quando a França, antiga inimiga da Inglaterra, assina tratado de aliança com os Estados Unidos. A Revolução termina em 1791, com a aprovação de uma Declaração de Direitos no Congresso dos Estados Unidos. Como se vê, Smith estava certo em supor, em 1775, que o prolongamento da guerra acabaria por converter as milícias americanas num verdadeiro exército. (N. T.)

** A Guerra dos Sete Anos (1756-1763) protagonizada por Inglaterra, França e os colonos canadenses e americanos pelo domínio da América. (N. T.)

gas próximas da Macedônia foram gradualmente formando, na austera disciplina de um exército permanente, tropas que provavelmente no início não passavam de uma milícia. Nos tempos de paz – que eram muito raros e nunca continuavam por longos períodos –, Felipe tinha o cuidado de não deixar o exército debandar. Com efeito, venceu e subjugou, após um longo e violento conflito, as valentes e bem treinadas milícias das principais repúblicas da Grécia antiga, e em seguida, com pouquíssimas lutas, a efeminada e mal treinada milícia do grande Império Persa. A queda das repúblicas gregas e do Império Persa foi efeito da irresistível superioridade de um exército permanente sobre qualquer espécie de milícia. É a primeira grande revolução nos assuntos humanos, da qual a história conservou relatos claros e circunstanciais.

A segunda é a queda de Cartago e a conseqüente ascensão de Roma. É possível atribuir à mesma causa todas as mudanças de fortuna dessas duas famosas repúblicas.

Desde o término da Primeira Guerra Púnica até o início da Segunda, os exércitos de Cartago não saíram dos campos de batalha, servindo sob três grandes generais que se sucederam no comando: Hamílcar, seu cunhado Asdrúbal e seu filho Aníbal; primeiro, castigando os próprios escravos rebeldes, depois, subjugando as insurrectas nações da África, e, finalmente, conquistando o grande reino da Espanha. O exército que Aníbal liderou da Espanha à Itália necessariamente se formou, nessas diferentes guerras, na austera disciplina de um exército permanente. No meio tempo, os romanos, ainda que não vivessem sob paz, não se haviam envolvido, durante esse período, em nenhuma guerra importante e, como em geral se sabe, sua disciplina militar afrouxara consideravelmente. Os exércitos romanos que Aníbal enfrentou em Trébia, Trasímeno e Canas não eram senão milícias opostas a um exército permanente. É provável que essa circunstância contribuísse muito mais do que qualquer outra para determinar o destino de todas essas batalhas.

O exército permanente que Aníbal deixou atrás de si na Espanha era igualmente superior à milícia que os romanos enviaram para combatê-lo, e em poucos anos, sob o comando de seu irmão, o jovem Asdrúbal, conseguiu expulsá-los quase completamente daquele país.

Aníbal recebia poucos suprimentos de Cartago. Como se encontrasse permanentemente em campanha, a milícia romana acabou por se transformar, no decorrer da guerra, num bem disciplinado e treinado exército permanente, de modo que a superioridade de Aníbal a cada dia se tornava menor. Asdrúbal julgou necessário enviar todo, ou quase todo, o exército permanente que comandava na Espanha em auxílio a seu irmão na Itália. Conta-se que nessa marcha teria sido enganado por seus guias e, num país que não conhecia, foi surpreendido e atacado por um outro exército permanente, superior, em todos os aspectos, ao seu, sendo então totalmente derrotado.

Após Asdrúbal abandonar a Espanha, o grande Cipião nada encontrou que lhe resistisse, além de uma milícia muito inferior à sua. Conquistou e subjugou essa milícia e, no decurso da guerra, sua própria milícia necessariamente se havia transformado num bem disciplinado e treinado exército permanente. Esse exército foi em seguida levado à África, onde nada encontrou, senão a resistência de uma milícia. Para defender Cartago, tornou-se necessário reunir uma vez mais o exército permanente de Aníbal. A milícia africana, desanimada e tantas vezes derrotada, juntou-se a esse exército, e na batalha de Zama compôs a maior parte das tropas de Aníbal. O final daquele dia selou o destino das duas repúblicas rivais.

Do fim da Segunda Guerra Púnica até a queda da República de Roma, os exércitos romanos constituíam, sob todos os aspectos, um exército permanente. O exército permanente da Macedônia opôs alguma resistência a suas armas. A subjugação desse pequeno reino custou aos exércitos romanos duas grandes guerras e três grandes batalhas, e a conquista seria provavelmente ainda mais difícil, não fosse pela covardia do último rei macedônio. As milícias de todas as nações civilizadas do mundo antigo – Grécia, Síria e Egito – não opuseram senão uma débil resistência aos exércitos permanentes de Roma. As milícias de algumas nações bárbaras se defenderam muito melhor. A milícia cita ou a tártara, que Mitridates recrutou nas regiões localizadas ao norte dos mares Euxino e Cáspio, foram os inimigos mais terríveis que os romanos tiveram de enfrentar depois da Segunda Guerra Púnica. As milícias dos partos e dos germanos também sempre foram respeitáveis, e em várias ocasiões tiveram grande predomínio sobre os exércitos romanos. Porém, os exércitos romanos parecem em geral, e quando bem comandados, muito superiores; e se os romanos não chegaram à conquista final nem da Pártia nem da Germânia foi provavelmente porque julgaram não valer a pena anexar essas duas regiões bárbaras a um império já demasiadamente vasto. Ao que parece, os antigos partos eram de ascendência cita ou tártara, tendo sempre conservado muitos dos costumes de seus antepassados. Os antigos germanos constituíam, a exemplo dos citas ou tártaros, uma nação de pastores nômades, os quais iam à guerra sob o comando dos mesmos chefes que estavam habituados a seguir em tempos de paz. Sua milícia era exatamente igual à dos citas e tártaros, dos quais também eles provavelmente descendiam.

Foram muitas as causas que contribuíram para afrouxar a disciplina dos exércitos romanos. Talvez uma delas fosse sua extrema severidade. No ápice de seu esplendor, quando nenhum inimigo se mostrava capaz de resistir-lhes, puseram de lado, como a uma carga desnecessária, sua pesada armadura; negligenciaram, como a um enfado desnecessário, seus árduos exercícios. Além disso, sob os imperadores romanos os exércitos permanentes de Roma, particularmente os que faziam a guarda das fronteiras com a Germânia e a Panônia, passaram a representar um perigo a seus senhores, contra os quais muitas vezes jogavam seus próprios generais. A fim de torná-los menos temíveis, Diocleciano – segundo alguns autores – ou Constantino – segundo outros – retirou-os da fronteira, onde até então sempre acampavam em grandes regimentos, geralmente de duas ou três legiões cada um, e os dispersou em pequenos regimentos pelas diferentes cidades provinciais, das quais dificilmente eram removidos, a não ser quando era necessário rechaçar o inimigo. Nas cidades comerciais e manufatureiras, os soldados que se acantonaram em pequenos regimentos, e que raras vezes eram removidos desses quartéis, acabaram por se tornar comerciantes, artífices e manufatores. O caráter civil veio a predominar sobre o caráter militar, e assim os exércitos permanentes de Roma aos poucos se degeneraram numa milícia corrupta, negligente e indisciplinada, incapaz de resistir ao ataque das milícias germânica e cita, que logo em seguida invadiram o Império Ocidental. Foi somente alugando a milícia de algumas dessas nações para resistir à de outras que os imperadores conseguiram se defender por algum tempo. A queda do Império Ocidental é a terceira grande revolução nos assuntos humanos, da qual a história antiga conservou alguns relatos claros e circunstanciais. Foi causada pela irresistível superioridade que a milícia dos bárbaros possui sobre a da nação civilizada; que a milícia de uma nação de pastores possui sobre a milícia de uma nação de agricultores, artífices e manufatores. As vitórias conquistadas pelas milícias em geral se deram, não sobre exércitos permanentes, mas sobre milícias inferiores a elas em treinamento e disciplina. Assim foram as vitórias que a milícia grega conquistou sobre as milícias do Império Persa, e assim foram também as vitórias que em tempos mais recentes a milícia suíça conquistou sobre a milícia da Áustria e da Borgonha.

Nos novos lugares em que se fixou, a força militar das nações germânica e cita, estabelecidas sobre as ruínas do Império Ocidental, conservou, por algum tempo, a mesma natureza que tinha em seu país de origem. Era uma milícia composta por pastores e agricultores, que em tempos de guerra iam ao campo de batalha comandados pelo mesmo chefe a quem estavam acostumados a obedecer em tempos de paz. Portanto, era razoavelmente bem treinada e disciplinada. À medida que progrediam as artes e os ofícios, porém, gradualmente decaía a autoridade dos chefes, e o grande corpo do povo tinha menos tempo para se dedicar a exercícios militares. Assim, tanto a disciplina como os treinamentos da milícia feudal foram aos poucos se degradando, enquanto paulatinamente eram criados exércitos permanentes para substituí-la. Além disso, uma vez adotado o recurso ao exército efetivo, fez-se necessário que todas as nações vizinhas seguissem o exemplo. Logo vieram a descobrir que sua segurança dependia de também adotarem o mesmo recurso, já que sua milícia era inteiramente incapaz de resistir ao ataque desse exército.

Os soldados de um exército permanente, ainda que jamais tenham deparado com um inimigo, freqüentemente mostram possuir toda a coragem de tropas veteranas e, no exato momento em que entram no campo de batalha, revelam-se capazes de enfrentar os mais implacáveis e experientes veteranos. Em 1756, quando o exército russo marchou sobre a Polônia, a valentia dos soldados russos não se mostrou inferior à dos prussianos, então considerados os mais vigorosos e experientes veteranos da Europa. No entanto, antes disso o Império Russo havia desfrutado, durante cerca de vinte anos, de uma profunda paz, e possivelmente então pouquíssimos de seus soldados já haviam defrontado um inimigo. Quando irrompeu a guerra espanhola em 1739, a Inglaterra desfrutava da mais completa paz havia quase vinte e oito anos. Mas, em vez de sair corrompida desse longo período de paz, a valentia de seus soldados nunca fora mais notável do que no ataque a Cartagena, a primeira façanha infeliz daquela malfadada guerra. Talvez uma guerra longa faça os generais esquecerem, algumas vezes, sua arte; mas, quando se conserva bem organizado um exército permanente, os soldados parecem jamais esquecer sua valentia.

Quando uma nação civilizada depende de uma milícia para sua defesa, fica a todo momento exposta à conquista de qualquer nação bárbara vizinha. As freqüentes conquistas de todas as regiões civilizadas da Ásia pelos tártaros mostram bastante bem a superioridade natural que a milícia de uma nação bárbara possui sobre a de uma nação civilizada. Um exército permanente bem organizado é superior a toda e qualquer milícia. Como um exército desse tipo é mais bem mantido por uma nação opulenta e civilizada, pode também defender, sozinho, essa nação contra a invasão de um vizinho pobre e bárbaro. Portanto, é apenas com um exército permanente que a civilização de qualquer país consegue se perpetuar, ou mesmo se preservar durante um período considerável de tempo.

Assim como um país civilizado somente é capaz de se defender por meio de um exército permanente, é também somente por meio desse exército que se consegue civilizar rápida e razoavelmente um país bárbaro. Um exército permanente estabelece, com uma força irresistível, a lei do soberano ao longo das mais remotas províncias do império, e mantém algum grau de governo regular em regiões que, do contrário, não aceitariam governo algum. Quem examinar com atenção as melhorias introduzidas por Pedro, o Grande, no Império Russo perceberá que quase todas elas se resumem à criação de um bem organizado exército permanente*. Trata-se do instrumento que executa e conser-

---

* Pedro, o Grande (1672-1725), foi o tzar responsável pela chamada "ocidentalização" da Rússia. Causou medo e desconfiança em seus concidadãos ao visitar a Europa – era o primeiro tzar a fazer isso em 600 anos. O interesse dessa visita era amplo. Pretendia observar os exércitos europeus, e em seguida implantar um exército semelhante em seu país, capaz de resistir aos mongóis. Arquitetou, assim, uma marinha e um exército modernos, além de instituir novas escolas de navegação, matemática, geografia, política, filosofia e astronomia. Criou o primeiro jornal russo e ordenou a publicação de mais de 600 livros. Rivalizando com Luís XIV, que havia construído um grandioso palácio, Pedro decidiu construir uma nova capital: São Petersburgo. (N. T.)

va todos os outros regulamentos instituídos por Pedro. O grau de ordem e paz interna de que esse império desfruta desde então se deve inteiramente à influência do exército.

Os homens de princípios republicanos sempre desconfiaram de que um exército efetivo representasse um perigo para a liberdade. Isso sem dúvida acontece quando os interesses do general e os dos principais oficiais não coincidem estritamente com a defesa da constituição do Estado. O exército permanente de César destruiu a República Romana. O exército permanente de Cromwell mandou para casa o Longo Parlamento.* Mas, quando o próprio soberano é o general, e a principal nobreza e pequena nobreza rural** figuram como oficiais do exército, quando a força militar é comandada por aqueles que possuem o máximo interesse em defender a autoridade civil, jamais é possível que um exército permanente represente algum perigo para a liberdade, já que todos esses homens detêm a maior parte dessa autoridade. Ao contrário, é possível que em alguns casos o exército favoreça a liberdade. A segurança oferecida ao soberano torna inútil esse receio incômodo, que, nas repúblicas modernas, parece vigiar a mais ínfima das ações e estar sempre pronto a perturbar a paz de todo cidadão. Quando a segurança do magistrado, ainda que

---

* É célebre o tom burlesco de que se revestiu a dissolução do Rabo do Parlamento Longo, em abril de 1653. Tanto Hobbes como Marx assinalam que Cromwell insultava e ridicularizava os deputados, enquanto os expulsava um a um (veja-se, respectivamente, *Behemoth*, ed. Ferdinand Tönnies, Chicago University Press, 1990, p. 180, e *O Dezoito Brumário de Luís Bonaparte*, Coleção "Os pensadores", Abril Cultural, São Paulo, 1979, p. 392). Em julho daquele mesmo ano, o exército convocou um outro Parlamento, conhecido como Parlamento de Barebone. Era constituído, em sua maioria, por gente de baixa extração – sectários, principalmente – a quem Cromwell pretendia manipular. Daí a alcunha de *Barebone*, que é a corruptela do nome de um dos parlamentares, Barbon, e designa pejorativamente "estropiado", "descarnado". Em dezembro de 1653 também esse Parlamento foi dissolvido e Cromwell se tornou, finalmente, Protetor da Inglaterra. (N. T.)

** No original, *gentry*. (N. T.)

apoiado pelas pessoas mais importantes do país, é ameaçada por qualquer descontentamento popular; quando um pequeno tumulto é capaz de provocar, em poucas horas, uma grande revolução, é preciso empregar toda a autoridade do governo para suprimir e punir qualquer murmúrio ou queixa que se faça contra ele. Ao contrário, ao soberano que se sinta apoiado não apenas pela aristocracia natural do país, mas também por um bem organizado exército permanente, os protestos mais brutais, mais infundados e mais licenciosos provocarão poucos distúrbios. O soberano pode, com segurança, perdoá-los ou desprezá-los, e a consciência que tem da própria superioridade naturalmente o predispõe a isso. Somente é possível tolerar aquele grau de liberdade que se aproxima da licenciosidade nos países em que o soberano está assegurado por um bem organizado exército permanente. Apenas nesses países a segurança pública não exige que se confie ao soberano um poder discricionário para suprimir até mesmo o impertinente desregramento dessa licenciosa liberdade.

Portanto, o primeiro dever do soberano, o de defender a sociedade da violência e injustiça de outras sociedades independentes, torna-se cada vez mais dispendioso à medida que a sociedade avança rumo à civilização. Com o progresso do desenvolvimento, é preciso que a força militar da sociedade, que originalmente não acarretava ao soberano nenhum gasto, nem no período de paz, nem no de guerra, seja de início mantida por ele, o soberano, em tempo de guerra, e em seguida mesmo em tempos de paz.

A grande mudança introduzida na arte da guerra pela invenção das armas de fogo elevou ainda mais tanto os gastos necessários para treinar e disciplinar um certo número de soldados em tempos de paz, como os necessários para empregá-los em tempo de guerra. As armas e as munições se tornaram mais caras. Um mosquete é um instrumento muito mais caro do que um dardo ou um arco e flecha; um canhão ou um morteiro são muito mais caros do que uma balista ou uma catapulta. A pólvora que se gasta num treinamento militar moderno fica irreparavelmente perdida, o que provoca uma despesa considerável. O dardo e as flechas que se lançavam ou atiravam num treinamento militar antigo podiam ser facilmente recuperados, e além disso tinham muito pouco valor. O canhão e o morteiro são armas não somente muito mais caras, como também muito mais pesadas do que a balista e a catapulta, exigindo um grande gasto não apenas prepará-las para a guerra, mas transportá-las até o campo de batalha. Mais ainda: como a superioridade da artilharia moderna sobre a antiga é muito grande, tornou-se mais difícil e conseqüentemente muito mais caro fortificar uma cidade para que resista, mesmo por poucas semanas, ao ataque de uma artilharia superior. Nos tempos modernos, inúmeras causas contribuem para tornar mais cara a defesa da sociedade. Os inevitáveis efeitos do progresso natural foram, a esse respeito, intensificados pela grande revolução na arte da guerra, provocada, ao que parece, por um mero acidente, a descoberta da pólvora.

Na guerra moderna, a grande despesa com armas de fogo confere um óbvio predomínio à nação que mais pode gastar, e conseqüentemente coloca a nação rica e civilizada em grande vantagem sobre a nação pobre e bárbara. Nos tempos antigos, as nações opulentas e civilizadas viam dificuldades em se defender das nações pobres e bárbaras; nos tempos modernos, as nações pobres e bárbaras vêem dificuldades em se defender das nações opulentas e civilizadas. A invenção das armas de fogo, uma invenção que à primeira vista parece tão perniciosa, é certamente favorável tanto à estabilidade como à expansão da civilização.

Parte II

Dos gastos com a justiça

O segundo dever do soberano, o de proteger, na medida do possível, cada membro da sociedade da injustiça ou opressão de todos os outros membros dessa mesma sociedade, ou o dever de estabelecer uma rigorosa administração da justiça, também exige diversos tipos de gastos, que variam conforme os diferentes períodos da sociedade.

Entre as nações de caçadores, uma vez que quase não existe propriedade, ou ao menos propriedade que ultrapasse o valor de dois ou três dias de trabalho, raramente existe algum magistrado ou alguma administração regular da justiça. Homens que não possuem propriedade somente podem prejudicar uns aos outros em suas pessoas ou reputação. Mas quando um homem mata, fere, surra ou difama um outro, embora este, a quem o dano é infligido, sofra, quem o inflige não recebe nenhum benefício. A situação se altera quando se trata de prejuízos à propriedade. O benefício da pessoa que pratica o dano é freqüentemente idêntico à perda de quem o sofre. Inveja, malícia ou ressentimento são apenas paixões que podem levar um homem a causar dano a outro na sua pessoa ou reputação. Porém, a maioria dos homens nem sempre está sob a influência dessas paixões, e mesmo os piores dentre os homens somente estão submetidos a elas ocasionalmente. Além disso, a satisfação dessas paixões, por mais agradável que possa ser para certos caracteres, não traz nenhuma vantagem real ou permanente, e por isso a maior parte dos homens comumente a reprime por considerações de prudência. Os homens podem viver juntos em sociedade com algum grau aceitável de segurança, embora não exista nenhum magistrado civil para protegê-los da injustiça dessas paixões. Mas, por um lado, a avareza e ambição nos ricos e, por outro, a aversão ao trabalho e o amor ao ócio e ao prazer imediato nos pobres, são as paixões que inclinam a invadir a propriedade – paixões muito mais constantes em sua atuação e muito mais universais em sua influência. Onde existir uma grande propriedade haverá uma grande desigualdade. Para cada homem muito rico deverão existir, pelo menos, quinhentos outros homens pobres, pois a fartura dos poucos pressupõe a indigência dos muitos. A fartura do rico suscita a indignação do pobre, que muitas vezes é movido pela carência e incitado pela inveja a invadir as posses daquele. É somente sob o abrigo do magistrado civil que o dono daquela propriedade valiosa, adquirida com o trabalho de muitos anos ou talvez de várias gerações sucessivas, conseguirá dormir à noite em segurança. O rico está a todo tempo cercado por inimigos desconhecidos a quem, embora jamais tenha insultado, jamais conseguirá pacificar, e de cuja injustiça só poderá estar protegido pelo poderoso braço do magistrado civil, continuamente em riste para puni-la. Portanto, a aquisição de uma valiosa e extensa propriedade necessariamente exige o estabelecimento do governo civil. Onde não houver propriedade, ou pelo menos nenhuma propriedade que exceda o valor de dois ou três dias de trabalho, o governo civil não será tão necessário.

O governo civil supõe uma certa subordinação. Ora, assim como a necessidade do governo civil torna-se cada vez maior conforme são adquiridas propriedades valiosas, também as principais causas que naturalmente introduzem a subordinação surgem com o crescimento dessas propriedades valiosas.

Ao que parece, são quatro as causas ou circunstâncias que naturalmente introduzem a subordinação, ou que naturalmente, e antes de qualquer instituição civil, conferem a alguns homens certa autoridade sobre a maior parte de seus irmãos.

A primeira dessas causas ou circunstâncias é a superioridade de atributos pessoais: força, beleza e agilidade física; sabedoria, virtude, prudência, justiça, firmeza e temperança de espírito. As qualidades do corpo, a menos que auxiliadas pelas qualidades do espírito, pouca autoridade podem conferir, seja qual for o período da sociedade. É preciso que um homem seja extremamente forte para obrigar, com a mera força física, dois outros homens fracos a obedecê-lo. As qualidades do espírito podem, por si só, conferir uma grande autoridade. Entretanto, são qualidades invisíveis, sempre contestáveis e em geral contestadas. Nenhuma sociedade, bárbara ou civilizada, jamais considerou conveniente determinar as regras de precedência hierárquica e de subordinação de acordo com essas qualidades invisíveis. Ao contrário, determinou-as de acordo com algo mais evidente e palpável.

A segunda dessas causas ou circunstâncias é a superioridade de idade. Um ancião, desde que sua idade não seja tão avançada a ponto de gerar suspeitas de senilidade, é em todos os lugares mais respeitado do que um jovem de igual posição social, fortuna e talento. Entre as nações de caçadores, tais como as tribos nativas da América do Norte, a idade é o único fundamento da posição e precedência. Entre essas nações, a palavra "pai" designa um superior; "irmão", um igual , e "filho", um inferior. Nas nações mais ricas e civilizadas, a idade determina a hierarquia entre os que são iguais sob todos os outros aspectos, já que não há nenhum outro critério para determiná-la. Entre irmãos e irmãs, sempre tem precedência o mais velho, que na maioria dos casos, quando se trata da sucessão dos bens paternos, herdará tudo o que não puder ser dividido e tiver de ser transmitido integralmente a uma única pessoa – como, por exemplo, um título nobiliárquico. A idade é uma qualidade evidente e palpável que não admite controvérsia.

A terceira dessas causas ou circunstâncias é a superioridade de fortuna. No entanto, a autoridade dos ricos, embora grande em qualquer período da sociedade, é talvez maior no mais primitivo estágio da sociedade que admita alguma desigualdade considerável de fortuna. Um chefe tártaro, cujos rebanhos e manadas aumentem o suficiente para manter mil homens, não consegue empregar esse aumento de outra maneira que não seja para sustentar mil homens. O estágio primitivo de sua sociedade não lhe permite obter nenhum produto manufaturado, nenhum tipo de quinquilharia ou bugiganga, pelos quais possa trocar a parte da produção bruta que exceda seu consumo próprio. Esses mil homens que assim mantém, por dependerem exclusivamente dele para subsistir, devem tanto obedecer às suas ordens na guerra, como submeter-se à sua jurisdição em tempo de paz. Necessariamente, o chefe é a um só tempo general e juiz, sendo sua condição de chefe conseqüência necessária da superioridade de sua fortuna. Numa sociedade rica e civilizada, é possível que um homem possua uma fortuna muito superior e mesmo assim não seja capaz de comandar uma dúzia de pessoas. Embora a produção de sua propriedade seja suficiente para sustentar – e talvez de fato sustente – mais de mil pessoas, como essas pessoas pagam por tudo o que dele recebem – pois dificilmente ele dará algo a alguém a não ser em troca de um equivalente –, é raro existir alguém que se considere inteiramente dependente dele, de modo que sua autoridade se estende apenas a uns poucos serviçais domésticos. Todavia, é imensa a autoridade da fortuna, mesmo numa sociedade rica e civilizada. A queixa constante de todos os períodos da sociedade em que se admita uma considerável desigualdade de fortuna tem sido a de que essa autoridade é muito superior à que resulta da idade ou de qualidades pessoais. O primeiro período da sociedade, o dos caçadores, não permite tal desigualdade. Aí, a pobreza universal estabelece uma igualdade universal, e a superioridade, quer de idade, quer de qualidades pessoais, garante os fundamentos frágeis, mas absolutos, da autoridade e da subordinação. Nesse período da sociedade, portanto, há pouca ou nenhuma autoridade ou subordinação. O segundo período da sociedade, o dos pastores, admite imensas desigualdades de fortuna, e não há nenhum outro período em que a superioridade de fortuna confira tanta autoridade àqueles que a possuem. Por essa razão, não há nenhum período em que a autoridade e a subordinação estejam mais solidamente estabelecidas. A autoridade de um xarife árabe é extremamente grande, mas a de um cã tártaro é inteiramente despótica.

A quarta dessas causas ou circunstâncias é a superioridade de nascimento. A superioridade de nascimento pressupõe uma antiga superioridade de fortuna na família da pessoa que a reivindica. Todas as famílias são igualmente antigas, e os ancestrais do príncipe, embora talvez sejam mais conhecidos, possivelmente não são mais numerosos que os ancestrais dos miseráveis. Em todos os lugares, a antigüidade da família indica a antigüidade da riqueza ou da grandeza que em geral se funda na riqueza ou que a acompanha. A grandeza do novo rico é, em toda a parte, menos respeitada do que a grandeza antiga. O ódio aos usurpadores, por um lado, o amor à família de um antigo monarca, por outro, em grande medida se fundam sobre o desprezo que os homens naturalmente sentem pelos primeiros e sobre a veneração que revelam pelo segundo. Assim como o oficial militar se submete sem pestanejar a um superior que sempre o comandou, porém não consegue suportar que seja preterido por um inferior, também os homens facilmente se submetem a uma família a que sempre eles e seus ancestrais estiveram submetidos, mas ardem de indignação quando uma outra família, na qual jamais reconheceram qualquer superioridade, assume um certo domínio sobre eles.

Por ser conseqüência da desigualdade de fortuna, a distinção de nascimento não existe nas nações de caçadores, entre os quais todos os homens, sendo iguais em riqueza, são necessariamente quase iguais em nascimento. De fato, até mesmo entre os caçadores é possível que o filho de um homem sábio e valente seja um pouco mais respeitado do que um homem de igual mérito que tem a infelicidade de ser filho de um tolo ou de um covarde. A diferença, porém, não será muito grande, e creio que jamais existiu no mundo uma grande família cujo prestígio fosse inteiramente derivado da herança da sabedoria e da virtude.

A distinção de nascimento não somente pode existir, como também sempre existe, entre as nações de pastores. Como essas nações são sempre alheias a qualquer espécie de fausto, é praticamente impossível que dissipem uma grande riqueza pela prodigalidade imprudente. Assim, não há nenhuma nação que tenha mais famílias reverenciadas e honradas por descenderem de uma numerosa casta de grandes e ilustres ancestrais, porque não há nações entre as quais a riqueza tenha a probabilidade de permanecer tanto tempo nas mãos das mesmas famílias.

É óbvio que o nascimento e a fortuna constituem as duas principais circunstâncias que fazem uma pessoa ser superior a outra. São as duas grandes fontes de distinção pessoal e, portanto, as causas centrais que naturalmente estabelecem a autoridade e a subordinação entre os homens. Entre as nações de pastores as duas causas atuam com toda a sua força. O eminente pastor ou vaqueiro, respeitado em razão de sua grande riqueza e do grande número daqueles que dele dependem para subsistir, e reverenciado em razão da nobreza de seu nascimento e da antiguidade imemorial de sua ilustre família, possui uma autoridade natural sobre todos os pastores ou vaqueiros inferiores de sua horda ou clã. Pode comandar a força unida de um número de pessoas superior à de qualquer outro. Seu poderio militar é maior do que o de todos os outros. Em tempo de guerra, todos eles estão naturalmente mais dispostos a cerrar fileiras sob seu pavilhão do que sob o de qualquer outro, de modo que seu nascimento e sua fortuna naturalmente lhe garantem alguma espécie de poder executivo. Além disso, por comandar a força unida de um número de pessoas superior à de qualquer outro, torna-se mais capaz de constranger aquele que tiver prejudicado outro a reparar o mal. Portanto, é ele a pessoa em quem naturalmente procuram proteção todos os outros que são demasiado fracos para se defender. É a ele que naturalmente se queixam dos danos que imaginam ter sofrido e, nesses casos, todos – mesmo o acusado – se submetem à sua intervenção mais facilmente do que se submeteriam à de qualquer outra pessoa. Assim, seu nascimento e sua fortuna naturalmente lhe asseguram alguma espécie de autoridade judicial.

É na era dos pastores, no segundo período da sociedade, que a desigualdade de fortuna começa a surgir, introduzindo entre os homens um grau de autoridade e subordinação que anteriormente era impossível existir. Com isso, introduz em alguma medida o governo civil indispensável à conservação da riqueza, e parece fazer isso naturalmente, independentemente mesmo da consideração dessa necessidade. É certo que a consideração dessa necessidade vem em seguida contribuir muito para conservar e assegurar essa autoridade e subordinação. Os ricos, em particular, estão necessariamente interessados em manter essa ordem de coisas, a única que lhes pode assegurar a posse de seus próprios benefícios. Os homens de menor riqueza se associam para defender os de maior riqueza na posse de suas propriedades, a fim de que os homens de maior riqueza possam, por sua vez, se associar para defender a propriedade daqueles. Todos os pastores e criadores de ordem inferior percebem que a segurança de seus próprios rebanhos e manadas depende da segurança dos rebanhos e manadas do eminente pastor ou dono de rebanhos; que a conservação de sua autoridade inferior depende da conservação de sua maior autoridade, e que de sua subordinação ao grande pastor depende seu poder de manter seus inferiores em subordinação a eles mesmos. Constituem uma espécie de pequena nobreza, que percebe seu interesse em defender a propriedade e em apoiar a autoridade desse pequeno soberano, para que este tenha condições de defender a propriedade deles e apoiar sua autoridade. Instituído em princípio para a segurança da propriedade, o governo civil é, na realidade, instituído para a defesa dos ricos contra os pobres, ou dos que detêm alguma propriedade contra os que não têm propriedade alguma.

Porém, longe de ser uma fonte de despesas, durante muito tempo a autoridade judicial representou uma fonte de receita para o soberano. Quem a ele recorria em busca de justiça sempre estava a disposto a pagá-la, e um presente nunca deixava de acompanhar uma petição. Mais ainda: uma vez totalmente consolidada a autoridade do soberano, a pessoa considerada culpada, além de ser obrigada a indenizar a parte lesada, era também forçada a pagar uma multa ao soberano. O culpado havia causado problemas, havia perturbado, interrompido a paz de seu senhor, o rei, e por essas ofensas devia-lhe uma multa. Nos governos tártaros da Ásia, nos governos da Europa fundados pelas nações germânica e cita que derrocaram o Império Romano, a administração da justiça constituía uma fonte considerável de receita, tanto para o soberano como para todos os chefes ou senhores inferiores que exerciam, abaixo dele, alguma jurisdição específica, quer sobre uma tribo ou clã particular, quer sobre um determinado território ou distrito. Na origem, o soberano e os chefes inferiores costumavam exercer essa jurisdição pessoalmente. Mais tarde todos eles consideraram conveniente delegá-la a um substituto, bailio ou juiz. Esse substituto, no entanto, ainda se via obrigado a prestar, ao superior ou comitente, as contas dos lucros da jurisdição. Quem ler as instruções[1] fornecidas aos juízes de circunscrição nos tempos de Henrique II verá claramente que esses juízes eram uma espécie de feitores itinerantes, enviados ao interior com o propósito de arrecadar determinada parte da receita do rei. Naquela época, a administração da justiça não somente proporcionava uma certa receita ao soberano, como ainda a obtenção dessa receita era, ao que parece, uma das principais vantagens que se propunha obter com a administração da justiça.

Esse método de tornar a administração da justiça subserviente à arrecadação de receita dificilmente deixava de gerar inúmeros abusos extremamente graves. A pessoa que recorresse à justiça tendo em mãos um grande presente provavelmente recebia algo mais do que justiça, enquanto quem recorresse à justiça trazendo um presente modesto

---

1. Essas instruções podem ser encontradas em *History of England*, de Tyrrell (James Tyrrell, *História geral da Inglaterra, eclesiástica e civil*, volume II, 1700, pp. 576-9).

possivelmente alcançava algo menos que a justiça. Também muitas vezes se retardava a justiça para que o presente se repetisse. Além disso, não raro a multa aplicada ao ofensor podia sugerir uma razão bastante forte para o considerarem culpado, mesmo quando era de fato inocente. A antiga história de todos os países da Europa é uma prova de que esses abusos estavam longe de ser incomuns.

Quando o soberano ou chefe exercia pessoalmente a autoridade judicial, por mais que dela abusasse, era quase impossível conseguir alguma reparação, porque raramente havia alguém suficientemente poderoso para exigir-lhe satisfações. Mas, quando a exercia por intermédio de um bailio, às vezes era possível obter reparação. Se o bailio fosse culpado de um ato de injustiça praticado apenas em benefício próprio, talvez nem sempre o soberano estivesse disposto a puni-lo, ou a obrigá-lo a reparar o dano. Porém, se houvesse cometido algum ato de opressão em benefício do soberano, se fizera isso pensando em cortejar a quem o havia nomeado e preferido, na maior parte dos casos seria tão impossível a reparação, como se o próprio soberano tivesse cometido o ato. Assim, em todos os governos bárbaros, em especial em todos os antigos governos da Europa fundados sobre as ruínas do Império Romano, a administração da justiça mostrou-se durante muito tempo extremamente corrupta. Mesmo sob os melhores monarcas, estava longe de ser rigorosamente eqüitativa e imparcial; sob os piores monarcas, era inteiramente devassa.

Entre as nações de pastores, a manutenção do soberano ou chefe, que é somente o pastor ou dono de rebanho mais eminente da horda ou do clã, depende, como a de qualquer um de seus vassalos ou súditos, do aumento de seus próprios rebanhos e manadas. Do mesmo modo, entre as nações de agricultores, que mal saíram do estágio pastoril e pouco progrediram desde então – como, por exemplo, parecem ter sido as tribos gregas no tempo da guerra contra Tróia, e nossos ancestrais germânicos e citas, logo depois de se estabelecerem sobre as ruínas do Império Ocidental –, o soberano ou chefe é somente o maior proprietário de terras do país, e é mantido, tal como qualquer outro proprietário, por uma renda que obtém de suas terras privadas, ou do que, na Europa moderna, denominava-se o domínio da Coroa. Em situações normais, seus súditos nada contribuíam para seu sustento, salvo quando necessitavam de sua autoridade para se protegerem da opressão de outros súditos. Os presentes que lhe fazem nessas ocasiões constituem a única receita regular, a totalidade das remunerações que, à exceção talvez de casos de extrema urgência, o soberano consegue obter de seu domínio sobre os súditos. Em Homero, quando Agamenon oferece a Aquiles, como prova de amizade, a soberania de sete cidades gregas, a única vantagem que menciona como provável resultado disso é ser honrado pelo povo com presentes. Enquanto esses presentes, enquanto os emolumentos da justiça, ou do que se pode chamar de honorários do tribunal, constituíam a única receita normal que o soberano extraía de sua soberania, era difícil esperar, nem sequer decente propor, que desistisse deles completamente. Podia-se propor, como aliás freqüentemente acontecia, que se regulamentassem e fixassem esses emolumentos. Todavia, depois de serem assim regulamentados e fixados, continuava ainda a ser muito difícil, para não dizer impossível, impedir uma pessoa que era todo-poderosa de estendê-los para além das regulamentações. Por isso, enquanto perdurou esse estado de coisas, a corrupção da justiça – resultado inevitável da natureza arbitrária e incerta desses presentes – quase nunca admitia qualquer remédio eficaz.

Mas, quando, por causas várias – sobretudo em razão do contínuo aumento dos gastos com a defesa da nação contra a invasão de outras nações –, os bens fundiários do soberano vieram a se tornar completamente insuficientes para custear as despesas da soberania, e quando se fez necessário que o povo, para sua própria segurança, contribuísse para cobrir essas despesas com impostos de diferentes espécies, parece ter-se tornado muito comum estipular que nem o soberano, nem seus bailios ou substitutos (os juízes), aceitariam, sob qualquer pretexto, algum tipo de presente pela administração da justiça. Ao que parece, supõe-se que fosse mais fácil abolir integralmente os presentes do que regulamentá-los e fixá-los efetivamente. Estabeleceu-se que os juízes passariam a receber salários fixos, os quais supostamente deveriam compensar a perda da parte que eventualmente lhes caberia dos antigos emolumentos da justiça, assim como os tributos mais do que compensavam o soberano pela perda dos dele. Considerou-se então que a justiça passaria a ser administrada gratuitamente.

No entanto, em país nenhum a justiça foi de fato administrada gratuitamente. Era necessário que ao menos advogados e defensores fossem sempre pagos pelas duas partes envolvidas e, quando isso não acontecia, cumpriam seu dever com má-vontade acima da comum. Os honorários anualmente pagos a advogados e defensores representam, em todos os tribunais, uma soma muito superior aos salários pagos aos juízes. O fato de serem esses salários pagos pela Coroa em lugar algum vem a diminuir as custas obrigatórias de um processo judicial. Porém, não foi tanto para diminuir as custas, mas para evitar a corrupção da justiça, que se proibiu aos juízes receber presentes ou honorários das partes litigantes.

Por si mesmo, o cargo de juiz confere tamanha honra que os homens o aceitam com prazer, embora seus vencimentos sejam bastante reduzidos. O cargo inferior de juiz de paz, ainda que cercado de inúmeros problemas e, em muitos casos, não remunerado, é objeto de ambição para a maioria de nossa aristocracia rural. Em qualquer país civilizado, os salários de todas as diferentes categorias de juízes, somados ao custo total da administração e execução da justiça, mesmo quando não gerida de acordo com a mais estrita economia, constituem apenas uma parte insignificante das despesas gerais do governo.

Além disso, a despesa total com a justiça poderia ser facilmente custeada pelos honorários do tribunal, aliviando-se totalmente, assim, a receita pública de um ônus fixo, embora talvez pequeno, sem expor a administração da justiça ao risco real de corrupção. É difícil determinar efetivamente os honorários do tribunal quando uma pessoa tão poderosa como o soberano toma parte neles e aufere uma parcela considerável de sua receita. Por outro lado, é muito fácil determiná-los quando o juiz é a única pessoa que pode colher algum benefício deles. Enquanto a lei pode, com muita facilidade, obrigar o juiz a respeitar a regulamentação, nem sempre consegue fazer que o soberano a respeite. Quando os honorários dos tribunais são rigorosamente regulamentados e fixados, quando são pagos de uma só vez, num certo período de cada processo, diretamente a um caixa ou tesoureiro, para que os distribua em determinadas proporções conhecidas aos diferentes juízes, depois de concluído o processo, e não antes disso, o perigo de corrupção não é maior do que o gerado pela abolição sumária desses honorários. Esses honorários poderiam vir a ser totalmente suficientes para custear as despesas totais da justiça, sem contudo gerarem um aumento considerável nas custas de um processo. Se fossem pagos aos juízes somente depois de concluído o processo, poderiam representar um certo estímulo ao trabalho diligente do tribunal em seu exame e decisão. Nos tribunais constituídos de um número considerável de juízes, se a parte de cada juiz fosse calculada proporcionalmente ao número de horas e dias empregados no exame do processo, tanto no tribunal, como numa comissão designada pelo tribunal, esses honorários de algum modo poderiam estimular os juízes a trabalhar com diligência. Somente quando a recompensa resulta diretamente do desempenho é que os serviços públicos são bem executados, sendo então a recompensa proporcional à diligência com que esses serviços foram executados. Nas diferentes assembléias legislativas da França, os honorários do tribunal (chamados de *épices* e *vacations*) representam a parte principal dos vencimentos dos juízes. Depois de feitas todas as deduções, o salário líquido que a Coroa paga a um consultor ou juiz na Assembléia Legislativa de Toulouse – o segundo Parlamento da França em hierarquia e dignidade – equivale apenas a 150 libras francesas, ou cerca de 6 libras esterlinas e 11 shillings por ano. Há sete anos, essa soma representava, também em Toulouse, os salários normais que um mero soldado de infantaria recebia anualmente. Além disso, a distribuição dessas *épices* se faz de acordo com a diligência dos juízes. Um juiz diligente ganha, pelo seu ofício, uma remuneração satisfatória, ainda que módica; um juiz indolente recebe um pouco mais do que seu salário. Talvez essas assembléias não sejam, sob inúmeros aspectos, tribunais de justiça muito convenientes. Porém, jamais foram acusadas – nem mesmo suspeitas – de corrupção.

Parece que inicialmente os diferentes tribunais de justiça da Inglaterra retiravam seu principal sustento dos honorários do tribunal. Cada corte se empenhava em atrair para si o maior número de casos possíveis e por essa razão se dispunha a tomar conhecimento de muitos processos que, originalmente, não se destinavam à sua jurisdição. O Tribunal do Rei*, instituído unicamente para julgar ações criminais, examinava também processos civis, bastando o querelante alegar que o réu, ao não lhe fazer justiça, era culpado de algum delito ou contravenção. O Tribunal da Fazenda Pública, instituído para recolher a receita do rei e

---

* *The Court of King's Bench*, no original. Inicialmente, esse tribunal não se situava num local definido, já que os juízes acompanhavam o rei em suas viagens pelo reino. Julgava os casos criminais relativos ao rei ou casos que afetavam pessoas importantes que possuíam o privilégio de ser julgadas apenas pelo próprio rei. No século XIV, perde suas ligações com o rei e seu conselho, tornando-se meramente um tribunal da *common law*, mas conservando seus poderes quase políticos. Hoje, é o órgão máximo que decide a última instância, e equivale ao Tribunal Superior de Justiça. (N. T.)

para cobrar o pagamento de dívidas contraídas exclusivamente para com o rei, também julgava todas as outras dívidas; bastava o queixoso alegar que não pagaria o rei por não ter recebido pagamento do réu. Como resultado dessas ficções jurídicas, em muitos casos veio a depender exclusivamente das partes litigantes escolher perante que tribunal apresentariam sua ação para ser julgada. Daí cada tribunal se empenhar em atrair a si o máximo de ações possíveis, mostrando-se mais célere e imparcial. Talvez a admirável constituição atual dos tribunais de justiça da Inglaterra resulte, em grande medida, originalmente desta emulação que no passado existia entre os respectivos juízes: cada juiz se esforçava por provocar, em seu próprio tribunal, o recurso mais rápido e eficaz que a lei admitia para toda espécie de injustiça. A princípio, os tribunais determinavam indenizações unicamente por quebra de contrato. O Tribunal da Chancelaria, como tribunal de consciência, primeiramente tomou para si obrigar ao cumprimento específico de acordos. Quando a quebra do contrato consistia no não pagamento de dinheiro, somente era possível compensar o prejuízo sofrido ordenando o pagamento, o que era equivalente a um cumprimento específico do acordo. Nesses casos, portanto, o recurso apresentado pelos tribunais de justiça era suficiente. Porém não em outros. Quando o rendeiro processava o proprietário por tê-lo expulso da terra injustamente, as indenizações que recebia não eram, de modo nenhum, equivalentes à posse da terra. Por isso, durante algum tempo essas ações corriam, todas, no Tribunal da Chancelaria, para grande prejuízo dos tribunais de Justiça. Afirma-se que foi para novamente atrair ações como essas que os tribunais de Justiça inventaram a artificial e fictícia Ordem de Despejo, solução mais eficaz para uma expulsão ou desapropriação injusta da terra*.

---

* Veja-se, a esse respeito, *supra*, Livro III, Capítulo II. (N. T.)

Uma taxa de selo sobre os processos judiciais de cada tribunal específico, a ser arrecadada por esse tribunal e empregada na manutenção dos juízes e outros funcionários a ele pertencentes, poderia, do mesmo modo, proporcionar uma receita suficiente para custear a despesa da administração da justiça, sem acarretar nenhum ônus ao rendimento geral da sociedade. Nesse caso, decerto os juízes poderiam se sentir tentados a multiplicar desnecessariamente os trâmites de cada processo, a fim de aumentar o mais possível a produção dessa taxa de selo. Tem sido a praxe na Europa moderna fixar, em muitas ocasiões, o pagamento dos advogados e funcionários do tribunal de acordo com o número de páginas que precisam redigir, embora o tribunal exija que toda página contenha um determinado número de linhas, e cada linha, um determinado número de palavras. Para aumentar seu pagamento, os advogados e funcionários tramaram multiplicar as palavras para além do necessário, o que creio ter contribuído para corromper a linguagem jurídica de todos os tribunais de justiça da Europa. É possível que essa mesma tentação tenha causado idêntica corrupção na forma dos procedimentos legais.

Porém, quer a administração da justiça seja planejada de modo a custear as próprias despesas, quer os juízes sejam mantidos com salários fixos, pagos a eles por algum outro fundo, não parece necessário confiar à pessoa ou às pessoas encarregadas do poder executivo a gerência desse fundo ou o pagamento desses salários. Esse fundo poderia provir do arrendamento de propriedades fundiárias, e a administração de cada propriedade estaria a cargo do tribunal específico a ser por ela mantido. Esse fundo poderia provir até mesmo dos juros de uma quantia em dinheiro, cujo empréstimo poderia, igualmente, ficar a cargo do tribunal a ser por ela mantido. Uma parte, embora de fato pequena, do salário dos juízes do Tribunal de Sessão* da Escócia provém

---

* É o Supremo Tribunal escocês. (N. T.)

dos juros de uma quantia em dinheiro. Ao que parece, entretanto, a inevitável instabilidade desse fundo parece torná-lo inadequado para a manutenção de uma instituição que devia durar para sempre.

Talvez a separação entre os poderes judiciário e executivo se deva, inicialmente, ao crescente volume de negócios da sociedade, em conseqüência de seu crescente aperfeiçoamento. A administração judicial se tornou uma tarefa tão trabalhosa e complexa, que passou a exigir atenção exclusiva da pessoa a quem estava confiada. Como a pessoa encarregada do poder executivo não dispunha de tempo para se dedicar pessoalmente à decisão das causas privadas, indicou um representante para as decidir em seu lugar. Com o avanço do poderio romano, o cônsul se encontrava ocupado demais com as questões políticas do Estado para acompanhar a administração da justiça. Por isso, foi designado um pretor para a administrar em seu lugar. Com o avanço das monarquias européias fundadas sobre as ruínas do Império Romano, os soberanos e os grandes senhores passaram, em geral, a considerar a administração da justiça uma tarefa a um só tempo demasiado trabalhosa e demasiado ignóbil para que eles mesmos a exercessem. Portanto, muitos se livraram desse ônus, nomeando em seu lugar um delegado, bailio ou juiz.

Quando o poder judiciário se encontra unido ao poder executivo, é quase impossível evitar que a justiça muitas vezes seja sacrificada ao que vulgarmente se chama política. As pessoas a quem se confiam os grandes interesses do Estado às vezes podem, mesmo sem ter nenhum desígnio corrupto, imaginar que é necessário sacrificar a esses interesses os direitos de um indivíduo privado. Ora, é da administração imparcial da justiça que depende a liberdade de cada indivíduo, o senso que possui de sua própria segurança. Para cada indivíduo se sentir perfeitamente seguro na posse de todos os direitos a ele pertencentes, é necessário não apenas que o poder judiciário esteja separado do poder executivo, como ainda que seja, o mais possível, independente deste poder. O juiz não deveria estar sujeito a ser removido de seu cargo por um capricho do poder executivo. O pagamento regular de seu salário não deveria depender da boa vontade ou, até mesmo, da boa situação econômica desse poder.

Parte III

Dos gastos com as obras e instituições públicas

O terceiro e último dever do soberano ou da república é a criação e manutenção daquelas instituições e obras públicas que, embora possam ser extremamente benéficas a uma grande sociedade, são, contudo, de tal natureza que o lucro jamais conseguiria restituir a despesa de um indivíduo ou de um pequeno número de indivíduos. Portanto, não é possível esperar que um indivíduo ou um pequeno número de indivíduos as crie ou as mantenha. Além disso, o cumprimento desse dever exige despesas cujo montante varia muito, conforme os diferentes períodos da sociedade.

Depois das instituições e obras públicas necessárias para a defesa da sociedade e para a administração da justiça (já mencionadas acima), as outras obras e instituições desse gênero são basicamente as que se destinam a facilitar o comércio da sociedade e a promover a instrução do povo. São de duas espécies as instituições voltadas para a instrução: as que visam à educação da juventude, e as que visam à instrução dos homens de todas as idades. Para examinar o modo como a despesa desses diferentes tipos de obras e instituições públicas pode ser mais propriamente custeada, dividiu-se esta terceira parte do presente capítulo em três distintos artigos.

ARTIGO I

Das obras e instituições públicas destinadas a facilitar o comércio da sociedade. Primeiro, as que são necessárias para facilitar o comércio em geral

É evidência a prescindir de prova que a criação e manutenção de obras públicas cuja finalidade seja facilitar o comércio de um país qualquer – tais como boas estradas, pontes, canais navegáveis, portos etc. – necessariamente exigem níveis extremamente variados de despesas, conforme os diferentes períodos da sociedade. É evidente que a despesa de fazer e conservar as vias públicas de qualquer país deve aumentar em proporção à produção anual da terra e do trabalho desse país, ou em proporção à quantidade e ao peso dos bens que se torna necessário trazer e transportar por essas vias. A resistência de uma ponte deve necessariamente ser adequada ao número e peso dos carros que provavelmente passarão por ela. A profundidade e o volume de água de um canal navegável precisam ser proporcionais ao número e tonelagem das barcaças que provavelmente transportarão mercadorias ao longo desse canal, e as dimensões de um porto precisam se ajustar ao número de embarcações que provavelmente nele ancorarão.

Não parece necessário que as despesas realizadas com essas obras públicas sejam custeadas pela receita pública, como é normalmente chamada, cujo recolhimento e aplicação cabem, em muitos países, ao poder executivo. A maior parte dessas obras públicas pode facilmente ser administrada de tal maneira, que elas mesmas gerem uma receita específica suficiente para cobrir os próprios custos, sem acarretar nenhum ônus à receita geral da sociedade.

Por exemplo, em muitos casos é possível construir e conservar uma estrada, uma ponte, um canal navegável, cobrando-se um pequeno pedágio dos veículos que os atravessam; um porto, cobrando-se uma taxa portuária moderada das embarcações que aí são carregadas e descarregadas. Em vários países, a cunhagem de moeda – outra instituição que serve para facilitar o comércio – não apenas cobre suas próprias despesas, como ainda gera uma pequena receita ou senhoriagem ao soberano. Os serviços postais, outra instituição voltada para o mesmo propósito, além de cobrir as próprias despesas, ainda geram, em quase todos os países, uma receita bastante considerável ao soberano.

Quando os veículos que atravessam uma estrada ou uma ponte, e as barcaças que navegam um canal, pagam um pedágio proporcional a seu peso e tonelagem, pagam pela conservação dessas obras públicas exatamente na proporção dos desgastes que neles provocam. Parece quase impossível inventar um meio mais eqüitativo de conservar essas obras. Além disso, esse imposto ou pedágio, embora seja pago inicialmente pelo transportador, é no fim das contas pago pelo consumidor, que sempre deverá ser tributado no preço das mercadorias. Porém, como essas obras públicas acabam por reduzir consideravelmente as despesas de transporte, as mercadorias, apesar do pedágio, chegam mais baratas ao consumidor do que de outro modo chegariam, já que o aumento de preço decorrente do pedágio é inferior à redução de preço decorrente do barateamento do transporte. A pessoa que ao final paga esse imposto, portanto, ganha nessa aplicação mais do que perde com o pagamento do imposto. Seu pagamento é exatamente proporcional a seu ganho. Na realidade, é somente a uma parte desse ganho que está obrigada a renunciar para obter o resto. Parece impossível conceber um método mais eqüitativo de se arrecadar um imposto.

Quando o pedágio sobre veículos de luxo, coches, diligências postais etc. é um pouco mais elevado em razão do peso do que o cobrado sobre veículos que transportam bens de primeira necessidade – como carretas, carroças etc. –, força-se a indolência e a vaidade dos ricos a contribuir de maneira muito simples para o auxílio dos pobres, já que com isso se torna mais barato o transporte de mercadorias pesadas a todas as diferentes regiões do país.

Assim, quando o comércio constrói e conserva as estradas, pontes, os canais etc. que utiliza, essas obras somente podem ser construídas onde o comércio as exigir e, conseqüentemente, onde for conveniente construí-las. Mais ainda, os gastos com essas obras, sua grandiosidade e magnificência forçosamente se adaptam ao que esse comércio tem condições de pagar. Por conseguinte, devem ser construídas na medida em que for conveniente construí-las. Não se pode construir uma estrada suntuosa numa região deserta, onde exista pouco ou nenhum comércio, ou então simplesmente porque conduz, por acaso, à casa de campo do intendente da província, ou à casa de algum nobre eminente a quem o intendente considera apropriado lisonjear. Não se pode construir uma grande ponte sobre um rio num lugar onde ninguém passa, ou então simplesmente para embelezar a vista das janelas de um palácio vizinho. Coisas assim às vezes acontecem em países nos quais obras como essas são realizadas com receitas de outros, e não com as receitas que os próprios países têm condições de gerar.

Em diversas regiões da Europa, o pedágio ou tarifa que se paga para atravessar as comportas de um canal é propriedade de indivíduos privados, cujos interesses particulares os obrigam a conservar o canal. Se o canal não estiver em razoável estado de conservação, necessariamente toda e qualquer navegação deixa de existir, e com ela cessa também todo lucro que conseguiriam obter com o pedágio. Comissários que porventura viessem a administrar esses pedágios, não tendo pessoalmente nenhum interesse neles, seriam possivelmente menos cuidadosos com o estado de conservação das obras geradoras dessas tarifas. O canal de Languedoc custou ao rei da França e à província mais de 13 milhões de libras francesas, que (a 28 libras francesas por marco de prata, valor da moeda francesa no final do século passado) superavam a soma de 900 mil libras esterlinas. Quando se concluiu essa grande obra, descobriu-se que o método mais indicado para conservá-la sempre em bom estado era dar os pedágios como presente a Riquet, o engenheiro que planejou e conduziu a obra. Atualmente, esses pedágios constituem, para os diferentes ramos da família desse cavalheiro, um bem tão valioso, que todos têm grande interesse em manter a obra em bom estado. Ora, se esses pedágios fossem administrados por comissários, os quais obviamente não teriam tal interesse, talvez fossem dissipados em despesas supérfluas e desnecessárias, enquanto a parte mais essencial da obra acabaria por se converter numa ruína.

Do ponto de vista da segurança, não há como os pedágios cobrados para a conservação de estradas serem de responsabilidade de indivíduos particulares. Ao contrário do que ocorre com um canal, uma estrada não se torna completamente intransitável, mesmo se estiver inteiramente abandonada. Por isso, os responsáveis pela cobrança de pedágios nas estradas poderiam negligenciar completamente a conservação delas, e ainda assim continuar a cobrar quase as mesmas tarifas. É adequado, portanto, que os pedágios destinados à conservação de obras como essa sejam administrados por comissários ou encarregados.

Na Grã-Bretanha, os abusos cometidos por esses encarregados na administração desses pedágios foram, em muitos casos, justificadamente criticados. Segundo contam, em muitos postos de pedágio o dinheiro arrecadado representa mais do que o dobro do necessário para executar perfeitamente um trabalho que, freqüentemente, é realizado do modo mais negligente possível, e algumas vezes nem é realizado. É necessário observar que o sistema de conservação de estradas por meio de pedágios não é muito antigo. Não devemos nos admirar, portanto, se ainda não tiver alcançado o grau de perfeição de que parece suscetível. Se freqüentemente são nomeados como curadores homens medíocres e incapazes, e se ainda não foram criados tribunais adequados para inspecionar e fiscalizar sua conduta, e para reduzir os pedágios ao estritamente necessário para realizar as obras que devem executar, o caráter recente da instituição a um só tempo explica e desculpa essas falhas, que no momento oportuno serão, em sua maioria, gradualmente sanadas pela sabedoria do Parlamento.

O dinheiro arrecadado nos diferentes postos de pedágio da Grã-Bretanha é, segundo se supõe, tão superior ao necessário para consertar as estradas, que mesmo alguns ministros consideram as economias geradas por uma administração adequada desses pedágios como uma grande fonte de receitas, que a qualquer momento poderia ser aplicada para atender às necessidades do Estado. Afirma-se que, se o governo assumisse a administração dos postos de pedágio e empregasse soldados – que trabalhariam por um pequeno adicional a seu soldo –, teria condições de manter as estradas em bom estado, com um custo muito menor do que o acarretado por curadores, os quais somente podem empregar operários cuja subsistência depende inteiramente dos próprios salários. Alega-se que seria possível desse modo gerar uma grande receita, talvez de meio milhão[2], sem lançar nenhum novo ônus ao povo. Com isso, os postos de pedágio poderiam contribuir para a receita geral do Estado, a exemplo do que acontece hoje com os serviços postais.

Não tenho nenhuma dúvida de que dessa maneira seria possível obter uma receita considerável, embora um pouco menor do que a sugerida pelos autores desse projeto. Porém, o projeto em si mesmo parece dar margens a várias objeções bastante sérias.

Em primeiro lugar, se as tarifas recolhidas nos postos de pedágio fossem um dia consideradas como uma das fon-

---

2. Desde a publicação das duas primeiras edições deste livro, venho tendo boas razões para acreditar que o total das tarifas de pedágio recolhidas na Inglaterra não gera uma receita líquida que atinja meio milhão – quantia que, sob a administração do governo, não seria suficiente para conservar em bom estado cinco das principais estradas do reino.* (Esta nota e a seguinte só aparecem pela primeira vez na 3.ª edição da obra.) (N. T.)

tes de recurso para atender às necessidades do Estado, certamente sofreriam aumentos conforme essas necessidades supostamente exigissem. Segundo a política da Grã-Bretanha, portanto, é provável que essas tarifas aumentassem muito depressa. A facilidade com que uma grande receita poderia ser delas obtida provavelmente incentivaria a administração a lançar mão desse recurso com muita freqüência. Embora talvez seja bastante duvidoso que as atuais tarifas, geridas com alguma diligência, permitam uma economia de meio milhão, é bastante certo que se poderia economizar um milhão se as tarifas dobrassem, e talvez dois milhões, se triplicassem[3]. Além disso, seria possível arrecadar essa vultosa receita sem que fosse necessário contratar um único oficial para coletá-la e recebê-la. Mas, se as tarifas de pedágio sofressem assim aumentos contínuos, em vez de facilitarem o comércio interno do país, como ocorre atualmente, logo viriam a se tornar um grande obstáculo a esse comércio. Em pouco tempo, as despesas de transporte de todas as mercadorias pesadas de uma região a outra do país aumentariam tanto, conseqüentemente o mercado para esses bens se tornaria tão restrito, que haveria um notável desestímulo a sua produção, e os mais importantes setores da atividade interna seriam totalmente aniquilados.

Em segundo lugar, embora seja muito justo quando aplicado com o único propósito de consertar as estradas, um imposto de transporte proporcional ao peso dos veículos é bastante injusto quando aplicado com qualquer outro propósito, ou para atender às necessidades normais do Estado. Quando aplicado exclusivamente para o propósito acima mencionado, supõe-se que todo veículo pague exatamente pelo desgaste que provoca nas estradas. Porém, quando aplicado para outro propósito qualquer, supõe-se que todo veículo pague mais do que esse desgaste, e então contribua

---

3. Tenho agora boas razões para acreditar que todas essas somas conjecturais são bastante exageradas.

para atender a alguma outra necessidade urgente do Estado. Ora, como a tarifa de pedágio faz o preço das mercadorias aumentar em proporção a seu peso, e não a seu valor, é basicamente o consumidor de mercadorias comuns e volumosas quem a paga, não o consumidor de bens preciosos e leves. Assim, seja qual for a necessidade urgente do Estado a que essa tarifa pretenda atender, a urgência seria basicamente atendida à custa dos pobres, não dos ricos, à custa dos que têm menos condições de atendê-la, não dos que têm mais.

Em terceiro lugar, se em algum momento o governo negligenciasse a reparação das vias públicas, seria ainda mais difícil do que é hoje compelir à correta aplicação de qualquer parcela das tarifas de pedágio. Seria possível então recolher do povo uma grande receita, sem que nenhuma parte dela fosse aplicada ao único propósito pelo qual se devia aplicar sempre uma receita arrecadada dessa maneira. Se nos dias de hoje a obscuridade e penúria dos curadores tornam às vezes difícil obrigá-los a reparar seus erros, sua importância e riqueza, na hipótese ora admitida, tornariam isso dez vezes mais difícil.

Na França, os fundos destinados à reparação das estradas estão sob o controle direto do poder executivo. Esses fundos consistem, em parte, num certo número de dias de trabalho que os camponeses são, na maior parte da Europa, obrigados a fornecer para a reparação das vias públicas e, em parte, em certa parcela da receita geral do Estado que o rei escolher poupar de suas outras despesas.

Pela antiga legislação francesa, bem como pela legislação da maioria dos outros países europeus, o trabalho dos camponeses estava sob o controle de uma magistratura local ou provincial, que não dependia diretamente do conselho real. Mas, pela prática atual, tanto o trabalho dos camponeses como qualquer outro fundo que o rei queira destinar à reparação das vias públicas de qualquer província específica ou do país em geral estão inteiramente sob o controle do intendente, um funcionário nomeado e exonerado pelo conselho real, cujas ordens acata e com o qual mantém contato permanente. Na medida em que o despotismo avança, a autoridade do poder executivo gradualmente absorve a de todos os outros poderes existentes no Estado, tomando para si, pois, a administração de todas as fontes de receita destinada a fins públicos. Na França, porém, as grandes estradas de posta, as que fazem a ligação entre as principais cidades do reino, em geral se encontram em bom estado de conservação, sendo em algumas províncias até melhores do que a maior parte das estradas com postos de pedágio da Inglaterra. Todavia, as assim chamadas estradas transversais – ou seja, a grande maioria das estradas do país – estão completamente abandonadas, e por isso em muitos lugares são absolutamente intransitáveis para veículos de cargas pesadas. Em alguns pontos, é até mesmo perigoso viajar a cavalo, razão por que as mulas são o único meio de transporte em que se pode confiar com certa segurança. Muitas vezes o orgulhoso ministro de uma Corte ostentosa sente prazer em realizar uma obra esplêndida e magnífica como uma grande estrada, que não raro é apreciada pela alta nobreza, cujos aplausos não somente afagam a vaidade desse ministro, como também contribuem para reforçar sua influência na Corte. No entanto, realizar inúmeras obras pequenas, nas quais nada do que se faça salta aos olhos nem suscita a mínima admiração de um viajante, e que em suma nada possuem de especial que as recomende, salvo sua extrema utilidade, é uma atividade que parece, sob todos os aspectos, demasiado mesquinha e miserável para merecer a atenção de tão eminente magistrado. Portanto, uma administração como essa quase sempre deixa inteiramente de lado obras desse tipo.

Na China e em vários outros governos da Ásia, o próprio poder executivo se encarrega da reparação das vias, bem como da conservação dos canais navegáveis. Conta-se que, entre as instruções recebidas pelo governador de cada província, está sempre a de atentar para essas finalidades, e o juízo que a Corte faz de sua conduta é em grande medida determinado pela atenção que o governador prestou a essa parte das instruções. Daí dizerem que esse setor da política pública é bastante considerado em todos esses países, particularmente na China, onde se pretende que as estradas, e mais ainda os canais navegáveis, superem tudo o que se conheça de similar na Europa. Porém, em geral os relatos dessas obras que nos chegam até a Europa foram escritos por viajantes irresolutos e facilmente impressionáveis, não raro por missionários estúpidos e mentirosos. Se olhos mais inteligentes examinassem essas obras e se suas descrições fossem escritas por testemunhas mais confiáveis, talvez não nos parecessem tão maravilhosas. O relato que faz Bernier a respeito de algumas obras desse gênero no Indostão está muito longe do que contam outros viajantes, mais inclinados do que ele a se maravilhar*. Talvez aconteça nesses países o mesmo que acontece na França, onde são bem cuidadas as grandes estradas, as grandes vias de comunicação que possivelmente fornecem assunto para conversas na Corte e na capital, e negligenciadas todas as demais. Além disso, na China, no Indostão e em muitos outros governos da Ásia, a receita do soberano provém quase exclusivamente de um imposto territorial ou de uma renda fundiária, que aumenta ou diminui conforme o aumento ou queda da produção anual da terra. Nesses países, portanto, o grande interesse do soberano – sua receita – está necessária e diretamente relacionado ao cultivo da terra, ao volume e ao valor de sua produção. Ora, para aumentar ao máximo o volume e o valor dessa produção, é necessário proporcionar-lhe um mercado o mais amplo possível e, conseqüentemente, criar as vias de comunicação mais livres, mais fáceis e mais baratas entre todas as dife-

---

* *Voyages de François Bernier*, Amsterdam, 1710. (N. T.)

rentes regiões do país, o que somente é possível por meio de melhores estradas e melhores canais navegáveis. No entanto, em parte alguma da Europa a receita do soberano provém exclusivamente de um imposto ou da renda fundiária. Ainda que em todos os grandes reinos europeus a maior parte dessa receita possa depender, em última instância, da produção da terra, essa dependência não é, contudo, tão direta nem tão evidente. Portanto, na Europa o soberano nem se sente diretamente exortado a promover o aumento tanto do volume como da produção da terra, nem a proporcionar o mercado mais amplo possível a essa produção, conservando em bom estado estradas e canais. Assim, ainda que fosse verdade – e, a meu ver, não existe nenhuma dúvida a esse respeito – que em algumas regiões da Ásia o poder executivo administra bastante bem esse setor da política pública, não há a mínima probabilidade de que, no atual estado de coisas, o mesmo setor pudesse ser satisfatoriamente administrado por esse poder em qualquer parte da Europa.

Mesmo as obras públicas que não podem, por sua própria natureza, gerar nenhuma receita para a própria conservação, mas cuja utilidade se limita a um certo distrito ou lugar, sempre são mais bem conservadas com uma receita local ou provincial, sob a direção de uma administração, do que com a receita geral do Estado, cuja administração sempre deve caber ao poder executivo. Caso fosse necessário iluminar e pavimentar as ruas de Londres à custa do Tesouro, que probabilidade haveria de serem tão bem iluminadas e pavimentadas como são hoje, ou mesmo a um custo tão baixo? Além disso, em vez de ser coberta por um tributo local arrecadado aos moradores de determinada rua, paróquia ou distrito de Londres, a despesa seria, nesse caso, custeada pela receita geral do Estado e, conseqüentemente, coberta por um tributo arrecadado a todos os habitantes do reino, a maior parte dos quais não extrai nenhum benefício da iluminação e pavimentação das ruas de Londres.

Por mais exorbitantes que possam parecer, os abusos que às vezes se insinuam na administração de uma receita local ou provincial são na realidade quase sempre bastante insignificantes, se comparados aos que usualmente ocorrem na administração e nos gastos da receita de um grande império. Além disso, é muito mais fácil corrigi-los. Sob a administração local ou provincial dos juízes de paz da Grã-Bretanha, os seis dias de trabalho que os camponeses são obrigados a fornecer para a reparação das vias públicas talvez nem sempre sejam aplicados criteriosamente, mas jamais são cobrados com particular crueldade ou opressão. Na França, sob a administração dos intendentes, a aplicação desse trabalho nem sempre é mais criteriosa, enquanto a cobrança é, não raro, muito mais cruel e opressiva. Essas *corvées*, como são chamadas, representam um dos principais instrumentos de tirania com os quais os funcionários castigam qualquer paróquia ou *communauté* que teve o azar de causar-lhes irritação.

DAS OBRAS E INSTITUIÇÕES PÚBLICAS NECESSÁRIAS PARA FACILITAR CERTOS SETORES ESPECÍFICOS DO COMÉRCIO

A finalidade das obras e instituições públicas acima mencionadas é facilitar o comércio em geral. Entretanto, para facilitar alguns setores específicos do comércio são necessárias instituições específicas que, por sua vez, exigem um gasto especial e extraordinário.

Alguns ramos específicos do comércio, realizados com nações bárbaras e incivilizadas, exigem uma proteção extraordinária. Um armazém ou uma feitoria comum pouca segurança poderiam oferecer aos bens dos comerciantes que fazem negócios na costa ocidental da África. Para defendê-los dos bárbaros nativos é necessário que o local onde estão depositados seja, em certa medida, fortificado. As desordens no governo do Indostão teriam supostamente tornado a mesma precaução igualmente necessária, mesmo entre essa gente tão dócil e pacata, e foi sob o pretexto de proteger suas pessoas e propriedades da violência que a Companhia das Índias Orientais, tanto da França como da Inglaterra, obtiveram permissão de construir as primeiras fortificações que possuíam naquele país. Entre outras nações, cujos governos fortes não admitem que estrangeiros detenham locais fortificados no interior de seu território, poderá ser necessário manter algum embaixador, ministro ou cônsul que tenha condições de resolver, de acordo com os costumes locais, as divergências que surgirem entre seus conterrâneos e, se as disputas se derem entre estes e os nativos, de interferir com maior autoridade, em virtude de seu caráter público, oferecendo-lhes uma proteção mais efetiva do que poderiam esperar de uma pessoa privada. Os interesses do comércio tornaram necessário manter ministros em países estrangeiros, mesmo quando os propósitos da guerra ou da aliança não os exigiram. O comércio da Companhia Turca levou a que se instalasse um embaixador em Constantinopla. As primeiras embaixadas inglesas na Rússia resultaram exclusivamente de interesses comerciais. Provavelmente, a constante interferência que esses interesses necessariamente provocaram entre os súditos dos diferentes Estados da Europa introduziu o costume de manter, mesmo em tempos de paz, embaixadores ou ministros com residência fixa em todos os países vizinhos. Tal costume, desconhecido no passado, não parece remontar a antes do final do século XV ou início do XVI, ou seja, à época em que o comércio começou a se estender à maior parte das nações da Europa, e quando estas começaram a cuidar dos próprios interesses.

Parece razoável que a despesa extraordinária gerada pela proteção a um setor específico do comércio seja custeada por um tributo mediano incidente sobre o respectivo setor; por exemplo, por uma taxa moderada a ser paga por comerciantes logo quando iniciam suas atividades ou, o que é mais justo, por uma determinada percentagem sobre os bens que importam dos países específicos com os quais mantêm comércio, ou sobre as mercadorias exportadas a esses países. Segundo se afirma, foi a proteção ao comércio em geral, contra ataques de piratas e flibusteiros, que levou à criação de taxas alfandegárias. Ora, se para custear as despesas de proteção ao comércio em geral se considerou razoável impor um tributo geral sobre o comércio, então era igualmente razoável impor um tributo específico sobre um ramo específico do comércio para custear as despesas extraordinárias de proteção a esse mesmo ramo.

Sempre se pensou que a proteção ao comércio em geral fosse essencial à defesa da República e, por essa razão, uma parte necessária do dever do poder executivo. Portanto, sempre se legaram a esse poder o recolhimento e a aplicação de taxas alfandegárias gerais. Ora, a proteção a um ramo específico do comércio é uma parte da proteção geral ao comércio, uma parte, portanto, do dever do poder executivo; e se as nações sempre agissem com coerência as taxas específicas arrecadadas com a finalidade de garantir essa proteção específica sempre teriam sido igualmente deixadas às ordens desse poder. Porém, nesse como em muitos outros aspectos, as nações nem sempre agiram com coerência: na maior parte dos Estados comerciais da Europa, companhias privadas de comerciantes fizeram petições aos legisladores, a fim de persuadi-los a confiar a elas o cumprimento dessa parte do dever do soberano, juntamente com todos os poderes necessariamente relacionados a ela.

Embora talvez tenham sido muito úteis para a criação de alguns ramos de comércio, fazendo à própria custa uma experiência que o Estado podia não julgar prudente tentar, essas companhias acabaram no longo prazo por se mostrar, universalmente, ou onerosas ou inúteis, já que ou administraram mal ou restringiram o comércio.

Quando essas companhias não negociam com base num capital acionário, mas são obrigadas a admitir qualquer pessoa devidamente qualificada – desde que efetue o pagamento de uma certa taxa e concorde em se submeter aos regulamentos da companhia –, e cada membro negocia com base em seu próprio capital, por sua conta e risco, essas companhias são chamadas de sociedades por quotas*. Quando negociam com base num capital acionário, e cada membro divide os lucros e perdas comuns proporcionalmente à sua participação no capital acionário, são chamadas sociedades por ações. As duas espécies de companhias, ou seja, a sociedade por quotas e a sociedade por ações, às vezes têm, às vezes não, privilégios de exclusividade.

As sociedades por quotas se parecem, em todos os aspectos, às corporações de ofícios, tão comuns nas cidades e burgos de toda a Europa, e são uma espécie de monopólios ampliados do mesmo tipo. Assim como nenhum habitante da cidade pode exercer um ofício corporativo sem primeiro obter sua autonomia na corporação, também em muitos casos nenhum súdito do Estado pode legalmente exercer qualquer ramo do comércio externo, para o qual já exista uma sociedade por quotas, sem primeiro se tornar membro dessa companhia. O monopólio é mais ou menos estrito, conforme sejam mais ou menos rigorosas as condições de admissão, e conforme os diretores da companhia tenham menor ou maior autoridade ou conforme seja maior ou menor o grau de poder que tenham para administrar de modo a restringir a maior parte do comércio para si mesmos e para seus amigos. Nas mais antigas sociedades por quotas, os privilégios de aprendizagem eram idênticos aos de outras corporações, conferindo à pessoa que tivesse servido durante certo tempo a algum outro membro o direito de se tornar igualmente membro da companhia, quer sem pagar nenhuma taxa, quer pagando uma taxa de valor muito inferior à que se exigia de outras pessoas. Todas as vezes em que a lei não o coíbe, o habitual espírito de corporação

---

* No original, *regulated companies*. (N. T.)

prevalece em todas as sociedades por quotas. Quando autorizadas a agir de acordo com seu caráter natural, sempre se empenharam em sujeitar o comércio a inúmeros regulamentos opressivos, com a finalidade de restringir a concorrência ao menor número possível de pessoas. Quando a legislação as impediu de agir dessa maneira, tornaram-se inteiramente inúteis e insignificantes.

As sociedades por quotas voltadas ao comércio exterior que atualmente subsistem na Grã-Bretanha são a antiga Companhia dos Empreendedores Mercantis, hoje comumente conhecida sob o nome de Companhia de Hamburgo, a Companhia da Rússia, a Companhia do Oriente, a Companhia da Turquia e a Companhia Africana.

Hoje em dia as condições de admissão na Companhia de Hamburgo são, pelo que se diz, bastante brandas, e os diretores não dispõem de poder para sujeitar o comércio a nenhuma restrição ou regulação opressiva ou, pelo menos, ultimamente não têm exercido esse poder. Nem sempre foi assim. Em meados do século passado, a taxa de admissão era de 50 libras esterlinas, e houve mesmo um momento em que atingiu o valor de 100 libras, quando então a conduta da companhia foi considerada extremamente opressiva. Em 1643, 1645 e 1661, os fabricantes de roupas e os livre-cambistas do oeste da Inglaterra apresentaram uma queixa contra essa companhia ao Parlamento, acusando-a de monopolista por restringir o comércio e oprimir as manufaturas do país. Embora essas queixas não resultassem em Lei do Parlamento, é provável que intimidassem a companhia a ponto de obrigá-la a modificar sua conduta. Desde então, pelo menos, não mais tem havido queixas contra ela. Por lei baixada no 10º e 11º ano de reinado de Guilherme III, Capítulo 6, a taxa de admissão na Companhia Russa foi reduzida a 5 libras, e pela lei instituída no 25º ano de reinado de Carlos II, Capítulo 7, a taxa de admissão na Companhia do Oriente foi reduzida a 40 shillings, enquanto, ao mesmo tempo, Suécia, Dinamarca e Noruega, todas as regiões da costa norte do Báltico, foram dispensadas do contrato de fretamento exclusivo com essa companhia. É provável que a conduta dessas companhias tenha provocado essas duas Leis do Parlamento. Antes disso, Sir Josiah Child havia descrito essas duas companhias e a Companhia de Hamburgo como extremamente opressivas, e atribuiu à péssima administração dessas companhias o baixo nível do comércio que naquela época mantínhamos com os países compreendidos nos respectivos contratos de fretamento. No entanto, essas companhias, ainda que atualmente não sejam demasiado opressivas, são sem dúvida totalmente inúteis. De fato, chamá-las simplesmente de inúteis talvez seja o maior elogio que se possa fazer às sociedades por quotas e, nas condições atuais em que se encontram, as três companhias acima citadas parecem merecer esse elogio.

A taxa de admissão na Companhia da Turquia era antigamente de 25 libras para todas as pessoas com menos de vinte e seis anos de idade, e de 50 libras para todas as pessoas acima dessa idade. Somente eram admitidos comerciantes, restrição esta que excluía todos os lojistas e varejistas. Por meio de regimento interno, nenhum produto manufaturado da Grã-Bretanha poderia ser exportado à Turquia, salvo em navios da companhia e, como esses navios sempre zarpavam do porto de Londres, essa restrição acabou por limitar o comércio a esse porto caro, e os comerciantes, aos que viviam em Londres e cercanias. Por meio de um outro regimento interno, somente podiam ser admitidas como membros pessoas que residissem num raio de vinte milhas de Londres, e que, além disso, tivessem direito de voto na cidade* – outra restrição que, somada à anterior, necessariamente excluía todos, menos os cidadãos de Londres**. Como o tempo de carregamento e viagem dos navios dependia inteiramente dos diretores, estes facilmen-

---

* No original, *the free of the city*. (N. T.)
** Em inglês, *the freemen of London*. (N. T.)

te podiam carregá-los com suas mercadorias e as de seus amigos particulares, excluindo os outros sob o pretexto de que haviam apresentado suas propostas tarde demais. Portanto, nessas condições essa companhia praticava, sob todos os aspectos, o mais estrito e opressivo monopólio. Tais abusos deram origem à lei instituída no 26º ano de reinado de Jorge II, Capítulo 18, mediante a qual se reduzia a taxa de admissão a 20 libras para qualquer pessoa, sem nenhuma distinção de idade ou qualquer outra restrição aos que não fossem meros comerciantes ou cidadãos de Londres. A Lei do Parlamento ainda assegurava a todas as pessoas a liberdade de exportar, de todos os portos da Grã-Bretanha para qualquer porto da Turquia, todas as mercadorias britânicas cuja exportação não fosse proibida, e de importar de lá todas as mercadorias turcas cuja importação não fosse proibida, mediante o pagamento de taxas alfandegárias gerais e de taxas específicas, calculadas para cobrir as despesas da companhia, e ainda mediante a submissão à autoridade legal do embaixador e dos cônsules britânicos residentes na Turquia, bem como aos regimentos internos da companhia devidamente sancionados. Para evitar que esses regimentos internos se tornassem opressivos, a mesma lei prescrevia que, se sete membros da companhia se sentissem lesados por algum regimento interno promulgado após a aprovação dessa lei, poderiam apelar à Câmara de Comércio e das Colônias (cuja autoridade foi recentemente sucedida pela de um comitê do Conselho Privado), desde que essa apelação fosse apresentada dentro do prazo de doze meses após a promulgação do regimento interno. Prescrevia também que, mesmo se sete membros se sentissem lesados por qualquer regimento interno promulgado antes da aprovação dessa lei, poderiam apresentar apelação semelhante, desde que no prazo de doze meses após a entrada em vigor da lei. Ocorre, porém, que talvez a experiência de um ano nem sempre seja suficiente para revelar a todos os membros de uma grande companhia as disposições perniciosas de um determinado regulamento interno, e, caso mais tarde vários deles viessem a descobri-las, nem a Câmara de Comércio nem o comitê do Conselho têm condições de lhes assegurar reparação. Além disso, a finalidade da maior parte dos regulamentos internos das sociedades por quotas, bem como a de todas as outras corporações, não é tanto oprimir os que já são membros delas, mas desencorajar outros a se tornarem membros, o que se pode fazer não apenas estipulando uma taxa elevada, como ainda por muitos outros artifícios. O desígnio permanente dessas companhias é sempre elevar sua taxa de lucros ao máximo possível, manter o mercado, tanto para as mercadorias que exportam como para as que importam, o menos abastecido possível, o que se consegue limitando a concorrência ou desencorajando novos empreendedores a entrar no comércio. Além disso, mesmo uma taxa de 20 libras, ainda que talvez não seja suficiente para desencorajar quem queira entrar no comércio turco com a intenção de nele permanecer, talvez baste para desencorajar o comerciante especulador a arriscar um único empreendimento nesse comércio. Em todas as atividades, os comerciantes regularmente estabelecidos, mesmo que não pertençam a uma corporação, naturalmente se associam para elevar os lucros, que com toda a probabilidade só serão mantidos abaixo do nível adequado se houver a concorrência eventual de especuladores. Muitas pessoas ainda consideram que o comércio com a Turquia, embora em certa medida se abrisse a todos em virtude dessa Lei do Parlamento, esteja muito longe de ser absolutamente livre. A Companhia da Turquia contribui para manter um embaixador e dois ou três cônsules que, no entanto, deveriam ser, a exemplo de outros ministros públicos, totalmente mantidos pelo Estado, do mesmo modo que o comércio deveria estar aberto a todos os súditos de Sua Majestade. As diferentes taxas arrecadadas pela companhia, para esse e outros propósitos da corporação, bastariam para gerar uma receita muito maior do que a necessária para permitir ao Estado que mantivesse esses ministros.

Sir Josiah Child observou que, embora as sociedades por quotas de responsabilidade limitada tenham freqüentemente sustentado ministros públicos, jamais mantiveram fortificações e guarnições nos países com os quais realizavam comércio, o que as sociedades por ações, ao contrário, muitas vezes fizeram. E, na realidade, as primeiras parecem ter muito menos condições de prestar esse tipo de serviço do que as últimas. Em primeiro lugar, os diretores de uma sociedade por quotas não têm nenhum interesse particular na prosperidade do comércio geral da companhia, em virtude do qual se mantêm essas fortificações e guarnições. É até mesmo possível que muitas vezes o declínio do comércio geral beneficie seu comércio particular, na medida em que a diminuição do número de concorrentes lhes permite comprar mais barato e vender mais caro. Ao contrário, uma vez que os diretores de uma sociedade por ações somente ganham uma fração dos lucros gerados pelo capital comum entregue à sua administração, não efetuam por si mesmos um comércio particular, cujos interesses possam ser distintos dos do comércio geral da companhia. Seus interesses particulares estão vinculados à prosperidade do comércio geral da companhia e à manutenção das fortificações e guarnições necessárias para defendê-lo. Portanto, é mais provável que recebam a atenção constante e cuidadosa que essa manutenção necessariamente exige. Em segundo lugar, os diretores de uma sociedade por ações sempre administram um grande capital, o capital acionário da companhia, uma parte do qual muitas vezes empregam, com propriedade, na construção, no reparo e na conservação dessas fortificações e guarnições tão necessárias. No entanto, os diretores de uma sociedade por quotas não administram nenhum capital comum, e por isso o único fundo de que dispõem para empregar dessa maneira é a eventual receita proveniente das taxas de admissão e dos direitos de corporação sobre as operações comerciais da companhia. Assim, embora tenham o mesmo interesse em cuidar da manutenção das fortificações e guarnições, raras vezes têm a mesma capacidade de tornar esse cuidado efetivo. A manutenção de um ministro público é um negócio muito mais adequado ao temperamento e às capacidades de uma sociedade por quotas, já que quase não exige atenção e unicamente requer uma despesa moderada e limitada.

Em 1750, porém, muito depois dos tempos de *Sir* Josiah Child, estabeleceu-se uma sociedade por quotas, a atual Companhia de Comércio com a África, que foi expressamente encarregada, a princípio, da manutenção de todas as fortificações e guarnições britânicas existentes entre o cabo Branco e o cabo da Boa Esperança e, mais tarde, das que se localizam somente entre o cabo Vermelho e o cabo da Boa Esperança. Ao que parece, a lei que instituiu essa companhia (introduzida no 23º ano de reinado de Jorge II, Capítulo 3) tinha em vista duas finalidades distintas: primeiro, coibir efetivamente o espírito opressivo e monopolista característico dos diretores de uma sociedade por quotas; segundo, forçá-los, na medida do possível, a prestar atenção – pouco característica deles – à manutenção das fortificações e guarnições.

Para atingir o primeiro desses propósitos, a taxa de admissão foi limitada a 40 shillings. A companhia fica proibida de operar com seus poderes de corporação ou com capital acionário; de tomar empréstimo em dinheiro mediante garantia comum, ou de impor restrições, quaisquer que sejam, sobre o comércio que venha a ser realizado livremente de todos os locais e por todos os súditos britânicos que pagam as taxas. A administração está a cargo de nove pessoas que se reúnem em Londres, escolhidas anualmente pelos cidadãos da Companhia em Londres, Bristol e Liverpool, três de cada cidade. Nenhum membro do comitê pode continuar no cargo por mais de três anos consecutivos. Antes, qualquer membro do comitê podia ser afastado por uma

Câmara do Comércio e das Colônias, agora é um conselho do comitê que tem poderes para isso, depois de ouvida sua defesa. Proíbe-se o comitê de exportar negros da África ou importar mercadorias africanas para a Grã-Bretanha. No entanto, por estarem encarregados da conservação das fortificações e guarnições, os membros do comitê podem, para esse fim, exportar da Grã-Bretanha para a África mercadorias e vários gêneros de provisões. Têm permissão para retirar do dinheiro que receberem da companhia uma quantia não excedendo 800 libras, para pagar os salários dos empregados e agentes em Londres, Bristol e Liverpool, o aluguel dos escritórios em Londres e todas as outras despesas de administração, comissão e agenciamento na Inglaterra. Depois de deduzidas todas essas diferentes despesas, o que restar da soma poderá ser dividido entre eles, da maneira que considerarem mais adequada, como compensação por seus esforços. Com essa constituição, seria de esperar que efetivamente se reprimisse o espírito de monopólio, cumprindo-se a contento o primeiro desses propósitos. Ao que parece, no entanto, isso não teria acontecido. Embora pela lei instituída no 4º ano de reinado de Jorge III, Capítulo 20, o forte do Senegal, com todas as suas dependências, coubesse de direito à companhia de comerciantes com atividades na África, no ano seguinte (mediante a legislação do 5º ano de reinado de Jorge III, Capítulo 44) não apenas o Senegal e todas as suas dependências, mas toda a costa desde o porto de Salle, na Berbéria meridional, até o cabo Vermelho, foram retirados da jurisdição da companhia, e passaram de direito a pertencer à Coroa, de modo que desde então o comércio com esses territórios foi declarado livre para todos os súditos de Sua Majestade. A companhia era suspeita de restringir o comércio e de estabelecer alguma espécie de monopólio impróprio. Não é tão fácil imaginar, porém, como isso seria possível sob as regulamentações estabelecidas por lei criada no 23º ano de reinado de Jorge II. Pelos debates publicados da Câmara dos Comuns – nem sempre os mais autênticos registros da verdade –, pude observar todavia que de fato a companhia havia sido acusada disso. Como os membros do Comitê dos Nove eram todos comerciantes, e deles dependiam os governadores e feitores nas várias fortificações e guarnições, não é improvável que os últimos dessem especial atenção às consignações e comissões dos primeiros, o que criaria um verdadeiro monopólio.

Para alcançar o segundo desses propósitos, a manutenção das fortificações e guarnições, o Parlamento concedeu à companhia uma soma anual, geralmente em torno de 13 mil libras. Para aplicar corretamente essa soma, o comitê é anualmente obrigado a prestar contas ao Barão Ministro do Tesouro*, e em seguida essa prestação de contas será apresentada ao Parlamento. Ora, se o Parlamento nem sequer presta atenção ao modo como se aplicam milhões de libras, é improvável que se inteire da aplicação de 13 mil libras por ano. É pouco provável também que, por sua profissão e educação, o Barão Ministro do Tesouro seja profundamente versado em questões de gastos com fortificações e guarnições. De fato, os capitães da marinha de Sua Majestade, ou outros oficiais quaisquer nomeados pelo Tribunal da Marinha, têm condições de investigar o estado dos fortes e guarnições, enviando-lhe relatório de suas observações. No entanto, esse tribunal não parece exercer jurisdição direta sobre o comitê, nem ter autoridade para corrigir aqueles cuja conduta estão sob investigação. Além disso, é de supor que os capitães de Sua Majestade nem sempre sejam extremamente versados na ciência da fortificação. Ao que parece, a remoção de um cargo que somente se pode exercer durante o período de três anos, e cujos emolumentos legais, mesmo nesse período, são reduzidíssimos, representa a mais

---

* *Cursitor Baron of Exchequer*, no original: um dos membros do antigo Tribunal do Tesouro que exercia funções puramente ministeriais, nunca judiciais, de tal modo que o posto era mais uma sinecura. (N. T.)

severa punição a que um membro da direção está sujeito, seja qual for a infração cometida, excetuando os casos de malversação direta ou desfalque, quer do dinheiro público, quer do dinheiro da companhia. Por isso, jamais o temor a essa punição constitui motivo suficientemente grave para forçar o membro da comissão a dedicar atenção contínua e cuidadosa a um assunto de que não tem nenhum interesse em cuidar. Acusou-se o comitê de enviar tijolos e pedras da Inglaterra para reparar o Castelo do Cabo Coast, na costa da Guiné, obra para a qual o Parlamento várias vezes havia votado a concessão de uma soma extraordinária em dinheiro. Além disso, afirma-se que os tijolos e pedras, enviados de tão longe, eram de tão má qualidade que foi necessário reconstruir, desde os alicerces, os muros que já haviam sido reparados com eles. Os fortes e as guarnições situados ao norte do cabo Vermelho eram não apenas conservados à custa do Estado, como ainda estavam sob a administração direta do poder executivo. Portanto, não parece fácil imaginar sequer uma boa razão por que os fortes e guarnições situados ao sul desse cabo devam estar sob outra administração, já que também são, pelo menos em parte, conservados à custa do Estado. O propósito – ou a pretensão – original das guarnições de Gibraltar e Minorca era a proteção do comércio no Mediterrâneo, e a conservação e administração dessas guarnições sempre estiveram, com muito acerto, entregues à responsabilidade, não da Companhia Turca, mas do poder executivo. Na extensão de seus domínios consistem, em grande medida, o orgulho e dignidade desse poder, que por isso provavelmente não descuidará do que é necessário para defendê-lo. Assim, as guarnições em Gibraltar e Minorca jamais foram negligenciadas, e ainda que Minorca tenha sido tomada duas vezes, e hoje possivelmente esteja perdida para sempre, nunca se atribuiu esse desastre a uma negligência do poder executivo. Não gostaria, porém, de ser mal compreendido, pois não estou insinuando que qualquer uma dessas dispendiosas guarnições fosse minimamente necessária à finalidade pela qual foram originariamente desmembradas da monarquia espanhola. Talvez o único verdadeiro propósito desse desmembramento tenha sido o de afastar a Inglaterra de seu aliado natural, o rei da Espanha, e unir os dois principais ramos da casa de Bourbon numa aliança muito mais estreita e permanente do que a aliança gerada pelos vínculos de sangue.

As sociedades por ações, estabelecidas quer por carta régia, quer por lei do Parlamento, diferem em muitos aspectos não apenas das sociedades por quotas como também das associações privadas.

Em primeiro lugar, numa associação privada nenhum sócio pode, sem o consentimento da companhia, transferir suas ações a outra pessoa ou introduzir um novo membro na sociedade. Porém, todo membro pode, mediante aviso prévio, retirar-se da associação e exigir dela o pagamento de sua quota-parte no capital comum. Ao contrário, numa sociedade por ações nenhum membro pode exigir da companhia o pagamento de sua quota-parte, mas cada membro pode, sem o consentimento dos demais, transferir suas ações a outra pessoa e com isso introduzir um novo membro. O valor de uma ação numa sociedade por ações é sempre o preço que alcança no mercado, e este preço poderá ser maior ou menor, em qualquer proporção, do que a soma que o proprietário dela tem de crédito no capital da companhia.

Em segundo lugar, numa associação privada cada sócio responde pelos débitos contraídos pela companhia, até o limite de sua fortuna. Ao contrário, numa sociedade por ações cada acionista responde somente pelo volume de suas ações.

É sempre um conselho de diretores que administra os negócios de uma sociedade por ações. Na verdade, muitas vezes esse conselho está subordinado, sob vários aspectos, ao controle do conselho geral de acionistas. Mas é raro que a maior parte desses acionistas pretenda estar a par de qualquer das atividades da companhia, ou mesmo se incomode com isso, a não ser que prevaleça entre eles o espírito de facção. Contentam-se simplesmente em receber os dividendos anuais e semestrais que os diretores acharem apropriados. Essa completa isenção de problemas e riscos, além de uma soma limitada, incentiva a investirem em sociedades por ações muitas pessoas que por motivo algum arriscariam suas fortunas numa associação privada. É por isso que essas companhias usualmente atraem um volume de capital muito maior do que aquele de que se pode gabar qualquer associação privada. Em certa altura, o capital comercial da Companhia dos Mares do Sul chegou a atingir mais de 33,8 milhões de libras esterlinas. O capital repartido do Banco da Inglaterra equivale, atualmente, a 10.780 milhões de libras. No entanto, não se pode esperar que os diretores dessas companhias cuidem do dinheiro de outras pessoas com o mesmo cuidado preocupado com que os sócios de uma associação privada cuidam do seu, já que esses diretores administram dinheiro alheio, não o próprio. A exemplo dos intendentes de um homem rico, tendem a considerar que a atenção a assuntos pequenos seja indigna da honra de seu senhor, permitindo-se com muita facilidade se dispensar desses cuidados. Portanto, a negligência e a dissipação necessariamente sempre prevalecem, em maior ou menor grau, na administração dos negócios de uma companhia como essa. É precisamente por isso que raras vezes as sociedades por ações para o comércio foram capazes de manter a concorrência com empreendedores privados. Não sem razão, raramente alcançam êxito quando não contam com um privilégio de exclusividade, e com freqüência nem mesmo assim são bem-sucedidas. Sem um privilégio de exclusividade, é comum administrarem mal o comércio; com um privilégio de exclusividade, a um só tempo administram mal e confinam o comércio.

A Companhia Real Africana, predecessora da atual Companhia Africana, desfrutava, por alvará régio, de privilégio de exclusividade. Mas como o alvará não havia sido confirmado por Lei do Parlamento, o comércio, em conseqüência da Declaração de Direitos, foi, logo após a Revolução, aberto a todos os súditos de Sua Majestade*. Quanto a seus direitos legais, a Companhia da Baía de Hudson está na mesma situação da Companhia Real Africana: o alvará régio de que dispõe não foi confirmado por Lei do Parlamento. Enquanto continuou a ser uma sociedade comercial, a Companhia dos Mares do Sul mantinha um privilégio de exclusividade confirmado por Lei do Parlamento; o mesmo aconteceu com a atual Companhia Unida de Mercadores, que comercia com as Índias Orientais.

A Companhia Real Africana logo descobriu que não poderia sustentar a concorrência contra empreendedores privados, a quem, não obstante a Declaração de Direitos, continuou por algum tempo a chamar de contrabandistas e a persegui-los como tal. Em 1698, porém, os empreendedores privados foram sujeitos a uma taxa de 10% sobre quase todos os diferentes setores de seu comércio, a ser aplicada pela companhia na manutenção de fortes e guarnições. Mas, apesar dessa elevada taxa, a companhia permanecia incapaz de manter a concorrência. Seu capital e crédito declinaram gradualmente. Em 1712, suas dívidas se haviam tornado tão grandes que se considerou necessário instituir uma lei especial do Parlamento, tanto para sua segurança como para a de seus credores. Foi sancionado que a resolução de ⅔ desses credores, em número e valor, era obrigatória aos demais, quer em relação ao tempo que se concederia à companhia para efetuar o pagamento das dívidas, quer em relação a qualquer acordo que se considerasse conveniente fazer com a companhia a respeito dessas

---

* Trata-se da Revolução Gloriosa, de 1689, em que o Parlamento, após depor Jaime II, elaborou a primeira Declaração de Direitos e convidou Guilherme de Orange a assumir o trono inglês, sob o juramento de respeitar a letra e o espírito dessa declaração. (N. T.)

dívidas. Em 1730, os negócios da companhia se encontravam em tamanha desordem, que se tornou completamente incapaz de manter seus fortes e guarnições, único propósito e pretexto de sua criação. A partir daquele ano e até sua completa dissolução, o Parlamento julgou necessário conceder para esse fim uma quantia anual de 10 mil libras. Em 1732, após ter durante muitos anos acumulando prejuízos com o tráfico negreiro para as Índias Ocidentais, resolveu finalmente abandonar completamente esse ramo, vender aos comerciantes privados que transacionavam com a América os negros comprados na costa e utilizar seus funcionários no comércio de ouro em pó, dentes de elefante, corantes etc. com o interior da África. Entretanto, seu êxito nesse comércio mais restrito não foi maior do que no comércio anterior, mais amplo. Os negócios continuavam gradualmente a declinar, até que, enfim, sendo em todos os aspectos uma companhia falida, foi dissolvida por uma Lei do Parlamento, e seus fortes e suas guarnições passaram de direito a pertencer à atual Sociedade de Comércio com a África. Antes da criação da Companhia Real Africana, três outras sociedades por ações haviam sido sucessivamente instituídas para o comércio com a África. Todas igualmente fracassaram. Porém, todas elas tinham alvarás de exclusividade que, embora não confirmados por Lei do Parlamento, supostamente transmitiam, naquela época, um privilégio régio exclusivo.

Antes das desventuras que sofreu na última guerra, a Companhia da Baía de Hudson fora muito mais venturosa do que a Companhia Real Africana. Seus gastos necessários eram muito menores. Segundo se diz, o número total de empregados que mantém em suas diferentes instalações e residências, às quais deu o honroso nome de fortes, não é superior a 120 pessoas. Esse número, todavia, é suficiente para preparar de antemão o frete de peles e outras mercadorias necessárias para carregar seus navios, que, por causa do gelo, raramente podem permanecer nesses mares por mais de seis ou oito semanas. Durante vários anos os empreendedores privados não puderam gozar essa vantagem de ter um carregamento já preparado, e sem isso não parece haver nenhuma possibilidade de comerciar com a baía de Hudson. Além disso, o modesto capital da companhia, que, segundo se diz, não excede 110 mil libras, talvez seja suficiente para permitir-lhe abarcar todo, ou quase todo, o comércio e o excedente de produção da miserável, ainda que vasta, região compreendida nos limites de seu alvará. É por isso que nenhum empreendedor privado jamais tentou estabelecer comércio com essa região, fazendo concorrência à companhia. Portanto, a companhia sempre desfrutou de um comércio exclusivo de fato, embora por lei não tivesse direito a ele. Além de tudo isso, afirma-se que o capital modesto dessa companhia seja dividido entre um número bastante reduzido de proprietários. Ora, uma sociedade por ações que consista de um pequeno número de proprietários e de um capital modesto tem uma natureza muito semelhante à da associação privada, podendo ser capaz de gerir os negócios com um grau muito parecido de vigilância e atenção. Assim, não é de admirar se, em conseqüência dessas diferentes vantagens, a Companhia da Baía de Hudson tivesse conseguido, antes da última guerra, levar adiante seu comércio com um considerável grau de êxito. Não parece provável, contudo, que seus lucros se tenham aproximado algum dia dos números imaginados pelo falecido Sr. Dobbs. Muito mais sóbrio e judicioso, o Sr. Anderson, autor de *The Historical and Chronological Deduction of Commerce* [Dedução histórica e cronológica do comércio], observa com muita justeza que, depois de examinar os relatórios sobre as exportações e importações da companhia que o próprio Sr. Dobbs forneceu durante vários anos seguidos, e de descontar as devidas margens de risco e despesas extraordinárias, seus lucros não parecem dignos de inveja, nem excedem muito, se é que em alguma medida excedem, os lucros normais do comércio.

A Companhia dos Mares do Sul nunca precisou manter nenhum forte ou guarnição, e portanto ficou dispensada de efetuar um grande gasto, ao qual estavam sujeitas outras sociedades por ações voltadas ao comércio exterior. Mas tal companhia possuía um imenso capital dividido entre um imenso número de proprietários. Era natural esperar, pois, que a insensatez, negligência e dissipação prevalecessem sobre toda a administração de seus negócios. A patifaria e extravagância de seus projetos de especulação na Bolsa de Valores são suficientemente conhecidas e a explicação delas seria inadequada ao assunto de que ora tratamos. Seus negócios mercantis não foram conduzidos de melhor maneira. A primeira atividade comercial em que a companhia se envolveu foi o fornecimento de negros às Índias Ocidentais espanholas, da qual tinham privilégio de exclusividade (em conseqüência do assim chamado Contrato de *Asiento* reconhecido a ela pelo Tratado de Utrecht). Todavia, como não se esperava que esse comércio gerasse lucros consideráveis à companhia – já que antes dela tanto a companhia portuguesa como a francesa haviam gozado desse mesmo privilégio e se arruinaram –, permitiu-se, como compensação, que enviasse anualmente um navio com determinada carga para comercializar diretamente com as Índias Ocidentais espanholas. Das dez viagens anuais que esse navio estava autorizado a fazer, afirma-se que a companhia conseguiu obter ganhos consideráveis apenas numa única, a *Royal Caroline* em 1731, tendo sofrido perdas, maiores ou menores, em quase todas as outras viagens. Os administradores e agentes da companhia atribuíram o fracasso à extorsão e opressão do governo espanhol, mas talvez se devesse principalmente à dissipação e às depredações desses mesmos administradores e agentes, alguns dos quais teriam, segundo se diz, adquirido grandes fortunas num único ano. Em 1734, a companhia apresentou uma petição ao rei, a fim de que lhe fosse concedida a autorização para desfazer-se do comércio e dos direitos de frete de seu navio anual, em razão dos reduzidos lucros conseguidos com esse navio, para aceitar o equivalente ao que poderiam obter do rei da Espanha.

Em 1724, a companhia havia empreendido a pesca da baleia. É bem verdade que não detinha o monopólio dessa atividade, mas enquanto se dedicou a ela nenhum outro súdito britânico a empreendeu. Das oito viagens que seus navios fizeram à Groenlândia, obteve lucros em apenas uma; nas demais contabilizou prejuízos. Depois da oitava e última viagem, quando já havia vendido seus navios, estoques e utensílios, descobriu que seu prejuízo total nesse ramo de negócios, incluídos capital e juros, era superior a 237 mil libras.

Em 1722, a companhia apresentou petição ao Parlamento, solicitando permissão para dividir seu imenso capital de mais de 33,8 milhões de libras, emprestado em sua totalidade ao governo, em duas partes iguais: metade, ou seja, mais de 16,9 milhões de libras, a ser colocada em pé de igualdade com outras anuidades do governo, sem estar sujeita às dívidas contraídas ou perdas sofridas pelos diretores da companhia na consecução de seus projetos mercantis; a outra metade, a permanecer, como antes, como capital comercial, estando sujeita a essas dívidas e perdas. A petição era demasiado razoável para não ser aceita. Em 1733, a companhia voltou a apresentar petição ao Parlamento, solicitando que ¾ de seu capital comercial se convertessem em dividendos e somente ¼ permanecesse como capital comercial, ou seja, exposto aos riscos decorrentes da má administração dos diretores. A essa altura, tanto seu capital social como seus dividendos se haviam reduzido em mais de 2 milhões cada, em razão de vários pagamentos por parte do governo, de modo que esse ¼ equivalia apenas a 3.662.784 libras, 8 shillings e 6 pence. Em 1748, todas as exigências da companhia ao rei da Espanha, em conseqüência do Contrato de *Asiento*, foram, em virtude do tratado de Aix-la-Chapelle, abandonadas em nome do que se supôs ser seu equivalente. Pôs-se termo ao comércio da companhia com as Índias Ocidentais espanholas, o restante de seu capital foi convertido em dividendos e a companhia deixou, para todos os efeitos, de ser uma companhia comercial.

Deve-se observar que a Companhia dos Mares do Sul não deixou de ter concorrentes, tanto no mercado interno como no externo, no comércio que realizou por intermédio de seu navio anual – único comércio do qual algum dia se esperou obter algum lucro considerável. Em Cartagena, Porto Bello e Vera Cruz, teve de enfrentar a concorrência dos comerciantes espanhóis, que traziam de Cádiz àqueles mercados o mesmo gênero de mercadorias européias com que estavam carregados os navios da companhia vindos do exterior. Na Inglaterra, teve de enfrentar a concorrência dos comerciantes ingleses, que importavam de Cádiz mercadorias das Índias Ocidentais espanholas, do mesmo gênero de sua carga interna. Na verdade, talvez as mercadorias dos comerciantes espanhóis e ingleses estivessem sujeitas a tributos alfandegários mais elevados. Mas provavelmente a perda provocada pela negligência, dissipação e malversação dos empregados da companhia representava um imposto muito mais oneroso do que todos esses tributos. Parece contrário a toda a experiência que uma sociedade por ações seja capaz de realizar, com sucesso, qualquer ramo do comércio exterior, quando os empreendedores privados têm condições de entrar numa concorrência aberta e honesta com ela.

A antiga Companhia Inglesa das Índias Orientais foi criada em 1600, por alvará da rainha Isabel. Nas doze primeiras viagens que a companhia preparou para a Índia, parece ter comerciado como sociedade por quotas, com capitais separados, embora apenas nos navios regulares da companhia. Em 1612, uniu-se em sociedade por ações. O alvará era exclusivo e, ainda que não confirmado por Lei do Parlamento, naquela época era considerado um privilégio real de exclusividade. Assim, por muitos anos não foi excessivamente incomodada por contrabandistas. Seu capital, que jamais excedeu 744 mil libras, com cada ação avaliada em 50 libras, não era tão exorbitante, nem suas transações tão caras, a ponto de proporcionar-lhe um pretexto para total negligência e dissipação ou margem para grande malversação. Apesar de algumas perdas extraordinárias, provocadas em parte pela malícia da Companhia Holandesa das Índias Orientais, e em parte por outras circunstâncias, durante muitos anos conduziu suas atividades com bastante êxito. Mas, com o decorrer do tempo, quando se passou a compreender melhor os princípios da liberdade, tornou-se a cada dia mais duvidoso determinar em que medida um Alvará Régio, não confirmado por Lei do Parlamento, podia transmitir um privilégio de exclusividade. Quanto a essa questão, as decisões dos tribunais de justiça não foram unânimes, e variaram ao sabor da autoridade do governo e dos humores dos tempos. Por causa disso os contrabandistas se multiplicavam, e já no fim do reinado de Carlos II, ao longo do de Jaime II, e durante uma parte do de Guilherme III, a companhia ficou reduzida a uma situação calamitosa. Em 1689, a companhia apresentou ao Parlamento a proposta de pagar antecipadamente ao governo 2 milhões de libras, a 8%, desde que os subscritores criassem uma nova Companhia das Índias Orientais com privilégios exclusivos. A antiga Companhia das Índias ofereceu 700 mil libras, aproximadamente o montante de seu capital, a 4%, nas mesmas condições. Mas era tal o estado do crédito público naquele tempo, que ao governo convinha mais tomar de empréstimo 2 milhões a 8% do que 700 mil a 4%. Com a aceitação da proposta dos novos subscritores, foi criada uma nova Companhia das Índias Orientais. A antiga companhia, porém, tinha o direito a continuar seu comércio até 1701. Ao mesmo tempo, em nome de seu tesoureiro, havia subscrito, de maneira muito ardilosa, 315 mil libras do capital da nova companhia. Por descuido na redação da Lei do Parlamento que concedeu o direito de comércio com as Índias Orientais aos subscritores do empréstimo de 2 milhões, não ficou claro que todos eles estavam obrigados a se unir numa sociedade por ações. Alguns comerciantes privados, cujas subscrições equivaliam apenas a 7,2 mil libras, insistiram no privilégio de comerciar separadamente, com seus próprios capitais e assumindo os próprios riscos. Até 1701 a antiga Companhia das Índias Orientais teria direito a um comércio independente com base em seu antigo capital; e teria também, antes e depois desse período, o direito, semelhante ao de outros comerciantes privados, a um comércio separado com base nas 315 mil libras que havia subscrito do capital da nova companhia. Segundo se diz, a concorrência das duas companhias com os comerciantes privados e entre si quase as levou à ruína. Numa ocasião posterior, em 1730, quando se apresentou ao Parlamento a proposta de se colocar o comércio sob a administração de uma sociedade por quotas, e deixá-lo em alguma medida aberto, a Companhia das Índias Orientais, em contraposição a essa proposta, fez ver em termos enérgicos quais haviam sido, em sua opinião, os lamentáveis efeitos dessa concorrência naquele tempo. Afirmava que na Índia a concorrência havia elevado de tal modo o preço dos bens, que já não valia a pena comprá-los; na Inglaterra, ao abastecer excessivamente o mercado, fez cair tanto o preço dos bens que já não mais havia possibilidade de lucro. Não se pode duvidar de que, graças à oferta mais abundante – aliás, para grande vantagem e conveniência do público –, a concorrência necessariamente fez cair bastante o preço dessas mercadorias indianas no mercado inglês. Mas parece pouco provável que tenha aumentado excessivamente o preço dessas mercadorias no mercado das Índias, já que toda a demanda extraordinária que essa concorrência poderia provocar não seria senão uma gota d'água no imenso oceano do comércio indiano. Além disso, embora seja possível que de início o aumento da demanda às vezes faça aumentar o preço dos bens, nunca deixa de baixá-lo no longo prazo. Estimula a produção e com isso aumenta a concorrência entre os produtores, que, para vender mais barato do que os outros concorrentes, lançam mão de novas divisões do trabalho e de aperfeiçoar as técnicas de produção, recursos que do contrário jamais cogitariam. Os efeitos devastadores de que a companhia se queixava eram o baixo preço dos objetos de consumo e o estímulo dado à produção, precisamente os dois efeitos que a economia política tem o grande propósito de promover. Porém, não se permitiu que durasse por muito tempo a concorrência sobre a qual a companhia apresentara um relato tão sombrio. Em 1702, as duas companhias de algum modo se uniram por meio de um contrato tripartide, no qual a rainha era a terceira parte; e em 1708, em virtude de Lei do Parlamento, as duas foram plenamente consolidadas numa só companhia, que leva atualmente o nome de Companhia Unida dos Mercadores das Índias Orientais. Imaginaram que valesse a pena inserir nessa lei uma cláusula autorizando os comerciantes separados a continuarem suas atividades até o dia da festa de São Miguel, de 1711, mas ao mesmo tempo deram poderes aos diretores, com aviso prévio de três anos, para resgatar seu pequeno capital de 7,2 mil libras, e assim converter o patrimônio total da companhia num capital acionário. Em virtude dessa mesma lei, o capital da companhia, como resultado de um novo empréstimo do governo, aumentou de 2 milhões para 3 milhões e 200 mil libras. Em 1743, a companhia adiantou mais 1 milhão de libras ao governo. Mas, como essa soma fora levantada, não porque os proprietários cooperaram, mas porque se venderam anuidades e se contraíram dívidas consolidadas, não permitiu aumentar o capital sobre o qual os proprietários pudessem reivindicar dividendos. O novo acréscimo, no entanto, fez aumentar o capital comercial da companhia, estando as outras 3 milhões e 200 mil libras igualmente sujeitas às perdas constantes e às dívidas contraídas pela companhia na consecução de seus projetos mercantis. A partir de 1708, ou ao menos desde 1711, quando já se havia livrado de todos os concorrentes e se estabelecido plenamente no monopólio do comércio inglês com as Índias Orientais, essa companhia geriu com muito êxito seus negócios e, com os lucros auferidos anualmente, proporcionou dividendos módicos aos proprietários. Durante a Guerra da França iniciada em 1714, a ambição do Sr. Dupleix, o governador francês de Pondicherry, envolveu a companhia nas guerras do Carnatic e na política dos príncipes indianos. Depois de inúmeros sucessos notáveis e de perdas igualmente notáveis, finalmente a companhia perdeu Madrasta, que nessa época era sua principal colônia de povoamento na Índia. O Tratado de Aix-la-Chapelle lhe devolveu essa colônia, e por essa época o espírito de guerra e de conquista parecia se apossar de seus empregados na Índia e nunca mais os abandonar. Durante a guerra da França iniciada em 1755, os exércitos da companhia participaram da boa fortuna que acompanhava os exércitos da Grã-Bretanha. Defenderam Madrasta, tomaram Pondicherry, recuperaram Calcutá e adquiriram as rendas de um rico e amplo território, que na época equivaliam, segundo se diz, a 3 milhões por ano. A companhia permaneceu por muitos anos na posse pacífica dessa renda. Mas em 1767 a administração estatal reivindicou a posse de suas conquistas territoriais, bem como a renda delas proveniente, como um direito pertencente à Coroa, e a companhia, para atender a essa reivindicação, concordou em pagar ao governo 400 mil libras por ano. Antes disso, a companhia havia gradualmente aumentado seus dividendos de cerca de 6 para 10%, ou seja, sobre seu capital de 3 milhões e 200 mil libras havia conseguido aumentar os dividendos de 128 mil libras, ou os aumentara de 192 mil para 320 mil libras por ano. Nessa época a companhia tentava aumentar ainda mais seu capital, para 12,5%, o que tornaria os pagamentos anuais que fazia aos proprietários equivalentes aos que concordara em pagar anualmente ao governo, ou seja, 400 mil libras por ano. Porém, durante os dois anos em que deveria vigorar esse acordo com o governo, a companhia foi impedida de conseguir aumentos adicionais nos dividendos, por força de duas sucessivas leis do Parlamento, cujo propósito era possibilitar-lhe pagar mais rapidamente suas dívidas, na época calculadas em mais de 6 ou 7 milhões de libras esterlinas. Em 1769, a companhia prorrogou por mais cinco anos seu acordo com o Governo, estipulando que no decorrer desse período seria autorizada a aumentar gradualmente seus dividendos para 12,5%, desde que esse aumento jamais fosse superior a 1% por ano. Portanto, quando tivesse alcançado seu ponto máximo, esse aumento de dividendos somente permitia aumentar os pagamentos anuais da companhia – tanto aos proprietários como ao governo – em 680 mil libras a mais do que eram antes de suas últimas conquistas territoriais. Já mencionei qual era presumivelmente a quantia a que essa renda bruta das aquisições territoriais correspondia. Segundo cálculos apresentados em 1768 pela Cruttenden East Idiaman, a renda líquida, livre de todas as deduções e dos encargos militares, foi fixada em 2.048.747 libras. Ao mesmo tempo, afirma-se que a companhia possuía uma outra renda, proveniente, em parte, da renda de terras, mas principalmente de tarifas alfandegárias instituídas em suas várias colônias, equivalentes a 439 mil libras. Além disso, os lucros de seu comércio, de acordo com o depoimento do presidente da companhia perante a Câmara dos Comuns, atingiam nessa época no mínimo 400 mil libras por ano, ou, segundo o depoimento do contador perante a mesma Câmara, no mínimo 500 mil libras por ano; de acordo com os cálculos mais baixos, no mínimo igual aos maiores dividendos a serem pagos aos proprietários. Certamente uma renda tão vultosa poderia proporcionar um aumento de 608 mil libras nos pagamentos anuais a esses proprietários, e ao mesmo tempo deixar um fundo de amortização suficiente para a rápida redução de suas dívidas. Todavia, em 1733, ao invés de reduzirem, suas dívidas aumentaram em razão do atraso no pagamento de 400 mil libras ao Tesouro, do atraso de taxas não pagas à Aduana, de uma grande dívida para com o banco resultante de empréstimo em dinheiro, e de um quarto de letras de câmbio sacadas sobre a companhia na Índia e temerariamente aceitas, no valor equivalente a mais de 12 mil libras. A apreensão causada por essas exigências acumuladas obrigou a companhia não apenas a reduzir imediatamente seu dividendo a 6%, mas também a apelar à benevolência do governo, suplicando-lhe, primeiro, a remissão de um ulterior pagamento da quantia estipulada em 400 mil libras por ano, e, segundo, um empréstimo de 1,4 milhão de libras, para salvá-la da falência imediata. Ao que parece, o grande aumento de sua fortuna servira apenas para fornecer a seus empregados um pretexto para a dissipação e uma capa para malversação maiores, comparativamente, do que até mesmo esse aumento da fortuna. A conduta de seus empregados na Índia e o estado geral de seus negócios tanto na Índia como na Europa tornaram-se objeto de um inquérito parlamentar, que teve como conseqüência várias alterações muito importantes na constituição de seu governo, quer no próprio país, quer no exterior. Na Índia, os principais estabelecimentos em Madrasta, Bombaim e Calcutá, que antes haviam sido totalmente independentes uns dos outros, foram submetidos a um governador-geral, auxiliado por um conselho de quatro assessores, reservando-se o Parlamento o direito de fazer a primeira nomeação do governador e do conselho que deveria residir em Calcutá – cidade esta que se tornara agora o que Madrasta havia sido anteriormente: o mais importante dos estabelecimentos ingleses na Índia. O tribunal do intendente de Calcutá, instituído originalmente para julgar causas mercantis que surgissem na cidade e na vizinhança, ampliou sua jurisdição à medida que se ampliava o império. O tribunal passou então a se reduzir e a se limitar ao propósito inicial de sua instituição. No lugar dele foi criado um novo tribunal supremo de judicatura, constando de um juiz presidente e de três juízes, a serem nomeados pela Coroa. Na Europa, a qualificação necessária para dar ao proprietário o direito de voto nas eleições gerais aumentou de 500 libras, preço original de uma ação no capital da companhia, para mil libras. Além disso, para ter direito a votar essa qualificação declarou-se necessário que o acionista a possuísse há no mínimo um ano – em vez de seis meses, prazo anteriormente exigido – caso a tivesse adquirido por si mesmo, e não por herança. Antes, a diretoria composta de vinte e quatro membros era eleita anualmente; agora, decidia-se que todo diretor deveria, no futuro, ser eleito por quatro anos; seis deles, no entanto, deviam, por sistema de rodízio, deixar o cargo a cada ano, não se candidatando à reeleição na escolha dos seis novos diretores do ano seguinte. Em decorrência dessas alterações, esperava-se que o conselho de diretores e dos proprietários provavelmente agisse com mais dignidade e constância do que costumava agir antes. Mas parece impossível que qualquer alteração permita tornar essas assembléias capazes, sob qualquer aspecto, de governar, ou mesmo participar do governo de um grande império, uma vez que a maior parte de seus membros necessariamente tem muito pouco interesse na prosperidade desse império para fazê-los dispensar a atenção devida ao que pode promovê-la. É freqüente que um homem de grande fortuna, e às vezes mesmo um homem de pequena fortuna, deseje comprar mil libras em ações do capital aplicado na Índia, meramente pela influência que espera adquirir com um voto na assembléia dos acionistas. Isso lhe permite ter participação, senão no saque, pelo menos na nomeação dos saqueadores da Índia, já que, embora seja a responsável por tal nomeação, a diretoria está inevitavelmente, em maior ou menor grau, sujeita à influência dos acionistas, que não apenas elegem esses diretores, como ainda revogam as nomeações de seus empregados na Índia. Desde que o acionista possa gozar essa influência durante alguns anos, e assim prover a subsistência de um certo número de amigos, geralmente dá pouca importância aos dividendos, ou mesmo ao valor do capital sobre o qual se funda seu voto. Quanto à prosperidade do grande império, de cujo governo participa graças a esse voto, isso praticamente não lhe interessa de modo algum. Jamais houve outros soberanos que fossem ou pudessem ser, pela própria natureza das coisas, tão indiferentes à felicidade ou miséria de seus súditos, à melhoria ou ao deterioramento de seus domínios, à glória ou desgraça de sua administração, como é, e necessariamente deve ser, em razão de causas morais irresistíveis, a maior parte dos proprietários de uma companhia mercantil como essa. Some-se a isso o fato de algumas das novas regulamentações, criadas em conseqüência do inquérito parlamentar, tenderem mais a aumentar do que a diminuir essa indiferença. Assim, por exemplo, uma resolução da Câmara dos Comuns declarou que, quando a companhia pagasse a soma de 1,4 milhão de libras emprestada pelo governo, e suas dívidas consolidadas fossem reduzidas a 1,5 milhão de libras, então, e apenas então, a companhia poderia dividir 8% de seu capital; tudo o que sobrasse de suas receitas e lucros líquidos no país seria dividido em quatro partes, três das quais a serem pagas ao Tesouro para o uso do público, e a quarta parte, a ser reservada como fundo destinado a futuramente abater suas dívidas consolidadas, ou a cumprir outras exigências contingentes com que eventualmente a companhia se deparasse. Ora, se a companhia já tinha maus administradores e maus diretores quando o total de sua receita e de seus lucros líquidos pertencia a ela e estava à sua disposição, certamente não seria mais bem administrada e governada quando $3/4$ dessa receita e desse lucro líquidos pertenciam a outras pessoas, e o outro $1/4$, embora desembolsado em benefício da companhia, deveria ficar sob o controle e sob a dependência da aprovação de outras pessoas.

Seria mais conveniente à companhia permitir aos próprios empregados e dependentes o prazer de desperdiçar ou o lucro de desviar o excedente que sobrasse após o pagamento dos dividendos propostos de 8%, do que tolerar que a companhia caísse nas mãos de um grupo de pessoas com as quais as referidas resoluções dificilmente deixariam, em alguma medida, de colocá-la em conflito. O interesse desses empregados e dependentes predominaria tanto na assembléia dos acionistas, a ponto de em certas ocasiões dispô-la a apoiar os responsáveis pelas depredações cometidas em violação frontal à sua autoridade. Para a maioria dos acionistas, mesmo o apoio à autoridade de sua própria assembléia poderia ocasionalmente ter menos relevância do que o apoio àqueles que afrontaram essa autoridade.

Conseqüentemente, as regulamentações de 1733 não puseram fim às irregularidades na direção da companhia na Índia. Apesar de certa vez recolher ao tesouro de Calcutá, durante um surto efêmero de boa gestão, mais de 3 milhões de libras esterlinas, apesar de posteriormente estender seu domínio – ou suas depredações – sobre uma vasta acessão de algumas das mais ricas e férteis regiões da Índia, tudo foi devastado e destruído. A companhia se viu completamente despreparada para deter ou resistir a incursão de Hyder Ali, e por causa dessas desordens encontra-se agora, em 1784, numa situação muito mais aflitiva do que antes, e para evitar a imediata falência a companhia mais uma vez se rebaixa, suplicando a ajuda do governo. Para melhorar a administração de seus negócios os partidos no Parlamento têm proposto diferentes planos. Todos esses planos parecem concordar a respeito daquilo que, de fato, sempre foi extremamente evidente: a companhia é absolutamente incapaz de governar suas possessões territoriais. A própria companhia parece convencida de sua incapacidade e por isso se mostra disposta a entregar suas possessões ao governo.

Ao direito de possuir fortes e guarnições em países longínquos e bárbaros está necessariamente associado o direito de fazer a paz e a guerra nesses países. As sociedades por ações que tinham o primeiro direito constantemente exerceram o outro, que muitas vezes lhe fizeram ser expressamente conferido. Com que injustiça, com que capricho, com que crueldade em geral o exerceram, é bastante sabido pela experiência recente.

Quando uma companhia de comerciantes tem a iniciativa de estabelecer, por sua conta e risco, um novo comércio com algumas nações remotas e bárbaras, talvez seja sensato incorporá-la numa sociedade por ações e, caso seja bem-sucedida, conceder-lhe por alguns anos um monopólio do comércio. É o caminho mais seguro e natural para o Estado recompensá-la por correr o risco de uma experiência perigosa e cara, cujos benefícios o povo mais tarde há de colher. É possível justificar um monopólio temporário desse tipo com base nos mesmos princípios pelos quais se concede idêntico monopólio ao inventor de uma nova máquina, ou ao autor de um novo livro. Mas, expirado esse prazo, é certamente necessário que o monopólio cesse: os fortes e as guarnições que porventura tenham sido estabelecidos deverão ser entregues ao governo; o valor deles deverá ser pago à companhia, e o comércio, aberto a todos os súditos do Estado. A concessão de um monopólio perpétuo equivale a tributar absurdamente todos os outros súditos do Estado de duas distintas maneiras: em primeiro lugar, pelo alto preço das mercadorias, as quais os súditos poderiam comprar, caso o comércio fosse livre, muito mais baratas; segundo, pela sua total exclusão de um ramo de negócios que talvez muitos desses súditos considerasse conveniente e rentável explorar. Mais ainda, é pelo mais indigno dos propósitos que se impõe esse tributo ao povo. Sua finalidade é meramente permitir à companhia endossar a negligência, dissipação e a malversação dos próprios empregados, cuja má conduta raramente consente em que os dividendos da companhia excedam a taxa normal de lucro vigente nos setores em que há liberdade irrestrita, e com muita freqüência a faz cair até mesmo muito abaixo dessa taxa. Porém, a experiência mostra que, sem o monopólio, a sociedade por ações não é capaz de explorar por muito tempo nenhum ramo do comércio exterior. Comprar num mercado para vender com lucro em outro, quando existem inúmeros concorrentes nos dois mercados; atender não apenas às variações ocasionais da demanda, mas também às variações muito maiores e muito mais freqüentes na concorrência ou no fornecimento que essa demanda possivelmente conquista a outras pessoas, e adequar com rapidez e critério tanto a quantidade como a qualidade de cada sortimento de bens a todas essas circunstâncias, é uma espécie de guerra cujas operações estão em contínua mudança, e que dificilmente pode ser conduzida com êxito sem o infatigável esforço de vigilância, o que não se pode esperar por muito tempo dos diretores de uma sociedade por ações. Ao resgatar seus fundos, no término de seu privilégio de exclusividade, a Companhia das Índias Orientais, mediante Lei do Parlamento, passou a ter o direito de continuar como corporação numa sociedade por ações, e a comerciar, na qualidade de corporação, com as Índias Orientais em comum com o restante de seus concidadãos. Ora, nessa situação a vigilância e atenção superiores de empreendedores privados logo a fariam, com toda a probabilidade, cansar-se do comércio.

Um eminente autor francês, de grande conhecimento nos assuntos de economia política, o abade Morellet, fornece uma lista das 55 sociedades por ações voltadas ao comércio exterior que se estabeleceram nas diferentes regiões da Europa desde o ano de 1600. De acordo com ele, todas elas teriam falido por má administração, a despeito de gozarem privilégios de exclusividade. O abade Morellet não se informou direito sobre duas ou três dessas companhias, que não eram sociedades por ações e tampouco faliram. Mas, em compensação, há inúmeras outras sociedades por ações que faliram, e que ele omitiu.

As únicas atividades que uma sociedade por ações parece ser capaz de explorar com êxito, sem deter privilégios de exclusividade, são aquelas cujas operações é possível reduzir, em sua totalidade, à chamada Rotina, ou seja, a uma uniformidade de método que admita pouca ou nenhuma variação. É dessa espécie, em primeiro lugar, a atividade bancária; segundo, a atividade de seguros contra incêndios e contra riscos de navegação e captura em tempos de guerra; terceiro, a construção e conservação de uma passagem ou canal navegável; e, quarto, o comércio similar de abastecer de água uma grande cidade.

Embora os princípios da atividade bancária possam parecer um pouco abstrusos, sua prática é suscetível de ser reduzida a regras estritas. Desviar-se eventualmente dessas regras, iludindo-se com alguma promissora especulação de ganho, é quase sempre extremamente perigoso e não raro fatal à companhia bancária que tentar fazê-lo. Mas a constituição das sociedades por ações as torna em geral mais obstinadas em fixar regras do que qualquer associação privada. Por isso, essas companhias parecem extremamente adequadas a tal atividade. Conseqüentemente, as principais companhias bancárias da Europa são sociedades por ações, muitas das quais administram seus negócios com muito êxito, sem contar com qualquer privilégio de exclusividade. O Banco da Inglaterra não detém nenhum outro privilégio de exclusividade, a não ser o de que nenhuma outra sociedade bancária, afora ele, deverá constar de mais de seis pessoas. Os dois bancos de Edimburgo são sociedades por ações que não detêm nenhum privilégio de exclusividade.

O valor do risco – seja contra incêndio, perda marítima ou prejuízo causado por captura –, embora não possa ser calculado com absoluta precisão, admite uma estimativa tão aproximada que em certo sentido o torna redutível a regras e método estritos. Portanto, uma sociedade por ações que não detenha privilégio de exclusividade tem condições de gerir com êxito a atividade de seguros. Nem a

Companhia Londrina de Seguros nem a Companhia Real de Seguros detêm tal privilégio.

Uma vez construído um conduto ou um canal navegável, sua administração se torna bastante simples e fácil, podendo então ser reduzida a regras e métodos estritos. Isso vale até mesmo para a construção do conduto, já que nos contratos junto aos empreiteiros da obra é possível estipular a canalização de uma milha ou a construção de uma eclusa. O mesmo se pode dizer a respeito de um canal, um aqueduto ou uma adutora que forneça água a uma grande cidade. Assim, esses empreendimentos podem ser, e por isso freqüentemente são, administrados com muito êxito por companhias por ações que não detenham nenhum privilégio de exclusividade.

Porém, não seria muito sensato fundar uma companhia por ações destinada a um empreendimento qualquer tãosomente porque essa companhia conseguiria ter êxito em administrá-lo, nem isentar um grupo específico de negociantes de cumprir algumas das leis gerais que são válidas para todos os outros, simplesmente porque poderiam prosperar com tal isenção. Para tornar esse empreendimento perfeitamente razoável, e ao mesmo tempo não abrir mão de reduzi-lo a regras e método estritos, deve haver a concorrência de dois outros fatores. Em primeiro lugar, é necessário deixar absolutamente claro que o empreendimento tem uma utilidade maior e mais geral do que a maioria das atividades comuns; e, segundo, que o empreendimento exige um capital maior do que o que se pode reunir numa associação privada. Se um capital modesto fosse suficiente, a grande utilidade do empreendimento não forneceria uma razão suficiente para criar uma sociedade por ações, já que, nesse caso, empreendedores privados rápida e facilmente supririam a demanda por aquilo que seria produzido pela companhia. Esses dois fatores concorrem nas quatro atividades acima mencionadas.

No Livro II desta *Investigação* já expliquei em detalhes qual a grande e geral utilidade da atividade bancária, quando administrada com prudência. Ora, um banco oficial que ofereça crédito público e, em situações específicas de emergência, adiante ao governo o rendimento integral correspondente a um imposto a ser recolhido – montante que talvez represente vários milhões, e do qual o governo precisa dispor um ou dois anos de recolher o imposto –, exige um capital muito superior ao que se pode facilmente reunir numa associação privada.

A atividade de seguros oferece grande segurança às fortunas particulares e, dividindo entre um grande número de pessoas o prejuízo que arruinaria um indivíduo, faz que seja leve e suave para toda a sociedade. No entanto, para proporcionar essa segurança é necessário que as seguradoras possuam um imenso capital. Conta-se que, antes da criação das duas companhias seguradoras de capital acionário de Londres, apresentaram ao Procurador-Geral uma lista de 150 seguradoras privadas que haviam falido num período de poucos anos.

É bastante óbvio que condutos e canais navegáveis, além das obras que por vezes são necessárias para fornecer água a uma grande cidade, são de grande e geral utilidade, enquanto, ao mesmo tempo, freqüentemente exigem uma despesa muito maior do que a compatível com as fortunas de indivíduos particulares.

Tirante as quatro atividades acima mencionadas, não consegui me lembrar de nenhuma outra atividade em que todos esses fatores indispensáveis concorram para tornar razoável a criação de uma companhia por ações. A companhia Inglesa de cobre, situada em Londres, a companhia de fundição de chumbo, a companhia de trituração de vidro, não têm nem mesmo a justificativa de que seus objetos atendem a uma grande ou singular utilidade; tampouco o objeto com que lidam parece exigir uma despesa incompatível com as fortunas de indivíduos particulares. Além disso, ignoro se é possível reduzir a atividade conduzida por essas companhias a regras e a método rigorosos, a ponto de torná-las adequadas à administração de uma sociedade por ações, ou se têm alguma razão para se vangloriarem de seus extraordinários lucros. Já faz muito tempo que a Companhia de Mineração faliu. Uma ação da Companhia Britânica de Linho, de Edimburgo, é vendida hoje muito abaixo de seu valor ao par, embora esse valor fosse muito menor alguns anos atrás. As sociedades por ações que são criadas com o patriótico propósito de promover alguma manufatura específica, além de administrarem seus próprios negócios muito mal – à custa da diminuição do estoque geral de riquezas da sociedade –, também em outros aspectos raras vezes deixam de fazer mais mal do que bem. Malgrado essas intenções tão nobres, a inevitável parcialidade de seus diretores em relação a setores específicos da manufatura, nos quais são enganados e iludidos pelos empreiteiros, constitui um verdadeiro desestímulo aos outros setores, rompendo necessariamente, em maior ou menor grau, a proporção natural que do contrário se estabeleceria entre o trabalho e o lucro criteriosos, proporção esta que representa, para o trabalho geral do país, o maior e o mais eficaz dentre todos os incentivos.

ARTIGO II

Dos gastos com instituições voltadas para a educação da juventude

Também as instituições destinadas à educação da juventude podem gerar uma receita suficiente para cobrir os próprios gastos. A taxa ou o honorário que o estudante paga ao mestre naturalmente constitui uma receita dessa espécie.

Mesmo quando a remuneração do mestre não provém exclusivamente dessa receita natural, ainda assim não é necessário retirá-la daquela receita geral da sociedade, cujo recolhimento e aplicação cabe, em muitos países, ao poder executivo. De fato, na maior parte da Europa a dotação das escolas e faculdades ou não representa nenhum ônus a essa receita geral, ou representa um ônus bastante reduzido. Em todos os lugares, essa dotação provém basicamente de alguma receita local ou provincial, do arrendamento de algum bem de raiz, ou dos juros de alguma quantia de dinheiro distribuída e administrada com essa finalidade específica por curadores, às vezes pelo próprio soberano, outras por algum doador privado.

Terão essas dotações públicas contribuído em geral para promover a finalidade dessas instituições? Terão contribuído para estimular a diligência e aperfeiçoar a capacidade dos professores? Terão orientado o curso da educação para propósitos mais úteis, tanto para o indivíduo como para a coletividade, do que aqueles para os quais orientaria espontaneamente? Não parece muito difícil fornecer pelo menos uma resposta plausível a cada uma dessas perguntas.

Em toda profissão, o esforço da maior parte dos que a exercem é sempre proporcional à necessidade a que estão submetidos de demonstrar esse esforço. Essa necessidade é a maior em relação àqueles a quem a remuneração da profissão constitui a única fonte de que esperam sua fortuna, ou mesmo seu rendimento e subsistência normais. Para adquirir essa fortuna, ou mesmo conseguir a subsistência, é necessário que essas pessoas executem, ao longo de um ano, uma certa quantidade de trabalho de valor determinado e, quando a concorrência é livre, a rivalidade dos concorrentes – que estão, todos eles sem exceção, esforçando-se para empurrar um ao outro para fora do emprego – obriga todo homem a se esforçar para executar seu trabalho com um certo grau de precisão. Não resta dúvida de que em algumas profissões específicas a grandeza dos objetivos a serem conquistados pelo êxito pode às vezes vivificar o esforço de uns poucos homens dotados de extraordinário talento e ambição. No entanto, para produzir grandes esforços não são evidentemente necessários grandes objetivos. A rivalidade e a emulação transformam, mesmo nas profissões mesquinhas, a excelência em objeto de ambição, e muitas vezes dão ensejo aos maiores esforços. Ao contrário, nem sempre grandes objetivos, se não estiverem apoiados na necessidade de aplicação, bastam por si sós para produzir um esforço considerável. Na Inglaterra, o êxito nas carreiras jurídicas inspira as grandes finalidades da ambição, e no entanto, como nesse país têm sido poucos os homens, nascidos em berço de ouro, que jamais se destacaram nessa profissão!

As dotações concedidas a escolas e faculdades necessariamente fazem diminuir em maior ou menor grau a necessidade de os professores se aplicarem na profissão. Na medida em que provém de seus salários, sua subsistência é claramente derivada de um fundo inteiramente independente do êxito e da reputação que alcançam em suas profissões específicas.

Em algumas universidades, o salário representa apenas uma parte, e freqüentemente uma parte pequena, da remuneração do professor; grande parte dela provém dos honorários ou taxas dos alunos. A necessidade de aplicação, embora sempre mais ou menos reduzida, nesse caso não está inteiramente eliminada. A reputação na profissão ainda possui alguma importância para o professor, que depende um pouco da afeição, da gratidão e dos comentários favoráveis dos que acompanharam suas aulas. Ora, o melhor meio de conquistar esses sentimentos favoráveis é merecê-los, ou seja, demonstrar capacidade e diligência no desempenho de cada um de seus deveres.

Em outras universidades, o professor é proibido de receber qualquer honorário ou taxa de seus alunos, constituindo seu salário a fonte exclusiva do rendimento que deriva de seu ofício. Nesse caso, seu interesse colide frontalmente com seu dever. É interesse de todo homem viver o mais tranqüilamente possível, de modo que se essa remuneração for exatamente a mesma, quer ele cumpra ou não algum dever árduo, será certamente de seu interesse – pelo menos tal como vulgarmente se compreende o interesse – ou negligenciar completamente esse dever ou, se estiver submetido a alguma autoridade que não lhe permita fazer isso, cumpri-lo da maneira mais descuidada e desleixada que essa autoridade permita. Se ele for naturalmente ativo e amante do trabalho, será de seu interesse empregar essa atividade de um modo que possa retirar alguma vantagem, em detrimento de seu dever, do qual não consegue retirar vantagem nenhuma.

Se a autoridade à qual o professor está subordinado reside numa corporação, ou seja, numa faculdade ou universidade de que ele mesmo é membro, e de que a maior parte dos outros membros são, como ele, pessoas que ou são ou deviam ser professores, provavelmente todos juntarão forças: serão mutuamente indulgentes, cada homem consentirá em que seu vizinho negligencie seu dever, desde que a ele mesmo seja permitido negligenciar o dever que lhe cabe. Na Universidade de Oxford, faz muito tempo que a maior parte dos professores públicos abandonou completamente até mesmo a pretensão de lecionar.

Se a autoridade a que o professor está subordinado reside, não tanto na corporação de que ele é membro, mas em alguma pessoa de fora – por exemplo, no bispo da diocese, no governador da província ou, talvez, em algum ministro de Estado –, sem dúvida não é muito provável que, nesse caso, se permita ao professor negligenciar inteiramente seu dever. De qualquer modo, tudo o que esses superiores podem obrigá-lo a fazer é atender seus alunos durante um certo número de horas, ou seja, ministrar um determinado número de aulas por semana ou por ano. Ainda assim, depende necessariamente da diligência do professor decidir o que serão essas aulas, e essa diligência, por sua vez, será provavelmente proporcional à motivação que encontra para praticá-la. Além disso, uma jurisdição extrínseca como essa é passível de ser exercida de maneira ignorante e caprichosa. Por sua natureza, essa jurisdição extrínseca é arbitrária e discricionária, e as pessoas que a exercem, por não freqüentarem as aulas dos professores, nem talvez entenderem as ciências que tratam de ensinar, raramente são capazes de exercê-la com discernimento. Mais ainda: por causa da insolência do ofício, muitas vezes são indiferentes ao modo de exercer essa autoridade, e têm bastante tendência a censurar o professor ou a destituí-lo de seu cargo arbitrariamente e sem justa causa. A pessoa submetida a essa jurisdição é necessariamente degradada por ela, e, em vez de ser uma das pessoas mais respeitáveis da sociedade, torna-se uma das mais mesquinhas e desprezíveis. É somente por uma enérgica proteção que o professor pode se guardar efetivamente do mau uso a que está a todo momento exposto, e provavelmente conquistará essa proteção não pela habilidade ou diligência em sua profissão, mas por se mostrar obsequioso à vontade de seus superiores, estando preparado, a todo instante, a sacrificar a essa vontade os direitos, os interesses e a honra da corporação da qual é membro. Todos os que puderam observar longamente a administração de uma universidade francesa devem ter tido a oportunidade de constatar efeitos que naturalmente resultam de uma jurisdição arbitrária e externa desse tipo.

Tudo o que forçar um determinado número de estudantes a freqüentar certa faculdade ou universidade, independentemente do mérito ou da reputação dos professores, tende, em maior ou menor grau, a tornar mais dispensável esse mérito ou essa reputação. Os privilégios dos bacharéis em artes, direito, medicina e teologia, quando somente a residência durante um certo número de anos em certas universidades permite alcançar esses títulos, necessariamente forçam alguns estudantes a freqüentar essas universidades, independentemente do mérito ou da reputação dos professores. Os privilégios dos bacharéis se assemelham a estatutos de aprendizagem, e contribuem para o aperfeiçoamento da educação do mesmo modo que os outros estatutos de aprendizagem contribuem para o aperfeiçoamento das artes e manufaturas.

As instituições de caridade que distribuem bolsas de estudo, pensões, subvenções etc. necessariamente vinculam um certo número de estudantes a certas faculdades, independentemente, em absoluto, do mérito dessas faculdades específicas. Se essas instituições deixassem os alunos livres para escolher a faculdade de sua preferência, talvez essa liberdade pudesse contribuir para suscitar alguma competição entre as diferentes faculdades. Ao contrário, um regulamento que proibisse até mesmo os membros independentes de cada faculdade específica de deixá-la para procurar outra, sem antes solicitar e obter permissão para sair da faculdade que pretendem abandonar, tenderia em grande medida para extinguir essa competição.

Se em toda faculdade o tutor ou professor, que deveria instruir cada estudante em todas as artes e ciências, não fosse voluntariamente escolhido pelo estudante, mas designado pelo diretor da faculdade, e se, em caso de negligência, incapacidade ou maus-tratos por parte do professor, o estudante não fosse autorizado a trocar esse tutor ou professor por um outro, sem antes solicitar e obter permissão do primeiro, esse regulamento não apenas tenderia fortemente a extinguir toda a competição entre os diferentes tutores da mesma faculdade, mas também a diminuir bastante, em todos eles, a necessidade de tratar com cuidado e atenção seus respectivos alunos. Esses professores, ainda que muito bem pagos por seus estudantes, teriam tanta inclinação a negligenciá-los como os professores que não recebem pagamento algum, ou que não possuem nenhuma outra recompensa além do salário.

Se por acaso o professor for um homem de bom senso, deve ser muito desagradável a ele ter a consciência de que, enquanto leciona aos estudantes, está falando ou lendo tolices, ou algo muito próximo disso. Mais ainda, deve lhe ser muito desagradável observar que a maior parte de seus alunos falta às aulas, ou talvez as freqüente dando sinais suficientes de desatenção, desdém e escárnio. Por isso, se for obrigado a dar um certo número de aulas, esses motivos, por si sós, sem nenhum outro interesse, bastariam para predispô-lo a se esmerar um pouco para dar aulas aceitáveis. No entanto, encontram-se vários outros meios capazes de embotar de fato todos esses estímulos à diligência. É possível que o professor, em vez de explicar ele mesmo a seus alunos a ciência que se propõe a ensinar-lhes, leia algum livro sobre o assunto. Ora, se esse livro for escrito numa língua estrangeira morta, interpretará seu conteúdo na língua nativa dos alunos, ou então – o que lhe dará menos trabalho ainda – fará os alunos interpretarem o texto para ele; e, fazendo aqui e acolá algumas observações ocasionais sobre o assunto, o professor poderá se vangloriar de estar lecionando. Basta-lhe o mais ínfimo grau de conhecimento e dedicação para recorrer a isso, sem se expor ao desprezo e escárnio, ou sem dizer algo que seja realmente tolo, absurdo ou ridículo. Ao mesmo tempo, a disciplina da faculdade lhe dá condições de forçar todos os alunos a freqüentarem, com a mais estrita regularidade, esse simulacro de aula, e a manterem o mais decente e respeitoso comportamento durante todo o tempo dessa representação*.

Em geral, a disciplina das faculdades e universidades visa, não ao benefício dos alunos, mas ao interesse ou, para falar com mais propriedade, ao sossego dos mestres. Em todos os casos, sua finalidade é manter a autoridade do mestre e, quer o professor cumpra ou não seu dever, obrigar os estudantes a sempre se comportarem em relação a ele como se o cumprisse com a mais extremada diligência e capacidade. Isso parece presumir a perfeita sabedoria e virtude dos professores, e o máximo de mediocridade e tolice dos alunos. Quando, porém, os mestres realmente cumprem seu dever, não há, segundo creio, nenhum exemplo de que a maior parte dos alunos descuide dos próprios de-

---

* *Performance*, no original. Smith pretende enfatizar, no período que aqui se encerra, o caráter farsesco das aulas: tanto a exposição do professor como a atenção dos alunos são simulacros. O autor sabia do que estava falando, uma vez que fora professor na Universidade de Glasgow. (N. T.)

veres. Não há necessidade de nenhuma disciplina para forçar a freqüência a aulas que realmente merecem ser freqüentadas, como se sabe bastante bem nos lugares em que aulas assim são ministradas. Não há dúvida de que a força e a coação em alguma medida são indispensáveis para obrigar as crianças ou os rapazinhos a assistirem às aulas relativas a matérias consideradas essenciais durante esse período inicial da vida. Mas, após os 12 ou 13 anos de idade, contanto que o mestre cumpra seu dever, força ou restrição raramente serão necessárias para ministrar qualquer matéria educacional. A generosidade da maior parte dos jovens é tal que, longe de negligenciarem ou desprezarem as instruções dos mestres – desde que estes mostrem a séria intenção de ser útil a eles –, costumam perdoar inúmeras falhas que os mestres revelam ao desempenhar sua tarefa, e às vezes até mesmo têm o hábito de esconder do público seu calamitoso descuido.

É necessário observar, aliás, que geralmente as matérias mais bem ensinadas são aquelas para cujo aprendizado não existem instituições públicas. Quando um jovem vai para uma escola de esgrima ou de dança, não aprende de fato a esgrimir ou a dançar perfeitamente bem, mas raramente deixa de aprender a esgrima ou a dança. Não costumam ser tão evidentes os efeitos positivos das escolas de equitação. Os gastos de uma escola de equitação são tão elevados, que em muitos lugares estas são instituições públicas. Quanto aos três itens mais essenciais da formação literária – ler, escrever e contar –, ainda continua a ser mais comum adquiri-los nas escolas privadas do que nas públicas; e raramente ocorre que alguém deixe de adquiri-los no grau que se faz necessário.

Na Inglaterra, as escolas públicas estão muito menos corrompidas do que as universidades. Nas escolas se ensina aos jovens, ou pelo menos se pode ensinar a eles, grego e latim – ou seja, tudo o que os mestres pretendem ensinar ou o que se espera que ensinem. Nas universidades, os jovens nem aprendem e nem sempre conseguem encontrar meios adequados de aprender as ciências que essas corporações têm por ofício ensinar. A recompensa do mestre-escola depende principalmente, em muitos casos – em alguns casos, depende exclusivamente –, das taxas ou honorários pagos pelos estudantes. As escolas não contam com privilégios de exclusividade. Para alcançar as honrarias da graduação, não é necessário que uma pessoa apresente um certificado de que estudou durante um certo número de anos em escola pública. Se nos exames essa pessoa demonstrar que compreendeu o que nessas escolas se ensina, não se pergunta em que lugar aprendeu.

Talvez se possa afirmar que não é muito bom o ensino das matérias que se costuma lecionar nas universidades. Mas, não fosse por essas instituições, essas matérias nem ao menos seriam ensinadas, de modo que tanto o indivíduo como a comunidade seriam grandemente prejudicados pela falta dessas matérias importantes para a educação.

A maior parte das atuais universidades da Europa eram, em sua origem, corporações eclesiásticas, instituídas para a formação dos clérigos. Foram fundadas pela autoridade do Papa e estavam a tal ponto sob sua proteção direta, que seus membros, fossem eles mestres ou estudantes, desfrutavam, todos, o que então se chamava de direito a foro especial*, ou seja, estavam isentos da jurisdição civil dos países em que as respectivas universidades se situavam, sujeitando-se apenas aos tribunais eclesiásticos. O que se ensinava na maior parte dessas universidades era conforme à finalidade de sua instituição: ou teologia ou algo que era meramente preparatório para a teologia.

Quando o cristianismo foi estabelecido por lei, a língua comum de todas as regiões ocidentais da Europa passou a ser um latim corrompido. Por isso, o culto da Igreja e a tradução da Bíblia que se lia nas igrejas utilizavam esse latim corrompido, isto é, a língua comum do país. Após a irrupção

---

* No original, *benefit of clergy*. (N. T.)

das nações bárbaras que conquistaram o Império Romano, o latim deixou gradualmente de ser a língua de todas as regiões da Europa. Mas a reverência do povo naturalmente conserva as formalidades e cerimônias estabelecidas da religião, muito tempo depois de deixarem de existir as circunstâncias que no início as introduziram e as justificaram. Portanto, embora em parte alguma o conjunto do povo não mais compreendesse o latim, todo o serviço da igreja continuou a ser celebrado nesse idioma. Duas diferentes línguas então se estabeleceram na Europa, assim como ocorrera no antigo Egito: uma língua dos sacerdotes e uma língua do povo; uma língua sagrada, a outra, profana; uma culta, a outra, inculta. Ora, era necessário que os sacerdotes compreendessem algo dessa língua sagrada e culta em que deviam celebrar o culto, e por essa razão o estudo da língua latina fez, desde o princípio, parte essencial da educação ministrada nas universidades.

O mesmo não aconteceu com o estudo das línguas grega e hebraica. Os decretos infalíveis da Igreja haviam declarado que a tradução latina da Bíblia – comumente designada por *Vulgata Latina* – fora igualmente ditada por inspiração divina, e portanto tinha a mesma autoridade das originais grega e hebraica. Assim, como o conhecimento dessas duas línguas não era indispensavelmente necessário a um clérigo, o estudo delas não fez parte, por muito tempo, do curso comum da formação universitária. Asseguraram-me de que em algumas universidades espanholas o estudo da língua grega jamais fez parte do currículo. Os primeiros reformadores pensavam que o texto grego do Novo Testamento e mesmo o texto hebraico do Antigo Testamento fossem mais favoráveis a suas opiniões do que a tradução Vulgata, que, como se pode naturalmente supor, havia sido gradualmente ajustada para sustentar as doutrinas da Igreja Católica. Desse modo, esses reformadores puseram-se a denunciar os inúmeros erros da tradução Vulgata, o que então obrigou o clero católico romano a defendê-la ou explicá-la. Mas isso não podia ser feito sem algum conhecimento das línguas originais, cujo estudo foi assim gradualmente introduzido na maior parte das universidades, tanto nas que abraçaram como nas que rejeitaram as doutrinas da Reforma. A língua grega tornou-se obrigatória em cada fase da formação clássica, que, embora fosse a princípio cultivada basicamente pelos católicos e pelos italianos, veio a se tornar voga quase ao mesmo tempo que se lançaram as doutrinas da Reforma. Por isso, na maioria das universidades ensinava-se o grego antes do estudo da filosofia, e tão logo o estudante tivesse realizado algum progresso no latim. Quanto ao idioma hebraico, por não ter vínculo algum com a erudição clássica, bem como por não ser língua de um único livro respeitável, com exceção das Sagradas Escrituras, seu estudo não começava antes do estudo da filosofia, e quando o estudante já havia principiado o estudo da teologia.

Originalmente, o que se ensinava nas universidades eram os primeiros rudimentos das línguas grega e latina, e até hoje continua a ser assim em algumas delas. Em outras, espera-se que o estudante tenha previamente adquirido pelo menos os rudimentos de uma ou de ambas essas duas línguas, cujo estudo continua a constituir parte considerável da educação universitária.

A antiga filosofia grega se dividia em três grandes ramos: a Física ou filosofia natural, a Ética ou filosofia moral e a Lógica. Essa divisão parece perfeitamente conforme à natureza das coisas.

Os grandes fenômenos da natureza* – as revoluções dos corpos celestes, os eclipses, os cometas; trovões, re-

---

* Daqui até o final deste parágrafo, Smith glosa a *Metafísica* de Aristóteles, Livro I, Capítulo II: "Foi, com efeito, pela admiração que os homens, assim hoje como no começo, foram levados a filosofar, sendo primeiramente abalados pelas dificuldades mais óbvias, e progredindo em seguida pouco a pouco até resolverem problemas maiores: por exemplo, as mudanças da Lua, as do Sol e dos astros e a gênese do Universo. Ora, quem duvida e se admira julga ignorar: por isso também quem ama os mitos é, de certa maneira, filósofo, porque o mito resulta do maravilhoso" (trad. Vicenzo Cocco, in: Coleção "Os pensadores", São Paulo, Abril Cultural, 1973, p. 214). (N. T.)

lâmpagos e outros meteoros extraordinários; a geração, a vida, o crescimento e dissolução de plantas e animais – tudo isso são objetos que, por suscitarem necessariamente a admiração, naturalmente incitam a curiosidade dos homens a investigar suas causas. De início a superstição tentou saciar essa curiosidade, atribuindo todas essas aparições fantásticas à ação imediata dos deuses. Em seguida a filosofia tratou de explicar esses fenômenos, atribuindo-os a causas mais familiares, ou a causas mais conhecidas dos homens do que a ação dos deuses. Assim como esses grandes fenômenos são os primeiros objetos da curiosidade humana, também a ciência que pretende explicá-los deve necessariamente ter sido o primeiro ramo que se cultivou da filosofia. Daí que os primeiros filósofos, dos quais a história conservou alguns relatos, pareçam ser filósofos da natureza.

Em cada época e país do mundo, os homens necessariamente atentaram para o caráter, o desígnio e a ação uns dos outros, sendo então necessário estabelecer e aprovar, por consenso comum, inúmeras e respeitáveis regras e máximas de caráter. Tão logo surgiu a escrita, os sábios ou os que se imaginavam sábios naturalmente se empenharam em aumentar o número dessas máximas estabelecidas e respeitadas, e em exprimir o que eles mesmos entendiam por conduta apropriada ou inconveniente, ora na forma artificial de apólogos – tal como as chamadas fábulas de Esopo –, ora na forma mais simples dos apótemas ou ditos sábios – como os Provérbios de Salomão, os versos de Teógnis e Focílides, bem como algumas partes da obra de Hesíodo. Os homens poderiam continuar a se exprimir assim por muito tempo, unicamente para multiplicar o número daquelas máximas de prudência e moralidade, sem mesmo tentar arranjá-las numa ordem bastante distinta ou metódica, muito menos relacioná-las por um ou vários princípios gerais, dos quais todas elas seriam deduzidas, como os efeitos se deduzem das causas naturais. Foi nos rudes ensaios para um sistema de filosofia da natureza que se viu, pela primeira vez, nesses tempos antigos, a beleza de uma disposição sistemática das diferentes observações, associadas mediante uns poucos princípios. Algo semelhante se tentou fazer mais tarde com a moral. As máximas da vida comum foram dispostas numa certa ordem metódica, e relacionadas entre si por alguns princípios comuns, do mesmo modo como haviam ensaiado dispor e relacionar os fenômenos da natureza. A ciência que pretende investigar e explicar esses princípios associativos é o que propriamente se chama de filosofia moral.

Diferentes autores ofereceram diferentes sistemas quer de filosofia da natureza, quer de filosofia moral. Mas os argumentos com os quais sustentavam esses diferentes sistemas, longe de ser sempre demonstrações, muitas vezes eram, na melhor das hipóteses, somente probabilidades bastante tênues, às vezes meros sofismas, que não tinham outro fundamento senão a imprecisão e ambigüidade da linguagem comum. Em todas as eras do mundo se adotaram sistemas especulativos por razões que, de tão frívolas, nem ao menos orientavam o julgamento de qualquer homem de senso comum num assunto relativo ao mais insignificante dos interesses pecuniários. A sofística grosseira praticamente jamais exerceu influência sobre as opiniões dos homens, tirante em assuntos de filosofia e especulação, e nestes a influência muitas vezes foi a maior possível. Os patronos de cada sistema de filosofia natural e moral espontaneamente se empenharam em evidenciar a fraqueza dos argumentos aduzidos para sustentar sistemas que se opunham aos deles mesmos. Ao examinar esses argumentos, foram inevitavelmente levados a considerar a diferença entre um argumento provável e um argumento demonstrativo, entre um argumento falacioso e um argumento concludente; e das observações criadas por uma investigação dessa espécie necessariamente surgiu a Lógica – ou ciência dos princípios gerais do raciocínio correto ou incorreto. Embora em sua origem seja posterior tanto à Física como à Ética, a Lógica costumava ser ensinada, senão em todas, pelo menos na maior parte das antigas escolas de filosofia, previamente a essas duas ciências. Ao que parece, pensava-se que o estudante compreendia melhor a diferença entre o raciocínio correto e o incorreto antes de ser levado a raciocinar sobre questões de tamanha importância.

Na maior parte da Europa, essa antiga divisão da filosofia em três partes foi convertida numa outra divisão, em cinco partes.

Na filosofia antiga, tudo o que se ensinasse, tanto a respeito da filosofia do espírito humano, como da filosofia da Divindade, fazia parte do sistema da Física. Tais seres, não importa o que se considere como sua essência, constituíam partes do grande sistema do universo e partes, além disso, causadoras dos mais importantes efeitos. Tudo o que a razão humana pudesse ou concluir ou conjeturar a respeito deles compunha, por assim dizer, dois capítulos – ainda que indubitavelmente dois importantíssimos capítulos – da ciência que pretendia explicar a origem e as revoluções do grande sistema do universo. Ora, era natural que nas universidades européias, onde se ensinava a Filosofia unicamente para fazê-la servir à Teologia, demorar-se mais nesses dois capítulos do que em qualquer outro capítulo da ciência. Aos poucos foram sendo cada vez mais ampliados, divididos em inúmeros capítulos inferiores, até que finalmente a doutrina dos espíritos, da qual tão pouco se pode saber, veio a ocupar no sistema da Filosofia o mesmo espaço da doutrina dos corpos, da qual tanto se pode saber. Considerou-se que as doutrinas relativas a esses dois temas constituíssem duas ciências distintas. A chamada Metafísica ou Pneumática foi oposta à Física, e cultivada não somente como a mais sublime, mas, para os propósitos de uma certa profissão, como a mais útil das duas ciências. O objeto apropriado do experimento e da observação, objeto em que uma atenção cuidadosa é capaz de fazer tantas e tão úteis descobertas, foi quase inteiramente deixado de lado. O objeto no qual, seguindo pouquíssimas verdades muito simples e quase óbvias, a mais cuidadosa atenção nada pôde descobrir além de obscuridade e incerteza, e conseqüentemente nada pôde produzir além de sutilezas e sofismas, foi imensamente cultivado.

Quando então essas duas ciências foram colocadas em oposição uma à outra, a comparação entre elas naturalmente gerou uma terceira ciência, a chamada Ontologia, ou ciência que tratava das qualidades e atributos comuns a cada um dos objetos das duas outras ciências. Ora, se sutilezas e sofismas compunham a maior parte da Metafísica ou Pneumática das escolas, agora compunham o todo dessa emaranhada ciência da Ontologia, que também às vezes era chamada Metafísica.

O objeto que a antiga filosofia moral se propunha a investigar era em que consistia a felicidade e a perfeição do homem, considerado não apenas como indivíduo, mas como membro de uma família, de um Estado e da grande sociedade dos homens. Nessa filosofia, tratavam-se os deveres da vida humana como subservientes à felicidade e perfeição da vida humana. Mas quando se passou a ensinar a moral, bem como a filosofia da natureza, para fazê-las servir à Teologia, trataram-se os deveres da vida humana principalmente como subservientes à felicidade de uma vida futura. Na Filosofia antiga, afirmava-se que a perfeição da virtude era, para quem a possuísse, causa necessária da mais perfeita felicidade nesta vida. Na Filosofia moderna, muitas vezes se representou a perfeição da virtude como algo universalmente ou, antes, quase sempre, incompatível com qualquer grau de felicidade nesta vida; e só se ganham os céus com penitência e mortificação, com as austeridades e a humilhação a que se submete um monge, não com a conduta liberal, generosa e intrépida do homem. Em muitos casos, a casuística e a moralidade ascética passaram a formar a maior parte da filosofia moral das escolas*. Assim, o

---

* A palavra "escola" designa, nesse contexto e um pouco acima, as instituições voltadas para o estudo e difusão da escolástica, que, como se pode ver, suscita o desprezo de Smith. A esse respeito, veja-se ainda *Teoria dos sentimentos morais*, Parte VII, Seção IV; São Paulo, Martins Fontes, 1999. (N. T.)

que é de longe o mais importante de todos os diferentes ramos da filosofia se tornou de longe o que é o mais degenerado.

Tal era, portanto, o curso normal da educação filosófica na maior parte das universidades européias. Primeiro se ensinava a Lógica; a Ontologia vinha em segundo lugar; a Pneumatologia, compreendendo a doutrina relativa à natureza do espírito humano e da Divindade, em terceiro; em quarto lugar seguia um aviltado sistema de filosofia moral que consideravam estar diretamente associado às doutrinas da Pneumatologia, à imortalidade da alma humana e às recompensas e punições que, pela justiça da Divindade, deveriam ser aguardadas na vida por vir; o curso geralmente concluía com um breve e superficial sistema da Física.

Todas as alterações que as universidades européias então introduziram no antigo curso de filosofia tinham em mira a educação dos eclesiásticos, convertendo também a Filosofia numa introdução mais apropriada para o estudo da Teologia. Mas a quantidade adicional de sutileza e sofística, a casuística e a moralidade ascética que essas alterações introduziram no curso certamente não o tornaram mais apropriado para a educação dos aristocratas ou homens do mundo, ou mais capaz de aperfeiçoar o entendimento ou retificar o coração.

Esse é o curso de filosofia que continua a ser ensinado na maior parte das universidades européias, como maior ou menor diligência, conforme a constituição de cada universidade específica torne a diligência mais ou menos necessária aos professores. Em algumas das mais ricas e bem dotadas universidades, os tutores se contentam em ensinar uns poucos fragmentos e partes desconexas desse curso degenerado, e mesmo isso comumente ensinam com muita negligência e superficialidade.

Nos tempos modernos, os aperfeiçoamentos que se fizeram nos diferentes ramos da Filosofia não foram, em sua maioria, realizados nas universidades, ainda que sem dúvida alguns deles se devam às universidades. Aliás, uma vez realizados esses aperfeiçoamentos, a maior parte das universidades nem sequer se mostrou disposta a adotá-los, de modo que várias dessas sociedades cultas preferiram permanecer, por muito tempo, como santuários em que sistemas desacreditados e preconceitos obsoletos encontram asilo e proteção após serem escorraçados de outros recantos do mundo. Em geral, as mais ricas e bem dotadas universidades têm sido as que mais demoram a adotar esses aperfeiçoamentos, e as mais avessas a permitir uma mudança considerável no plano estabelecido da educação. Esses aperfeiçoamentos foram mais facilmente introduzidos em algumas das mais pobres universidades, nas quais os professores, por dependerem de sua reputação para conseguir a maior parte de sua subsistência, foram obrigados a prestar mais atenção às opiniões correntes do mundo.

Mas, muito embora as escolas e universidades públicas da Europa fossem originalmente projetadas unicamente para a educação de uma profissão específica – a de clérigo –, e embora nem sempre tenham sido muito diligentes em instruir os alunos mesmo nas ciências que supostamente seriam necessárias a essa profissão, ainda assim atraíram para si a educação de quase todas as outras pessoas, particularmente a de quase todos os fidalgos e homens de fortuna. Ao que parece, não se poderia recorrer a melhor método para passar, com alguma vantagem, o longo intervalo entre a infância e aquele período da vida em que os homens começam a se dedicar resolutamente ao verdadeiro negócio do mundo, o negócio que há de empregá-los por todo o restante de seus dias. A maior parte do que se ensina nas escolas e universidades, porém, não parece ser a mais adequada preparação para esse negócio.

Na Inglaterra, a cada dia se generaliza o hábito de mandar os jovens para viajar a países estrangeiros tão logo deixem a escola, sem enviá-los antes a alguma universidade. Dizem que nossos jovens costumam regressar ao país muito mais preparados após essas viagens. Um jovem que viaje ao exterior aos dezessete ou dezoito anos, e regresse aos vinte e um anos, retorna três ou quatro anos mais velho do que era quando saiu do país, e nessa idade é muito difícil não progredir consideravelmente em três ou quatro anos. No curso de suas viagens, esse jovem geralmente adquire algum conhecimento de uma ou duas línguas estrangeiras, conhecimento este, no entanto, que raramente basta para torná-lo capaz ou de falar essas línguas ou de escrever nelas corretamente. Em outros aspectos, é comum que regresse para casa mais presunçoso, mais dissipador e mais incapaz de se dedicar seriamente ao estudo ou aos negócios, do que poderia bem vir a ser nesse espaço de tempo tão curto, caso ficasse morando no país. Ao viajar tão moço, ao gastar na mais frívola dissipação os mais preciosos anos de sua vida, longe da inspeção e do controle de seus pais e parentes, quase necessariamente ou se enfraquece ou se apaga – em vez de se fixar e consolidar – todo hábito útil que os primeiros anos de sua educação poderiam ter a tendência de formar nele. Nada, senão o descrédito em que as universidades se permitem incorrer, jamais poderia ter conferido reputação a uma prática tão absurda como essa de viajar no período inicial da vida. Ao enviar o filho para fora, um pai se livra – pelo menos por algum tempo – de algo tão desagradável como um filho desempregado, descuidado e caminhando para a ruína diante de seus olhos.

São esses os efeitos de algumas das instituições modernas voltadas à educação. Em outras épocas e nações, teriam existido diferentes planos e diferentes instituições.

Nas repúblicas da Grécia antiga, todo cidadão era instruído, sob a orientação dos magistrados públicos, em exercícios de ginástica e em música. A finalidade dos exercícios de ginástica era fortalecer o corpo, aguçar a coragem e prepará-lo para as fatigas e os perigos da guerra; e como a milícia grega era, segundo todos os relatos, uma das melhores que jamais existiram no mundo, essa parte da educação pública sem dúvida atendia plenamente ao propósito para o qual a haviam designado. Por outro lado, a segunda parte da instrução, a música, propunha-se – pelo menos de acordo com os filósofos e historiadores que nos transmitiram relatos dessas instituições – a humanizar o espírito, tornar brando o temperamento, e prepará-lo para cumprir todos os deveres morais e sociais, tanto da vida pública como da vida privada.

Na Roma antiga, os exercícios realizados no *Campus Martius* atendiam ao mesmo propósito que os praticados no Ginásio na Grécia antiga, e ao que parece atenderam a eles igualmente bem. Mas entre os romanos não existia nada que correspondesse à educação musical dos gregos. Em contrapartida, a moralidade dos romanos, tanto na vida pública como na vida privada, parece ter sido não apenas igual, mas, em seu conjunto, bastante superior à dos gregos. Que os romanos fossem moralmente superiores na vida privada, temos evidências expressas de Políbio e Dionísio de Halicarnasso, dois autores bastante familiarizados com cada uma dessas nações. Além disso, o teor geral da história grega e romana testemunha a superioridade da moralidade pública dos romanos. O bom temperamento e a moderação para conter facções parecem representar a circunstância mais essencial da moralidade pública de um povo livre. Ora, as facções dos gregos eram quase sempre violentas e sanguinárias, enquanto nenhum sangue jamais foi derramado por uma facção romana até o tempo dos Gracos, quando então se considera que a República romana se ache de fato dissolvida. Assim, a despeito da autoridade extremamente respeitável de Platão, Aristóteles e Políbio, e a despeito das razões bastante engenhosas com as quais o Sr. Montesquieu* se empenha em sustentar essa autorida-

---

* *O espírito das leis,* IV, VIII, onde Platão, Políbio e Aristóteles são citados. (Trad. bras. Martins Fontes, São Paulo, 2ª ed., 1996.) (N. T.)

de, parece provável que a educação musical dos gregos não teve grande efeito no aperfeiçoamento de sua moralidade, uma vez que, sem essa educação, a moralidade dos romanos era, no conjunto, superior. O respeito desses antigos sábios pelas instituições de seus ancestrais provavelmente os predispôs a encontrar muita sabedoria política no que era, talvez, meramente um costume antigo, continuado sem interrupção desde os primórdios dessas sociedades até o tempo em que alcançaram um grau considerável de refinamento. A música e a dança são as grandes distrações de quase todas as nações bárbaras, bem como os grandes talentos que se supõe habilitarem um homem para entreter sua sociedade. É assim hoje em dia com os negros da costa da África; era assim com os antigos celtas, os antigos escandinavos e, segundo o que lemos em Homero, era assim com os antigos gregos antes da guerra de Tróia. Quando as tribos gregas se formaram em pequenas repúblicas, era natural que o estudo desses talentos fizesse, por muito tempo, parte da educação pública e comum do povo.

Os mestres que instruíam os jovens na música ou nos exercícios militares não parecem ter sido pagos nem mesmo nomeados pelo Estado, seja em Roma, seja em Atenas, a república grega de cujas leis e costumes estamos mais bem informados. O Estado exigia que todo cidadão livre se preparasse para defendê-lo na guerra e por isso aprendesse seus exercícios militares. Mas deixavam ao cidadão aprendê-los com os mestres que pudesse encontrar, e para esse propósito o Estado somente oferecia um campo público ou lugar de exercícios em que fosse possível praticá-los e realizá-los.

Ao que parece, nos primórdios das repúblicas grega e romana, as outras partes da educação consistiam em aprender a ler, escrever e contar de acordo com a aritmética dos tempos. Esses aprendizados os cidadãos mais ricos freqüentemente adquiriam, pelo que parece, em casa, com o auxílio de algum pedagogo doméstico, que em geral era ou um escravo ou um liberto; os cidadãos mais pobres os adquiriam nas escolas de mestres que se dedicavam ao comércio de ensinar por paga. Porém, essas partes da educação foram abandonadas inteiramente, passando ao cuidado dos pais ou guardiães de cada indivíduo. Não parece que o Estado tenha algum dia tomado para si inspecionar ou orientar esses mestres. De fato, mediante lei de Sólon, os filhos eram dispensados de sustentar pais idosos que haviam descuidado de instruí-los em algum comércio ou atividade lucrativa.

À medida que progredia o refinamento, quando a Filosofia e a Retórica tornaram-se voga, a espécie superior de gente costumava mandar seus filhos para as escolas de filósofos e retóricos, para que os instruíssem nessas ciências da moda. Mas essas escolas não eram mantidas pelo Estado. Por muito tempo, foram simplesmente toleradas por este. A demanda por Filosofia e Retórica foi, durante muitos anos, tão pequena que os primeiros professores, não conseguindo encontrar emprego fixo numa cidade qualquer, eram obrigados a se deslocar de um lugar a outro. Foi assim que viveram Zenão de Eléia, Protágoras, Górgias, Hípias e muitos outros. Na medida em que aumentou a demanda, as escolas de Filosofia e de Retórica se tornaram estacionárias, primeiro em Atenas e, em seguida, em várias outras cidades. O Estado, porém, jamais lhes terá oferecido outro incentivo além de designar a algumas delas um lugar específico para se lecionar, o que às vezes os doadores privados também faziam. Parece que o Estado designou a Academia a Platão, o Liceu a Aristóteles e o Pórtico a Zenão de Cita, o fundador dos estóicos. Mas Epicuro legou seus jardins a sua própria escola. Até por volta do tempo de Marco Antônio, todavia, é possível que nenhum professor recebesse salário do Estado, ou outra remuneração, salvo a proveniente dos honorários ou taxas de seus estudantes. Como lemos em Luciano, a doação que esse imperador filósofo concedeu a um dos professores de Filosofia provavelmente não terá durado mais que a vida desse imperador.

Não existia nada equivalente aos privilégios da graduação, e era desnecessário freqüentar qualquer uma dessas escolas para obter autorização de praticar uma certa atividade ou profissão. Se a opinião da própria utilidade não conseguia atrair estudantes para essas escolas, tampouco a lei forçava qualquer pessoa a freqüentá-las, ou recompensava alguém por as ter freqüentado. Os professores não possuíam jurisdição alguma sobre seus pupilos, nem nenhuma autoridade além da autoridade natural, que a virtude e as capacidades superiores jamais deixam de alcançar dos jovens para aqueles que são depositários de alguma parte de sua educação.

Em Roma, o estudo do Direito Civil fazia parte da educação não apenas da maior parte dos cidadãos, como também de algumas famílias específicas. No entanto, não havia escolas públicas para os jovens que desejassem adquirir conhecimento em leis, nem outro meio de estudá-las, senão freqüentando a companhia dos parentes e amigos que se supunha entenderem do assunto. Talvez valha a pena salientar que, embora as leis das Doze Tábuas fossem, em sua maioria, cópias de leis de algumas das antigas repúblicas gregas, possivelmente a lei jamais se desenvolveu em ciência em qualquer república da antiga Grécia. Em Roma, muito cedo o Direito se transformou em ciência, conferindo um grau considerável de lustro aos cidadãos que tinham a reputação de compreendê-la. Nas repúblicas da Grécia antiga, particularmente em Atenas, os tribunais de justiça comum consistiam em numerosos – e portanto desorganizados – grupos de pessoas, que freqüentemente decidiam quase ao acaso, ou conforme o clamor, a facção e o espírito de partido pudessem determinar. Dividindo-se entre 500, 1.000 ou 1.500 pessoas (pois alguns de seus tribunais eram assim numerosos), a ignomínia de uma sentença injusta não recaía tão pesadamente sobre um indivíduo. Ao contrário, em Roma os principais tribunais de justiça consistiam quer num único juiz, quer num pequeno número de juízes, cujo caráter jamais deixava de ser bastante afetado por uma decisão precipitada ou injusta, sobretudo porque sempre deliberavam em público. Nos casos duvidosos, esses tribunais, preocupados em evitar censuras, naturalmente se esforçavam para se abrigar sob o exemplo ou precedente de juízes que se haviam reunido antes deles, nesse mesmo tribunal ou em algum outro. Essa consideração para com a prática e o precedente necessariamente formou o direito romano naquele sistema regular e ordenado em que nos foi transmitido, e semelhante consideração produziu efeitos semelhantes sobre as leis de todos os outros países onde houve tal consideração. A superioridade de caráter dos romanos em relação aos gregos, tão bem assinalada por Políbio e Dionísio de Halicarnasso, provavelmente se deveu mais à melhor constituição de seus tribunais de justiça do que a qualquer das circunstâncias a que se referem esses autores. Dizem que os romanos se distinguiram particularmente por seu superior respeito a um juramento. Ora, o povo que estivesse acostumado a prestar juramento unicamente perante algum tribunal de justiça diligente e bem informado naturalmente ficaria muito mais atento ao que jurara do que o povo acostumado a fazer o mesmo perante assembléias desordenadas e turbulentas.

Prontamente se admitirá que as habilidades civil e militar dos gregos e romanos são no mínimo iguais às de qualquer nação moderna. Talvez nosso preconceito esteja, mais precisamente, em superestimá-las. Mas, salvo no que se refere aos exercícios militares, o Estado não parece se ter preocupado em formar essas grandes habilidades, pois não consigo acreditar que a educação musical dos gregos pudesse ter tanta relevância para formá-las. No entanto, encontraram-se mestres, ao que parece, para instruir a gente mais superior dessas nações em toda arte e ciência nas quais as circunstâncias de sua sociedade tornou necessário ou conveniente instruí-las. A demanda por essa instrução produziu o que sempre produz – o talento para ministrar essa instrução; e a emulação que uma concorrência irrestrita jamais deixa de suscitar parece ter alçado esse talento a um grau bastante elevado de perfeição. Na atenção que os antigos filósofos atraíam, no império que adquiriram sobre as opiniões e princípios de seus auditórios, na faculdade que possuíam de conferir certo tom e caráter à conduta e conversação desses auditórios, parecem ter sido bastante superiores a qualquer dos professores modernos. Nos tempos modernos, a diligência dos professores públicos está mais ou menos corrompida pelas circunstâncias que os tornam mais ou menos independentes de seu êxito e reputação nas suas profissões específicas. Além disso, os salários colocam o professor particular, que poderia ter a pretensão de concorrer com eles, na mesma situação de um comerciante que tenta comerciar sem nenhum subsídio, numa competição com comerciantes que contam com um subsídio bastante considerável. Se vender suas mercadorias quase ao mesmo preço não poderá obter o mesmo lucro, de modo que pelo menos a miséria e a mendicância, se não a falência e a ruína, serão infalivelmente seu destino. Se procurar vender as mercadorias a um preço mais caro, provavelmente terá tão poucos consumidores que suas condições não serão muito melhores. Além disso, em muitos países os privilégios da graduação são necessários, ou pelo menos extremamente convenientes, para muitos homens que precisam de uma educação erudita. Mas somente é possível obter esses privilégios freqüentando as aulas de professores públicos. A mais meticulosa atenção às mais idôneas instruções de um professor particular nem sempre dá direito a reivindicar esses privilégios. É por essas diferentes razões que em geral se considera que um professor particular de qualquer das ciências comumente ensinadas nas universidades pertença à mais baixa ordem dos homens de letras. Um homem de habilidades reais dificilmente encontrará emprego mais humilhante ou mais improfícuo a que recorrer. Assim, as dotações concedidas a escolas e faculdades não apenas corrompem a diligência dos professores públicos, como ainda tornam praticamente impossível encontrar bons professores particulares.

Se não existisse nenhuma instituição pública voltada à educação, não se ensinaria nenhum sistema, nenhuma ciência, para os quais não houvesse alguma demanda, ou que as circunstâncias dos tempos não tornassem ou necessário, ou conveniente ou, pelo menos, em voga, aprender. Um professor particular jamais poderia lucrar ensinando ou um sistema de ciência desacreditado e antiquado, mas reconhecidamente útil, ou uma ciência que todos acreditam ser um mero amontoado inútil e pedante de sofística e absurdo. Esses sistemas, essas ciências, não podem subsistir em lugar algum, senão naquelas sociedades corporativas de educação, cuja prosperidade e receita são em grande medida independentes de sua reputação e inteiramente independentes de seu esforço. Caso não houvesse nenhuma instituição pública voltada para a educação, não seria possível que um fidalgo, depois de atravessar com aplicação e engenho o mais completo curso de formação que as circunstâncias do tempo presumivelmente oferecem, entrasse no mundo completamente ignorante de tudo o que é assunto comum de conversa entre os fidalgos e homens do mundo.

Não existem instituições públicas voltadas para a educação das mulheres e por isso nada há de inútil, absurdo ou fantástico no curso comum da educação delas. Aprendem somente o que seus pais ou guardiães julgam necessário ou útil ensinar-lhes, e nada mais. Toda a sua educação tende claramente a um propósito útil: melhorar os atrativos naturais de suas pessoas, formar seus espíritos na reserva, modéstia, castidade e economia; torná-las capazes de se comportar como as donas da casa, ou a se comportar de modo apropriado quando essa ocasião chega. Em cada momento de sua vida a mulher percebe a conveniência ou vantagem de cada etapa de sua educação. Por outro lado, é raro que em algum momento de sua vida um homem extraia alguma conveniência ou vantagem de algumas das mais laboriosas e penosas partes de sua educação.

Assim sendo, poderiam perguntar: o Estado não deve então dar nenhuma atenção à educação do povo? Ou, se deve dar alguma atenção, quais são as diferentes matérias de que se deve encarregar com respeito às diferentes classes de gente? E de que maneira deve se encarregar disso?

Em alguns casos, o estado de sociedade necessariamente coloca a maior parte dos indivíduos em situações que, sem nenhuma intervenção do governo, naturalmente formam neles quase todas as habilidades que esse estado exige ou talvez possa admitir. Em outros casos, o estado de sociedade não coloca a maior parte dos indivíduos nessas situações, e por isso alguma intervenção do governo é necessária para impedir a quase completa corrupção e degeneração do grande corpo do povo.

À medida que progride a divisão do trabalho, o emprego da grande maioria dos que vivem do trabalho, ou seja, o grande corpo do povo, passa a se confinar a poucas operações bastante simples – freqüentemente duas ou três. Ora, são os empregos normais que formam, necessariamente, o entendimento da maior parte dos homens. O homem que passou a vida toda realizando pouquíssimas operações bastante simples, cujo resultado é sempre o mesmo ou quase o mesmo, não tem nenhuma oportunidade de exercitar o entendimento ou exercitar sua inventividade para descobrir expedientes que removam dificuldades jamais enfrentadas. Portanto, naturalmente perde o hábito de fazer esse esforço e em geral se torna tão estúpido e ignorante como é possível a uma criatura humana tornar-se. O entorpecimento de seu espírito o torna não apenas incapaz de apreciar uma conversa racional ou participar dela, como também de conceber qualquer sentimento generoso, nobre ou terno, e conseqüentemente de formar algum juízo justo a respeito de muitos dos deveres comuns da vida privada. É inteiramente incapaz de julgar os grandes e vastos interesses de seu país e, salvo se esforços bastante específicos forem empreendidos para torná-lo diferente, é igualmente incapaz de defender seu país na guerra. A uniformidade de uma vida estagnada naturalmente corrompe a coragem de seu espírito e o faz contemplar com repulsa a vida irregular, incerta e arriscada de um soldado. Esse tipo de vida corrompe até mesmo a atividade de seu corpo, tornando-o igualmente incapaz de exercer sua força com vigor e perseverança em qualquer outro emprego senão aquele em que foi criado. Assim, parece adquirir destreza em sua atividade específica à custa de suas virtudes intelectuais, sociais e marciais. Ora, em toda sociedade desenvolvida e civilizada é esse o estado em que o pobre trabalhador, ou seja, o grande conjunto do povo, deve necessariamente cair, a menos que o governo faça alguns esforços para impedi-lo.

O contrário se passa nas sociedades bárbaras, como são geralmente chamadas as sociedades de caçadores, pastores e mesmo agricultores naquele primitivo estágio de agricultura que precede o aperfeiçoamento das manufaturas e a extensão do comércio exterior. Nessas sociedades, as variadas ocupações de todo homem os obrigam a exercer sua capacidade e a inventar expedientes para remover as dificuldades que sobrevêm continuamente. A inventividade se mantém viva, e ao espírito não se permite que caia naquela modorrenta estupidez que, numa sociedade civilizada, parece entorpecer o entendimento de quase todas as classes inferiores de gente. Já observei que nessas sociedades bárbaras, como são chamadas, todo homem é um guerreiro. Além disso, todo homem é em alguma medida um estadista e tem condições de formar um razoável juízo a respeito do interesse da sociedade e da conduta dos que a governam. É evidente para a observação de quase todos os indivíduos singulares dessa sociedade o quanto seus chefes são bons juízes em tempos de paz e bons líderes na guerra. Sem prejuízo disso, numa tal sociedade nenhum homem é capaz de adquirir perfeitamente aquele entendimento aperfeiçoado e refinado que alguns homens às vezes possuem num estágio mais civilizado, porque, embora numa sociedade primitiva haja uma imensa variedade de ocupações de cada indivíduo, não existe uma ampla variedade de ocupações da sociedade como um todo. Todo homem faz ou é capaz de fazer quase todas as coisas que qualquer outro homem faz ou é capaz de fazer. Todo homem possui um grau considerável de conhecimento, engenho e invenção, mas quase homem nenhum os possui em grau elevado. No entanto, esse grau, que é comum a todos, em geral basta para conduzir todas as atividades simples da sociedade. Numa sociedade civilizada, pelo contrário, ainda que haja pouca variedade nas ocupações da maior parte dos indivíduos, existe uma variedade quase infinita nas ocupações da sociedade como um todo. Essas diversas ocupações apresentam uma variedade quase infinita de objetos à contemplação desses poucos homens, que, não estando pessoalmente ligados a uma ocupação específica, têm lazer e inclinação para examinar as ocupações das outras pessoas. A contemplação de uma variedade tão grande de objetos necessariamente faz seus espíritos se exercitar em comparações e combinações intermináveis, tornando os entendimentos a um tempo agudos e amplos num grau extraordinário. Porém, a não ser que esses poucos sejam por casualidade colocados em situações muito específicas, é possível que suas grandes habilidades, embora honrosas para eles mesmos, contribuam muito pouco para o bom governo ou para a felicidade de sua sociedade. Apesar das grandes habilidades desses poucos, todas as partes mais nobres do caráter humano podem, em grande medida, obliterar-se e extinguir-se no grande conjunto do povo.

A educação da gente comum talvez exija, numa sociedade civilizada e comercial, a atenção do Estado mais do que a da gente de alguma posição e fortuna. Gente de alguma posição e fortuna costuma contemplar dezoito ou dezenove anos de idade antes de se iniciar naquele negócio, profissão ou atividade específica pela qual se propõem a se destacar no mundo. Antes disso, essas pessoas dispõem de tempo integral para adquirir, ou pelo menos para se habilitar a mais tarde adquirir, todo o talento que possam recomendá-las à estima do público, ou torná-las dignas dela. Seus pais ou guardiães em geral se preocupam bastante com que adquiram esse talento, e por isso em muitos casos estão suficientemente dispostos a desembolsar a despesa necessária a esse propósito. Se nem sempre recebem a educação apropriada, raramente isso se deve à falta de despesa desembolsada para a educação, mas à aplicação imprópria dessa despesa. Raramente se deve à falta de mestres, mas à negligência e incapacidade dos mestres disponíveis, e à dificuldade ou, mais exatamente, à impossibilidade, que existe no atual estado de coisas, de encontrar mestres melhores. Tampouco os empregos em que a gente de alguma posição ou fortuna gasta a maior parte de sua vida são, como os do povo comum, simples e uniformes. São, quase todos eles, extremamente complexos, e exercitam mais a cabeça que as mãos. O entendimento dos que estão envolvidos nesses empregos raramente se torna embotado por falta de exercício. Os empregos da gente de alguma posição e fortuna, além disso, raras vezes os esgotam da manhã até a noite. Em geral essas pessoas dispõem de bastante tempo livre, durante o qual podem se aperfeiçoar em todos os ramos úteis ou ornamentais de conhecimento, cujas fundações tenham estabelecido, ou para os quais tenham adquirido algum gosto no princípio da vida.

O mesmo não ocorre com a gente comum. Essas pessoas dispõem de pouco tempo vago para dedicar à educação. Seus pais mal conseguem proporcionar-lhes sustento, mesmo na infância. Tão logo tenham condições de trabalhar devem se ocupar de alguma atividade com a qual consigam ganhar sua subsistência. Além disso, na maioria das vezes essa atividade é demasiado simples e uniforme para fazer que o entendimento se exercite um pouco, enquanto, por outro lado, seu trabalho é tão constante e tão árduo que só lhes pode deixar pouco tempo de lazer e quase nenhuma inclinação para se empenharem ou mesmo pensarem em qualquer outra coisa.

Todavia, embora numa sociedade civilizada a gente comum não possa receber a mesma boa educação da gente de alguma posição e fortuna, mesmo assim é possível adquirir as partes mais essenciais da educação – ler, escrever e contar – num período tão tenro da vida, que mesmo a maioria dos que serão instruídos nas ocupações mais baixas tem tempo de adquiri-las antes de poder se empregar nessas ocupações. Com um reduzidíssimo custo, o Estado pode facilitar, encorajar, pode mesmo impor ao conjunto inteiro do povo a necessidade de adquirir essas partes mais essenciais da educação.

É possível que o Estado facilite o aprendizado da educação elementar criando, em cada paróquia ou distrito, uma pequena escola, onde se possa ensinar as crianças a uma remuneração tão modesta que mesmo um trabalhador comum tenha condições de pagá-la; o professor seria parcialmente, porém não totalmente, pago pelo público, porque se o público respondesse pelo pagamento integral, ou pela parte central do pagamento, logo o professor aprenderia a descuidar de sua atividade. Na Escócia, a criação dessas escolas paroquiais foi responsável por ensinar quase todo o povo comum a ler, e uma porção bastante grande dele a escrever e a contar. Na Inglaterra, a criação de escolas gratuitas vem tendo efeito semelhante, embora menos generalizado, uma vez que esses estabelecimentos não são tão numerosos. Se nessas pequenas escolas os livros pelos quais as crianças aprendem a ler fossem um pouco mais instrutivos do que normalmente são, e se, em vez de um conhecimento superficial do latim – que às vezes ensinam às crianças nessas escolas e que raramente tem alguma utilidade para elas –, fossem instruídas nas partes elementares da geometria e da mecânica, a educação dessa classe de gente talvez fosse a mais completa possível. É raro encontrar uma atividade comum que não ofereça algumas oportunidades para nela se aplicarem os princípios da geometria e da mecânica, e que portanto não exercitem e aperfeiçoem o povo comum nesses princípios, os quais são a propedêutica necessária às mais sublimes bem como às mais úteis ciências.

O Estado pode estimular a aquisição desses elementos mais essenciais da educação oferecendo pequenos prêmios e conferindo pequenas distinções às crianças do povo comum que se sobressaiam.

O Estado pode impor a quase todo o corpo do povo a obrigatoriedade de adquirir esses elementos mais essenciais da educação, exigindo que todo homem se submeta a um exame ou prova antes de conseguir licença em alguma corporação, ou de ter autorização para montar algum negócio numa vila ou numa cidade com foral.

Foi assim, facilitando o aprendizado de exercícios militares e de ginástica, estimulando o conjunto do povo, e mesmo lhe impondo a obrigatoriedade de aprender esses exercícios, que as repúblicas grega e romana conservaram o espírito marcial de seus respectivos cidadãos. Facilitaram o aprendizado desses exercícios indicando um certo lugar para que fossem aprendidos e praticados, e garantindo a certos mestres o privilégio de ensinar nesse lugar. Não parece que esses mestres recebessem salários ou privilégios de qualquer espécie. Sua remuneração consistia inteiramente naquilo que recebiam de seus alunos. Quanto ao cidadão que aprendesse esses exercícios no ginásio público, não possuía perante a lei nenhuma vantagem sobre o cidadão que os aprendesse em particular, desde que este último os aprendesse igualmente bem. Essas repúblicas encorajaram o aprendizado dos exercícios, conferindo pequenos prêmios e sinais de distinção aos que se sobressaem nessas atividades. Ganhar um prêmio nos Jogos Olímpicos, Ístmicos ou Nemeanos conferia lustre, não apenas à pessoa que o ganhasse, mas a toda sua família e a seus filhos. A obrigação a que todo cidadão estava submetido de servir, se convocado, por um certo número de anos nos exércitos da república impunha suficientemente a obrigatoriedade de aprender esses exercícios, sem os quais não poderia se habilitar a esse serviço.

O exemplo da Europa moderna demonstra bastante bem que, com o progresso do aperfeiçoamento, a prática dos exercícios militares, a menos que o governo envide esforços apropriados de sustentá-los, vai gradualmente decaindo e, com ela, o espírito marcial do grande corpo do povo. Ora, a segurança de toda sociedade deve sempre depender, em maior ou menor grau, do espírito marcial do grande corpo do povo. Nos tempos que correm, de fato, talvez por si só esse espírito marcial, sem o apoio de um bem disciplinado exército permanente, não fosse suficiente para a defesa e segurança de uma sociedade qualquer. Mas certamente seria necessário um menor exército permanente onde todo cidadão estivesse imbuído do espírito do soldado. Além disso, esse espírito necessariamente diminuiria em muito os riscos à liberdade, quer reais ou imaginários, dos quais sempre há receio quando existe um exército permanente. Tanto mais facilitaria as operações desse exército contra um invasor estrangeiro, tanto mais obstruiria essas operações se, por infortúnio, alguma vez se dirigissem contra a constituição do Estado.

Ao que parece, as antigas instituições da Grécia e de Roma foram muito mais eficazes para manter o espírito marcial do grande corpo do povo do que a instituição das chamadas milícias dos tempos modernos. Aquelas eram muito mais simples. Uma vez criadas, desempenhavam sozinhas suas tarefas, de modo que o governo precisava de pouca ou nenhuma atenção para mantê-las em perfeito vigor. Em contrapartida, a manutenção, mesmo com desempenho razoável, das complexas normas de qualquer milícia moderna, exige a contínua e árdua atenção do governo, sem o que incorrem constantemente no completo descuido e desuso. Além disso, a influência das antigas instituições era muito mais generalizada. Por intermédio delas todo o corpo do povo era totalmente instruído no manuseio das armas. Por outro lado, é somente uma parte muito diminuta do povo que está sempre instruída pelas normas de qualquer milícia moderna, com exceção, talvez, da Suíça. Ora, um covarde, um homem incapaz quer de se defender, quer de se vingar, evidentemente carece de uma das partes mais essenciais do caráter humano. Seu espírito está tão mutilado e deformado como está mutilado e deformado o corpo daquele que foi desprovido de seus membros mais essenciais, ou que perdeu o uso deles. Dos dois, o covarde é evidentemente o mais desgraçado e miserável, porque a felicidade e a miséria, que residem somente no espírito, devem necessariamente depender mais do estado de espírito saudável ou doente, mutilado ou são, do que do corpo. Mesmo que o espírito marcial do povo não tivesse serventia para defender a sociedade, já mereceria as mais sérias atenções do governo impedir que se espalhasse pelo grande corpo do povo essa espécie de mutilação, deformidade e desgraça mentais que a covardia sempre traz em seu bojo, assim como mereceria sua mais séria atenção impedir que a lepra ou qualquer outra doença abominável e repugnante, mesmo que não fosse nem mortal nem perigosa, se espalhasse entre o povo, ainda que talvez não resultasse nenhum outro bem público dessa atenção, além da prevenção de um grande mal público.

O mesmo se pode dizer a respeito da crassa ignorância e estupidez que, numa sociedade civilizada, parecem tão freqüentemente entorpecer o entendimento de todas as classes inferiores de gente. Um homem que não faça uso apropriado das faculdades intelectuais humanas é, se possível, ainda mais desprezível que um covarde, e parece estar mutilado e deformado numa parte ainda mais essencial do caráter da natureza humana. Ainda que o Estado não retirasse nenhum benefício de instruir as categorias inferiores do povo, mereceria contudo sua atenção evitar que ficassem inteiramente sem instrução. Acontece, porém, que não é pequeno o benefício que o Estado extrai de sua instrução. Tanto mais instruídas são essas pessoas, tanto menos ficam sujeitas às ilusões do entusiasmo e da superstição que, nas nações ignorantes, não raro provocam as mais terríveis desordens. Além disso, um povo instruído e inteligente sempre é mais decente e ordeiro do que um povo ignorante e estúpido. Nesse caso, cada homem se sente, individualmente, mais respeitável e com maior possibilidade de obter o respeito de seus legítimos superiores, razão por que está mais propenso a respeitar esses superiores. Está mais propenso a questionar e a discernir as denúncias interessadas da facção e da sedição e, por isso, menos suscetível a se deixar seduzir por uma volúvel e desnecessária oposição às medidas do governo. Nos países livres, onde a segurança do governo depende em muito do julgamento favorável que o povo possa formar de sua conduta, certamente é da maior importância que não o deixem predisposto a julgá-la precipitada e caprichosamente.

ARTIGO III

Dos gastos com instituições voltadas para a instrução de pessoas de todas as idades

As instituições voltadas para a instrução de pessoas de todas as idades são basicamente as que cuidam da instrução religiosa. Essa é uma espécie de instrução cuja finalidade não é tanto transformar o povo em bons cidadãos neste mundo, como prepará-lo para um outro mundo, um mundo melhor, na vida por vir. A exemplo de outros professores, os professores da doutrina que contém essa instrução podem ou depender inteiramente para sua subsistência das contribuições voluntárias de seus ouvintes, ou extraí-la de algum outro fundo a que tenham direito pela lei do respectivo país, a saber, uma propriedade fundiária, um dízimo ou imposto rural, um salário ou um estipêndio fixo.

É possível que seu empenho, zelo e trabalho sejam tão grandes no primeiro como no segundo caso. Sob esse aspecto, os professores de novas religiões sempre levaram uma vantagem considerável ao atacar esses antigos e estabelecidos sistemas que, negligenciados por um clero que se recostava nos próprios benefícios, deixaram então de alimentar o fervor da fé e da devoção no grande corpo do povo. Além disso, ao abandonar-se à indolência, esse clero se tornou inteiramente incapaz de fazer qualquer esforço vigoroso para defender sua própria instituição. Os clérigos de uma religião oficial e com boas dotações freqüentemente se tornam homens cultos e elegantes, que possuem todas as virtudes dos fidalgos, ou virtudes que os possam recomendar à estima dos fidalgos. Mas logo tendem a perder essas qualidades – tanto as boas como as más – que lhes conferem autoridade e influência sobre as categorias inferiores de gente, e que talvez tenham sido as causas originais do êxito e da oficialização de sua religião. Quando atacado por um grupo de entusiastas populares e atrevidos, ainda que talvez ignorantes e estúpidos, esse clero se sente completamente indefeso, comportando-se exatamente como as efeminadas e saciadas nações das regiões meridionais da Ásia quando as atacam os ativos, vigorosos e famintos tártaros do norte. É comum que numa situação crítica como essa o clero não disponha de outro recurso, senão apelar ao magistrado civil para que persiga, destrua ou expulse seus adversários como perturbadores da paz pública. Foi assim que o clero católico romano apelou aos magistrados civis para que perseguissem os protestantes, e a Igreja Anglicana, para que perseguissem os dissidentes; foi assim também que em geral toda seita religiosa, depois de ter desfrutado por um ou dois séculos a segurança de ser a Igreja oficial, se viu incapaz de se defender energicamente de uma nova seita que escolhesse sua doutrina ou disciplina como alvo. Nessas horas, a vantagem em relação à erudição e à arte da boa escrita pode às vezes estar do lado da Igreja oficial, embora todas as artes da popularidade, todas as artes relativas à conquista de prosélitos estejam constantemente do lado de seus adversários. Na Inglaterra, há muito essas artes foram abandonadas pelo rico clero da Igreja oficial, e no presente são cultivadas basicamente pelos dissidentes e metodistas. Apesar disso, as provisões independentes que em muitos lugares se fazem aos professores dissidentes por meio de subscrições voluntárias, direitos de custódia e outras evasões da lei parecem ter abatido bastante o zelo e a atividade desses professores. Muitos deles se tornaram homens extremamente eruditos, engenhosos e respeitáveis, mas em contrapartida deixaram, em geral, de ser pregadores com grande popularidade. Agora estão muito em moda os metodistas, ainda que não tenham a metade da erudição dos dissidentes.

Na Igreja Romana, mais do que em qualquer Igreja oficial protestante, talvez sejam os poderosos motivos do interesse privado que mantêm vivos o empenho e zelo do baixo clero. Muitos dos clérigos paroquiais retiram uma parte bastante considerável de sua subsistência das oblatas voluntárias do povo, fonte de renda que a confissão dá muitas oportunidades de melhorar. As ordens mendicantes retiram a totalidade de sua subsistência dessas oblatas. Com elas, acontece o mesmo que com os hussardos e a infantaria ligeira de certos exércitos: sem pilhagem não há paga. O clero paroquial se assemelha àqueles professores cuja remuneração depende em parte de seus salários e em parte das taxas ou honorários que cobram dos pupilos, taxas e honorários os quais, por sua vez, sempre dependem, em maior ou menor grau, de seu empenho e sua reputação. As ordens mendicantes se parecem aos professores cuja subsistência depende inteiramente de seu empenho. São portanto obrigadas a usar toda a arte que conhecem para animar a devoção no povo comum. Maquiavel observa* que o estabele-

---

* Veja-se *Discursos sobre a primeira década de Tito Lívio*, Livro III, Capítulo I. (N. T.)

cimento das duas grandes ordens mendicantes, a de São Domingos e a de São Francisco, fez ressuscitar, nos séculos XIII e XIV, a languescente fé e devoção na Igreja Católica. Nos países católicos, o espírito de devoção é completamente amparado pelos monges e pelos mais pobres clérigos paroquiais. Auxiliados por todos os talentos dos fidalgos e dos homens do mundo, e às vezes também pelos eruditos, os grandes dignitários da Igreja têm suficientemente cuidado em manter a disciplina necessária de seus superiores, ainda que raras vezes se importem com a instrução do povo.

"Muitas das artes e profissões no interior de um Estado", afirma o que é sem dúvida o mais ilustre filósofo e historiador de nossos tempos*, "são de natureza tal que a um só tempo promovem os interesses de toda a sociedade e se revelam úteis ou agradáveis a alguns indivíduos. Neste caso, a regra constante do magistrado, exceto talvez quando da primeira introdução de alguma arte, consiste em deixar a profissão seguir por si mesma, e confiar o estímulo a esta aos indivíduos que colherem seus benefícios. Os artífices, descobrindo que seus lucros sobem graças aos consumidores, aperfeiçoam o mais possível sua própria perícia e atividade; e se o curso dos acontecimentos não for perturbado por intervenções levianas, sempre haverá a certeza de que a todo momento a oferta da mercadoria será aproximadamente proporcional à demanda.

"Entretanto, existem algumas vocações** que, embora úteis ou mesmo necessárias para o Estado, não trazem nenhuma vantagem ou prazer para o indivíduo, razão pela

---

* Veja-se Hume, *History of England*, Capítulo XXIX, vol. IV. (N. T.)

** *Callings*, no original. Literalmente, chamados, embora o termo se traduza freqüentemente por "profissões". Palavra de conotação religiosa muito empregada por Lutero (*Beruf*). Segundo Max Weber, manifestou-se "nesse conceito de vocação (...) o dogma central de todos os ramos do Protestantismo, segundo o qual (...) a única maneira de viver aceitável para Deus estava (...) no cumprimento das tarefas do século, imposta ao indivíduo por sua posição no mundo. Nisso é que está sua vocação" (in *A ética protestante e o espírito do capitalismo*, Pioneira, São Paulo, 1983, p. 53). (N. T.)

qual o poder supremo está obrigado a alterar sua conduta no que diz respeito aos retentores dessas profissões. O Estado deve então lhes dar estímulo para permitir sua subsistência, e se precaver contra a negligência a que sempre estarão sujeitas por natureza, seja atribuindo honras específicas à profissão – com a criação de uma longa série de ordens hierárquicas e de uma estrita dependência –, seja lançando mão de algum outro expediente. Os homens empregados em finanças, nas frotas e na magistratura são exemplos dessa categoria de pessoas.

"À primeira vista, talvez fosse natural pensar que os eclesiásticos pertencem à primeira classe, e que o estímulo a eles, tanto quanto o estímulo a juristas e médicos, possa ser confiado, com segurança, à liberalidade dos indivíduos simpáticos às suas doutrinas, e que encontram benefício ou consolo por causa de seu ministério e auxílio espiritual. Sem dúvida, sua indústria e vigilância serão aguçadas por esse motivo adicional, e seu talento profissional, bem como seu modo de governar o espírito do povo, deve aumentar diariamente, na medida em que cresçam sua prática, estudo e atenção.

"Mas, se considerarmos essa questão mais de perto, veremos que a diligência interessada do clero é o que todo legislador sábio procurará impedir, não apenas porque em cada religião, com exceção da verdadeira, essa diligência é altamente perniciosa, como também porque tem até mesmo a tendência natural a perverter a religião verdadeira, infundindo nela uma forte mistura de superstição, loucura e ilusão. A fim de se tornar mais precioso e santo aos olhos de seus fiéis, cada praticante espiritual* irá inspirar neles a

---

* No original, *ghostly*. Não foi possível preservar, na tradução, o tom jocoso e dúbio adotado por Hume. *Precious* designa não apenas algo de grande valor, ou seja, caro, como ainda algo afetado e até mesmo inútil. O termo *ghostly*, por sua vez, pode também ser traduzido como "fantasmagórico", e não seria essa uma tradução equivocada, já que, para o protestantismo, os fantasmas são um produto exclusivo do purgatório. (N. T.)

mais violenta aversão a todas as outras seitas, além de se esforçar incessantemente em despertar a lânguida devoção de sua audiência com alguma novidade. Nenhum desvelo se terá para com a verdade, a moral ou a decência das doutrinas inculcadas. Será adotado todo dogma que melhor se ajuste às perturbadas afecções da constituição humana. Um esforço renovado e um discurso capaz de explorar as paixões e a credulidade da populaça atrairão clientes a cada conventículo. E no fim o magistrado civil há de descobrir que pagou caro por sua pretensa frugalidade quando poupou um rendimento fixo aos sacerdotes; que, na realidade, o mais decente e vantajoso acordo que pode fazer com os guias espirituais é subornar sua indolência, atribuindo salários fixos a sua profissão e tornando supérflua uma atividade maior do que meramente impedir que seu rebanho se extravie na busca por novas pastagens. É assim que as instituições eclesiásticas, embora comumente surgissem de opiniões religiosas, mostram-se ao fim e ao cabo vantajosas aos interesses políticos da sociedade."

Porém, talvez sejam raras as vezes em que a provisão independente do clero – quaisquer que tenham sido seus bons e maus efeitos – lhe tenha sido concedida com um olho nesses efeitos. Tempos de violenta controvérsia religiosa em geral também foram tempos de violenta facção política. Nessas ocasiões, todo partido político ou descobriu ou imaginou que era seu interesse se coligar com uma ou outra das seitas religiosas em conflito. Ora, isso somente era possível se adotassem ou, pelo menos, se favorecessem os princípios dessa seita particular. A seita que tivesse a felicidade de se coligar com o partido vencedor necessariamente compartilhava a vitória de seu aliado, cujo favor e proteção logo permitiram que ela em alguma medida silenciasse e subjugasse todos os seus inimigos. Esses adversários em geral se coligavam aos inimigos do partido vencedor, e portanto eram também inimigos desse partido. Quando o clero dessa seita particular se tornava senhor absoluto do terreno sua influência e autoridade sobre o grande conjunto do povo alcançavam o ápice do seu vigor, era já suficientemente poderoso para aterrar os chefes e líderes de seu próprio partido e para obrigar o magistrado civil a respeitar suas opiniões e tendências. Em geral, a primeira exigência desse clero ao magistrado civil era que silenciasse e subjugasse todos os seus adversários; a segunda, que concedesse fundos independentes para sua própria subsistência. Como em regra esse clero havia contribuído muito para a vitória, não parecia desarrazoado que recebesse uma parte dos despojos. Estava, além disso, cansado de fazer as vontades do povo e de depender de seu capricho para subsistir. Desse modo, ao fazer essa exigência atendia à própria tranqüilidade e ao próprio conforto, sem se importar com os efeitos que isso pudesse ter no futuro na influência e autoridade de sua ordem. O magistrado civil, que somente poderia cumprir essa exigência se oferecesse ao clero algo que teria escolhido tomar ou reservar para si, raras vezes se mostrava disposto a aceitá-la. No fim das contas, porém, a necessidade sempre o obrigou a se submeter, ainda que freqüentemente só fizesse isso depois de muitas delongas, evasivas e desculpas afetadas.

Mas se a política jamais pedisse auxílio à religião, se o partido vencedor jamais viesse a adotar as doutrinas de uma seita em detrimento de outra quando houvesse conquistado a vitória, então provavelmente trataria todas as diferentes seitas com igualdade e imparcialidade, e teria permitido que todo homem escolhesse seu próprio sacerdote e a própria religião, como julgasse melhor. Nesse caso, não há dúvida de que existiria uma multidão de seitas religiosas. É provável que quase todas as diferentes congregações gerassem pequenas seitas ou cultivassem doutrinas próprias. Certamente todo professor se veria sob a necessidade de se empenhar ao máximo e de usar todos os artifícios para conservar e aumentar o número de seus discípulos. Mas, como todos os outros professores se veriam sob a mesma necessidade, jamais seria excessivamente grande o êxito de um único professor ou de uma única seita de professores. Somente quando a sociedade tolera apenas uma única seita, ou quando a sociedade inteira se divide em duas ou três grandes seitas é que o zelo interessado e ativo de professores religiosos pode ser perigoso e perturbador, já que os professores de cada uma delas agem de comum acordo, aceitando uma disciplina e subordinação regulares. Ora, esse zelo deve ser absolutamente inocente quando a sociedade está dividida em duzentas ou trezentas seitas, ou talvez em milhares de pequenas seitas, de modo que nenhuma delas seja importante o suficiente para perturbar a tranqüilidade pública. Os professores de cada seita, vendo-se cercados por todos os lados de mais adversários que amigos, seriam obrigados a aprender a franqueza e moderação que se encontram tão raramente entre os professores das grandes seitas, cujos princípios, apoiados pelo magistrado civil, são venerados por quase todos os habitantes de vastos reinos e impérios, e que portanto nada vêem a seu redor, senão seguidores, discípulos e humildes admiradores. Por outro lado, os professores de todas as pequenas seitas, achando-se quase sozinhos, seriam obrigados a respeitar os professores de quase todas as outras seitas, e é provável que com o tempo as mútuas concessões que considerariam conveniente ou agradável fazer acabassem por reduzir a doutrina de grande parte deles à religião pura, racional e livre de toda mistura de absurdo, impostura ou fanatismo, que os sábios de todas as épocas sempre desejaram ver implantada – religião esta, porém, que talvez nenhuma lei positiva tenha implantado, e provavelmente nunca consiga implantar em nenhum país, pois, no que diz respeito à religião, a lei positiva sempre foi, e provavelmente sempre será, influenciada em maior ou menor grau pela superstição e pelo entusiasmo do povo. Foi esse plano de governo eclesiástico – ou mais propriamente, esse plano de nenhum governo eclesiástico – que a chamada seita dos Independentes, sem dúvida uma seita de fanáticos muito extremados, propunha-se a implantar na Inglaterra quase no fim da guerra civil*. Se lograssem implantá-la, embora sua origem fosse das mais antifilosóficas, possivelmente agora teria gerado a mais filosófica serenidade e moderação em relação a cada espécie de princípio religioso. Foi implantada na Pensilvânia, onde, embora os quacres** venham a ser mais numerosos, a lei de fato não favorece mais uma seita do que outra. Lá, segundo se diz, gerou essa serenidade e moderação filosófica.

Mas, ainda que a igualdade de tratamento não gerasse essa serenidade e moderação em todas ou mesmo em grande parte das seitas religiosas de um determinado país, desde que essas seitas fossem suficientemente numerosas e por isso demasiado pequenas para perturbar a tranqüilidade pública, o excessivo zelo de cada uma em relação a

---

* Assim como os presbiterianos, os independentes eram favoráveis a uma Igreja estatal. Mas, ao contrário dos presbiterianos, defensores de uma rígida disciplina eclesiástica, advogavam uma doutrina tão vagamente definida, que havia espaço para a tolerância religiosa (menos aos católicos, naturalmente). Os independentes se posicionaram, pois, entre o austero sistema disciplinar presbiteriano e o fervor libertário dos sectários. Smith afirma que se tentou implantar a religião independente no fim da guerra civil, porque em julho de 1653 Cromwell convocou uma assembléia, que pouco depois se converteria em Parlamento, cujos membros haviam sido indicados pelas congregações independentes. Esse Parlamento, porém, teve vida breve, o que significou, no plano do governo eclesiástico, o fracasso da implantação da Igreja independente. A esse respeito, há dois excelentes livros de Christopher Hill: *The Century of Revolution, 1603-1714*, Londres, Cardinal, 1980; *O mundo de ponta-cabeça*, trad. Renato Janine Ribeiro, São Paulo, Cia. das Letras, 1991. (N. T.)

** Os quacres ingleses têm seu momento de maior atividade política na década de 1650, principalmente por causa de seu líder, George Fox. Na Inglaterra revolucionária, os quacres acreditam, entre outras coisas, que a Bíblia não é a palavra de Deus, que todos os homens guardam em seu interior o espírito de Jesus Cristo, que não existe inferno, pecado ou ressurreição, as mulheres podem ser aceitas como sacerdotes. Tornam-se uma seita pacifista em 1660, época em que, perseguidos, muitos quacres mudam para os Estados Unidos. (N. T.)

suas crenças peculiares dificilmente geraria efeitos muito danosos; ao contrário, geraria efeitos bastante positivos. E se, por sua vez, o governo estivesse firmemente decidido a não incomodá-las e a obrigá-las a não incomodarem umas às outras, pequeno seria o risco de que essas seitas não se subdividissem espontaneamente e com grande rapidez, tornando-se em breve numerosas o suficiente.

Em toda sociedade civilizada, em toda sociedade em que a distinção por classes se tenha estabelecido inteiramente, sempre houve simultaneamente dois diferentes projetos ou sistemas de moralidade em curso. O primeiro pode ser denominado sistema rigoroso ou austero; o segundo, sistema liberal ou, se preferirem, brando. O primeiro é em geral admirado e reverenciado pela gente comum; o último normalmente é mais estimado e adotado pela chamada gente da alta sociedade*. O grau de desaprovação com o qual deveríamos designar os vícios da leviandade, os vícios que tendem a se originar da grande prosperidade, do excesso de jovialidade e bom humor, parece constituir a principal distinção entre esses dois projetos ou sistemas opostos. No sistema liberal ou brando, a luxúria, a licenciosidade e mesmo a alegria turbulenta, a busca do prazer num certo grau de intemperança, a violação da castidade – ao menos num dos dois sexos – etc., desde que não venham acompanhados de indecência grosseira e não levem à falsidade ou à injustiça, em geral são tratados com uma boa dose de indulgência, sendo por isso facilmente desculpados ou até mesmo inteiramente perdoados. No sistema austero, ao contrário, esses excessos são considerados com extrema repulsa e execração. Os vícios da leviandade são sempre desastrosos para a gente comum: muitas vezes basta uma única semana de descuido e dissipação para desgraçar para sempre o pobre trabalhador e levá-lo a cometer os

---

* No inglês, *people of fashion*. (N. T.)

mais bárbaros crimes por desespero. Assim, aqueles dentre a gente comum que sejam mais sábios e de melhor caráter sempre cultivam a mais intensa repulsa e execração a esses excessos, que sabem, por experiência direta, fatais a gente de sua condição. Ao contrário, a desordem e extravagância de vários anos nem sempre arruinarão um homem da alta sociedade, e por isso as pessoas dessa posição estão muito propensas a considerar que o poder de se entregar até certo ponto ao excesso seja uma das vantagens de sua fortuna, e a liberdade de fazer isso sem incorrer em censura ou repreensão, um dos privilégios pertencentes à sua posição. Portanto, vêem esses excessos na gente de sua própria posição somente com um grau muito pequeno de desaprovação, e é muito leve ou nenhuma a censura que lhe fazem.

Quase todas as seitas religiosas começaram no seio da gente comum, e é nesse meio que costumam recrutar seus primeiros e mais numerosos prosélitos. É por isso que essas seitas têm quase sempre ou com pouquíssimas exceções – pois existem algumas – adotado o sistema de moralidade austera. Era o sistema que melhor lhes permitia recomendar-se a essa classe de pessoas a quem primeiro propuseram seu plano de reforma em relação ao que existia anteriormente. Muitas dessas seitas, ou talvez a maior parte delas, têm até mesmo se esforçado para ganhar crédito aprimorando esse sistema austero, e levando-o a certo grau de loucura e extravagância. Com freqüência esse excessivo rigor as recomenda mais do que qualquer outra coisa ao respeito e à veneração da gente comum.

Por sua hierarquia, um homem de posição e fortuna é membro destacado de uma grande sociedade que, atentando para cada um de seus passos, obriga-o também a vigiar-se. Sua autoridade e consideração dependem em muito do respeito que essa sociedade tenha por ele. Tal homem não ousa fazer nada que possa desgraçá-lo ou desacreditá-lo aos olhos dessa sociedade, e por isso está obrigado à mais estrita observação dessa espécie de moralidade, quer liberal, quer austera, que o consenso geral da sociedade prescreve a pessoas de sua posição e fortuna. Ao contrário, um homem de baixa condição está longe de ser um membro destacado de uma grande sociedade. É possível que atentem para seus passos e que seja, ele mesmo, obrigado a se vigiar enquanto permanecer numa cidade do interior. Nessa situação, e somente então, é possível que tenha uma reputação a zelar. Entretanto, mal chega a uma cidade grande e já mergulha no anonimato e na obscuridade. Ninguém observa seus passos e portanto é provável que ele mesmo venha a se descuidar, abandonando-se a toda sorte de devassidão e vício. Nunca tem mais êxito em sair da obscuridade, jamais sua conduta suscita maior atenção de uma sociedade respeitável do que no momento em que se torna membro de uma pequena seita religiosa. A partir de então conquista um grau de consideração que jamais conhecera antes. Pelo bom nome da seita, todos os seus irmãos sectários estão interessados em observar sua conduta e, caso provoque algum escândalo, caso se desvie demais dessa austera moral que o mais das vezes cobram uns dos outros, em infligir-lhe uma punição sempre muito severa, mesmo quando não houve conseqüências civis: a expulsão ou a excomunhão da seita. Daí que nas pequenas seitas religiosas a moral da gente comum seja quase sempre extraordinariamente regular e disciplinada; em geral, muito mais regular e disciplinada do que na Igreja oficial. A moral dessas pequenas seitas muitas vezes é, de fato, desagradavelmente rigorosa e insociável.

Há, porém, dois remédios muito simples e eficazes que, se administrados em conjunto, permitem ao Estado corrigir, sem usar de violência, tudo o que de insociável ou desagradavelmente rigoroso existir na moral de todas as pequenas seitas em que o país se divide.

O primeiro desses remédios é o estudo da ciência e da filosofia, que o Estado poderia difundir entre quase todas as pessoas de posição e fortuna médias ou superiores à média, não pagando salários aos professores para que se tornem negligentes e preguiçosos, mas instituindo uma espécie de prova, mesmo para as mais elevadas e difíceis ciências, a que se submeteriam todas as pessoas antes de obterem licença para exercer qualquer profissão liberal, ou antes de serem admitidas como candidatas a algum prestigioso cargo lucrativo ou de confiança. Se o Estado impusesse a essa classe de pessoas a obrigatoriedade de aprender, não precisaria se incomodar em lhes arranjar professores adequados. Em breve encontrariam professores melhores do que aqueles que o Estado lhes poderia oferecer. A ciência é o grande antídoto para o veneno do entusiasmo e da superstição e, por isso, quando as classes superiores estivessem a salvo desse veneno, as classes inferiores não estariam excessivamente expostas a ele.

O segundo desses remédios é a freqüência e a alegria das diversões públicas. Ao estimular, ou seja, ao conceder absoluta liberdade a todos os que, movidos por interesses privados, procurassem, sem escândalo ou indecência, distrair e divertir o povo com a pintura, poesia, música, dança, com todas as espécies de representações e exibições teatrais, o Estado facilmente dissiparia, na maior parte dos homens, a melancolia e o desalento que quase sempre acalentam a superstição e o entusiasmo popular. As diversões públicas sempre foram objeto de horror e ódio para todos os promotores fanáticos desse frenesi popular. A jovialidade e o bom humor que essas diversões inspiram eram totalmente incompatíveis com esse estado de espírito que parecia o mais adequado a seus propósitos, ou que tinham mais condições de influenciar. Além disso, é freqüente as representações teatrais exporem ao ridículo e até mesmo à execração pública os artifícios desses fanáticos, razão por que, mais do que todas as outras diversões, são objeto de sua especial aversão.

Num país em que a lei não favorecesse mais os professores de uma religião que os de outra, não seria necessário que qualquer um deles dependesse particular ou diretamente do soberano ou do poder executivo; tampouco seria necessário que esse soberano tivesse algo a ver com a nomeação ou demissão dos professores dos respectivos cargos. Numa situação como essa, a única preocupação do soberano com relação a eles seria a de mantê-los em paz, do mesmo modo que mantém o restante de seus súditos, ou seja, impedindo-os de se perseguir, ofender ou oprimir mutuamente. Mas tudo se passa de maneira bastante distinta nos países em que há uma religião oficial ou de Estado. Nesse caso, o soberano jamais pode estar seguro, a menos que tenha meios de exercer considerável influência sobre a maior parte dos professores dessa religião.

O clero de toda religião oficial constitui uma grande corporação. Esse clero pode agir de comum acordo e defender seus interesses segundo um único plano e com um único espírito, como se estivesse sob o controle de um só homem, o que, aliás, muitas vezes acontece. Seus interesses de corporação nunca são idênticos aos do soberano, sendo às vezes diretamente opostos a este. Seu grande interesse é manter a autoridade sobre o povo, e essa autoridade depende da suposta certeza e importância de toda a doutrina que o clero inculca, e sobre a suposta necessidade de se adotarem todos os artigos dessa doutrina com a mais absoluta fé, a fim de escapar aos tormentos eternos. Se o soberano cometer a imprudência de parecer ridicularizar ou mostrar dúvidas sobre o mais insignificante artigo de sua doutrina, ou se, por humanidade, tentar proteger os que se atreverem a fazer uma das duas coisas, a suscetível honra de um clero que não depende em absoluto do soberano é imediatamente incitada a proscrevê-lo como profano, e a empregar todos os terrores da religião para obrigar o povo a transferir sua fidelidade a algum príncipe mais ortodoxo e obediente. O perigo é o mesmo se o soberano se opuser a alguma de suas pretensões e usurpações. Os príncipes que ousaram se rebelar dessa maneira contra a religião foram acusados, além do crime de rebelião, também do crime de heresia, apesar dos solenes protestos de sua fé e da humilde submissão a todo dogma que essa religião considerasse apropriado prescrever-lhes. Ora, a autoridade da religião é superior a todas as outras. Os temores que sugere subjugam todos os outros temores. Quando os professores autorizados da religião propagam pelo corpo inteiro do povo doutrinas subversivas à autoridade do soberano, este somente consegue conservar sua autoridade com o uso da violência ou da força de um exército permanente. Nesse caso, mesmo um exército permanente é incapaz de garantir-lhe segurança duradoura, já que se seus soldados não forem estrangeiros – o que raramente é possível –, mas, ao contrário, recrutados no grande corpo do povo, provavelmente em breve serão corrompidos por essas doutrinas. As revoluções que a turbulência do clero grego continuamente provocava em Constantinopla enquanto subsistiu o Império do Oriente, as convulsões que, ao longo de vários séculos, a turbulência do clero romano continuamente provocava em todas as regiões da Europa, mostram suficientemente bem como é necessariamente precária e insegura a situação do soberano que não disponha de meios adequados para influenciar o clero da religião oficial e governante de seu país.

É suficientemente óbvio que os artigos de fé, bem como todas as outras questões espirituais, não pertencem propriamente à circunscrição do soberano temporal, que, embora possa ser bastante qualificado para proteger o povo, supõe-se que raras vezes esteja qualificado para instruí-lo. Com relação a essas questões, portanto, sua autoridade raramente basta para contrabalançar a autoridade unificada do clero que preside a Igreja oficial. Porém, é comum que a tranqüilidade pública e sua própria segurança dependam de doutrinas que o clero considere conveniente propagar acerca dessas questões. Assim, como o soberano raras vezes consegue se opor diretamente à decisão do clero com o peso e a autoridade devidos, é necessário que tenha condições de influenciá-la. Ora, só pode influenciá-la pelos temores e pela expectativa que conseguir suscitar na maior parte dos indivíduos dessa ordem. Esses temores e essas expectativas podem consistir no medo da destituição ou de outra punição, e na expectativa de ulterior promoção.

Em todas as Igrejas cristãs, os benefícios do clero constituem uma espécie de propriedade livre e alodial de que desfruta, não enquanto for de seu agrado, mas enquanto viver ou se comportar adequadamente. Se desfrutasse desses benefícios a um título mais precário e se estivesse sujeito a ser privado deles à mais leve afronta, quer ao soberano, quer a seus ministros, talvez lhe fosse impossível conservar sua autoridade junto ao povo, que então consideraria esse clero como mercenários dependentes da corte, não mais acreditando na sinceridade de suas instruções. Todavia, se o soberano tentasse privar, ilicitamente e com violência, de suas propriedades livres e alodiais qualquer número de eclesiásticos, talvez por terem propagado com zelo mais do que comum alguma doutrina facciosa ou sediciosa, com essa perseguição apenas conseguiria tornar a eles e a sua doutrina dez vezes mais populares, e portanto dez vezes mais perturbadores e perigosos do que antes. Em quase todos os casos, o medo é um infeliz instrumento de governo, e jamais deveria ser especificamente empregado contra qualquer classe de homens que tenha a menor pretensão à independência. Tentar aterrorizá-los só serve para irritar seu mau humor, e legitimá-los numa oposição que talvez um tratamento mais suave pudesse induzi-los a abrandar ou a deixar inteiramente de lado. Raras vezes alcançou êxito a violência que o governo francês costumava empregar para obrigar todos os Parlamentos ou as cortes soberanas de justiça a registrar algum edito impopular. Alguém poderia pensar, no entanto, que os meios empregados – a prisão de todos os membros refratários – fossem suficientemente enérgicos. Às vezes os príncipes da dinastia Stewart* empregavam meios semelhantes para influenciar alguns dos membros do Parlamento da Inglaterra, e em geral os encontraram igualmente intratáveis. O Parlamento da Inglaterra é agora controlado de outra maneira; e uma experiência muito breve, que o duque de Choiseul fez há cerca de doze anos no Parlamento de Paris, demonstra bastante bem que seria igualmente possível controlar com muito maior facilidade todos os Parlamentos da França. Não se levou adiante essa experiência, pois, embora a habilidade e a persuasão sejam sempre os mais fáceis e seguros instrumentos de governo, enquanto os piores e mais perigosos são a força e a violência, parece que tal é a insolência natural do homem que ele quase sempre desdenha usar o bom instrumento, salvo quando não puder ou não ousar empregar o mau. O governo francês pôde e ousou empregar a força, e por isso desdenhou empregar a habilidade e a persuasão. No entanto, a experiência de todas as épocas parece mostrar, segundo creio, que não existe uma classe de homens contra a qual seja tão perigoso, ou melhor, tão absolutamente ruinoso empregar a força e a violência como contra o clero reverenciado de uma Igreja oficial. Mesmo nos mais despóticos governos, os direitos, os privilégios, a liberdade pessoal de cada eclesiástico que mantenha boas relações com sua própria ordem, são mais respeitados do que os de outras pessoas de posição e fortuna semelhantes. É assim em todos os graus de despotismo, desde o suave e dócil governo de Paris até o violento e furioso governo de Constantinopla. No entanto, embora seja praticamente impossível coagir essa categoria de homens, há como controlá-la com a mesma facilidade

---

* Ou Stuart, como ficou mais conhecida a dinastia que governa a Inglaterra de 1603, com Jaime I, a 1689, quando Jaime II é deposto e o Parlamento faz a primeira Declaração de Direitos. Nesse intervalo, governam Carlos I, que é levado ao cadafalso em 1649 pelos republicanos, e Carlos II, que é restaurado em 1660, governando até 1685. (N. T.)

com que se controla qualquer outra classe. A segurança do soberano e a tranqüilidade pública parecem depender em muito dos meios de que aquele dispõe para controlá-la, meios estes que talvez consistam exclusivamente na promoção que o soberano precisa conferir a tal categoria.

Na antiga constituição da Igreja cristã, o bispo de cada diocese era eleito pelos votos conjuntos do clero e do povo da cidade episcopal. O povo não conservou por muito tempo seu direito de voto, mas, enquanto o conservou, quase sempre agiu sob a influência do clero, que parecia constituir seu guia natural nessas questões de ordem espiritual. Porém, não tardou para que o clero se cansasse do incômodo de gerir o povo, considerando mais simples eleger, ele mesmo, seus bispos. Analogamente, o abade era eleito pelos monges do mosteiro, pelo menos na maior parte das abadias. Todos os benefícios eclesiásticos inferiores compreendidos no âmbito da diocese eram conferidos pelo bispo, que os confiava aos eclesiásticos que julgasse apropriados. Assim, todos os cargos e promoções eclesiásticas estavam sob o controle da Igreja. O soberano, ainda que pudesse exercer alguma influência indireta nessas eleições, e ainda que às vezes fosse praxe pedir seu consentimento para a eleição e sua aprovação após realizada a eleição, não dispunha todavia de meios diretos ou suficientes para controlar o clero. Por sua ambição, cada clérigo era naturalmente levado a fazer a corte, não tanto a seu soberano, como a sua própria ordem, pois só dela podia esperar promoção.

Na maior parte da Europa, o papa foi aos poucos desviando para si, primeiro, a colação de todos os bispados e abadias, ou os chamados benefícios consistoriais e, posteriormente, servindo-se de maquinações e pretextos, da maior parte dos benefícios inferiores compreendidos no âmbito de cada diocese, deixando ao bispo pouco mais do que o estritamente necessário para lhe assegurar uma razoável autoridade sobre o próprio clero. Essas providências tornaram a condição do soberano ainda pior do que era antes. O clero dos diferentes países da Europa se reuniu então numa espécie de exército espiritual, disperso, de fato, pelos diferentes quartéis, mas de maneira que todos os seus movimentos e operações podiam agora ser orientados por um só cabeça, e comandados segundo um plano uniforme. O clero de cada país era uma espécie de destacamento específico desse exército, ou um destacamento cujas operações podiam ser facilmente apoiadas e secundadas por todos os demais destacamentos acantonados nos diferentes países ao redor. Cada destacamento era não apenas independente do soberano do país em que estava acantonado, e pelo qual era sustentado, como ainda dependia de um soberano estrangeiro que a qualquer momento poderia voltar suas armas contra o soberano daquele país específico, e ajudar o clero com as armas de todos os outros destacamentos.

Essas eram as mais temíveis armas que se possa imaginar. No antigo estágio da Europa, antes do estabelecimento das artes e das manufaturas, a riqueza do clero lhe garantia a mesma espécie de influência sobre a gente comum que os barões, por sua riqueza, exerciam sobre seus respectivos vassalos, arrendatários e dependentes. Nas grandes propriedades fundiárias, que a falsa piedade dos príncipes e dos indivíduos privados havia doado à Igreja, implantaram-se jurisdições semelhantes às dos grandes barões, e pelas mesmas razões. Nessas grandes propriedades fundiárias, o clero ou seus bailios podiam facilmente manter a paz sem recorrer ao apoio ou à ajuda do rei ou de qualquer outra pessoa, e nem o rei nem qualquer outra pessoa tinha condições de manter a paz lá, sem o apoio e a ajuda do clero. Portanto, em seus baronatos ou herdades privados, as jurisdições do clero gozavam da mesma independência e da mesma autonomia em relação à autoridade dos tribunais régios que as jurisdições dos grandes lordes temporais. Assim como os arrendatários dos grandes barões, quase todos os arrendatários do clero eram feudatários, inteiramente dependentes de seus senhores imediatos e, portanto, sujeitos a serem convocados a seu bel-prazer para lutar em qualquer conflito no qual o clero pudesse considerar oportuno empenhá-los. Além das rendas dessas terras, o clero possuía nos dízimos uma imensa parcela das rendas de todas as outras propriedades em cada reino da Europa. As receitas procedentes dessas duas espécies de rendas eram, em sua maioria, pagas em espécie, ou seja, em trigo, vinho, gado, aves domésticas etc. A quantidade excedia, em grande medida, aquilo que o clero tinha condições de consumir, e não havia nem artes nem manufaturas que produzissem artigos pelos quais pudessem trocar o excedente. O clero somente podia tirar vantagem desse imenso excedente empregando-o, assim como os grandes barões empregavam o excedente de seus rendimentos, na mais pródiga hospitalidade e na mais ampla caridade. É por isso que se diz que a hospitalidade e a caridade do antigo clero eram bastante grandes. Não apenas sustentavam quase toda a gente pobre dos vários reinos, como ainda muitos cavaleiros e fidalgos com freqüência não tinham outros meios de subsistência, senão viajar de mosteiro em mosteiro, a pretexto de devoção, mas na realidade apenas para desfrutar a hospitalidade do clero. Os dependentes de certos prelados eram muitas vezes tão numerosos como os dos grandes proprietários seculares, e os dependentes de todo o clero tomado em conjunto talvez fossem mais numerosos do que os da totalidade dos proprietários seculares. Sempre houve muito mais união entre o clero do que entre os proprietários laicos. Os primeiros estavam sob a disciplina regular e a subordinação da autoridade papal; os últimos não estavam sujeitos a nenhuma disciplina ou subordinação, ainda que também invejassem uns aos outros e ao rei. Assim, embora os rendeiros e dependentes do clero fossem, juntos, menos numerosos do que os dos grandes senhores laicos, e seus rendeiros fossem provavelmente muito menos numerosos, sua união poderia tê-los tornado muito mais temíveis. Além disso, a hospitalidade e caridade do clero não somente lhe garantiam o comando de uma grande força temporal, mas também aumentavam consideravelmente o peso de suas armas temporais. Essas virtudes lhes proporcionavam o mais elevado respeito e veneração das classes baixas do povo, dentre o qual muitos eram constantemente, e quase todos ocasionalmente, alimentados por ele. Tudo o que pertencesse ou se relacionasse a uma ordem tão popular como essa, suas posses, seus privilégios, suas doutrinas, necessariamente parecia sagrado aos olhos da gente comum, e toda violação dessas posses, privilégios e doutrinas, fosse real ou simulada, constituía o mais extremo ato de perversão e profanação sacrílegas. Nesse estado de coisas, se o soberano muitas vezes considerava difícil resistir à confederação de uns poucos membros da alta nobreza, não é de admirar que considerasse ainda mais difícil resistir à força unida do clero de seus domínios, apoiada pela força do clero de todos os outros domínios vizinhos. Nessas circunstâncias, admira não que às vezes fosse obrigado a ceder, mas que alguma vez tenha sido capaz de resistir.

Os privilégios do clero naqueles tempos antigos (que a nós, que vivemos nos tempos atuais, parecem os mais absurdos), sua total isenção da jurisdição secular, por exemplo, ou o que na Inglaterra se denominava o benefício do clero, eram conseqüências naturais, ou melhor, necessárias, desse estado de coisas. Como deve ter sido perigoso ao soberano tentar punir um clérigo por um crime qualquer, quando a ordem a que pertencia esse sacerdote estava disposta a protegê-lo e alegar que a prova era insuficiente para incriminar um homem tão santo, ou então que se tratava de uma punição demasiado severa para se infligir a alguém que a religião havia tornado sagrado! Nesses casos, o melhor que o soberano tinha a fazer era deixar o clérigo ser julgado pelos tribunais eclesiásticos, os quais, em defesa da honra da própria ordem, tinham interesse em coibir o mais possível cada um de seus membros de cometer crimes execráveis, ou mesmo de dar ensejo a um escândalo tão flagrante que pudesse repugnar o espírito do povo. No estado em que se encontravam as coisas na maior parte da Europa, durante os séculos X, XI, XII e XIII, e durante algum tempo antes e depois desse período, a constituição da Igreja Romana pode ser considerada o mais temível conluio que jamais se formou contra a autoridade e segurança do governo civil, bem como contra a liberdade, a razão e a felicidade dos homens, as quais somente podem florescer onde o governo é capaz de protegê-las. Nessa constituição, as ilusões mais grosseiras da superstição encontraram tal apoio nos interesses privados de inúmeras pessoas, que ficaram a salvo de qualquer assalto por parte da razão humana. Com efeito, embora a razão humana talvez fosse capaz de desvelar algumas das ilusões da superstição, mesmo aos olhos da gente comum, jamais conseguiria dissolver os laços do interesse privado. Se essa constituição não fosse atacada por nenhum outro inimigo, senão pelos frágeis esforços da razão humana, teria necessariamente durado para sempre. Porém, esse imenso e bem construído edifício, que toda a sabedoria e virtude do homem jamais conseguiriam abalar, muito menos derrubar, foi, pelo curso natural das coisas, primeiro enfraquecido, mais tarde, parcialmente destruído, e é provável que agora, no curso de mais alguns séculos, desmorone completamente.

As mesmas causas que destruíram o poderio dos grandes barões, a saber, o aperfeiçoamento gradual das artes, manufaturas e do comércio, destruíram também, na maior parte da Europa, todo o poder temporal do clero. Nas produções das artes, manufaturas e do comércio, o clero, assim como os grandes barões, encontrou algo pelo qual podia trocar sua produção natural, e com isso descobriu um meio de gastar a totalidade de seus rendimentos com suas próprias pessoas, sem dar uma parte considerável deles a outros. Sua caridade aos poucos se tornou menos extensiva; sua hospitalidade, menos liberal ou menos pródiga. Em conseqüência, seus dependentes se tornaram menos numerosos, pouco a pouco minguaram e desapareceram por completo. Ademais, o clero, como os grandes barões, desejava obter uma renda maior de suas propriedades fundiárias a fim de gastá-la, também como aqueles, na satisfação de sua própria vaidade e loucura. Mas esse aumento da renda só seria possível firmando contratos com seus arrendatários, que assim se tornaram, em grande medida, independentes deles. Foi desse modo que gradualmente se romperam e dissolveram os laços de interesses que atavam as classes inferiores ao clero, laços estes que se romperam e dissolveram antes mesmo dos laços que prendiam as mesmas classes de gente aos grandes barões. Pois, como os benefícios eclesiásticos fossem, em sua maioria, muito menores do que os bens de raiz dos grandes barões, o possuidor de cada benefício pôde gastar muito antes a totalidade de seu rendimento com sua pessoa mesma. Em quase toda a Europa ao longo da maior parte dos séculos XIV e XV, o poderio dos grandes barões manifestou-se em seu pleno vigor. Em contrapartida, o poder do clero, o mando absoluto que um dia exerceu sobre o grande corpo do povo, havia decaído fortemente. Nessa época, o poderio da Igreja já se encontrava praticamente reduzido por quase toda a Europa ao que procedia de sua autoridade espiritual, e mesmo essa autoridade espiritual se viu bastante enfraquecida quando cessou de se escorar na caridade e hospitalidade do clero. Os estratos sociais inferiores não mais olhavam para essa ordem como antes, ou seja, como alguém que consolava suas aflições e mitigava sua indigência. Pelo contrário, a gente comum se exasperava e revoltava com a vaidade, o fausto e as despesas do clero mais rico, que parecia gastar em seus próprios prazeres o que sempre antes se considerava como patrimônio dos pobres.

Nessas circunstâncias, os soberanos dos diferentes Estados da Europa procuraram recuperar a influência que um dia tiveram sobre a concessão dos grandes benefícios eclesiásticos, alcançando dos deões e chapelões de cada diocese a restauração de seu antigo direito de eleger o bispos, e alcançando também dos monges de cada abadia a restauração do direito de eleger o abade. O restabelecimento dessa antiga ordem foi objeto de várias leis sancionadas na Inglaterra ao longo do século XIV, particularmente da assim chamada Lei de Provisores e da Sanção Pragmática, instituída na França, no século XV. Para tornar a eleição válida, era preciso que o soberano lhe desse consentimento prévio e posteriormente aprovasse a pessoa eleita, de modo que, embora a eleição ainda fosse supostamente livre, o soberano dispunha de todos os meios indiretos – que sua condição necessariamente lhe garantia – de influenciar o clero no interior de seus próprios domínios. Em outras regiões da Europa instituíram-se outras normas de natureza similar. Mas, antes da Reforma, não parece que em lugar algum o poder do papa de conferir grandes benefícios eclesiásticos se tenha restringido de modo tão eficaz e abrangente como na França e na Inglaterra. Mais tarde, no século XVI, a Concordata deu aos reis da França o direito absoluto de distribuir todos os grandes benefícios, os chamados benefícios consistoriais da Igreja Galicana.

Desde a instituição da Sanção Pragmática e da Concordata, o clero da França em geral passou a mostrar menos respeito aos decretos do tribunal papal do que o clero de qualquer outro país católico. Em todas as disputas entre seu soberano e o papa, quase sempre esse clero tomou o partido do primeiro. Essa independência do clero francês em relação ao tribunal de Roma parece se basear, sobretudo, na Sanção Pragmática e na Concordata. Nos primórdios da monarquia, o clero da França se mostrou tão devotado ao papa como o clero de qualquer outro país. Quando Roberto, o segundo príncipe da dinastia dos Capetos, foi excomungado da maneira mais flagrantemente injusta pelo tribunal de Roma, seus próprios criados teriam atirado aos cães, segundo se conta, os alimentos que vinham de sua mesa, e eles mesmos se teriam recusado a provar qualquer coisa que o contacto de um excomungado como ele houvesse conspurcado. Podemos presumir com grande dose de certeza que, para agir assim, foram instruídos pelo clero de seus próprios domínios.

Com isso, mesmo antes da Reforma se restringiu, modificou ou se abandonou completamente a reivindicação de distribuir os grandes benefícios eclesiásticos – reivindicação em defesa da qual o tribunal de Roma havia tantas vezes abalado e até mesmo derrubado os tronos de alguns dos maiores soberanos da cristandade. Então, como o clero exercia agora menos influência sobre o povo, o Estado, por seu lado, exercia maior influência sobre o clero. O clero, portanto, tinha a um só tempo menos poder e menos inclinação para perturbar o Estado.

A autoridade da Igreja romana se encontrava nesse estado de declínio quando as disputas que deram origem à Reforma principiaram na Alemanha, logo se espalhando para todos os países da Europa. Em toda parte as novas doutrinas foram recebidas com grande estima popular. Propagaram-se com todo o zelo entusiástico que comumente anima o espírito de facção ao atacar a autoridade estabelecida. Os professores dessas doutrinas, ainda que talvez não fossem, sob outros aspectos, mais eruditos do que muitos dos teólogos que defendiam a Igreja oficial, pareciam em geral mais familiarizados com a história eclesiástica e com a origem e o progresso daquele sistema de opiniões sobre o qual se erigiu a autoridade da Igreja, o que lhes assegurou alguma vantagem em quase todas as controvérsias. A austeridade de seus hábitos lhes conferia autoridade junto ao povo comum, que comparava a estrita regularidade de sua conduta com as vidas desregradas da maior parte do clero da Igreja oficial. Além disso, os protestantes dominavam, num grau muito superior ao de seus adversários, todos os artifícios para conquistar popularidade e adeptos, artifícios que os arrogantes e excelsos filhos da Igreja havia muito negligenciavam, já que não tinham mesmo serventia para eles. A racionalidade das novas doutrinas os recomendou a alguns, a novidade delas, a muitos; o ódio e o desprezo à Igreja oficial, a um número ainda maior. Mas o que os recomendou a inúmeras pessoas foi sua eloqüência entusiasmada, passional e fanática, ainda que não raro grosseira e rústica.

Em quase todos os lugares, tão grande era o sucesso das novas doutrinas que os príncipes que calhavam à época de manter más relações com o tribunal de Roma facilmente se serviram delas para derrotar a Igreja em seus próprios domínios; ela então mal pôde resistir, pois perdera o respeito e a veneração das classes inferiores do povo. O tribunal de Roma menosprezara alguns dos príncipes menos eminentes nas regiões setentrionais da Alemanha, provavelmente por considerá-los demasiado insignificantes para serem tratados de maneira digna. Assim, estes príncipes instituíram a Igreja Reformada por todos os seus domínios. A tirania de Cristiano II e de Troll, arcebispo de Upsala, permitiu que Gustavo Vasa os expulsasse da Suécia. Como o papa protegesse o tirano e o arcebispo, Gustavo Vasa não encontrou dificuldades em implantar a Reforma na Suécia. Mais tarde Cristiano II foi deposto do trono da Dinamarca, onde sua conduta o tornara tão odioso como na Suécia. Apesar disso, o papa continuava disposto a proteger Cristiano II, e Frederico de Holstein, que havia ascendido ao trono em seu lugar, vingou-se seguindo o exemplo de Gustavo Vasa. Os magistrados de Berna e Zurique, que não estavam particularmente em contenda com o papa, instituíram com grande tranqüilidade a Igreja reformada nos respectivos cantões, onde pouco antes, por uma impostura um tanto mais grosseira do que de hábito, alguns representantes do clero haviam conseguido tornar odiosa e desprezível toda a ordem clerical.

Nessa situação crítica, o tribunal papal empreendia esforços consideráveis para cultivar a amizade dos poderosos soberanos da França e Espanha, sendo este último à época imperador da Alemanha. Com a ajuda deles logrou, não sem grande dificuldade e muito derramamento de sangue, suprimir completamente ou pelo menos dificultar em muito o avanço da Reforma em seus domínios. O tribunal papal também estava bastante inclinado a ser condescendente com o rei da Inglaterra. Mas as circunstâncias do tempo impediam-no de agir assim sem ofender um soberano ainda mais poderoso, Carlos V, rei da Espanha e imperador da Alemanha. É por isso que Henrique VIII, embora pessoalmente não seguisse a maior parte das doutrinas da Reforma, teve, graças ao predomínio dessas doutrinas, condições de suprimir todos os mosteiros e de abolir a autoridade da Igreja romana em seus domínios. O fato de ir tão longe, ainda que não fosse além disso, de algum modo agradou os patronos da Reforma, que, depois de se apossarem do governo no reino do filho e sucessor de Henrique VIII, completaram sem dificuldade a obra que o pai iniciara*.

Em alguns países, como a Escócia, onde o governo era fraco, impopular e não possuía fundamentos sólidos, a Reforma foi forte o suficiente para derrubar não somente a Igreja, como também o Estado, por apoiar a Igreja**.

Entre os seguidores da Reforma dispersos por todos os diferentes países da Europa, não havia um tribunal geral que, a exemplo do tribunal de Roma ou de algum concílio ecumênico, pudesse decidir todas as controvérsias surgidas entre eles, e com autoridade irresistível prescrever a todos os limites precisos da ortodoxia. Portanto, quando os seguidores da Reforma num determinado país vinham a divergir

---

* Trata-se de Eduardo VI, que governou apenas de 1547 a 1553, e cuja política eclesiástica fora fortemente influenciada pelos presbiterianos, principalmente os escoceses. Após sua morte, ascende ao trono a rainha Maria, a católica, que procura reverter todas as alterações realizadas pelo irmão. Tem início, então, forte perseguição religiosa aos protestantes. (N. T.)

** Na Escócia, os presbiterianos chegam ao poder após deporem a católica Maria de Guise, em 1567. (N. T.)

de seus irmãos num outro país a controvérsia jamais se decidia, por não haver juiz comum a quem apelar; e de fato muitas controvérsias surgiram entre eles. Talvez as que mais interessavam à paz e ao bem-estar da sociedade fossem as que diziam respeito ao governo eclesiástico e ao direito de distribuir benefícios eclesiásticos. Daí por que originaram os dois principais partidos ou seitas entre os seguidores da Reforma, a saber, as seitas luterana e calvinista, as únicas seitas cuja doutrina e disciplina até então jamais se haviam instituído por lei em algum lugar da Europa.

Os seguidores de Lutero, juntamente com o que se denomina Igreja Anglicana, conservaram em maior ou menor grau o governo episcopal, estabeleceram a subordinação entre os membros do clero, concederam ao soberano o controle de todos os bispados e outros benefícios consistoriais no interior de seus domínios, tornando-o, ao soberano, o verdadeiro chefe da Igreja; e, sem privar o bispo do direito de distribuir benefícios menores dentro de sua diocese, mesmo em relação a estes benefícios, não apenas admitiram como ainda facultaram ao soberano e aos patronos laicos o direito de apresentarem candidatos para os cargos. Desde o início esse sistema de governo eclesiástico favoreceu a paz e a boa ordem, não menos que a submissão ao soberano civil. É por isso que jamais provocou nenhum tumulto ou comoção pública nos países em que se tenha estabelecido. A Igreja Anglicana, em especial, sempre se orgulhou, com sobradas razões, da excepcional lealdade de seus princípios. Sob esse governo, o clero naturalmente procura se recomendar ao soberano, à corte, e à nobreza e pequena nobreza rural do país, por cuja influência espera obter suas principais promoções. Não há dúvida de que às vezes o clero anglicano corteje esses patronos, fazendo uso da mais vil bajulação e aquiescência; no entanto, muitas vezes também cultiva os mais dignos e, por isso mesmo, os mais eficazes artifícios para conquistar a estima de pessoas de posição e fortuna, quais sejam: o conhecimento de todos os diferentes ramos da erudição útil ou ornamental, o bom humor sociável de suas maneiras e seu declarado menosprezo por toda essa austeridade absurda e hipócrita que os fanáticos inculcam e têm a pretensão de praticar para atrair a si a veneração, e para atrair contra a maior parte das pessoas de fortuna e posição, que confessam não praticar essa austeridade, a aversão da gente comum. Porém, enquanto faz a corte aos homens de posição superior, esse clero tende a negligenciar completamente os meios que lhe permitam manter sua influência e autoridade junto ao povo comum. Seus superiores o ouvem, estimam-no e o respeitam, mas diante de seus inferiores muitas vezes o clero é incapaz de defender, com eficácia e força persuasiva adequada a tais ouvintes, suas sóbrias e moderadas doutrinas contra o fanático mais ignaro que decidir atacá-lo.

Ao contrário, os seguidores de Zwínglio ou, mais propriamente, os de Calvino, conferiram aos membros de cada paróquia o direito de escolher seu próprio pastor, em todos os casos em que a Igreja se tornasse vacante, ao mesmo tempo que estabeleceram a mais perfeita igualdade entre seu clero. Enquanto a primeira dessas medidas permaneceu em vigor, nada parece ter produzido, senão desordem e confusão, além de também contribuir para corromper a moral tanto do clero como do povo. A segunda medida, por sua vez, parece ter produzido apenas efeitos totalmente positivos.

Enquanto os membros de cada paróquia conservaram o direito de eleger os próprios pastores, sempre agiram sob a influência do clero e, geralmente, do clero mais faccioso e fanático. A fim de conservar sua influência nessas eleições populares, muitos dentre o clero se tornaram – ou afetaram se tornar – fanáticos, incentivando o fanatismo entre o povo e quase sempre dando preferência ao mais fanático dentre os candidatos. Um assunto irrelevante, como a indicação de um mero sacerdote paroquial, muitas vezes bastava para gerar uma violenta disputa, não apenas na paróquia, mas em todas as paróquias vizinhas, que raramente deixavam de tomar parte da contenda. Quando porventura a paróquia se localizava numa grande cidade, os habitantes se dividiam em dois partidos; e quando porventura essa cidade constituía uma pequena república ou então fosse a principal cidade ou capital de uma pequena república, como ocorre com muitas das importantes cidades da Suíça ou Holanda, cada insignificante disputa dessa espécie, além de exasperar a animosidade de todas as outras facções, ameaçava deixar um rastro de novos cismas na Igreja e novas facções no Estado. Assim, nessas pequenas repúblicas, muito cedo o magistrado sentiu a necessidade de assumir, em nome da paz pública, o direito de apresentar candidatos a todos os benefícios vacantes. Na Escócia, maior país em que já se implantou a forma presbiteriana de governo eclesiástico, os direitos de padroado foram de fato abolidos pela lei que instituiu o presbitério no início do reinado de Guilherme III. Essa lei pelo menos facultou a certas classes de pessoas de cada paróquia a compra, a um preço bastante reduzido, do direito de eleger seu próprio pastor. Permitiu-se que a constituição instituída por essa lei subsistisse por cerca de vinte e dois anos, já que foi abolida por lei baixada no 10º ano de reinado da rainha Ana, Capítulo 12, por causa das confusões e desordens que esse modo mais popular de eleição provocou em quase todos os lugares. No entanto, não é provável que num país tão grande como a Escócia um tumulto numa paróquia distante perturbasse tanto o governo como num Estado menor. A legislação baixada no 10º ano de reinado da rainha Ana restabeleceu os direitos de padroado. Mas, embora na Escócia a lei garanta, sem exceção, o benefício à pessoa indicada pelo patrono, a Igreja exige às vezes (pois a esse respeito nem sempre suas decisões foram uniformes) certa aceitação do povo antes de conferir ao beneficiário o que se chama de cura das almas, ou seja, a jurisdição eclesiástica na paróquia. Ao menos em certos casos, movida por uma afetada preocupação com a paz da paróquia, a Igreja atrasa a posse do eleito, até que consiga obter essa aceitação. As manobras particulares de alguns dos clérigos vizinhos, às vezes para conseguir essa aceitação, mas mais freqüentemente para impedi-la, e os artifícios populares de que se servem para nessas ocasiões terem mais eficácia em suas manobras, talvez sejam as principais razões pelas quais ainda se conserva tudo o que resta do antigo espírito fanático, seja entre o clero, seja entre o povo escocês.

A igualdade que a forma presbiteriana de governo eclesiástico estabelece entre o clero consiste, primeiro, na igualdade da autoridade ou de jurisdição eclesiástica, e, segundo, na igualdade de benefícios. Em todas as Igrejas presbiterianas a igualdade de autoridade é perfeita; a dos benefícios, não. Por outro lado, raras vezes a diferença entre um benefício e outro é tão considerável a ponto de fazer o detentor de um benefício, mesmo que pequeno, sentir-se tentado a cortejar seu patrono pelos artifícios vis da lisonja e do agrado para conseguir um benefício melhor. Em todas as Igrejas presbiterianas, nas quais os direitos de padroado foram inteiramente estabelecidos, o clero oficial costuma se empenhar em conquistar o favor de seus superiores lançando mão de outros artifícios, a saber, sua erudição, a irrepreensível regularidade de sua vida, o fiel e diligente cumprimento de seu dever. Muitas vezes os patronos chegam até mesmo a se queixar da independência de espírito desse clero, a qual tendem a interpretar como ingratidão em face dos favores passados, mas que talvez raramente vá além – o que é ainda pior – daquela indiferença que nasce da consciência de jamais precisar esperar por favores como esse novamente. Talvez não se encontre em lugar algum da Europa um grupo de homens mais eruditos, decentes, independentes e respeitáveis do que a maioria do clero protestante da Holanda, Genebra, Suíça e Escócia.

Nenhum benefício eclesiástico pode ser excessivamente grande quando todos esses benefícios se equivalem, e a natureza modesta dos benefícios, embora sem dúvida não possa ser levada muito longe, produz efeitos bastante positivos. Porque nada, senão a mais exemplar moral, pode dar dignidade a um homem de pequena fortuna. Os vícios da leviandade e da vaidade naturalmente o tornam ridículo e são, além disso, quase tão ruinosos a ele como à gente comum. É por isso que ele é obrigado a adotar, em sua conduta, o sistema de moral mais respeitado pelo povo. Por esse plano de vida que seu interesse e sua situação particulares o levariam a adotar, conquista a estima e o afeto do povo, que o vê com aquela gentileza com a qual naturalmente enxergamos alguém que se aproxime um pouco de nossa condição, mas que pensamos devia estar em condição melhor. A gentileza do povo então naturalmente suscita a gentileza dele. Torna-se cuidadoso ao instruí-lo e atencioso ao ajudá-lo e ampará-lo. Nem sequer despreza os preconceitos do povo, que está tão disposto a simpatizar com ele, e nunca o trata com os fumos de desdém e arrogância que com tanta freqüência encontramos nos orgulhosos dignitários de Igrejas opulentas e que contam com belas dotações. Daí por que o clero presbiteriano exerce mais influência sobre o espírito da gente comum do que, talvez, o clero de qualquer outra Igreja oficial. Daí também por que seja somente nos países presbiterianos que o povo comum completamente convertido, sem exceção e sem necessidade de perseguição, à Igreja oficial.

Nos países em que os benefícios eclesiásticos são, em sua maioria, muito módicos, uma cátedra na universidade é em geral um cargo melhor do que um benefício eclesiástico. Nesse caso, as universidades devem escolher minuciosamente seus membros entre todos os eclesiásticos do país, os quais constituem, em todos os lugares, de longe a classe mais numerosa de homens de letras. Ao contrário, onde os benefícios eclesiásticos são em sua maioria muito consideráveis, a Igreja naturalmente recruta nas universidades a maior parte de seus eminentes homens de letras, os quais costumam encontrar algum patrono que se sinta honrado em alcançar-lhes uma promoção. No primeiro caso, provavelmente encontraremos as universidades abarrotadas dos mais eminentes homens de letras que se acham no país. No segundo, é provável que nelas encontremos poucos homens de letras, e esses poucos serão os mais jovens membros da sociedade – que, aliás, também provavelmente serão arrebatados à universidade antes de adquirirem a experiência e o conhecimento necessários. O Sr. de Voltaire observa que o padre Porrée, um jesuíta de pouca eminência na república das letras, foi o único professor que jamais tiveram na França, cujas obras merecessem ser lidas*. Num país que produziu tantos eminentes homens de letras, certamente parece muito singular que apenas um deles fosse professor na universidade. No início da vida, o célebre Gassendi foi professor da Universidade de Aix. Tão logo despertou seu gênio, disseram-lhe que encontraria mais facilmente uma subsistência tranquila e cômoda, bem como uma melhor condição para prosseguir em seus estudos, se entrasse para a Igreja – conselho este que Gassendi seguiu imediatamente. Creio que a observação do Sr. de Voltaire se aplique não apenas à França, mas a todos os outros países católicos. Em qualquer um desses países, é muito raro encontrarmos um eminente homem de letras que seja professor numa universidade, exceto, talvez, nas carreiras jurídicas e na medicina, carreiras das quais provavelmente a Igreja não vá retirá-los. Depois da Igreja Católica, talvez a Anglicana seja, sem dúvida, a mais rica e a mais bem dotada da cristandade. É por isso que na Inglaterra a Igreja con-

---

* A opinião de Voltaire sobre o abade não é tão categórica: "Porrée (Carlos), nascido na Normandia em 1675, jesuíta, pertencente ao pequeno número de professores que alcançaram celebridade entre os homens mundanos. Eloqüente à maneira de Sêneca, poeta e homem muitíssimo espirituoso. Seu maior mérito foi incutir o amor às letras e à virtude em seus discípulos. Morreu em 1741." (In *Le siècle de Louis XIV*). (N. T.)

tinuamente escoe das universidades todos os seus melhores e mais capazes membros, e também por isso um antigo tutor de faculdade, reconhecido e honrado na Europa como um eminente homem de letras, seja tão raro de se encontrar nas universidades inglesas como em qualquer país católico. Ao contrário, em Genebra, nos cantões protestantes da Suíça, nas regiões protestantes da Alemanha, na Holanda, na Escócia, Suécia e Dinamarca, os mais eminentes homens de letras que esses países produziram foram em sua maioria – não de fato todos – professores nas universidades. Nesses países as universidades estão continuamente esvaziando a Igreja de todos os seus mais eminentes homens de letras.

Talvez valha a pena observar que, se excetuarmos os poetas, alguns oradores e alguns historiadores, a grande maioria dos outros eminentes homens de letras, tanto da Grécia como de Roma, parece ter sido ou professores públicos, ou professores particulares, em geral de filosofia ou de retórica. Essa observação permanece verdadeira desde os dias de Lísias e Isócrates, de Platão e Aristóteles, até a época de Plutarco e Epicteto, de Suetônio e Quintiliano. Na realidade, impor a um homem qualquer a necessidade de ensinar, ano após ano, um ramo específico de ciência parece ser o método mais eficaz para fazê-lo, ao mestre, dominar inteiramente essa ciência*. Se é bom para alguma coisa, a obrigação de todo o ano instruir nas mesmas matérias necessariamente o torna, em poucos anos, versado em cada parte dessa ciência; e se num ano formar uma opinião demasiado apressada a respeito de determinado ponto, muito provavelmente a corrigirá quando, no ano seguinte, reconsiderar o mesmo assunto no curso de suas aulas.

---

* No original, *completely master of it himself*. Nesse período, Smith emprega a palavra "master" em dois sentidos: o de "mestre" e o de "senhor", de modo que a tradução não pode conservar devidamente essa duplicidade. (N. T.)

Assim como ser professor de alguma ciência é certamente o emprego natural de um mero homem de letras, também o ensino talvez seja aquilo que lhe permita se transformar num homem de sólida erudição e conhecimento. Nos países em que os benefícios eclesiásticos são baixos, a maior parte dos homens de letras é naturalmente levada a abandonar a carreira religiosa para se empregar em ocupações em que possa ser mais útil ao público e, ao mesmo tempo, talvez oferecer a melhor educação que esse público for capaz de receber. Isso faz que seu conhecimento seja o mais sólido possível, além de lhe dar a direção mais útil que possa tomar.

Cumpre observar que a receita de toda Igreja oficial, excetuadas as parcelas que possam ser provenientes de terras ou domínios particulares, constitui um setor da receita geral do Estado, que então é assim desviada para uma finalidade muito diferente da que se destina à defesa do Estado. Assim, por exemplo, o dízimo é de fato um imposto territorial, que priva os proprietários de terra do poder de contribuir muito mais para a defesa do Estado do que do contrário contribuiriam. Ora, a renda da terra constitui, segundo algumas pessoas, o único fundo e, segundo outras, o fundo principal com o qual, em todas as grandes monarquias, se deve em último caso atender às necessidades do Estado. É evidente que, quanto maior for a parte desse fundo destinada à Igreja, menor será a parte reservada ao Estado. Pode-se estabelecer como máxima incontestável que, supondo-se iguais todos os outros fatores, quanto mais rica for a Igreja, tanto mais pobre necessariamente deverá ser, de um lado, o soberano e, de outro, o povo, e, em todos os casos, tanto menor será a capacidade do Estado para se defender. Nos vários países protestantes, particularmente em todos os cantões protestantes da Suíça, descobriu-se que a receita pertencente, no passado, à Igreja Católica – os dízimos e as terras da Igreja – constitui um fundo suficiente não apenas para assegurar salários razoáveis ao clero oficial, como ainda para cobrir, com pouco ou nenhum acréscimo, todos os outros gastos do Estado. Os magistrados do poderoso cantão de Berna, em especial, graças às economias feitas desse fundo, conseguiram acumular uma vultosa quantia de dinheiro que se presume atingir vários milhões, parte dos quais estão depositados num tesouro público, e parte depositada para render juros nos chamados fundos públicos, das diferentes nações endividadas da Europa, sobretudo nos da França e Grã-Bretanha. Não tenho a pretensão de saber qual possa ser o montante da despesa total que a Igreja, seja de Berna, seja de qualquer outro cantão protestante, acarreta ao Estado. Cálculos bastante precisos indicam que em 1755 a receita total do clero da Igreja escocesa, incluindo suas glebas ou terras, e o aluguel de seus presbitérios ou domicílios, estimados de acordo com uma avaliação sensata, equivaliam apenas a £68.514 1s 5d $1/12$. Essa receita bastante modesta proporciona uma subsistência decente a 944 ministros. Não é possível supor que a receita total da Igreja, incluindo o que ocasionalmente se aplica na construção e no reparo das igrejas e residências dos ministros, supere 80 ou 85 mil libras por ano. A mais opulenta Igreja da cristandade não conserva melhor do que a Igreja escocesa, tão miseravelmente dotada, a uniformidade da fé, o fervor da devoção, o espírito de ordem, a moral regular e austera no grande conjunto do povo. Todos os bons efeitos, civis e religiosos, que se supõe uma Igreja oficial deva produzir a Igreja escocesa produz tão bem como qualquer outra. A maior parte das Igrejas protestantes da Suíça, as quais em geral não recebem dotações maiores do que a Igreja escocesa, produz tais efeitos em grau ainda mais elevado. Na maioria dos cantões protestantes, não se encontra uma única pessoa que não proclame pertencer à Igreja oficial. É verdade que se essa pessoa professar pertencer a outra Igreja a lei a obriga a deixar o cantão. Ora, uma lei tão rigorosa, ou melhor, tão opressiva, jamais poderia ser posta em execução nesses países livres, se de antemão a diligência do clero não houvesse convertido à Igreja oficial o povo inteiro, talvez com exceção de apenas alguns indivíduos. É por isso que em algumas partes da Suíça, onde, em virtude da união acidental entre uma região protestante e uma região católica, a conversão não foi tão completa, as duas religiões não apenas são toleradas, como oficializadas por lei.

O cumprimento adequado de todo serviço parece exigir que seu pagamento ou recompensa seja o mais possível proporcional à natureza do serviço. Se algum serviço for muito mal remunerado, muito provavelmente será atingido pela baixeza e incapacidade da maior parte dos que neles se empregam. Por outro lado, se for excessivamente remunerado, talvez tenha ainda mais probabilidade de ser atingido por sua negligência e ociosidade. Um homem que tenha um rendimento elevado, seja qual for sua profissão, considera que deva viver como os outros homens que têm rendimentos elevados, ou seja, gastando uma grande parte de seu tempo com festividades, vaidade e dissipação. Ora, quando se trata de um eclesiástico, esse tipo de vida não somente consome o tempo que devia empregar no cumprimento de suas tarefas, como ainda destrói, aos olhos do povo, quase inteiramente a santidade de caráter que basta, por si só, para torná-lo capaz de cumprir esses deveres com o valor e a autoridade apropriados.

Parte IV

Dos gastos com a manutenção da dignidade do soberano

Além das despesas necessárias para permitir que o soberano cumpra seus vários deveres, é imprescindível uma certa despesa para manter sua dignidade. Essa despesa varia conforme os diferentes períodos do desenvolvimento e as várias formas de governo.

Numa sociedade rica e desenvolvida, na qual todas as diferentes classes de pessoas a cada dia gastam mais com suas casas, mobílias, com sua mesa, vestimenta e equipagem, não é de esperar que o soberano resista, sozinho, aos novos hábitos. Por isso, naturalmente, ou melhor, necessariamente, passa também a gastar mais com esses diferentes artigos. Sua dignidade parece até mesmo exigir que isso aconteça.

Ora, uma vez que, em relação à dignidade, um monarca se alça mais acima de seus súditos do que em geral se supõe que o magistrado supremo se alce em relação a seus concidadãos, faz-se necessária também uma despesa maior para manter essa dignidade superior do monarca. É natural esperarmos que exista mais esplendor na corte de um rei do que na mansão de um doge ou de um burgomestre.

CONCLUSÃO

Tanto os gastos destinados à defesa da sociedade como os destinados à manutenção da dignidade do magistrado supremo são despendidos em nome do benefício geral de toda a sociedade. É razoável, pois, que sejam custeados pela contribuição geral de toda a sociedade, à qual cada um de seus membros contribua, da maneira mais eqüitativa possível, proporcionalmente a suas respectivas capacidades.

Não resta dúvida de que também os gastos com a administração da justiça são despendidos em nome do benefício da sociedade inteira. Não é injusto, portanto, que sejam custeados pela contribuição geral de toda a sociedade. Porém, as pessoas que geram essa despesa são aquelas que, por praticarem uma ou outra forma de injustiça, tornam necessário que se busque reparação ou proteção nos tribunais de justiça. Por sua vez, as pessoas mais diretamente beneficiadas por essa despesa são aquelas cujos direitos os tribunais ou restituem ou conservam. É por essa razão que as despesas com a administração da justiça podem ser com muita propriedade custeadas pela contribuição privada desses dois grupos de pessoas – ou seja, pelas taxas judiciárias –, conforme exijam as diferentes circunstâncias. Nesse caso, talvez não seja necessário recorrer à contribuição geral de toda a sociedade, exceto quando se trata de sentenciar criminosos que não possuam bens ou fundos suficientes para pagar essas taxas.

Os gastos locais ou provinciais cujos benefícios sejam locais ou provinciais (por exemplo, os que se despendem com o policiamento de uma cidade ou de um distrito em particular) devem ser custeados por uma receita local ou provincial, e não devem representar nenhum ônus para a receita geral da sociedade. Não é justo que a sociedade inteira contribua para custear um gasto cujo benefício se reverte apenas a uma parte da sociedade.

Os gastos com a manutenção de boas estradas e vias de comunicação sem dúvida beneficiam a sociedade inteira e por isso podem, sem provocar injustiça, ser custeados pela contribuição geral de toda a sociedade. No entanto, esse gasto beneficia mais imediata e diretamente os que viajam ou transportam bens de um lugar a outro, e os que consomem esses bens. As taxas de pedágio na Inglaterra e as taxas que em outros países são chamadas de *péages* são custeadas exclusivamente por esses dois grupos de pessoas, o que desonera a receita geral da sociedade de um encargo bastante considerável.

Não há dúvida de que os gastos com instituições voltadas à educação e à instrução religiosa também são benéficos à sociedade inteira e por conseqüência podem também, sem que se cometa injustiça, ser custeados por toda a sociedade. No entanto, talvez esses gastos pudessem, com igual propriedade e mesmo com alguma vantagem, ser inteiramente custeados por aqueles que recebem o benefício imediato dessa educação e instrução, ou pela contribuição voluntária dos que pensam precisar de uma ou de outra.

Quando as instituições ou obras públicas que beneficiam toda a sociedade não podem ser integralmente mantidas, ou não são, de fato, integralmente mantidas pela contribuição dos membros particulares da sociedade mais diretamente beneficiados por elas, na maioria dos casos é necessário que a contribuição geral de toda a sociedade repare essa deficiência. A receita geral da sociedade, além de cobrir os gastos com a defesa dessa mesma sociedade e de manter a dignidade do magistrado supremo, deve compensar a deficiência de inúmeros setores específicos da receita. No próximo capítulo, procurarei explicar as fontes dessa receita geral ou pública.

CAPÍTULO 2

Das fontes da receita geral da sociedade ou da receita pública

A receita que deve custear não somente os gastos destinados à defesa da sociedade e à manutenção da dignidade do magistrado supremo, mas também todas as outras necessárias despesas de governo para as quais a constituição do Estado não previu uma receita específica, pode ser retirada, seja, em primeiro lugar, de algum fundo que pertença exclusivamente ao soberano ou à República, e que seja independente do rendimento do povo, seja, em segundo lugar, do rendimento do povo.

PARTE I

Dos fundos ou fontes de receita que pertençam particularmente ao soberano ou à República

É necessário que os fundos ou fontes de receita que pertencem particularmente ao soberano consistam em capitais ou em fundos de terras.

Como qualquer outro proprietário de capitais, o soberano pode extrair um rendimento destes, seja aplicando-os ele mesmo, seja emprestando-os a outros. No primeiro caso, seu rendimento é constituído de lucros; no segundo, de juros.

O rendimento de um chefe tártaro ou árabe é composto de lucros. Provêm basicamente do leite e do aumento de seus rebanhos e manadas, cuja administração ele mesmo inspeciona, sendo ele o principal pastor ou vaqueiro em sua horda ou tribo. No entanto, é somente nesse estágio mais primitivo e rudimentar de governo civil que o lucro sempre forma a parte principal da receita pública de um Estado monárquico.

Pequenas repúblicas às vezes retiram uma receita considerável do lucro gerado por empreendimentos comerciais. Conta-se que a república de Hamburgo obtém essa receita dos lucros gerados por uma adega oficial e por uma botica[4]. Mas é impossível que seja muito grande o Estado cujo soberano dispõe de tempo para conduzir o comércio de vinhos ou de artigos de botica. Países maiores têm sua fonte de receita nos lucros de um banco público. É assim não somente em Hamburgo, mas também em Veneza e Amsterdam, o que leva alguns homens a julgarem que uma receita dessa espécie mereça a atenção até mesmo de um império tão grande como o da Grã-Bretanha. Calculando os dividendos normais do Banco da Inglaterra em 5,5%, e seu capital em 10,78 milhões de libras esterlinas, o lucro líquido anual, depois de pagas as despesas de administração, deve atingir, segundo se afirma, 592.900 libras. Alega-se que o governo poderia tomar de empréstimo esse capital a juros de 3% e, assumindo ele mesmo o controle do banco, poderia obter um lucro líquido de 269.500 libras por ano. A experiência mostra que a administração disciplinada, vigilante e parcimoniosa de aristocracias como as de Veneza e Amsterdam

---

4. Ver *Mémoires concernant les droits et impositions en Europe*, vol. I, p. 73. Essa obra foi compilada por ordem da corte para uso de uma comissão criada, há alguns anos, para examinar os meios adequados para se reformarem as finanças da França. Os cálculos relativos aos tributos franceses, que ocupam três volumes *in quarto*, podem ser considerados perfeitamente autênticos. O cálculo relativo a outras nações européias foi compilado das informações que os ministros franceses lotados nas diferentes cortes conseguiram obter. A parte que contém este último cálculo é bem menor e provavelmente não seja tão exata como a que se refere aos tributos franceses.

é extremamente adequada para gerir um empreendimento mercantil desse gênero. No entanto, é necessariamente bastante discutível – para dizer o mínimo – que se possa confiar o controle de um empreendimento como esse a um governo como o da Inglaterra, que, sejam quais forem suas virtudes, jamais se notabilizou por uma economia eficiente; que, em tempos de paz, costuma se comportar com a prodigalidade indolente e descuidada que talvez seja natural às monarquias, e, em tempos de guerra, constantemente age com toda a irrefletida extravagância em que as democracias tendem a cair.

Os serviços postais representam um empreendimento comercial propriamente dito. O governo adianta a despesa necessária para implantar as diferentes agências de correio e para comprar ou alugar os cavalos e carruagens necessários, sendo reembolsado com grande lucro pelas taxas incidentes sobre o que se transporta. Acredito que esse talvez seja o único empreendimento comercial administrado com êxito por todas as espécies de governo: o capital a ser adiantado não é muito considerável; o negócio não traz mistérios; os retornos são não apenas certos, mas imediatos.

Apesar disso, os príncipes com freqüência se envolvem em muitos outros empreendimentos comerciais e desejam, como os indivíduos privados, aumentar suas fortunas se tornando empreendedores nos setores comuns do comércio. Raras vezes alcançaram êxito. A prodigalidade com a qual os príncipes quase sempre administram seus negócios torna esse desejo quase impossível. Os agentes de um príncipe consideram que a riqueza de seu senhor seja inesgotável; não se importam com o preço de compra, não se importam com o preço de venda; não se importam a que custo transportam seus bens de um lugar a outro. Esses agentes freqüentemente vivem com a profusão dos príncipes e às vezes, a despeito de toda essa profusão, também adquirem as fortunas de um príncipe, servindo-se de um método apropriado para forjar cálculos. Foi assim, segundo nos conta Maquiavel*, que os agentes de Lourenço de Médici – príncipe de habilidades nada mesquinhas – administravam seus negócios. Várias vezes a república de Florença foi obrigada a pagar as dívidas nas quais a extravagância dos agentes havia mergulhado o príncipe. Por isso, Lourenço de Médici julgou conveniente abandonar a atividade mercantil, atividade a que sua família devia originalmente sua fortuna – e decidiu, no fim da vida, aplicar tanto o que lhe restara da fortuna como a receita pública de que dispunha em empreendimentos e gastos mais compatíveis com sua posição.

Não parece haver dois tipos mais incompatíveis que o comerciante e o soberano. Se o espírito comercial da Companhia Inglesa das Índias Orientais converte os comerciantes em péssimos soberanos, o espírito de soberania parece tê-los convertido em comerciantes igualmente ruins. Enquanto eram tão-só comerciantes, conduziam seus negócios com êxito e eram capazes de pagar, com seus lucros, um modesto dividendo aos proprietários de seu capital. Uma vez convertidos em soberanos, com uma receita que, segundo se diz, superava inicialmente 3 milhões de libras esterlinas, foram obrigados a suplicar o auxílio extraordinário do governo a fim de evitar a falência imediata. Na primeira situação, seus empregados na Índia se consideravam como funcionários de comerciantes; na situação atual, esses empregados se consideram como ministros de soberanos.

Às vezes é possível que um Estado retire uma parte de sua receita pública dos juros do dinheiro, bem como dos lucros do capital. Se reuniu um tesouro, pode emprestar parte desse tesouro ou para Estados estrangeiros, ou a seus próprios súditos.

O cantão de Berna recolhe uma receita considerável emprestando parte de seus tesouros para Estados estrangeiros, ou seja, aplicando-os nos fundos das diferentes nações

---

* *História de Florença*, Livro VIII. (N. T.)

endividadas da Europa, sobretudo nos da França e Inglaterra. A segurança dessa receita deve necessariamente depender, em primeiro lugar, da segurança dos fundos nos quais é investida, ou da boa-fé do governo que os administra; e, em segundo lugar, da certeza ou probabilidade de permanecer em paz com a nação devedora. Em caso de guerra, o primeiríssimo ato de hostilidade por parte da nação devedora poderia ser o confisco dos fundos de seu credor. Até onde sei, essa política de emprestar dinheiro a Estados estrangeiros é específica do cantão de Berna.

A cidade de Hamburgo[5] criou uma espécie de casa oficial de penhores, que empresta dinheiro aos súditos do Estado, sob fiança, a juros de 6%. Afirma-se que essa casa de penhores ou Lombardo, como a chamam, proporciona ao Estado uma receita de 115 mil coroas, as quais, ao câmbio de meio shilling por coroa, equivalem a 33.750 libras esterlinas.

Sem acumular tesouro algum, o governo da Pensilvânia inventou um método de emprestar a seus súditos, não dinheiro, mas algo que equivale a dinheiro. Adiantando a indivíduos particulares – a juros e mediante caução de terras no dobro do valor emprestado – títulos de crédito a serem resgatados quinze anos após a data de emissão e, no meio tempo, transferíveis de mão em mão como títulos bancários, e declarados por lei da Assembléia como sendo moeda legal em todos os pagamentos de um habitante a outro da província, esse governo conseguiu levantar uma receita razoável, que muito contribuiu para custear uma despesa anual de aproximadamente 4.500 libras esterlinas, montante total da despesa normal daquele governo frugal e disciplinado. O êxito de um expediente como esse deve ter dependido de três diferentes circunstâncias: primeiro, da demanda por algum outro instrumento de comércio, além

---

5. Ver *Mémoires concernant les droits et impositions en Europe*, vol. I, p. 73.

de dinheiro em ouro e prata, ou da demanda por uma quantidade de artigos de consumo que não poderia ser obtida sem enviar para fora a maior parte de seu dinheiro em ouro e prata para comprá-la; segundo, dependeu do bom crédito do governo que se serviu desse expediente; e, terceiro, da moderação com que esse expediente foi utilizado, já que o valor total dos títulos de crédito jamais excedeu o valor da moeda em ouro e prata que seria necessário para efetuar sua circulação, caso não houvesse mais títulos de crédito. Várias outras colônias americanas adotaram esse mesmo expediente em diversas ocasiões. Mas, por falta de moderação, o expediente provocou, na maior parte delas, mais desordem que benefícios.

Porém, a natureza instável e perecível do capital e dos créditos não permite que se confiem a eles os principais fundos daquela receita certa, constante e permanente, a única que pode garantir segurança e dignidade ao governo. Ao que parece, jamais uma grande nação que tenha avançado além do estágio pastoril obteve a maior parte de sua receita pública dessas fontes.

A terra é um fundo de natureza mais estável e permanente, e é por isso que a renda de terras do Estado sempre foi a principal fonte de receita pública de muitas grandes nações que progrediram além do estágio pastoril. Foi da produção ou da renda dessas terras públicas que as antigas repúblicas da Grécia e da Itália retiraram, durante muito tempo, a maior parte da receita que cobria os gastos necessários da República. A renda proveniente das terras da Coroa constituiu por muito tempo a maior parte da receita das antigas soberanias da Europa.

Nos tempos modernos, as duas circunstâncias que geram a maior parte dos gastos necessários de todos os grandes Estados são a guerra e os preparativos para a guerra. Mas nas antigas repúblicas da Grécia e da Itália cada cidadão era um soldado que servia e se preparava para servir à própria custa. Portanto, nenhuma dessas duas circunstâncias poderia gerar uma despesa demasiado grande para o

Estado. A renda de uma propriedade fundiária bastante modesta podia ser plenamente suficiente para cobrir todos os outros gastos necessários de governo.

Nas antigas monarquias da Europa, os usos e costumes dos tempos bastavam para preparar o grande conjunto do povo para a guerra. E quando ia ao campo de batalha, essa gente precisava, pela natureza de seus títulos feudais de posse, ou se manter à própria custa, ou ser mantida à custa de seus senhores imediatos, o que não representava, então, nenhum novo encargo ao soberano. Quanto aos outros gastos do governo, eram, em sua maioria, bastante modestos. A administração da justiça, como já se mostrou, em vez de ser motivo de gasto, representava fonte de receita. O trabalho dos habitantes do campo, por três dias antes e três dias depois da colheita, era considerado um fundo suficiente para construir e conservar todas as pontes, estradas e outras obras públicas que se supunha exigisse o comércio do país. Naqueles tempos, o principal gasto do soberano consistia, ao que parece, na manutenção de sua própria família e de sua corte. Por isso os servidores dessa corte eram então grandes oficiais do Estado: o tesoureiro-mor recebia as rendas do soberano; o senescal-mor e o camareiro-mor cuidavam das despesas da família dele; o cuidado dos estábulos estava confiado ao Lorde Condestável e ao Lorde Marechal. Todas as casas do soberano eram construídas em forma de castelos e, ao que tudo indica, eram as principais fortalezas que ele possuía. Os guardas dessas casas ou desses castelos podiam ser considerados como uma espécie de governadores militares. Estes eram, ao que parece, os únicos oficiais militares a quem era necessário manter em tempos de paz. Em tais circunstâncias, a renda de uma grande propriedade fundiária podia, em ocasiões normais, cobrir com bastante folga todos os gastos necessários do governo.

No atual estado em que se encontra a maior parte das monarquias civilizadas da Europa, a renda de todas as terras do país, que são de fato administradas como provavelmente seriam se todas elas pertencessem a um único proprietário, talvez mal equivalha à receita normal que essas terras custam ao povo, mesmo em tempos de paz. Por exemplo, a receita normal da Grã-Bretanha, aí incluído não somente o que é necessário para cobrir os gastos correntes do ano, mas também o que é necessário para pagar os juros da dívida pública e amortizar uma parte do capital dessas dívidas, atinge mais de 10 milhões por ano. No entanto, o imposto territorial, equivalente a 4 shillings por libra, não alcança os 2 milhões por ano. Ora, supõe-se que o chamado imposto territorial represente ⅕ não apenas da renda de todas as terras, mas também do aluguel de todas as casas e dos juros de todo o capital da Grã-Bretanha, excetuada apenas a parte do capital que é emprestada ao público ou é aplicada como capital agrícola no cultivo da terra. Uma parte bastante considerável do produto desse imposto provém do aluguel de casas e dos juros do capital. Assim, por exemplo, o imposto territorial relativo à cidade de Londres, a 4 shillings por libra, equivale a £123.399 6s 7d. O relativo a Westminster atinge £63.092 1s 5d; o dos palácios de Whitehall e St. James alcança £30.754 6s 3d. Uma certa proporção do imposto territorial é, igualmente, cobrada de todas as outras cidades e municípios com foral do reino, e provém quase exclusivamente ou do aluguel de casas ou do que se supõe serem os juros do comércio e do capital. Portanto, de acordo com a estimativa que se fez para o imposto territorial da Grã-Bretanha, o volume total da receita proveniente da renda de todas as terras, do aluguel de todas as casas e dos juros de todo o capital, excetuando-se apenas aquela parte do capital que é emprestada ao público ou empregada no cultivo da terra, não supera 10 milhões de libras esterlinas por ano – receita normal que o governo recolhe ao povo, mesmo em tempos de paz. Sem dúvida, a estimativa que se fez para o imposto territorial da Grã-Bretanha, tomando o reino todo como média, está muito abaixo do valor real, ainda que se diga que em vários condados e distritos específicos seja quase igual a esse valor. Muitos estimam que somente a renda das terras, excluindo-se o aluguel das casas e os juros do capital, perfaça 20 milhões, estimativa esta bastante aleatória e que, segundo creio, pode estar tanto acima como abaixo do verdadeiro valor. Mas, no atual estado de cultivo, se as terras da Grã-Bretanha não geram uma renda superior a 20 milhões por ano, sequer poderiam gerar a metade ou, com maior probabilidade, a quarta parte dessa renda, se pertencessem, todas elas, a um único proprietário, e estivessem sob a administração negligente, cara e opressiva de seus feitores e agentes. As terras da Coroa da Grã-Bretanha não geram atualmente a quarta parte da renda que possivelmente delas se auferiria se fossem propriedade de indivíduos privados. Se essas terras fossem ainda mais extensas, é provável que fossem ainda mais mal administradas.

O rendimento que o grande conjunto do povo extrai da terra é proporcional, não à renda, mas à produção da terra. Em todos os países, o total da produção anual da terra, se excetuarmos o que se reserva para semente, é anualmente consumido pela população ou trocado por alguma outra coisa que se consuma. Tudo o que retém a produção da terra abaixo do que de outro modo poderia crescer mantém o rendimento do povo mais baixo do que a renda dos proprietários de terra. Supõe-se que a renda da terra, ou seja, a parte da produção que pertence aos proprietários, dificilmente supere, em algum lugar da Grã-Bretanha, $1/3$ da produção total. Se a terra que, num certo estágio de cultivo, proporciona uma renda de 10 milhões de libras esterlinas por ano, proporcionasse, num outro estágio de cultivo, uma renda de 20 milhões – supondo-se que nos dois casos a renda representassem $1/3$ da produção –, então o rendimento dos proprietários seria inferior em apenas 10 milhões por ano em relação ao que seria de outro modo. Por outro lado, o rendimento do grande conjunto do povo, deduzido apenas o necessário para as sementes, seria inferior em 30 milhões por ano em relação ao que seria de outro modo. Seria portanto retirado da população do país o número de pessoas que 30 milhões de libras por ano – sempre deduzida a semente – conseguiram manter, de acordo com o padrão de vida e de gasto específico que eventualmente existisse nas diferentes classes de homens entre os quais se distribuísse o restante.

Embora não exista atualmente na Europa nenhum país civilizado que retire a maior parte de sua receita pública da renda das terras pertencentes ao Estado, em todas as grandes monarquias da Europa ainda existem, porém, muitas extensões de terras pertencentes à Coroa. Em geral, são florestas, mas às vezes florestas em que, depois de viajar por várias milhas, mal se encontra uma única árvore – meras terras incultas e desperdiçadas, tanto do ponto de vista da produção, como da população. Em todas as grandes monarquias européias, a venda de terras pertencentes à Coroa deveria produzir uma elevada soma de dinheiro que, se aplicada no pagamento de dívidas públicas, livraria de hipoteca uma receita muito superior a qualquer renda que essas terras jamais proporcionaram à Coroa. Nos países onde as terras que receberam muitas benfeitorias e foram extremamente cultivadas – proporcionando, no momento da venda, a mais elevada renda possível – costumam ser vendidas pelo valor de 30 anos de renda, era de esperar que as terras da Coroa, que não receberam benfeitorias, permaneceram incultas e proporcionaram uma renda baixa, fossem vendidas pelo valor de 40, 50 ou 60 anos de renda. A Coroa poderia imediatamente desfrutar da receita que esse alto preço resgataria de hipoteca. É provável que no decorrer de poucos anos desfrutasse de uma outra receita. Quando as terras da Coroa se houvessem convertido em propriedade privada, em poucos anos viriam a receber benfeitorias e a ser bem cultivadas. O aumento de sua produção faria crescer a população do país, aumentando a renda e o consumo da população. Ora, a receita que a Coroa obtém das taxas alfandegárias e do imposto sobre o consumo necessariamente aumentaria conforme aumentassem o rendimento e o consumo da população.

Em qualquer monarquia civilizada, a receita que a Coroa recolhe de suas terras, embora não pareça custar nada aos indivíduos, na verdade custa mais à sociedade do que talvez qualquer outra receita semelhante da qual a Coroa possa desfrutar. Em todos esses casos, seria de interesse da sociedade substituir essa receita pertencente à Coroa por alguma outra receita igual, e dividir as terras entre o povo, e talvez não houvesse melhor maneira de fazer isso, senão colocando-as à venda pública.

Parece-me que as únicas terras que deviam continuar a pertencer à Coroa numa grande e civilizada monarquia seriam as terras destinadas ao prazer e à magnificência – parques, jardins, passeios públicos etc., posses que em todos os lugares são consideradas como causas de gastos, não como fontes de receita.

Portanto, como os capitais públicos e as terras públicas – as duas fontes de rendimento que pertencem particularmente ao soberano ou à República – constituem fundos inadequados e insuficientes para custear os gastos necessários de um grande e civilizado Estado, é necessário que a maior parte desses gastos seja custeada por impostos de várias ordens, de modo que o povo contribua com parte de seu rendimento privado para formar uma receita pública para o soberano ou para a República.

Parte II

Dos impostos

No Primeiro Livro desta *Investigação*, mostrei que o rendimento privado provém, em última instância, de três diferentes fontes: renda, lucros e salários. É necessário que todo tributo seja pago, em última análise, de uma ou outra dessas três diferentes espécies de rendimentos, ou de todas elas indistintamente. Procurarei explicar da melhor maneira possível, primeiro, os impostos que visam a incidir sobre a renda; em segundo lugar, os impostos que visam a incidir sobre os lucros; em terceiro lugar, os impostos que visam a incidir sobre salários; e, em quarto lugar, os impostos que visam a incidir indistintamente sobre essas três diferentes fontes de rendimento. O exame detalhado de cada uma dessas quatro diferentes espécies de impostos fará a Segunda Parte deste capítulo se dividir em quatro artigos, três dos quais exigirão tantas outras subdivisões. A análise seguinte permitirá ver que, em última instância, esses impostos não são pagos pelo fundo ou pela fonte de rendimento sobre a qual visavam a incidir.

Antes de iniciar o exame dos impostos específicos, é necessário colocar como premissa as quatro máximas seguintes, relativas aos impostos em geral.

I. É necessário que os súditos de todos os Estados contribuam o mais possível para a conservação do governo, proporcionalmente às suas respectivas capacidades, isto é, em proporção ao rendimento que cada um usufrui sob a proteção do Estado. Os gastos do governo para com os indivíduos de uma grande nação são semelhantes a despesas relativas à administração de uma associação de rendeiros de uma grande propriedade fundiária, os quais são obrigados a contribuir proporcionalmente a seus respectivos interesses que têm na propriedade. É na observação ou negligência dessa máxima que consiste a chamada igualdade ou desigualdade de impostos. Cabe observar de uma vez por todas que todo imposto que incide, em última instância, sobre apenas uma das três espécies de rendimento acima mencionadas é necessariamente desigual, na medida em que não atinge as duas outras. No exame que a seguir farei sobre os diferentes impostos, raras vezes enfatizarei essa espécie de desigualdade, limitando minhas observações, na maioria dos casos, à desigualdade provocada pela incidência desigual de um imposto específico, mesmo sobre a espécie particular de rendimento privado que é afetada por ele.

II. É preciso que o tributo que todo indivíduo está obrigado a pagar seja fixo, e não arbitrário. A data de pagamento, o modo de pagamento, a quantidade a ser recolhida devem ser claros e evidentes para o contribuinte, bem como para qualquer outra pessoa. Caso contrário, toda pessoa sujeita ao imposto fica, em maior ou menor grau, à mercê do coletor, que pode ou aumentar o imposto de um contribuinte que odeie, ou extorquir, mediante a ameaça de aumentar o imposto, algum presente ou alguma gratificação para si mesmo. A indefinição da tributação estimula a insolência e favorece a corrupção de uma categoria de homens já naturalmente impopulares, mesmo quando não são nem insolentes nem corruptos. Na tributação, a certeza sobre aquilo que todo indivíduo precisa pagar é uma questão de tal relevância, que, segundo mostra a experiência de todas as nações, creio não haver mal tão grande como a existência de um grau mínimo de incerteza.

III. É necessário que todos os impostos sejam arrecadados na data e do modo em que provavelmente forem mais convenientes para o contribuinte. Um imposto sobre a renda da terra ou sobre o aluguel de casas, pagável na mesma data em que essas rendas e aluguéis são normalmente pagos, é arrecadado na data em que é provavelmente a mais conveniente para o contribuinte, ou seja, quando provavelmente dispõe de mais recursos para pagar o imposto. Impostos incidentes sobre bens de consumo, como artigos de luxo, são em última análise pagos pelo consumidor e, em geral, da maneira que lhe é mais conveniente. O consumidor os paga aos poucos, na medida em que precise comprar os bens. Além disso, como é livre para comprar ou não comprar conforme queira, será necessariamente culpa sua se vier a passar por alguma grande dificuldade em razão desses impostos.

IV. É necessário que todo imposto seja planejado de tal modo que as pessoas paguem ou desembolsem o mínimo possível além do que se recolhe ao tesouro público do Estado. Há quatro meios pelos quais as pessoas pagam ou desembolsam muito mais do que é recolhido aos cofres públicos. Em primeiro lugar, é possível que a arrecadação exija um grande número de funcionários, cujos salários podem devorar a maior parte do montante do imposto, e cujas gratificações podem impor ao povo um outro imposto adicional. Em segundo lugar, é possível que a arrecadação impeça o trabalho do povo, desencorajando-o de investir em certos ramos de atividade que poderiam dar sustento e emprego a muitos. Ao mesmo tempo que obriga as pessoas a pagar, pode assim diminuir, ou talvez aniquilar, alguns dos fundos que lhes permitiriam fazer isso com mais facilidade. Em terceiro lugar, os confiscos e outras multas podem arruinar os infelizes que tentam, sem sucesso, sonegar o imposto, e, nesse caso, põe termo ao benefício que a comunidade poderia receber do emprego de seus capitais. Um imposto insensato representa uma grande tentação para o contrabando. Ora, as multas para o contrabando devem aumentar em proporção à tentação. Contrariando todos os usuais princípios da justiça, primeiro a lei cria a tentação e em seguida pune os que a ela cedem. Além disso, a lei costuma aumentar a punição em proporção à circunstância que certamente devia mitigá-la: a tentação de cometer o crime[6]. Em quarto lugar, ao sujeitar as pessoas às freqüentes visitas e à odiosa inspeção dos coletores, a arrecadação pode expô-las a incômodos, vexações e opressão excessivamente desnecessários; e embora a vexação não seja um custo, no sentido estrito da palavra, certamente equivale ao custo em que todo homem estaria disposto a incorrer para se redimir. É por um ou por outro desses quatro diferentes meios que os impostos freqüentemente se tornam muito mais pesados ao povo do que benéficos ao soberano.

A manifesta justiça e utilidade das máximas acima mencionadas as vêm recomendando, em maior ou menor grau,

---

6. Ver *Sketches of the History of Man*, pp. 474 ss. *[Essa obra é de autoria de um amigo de Smith, Henry Home, ou Lorde Kames, escrita em Edimburgo, 1774. (N. T.)]

à atenção de todas as nações. Todas elas se têm empenhado, de maneira bastante criteriosa, em tornar os respectivos impostos tão eqüitativos quanto possível; em torná-los a um só tempo invariáveis e convenientes para o contribuinte, tanto no que diz respeito à data como ao modo de pagamento, e, em proporção à receita que geram ao príncipe, o menos onerosos para os bolsos do povo. O exame sucinto que a seguir farei sobre alguns dos principais impostos que já existiram em épocas e países distintos mostrará que, a esse respeito, os esforços de todas as nações nem sempre foram igualmente bem-sucedidos.

ARTIGO I

Impostos sobre a renda. Impostos sobre a renda da terra

Para cobrar um imposto sobre a renda da terra, é possível ou adotar uma certa regra em que se avalie uma renda para todo distrito – avaliação esta que posteriormente não deverá ser alterada –, ou fazer o valor cobrado variar segundo a variação real da renda da terra, isto é, aumentar ou diminuir o imposto de acordo com o aumento ou declínio de seu cultivo.

Quanto ao modelo de imposto territorial que na Grã-Bretanha se cobra de cada distrito segundo uma certa regra invariável, embora fosse eqüitativo no momento em que foi instituído, necessariamente veio a se tornar desproporcional ao longo do tempo, em razão dos diferentes graus de melhoria ou negligência no cultivo das distintas regiões do país. Na Inglaterra, mesmo no momento em que foi criada era extremamente injusta* a avaliação que permitiu cobrar imposto territorial das diferentes regiões e pa-

---

* No trecho que inicia com o parágrafo e vai até este ponto, Smith repete três vezes a palavra *unequal*, que foi traduzida sucessivamente por "desproporcional" (em oposição a "eqüitativa"), "diferentes" (*unequal degrees*) e "injusta". (N. T.)

róquias, em cumprimento às leis baixadas no 4º ano de reinado de Guilherme e Maria. Sob esse aspecto, portanto, esse imposto contraria a primeira das quatro máximas acima mencionadas, embora, sob outros, seja perfeitamente conforme às outras três. Pois é perfeitamente invariável; a data de pagamento do imposto, por coincidir com a do pagamento da renda, é a mais conveniente possível para o contribuinte. Mais ainda: embora o proprietário seja de fato o verdadeiro contribuinte, o imposto costuma ser adiantado pelo rendeiro, estando o proprietário obrigado a descontar do pagamento da renda o valor do imposto. Em comparação a outros impostos que geram aproximadamente a mesma receita, esse imposto é arrecadado por um número muito menor de funcionários. Como o imposto relativo a cada distrito não aumenta com o aumento da renda, o soberano não participa dos lucros provenientes das benfeitorias introduzidas na terra pelo proprietário. Na verdade, essas benfeitorias às vezes contribuem para desonerar outros proprietários do distrito. Mas o eventual aumento de imposto que sofra uma propriedade específica é sempre tão pequeno que jamais desencoraja essas benfeitorias, nem reduz a produção da terra abaixo daquilo que, em outras circunstâncias, ela produziria. Uma vez que não tende a diminuir o volume da produção, tampouco tende de algum modo a aumentar o preço dessa mesma produção. Não dificulta o trabalho do povo; não sujeita o proprietário da terra a nenhum outro inconveniente, senão o de pagar o imposto, o que é inevitável.

Porém, as vantagens que o proprietário de terras recebe da invariável constância da avaliação pela qual se tributam todas as terras da Grã-Bretanha se devem, sobretudo, a algumas circunstâncias inteiramente alheias à natureza do imposto.

Em parte, essas vantagens se devem à grande prosperidade de quase todas as regiões do país, já que, desde a época em que foi criada essa avaliação, as rendas de quase todas as propriedades fundiárias da Grã-Bretanha subiram constantemente; quase nenhuma delas caiu. Assim, quase todos os proprietários de terras ganharam a diferença entre o imposto que deveriam pagar, segundo a renda atual de suas terras, e o imposto que realmente pagam, de acordo com a antiga avaliação. Se fosse distinta a condição do país, se as rendas houvessem gradualmente caído em conseqüência do declínio do cultivo, quase todos os proprietários teriam perdido essa diferença. No estado de coisas que vieram a suceder desde a Revolução, a constância da avaliação tem sido vantajosa ao proprietário e prejudicial ao soberano. Num diferente estado de coisas, poderia ter sido vantajosa ao soberano e prejudicial ao proprietário.

Assim como o imposto é pagável em dinheiro, também a avaliação da terra é expressa em dinheiro. Desde que se implantou essa avaliação, o valor da prata tem se mantido bastante uniforme, e por isso o padrão da moeda, no peso ou no quilate, não sofreu nenhuma alteração. Caso o valor da prata houvesse aumentado consideravelmente, como parece ter acontecido nos dois séculos que antecederam a descoberta das minas da América, é possível que a constância da avaliação se mostrasse bastante opressiva ao proprietário de terras. Caso o valor da prata houvesse sofrido uma diminuição considerável, como certamente ocorreu durante mais ou menos um século após a descoberta daquelas minas, a mesma constância da avaliação teria reduzido em muito esse ramo da receita do soberano. Se houvesse ocorrido alguma alteração considerável no padrão da moeda, seja fazendo baixar a mesma quantidade de prata a um valor nominal inferior, seja fazendo-a subir a um valor nominal superior – por exemplo, se uma onça de prata, em vez de ser cunhada em 5 shillings e 2 pence, fosse cunhada em moedas de valor nominal tão baixo como 2 shillings e 7 pence, ou então em moedas de valor nominal tão alto como 10 shillings e 4 pence –, a constância da avaliação teria, no primeiro caso, prejudicado o rendimento do proprietário e, no segundo, a receita do soberano.

Portanto, em circunstâncias um pouco diversas das que realmente ocorreram, essa constância de avaliação poderia ter gerado inúmeros inconvenientes aos contribuintes ou à República. Ora, no curso dos séculos essas circunstâncias necessariamente ocorrem vez por outra. Mas embora os impérios tenham até aqui se mostrado mortais como todas as outras obras humanas, todos eles aspiram à imortalidade. Por isso, todas as constituições, que se pretendem tão permanentes como o próprio império, deviam ser convenientes, não em certas ocasiões apenas, mas em todas as circunstâncias. Ou então deviam se adequar, não às circunstâncias que são transitórias, ocasionais ou acidentais, mas às circunstâncias que são necessárias e, por isso, sempre as mesmas.

Um imposto sobre a renda da terra que varie conforme toda variação da renda, ou seja, que aumente ou diminua de acordo com o aumento ou negligência do cultivo, é o que a seita de homens letrados da França – autodenominados Os Economistas – recomenda como o mais eqüitativo dos impostos. Alegam esses homens que todos os impostos incidem, em última instância, sobre a renda da terra, e portanto deviam ser cobrados igualmente do fundo que, em última instância, deve pagá-los. Sem dúvida, é verdade que todos os impostos precisam incidir da maneira mais eqüitativa possível sobre o fundo que em última instância deve pagá-los. Mas, sem entrar na desagradável discussão dos argumentos metafísicos sobre os quais escoram sua tão engenhosa teoria, a análise que se segue mostrará suficientemente quais são os impostos incidentes, afinal, sobre a renda da terra, e quais os incidentes, afinal, sobre algum outro fundo.

No território de Veneza, todas as terras aráveis arrendadas aos agricultores são tributadas em $1/10$ da renda[7]. Os contratos de arrendamento ficam assentados num registro

---

7. *Mémoires concernant les droits* etc., pp. 240-1.

público que os oficiais da receita em cada província ou distrito guardam. Quando o proprietário cultiva suas próprias terras, estas são avaliadas de acordo com uma estimativa justa, permitindo-se ao proprietário deduzir ⅕ do imposto, de modo que paga, por suas terras, apenas 8%, e não 10% da suposta renda.

É certo que um imposto territorial como esse é mais justo do que o imposto territorial da Inglaterra. No entanto, talvez não seja tão definido, e por essa razão a cobrança do imposto poderia muitas vezes criar inúmeros problemas para o proprietário de terras. É possível ainda que sua arrecadação seja consideravelmente mais dispendiosa.

Sem prejuízo disso, talvez fosse possível idealizar um sistema de administração que em grande medida permitisse, a um só tempo, evitar essa incerteza e diminuir esse gasto.

Por exemplo, o proprietário de terras e o rendeiro poderiam ser, conjuntamente, obrigados a fazer o assento de seu contrato num registro público. Poderiam ser instituídas multas adequadas contra quem ocultasse ou falseasse qualquer uma das cláusulas; e se parte dessas multas fosse paga àquela das duas partes que denunciasse a outra ou apresentasse provas de que ocultou ou falseou as cláusulas, teríamos um meio eficaz de impedi-las de se unirem para defraudar a receita pública. O registro daria a conhecer claramente todas as cláusulas do contrato.

Em vez de aumentarem a renda, alguns proprietários de terras cobram luvas para a renovação do contrato. Em muitos casos, essa prática é o expediente utilizado pelos perdulários, que por uma quantia de dinheiro à vista vendem uma receita futura de valor muito superior. Em muitos casos, portanto, tal prática é prejudicial ao proprietário de terras; é freqüentemente prejudicial ao rendeiro e é sempre prejudicial à comunidade. Muitas vezes arranca ao rendeiro uma parte tão grande de seu capital, diminuindo, assim, de tal modo sua capacidade de cultivar a terra, que esse rendeiro considera mais difícil pagar uma pequena renda do que, em outros casos, pagar uma renda elevada. Tudo o que diminuir sua capacidade de cultivar necessariamente mantém a parte mais importante da receita da comunidade abaixo do que seria em outras circunstâncias. Essa prática danosa poderia ser desencorajada se o imposto sobre essas luvas se tornasse muito mais oneroso, e as vantagens seriam grandes para todas as partes envolvidas: o proprietário da terra, o rendeiro, o soberano e a comunidade inteira.

Alguns contratos de arrendamento prescrevem ao rendeiro a observação, durante toda a vigência do contrato, de um certo modo de cultivo e uma certa seqüência de plantios. Sempre é preciso considerar essa cláusula, que em geral resulta da boa opinião que o proprietário faz de seu elevado conhecimento (opinião que em muitos casos é extremamente infundada), como uma renda adicional, ou seja, como uma renda paga em serviço, e não uma renda paga em dinheiro. A fim de desencorajar essa prática, que aliás é o mais das vezes tola, seria possível fixar um valor bastante mais alto para essa espécie de renda, e conseqüentemente fazer incidir sobre ela uma tributação um pouco mais elevada do que as incidentes sobre as usuais rendas em dinheiro.

Alguns proprietários exigem, em vez de uma renda em dinheiro, uma renda em espécie, tal como trigo, gado, aves domésticas, vinho, óleo etc.; outros, por sua vez, exigem uma renda em serviços. Tais rendas são sempre mais prejudiciais ao rendeiro do que benéficas ao proprietário de terras: tiram ou mantêm fora dos bolsos do primeiro mais do que colocam nos bolsos do último. Em todos os lugares em que existe essa espécie de renda, vemos os rendeiros empobrecerem ou se tornarem miseráveis, dependendo da intensidade com que isso ocorre. Também nesse caso, se fosse fixado um valor bastante mais alto para essa espécie de renda, e conseqüentemente incidisse sobre ela uma tributação um pouco mais elevada do que as incidentes sobre as usuais rendas em dinheiro, talvez fosse possível desencorajar suficientemente uma prática danosa à comunidade inteira.

Quando o proprietário decide ocupar ele mesmo uma parte de suas próprias terras, a renda poderia ser fixada de acordo com uma arbitragem eqüitativa dos rendeiros e dos proprietários de terras das redondezas, de modo que se conceda a estes um pequeno abatimento do imposto (tal como acontece no território de Veneza), desde que a renda das terras por ele ocupadas não supere certa soma. É importante que o proprietário seja estimulado a cultivar uma parte de suas terras. Geralmente seu capital é maior que o do rendeiro, e por isso, apesar de sua menor habilidade, ele muitas vezes pode conseguir uma produção maior. O proprietário pode se permitir fazer experiências e em geral está disposto a isso. O prejuízo que sofre por causa das experiências malsucedidas é pequeno. Em contrapartida, as experiências bem-sucedidas contribuem para o aprimoramento e para o melhor cultivo de todo o país. Porém, talvez fosse importante que o abatimento do imposto o estimulasse a cultivar apenas uma parte de suas terras. Se os proprietários fossem, em sua maioria, tentados a cultivar toda a extensão de suas terras, o país seria ocupado, não por sóbrios e industriosos rendeiros, que são obrigados por seus próprios interesses a cultivar a terra tão bem quanto lhes permitirem seu capital e sua capacidade, mas por indolentes e dissipadores bailios, cuja administração abusiva logo degradaria o cultivo e reduziria a produção anual da terra, com prejuízo não apenas para o rendimento de seus senhores, mas também para a parte mais importante da receita de toda a sociedade.

Esse sistema de administração livraria, talvez, o imposto de toda a incerteza que pudesse oprimir ou incomodar o contribuinte; ao mesmo tempo, serviria para introduzir na administração conjunta da terra um plano ou uma política que talvez contribuísse bastante para o aprimoramento geral e para o bom cultivo do país.

Não há dúvida de que o custo de arrecadar um imposto territorial que variasse conforme a variação da renda seria um pouco maior do que o custo relativo à arrecadação do imposto que fosse sempre calculado com base numa avaliação fixa. Pois necessariamente haveria o custo adicional gerado tanto pelos diferentes ofícios de registro que seria necessário criar nos diferentes distritos do país, como pelas diferentes avaliações que ocasionalmente se fariam das terras que o proprietário decidisse ocupar. Mas todos esses custos seriam muito pequenos, ou seja, muito inferiores aos custos de arrecadação de muitos outros impostos que proporcionam uma receita bastante baixa, em comparação com a que poderia recolher um imposto desse tipo.

Ao que parece, a objeção mais importante que se pode fazer a esse imposto territorial variável diz respeito ao desestímulo que poderia provocar no aprimoramento da terra. Com toda a certeza o proprietário da terra estaria menos disposto a aprimorá-la se o soberano, que em nada contribui para cobrir os gastos, viesse a participar dos lucros resultantes do aprimoramento. Ora, talvez seja possível obviar até mesmo a essa objeção, permitindo-se ao proprietário da terra, antes de iniciar a introdução de benfeitorias, determinar, juntamente com os oficiais da receita, o real valor de suas terras, segundo a arbitragem eqüitativa de um certo número de proprietários e rendeiros das redondezas, escolhidos igualmente pelas duas partes; depois disso, seria tributado com base nessa avaliação por um número de anos plenamente suficiente para indenizá-lo. Uma das principais vantagens dessa espécie de imposto territorial consiste em atrair a atenção do soberano para o aprimoramento da terra, fazendo-o ter em vista o aumento de sua própria receita. Assim, o prazo permitido para a indenização do proprietário não deveria ser muito mais longo do que o necessário para essa finalidade, já que um interesse tão longínquo poderia desestimular demasiadamente sua atenção. Sob qualquer aspecto, porém, seria preferível que esse prazo fosse antes excessivamente longo do que excessivamente curto. Jamais um incentivo à atenção do soberano serve de contrapeso ao menor desestímulo à atenção do proprietário. Na melhor das hipóteses, a atenção do soberano não é senão uma consideração muito genérica e vaga a respeito do que tem maior probabilidade de contribuir para o melhor cultivo de grande parte de seus domínios. A atenção do proprietário, por sua vez, é uma consideração específica e minuciosa acerca do que provavelmente representa uma aplicação mais vantajosa de cada polegada de solo de sua propriedade. A principal atenção do soberano devia ser a de encorajar, por todos os meios ao seu alcance, a atenção do proprietário e a do arrendatário, permitindo a cada um deles buscar seus próprios interesses, à sua maneira e de acordo com seu discernimento; garantindo a cada um deles a mais perfeita segurança para que colham a plena recompensa de sua própria indústria, e proporcionando a ambos o mais amplo mercado para tudo o que produzam, como resultado da criação de vias de comunicação mais acessíveis e seguras por terra e por água, através de todas as regiões de seus domínios, além de lhes garantir a mais ilimitada liberdade de exportação aos domínios de todos os outros príncipes.

Se um imposto dessa espécie fosse gerido por esse sistema de administração, de modo que não apenas não desestimulasse, mas, ao contrário, estimulasse o aprimoramento da terra, não parece provável que criasse algum outro inconveniente aos proprietários, salvo o sempre inevitável transtorno de ser obrigado a pagar o imposto.

Em todos os variados estágios da sociedade, no aprimoramento e no declínio da agricultura; em todas as variações do valor da prata e em todas as variações do padrão da moeda, um imposto dessa espécie prontamente se ajustaria – espontaneamente e sem nenhuma atenção por parte do governo – à verdadeira situação das coisas, e seria igualmente justo e eqüitativo em todas essas diferentes mudanças. Portanto, seria muito mais indicado instituí-lo como regra inalterável e permanente, ou seja, como o que se denomina de lei fundamental da República, do que adotar qualquer imposto que sempre fosse arrecadado de acordo com uma determinada avaliação.

Em vez de recorrerem ao expediente simples e óbvio de registrar os contratos de arrendamento, alguns Estados se servem do expediente trabalhoso e caro de levantar e avaliar todas as terras do país. Provavelmente suspeitam de que o arrendador e o arrendatário possam, de conluio, ocultar as verdadeiras condições do contrato com vistas a defraudar a receita pública. Ao que parece, o Cadastro das Terras Inglesas* teria sido o resultado de um levantamento bastante acurado dessa espécie.

Nos antigos domínios do rei da Prússia, o imposto territorial é cobrado de acordo com um levantamento e uma avaliação efetivos, que são revistos e alterados de tempos em tempos[8]. Com base nessa avaliação, os proprietários laicos pagam de 20 a 25% de sua receita; os proprietários eclesiásticos pagam de 40 a 45%. O levantamento e a avaliação da Silésia foram realizados por ordem do atual rei, e dizem que são bastante precisos. Com base nessa avaliação, as terras pertencentes ao bispo de Breslau são tributadas em 25% de sua renda; as outras receitas dos eclesiásticos das duas religiões, em 50%. As Comendas da Ordem Teutônica e as da Ordem de Malta são tributadas em 40%; terras cuja posse se deve a um título nobiliárquico, em $38^1/_3\%$; terras cuja posse se dá a título vil, em $35^1/_3\%$.

Afirma-se que o levantamento e a avaliação da Boêmia foi obra de mais de cem anos. Não foram concluídos antes da paz de 1748, por ordem da atual imperatriz-rainha[9]. O

---

* Trata-se do *Doomsday Book*, já mencionado anteriormente no Livro III, Capítulo III. (N. T.)

8. *Mémoires concernant les droits* etc., vol. I, pp. 114, 115, 116 etc.

9. *Mémoires concernant les droits* etc., pp. 83, 84.

levantamento do ducado de Milão, iniciado no tempo de Carlos VI, somente foi concluído depois de 1760. É considerado como um dos mais exatos que jamais se fizeram. O levantamento da Savóia e do Piemonte foi realizado por ordem do falecido rei da Sardenha[10].

Nos domínios do rei da Prússia, a receita da Igreja paga um imposto muito mais elevado do que a dos proprietários laicos. A maior parte dessa receita representa um fardo para a renda da terra. Raras vezes se investe uma parte qualquer dessa receita no aprimoramento da terra, ou seja, para que de algum modo contribua para o aumento da receita do grande conjunto do povo. Foi provavelmente essa a razão por que Sua Majestade, o rei da Prússia, julgou sensato que essa receita eclesiástica contribuísse bem mais para atender às necessidades do Estado. Em alguns países as terras da Igreja estão totalmente isentas de impostos. Em outros, pagam impostos mais brandos do que os de outras terras. No ducado de Milão, as terras que a Igreja possuía antes de 1575 são tributadas em apenas ⅓ de seu valor.

Na Silésia, as terras cuja posse se deve a título nobiliárquico sofrem uma tributação 3% mais elevada do que as terras cuja posse se deve a título vil. É provável que Sua Majestade, o rei da Prússia, imaginasse que as diversas honras e privilégios anexados às primeiras terras servissem para compensar ao proprietário o pequeno aumento do imposto, ao mesmo tempo que, por outro lado, a humilhante inferioridade das últimas seria em alguma medida minorada por um imposto um pouco menor. Em outros países, o sistema tributário, ao invés de minorar, agrava essa desigualdade. Nos domínios do rei da Sardenha e nas províncias francesas que estão sujeitas à chamada talha imobiliária ou real, o tributo incide inteiramente sobre as terras cuja

---

10. *Mémoires concernant les droits* etc., p. 280 etc., também p. 287 etc., até 316.

posse é mantida a título vil. As que são mantidas a título nobiliárquico estão isentas.

Por mais eqüitativo que de início seja um imposto territorial calculado com base num levantamento e numa avaliação genérica, necessariamente se torna desigual no decorrer de um brevíssimo período de tempo. Para evitar que isso acontecesse, seria necessária a atenção contínua e árdua do governo a todas as variações no estado e na produção de cada sociedade existente no país. Os governos da Prússia, da Boêmia e da Sardenha, além do ducado de Milão, fazem de fato esse esforço; aliás, esse esforço é tão incompatível com a natureza do governo, que provavelmente não há de durar muito, e, mesmo se perdurar, provavelmente no longo prazo trará mais incômodos e vexações aos contribuintes do que alívio.

Em 1666, a generalidade de Montauban foi tributada com uma talha imobiliária ou real baseada, segundo se diz, num levantamento e avaliação extremamente precisos[11]. Em 1727, essa tributação se havia tornado absolutamente desproporcional. Para remediar esse inconveniente, o governo não encontrou melhor recurso, senão o de cobrar de toda a generalidade uma taxa adicional de 120 mil libras. Essa taxa adicional é calculada para todos os diferentes distritos sujeitos à talha, de acordo com a antiga tributação. Todavia, é arrecadada apenas àqueles que, no atual estado de coisas, são, de acordo com esse cálculo, pouco tributados, sendo aplicada para auxiliar os que são, pelo mesmo cálculo, muito tributados. Assim, por exemplo, dois distritos, um dos quais devia ser tributado, no atual estado de coisas, em 900 libras, e o outro, em 1.100 libras, são tributados, pelo antigo cálculo, em 1.000 libras. Pela taxa adicional, cada um desses distritos paga 1.100 libras de tributo. Ora, esse tributo é arrecadado apenas ao distrito subtaxa-

---

11. *Mémoires concernant les droits* etc., vol. II, p. 139 etc.

do para ser inteiramente aplicado no auxílio ao distrito sobretaxado, que por conseguinte paga apenas 900 libras. O governo não ganha nem perde com essa taxa adicional, que é inteiramente aplicada para remediar as desigualdades resultantes do antigo cálculo. A aplicação é em grande medida regulada segundo a vontade do intendente da generalidade, razão por que necessariamente é muito arbitrária.

IMPOSTOS PROPORCIONAIS À PRODUÇÃO, E NÃO À RENDA DA TERRA

Os impostos incidentes sobre a produção da terra são, na realidade, impostos incidentes sobre a renda, sendo ao final pagos pelo proprietário de terras, ainda que na origem fossem adiantados pelo arrendatário. Quando é necessário pagar, na forma de imposto, uma certa parcela da produção, o arrendatário procura calcular com precisão qual provavelmente será o valor dessa parcela de um ano para o outro, e faz um abatimento proporcional na renda que concorda pagar ao proprietário. Não existe nenhum arrendatário que não calcule de antemão qual será o provável valor, de um ano para outro, do dízimo eclesiástico, que é um imposto territorial desse tipo.

O dízimo e todos os outros impostos territoriais dessa espécie são impostos que parecem muito eqüitativos, mas na realidade são extremamente injustos: uma certa parcela da produção equivale, em diferentes situações, a parcelas bastante distintas da renda. Em algumas terras bastante ricas, a produção é tão grande que a metade dela é plenamente suficiente para restituir ao arrendatário o capital aplicado no cultivo, juntamente com os lucros normais do capital agrícola em vigor na região. A outra metade, ou, o que vem a ser o mesmo, o valor da outra metade, o arrendatário teria meios de pagar como renda ao proprietário, caso não existisse o dízimo. Mas se dele for retirado $1/10$ da produção na forma de dízimo, é necessário que exija um abatimento de ¹/₅ de sua renda, ou do contrário não consegue recuperar seu capital com os lucros correntes. Nesse caso, a renda do proprietário, em vez de corresponder à metade ou a ⁵/₁₀ da produção total, corresponderá somente a ⁴/₁₀ dela. Ao contrário, em terras mais pobres às vezes a produção é tão pequena, e tão grande o custo do cultivo, que são necessários ⁴/₅ da produção total para restituir ao arrendatário seu capital, com os lucros correntes. Nesse caso, mesmo que não fosse preciso pagar o dízimo, a renda do proprietário não excederia ¹/₅, ou seja, ²/₁₀ da produção total. Ora, se o arrendatário paga ¹/₁₀ da produção na forma de dízimo, precisa exigir um igual abatimento da renda a pagar ao proprietário, o que então reduzirá essa renda a apenas ¹/₁₀ da produção total. Assim, no que diz respeito à renda das terras ricas, o dízimo às vezes representa um imposto de somente ¹/₅, ou seja, 4 shillings por libra; e, por outro lado, no que se refere à renda das terras mais pobres, às vezes representa um imposto de ¹/₂, ou seja, de 10 shillings por libra.

Do mesmo modo que muitas vezes o dízimo constitui um imposto sobre a renda extremamente injusto, também sempre representa um grande desestímulo tanto às benfeitorias que o proprietário introduziria, como ao cultivo que o arrendatário faria. Quando a Igreja, que não cobre parte nenhuma das despesas, tem uma participação tão grande nos lucros, o primeiro não pode se aventurar a introduzir as benfeitorias mais importantes, que são em geral as mais caras, e o segundo não pode cultivar as safras mais valiosas, que são também as mais caras. Por causa do dízimo, o cultivo de garança teve de se limitar durante muito tempo às Províncias Unidas, que, sendo protestantes, e por isso isentas desse imposto destrutivo, detiveram, contrariamente ao restante da Europa, uma espécie de monopólio sobre esse útil corante. As últimas tentativas de introduzir o cultivo dessa planta na Inglaterra se deveram unicamente à lei que sancionou que se pagassem 5 shillings por acre, em lugar de qualquer espécie de dízimo sobre a garança.

Assim como é um imposto territorial, proporcional à produção da terra, não à renda, que mantém a Igreja na maior parte da Europa, também nas inúmeras regiões da Ásia é esse mesmo imposto que mantém o Estado. Na China, a principal receita do soberano consiste na décima parte da produção de todas as terras do império. Porém, fazem uma estimativa tão baixa da décima parte que, segundo se diz, em muitas províncias não ultrapassa $1/30$ da produção normal. Afirma-se que o imposto territorial ou imposto sobre a renda que se costumava pagar ao governo maometano de Bengala, antes que esse país caísse nas mãos da Companhia das Índias Orientais, equivalia a $1/5$ da produção. Afirma-se também que o imposto territorial no antigo Egito equivalia, igualmente, a $1/5$ da produção.

Dizem que na Ásia essa espécie de imposto territorial faz o soberano se interessar pelo aprimoramento e cultivo da terra. Daí a afirmação, portanto, de que os soberanos da China, os de Bengala sob o governo maometano, e os do antigo Egito eram extremamente atentos à construção e conservação de boas estradas e canais navegáveis, a fim de aumentar, o mais possível, a quantidade e o valor de cada elemento da produção, proporcionando a cada produto o mercado mais amplo que seus domínios podiam oferecer. O dízimo da Igreja se divide em parcelas tão pequenas, que torna impossível suscitar um interesse semelhante em algum de seus proprietários. O vigário de uma paróquia teria lucros se construísse uma estrada ou um canal navegável a uma região distante do país, a fim de ampliar o mercado para a produção de sua paróquia específica. Quando destinados à manutenção do Estado, esses impostos oferecem algumas vantagens, que até certo ponto conseguem contrabalançar suas desvantagens. Quando destinados à manutenção da Igreja, não trazem outra coisa, senão desvantagens.

É possível arrecadar o imposto territorial ou em espécie ou, com base em certa avaliação, em dinheiro.

O vigário de uma paróquia ou um fidalgo de pequena fortuna que viva na sua propriedade fundiária talvez possam encontrar eventualmente alguma vantagem em receber, respectivamente, seu dízimo e sua renda em espécie. A quantidade a ser recolhida e o distrito no interior do qual será recolhida são tão pequenos, que cada um deles consegue supervisionar pessoalmente a coleta e a aplicação da parte que lhe é devida do imposto. Um fidalgo de grande fortuna que vivesse na capital correria o risco de ser prejudicado pela negligência e, mais ainda, pelas fraudes de seus feitores e agentes, se as rendas de uma propriedade localizada numa província distante lhe fossem pagas em espécie. Os abusos e a depredação dos coletores de impostos necessariamente tornariam ainda maior o prejuízo do soberano. Talvez os criados do mais descuidado indivíduo estejam mais debaixo das vistas do patrão que os servidores do príncipe mais cuidadoso. Assim, uma receita pública paga em espécie seria de tal modo prejudicada pela má administração dos coletores, que apenas chegaria ao tesouro do príncipe uma parte bastante reduzida do que fosse recolhido ao povo. Apesar disso, dizem que uma parte da receita pública da China é paga em espécie. Não resta dúvida de que os mandarins e outros coletores tirarão proveito em prolongar a prática de um pagamento que está muito mais sujeito a abusos do que qualquer pagamento em dinheiro.

É possível arrecadar um imposto incidente sobre a produção da terra, pago em dinheiro, quer com base numa avaliação que varia conforme as variações do preço de mercado, ou com base numa avaliação fixa – por exemplo, um *bushel* de trigo é sempre avaliado ao mesmo preço em dinheiro, seja qual for a situação do mercado. O produto de um imposto recolhido da primeira forma variará unicamente de acordo com as variações na produção real da terra, conforme se aprimore ou negligencie o cultivo. O produto de um imposto recolhido da segunda forma variará de acordo com as variações da produção da terra, mas também de acordo com a variação de valor dos metais preciosos e segundo variação na quantidade desses metais que está contida, nos diferentes períodos, nas moedas de mesmo valor nominal. O produto do imposto coletado do primeiro modo sempre manterá a mesma proporção com o valor da produção real da terra; o produto do imposto coletado do segundo modo pode apresentar, em diferentes períodos, proporções bastante diferentes com esse valor.

Quando, para compensar integralmente todos os impostos ou dízimos, é necessário pagar, não uma certa parcela da produção da terra ou do preço de determinada parcela, mas uma certa quantia em dinheiro, nesse caso o tributo passa a ter a mesma natureza do imposto territorial da Inglaterra. Isso quer dizer que não aumenta nem diminui com a renda da terra; nem estimula nem desestimula o aprimoramento da terra. Dessa espécie é o dízimo que na maior parte das paróquias paga o chamado *modus*, em vez de todos os outros dízimos. Durante o governo maometano de Bengala, em lugar do pagamento em espécie de $1/5$ da produção, instituiu-se na maior parte dos distritos ou zemindares um *modus* que, segundo se diz, era bastante reduzido. A pretexto de restituir o valor devido à receita pública, alguns dos funcionários da Companhia das Índias Orientais trocaram, em certas províncias, esse *modus* por um pagamento em espécie. Sob a administração desses funcionários, é provável que essa alteração a um só tempo desencoraje o cultivo e crie novas oportunidades para abuso na coleta da receita pública, que aliás teria caído, pelo que se sabe, muito abaixo do que era antes de se sujeitar à administração da Companhia. Talvez os funcionários da Companhia tenham lucrado com essa alteração, mas, se isso aconteceu, foi à custa de seus patrões e do país.

IMPOSTOS SOBRE ALUGUÉIS DE CASAS

É possível separar o aluguel de uma casa em duas partes. A primeira é a que se pode propriamente chamar de aluguel de edificação; a segunda costuma-se denominar de renda do terreno.

O aluguel de edificação consiste nos juros ou lucros do capital gasto na construção da casa. Para colocar a atividade de construtor em pé de igualdade com outras atividades, é necessário que esse aluguel seja suficiente, em primeiro lugar, para lhe pagar os mesmos juros que obteria de seu capital, se o houvesse emprestado sob fiança; e, em segundo lugar, para sempre conservar a casa em bom estado ou, o que vem a ser o mesmo, para repor, dentro de um certo número de anos, o capital que fora empregado na construção. Por conseguinte, em todos os lugares o aluguel de edificação ou o lucro normal da construção é regulado pelos juros normais que se pagam pelo dinheiro. Onde a taxa de juros de mercado for de 4%, o aluguel de uma casa que, além de pagar a renda do terreno, oferece 6 ou 6,5% sobre o total gasto na construção, talvez possa proporcionar um lucro suficiente para o construtor. Onde a taxa de juros de mercado for de 5%, talvez sejam necessários 7 ou 7,5%. Se, em proporção com os juros do dinheiro, a atividade do construtor em algum momento gerar um lucro superior a esse, logo fará desviar tanto capital de outros negócios, que o lucro se reduzirá a seu nível adequado. Se em algum momento essa atividade gerar um lucro muito inferior a esse, outros negócios logo desviarão tanto capital dela, que esse lucro aumentará novamente.

Toda parcela do aluguel total de uma casa que supere o necessário para garantir esse lucro adequado vai naturalmente para a renda do terreno e, quando o proprietário do terreno e o proprietário da edificação são pessoas distintas, essa parcela é, na maioria dos casos, paga totalmente ao primeiro. Essa renda suplementar é o preço que o morador da casa paga por alguma vantagem real ou suposta da localização. Nas casas de campo localizadas longe de qualquer cidade grande, onde há muitos terrenos para se escolher, a renda do terreno não representa quase nada, ou não representa mais do que renderia o terreno onde está construída a casa, caso fosse empregado na agricultura. Em vilas rurais e nas vizinhanças de grandes cidades, essa renda é às vezes bem mais elevada, já que, nesse caso, paga-se muito pela peculiar comodidade ou beleza da localização. As rendas do terreno são em geral mais altas na capital e naquelas regiões específicas da cidade onde casualmente exista maior demanda por casas, seja qual for a razão da demanda: comércio e negócios, diversões e vida social, ou simplesmente vaidade e moda.

Um imposto incidente sobre o aluguel de casas, pagável pelo inquilino e proporcional ao aluguel total de cada casa, não poderia afetar – pelo menos não durante um período de tempo considerável – o aluguel de edificação. Se o construtor não obtivesse seu lucro razoável, seria obrigado a abandonar a atividade, o que, aumentando a demanda por construções, em pouco tempo traria seus lucros a seu nível adequado, proporcional ao de outras atividades. Tampouco esse imposto incidiria exclusivamente sobre a renda do terreno, pois se dividiria a ponto de incidir, em parte, sobre o morador da casa e, em parte, sobre o proprietário do terreno.

Suponhamos, por exemplo, que determinada pessoa julgue ter condições de pagar, por uma casa, um aluguel de 60 libras por ano, e suponhamos também que o imposto incidente sobre o aluguel da casa seja de 4 shillings por libra, ou seja, $1/5$ do aluguel, devendo ser pago pelo locatário. Nesse caso, uma aluguel de 60 libras lhe custará 72 libras por ano, o que significa 12 libras a mais do que o inquilino crê ter condições de pagar. Por conseguinte, o inquilino terá de se contentar com uma casa menor, ou com um aluguel de 50 libras, o que, somado às 10 libras adicionais que deverá pagar de imposto sobre o aluguel, completarão a soma de 60 libras por ano, ou seja, o gasto que o morador julga ter condições de fazer; à custa de pagar o imposto, o morador renunciará em parte do acréscimo de comodidades que teria ao alugar uma casa cujo aluguel é de 10 libras a mais por ano. Digo que renunciará em parte, pois raramente será obrigado a renunciar inteiramente a esse acréscimo de comodidades, já que, em conseqüência do imposto, conseguirá uma casa melhor do que poderia obter por 50 libras anuais, caso não houvesse o imposto. Com efeito, assim como esse imposto, ao eliminar essa concorrência específica, deve diminuir a concorrência por moradias de 60 libras de aluguel, também deve diminuir a concorrência pelas moradias de 50 libras de aluguel, bem como a concorrência por quaisquer outras moradias de aluguel, exceto as de aluguel mais baixo, pelas quais, ao contrário, a concorrência teria de aumentar durante algum tempo. Ora, necessariamente se reduziriam os aluguéis de cada classe de moradia para as quais a concorrência teria diminuído. No entanto, como nenhuma parte dessa redução pode afetar, pelo menos durante um período considerável, o aluguel da edificação, a totalidade da redução deve necessariamente recair, no longo prazo, sobre a renda do terreno. Por conseqüência, o pagamento final desse imposto recairá em parte sobre o inquilino que, para pagar sua parte, será obrigado a sacrificar uma parte de seu conforto, e em parte sobre o proprietário do terreno que, para pagar sua parte, será obrigado a sacrificar uma parte de seu rendimento. Talvez não seja muito fácil determinar em que proporção esse pagamento final seria dividido entre os dois. Provavelmente essa divisão se faria de um modo muito distinto conforme as diversas circunstâncias, e um imposto desse tipo poderia, segundo essas diferentes circunstâncias, afetar de maneira muito desigual o locatário da casa e o proprietário do terreno.

A desigualdade com a qual um imposto desse gênero recairia sobre os diferentes proprietários dos terrenos seria inteiramente provocada pela desigualdade acidental dessa divisão. Mas a desigualdade com a qual esse imposto recairia sobre os diferentes locatários das casas procederia não somente dessa causa, mas também de uma outra. A proporção entre a despesa de aluguel e a despesa total de moradia varia conforme variam os graus de riqueza: é talvez a maior possível no mais elevado grau de fortuna, diminuindo sucessivamente nos graus inferiores, de modo que é a menor possível no grau mais baixo de fortuna. As necessidades básicas da vida formam a grande despesa dos pobres. Essas pessoas têm dificuldade em conseguir alimentos e é para obtê-los que despendem a maior parte de seu pequeno rendimento. Por outro lado, o luxo e a vaidade formam a principal despesa dos ricos, e uma casa vasta e magnífica embeleza e realça, da maneira mais vantajosa, todos os objetos de luxo e de vaidade que eles possuem. Assim, em geral um imposto sobre os aluguéis incidiria muito mais pesadamente sobre os ricos, e talvez não houvesse nada de absurdo nessa espécie de desigualdade. É bastante razoável que os ricos contribuam para a receita pública, não somente em proporção à sua renda, mas também com algo acima dessa proporção.

Ainda que sob alguns aspectos o aluguel de casas se assemelhe ao arrendamento de terras, há entretanto um ponto em que diferem essencialmente. O arrendamento da terra é pago pelo uso de uma coisa produtiva; a terra paga a renda que produz. O aluguel de casas é pago pelo uso de uma coisa improdutiva; nem a casa nem o terreno sobre o qual ela está construída produzem algo. Assim, a pessoa que paga o aluguel deve retirá-lo de alguma outra fonte de renda, distinta e independente da coisa pela qual ela paga. É necessário que um imposto incidente sobre o aluguel, na medida em que recai sobre os inquilinos, seja retirado da mesma fonte que o próprio aluguel; é necessário que o paguem os inquilinos com seus rendimentos, quer provenham dos salários do trabalho, dos lucros do capital, ou da renda da terra. Na medida em que recai sobre os inquilinos, é um daqueles impostos que recaem, não sobre uma fonte de renda somente, mas sobre todas as três fontes indistintamente, e é, sob todos os aspectos, da mesma natureza que um imposto incidente sobre qualquer outra espécie de bem de consumo. Em geral, talvez não exista um artigo de despesa e de consumo que possa oferecer um critério melhor para julgar a maior ou menor liberalidade das despesas totais de um homem do que o aluguel que paga por sua moradia. Um imposto proporcional sobre esse artigo específico das despesas dos indivíduos talvez pudesse gerar uma receita superior à que até aqui se recolhe da mesma fonte em qualquer país da Europa. De fato, se o imposto fosse muito elevado, a maioria das pessoas trataria de fugir o mais possível dele, contentando-se com casas menores, e voltando para qualquer outro objeto a parte mais considerável de sua despesa.

Seria fácil determinar com bastante precisão o valor do aluguel, adotando uma medida política do mesmo gênero do que aquela que seria necessária para determinar com certeza o valor normal da renda fundiária. As casas desabitadas não deveriam pagar imposto. O imposto que incidisse sobre essas casas recairia inteiramente sobre o proprietário, que seria assim tributado por uma coisa que não lhe traria nem vantagens nem renda. Casas habitadas pelos proprietários deveriam ser tributadas, não de acordo com seu possível custo de construção, mas de acordo com o valor do aluguel que provavelmente renderiam se fossem alugadas, arbitrado a uma justa avaliação. Se fossem tributadas de acordo com o custo de sua construção, um imposto de 3 ou 4 shillings por libra, somado a outros impostos, levaria à ruína quase todas as grandes e ricas famílias deste país e, segundo creio, de qualquer outro país civilizado. Quem examinar com atenção as diferentes casas de campo e da cidade de algumas das mais ricas e eminentes famílias deste país, verá que, à taxa de apenas 6,5 ou 7% sobre o custo original de construção, seu aluguel é quase idêntico à totalidade da renda líquida de suas propriedades. É a despesa acumulada de várias gerações sucessivas, aplicada, a bem da verdade, a objetos de grande beleza e magnificência, mas de um valor de troca extremamente reduzido, em proporção ao que custaram[12].

---

12. Desde a primeira publicação deste livro, instituiu-se um imposto bastante conforme aos princípios acima expostos.

LIVRO V

As rendas do terreno são objetos ainda mais apropriados de tributação que o aluguel das casas. Um imposto incidente sobre as rendas do terreno não faria aumentar o aluguel das casas. Recairia inteiramente sobre o beneficiário da renda do terreno, que sempre age como monopolista, exigindo a renda mais elevada que seja possível obter pelo uso de seu terreno. As ofertas serão mais ou menos elevadas, conforme os concorrentes sejam mais ou menos pobres, ou conforme tenham condições de satisfazer, com maior ou menor custo, sua fantasia por um certo terreno em particular. Em todo país, o maior número de concorrentes ricos se encontra na capital, e é também aí que estão as rendas de terreno mais elevadas. Como um imposto sobre a renda do terreno não poderia de modo algum aumentar a riqueza dos concorrentes, estes provavelmente não se disporiam a pagar mais pelo uso do solo. Pouco importaria que o imposto devesse ser adiantado pelo locatário ou pelo proprietário do terreno. Quanto mais o locatário fosse obrigado a pagar pelo imposto, menos disposição teria para pagar pelo terreno, de modo que o pagamento final do imposto recairia exclusivamente sobre o beneficiário da renda do terreno. A renda do terreno das casas inabitadas não deveria pagar imposto.

As rendas de terreno e a renda normal da terra são uma espécie de rendimento de que o proprietário com muita freqüência desfruta, sem ter dedicado nenhuma atenção ou cuidado. Ainda que se retire dele uma parte desse rendimento para pagar as despesas do Estado, não se desestimula nenhuma espécie de atividade. A produção anual das terras e do trabalho da sociedade, a riqueza e a receita real do conjunto do povo, poderiam ser sempre os mesmos, com ou sem esse imposto. Assim, as rendas de terreno e as rendas normais da terra são talvez a espécie de rendimento que suportam melhor a incidência de um imposto específico.

A esse respeito, as rendas do terreno parecem objeto mais apropriado de tributação do que as rendas normais da terra. Em muitos casos, a renda normal da terra se deve, pelo menos em parte, ao cuidado e à boa administração do proprietário. Um imposto demasiado elevado poderia desestimular excessivamente essa atenção e essa boa administração. As rendas do terreno, na medida em que não excedam o rendimento normal das terras, são inteiramente devidas ao bom governo do soberano, que, pela proteção à atividade do povo inteiro ou dos habitantes de algum lugar específico, permite-lhes pagar, pelo terreno sobre o qual edificam suas casas, um preço superior a seu valor real, ou então lhes permite oferecer ao proprietário do terreno mais do que uma simples compensação pela perda resultante desse emprego da terra. Nada pode haver de mais razoável do que tributar de um modo específico um fundo que deve sua existência à boa conduta do governo do Estado, ou que esse fundo contribua um pouco mais do que a maior parte dos outros fundos para manter esse governo.

Ainda que em vários países da Europa se tenham criado impostos sobre os aluguéis das casas, não conheço todavia um país em que se tenha considerado as rendas de terreno como objeto distinto e separado de tributação. Os criadores de imposto provavelmente depararam alguma dificuldade em determinar qual porção do aluguel deveria ser considerada como renda do terreno, e qual porção deveria ser considerada como aluguel da edificação. Porém, não será difícil, ao que parece, distinguir uma da outra essas duas partes do aluguel.

Na Grã-Bretanha, o aluguel das casas é tributado na mesma proporção que a renda da terra, por meio do assim chamado imposto territorial anual. A avaliação segundo a qual se cobra o imposto de cada paróquia e distrito é sempre a mesma. Essa avaliação foi extremamente desigual em sua origem, e ainda continua a ser. Na maior parte do reino, esse imposto continua a ser menor para o aluguel das casas do que para o arrendamento de propriedades meramente fundiárias. Somente em alguns poucos distritos, que sofreram, na origem, uma tributação excessivamente alta, e nos quais os aluguéis das casas baixaram consideravelmente, o imposto sobre as propriedades fundiárias, de 3 ou 4 shillings por libra, alcança, segundo se diz, uma proporção igual à do verdadeiro aluguel das casas. Na maior parte das vezes, as casas que não são alugadas, embora por lei estejam sujeitas ao imposto, estão isentas de pagá-lo pelo favor dos que fazem a cobrança; e essa isenção ocasionalmente provoca ligeiras variações na taxa das casas particulares, ainda que o montante do contingente para o distrito seja sempre o mesmo. Os distritos isentam os aumentos que sofrem os aluguéis em conseqüência de novas construções, reparos etc., o que vem a provocar novas variações na taxa particular das casas.

Na província da Holanda[13], cada casa é tributada em 2,5% de seu valor, sem se considerar o aluguel que ela efetivamente proporciona, nem se saber se está ou não alugada. Parece um pouco severo obrigar um proprietário a pagar um imposto por uma casa que não esteja alugada, e da qual não se extrai nenhuma renda, sobretudo por se tratar de um imposto tão elevado. Na Holanda, onde a taxa de juros de mercado não supera 3%, 2,5% sobre o valor total da casa representam, na maioria dos casos, mais de $1/3$ do aluguel da edificação, talvez até mesmo do aluguel total. Na verdade, a avaliação segundo a qual as casas são tributadas, ainda que muito desigual, está, conforme afirmam, sempre abaixo do valor real. Quando uma casa é reconstruída, melhorada ou ampliada, faz-se uma nova avaliação, alterando-se então também o imposto que sobre ela incide.

Os criadores dos diferentes impostos sobre as casas, instituídos em épocas distintas na Inglaterra, parecem ter imaginado haver grande dificuldade em determinar, de maneira razoavelmente exata, o valor real de cada casa. Foi por isso que regularam seus impostos de acordo com alguma

---

13. J. L. Moreau de Beaumont, *Mémoires concernant les droits & impositions en Europe*, p. 223.

circunstância mais óbvia, circunstância esta que provavelmente mantinha na maioria dos casos, como imaginaram, alguma proporção com o aluguel.

O primeiro imposto desse gênero foi a taxa de lareira, ou taxa de 2 shillings para cada lareira existente na casa. Para determinar quantas lareiras havia na casa, era necessário que o coletor de impostos entrasse em todos os aposentos. Essa odiosa visita tornou odioso o imposto. Por isso, foi abolido logo após a Revolução, como um símbolo de servidão.

O imposto de mesmo gênero que se seguiu a esse foi uma taxa de 2 shillings sobre cada moradia habitada. Uma casa com dez janelas pagava 4 shillings a mais; uma casa com vinte ou mais janelas pagava 8 shillings. Essa taxa foi posteriormente alterada, de modo que casas com vinte janelas e com menos de trinta precisavam pagar 10 shillings, e as de trinta ou mais janelas pagavam 20 shillings. Na maioria dos casos, é possível contar de fora o número de janelas, e em todos os casos isso se faz sem ser necessário entrar em cada quarto da casa. Assim, a visita do coletor era menos insultuosa relativamente a este imposto do que à taxa sobre lareiras.

Mais tarde esse imposto foi revogado, e em lugar dele criou-se o imposto por janela, que também passou por várias alterações e aumentos. O imposto por janelas, tal como subsiste hoje (janeiro de 1775), além do imposto de 3 shillings sobre cada casa na Inglaterra, e de 1 shilling sobre cada casa na Escócia, institui sobre cada janela um imposto que, na Inglaterra, aumenta gradativamente de 2 pence – a taxa mais baixa, para casas com não mais de sete janelas – até 2 shillings, a taxa mais alta, para casas com vinte e cinco janelas ou mais.

A principal objeção contra todos os impostos dessa espécie diz respeito a sua desigualdade, uma desigualdade do pior tipo, já que muitas vezes incidem mais pesadamente sobre os pobres que sobre os ricos. É possível que uma casa de 10 libras de aluguel, numa cidade provinciana, tenha mais janelas que uma casa em Londres, de 500 libras de aluguel; e malgrado o locatário da primeira seja provavelmente uma pessoa muito mais pobre que o da última, na medida em que a contribuição do pobre é regulada pelo imposto por janela, ele deve contribuir mais para a manutenção do Estado. Portanto, esses impostos são diretamente contrários à primeira das quatro máximas que estabelecemos acima. Não parecem, no entanto, violar demais nenhuma das outras três.

A tendência natural do imposto por janela e de todos os outros impostos incidentes sobre as casas é a de fazer baixar os aluguéis. Quanto mais um homem paga pelo imposto, menos, evidentemente, pode pagar pelo aluguel. Todavia, depois da instituição do imposto por janela, os aluguéis das casas em geral aumentaram, mais ou menos, em quase todas as cidades e vilas da Grã-Bretanha que pude conhecer. Tal tem sido em todas as partes o efeito da demanda sempre crescente por moradias, que fez aumentar os aluguéis mais que o imposto por janela poderia fazê-los baixar – uma das muitas provas da grande prosperidade do país e do aumento da renda de seus habitantes. Não fosse pelo imposto, os aluguéis teriam provavelmente subido ainda mais.

ARTIGO II

Impostos sobre o lucro ou sobre o rendimento proveniente do capital

O rendimento ou lucro proveniente do capital se divide naturalmente em duas partes: a parte que paga os juros e que pertence ao dono do capital, e a parte que excede o necessário para pagar os juros.

Esta última parte do lucro não é, obviamente, objeto de tributação direta. É a compensação, e em muitos casos não mais do que uma compensação bastante modesta, pelo risco e trabalho de empregar o capital. É necessário que quem emprega o capital tenha essa compensação, ou do contrário não conseguirá, sob pena de prejudicar seus próprios interesses, continuar a empregá-lo. Portanto, se essa parte do lucro fosse, proporcionalmente ao lucro total, objeto de tributação direta, ele seria obrigado ou a aumentar sua taxa de lucro, ou a instituir um imposto sobre o juro do dinheiro, ou seja, pagar menos juro. Se aumentasse sua taxa de lucro em proporção ao imposto, o imposto total, ainda que adiantado por ele, seria ao fim e ao cabo pago por um ou outro de dois diferentes grupos de pessoas, conforme os diferentes modos em que pudesse empregar o capital sob sua administração. Se o empregasse como capital agrícola no cultivo da terra, somente poderia elevar sua taxa de lucros retendo a parte maior da produção da terra ou, o que vem a ser o mesmo, o preço da parte maior dessa produção; e como isso só poderia ocorrer por meio da redução do arrendamento, o pagamento final do imposto recairia sobre o proprietário das terras. Se o empregasse como capital mercantil ou manufatureiro, somente poderia aumentar sua taxa de lucros elevando o preço das mercadorias. Nesse caso, o pagamento final do imposto recairia inteiramente sobre os consumidores dessas mercadorias. Se não aumentasse sua taxa de lucros, seria obrigado a lançar todo o imposto sobre a parte dos lucros reservada para pagar os juros do dinheiro. Isso lhe renderia menos juro por qualquer capital que houvesse emprestado, e todo o ônus do imposto recairia, em última análise, sobre o juro do dinheiro. Assim, na medida em que não pudesse se livrar do imposto da primeira maneira, seria obrigado a livrar-se dele da segunda.

À primeira vista, o juro do dinheiro parece objeto de tributação direta do mesmo modo que a renda da terra. A exemplo da renda da terra, é um produto líquido que resta depois de inteiramente compensado todo o risco e o trabalho de empregar o capital. Assim como um imposto sobre a renda da terra não faz elevar o arrendamento – porque o produto líquido que resta após reembolsar o capital do arrendatário, juntamente com um lucro razoável, não pode ser maior antes do imposto que depois dele –, pela mesma razão um imposto sobre o juro do dinheiro jamais poderia elevar a taxa de juro, já que é de supor que a quantidade de capital ou de dinheiro no país, como a quantidade de terra, permaneça a mesma tanto depois como antes do imposto. Como já se mostrou no Livro I, em todos os lugares a taxa normal de lucros é determinada pela relação existente entre a quantidade de capital a ser empregado e a quantidade de empregos ou de negócios que exigem o capital. Ora, a quantidade de empregos para o capital, ou de negócios que o exigem, não pode ser aumentada nem diminuída por nenhum imposto sobre o juro do dinheiro. Se a quantidade de capital a ser empregado não fosse, portanto, nem aumentada nem diminuída pelo imposto, a taxa normal de lucro necessariamente permaneceria a mesma. Porém, a porção desse lucro necessária para compensar o risco e o trabalho de quem emprega o capital também permaneceria a mesma, pois não há nenhuma alteração nesse risco e trabalho. Assim, também o resíduo, a porção que pertence ao detentor do capital e paga o juro do dinheiro, necessariamente permaneceria o mesmo. À primeira vista, por conseguinte, o juro do dinheiro parece um objeto tão adequado de tributação direta como a renda da terra.

Há, no entanto, duas diferentes circunstâncias que tornam o juro do dinheiro objeto muito menos adequado de tributação direta do que a renda da terra.

Em primeiro lugar, a quantidade e o valor da terra que um homem possui jamais podem ser um segredo e sempre podem ser avaliados com grande precisão. Mas o montante total do que possui em riqueza é quase sempre um segredo e jamais pode ser avaliado com um certo grau de exatidão. Além disso, está sujeito a variações quase contínuas. Raramente se passa um ano, freqüentemente nem um mês, às vezes nem mesmo um único dia em que não aumente ou diminua mais ou menos. Um levantamento sobre a situação dos negócios privados de cada indivíduo, e um levantamento que, para adequar o imposto a esses negócios, espreitasse todas as flutuações de sua fortuna, seria uma fonte tão fecunda de contínuas e intermináveis vexações, que ninguém no mundo poderia suportá-lo.

Em segundo lugar, a terra é um objeto que não pode ser removido, ao passo que a riqueza pode ser facilmente removida. O proprietário de terras é necessariamente um cidadão do país onde se situa sua propriedade fundiária. O proprietário de capital é propriamente um cidadão do mundo, e não está necessariamente ligado a um país específico. Logo estaria disposto a abandonar o país em que se visse exposto a um levantamento cuja finalidade fosse sujeitá-lo a um imposto oneroso, e transferiria seu capital para algum outro país onde pudesse ou levar adiante suas atividades, ou desfrutar de sua fortuna mais à vontade. Ao transferir seu capital, poria fim a toda a atividade que esse capital mantinha no país que deixou. É o capital que cultiva a terra; é o capital que emprega a mão-de-obra. Um imposto que tendesse a retirar capital de um certo país tenderia a secar todas as fontes de receita, tanto do soberano, como da sociedade. Não seriam somente os lucros do capital, seriam também a renda da terra e os salários do trabalho que necessariamente diminuiriam, em maior ou menor grau, com a retirada desse capital.

Assim, as nações que tentaram tributar o rendimento proveniente do capital, em vez de porem em prática um rigoroso levantamento dessa espécie, foram obrigadas a se contentar com uma estimativa bastante vaga e, por extensão, mais ou menos arbitrária. A extrema desigualdade e a incerteza de um imposto assim calculado somente podem ser compensadas por sua extrema moderação, em conseqüência da qual todo homem paga um imposto tão inferior a seu verdadeiro rendimento, que não se incomoda em ver seu vizinho tributado em pouco menos.

Na Inglaterra, com o assim chamado imposto territorial pretendia-se que a riqueza fosse tributada na mesma proporção que a terra. Quando o imposto territorial equivalia a 4 shillings por libra, ou a ¹/₅ da renda presumida, pretendia-se que a riqueza fosse tributada em ¹/₅ do juro presumido. Quando se introduziu o atual imposto territorial anual, a taxa legal de juro era de 6%. Em conseqüência, supunha-se que cada 100 libras de capital fossem tributadas em 24 shillings, ou seja, ¹/₅ de 6 libras. Desde que a taxa legal de juro foi reduzida para 5%, presume-se que cada 100 libras sejam tributadas em apenas 20 shillings. A soma a ser arrecadada com o assim chamado imposto territorial foi dividida entre o campo e as principais cidades. A maior parte dessa soma foi lançada sobre o campo; e, daquilo que foi lançado sobre as cidades, a maior parte foi cobrada das casas. O restante a cobrar do capital ou do comércio das cidades (pois não se pretendia tributar o capital agrícola) estava muito abaixo do valor real desse capital ou desse comércio. Assim, quaisquer que fossem as desigualdades que pudessem haver na cobrança original, não provocaram grandes perturbações. Cada paróquia e cada distrito ainda continuam a ser tributados por suas terras, suas casas e seu capital, de acordo com a avaliação original; e a prosperidade quase geral do país, que fez aumentar consideravelmente o valor de todas essas coisas na maioria dos lugares, tornou todas essas desigualdades ainda menos relevantes hoje em dia. Além disso, como a taxa atribuída a cada distrito permaneceu sempre a mesma, a incerteza desse imposto, na medida em que poderia ser cobrado do capital de qualquer indivíduo, diminuiu muito, ao mesmo tempo que se tornou muito menos relevante. Se a maioria das terras da Inglaterra não é tributada pela metade de seu valor real, a maior parte do capital da Inglaterra talvez dificilmente seja tributada em ¹/₅ de seu valor real. Em algumas cidades, a totalidade do imposto territorial é cobrada das casas – como em Westminster, onde o capital e o comércio estão isentos. O mesmo não ocorre em Londres.

Em todos os países, há um extremo cuidado em evitar uma investigação rigorosa sobre a situação dos negócios particulares dos indivíduos.

Em Hamburgo[14], todo habitante é obrigado a pagar ao Estado 0,25% de tudo o que possui; e, como a riqueza do povo de Hamburgo consiste principalmente em capital, esse imposto pode ser considerado como um imposto sobre o capital. Cada um tributa-se a si mesmo e, na presença do magistrado, deposita anualmente nos cofres públicos uma certa soma de dinheiro, que declara sob juramento representar 0,25% de tudo quanto possui, sem no entanto declarar qual é o montante de suas posses, ou se sujeitar a qualquer levantamento a esse respeito. Costuma-se supor que esse imposto seja pago com grande fidelidade. Numa pequena república em que o povo tem total confiança em seus magistrados, todos estão convencidos da necessidade do imposto para a manutenção do Estado, e acreditam que esse imposto será de boa-fé aplicado a esse fim, às vezes é possível esperar esse pagamento consciencioso e voluntário. Essa prática não é exclusiva aos hamburguenses.

O cantão de Unterwald na Suíça é freqüentemente devassado por tempestades e inundações, e por isso se encontra exposto a despesas extraordinárias. Nessas ocasiões, o povo se reúne e, segundo se diz, cada um declara com extrema franqueza que bens possui para ser conseqüentemente tributado. Em Zurique, a lei ordena que, em situações de emergência, todos sejam tributados proporcionalmente a seu rendimento, cujo montante são obrigados a declarar sob juramento. Não há nenhuma suspeita, pelo que se afirma, de que algum de seus concidadãos tenha a intenção de enganá-los. Na Basiléia, a principal receita da cidade provém de um pequeno imposto sobre as mercadorias exportadas. Todos os cidadãos proferem um juramento de que a cada três meses pagarão todos os impostos instituídos por lei. Todos os comerciantes e mesmo todos os taberneiros recebem em confiança a guarda de um registro

---

14. *Mémoires concernant les droits* etc., vol. I, p. 74.

dos bens que vendem dentro ou fora do território. Ao final de cada três meses, enviam esse registro ao tesoureiro, juntamente com o montante do imposto calculado na parte inferior desse registro. Não há suspeitas de que essa confiança depositada nos cidadãos gere prejuízos à receita pública[15].

Ao que parece, nesses cantões suíços não se deve considerar opressivo obrigar todo cidadão a declarar publicamente, sob juramento, o montante de sua fortuna. Em Hamburgo, uma tal obrigação passaria pela mais opressiva de todas. Os comerciantes envolvidos em arriscados empreendimentos mercantis tremem, todos eles, à mera idéia de serem obrigados a expor a cada momento a verdadeira situação de seus negócios. Prevêem que inúmeras vezes a conseqüência disso seria a ruína de seu crédito e o malogro de seus empreendimentos. Um povo sóbrio e parcimonioso, alheio a todos esses empreendimentos, não imagina ter necessidade dessa espécie de sigilo.

Na Holanda, logo após a ascensão do último príncipe de Orange ao estuderato, instituiu-se sobre a totalidade das posses de cada cidadão um imposto de 2%, ou o quinto penny, como era chamado. Cada cidadão tributava a si mesmo e pagava seu imposto da mesma maneira que em Hamburgo, e todos imaginavam que o imposto fosse pago com grande lealdade. Naquela época, o povo sentia afeição extremada por seu novo governo, que vinha se instituir por insurreição geral. O imposto devia ser pago somente uma vez, a fim de auxiliar o Estado numa situação específica de emergência. De fato, era elevado demais para se tornar permanente. Num país onde a taxa de juros de mercado raramente excede 3%, um imposto de 2% equivale a 13 shillings e 4 pence por libra sobre o rendimento líquido mais alto que se costuma obter do capital. É um imposto que pouquíssimas pessoas conseguiriam pagar sem lançar mão, em

---

15. *Mémoires concernant les droits* etc., vol. I, pp. 163, 166, 171.

maior ou menor medida, de seus capitais. Numa situação particular de emergência, é possível que o povo, levado por grande zelo pela coisa pública, faça um imenso esforço e renuncie até mesmo a uma parte de seu capital para auxiliar o Estado. Mas é impossível que o povo continue a fazer isso por um período de tempo considerável; e, mesmo que fizesse, em breve o imposto o arruinaria tão completamente, que o tornaria inteiramente incapaz de manter o Estado.

O imposto de renda instituído na Inglaterra pela Declaração do Imposto Territorial, ainda que seja proporcional ao capital, não tem a finalidade de diminuir o capital ou de retirar o que quer que seja dele. Pretende unicamente ser um imposto sobre os juros do dinheiro proporcional ao imposto incidente sobre a renda da terra, de modo que, quando este último for de 4 shillings por libra, o primeiro também possa ser de 4 shillings por libra. Da mesma maneira, o imposto vigente em Hamburgo e os impostos ainda mais moderados vigentes em Unterwald e Zurique têm a finalidade de incidir, não sobre o capital, mas sobre os juros ou rendimento líquido do capital. Quanto ao imposto vigente na Holanda, visava de fato a ser um imposto sobre o capital.

IMPOSTOS INCIDENTES SOBRE O LUCRO DE APLICAÇÕES ESPECÍFICAS DO CAPITAL

Em alguns países, criaram-se impostos extraordinários sobre os lucros do capital, algumas vezes sobre seus empregos em ramos particulares do comércio, e algumas vezes sobre seus empregos na agricultura.

À primeira espécie pertencem, na Inglaterra, os impostos incidentes sobre a atividade de mascates e vendedores ambulantes, o imposto sobre as carruagens e liteiras de aluguel, e os impostos que pagam os taberneiros por uma licença para vender cerveja e bebidas alcoólicas. Durante a última guerra, propôs-se um outro imposto da mesma espécie sobre as lojas. Alegou-se que, como se empreendera a guerra em defesa do comércio do país, os comerciantes, que deviam se beneficiar com ela, precisavam contribuir para cobrir as despesas então geradas.

No entanto, um imposto incidente sobre os lucros do capital empregado num ramo específico do comércio jamais pode recair, ao final, sobre os negociantes (que, em todos os casos comuns, necessariamente devem obter um lucro razoável e, quando existe livre concorrência, raramente podem obter mais do que esse lucro), mas sempre sobre os consumidores, que precisam ser obrigados a pagar – e em geral com uma sobrecarga –, no preço das mercadorias, o imposto adiantado pelo negociante.

Quando é proporcional à atividade do negociante, esse imposto é ao final pago pelo consumidor, e não oprime de modo algum o negociante. Quando não é proporcional, ou seja, quando é o mesmo para qualquer atividade, então, ainda que ao final seja pago pelo consumidor, favorece o grande negociante e de algum modo oprime o pequeno. O imposto de 5 shillings por semana sobre cada carruagem de aluguel, e o de 10 shillings por ano sobre cada liteira de aluguel, em razão do adiantamento que são obrigados a fazer os que têm essas espécies de carro, é um imposto exatamente proporcional ao volume dos respectivos negócios. Esse imposto nem favorece o grande negociante, nem oprime o pequeno. O imposto de 20 shillings por ano por uma licença para vender cerveja, o de 40 shillings pela licença para vender destilados alcoólicos e o de mais 40 shillings por uma licença para vender vinho, sendo os mesmos para todos os varejistas, devem necessariamente proporcionar alguma vantagem para os grandes comerciantes e provocar alguma opressão aos pequenos. Os primeiros devem encontrar mais facilidade do que os últimos em reaver o imposto no preço de suas mercadorias. Porém, a modicidade do imposto torna a desigualdade menos relevante, e talvez por isso a muitas pessoas pareça adequado desestimular, em alguma medida, a proliferação de pequenas tabernas. O imposto sobre lojas devia, segundo se propunha, ser o mesmo sobre todas as lojas. Aliás, não poderia ser diferente. Teria sido impossível estabelecer uma proporção razoavelmente precisa entre o imposto incidente sobre a loja e o volume de negócios por ela realizado, salvo por meio de um levantamento que seria absolutamente insuportável num país livre. Se o imposto fosse considerável, oprimiria o pequeno e forçaria a concentração de quase todo o comércio varejista nas mãos dos grandes comerciantes. Eliminada a concorrência dos negociantes menores, os grandes desfrutariam um monopólio do comércio e, como todos os outros monopolistas, logo se coligariam entre eles para elevar seus lucros acima do necessário para o pagamento do imposto. O pagamento final desse imposto, em vez de recair sobre o dono da loja, recairia sobre o consumidor, com uma considerável sobrecarga ao lucro do lojista. Essas razões fizeram que o projeto relativo à tributação das lojas fosse rejeitado, e em lugar dele se instituiu o subsídio de 1759.

O que na França se denomina talha pessoal talvez seja o mais importante imposto incidente sobre os lucros do capital que se arrecada em qualquer país da Europa.

No estado de desordem em que se encontrava a Europa durante o predomínio do governo feudal, o soberano era obrigado a se contentar em tributar os que eram demasiado fracos para se recusarem a pagar impostos. Os grandes senhores, ainda que dispostos a ajudá-lo em casos específicos de necessidade, recusavam sujeitar-se a qualquer imposto permanente, e o soberano não era forte o suficiente para constrangê-los a isso. Por toda a Europa, os ocupantes da terra eram, em sua maioria, originalmente servos, que pouco a pouco se foram emancipando. Alguns deles vieram a adquirir a posse dos bens fundiários que tinham a algum título vil ou ignóbil, algumas vezes sob o domínio do rei, outras sob o de outro grande senhor, a exemplo dos antigos foreiros* da Inglaterra. Outros, que não adquiriram propriedade, obtiveram arrendamentos a longo prazo das terras que ocupavam sob o domínio de seu senhor, tornando-se assim menos dependentes deste. Ao que parece, os grandes senhores contemplavam com uma malévola e insolente indignação o grau de prosperidade e independência de que essa ordem inferior de homens veio então a desfrutar, e de bom grado consentiram que o soberano os tributasse. Em alguns países, esse imposto se limitava às terras cuja propriedade se fundava em título vil e, nesse caso, dizia-se que a talha era real. O imposto territorial instituído pelo último rei da Sardenha e a talha arrecadada nas províncias de Languedoc, Provença, Delfinato e na Bretanha, na generalidade de Montauban e nos eleitorados de Agen e Comdom, bem como em alguns distritos da França, são impostos incidentes sobre a terra cuja propriedade se fundamenta em título servil. Em outros países, o imposto incidia sobre os lucros presumidos de todos os que tinham por arrendamento ou por foral terras pertencentes a outras pessoas, não importando o título pelo qual o proprietário as possuísse; nesse caso, dizia-se que a talha era pessoal. A talha é desta espécie na maior parte das províncias da França que são denominadas de Países de Eleição. Por ser instituída apenas sobre uma parte das terras do país, a talha real é necessariamente um imposto desigual, mas nem sempre arbitrário, embora o seja em algumas situações. A talha pessoal, na medida em que se pretende proporcional aos lucros de uma certa classe de gente, lucros estes que so-

---

* No original, *copyholders*. Esses foreiros têm direito à terra que ocupam em virtude de um documento cuja cópia (donde o nome) se encontra nos registros do proprietário, que o mais das vezes é também juiz de um tribunal senhorial. Quando havia divergências entre o foreiro e o proprietário com relação às terras, era o proprietário, na qualidade de juiz, que as decidia. Já se pode imaginar que o *copyholder* estava inteiramente nas mãos de seu senhor e portanto possuía a terra a título vil. (N. T.)

mente podem ser estimados, é necessariamente um imposto arbitrário e desigual.

Na França, hoje (1755) o montante da talha pessoal cobrada anualmente, nas vinte generalidades chamadas de Países de Eleição, equivale a 40.107.239 libras francesas e 16 soldos[16]. A proporção em que essa soma é fixada para as diferentes províncias varia de um ano a outro, de acordo com os relatos apresentados ao Conselho Régio a respeito da abundância ou escassez das safras, bem como de outras circunstâncias que podem aumentar ou diminuir os meios de pagamento das respectivas províncias. Cada generalidade é dividida num certo número de eleições, e a proporção em que a soma cobrada de toda a generalidade se divide entre as diferentes eleições também varia de um ano a outro, conforme os relatos apresentados ao Conselho Régio a respeito dos respectivos meios de pagamento. Parece impossível que o Conselho Régio, mesmo dotado das melhores intenções, consiga estabelecer com razoável precisão a proporção entre essas duas cobranças e os verdadeiros meios de pagamento da província ou do distrito sobre os quais respectivamente incidem. O mais honrado Conselho sempre será, em maior ou menor grau, induzido a erro por ignorância ou por falta de informações precisas. A proporção que toda paróquia deve suportar no total fixado para sua eleição e a que todo indivíduo deve suportar no total fixado para sua paróquia específica variam, as duas, de um ano a outro, conforme supõe-se que as circunstâncias o exijam. No primeiro caso, quem julga essas circunstâncias são os oficiais da eleição e, no segundo caso, os oficiais da paróquia; uns e outros estão, em maior ou menor medida, sob o controle e a influência do intendente. Pelo que se sabe, esses cobradores são freqüentemente induzidos a erro, não apenas por ignorância e por falta de informações pre-

---

16. *Mémoires concernant les droits* etc., vol. II, p. 17.

cisas, mas também por complacência, animosidade partidária e ressentimento particular. É evidente que nenhum homem sujeito a esse imposto jamais pode estar certo, antes de ser cobrado, do que precisa pagar. Nem mesmo depois de ser cobrado pode estar certo disso. Se foi tributada uma pessoa que deveria ficar isenta, ou se uma pessoa foi tributada acima da proporção que lhe cabia, embora uma e outra sejam obrigadas a pagá-lo nesse ínterim, se as duas apresentarem queixa e provarem que é fundada, no ano seguinte toda a paróquia é novamente cobrada para reembolsá-las. Se algum dos contribuintes for à falência ou se tornar insolvente, o coletor é obrigado a adiantar o imposto dele, e toda a paróquia é novamente cobrada no ano seguinte para reembolsar o coletor. Se o próprio coletor for à falência, a paróquia que o elege deve se responsabilizar por sua conduta perante o recebedor-geral da eleição. Mas, como poderia ser muito inconveniente para o recebedor processar a paróquia inteira, escolhe livremente cinco ou seis dos mais ricos contribuintes e os obriga a restaurar o prejuízo causado pela insolvência do coletor. Em seguida, para reembolsar esses cinco ou seis, a paróquia é novamente cobrada. Essas novas cobranças estão sempre acima da talha específica do ano no qual incidiam.

Quando se cobra um imposto sobre os lucros do capital num ramo particular do comércio, todos os comerciantes têm o cuidado de não levar ao mercado mais mercadorias do que aquelas que podem vender a um preço suficiente para reembolsar-lhes o adiantamento do imposto. Alguns deles retiram uma parte de seus estoques do comércio, de modo que o mercado passa a estar mais parcamente abastecido do que antes. O preço das mercadorias sobe, e o pagamento final do imposto recai sobre o consumidor. Porém, quando se cobra imposto dos lucros do capital empregado na agricultura, não é interesse dos arrendatários retirar desse emprego alguma parcela de seus capitais. Cada arrendatário ocupa uma certa quantidade de terra, pela qual paga uma renda. Para o cultivo adequado dessa terra, é necessária uma certa quantidade de capital, e ao retirar qualquer parcela dessa quantidade necessária é possível que o arrendatário não tenha mais condições de pagar nem a renda, nem o imposto. Para pagar o imposto, jamais é seu interesse diminuir a quantidade do que produz, nem, por conseguinte, abastecer o mercado mais parcamente do que antes. Assim, o imposto nunca lhe permitirá elevar o preço de sua produção, de modo que ele mesmo se reembolse, lançando o pagamento final sobre o consumidor. Sem prejuízo disso, é preciso que o arrendatário obtenha lucros razoáveis como qualquer outro negociante, ou do contrário inevitavelmente abandonará a atividade. Após instituído um imposto dessa espécie, o único modo de obter esses lucros razoáveis é pagando uma renda menor ao proprietário. Quanto mais for obrigado a pagar de imposto, tanto menos tem condições de pagar a renda. Não resta dúvida de que um imposto desse gênero, instituído durante a vigência de um contrato de arrendamento, pode colocar o arrendatário em sérias dificuldades e até mesmo levá-lo à ruína. No momento da renovação do contrato, é necessário que o imposto sempre recaia sobre o proprietário.

Nos países em que vigora a talha pessoal, é comum cobrar o arrendatário proporcionalmente ao capital que ele parece empregar no cultivo. É por isso que muitas vezes o arrendatário receia ter uma boa parelha de cavalos ou bois, preferindo, ao contrário, empenhar-se em cultivar a terra com os mais ordinários e miseráveis instrumentos agrícolas possíveis. Tal é sua desconfiança em relação à justiça dos cobradores da talha que ele simula pobreza e busca mostrar que não tem condições de pagar quase nada, por medo de ser obrigado a pagar demais. Com essa mísera política, talvez nem sempre atenda a seu próprio interesse da maneira mais eficaz, pois provavelmente perde mais reduzindo sua produção do que economiza com a redução do imposto. Embora sem dúvida o mercado fique um pouco menos abastecido em conseqüência desse cultivo precário, a ligeira alta dos preços que isso pode provocar, na medida em que provavelmente não indeniza nem mesmo o arrendatário pela redução de sua produção, tem menos probabilidade ainda de permitir-lhe pagar uma renda mais elevada ao proprietário da terra. O público, o arrendatário e o proprietário de terras, todos sofrem, com maior ou menor intensidade, os efeitos desse cultivo degradado. Já tive a oportunidade de observar, no Livro III desta *Investigação*, que a talha pessoal tende, de muitas maneiras, a desestimular o cultivo da terra e, conseqüentemente, a fazer secar a principal fonte de riqueza de todo grande país.

Os assim chamados impostos *per capita** nas províncias meridionais da América do Norte e nas ilhas das Índias Ocidentais, que são impostos anuais de tanto por cabeça de negro, constituem propriamente impostos sobre os lucros de uma certa espécie de capital empregado na agricultura. Como os colonos são, em sua maioria, ao mesmo tempo arrendatários e senhores de terra, o pagamento final do imposto recai sobre eles na qualidade de senhores da terra, e por isso não são de modo algum penalizados.

No passado, os impostos pagos por cabeça de servo empregado na agricultura parecem ter sido comuns por toda a Europa. Ainda subsiste atualmente um imposto desse tipo no império russo. Talvez por isso os impostos *per capita* sejam freqüentemente representados como símbolos de servidão. No entanto, cada imposto é, para a pessoa que o paga, um símbolo de liberdade, não de servidão. Indica que essa pessoa está, de fato, sujeita ao governo, mas que, por ter alguma propriedade, ela mesma não pode ser propriedade de um senhor. Um imposto *per capita* sobre escravos é completamente distinto de um imposto *per capita* sobre homens livres; o último é pago pelas pessoas mesmas so-

---

* No original, *poll-taxes*. (N. T.)

bre as quais incide, enquanto o primeiro é pago por um grupo diferente de pessoas. O último é ou inteiramente arbitrário ou inteiramente desigual, e em muitos casos é a um só tempo uma e outra coisa; o primeiro, embora seja sob alguns aspectos desigual – pois diferentes escravos possuem diferentes valores –, não é de modo algum arbitrário. Todo senhor que conheça o número dos próprios escravos sabe exatamente quanto deve pagar. E, apesar de tudo isso, esses diferentes impostos, sendo designados pelo mesmo nome, têm sido considerados como de mesma natureza.

Na Holanda, os impostos que são lançados sobre os criados de sexo masculino e feminino incidem, não sobre o capital, mas sobre a despesa, e nessa medida se assemelham aos impostos incidentes sobre bens de consumo. É da mesma espécie o imposto de um guinéu por cabeça de todo criado de sexo masculino que ultimamente vem sendo cobrado na Grã-Bretanha. As pessoas de classe média são aquelas para as quais esse imposto é mais elevado: um homem com rendimento de 200 libras por ano pode manter um único criado do sexo masculino; um homem com rendimento de 10 mil libras anuais não chega a manter cinqüenta. O imposto, portanto, não afeta os pobres.

Os impostos que incidem sobre os lucros do capital em empregos específicos não podem jamais afetar os juros do dinheiro. Ninguém emprestará seu dinheiro àqueles que empregam o capital em aplicações tributadas a juros menores aos cobrados àqueles que o empregam em aplicações não sujeitas a tributação. Em muitos casos, os impostos que incidem sobre os rendimentos provenientes do capital, em todas as aplicações em que governo procura recolhê-los com algum grau de exatidão, recairão sobre os juros do dinheiro. Na França, o *Vingtième* ou vigésimo penny é um imposto de natureza igual ao que se chama na Inglaterra de imposto territorial, sendo também instituído sobre o rendimento proveniente da terra, das casas e do capital. Na medida em que afeta o capital, esse imposto é cobrado, se não com grande rigor, pelo menos com precisão muito maior do que a parte do imposto territorial que incide sobre o mesmo fundo. É possível que, em muitos casos, incida inteiramente sobre os juros do dinheiro. Na França, é freqüente investir o dinheiro nos chamados *contratos de restituição de renda*, ou seja, nas anuidades perpétuas, resgatáveis a qualquer tempo pelo devedor em face da restituição da soma originalmente adiantada, mas cujo resgate não é exigível pelo credor, salvo em casos particulares. Ainda que o *Vingtième* seja arrecadado com bastante exatidão sobre todas essas anuidades, não parece, todavia, ter aumentado a taxa destas.

APÊNDICE AOS ARTIGOS I E II

Impostos sobre o valor capital de terras, casas e fundos mobiliários

Enquanto a propriedade continua de posse da mesma pessoa, todos os impostos permanentes que tenham sido lançados sobre ela, quaisquer que fossem, jamais tiveram por finalidade reduzir ou retirar alguma parte de seu valor capital, mas apenas uma parte do rendimento gerado pela propriedade. Mas, quando a propriedade muda de mãos, quando é transmitida, seja de mortos para vivos, seja entre vivos, freqüentemente se instituíram sobre ela impostos de natureza tal, que necessariamente lhe retiram uma parte de seu valor capital.

A transmissão dos mortos aos vivos de todos os tipos de propriedade e a transferência entre os vivos das propriedades imobiliárias – terras ou casas – constituem transações que, por sua natureza, são públicas e notórias, ou pelo menos não podem ficar muito tempo em sigilo. Portanto, é possível tributar diretamente essas transações. A transferência do capital ou da propriedade mobiliária que se realiza entre pessoas vivas por meio de empréstimo de dinheiro é, muitas vezes, uma transação secreta, e pode ser que sempre seja assim. Não é fácil, então, tributá-la diretamente. Duas têm sido as maneiras indiretas de tributá-la: a primeira maneira consiste em exigir que o título contendo a obrigação de restituir o empréstimo seja consignado em papel ou pergaminho que tenha pago uma determinada taxa de selo, sob pena da nulidade do título; a segunda, em exigir, também sob pena da nulidade do título, que o documento seja assentado em registro público ou secreto, e em cobrar certas taxas desse assentamento. Muitas vezes também se cobram taxas de selo e registro de muitos outros documentos relativos à transmissão de propriedades dos mortos para os vivos, e dos documentos relativos à transferência de propriedade imobiliária entre vivos, transações estas que seria fácil tributar diretamente.

A *Vincesima Hereditatum*, ou o vigésimo penny sobre heranças que Augusto cobrava aos antigos romanos, era um imposto incidente sobre a transmissão da propriedade dos mortos para os vivos. Dion Cássio[17], autor que tratou desse assunto de modo menos obscuro, afirma que esse imposto era cobrado de todas as sucessões, legados e doações em caso de morte, salvo quando realizados aos parentes mais próximos ou aos pobres.

É de mesma natureza o imposto instituído na Holanda sobre as sucessões[18]. As sucessões colaterais pagam impostos que variam, segundo o grau de parentesco, de 5 a 30% do valor total da sucessão. Doações testamentárias ou legados aos colaterais estão sujeitos aos mesmos impostos; os de um marido a sua mulher ou de uma mulher a seu marido estão sujeitos ao 15º penny; a *Luctuosa Hereditas*, a sucessão lutuosa dos ascendentes aos descendentes, está sujeita apenas ao 20º penny, e as sucessões diretas, isto é, as sucessões de descendentes a ascendentes, estão isentas. A

---

17. Livro IV. Veja-se também Burmann, *De vectigalibus populi romani*, Capítulo XI, e Bouchad, *De l'impôt du vingtième sur les sucessions*.
18. *Mémoires concernant les droits* etc., vol. I, p. 225.

morte do pai é, para os filhos que viviam na mesma casa em que ele, um acontecimento que raras vezes faz aumentar o rendimento; ao contrário, freqüentemente provoca uma considerável diminuição dele, por causa da perda do trabalho ou de um cargo que o pai ocupasse, ou de qualquer renda vitalícia a que tinha direito. Seria cruel e opressivo o imposto que agravasse a perda sofrida pelos filhos, privando-os de alguma parte de sua herança. No entanto, é possível que às vezes as coisas se passem de outro modo em relação àqueles filhos que, na linguagem do direito romano, são considerados *emancipados*, e, na linguagem do direito escocês, *egressos da família*, ou seja, os que receberam sua parte, constituíram suas próprias famílias e se sustentam por meios distintos e independentes dos de seu pai. Qualquer parte da herança paterna que adviesse a esses filhos representaria um acréscimo real à fortuna deles, razão pela qual talvez pudesse estar sujeita a algum imposto, sem que houvesse outro inconveniente, além dos que são inseparáveis de todos os impostos.

As *casualties* da lei feudal eram impostos incidentes sobre a transferência da terra, quer dos mortos para os vivos, quer entre vivos. Antigamente, representavam em toda a Europa uma das principais fontes de receita da Coroa.

O herdeiro de cada vassalo próximo da Coroa pagava uma taxa, geralmente no valor de uma renda anual, ao receber a investidura do bem de raiz. Se o herdeiro fosse menor de idade, todas as rendas desse domínio eram, enquanto durasse a menoridade, entregues ao superior, sem nenhum outro encargo senão a manutenção do menor e o pagamento da terça parte da viúva, quando porventura houvesse uma viúva que conservasse o uso da propriedade do marido. Quando o menor atingia a maioridade, era ainda devido ao superior um outro imposto, denominado *Relief*, que em geral também equivalia ao valor de um ano de renda. Um longo período de menoridade, que nos tempos de hoje inúmeras vezes livra uma grande propriedade fundiária de todos os ônus que sobre ela pesam e restaura a família a seu antigo esplendor, não poderia ter então efeito semelhante. O efeito usual de uma prolongada menoridade era a destruição, não a desoneração da propriedade.

Pela lei feudal, o vassalo não podia alienar a propriedade sem o consentimento de seu superior, que em geral arrancava àquele um pagamento ou um acordo para lhe conceder esse direito. Esse pagamento, que de início era arbitrário, veio a ser regulado, em muitos países, por uma parcela determinada do preço da terra. Em alguns países onde a maior parte de outros costumes feudais caiu em desuso, esse imposto sobre a alienação da terra ainda continua a representar uma fonte bastante considerável de receita para o soberano. No cantão de Berna, atinge $^1/_6$ do preço de todos os feudos nobres e $^1/_{10}$ de todos os feudos servis[19]. No cantão de Lucerna, o imposto incidente sobre a venda das terras não é universal, vigorando apenas em certos distritos. Mas, se alguém vender suas terras para se mudar do território, paga 10% sobre o preço total da venda[20]. Em muitos outros países existem impostos semelhantes, seja incidentes sobre a venda de todas as terras, seja sobre a venda de terras cuja posse se deve a determinado título, e esses impostos representam uma fonte mais ou menos considerável de receita para o soberano.

Essas transações podem ser diretamente tributadas por meio das taxas de selo ou das taxas de registro, taxas estas, por sua vez, que podem ou não ser proporcionais ao valor do objeto transferido.

Na Grã-Bretanha, as taxas de selo são mais ou menos elevadas, não tanto segundo o valor da propriedade transferida – já que um selo de 18 pence ou de meia coroa representa uma caução suficiente, por mais alta que seja a

---

19. *Mémoires concernant les droits* etc., vol. I, p. 154.
20. *Ibid.*, p. 157.

quantia de dinheiro –, mas de acordo com a natureza do título. Os mais elevados não excedem 6 libras por folha de papel ou pele de pergaminho, e essas taxas elevadas recaem basicamente sobre as doações e concessões da Coroa, e sobre certos procedimentos legais, sem nenhuma relação com o valor do objeto. Não há, na Grã-Bretanha, nenhuma taxa sobre o assentamento dos títulos ou documentos, exceto os honorários dos oficiais que mantêm os registros, e esses honorários raramente representam mais do que a remuneração justa por seu trabalho.

Na Holanda[21], existem as taxas de selo e as taxas de registro, as quais são em alguns casos, não em outros, proporcionais ao valor da propriedade transferida. Todos os testamentos devem ser redigidos em papel timbrado, cujo preço é proporcional ao valor da propriedade transmitida, de modo que alguns selos custam de 3 pence, ou três *stivers* por folha, a 300 florins, que equivalem, aproximadamente, a 27 libras e 10 shillings em nossa moeda. Se o papel timbrado tiver um preço inferior ao que o testador deveria ter utilizado, a herança é confiscada. Essa taxa de selo é paga independentemente de todos os outros impostos incidentes sobre a sucessão dos bens. Tirante as letras de câmbio e alguns outros títulos comerciais, todos os demais títulos, compromissos e contratos estão sujeitos ao pagamento da taxa de selo. Essa taxa de selo, porém, não aumenta em proporção ao valor do objeto. Todas as vendas de terras e de casas, e todas as hipotecas sobre umas e outras, devem ser registradas e, no ato do registro, paga-se ao Estado uma taxa de 2,5% do montante do preço ou da hipoteca. Essa taxa se estende à venda de todos os navios e embarcações com mais de 2 toneladas, cobertos ou não. Estes, ao que parece, são considerados uma espécie de casas sobre a água. A venda de bens móveis, quando ordenada por um tribunal de justiça, está sujeita à mesma taxa de 2,5%.

---

21. *Ibid.*, p. 157.

Na França, existem as taxas de selo e as taxas de registro. As primeiras são consideradas como um ramo dos impostos sobre bens de consumo, e nas províncias em que vigoram essas taxas são recolhidas pelos funcionários encarregados dos impostos de consumo. As últimas são consideradas como um ramo do domínio da Coroa, e são recolhidas por um grupo diferente de funcionários.

Essas modalidades de tributação, por meio de taxas de selo e de taxas de registro, são uma invenção bastante moderna. No curso de pouco mais de um século, porém, as taxas de selo se tornaram quase universais e as taxas de registro vieram a ser extremamente comuns na Europa. Não há nenhuma arte que um governo aprenda do outro com maior rapidez do que a de tirar dinheiro dos bolsos das pessoas.

Os impostos incidentes sobre a transferência de propriedade dos mortos para os vivos recaem ao final, e também diretamente, sobre a pessoa a quem a propriedade é transferida. Os impostos sobre a venda da terra recaem inteiramente sobre o vendedor. Este quase sempre tem a necessidade de vender e deve, por isso, aceitar o preço que conseguir; o comprador raramente tem a necessidade de comprar e, portanto, oferecerá o preço que quiser. Ele, o comprador, considera o que essa terra lhe custará, somando os impostos e os preços. Quanto mais for obrigado a pagar de impostos, tanto menos estará disposto a oferecer como preço. Assim, esses impostos recaem quase sempre sobre uma pessoa necessitada, e por isso são freqüentemente muito cruéis e opressivos. Os impostos sobre a venda de casas recém-construídas, em que o edifício é vendido sem o terreno, em geral recaem sobre o comprador, porque o mais das vezes ou o construtor retira seu lucro, ou, do contrário, precisa abandonar a profissão. Portanto, se este adiantar o pagamento do imposto, é preciso que em geral o comprador o restitua a ele. Os impostos incidentes sobre a venda de casas antigas, pela mesma razão que os impostos incidentes sobre a venda da terra, recaem em geral sobre o vendedor, que na maior parte dos casos se vê obrigado a vender por conveniência ou necessidade. O número das casas recém-construídas que são colocadas à venda é, em maior ou menor medida, regulado pela demanda. Se, depois de pagos os impostos, não houver uma demanda suficiente para garantir lucro ao construtor, não serão construídas novas casas. O número das casas antigas que a qualquer tempo são colocadas à venda é regulado por acidentes, a maior parte dos quais não tem nenhuma relação com a demanda. Duas ou três grandes falências numa cidade comercial bastam para colocar à venda muitas casas que serão, necessariamente, vendidas pelo preço que por elas se alcançar. Os impostos incidentes sobre a venda de rendas pertencentes ao terreno recaem inteiramente sobre o vendedor, pela mesma razão que os impostos incidentes sobre a venda da terra. Taxas de selo e taxas de registro de compromissos e contratos de empréstimo de dinheiro recaem inteiramente sobre o tomador do empréstimo, e são, de fato, pagas por ele. As taxas de mesma natureza, incidentes sobre trâmites legais, recaem sobre as partes litigantes, pois reduzem, para as duas partes, o valor capital do objeto em litígio. Quanto mais custar a aquisição de uma propriedade qualquer, tanto menor será o valor líquido dessa propriedade quando for adquirida.

Na medida em que todos os impostos incidentes sobre a transmissão de qualquer tipo de propriedade diminuem o valor capital dessa mesma propriedade, tendem também a diminuir os fundos destinados à manutenção de mão-de-obra produtiva. Todos esses são em maior ou menor grau impostos improfícuos que aumentam a receita do soberano; essa receita raras vezes mantém outra mão-de-obra além da improdutiva, à custa do capital do povo, o qual não mantém nenhuma mão-de-obra, senão a produtiva.

Mesmo quando são proporcionais ao valor da propriedade transferida, esses impostos continuam a ser desiguais, pois nem sempre a freqüência da transferência é igual em propriedades de igual valor. São ainda mais desiguais quando não são proporcionais a esse valor – como ocorre com a maior parte das taxas de selo e das taxas de registro. De modo algum são arbitrários, e são ou podem ser, em todos os casos, perfeitamente claros e definidos. Embora às vezes recaiam sobre uma pessoa que não tem muitas condições de pagar, na maioria dos casos a data de pagamento é bastante conveniente ao contribuinte, que, o mais das vezes, dispõe de dinheiro na data de vencimento do imposto. A despesa de recolhimento é mínima, e geralmente não sujeita os contribuintes a nenhum outro incômodo além daquele que é sempre inevitável, ou seja, o de pagar o imposto.

Na França, não há muitas reclamações contra as taxas de selo; há, sim, contra as taxas de registros, as quais os franceses chamam de *Contrôle*. Alegam que estas últimas dão ensejo a muita extorsão por parte dos arrematantes de rendas públicas que recolhem o imposto, o qual é em grande medida arbitrário e indefinido. Na maioria dos libelos que surgiram contra o atual sistema de finanças vigente na França, um dos principais artigos diz respeito aos abusos do *Contrôle*. No entanto, a indefinição não parece, necessariamente, inerente a essas taxas. Se forem bem fundadas as reclamações do povo, o abuso procede, não tanto da natureza da taxa, como da falta de precisão e de clareza nos termos dos editos ou leis que a instituem.

O registro de hipotecas e, em geral, de todos os direitos sobre a propriedade imobiliária é extremamente vantajoso ao público, pois dá grande segurança aos credores e compradores. O registro da maior parte dos documentos de outras espécies é, por um lado, muitas vezes inconveniente e até mesmo perigoso aos indivíduos privados, e, por outro, não traz nenhuma vantagem pública. É notório que todos os registros que precisam ser mantidos em sigilo jamais deveriam existir. Não resta dúvidas de que o crédito dos indivíduos particulares jamais deveria depender de uma segurança tão frágil como a probidade e a religião dos funcionários subalternos da receita pública. Ora, nos lugares em que as gratificações provenientes do registro se convertem numa fonte de receita para o soberano, é comum se multiplicarem indefinidamente os cartórios de registro, tanto para os documentos que precisam ser registrados, como para os que não precisam. Na França, há várias espécies diferentes de registros sigilosos. Forçoso é reconhecer que, embora talvez não seja o efeito necessário dessas taxas, esse abuso é seu efeito mais natural.

Taxas de selo como as da Inglaterra, que incidem sobre jogos de cartas e de dados, sobre jornais e panfletos periódicos etc., constituem propriamente impostos sobre o consumo, cujo pagamento final recai sobre as pessoas que usam ou consomem essas mercadorias. Quanto às taxas de selo que incidem sobre licença de vender a varejo cerveja, vinho e destilados alcoólicos, ainda que talvez tivessem por finalidade recair sobre os lucros dos varejistas, são igualmente pagas, ao final, pelos consumidores dessas bebidas. Embora esses impostos tenham o mesmo nome das taxas de selo incidentes sobre as transferências de propriedade, como acima se mencionou, e sejam recolhidas pelos mesmos funcionários e da mesma maneira, são todavia de uma natureza bastante diversa, recaindo também sobre fundos bastante diversos.

ARTIGO III

Impostos sobre os salários do trabalho

Procurei mostrar no Livro I que os salários da classe inferior de trabalhadores são, em todos os lugares, necessariamente regulados por duas diferentes circunstâncias, a saber: a demanda por mão-de-obra, e o preço médio ou normal dos gêneros. A demanda por mão-de-obra, segundo venha a ser crescente, estagnada ou decrescente, ou seja, segundo exija um aumento, uma estagnação ou um decréscimo da população, regula a subsistência do trabalhador e determina o grau em que esta subsistência será abundante, moderada ou escassa. O preço médio ou normal dos gêneros determina a quantidade de dinheiro que se deve pagar ao trabalhador para lhe dar condições de comprar, ano após ano, essa subsistência abundante, moderada ou escassa. Assim, enquanto a demanda por mão-de-obra e o preço dos gêneros permanecerem os mesmos, o único efeito de um imposto direto sobre os salários é aumentá-los um pouco acima do imposto. Suponhamos, por exemplo, que em determinado lugar a demanda por mão-de-obra e o preço dos gêneros fossem tais que tornassem 10 shillings por semana os salários médios do trabalho, e que se instituísse sobre os salários um imposto de $1/5$, ou 4 shillings por libra. Se a demanda por mão-de-obra e o preço dos gêneros permanecessem inalterados, ainda assim seria necessário que o trabalhador, naquele lugar, ganhasse uma subsistência que pudesse ser comprada por somente 10 shillings por semana, ou que, depois de pago o imposto, ainda lhe restassem por semana 10 shillings como salários. Mas, para que lhe restassem esses salários após o pagamento do imposto, seria necessário que o preço da mão-de-obra logo subisse naquele lugar, não somente para 12 shillings por semana, mas para 12 shillings e 6 pence. Dizendo de outro modo, para permitir que o trabalhador pague um imposto de $1/5$, é necessário que logo haja um aumento dos salários, não somente em $1/5$, mas em $1/4$. Seja qual for a proporção do imposto, em todos os casos será necessário que os salários aumentem, não apenas nessa proporção, mas numa proporção ainda maior. Se, por exemplo, o imposto for de $1/10$, necessariamente os salários do trabalho logo deverão aumentar, não somente em $1/10$, mas em $1/8$.

Assim, mesmo quando o próprio trabalhador pagasse um imposto direto sobre os salários do trabalho, não se poderia dizer propriamente que pagaria antecipadamente o imposto, pelo menos se a demanda por mão-de-obra e o preço médio dos gêneros permanecessem os mesmos antes e depois do imposto. Em todos esses casos, a pessoa que diretamente o empregasse deveria, na realidade, pagar adiantado não apenas o imposto, mas algo além do imposto. O pagamento final recairia sobre diferentes pessoas, conforme variassem as circunstâncias. O aumento que esse imposto provocaria nos salários da mão-de-obra manufatureira seria pago antecipadamente pelo mestre-manufatureiro, que teria a um só tempo o direito e a obrigação de lançá-lo, juntamente com um lucro, sobre o preço de seus bens. Portanto, o pagamento final desse aumento nos salários, nele contido o lucro adicional do mestre-manufatureiro, recairia sobre o consumidor. O aumento que esse imposto poderia provocar nos salários da mão-de-obra agrícola seria pago antecipadamente pelo arrendatário, que seria obrigado então a empregar um maior volume de capital para manter o mesmo contingente de trabalhadores que antes. Para recuperar esse maior volume de capital, juntamente com os lucros normais dos capitais, seria necessário que retivesse em suas mãos uma parcela maior – ou, o que vem a ser o mesmo, o preço de uma parcela maior – da produção da terra, e conseqüentemente pagasse uma renda menor ao proprietário. Nesse caso, o pagamento final desse aumento nos salários, nele compreendido o lucro adicional do arrendatário que o havia pago antecipadamente, recairia, portanto, sobre o proprietário. Em todos os casos, é necessário que um imposto direto sobre os salários do trabalho gere, no longo prazo, uma redução maior na renda da terra e, ao mesmo tempo, um aumento maior no preço dos bens manufaturados, do que poderia provocar a cobrança apropriada de uma soma igual ao produto desse imposto, em parte sobre a renda da terra, e em parte sobre os bens de consumo.

Se nem sempre os impostos diretos sobre os salários do trabalho provocaram uma alta proporcional nos salários, é porque em geral ocasionaram uma considerável queda na demanda por mão-de-obra. O declínio da indústria, a redução de empregos para os pobres, a diminuição da produção anual da terra e do trabalho do país, são em geral os efeitos desses impostos. No entanto, por causa desses impostos o preço da mão-de-obra sempre deve ser maior do que seria sem eles no estado atual de demanda; e essa elevação do preço, juntamente com os lucros dos que pagam o imposto antecipadamente, devem ser sempre pagos, ao final, pelos proprietários de terras e pelos consumidores.

Um imposto sobre os salários da mão-de-obra agrícola não faz aumentar o preço do produto bruto da terra proporcionalmente ao imposto, pela mesma razão que um imposto sobre os lucros do arrendatário não faz elevar esse preço nessa proporção.

Porém, por mais absurdos, por mais destrutivos que sejam, esses impostos vigoram em muitos países. Na França, aquela parte da talha que se institui sobre a atividade dos trabalhadores e diaristas das aldeias rurais é, propriamente, um imposto dessa espécie. Seus salários são calculados de acordo com a taxa comum do distrito em que residem e, para que estejam o menos possível expostos a uma sobrecarga, seus ganhos anuais são estimados em não mais de duzentos dias de trabalho ao ano[22]. O imposto de cada indivíduo varia de um ano a outro, conforme variem as circunstâncias, a critério do coletor ou agente que o intendente designar para auxiliá-lo. Na Boêmia, em conseqüência da alteração no sistema de finanças iniciado em 1748, instituiu-se um imposto extremamente pesado sobre a atividade dos artífices, os quais se dividem em quatro classes. A classe mais alta paga 100 florins por ano, que, a 22,5 pence por florim, equivalem a £9 7s 6p. A segunda classe é constituída pelos que são tributados em 70 florins; a terceira, pelos que pagam 50 e a quarta, que compreende os artífices das al-

---

22. *Mémoires concernant les droits* etc., vol. II, p. 108.

deias e a mais baixa classe de artífices da cidade, é tributada em 25 florins[23].

Quanto aos artesãos talentosos e aos homens que exercem profissões liberais, o preço de seu trabalho necessariamente guarda, como procurei mostrar no Livro I, uma certa proporção com os ganhos de profissões inferiores. Assim, um imposto sobre a remuneração de um tal trabalho não poderia ter outro efeito senão o de fazê-la subir um pouco em relação ao imposto. Se não a fizesse subir assim, então as artes de engenho e as profissões liberais, não estando mais no mesmo nível de outras ocupações, seriam de tal modo abandonadas que logo retornariam àquele nível.

As remunerações dos cargos públicos não são, como os salários dos ofícios e profissões liberais, reguladas pela livre concorrência do mercado e, por conseqüência, nem sempre respeitam a justa proporção com aquilo que exige a natureza do emprego. Em muitos países, talvez essas remunerações sejam mais elevadas do que a natureza do emprego exige, pois em geral os homens que detêm a administração do governo se dispõem a remunerar a si mesmos e a seus dependentes imediatos acima da justa medida. Assim, as remunerações dos cargos públicos o mais das vezes toleram bastante bem uma tributação. Além disso, as pessoas que ocupam cargos públicos, especialmente os mais lucrativos, são por toda a parte alvo de inveja generalizada, de modo que um imposto sobre seus vencimentos, mesmo quando um pouco superior ao que se institui sobre qualquer outro rendimento, é sempre um imposto bastante popular. Na Inglaterra, por exemplo, quando toda outra espécie de rendimento era presumivelmente tributada pelo imposto territorial em 4 shillings por libra, tornou-se muito popular instituir efetivamente um imposto de 5 shillings e 6 pence por libra sobre as remunerações de cargos públicos que superassem 100 libras anuais, excetuadas as pen-

---

23. *Ibid.*, vol. III, p. 87.

sões dos ramos mais novos da família real, a paga dos oficiais do Exército e da Marinha e alguns outros cargos menos detestáveis e menos sujeitos à inveja. Não há, na Inglaterra, outros impostos diretos sobre os salários do trabalho.

ARTIGO IV

Impostos que visam a incidir indistintamente sobre todas as espécies de rendimento

Os impostos que visam a incidir indistintamente sobre todas as diferentes espécies de rendimento são os impostos de capitação e os impostos sobre bens de consumo. É necessário que sejam indistintamente pagos por quaisquer rendimentos que possuam os contribuintes: pela renda de suas terras, pelos lucros de seu capital ou pelos salários de seu trabalho.

IMPOSTOS DE CAPITAÇÃO

Os impostos de capitação se tornam inteiramente arbitrários quando se procura fazê-los proporcionais à fortuna ou ao rendimento de cada contribuinte. O estado da fortuna de um homem varia de um dia a outro e, sem um levantamento mais intolerável do que qualquer imposto, renovado pelo menos uma vez por ano, somente pode ser presumido. Assim, a cobrança de um tal imposto deve depender, na maioria dos casos, do bom ou mau humor dos que a fazem, o que por conseguinte torna esse imposto inteiramente arbitrário e incerto.

Se são proporcionais, não à suposta fortuna de cada contribuinte, mas à sua posição social, os impostos de capitação se tornam inteiramente desiguais, já que muitas vezes o grau da fortuna é desigual, sendo igual a posição social.

Portanto, impostos como esses, quando se procura torná-los eqüitativos, tornam-se inteiramente arbitrários e incertos, e, quando se procura torná-los certos e não arbitrários, tornam-se totalmente desiguais. Quer a carga tributária seja elevada ou baixa, a incerteza é sempre fonte de um grande agravo. Se a carga tributária for baixa, é possível suportar um certo grau de desigualdade; mas a desigualdade será absolutamente insuportável se a carga tributária for elevada.

Nos diferentes impostos *per capita* vigentes na Inglaterra durante o reinado de Guilherme III, os contribuintes eram, em sua maioria, tributados de acordo com sua posição social: como duques, marqueses, condes, barões, escudeiros, fidalgos, os filhos mais velhos e os mais jovens dos pares etc. Todos os comerciantes e homens de negócios com propriedades avaliadas em mais de 300 libras, ou seja, os mais distintos da sua classe, estavam sujeitos à mesma cobrança, por maior que pudesse ser a diferença entre suas fortunas. Considerava-se mais sua posição social do que sua fortuna. Muitos dos que, no primeiro imposto desse gênero, haviam sido tributados segundo sua fortuna presumida foram, mais tarde, tributados de acordo com sua posição social. Advogados, juristas, procuradores dos tribunais eclesiásticos que haviam sido tributados, na primeira cobrança desse imposto, em 3 shillings por libra de seu rendimento presumido, foram posteriormente tributados como fidalgos. Na cobrança de um imposto que não era muito elevado, considerava-se que um certo grau de desigualdade era menos insuportável que o menor grau de incerteza.

Na capitação que vem sendo arrecadada na França, sem nenhuma interrupção, desde o começo deste século, as classes mais altas são taxadas de acordo com sua posição social, com base numa tarifa invariável; as classes mais baixas são taxadas de acordo com sua riqueza presumida, por uma cobrança que varia de um ano a outro. Os oficiais da Corte do rei, juízes e outros oficiais dos tribunais superiores de justiça, oficiais de tropas etc., são tributados da primeira maneira e as classes inferiores do povo nas províncias, da segunda. Na França, os grandes facilmente se submetem ao grau considerável de desigualdade provocado por uma carga tributária que, tanto quanto lhes concerne, não é muito alta; porém não poderiam tolerar a cobrança arbitrária de um intendente. Nesse país, as classes inferiores do povo precisam suportar pacientemente os tratamentos que seus superiores julgam adequado dispensar-lhes.

Na Inglaterra, os diferentes impostos *per capita* jamais produziram a soma que deles se esperava, ou que se supunha pudessem ter produzido, se recolhidos de maneira rigorosa. Na França, a capitação sempre produz a soma que dela se espera. Ao cobrar o imposto *per capita* das diferentes classes do povo, o dócil governo da Inglaterra se satisfazia com aquilo que a cobrança gerasse, e não exigia nenhuma compensação pelo prejuízo que o Estado pudesse sofrer, quer por parte dos que não podiam pagar, quer por parte dos que não queriam pagar (pois havia muitos destes) e que, em virtude da indulgente execução da lei, não eram forçados a pagar. O governo mais severo da França cobra de toda generalidade uma determinada soma, que o intendente precisa obter como puder. Se alguma província se queixa de lhe ter sido cobrado um imposto excessivamente elevado, poderá obter, na cobrança do ano seguinte, um abatimento proporcional à sobrecarga do ano anterior; até lá, porém, é necessário pagar o que foi fixado. A fim de se certificar de que conseguiria arrecadar soma cobrada à sua generalidade, o intendente era autorizado a cobrar uma quantia superior, de modo que a insolvência ou a falta de meios de alguns contribuintes pudesse ser compensada pela sobrecarga dos restantes. Até 1765, a fixação dessa cobrança suplementar ficava inteiramente a seu critério; com efeito, nesse ano o Conselho assumiu esse poder para si. A respeito dos impostos na França, o autor de *Mémoires*, que se serviu de excelentes informações, observa que na capitação das províncias a proporção incidente sobre a nobreza e sobre aqueles que, por seus privilégios, estão isentos da cobrança da talha é a menor; a maior incide sobre os sujeitos à talha, que pagam por capitação o equivalente a cerca de uma libra daquilo que pagam de talha.

Na medida em que são arrecadados às classes inferiores do povo, os impostos de capitação constituem impostos diretos sobre os salários do trabalho, e por isso trazem em seu bojo todas as inconveniências desses impostos.

Os impostos de capitação são recolhidos a uma despesa pequena e, quando cobrados com rigor, geram ao Estado uma receita bastante segura. É por essa razão que esses impostos são extremamente comuns nos países onde não existe grande preocupação com a tranqüilidade, o conforto e a segurança das classes inferiores do povo. No entanto, em geral não é senão uma parcela bastante reduzida da receita pública que, num grande império, é retirada desses impostos, e as somas mais vultosas que já proporcionaram sempre poderiam ser arrecadadas de algum outro modo mais conveniente ao povo.

IMPOSTOS SOBRE BENS DE CONSUMO

Parece que foi a impossibilidade de tributar o povo proporcionalmente a seu rendimento, mediante qualquer capitação, que deu origem à criação dos impostos sobre bens de consumo. Sem saber como tributar direta e proporcionalmente o rendimento de seus súditos, o Estado procura taxá-lo indiretamente, tributando-lhes as despesas, as quais serão, na maioria dos casos, mais ou menos proporcionais ao rendimento de cada um. As despesas dos súditos são taxadas quando se tributam os bens de consumo que constituem essas despesas.

Os bens de consumo são artigos de primeira necessidade ou artigos de luxo.

Por artigos de primeira necessidade, entendo não somente os bens que são indispensavelmente necessários para o sustento, mas todos os bens que o costume do país considera indecente pessoas respeitáveis não possuírem, mesmo as das mais baixas classes. Por exemplo, uma camisa de linho não é, no sentido estrito, um artigo indispensável às necessidades da vida. Suponho que os gregos e romanos vivessem com bastante conforto, embora não possuíssem linho. Mas, hoje, em quase toda a Europa, um respeitável trabalhador diarista ficaria envergonhado de aparecer em público sem uma camisa de linho, cuja falta supostamente indicaria aquele ignominioso grau de pobreza no qual, como se presume, ninguém pode cair a não ser por conduta extremamente má. Do mesmo modo, na Inglaterra o costume converteu os sapatos de couro em artigo de primeira necessidade. Por mais pobre que fosse, uma pessoa respeitável, de qualquer sexo, ficaria envergonhada de aparecer em público sem esses sapatos. Na Escócia, o costume os tornou artigo de primeira necessidade para as classes mais baixas de homens, porém não para as mulheres dessas mesmas classes, que podem andar descalças sem deixarem de ser respeitáveis. Na França, os sapatos de couro não são artigos de absoluta necessidade nem para os homens, nem para as mulheres; lá, as pessoas das classes mais baixas do povo não perdem a reputação por aparecerem em público calçando sapatos de madeira ou descalças. Assim, entendo por artigos de primeira necessidade não apenas o que a natureza, mas também o que as regras estabelecidas da decência tornaram indispensável à mais inferior classe do povo. Todas as outras coisas denomino artigos de luxo, sem todavia pretender, com essa expressão, lançar o menor grau de censura sobre o uso moderado que deles se possa fazer. Denomino artigos de luxo, por exemplo, a cerveja e a *ale**, na Grã-Bretanha, e o vinho, mesmo nos países vinícolas. É possível que um homem de qualquer posição social se abstenha completamente de provar essas bebidas, sem incorrer em censura. A natureza não os torna indispensáveis para

---

* Bebida produzida do malte por fermentação, que originalmente se distingue da cerveja comum por não ser aromatizada com lúpulo. (N. T.)

o sustento da vida, e em nenhum lugar o costume estabelece que viver sem eles fere a decência.

Uma vez que em todos os lugares os salários do trabalho se regulam em parte pela demanda por mão-de-obra, e em parte pelo preço médio dos artigos necessários para a subsistência, tudo o que fizer aumentar esse preço médio deve necessariamente aumentar os salários, de modo que o trabalhador sempre seja capaz de comprar essa quantidade de artigos necessários que o estado da demanda – quer seja crescente, estagnado ou decrescente – exige que possua[24]. Um imposto sobre tais artigos inevitavelmente eleva seu preço um pouco acima do montante do imposto, porque o comerciante, que adianta o pagamento do imposto, geralmente precisa recuperar o valor dele com um lucro. Portanto, esse imposto deve necessariamente provocar um aumento nos salários do trabalho proporcional a esse aumento de preço.

É assim que um imposto sobre artigos de primeira necessidade opera exatamente da mesma maneira que um imposto direto sobre os salários do trabalho. Nem mesmo é possível afirmar que, pelo menos por um período de tempo considerável, o trabalhador o pague antecipadamente, ainda que o pague com meios próprios. No longo prazo, é preciso que o adiantamento desse imposto seja feito ao trabalhador por seu empregador imediato, mediante um aumento na taxa de seus salários. Este empregador, se for dono de manufatura, lançará esse aumento salarial, juntamente com um lucro, sobre o preço de suas mercadorias, de modo que o pagamento final do imposto, junto com essa sobrecarga, recairá sobre o consumidor. Se este empregador for um arrendatário, o pagamento final, juntamente com uma sobrecarga semelhante, recairá sobre a renda do proprietário.

---

24. Veja-se Livro I, Capítulo VIII.

O mesmo não ocorre com os impostos incidentes sobre aquilo que chamei de artigos de luxo, mesmo sobre os artigos consumidos pelas pessoas pobres. O aumento no preço dos bens tributados não provocará necessariamente um aumento nos salários dos trabalhadores. Por exemplo, um imposto sobre o tabaco, ainda que este seja um artigo de luxo consumido por pobres e ricos, não fará aumentarem os salários. Embora o imposto incidente sobre o tabaco corresponda, na Inglaterra, ao triplo de seu preço original, e na França a 15 vezes esse preço, esses elevados impostos não parecem surtir nenhum efeito sobre os salários do trabalho. O mesmo se pode dizer a respeito dos impostos sobre o açúcar e o chá, que na Inglaterra e na Holanda se tornaram artigos de luxo das classes mais baixas do povo, bem como dos impostos sobre o chocolate, artigo este que teria adquirido a mesma importância na Espanha, segundo se diz. Não se imagina que os diferentes impostos instituídos ao longo do presente século, na Grã-Bretanha, sobre as bebidas alcoólicas tenham provocado algum efeito sobre os salários do trabalho. O aumento no preço da cerveja preta, provocado por um imposto adicional de 3 shillings sobre o barril de cerveja forte, não fez subir os salários da mão-de-obra comum em Londres. Estes eram aproximadamente de 18 a 20 pence por dia antes do imposto, e hoje não são mais elevados.

O alto preço dessas mercadorias não faz, necessariamente, que as classes inferiores do povo tenham menos meios do que antes de constituir famílias. Em relação a um homem pobre que seja sóbrio e industrioso, os impostos sobre essas mercadorias operam como leis suntuárias, levando-os a moderar o uso ou a se abster inteiramente dos artigos supérfluos que já não podem mais se permitir. Muitas vezes, talvez seja até possível que, em conseqüência dessa frugalidade, os impostos façam aumentar, em vez de diminuir, sua capacidade de constituir famílias. Pois são os pobres comedidos e laboriosos que em geral constituem as famílias mais numerosas e suprem, principalmente, a demanda por mão-de-obra útil. É verdade que nem todas as pessoas pobres são comedidas e industriosas, e as que são dissolutas e desregradas poderiam se entregar ao uso desses artigos depois do aumento de preços do mesmo modo que se entregavam antes, sem considerarem o infortúnio que isso pode trazer para suas famílias. Essas pessoas desregradas, porém, raramente formam famílias numerosas. Em geral, seus filhos morrem por falta de cuidados, tratamento incorreto, alimentação insuficiente ou insalubre. Ainda que a força de sua constituição permita a essas crianças sobreviver às privações a que a má conduta de seus pais as expõe, o exemplo de tal má conduta comumente corrompe sua moral, de modo que, em vez de se tornarem úteis à sociedade graças a seu trabalho, tornam-se flagelos públicos por seus vícios e desregramentos. Assim, mesmo quando a elevação dos preços dos artigos de luxo utilizados pelos pobres pudesse em alguma medida aumentar o infortúnio dessas famílias desregradas e com isso diminuir um pouco suas condições de criar filhos, provavelmente não faria diminuir muito a população útil do país.

Toda elevação no preço médio dos artigos de primeira necessidade, a menos que seja compensada por um aumento proporcional na taxa dos salários, deve necessariamente provocar, entre as pessoas pobres, uma redução maior ou menor das condições de formar famílias numerosas e, conseqüentemente, de suprir a demanda por mão-de-obra útil, seja qual for o estado dessa demanda – crescente, estagnado ou decrescente –, ou seja qual for o movimento que imprima à população – progressivo, estacionário ou retrógrado.

Os impostos sobre artigos de luxo não possuem nenhuma tendência a aumentar o preço de quaisquer outras mercadorias, além das que são tributadas. Por sua vez, os impostos sobre artigos de primeira necessidade, fazendo elevar o preço dos salários, tendem necessariamente a aumentar o preço de todos os produtos manufaturados e, por conseguinte, a diminuir sua venda e consumo. Os impostos sobre artigos de luxo são pagos ao final pelos consumidores de mercadorias tributadas, sem que recebam nenhuma restituição. Esses impostos incidem indistintamente sobre todas as espécies de rendimento, a saber os salários do trabalho, os lucros do capital e a renda da terra. Os impostos sobre artigos de primeira necessidade, na medida em que afetam os trabalhadores pobres, ao final são pagos em parte pelo proprietário da terra, nas reduções que sofrem suas rendas, e em parte pelos consumidores ricos, sejam proprietários de terras ou outros, no aumento de preço dos produtos manufaturados, e sempre com uma sobrecarga considerável. Por meio do posterior aumento dos salários dos pobres, é preciso compensá-los pelo aumento de preço desses produtos manufaturados, que são de fato artigos de primeira necessidade e se destinam ao consumo dessas classes – tecidos de lã grosseira, por exemplo. Se as classes médias e altas soubessem de fato quais são seus interesses próprios, sempre deveriam se opor a todos os impostos sobre artigos de primeira necessidade, bem como sobre todos os impostos diretos sobre os salários do trabalho. O pagamento final de uns e outros recai inteiramente sobre elas, e sempre com uma sobrecarga considerável. Essa carga tributária é mais alta para os proprietários, que sempre pagam a duplo título: pagam como proprietários, pela redução de sua renda, e pagam como consumidores ricos, pelo aumento de suas despesas. A observação de *Sir* Matthew Decker, de que certos impostos às vezes se repetem e se acumulam cinco ou seis vezes no preço de determinadas mercadorias, é perfeitamente justa em relação aos impostos incidentes sobre artigos de primeira necessidade. No preço do couro, por exemplo, cada um precisa pagar não apenas o imposto sobre o couro dos próprios sapatos, mas também uma parte do tributo incidente sobre os sapatos que calçam o sapateiro e o curtidor. Além disso, cada pessoa paga o imposto incidente sobre o sal, sobre o sabão e sobre as velas que esses trabalhadores consomem quando trabalham para nós, bem como o imposto incidente sobre o couro que os produtores de sal, sabão e velas usam quando trabalham para esses outros operários.

Na Grã-Bretanha, os principais impostos sobre artigos de primeira necessidade são os que incidem sobre as quatro mercadorias que acabo de mencionar: o sal, o couro, o sabão e as velas.

O sal é um objeto de tributação bastante antigo e universal. Era tributado entre os romanos e acredito que atualmente também seja em todas as regiões da Europa. A quantidade que o indivíduo consome anualmente é tão pequena, podendo ser comprada tão gradualmente, que parece ter-se pensado que um imposto sobre esse gênero, mesmo bastante elevado, não seria sentido por ninguém. Na Inglaterra o sal é tributado em 3 shillings e 4 pence o barril, cerca de três vezes o preço original desse gênero. Em alguns outros países o imposto é ainda mais elevado. O couro constitui verdadeiramente um artigo de primeira necessidade. O uso do linho também tornou o sabão indispensável. Nos países onde as noites de inverno são longas, as velas vêm a ser um instrumento necessário de trabalho. O couro e o sabão são tributados, na Grã-Bretanha, em 3,5 pence por libra; as velas, em 1 penny. Esses impostos podem representar 8 ou 10% do preço original do couro, 20 ou 25% do preço original do sabão, e 14 ou 15%, aproximadamente, do preço original das velas; esses impostos não deixam de ser bastante elevados, ainda que sejam mais baixos que o incidente sobre o sal. Como esses quatro gêneros são verdadeiramente artigos de primeira necessidade, esses impostos elevados que sobre eles incidem devem inevitavelmente provocar um aumento nos gastos dos pobres comedidos e trabalhadores, e, por conseguinte, elevar em maior ou menor medida os salários de seu trabalho.

Num país em que os invernos são tão frios como na Grã-Bretanha, o combustível, durante essa estação, é, no sentido mais estrito do termo, um artigo de primeira necessidade, não apenas para o preparo dos alimentos, mas para que muitas espécies de operários que trabalham em lugares fechados possam suportar os rigores do tempo. O carvão, além disso, é o mais barato dos combustíveis. O preço do combustível exerce tal influência sobre o preço da mão-de-obra, que por toda a Grã-Bretanha as manufaturas se limitam basicamente às regiões produtoras de carvão; as outras regiões do país, por causa do alto preço desse artigo de primeira necessidade, não têm condições de operar com preços tão baixos. É preciso levar em conta, ainda, que em algumas manufaturas o carvão constitui um instrumento necessário de trabalho, como nas de vidro, ferro e outros metais. Se fosse sensato instituir um subsídio, talvez seria o caso de concedê-lo ao transporte de carvão das regiões do país nas quais existe em abundância para aquelas onde há falta dele. Ora, em vez de um subsídio, a legislação institui um imposto de 3 shillings e 3 pence por tonelada de carvão transportado ao longo das costas, o que, para a maior parte dos tipos de carvão, representa mais de 60% do preço original na mina. O carvão transportado por terra ou por navegação interna não paga imposto. É consumido com isenção fiscal onde é naturalmente barato; recebe uma alta carga tributária onde é naturalmente caro.

Embora provoquem um aumento no preço dos artigos de subsistência e, por conseguinte, nos salários do trabalho, esses impostos geram ao governo uma receita considerável, que possivelmente não seria encontrada de outra maneira. Podem existir, então, boas razões para mantê-los. O subsídio à exportação de grãos, na medida em que tende, no atual estágio do cultivo, a elevar o preço desse gênero de primeira necessidade, produz todos os mesmos efeitos nocivos, e, em vez de gerar alguma receita ao governo, freqüentemente cria uma imensa despesa. Os elevados tributos alfandegários incidentes sobre a importação de trigo estrangeiro, que nos anos de pouca abundância equivalem a uma proibição, e a proibição absoluta de importar gado vivo ou carne salgada, que vigora no estado habitual da lei, mas por ora está, em razão da escassez, suspensa por tempo limitado em relação à Irlanda e às colônias britânicas, produzem todos os efeitos nocivos próprios dos impostos sobre artigos de primeira necessidade, além de não gerarem nenhuma receita para o governo. Ao que parece, para que se revoguem essas regulamentações nada mais é preciso, além de convencer o público da futilidade do sistema em razão do qual foram instituídas.

Impostos sobre artigos de primeira necessidade são muito mais elevados em vários outros países do que na Grã-Bretanha. Em inúmeros países, existem impostos sobre a farinha de trigo e de cereais, quando moídos no moinho, e sobre o pão, quando cozido ao forno. Na Holanda, presume-se que o preço em dinheiro do pão consumido nas cidades dobre por conta de impostos como esse. Em lugar de uma parte desses impostos, os habitantes do campo pagam anualmente um tanto por cabeça, segundo a espécie de pão que devem consumir. Os que consomem pão de trigo pagam 3 *guilders* e 15 *stivers* – cerca de 6 shillings e 9,5 pence. Afirma-se que esse e alguns outros impostos do mesmo gênero, por aumentarem o preço da mão-de-obra, arruinaram grande parte das manufaturas da Holanda[25]. Impostos de mesma natureza, embora não tão elevados, existem na região de Milão, nos Estados de Gênova, no ducado de Modena, nos ducados de Parma, Piacenza, Guastalla e no Estado Pontifício. Um autor francês de certa reputação[26] propôs

---

25. *Mémoires concernant les droits* etc., pp. 210-1.
26. *Le réformateur** [Segundo os tradutores portugueses Teodora de Castro e Luís Cristóvão de Aguiar, na observação que faz a essa nota, Garnier (*Recherches sur la nature et les causes de la richesse des nations*, 1802, vol. IV, p. 387) atribui a obra mencionada por Smith a Clicquot de Blervache. Mas outros estudiosos negam que seja realmente Clicquot (veja-se Jules de Vroil, *Étude sur Clicquot-Blervache*, 1870, pp. 31-3). (N. T.)

uma reforma nas finanças de seu país, com a substituição da maior parte dos outros impostos por esse tributo, o mais ruinoso de todos. Como diz Cícero, nada há de absurdo que algum dos filósofos às vezes não tenha defendido*.

Os impostos sobre a carne de açougue são ainda mais comuns que os impostos sobre o pão. É realmente discutível se a carne de açougue constitui, em algum lugar, um artigo de primeira necessidade. Sabe-se por experiência que a dieta mais abundante, mais saudável, mais nutritiva e mais vigorosa é a fornecida, não pela carne de açougue, mas pelo trigo e outros vegetais, com a ajuda do leite, do queijo, da manteiga ou do óleo, onde não existir manteiga. Em parte alguma a decência exige que se coma carne, tal como exige que se use uma camisa de linho ou um par de sapatos de couro.

É possível tributar de duas distintas maneiras os bens de consumo, sejam de primeira necessidade, sejam artigos de luxo. Ou o consumidor paga uma quantia anual por usar ou consumir bens de uma certa espécie, ou então os bens são tributados enquanto permanecem de posse do comerciante, antes de serem entregues ao consumidor. O primeiro modo de tributação é o mais adequado aos bens de consumo que duram um tempo considerável antes de serem inteiramente consumidos; o segundo modo é o mais adequado aos bens cujo consumo se faz ou imediata ou rapidamente. Os impostos sobre coches e sobre prataria são exemplos do primeiro desses dois modos de tributação. A maior parte dos outros impostos de consumo e alfandegários é exemplo do segundo.

Se bem conservado, um coche pode durar dez ou doze anos. Seria possível tributá-lo, de uma vez por todas, antes de sair das mãos de seu construtor. Porém, é certamente

---

* "Nada há de absurdo que algum dos antigos filósofos não tenha defendido", Cícero, *De divinatione*, II, 18. (N. T.)

muito mais conveniente ao comprador pagar 4 libras por ano pelo privilégio de manter um coche do que pagar de uma vez só 40 ou 48 libras de acréscimo de preço ao construtor, ou uma quantia equivalente ao que provavelmente lhe custará o imposto durante o tempo em que utilizar esse mesmo coche. Da mesma maneira, um serviço de prataria pode durar mais de um século. É certamente mais fácil para o consumidor pagar 5 shillings por ano para cada 100 onças de prataria, ou seja, cerca de 1% do valor, do que resgatar essa longa anuidade pelo valor de 25 ou 30 anos, o que aumentaria o preço em pelo menos 25 ou 30%. Sem dúvida, é mais conveniente pagar as diferentes taxas que incidem sobre as casas em pequenas prestações anuais, do que pagar um alto imposto de valor igual, lançado sobre a construção ou sobre a primeira venda da casa.

De acordo com a célebre proposta de *Sir* Matthew Decker, todas as mercadorias, mesmo aquelas cujo consumo se faz imediata ou rapidamente, deveriam ser tributadas da seguinte maneira: o comerciante não faria nenhum pagamento antecipado de impostos, mas o consumidor pagaria uma certa quantia anual pela licença para consumir certos bens. A finalidade desse projeto era promover todos os diferentes setores do comércio exterior, particularmente o comércio de transportes, eliminando todos os tributos incidentes sobre a importação e a exportação, o que permitiria ao comerciante empregar todo o seu capital e crédito na compra de mercadorias e no frete dos navios, sem desviar nenhuma parte de um e outro para o pagamento antecipado de impostos. No entanto, parece haver quatro objeções bastante relevantes ao projeto de tributar desse modo bens de consumo imediato ou rápido. Em primeiro lugar, o imposto seria mais desigual, ou menos proporcional ao gasto e ao consumo dos diferentes contribuintes, do que é no modo comum de tributação. Os impostos sobre a *ale*, sobre o vinho e sobre os destilados alcoólicos, que são pagos antecipadamente pelos comerciantes, são ao final pagos pelos diferentes consumidores, na proporção exata de seu respectivo consumo. Ora, caso se pagasse o imposto com uma licença para tomar essas bebidas, o consumidor comedido pagaria, proporcionalmente a seu consumo, uma tributação muito mais elevada do que o consumidor acostumado a beber; a família que cultivasse a larga hospitalidade pagaria muito menos impostos do que uma outra, que recebesse poucos convidados. Em segundo lugar, esse modo de tributação, em que se paga uma licença anual, semestral ou trimestral para consumir certos bens, diminuiria em muito uma das principais vantagens dos impostos incidentes sobre mercadorias de rápido consumo: o pagamento parcelado. No preço de 3,5 pence, que atualmente se paga por uma caneca de cerveja preta, os diferentes impostos sobre o malte, o lúpulo e a cerveja, aí compreendido o lucro extraordinário que o cervejeiro embute na mercadoria por tê-los pago antecipadamente, talvez equivalham a aproximadamente 1,5 penny. Se um trabalhador conseguir economizar esse 1,5 penny sem passar dificuldades, então compra uma caneca de cerveja preta. Caso contrário, contenta-se com uma *pint**, e, como uma moeda poupada é uma moeda ganha, sua temperança o faz ganhar um vintém. Esse trabalhador paga o imposto em parcelas, como e quando pode pagá-lo, e cada ato de pagamento é perfeitamente voluntário: ele pode evitar pagá-lo, se assim preferir. Em terceiro lugar, esses impostos teriam menos efeito que as leis suntuárias. Uma vez comprada a licença, o imposto seria o mesmo, quer o comprador bebesse muito ou pouco. Em quarto lugar, se um trabalhador precisasse pagar de uma só vez, por ano, semestre ou trimestre, um imposto igual ao que atualmente paga com pouca ou nenhuma dificuldade, sobre as diferentes canecas e *pints* de cerveja que ingere nesse pe-

---

* Medida inglesa de capacidade para litros equivalente a 56,825 centilitros. (N. T.)

ríodo de tempo, a quantia muitas vezes poderia colocá-lo em graves apuros. Parece evidente, portanto, que esse modo de tributação jamais poderia, sem causar a mais atroz opressão, gerar uma receita aproximadamente igual à que se retira do modo atual de tributação, que a ninguém oprime. Apesar disso, em vários países os gêneros cujo consumo se faz imediatamente ou num período curto de tempo são tributados desse modo. Na Holanda, paga-se uma certa quantia *per capita* pela licença de beber chá. Já mencionei um imposto incidente sobre o pão consumido nas fazendas e nas aldeias, que é arrecadado da mesma maneira.

Os impostos de consumo incidem basicamente sobre mercadorias produzidas internamente que se destinam também ao consumo interno. Incidem somente sobre alguns tipos de mercadorias de uso bastante geral. Jamais pode haver dúvida quanto aos bens sujeitos a essas taxas, ou quanto ao imposto específico a que toda mercadoria está sujeita. Incidem quase exclusivamente sobre aquilo que denomino artigos de luxo, excetuados sempre os quatro impostos acima mencionados, a saber, sobre o sal, o sabão, o couro, as velas, e talvez sobre o vidro verde.

Os tributos alfandegários* são muito mais antigos que os impostos sobre consumo. Parecem se chamar *customs* por indicarem pagamentos costumeiros que estavam em uso desde tempos imemoriais. Na origem, eram considerados, segundo consta, como impostos incidentes sobre os lucros dos comerciantes. Durante os tempos bárbaros da anarquia feudal, tratava-se aos comerciantes, como a todos os outros habitantes dos burgos, um pouco melhor do que se tratava aos servos emancipados: suas pessoas eram desprezadas, seus ganhos, invejados. A alta nobreza, que havia consentido em que os lucros de seus próprios rendeiros fossem tributados pelo rei, não se mostrava avessa a que tam-

---

* No original, *customs*. (N. T.)

bém fossem tributados os lucros de uma ordem de homens a quem tinha muito menos interesse em proteger. Nesses tempos de ignorância, não se sabia que os lucros dos comerciantes não são objeto de tributação direta, ou que o pagamento final de todos esses impostos inevitavelmente recai, com uma considerável sobrecarga, sobre os consumidores.

As opiniões a respeito dos ganhos dos comerciantes estrangeiros eram ainda menos favoráveis do que as relativas aos ganhos dos comerciantes ingleses. Era natural, portanto, que os ganhos dos primeiros sofressem uma carga tributária mais elevada do que os dos últimos. Criada pela ignorância, essa distinção entre os impostos sobre estrangeiros e os impostos sobre os comerciantes ingleses continuou a vigorar graças ao espírito de monopólio, ou para conceder aos nossos próprios comerciantes vantagens no comércio interno e externo.

Mas, sem prejuízo dessa distinção, os antigos tributos alfandegários foram instituídos eqüitativamente sobre todos os gêneros de mercadorias: artigos de primeira necessidade e artigos de luxo; mercadorias exportadas e mercadorias importadas. Por que – parecem ter pensado – favorecer os negociantes de um gênero de bens, e não os de outro gênero? Por que o exportador deve ser mais favorecido do que o importador?

Os antigos tributos alfandegários se dividiam em três ramos. O primeiro, e talvez o mais antigo desses tributos, incidia sobre a lã e o couro. Ao que parece, tratava-se sobretudo ou exclusivamente de um imposto de exportação. Quando se estabeleceu na Inglaterra a manufatura de lãs, temendo que por causa da exportação de tecidos de lã o rei perdesse alguma parte de seu tributo alfandegário sobre a lã, instituiu-se também um tributo semelhante sobre esses tecidos. Os outros dois ramos eram: primeiro, um imposto sobre o vinho, que, sendo estabelecido à taxa de tanto por tonelada, foi denominado *tonnage*; segundo, um imposto

postos freqüentemente geram ao governo uma receita inferior àquela que se poderia facilmente recolher de impostos mais moderados.

Quando a diminuição da receita é efeito da diminuição do consumo, só pode haver um único remédio: diminuir os impostos.

Quando a diminuição da receita é efeito do estímulo oferecido ao contrabando, talvez seja possível remediá-la de duas maneiras: diminuindo a tentação de fazer contrabando, ou aumentando as dificuldades para contrabandear. Não se pode diminuir a tentação do contrabando senão reduzindo os impostos, e não se pode aumentar a dificuldade para contrabandear senão estabelecendo aquele sistema de administração que se mostra mais adequado para preveni-lo.

A experiência comprova, segundo creio, que a legislação relativa ao imposto de consumo parece obstruir e embaraçar as operações do contrabandista de modo mais efetivo que a legislação aduaneira. A introdução na alfândega, na medida em que o permitirem as diversas alíquotas do imposto de importação, de um sistema de administração semelhante àquele do imposto de consumo aumentará em muito as dificuldades do contrabando. Muitos têm a opinião de que não haveria dificuldade alguma em levar a cabo essa alteração.

Por exemplo, o comerciante que importasse mercadorias sujeitas a qualquer imposto poderia ter permissão de transportá-las para seu próprio depósito ou, à sua escolha, armazená-las num depósito pago à sua custa ou pago pelo governo, cujas chaves no entanto permaneceriam, em todos os casos, sob a custódia do fiscal da alfândega, e que não poderiam jamais ser abertos, senão na presença deste. Se o comerciante transportasse as mercadorias para seu próprio depósito, então ele precisaria pagar imediatamente os impostos, que jamais seriam posteriormente restituídos; esse depósito estaria a todo o momento sujeito à visita e inspeção do fiscal da alfândega, a fim de verificar até que ponto a quantidade ali armazenada correspondia à que fora declarada para efeito de pagamento de imposto. Se as transportasse a um depósito público, não pagaria nenhum imposto até o momento de serem retiradas para consumo interno. Se fossem retiradas para exportação, as mercadorias ficariam isentas de imposto, sob a condição de que o comerciante desse prova suficiente de que as mercadorias seriam realmente exportadas. Os comerciantes que fizessem negócios com essas espécies de mercadorias, seja no atacado, seja no varejo, estariam a todo instante sujeitos à visita e à inspeção do fiscal da alfândega, e seriam obrigados a comprovar, com documentos apropriados, o pagamento da alíquota incidente sobre toda a quantidade de mercadorias guardadas em suas lojas ou depósitos. É assim que se recolhem atualmente as chamadas alíquotas de importação de rum, e talvez fosse possível estender o mesmo sistema de administração a todas as alíquotas de importação, desde que, como sempre, esses impostos se restringissem, a exemplo dos impostos de consumo, a alguns tipos de mercadorias de uso e consumo generalizados. Caso se estendessem a quase todos os tipos de mercadorias, como ocorre atualmente, não seria fácil providenciar armazéns públicos suficientemente amplos; além disso, o comerciante não se arriscaria a deixar certas mercadorias de natureza bastante delicada, ou mercadorias cuja conservação exige muito cuidado e atenção, em outra parte senão nos próprios depósitos.

Se, mesmo sob impostos elevados, esse sistema de administração permitisse impedir em grande medida o contrabando; se todo imposto ocasionalmente aumentasse ou diminuísse conforme pudesse, de um modo ou de outro, gerar o máximo de receita ao Estado, utilizando-se sempre a tributação como instrumento de receita, não de monopólio, então parece provável que as alíquotas do imposto de importação relativas a um reduzido número de mercadorias, de uso e consumo generalizados, poderiam gerar ao

Estado uma receita no mínimo igual à atual receita líquida da alfândega, e que desse modo os tributos alfandegários poderiam ser levados ao mesmo grau de simplicidade, certeza e precisão dos impostos de consumo. Por meio de um tal sistema, seria possível economizar totalmente o que perde hoje a receita pública com os *drawbacks* sobre a reexportação de mercadorias estrangeiras, que mais tarde entram novamente no país e são nele consumidas. Se além dessa economia, que por si só já seria bastante considerável, também se suprimissem todos os subsídios à exportação de produtos internos (nos casos em que esses subsídios não fossem realmente restituições de alguns impostos de consumo que não houvessem sido pagos antecipadamente), não resta dúvida de que a receita líquida dos impostos de importação equivaleria, após tal alteração, plenamente ao que sempre fora até então.

Se, em razão dessa reforma no sistema, a receita pública não sofresse nenhuma perda, o comércio e as manufaturas do país certamente conquistariam uma vantagem bastante considerável. O comércio das mercadorias não tributadas, que são de longe as mais numerosas, seria perfeitamente livre e poderia se estender, tanto no que diz respeito às importações como às exportações, a todas as partes do mundo com toda vantagem possível. Entre essas mercadorias se incluiriam todos os artigos de primeira necessidade e todas as matérias-primas da manufatura. À proporção que a livre importação de artigos de primeira necessidade reduzisse seu preço pecuniário médio no mercado interno, também reduziria o preço pecuniário da mão-de-obra, mas sem reduzir, sob nenhum aspecto, sua remuneração real. Isso porque o valor do dinheiro é proporcional à quantidade de produtos de primeira necessidade que serão comprados com esse dinheiro, enquanto o valor dos artigos de primeira necessidade independe, em absoluto, da quantidade de dinheiro que pode ser oferecida em troca deles. A redução do preço em dinheiro da mão-de-obra necessariamente teria como resultado uma redução proporcional no preço de todas as manufaturas produzidas internamente, que assim conquistariam alguma vantagem em todos os mercados externos. O preço de algumas manufaturas se reduziria numa proporção ainda maior, em razão da livre importação de matérias-primas em estado bruto. Se fosse possível importar da China e do Indostão seda em rama sem pagar impostos, os produtores de tecido de seda na Inglaterra poderiam vender suas mercadorias a preços muito inferiores aos dos produtores da França e da Itália. Não haveria necessidade de proibir a importação de sedas e veludos estrangeiros. O baixo preço das mercadorias asseguraria aos nossos próprios trabalhadores não apenas a posse do mercado interno, como ainda um gigantesco controle do mercado externo. Mesmo o comércio de mercadorias tributadas seria realizado de maneira muito mais vantajosa do que é atualmente. Se essas mercadorias fossem retiradas dos armazéns públicos para serem exportadas, estando isentas, nesse caso, do pagamento de todos os impostos, sua comercialização seria absolutamente livre. Sob esse sistema, o comércio de transporte de todas as espécies de mercadorias desfrutaria de todas as vantagens possíveis. Se essas mercadorias fossem retiradas dos armazéns públicos para serem consumidas no mercado interno, então o importador, que não seria obrigado adiantar o pagamento do imposto até que tivesse a oportunidade de vender seus bens, ou a algum negociante ou a algum consumidor, sempre conseguiria vendê-las a um preço mais baixo do que se fosse obrigado a adiantar o pagamento do imposto no momento da importação. Assim, com os mesmos impostos, o comércio exterior de artigos de consumo, mesmo o de mercadorias tributadas, poderia por esses meios ser realizado com vantagens muito maiores do que atualmente.

A finalidade do famoso projeto relativo ao imposto de consumo, defendido por *Sir* Robert Walpole, era estabelecer, com respeito ao vinho e ao tabaco, um sistema não muito distinto do que ora se propõe aqui. Mas, embora o projeto de lei apresentado então ao Parlamento abarcasse somente essas duas mercadorias, tão logo se imaginou que sua intenção fosse introduzir um projeto mais amplo de mesma espécie, a facção, combinada ao interesse dos comerciantes contrabandistas, suscitou contra essa lei um clamor tão violento, ainda que injusto, que o ministro considerou melhor retirar o projeto; e, por medo de suscitar o mesmo clamor, nenhum de seus sucessores ousou retomá-lo.

Os impostos incidentes sobre artigos de luxo importados para consumo interno, ainda que às vezes recaiam sobre os pobres, recaem principalmente sobre as pessoas de fortuna média ou superior à média. Tais são, por exemplo, os impostos de importação incidentes sobre artigos estrangeiros, como os vinhos, o café, o chocolate, o chá, o açúcar etc.

Os impostos incidentes sobre artigos de luxo mais baratos, produzidos internamente e destinados ao consumo interno, recaem de maneira rigorosamente igual sobre as pessoas de todos os estratos, em proporção à respectiva despesa. Os pobres pagam os impostos incidentes sobre o malte, o lúpulo, a cerveja e a *ale*, em proporção ao respectivo consumo; os ricos o pagam em proporção a seu próprio consumo e ao de seus criados.

É necessário observar que o consumo total das classes inferiores, ou seja, das pessoas que estão abaixo da classe média, é em todos os países muito superior, não apenas em quantidade, mas também em valor, ao consumo total das pessoas de classe média e das que estão acima desta classe. A despesa total da classe inferior é muito maior do que a das pessoas de classe superior. Em primeiro lugar, quase todo o capital de cada país é anualmente distribuído entre as pessoas de classe inferior na forma de salários da mão-de-obra produtiva. Em segundo lugar, uma grande parte do rendimento proveniente tanto da renda da terra como dos lucros do capital é comumente distribuída entre as pessoas dessa mesma classe, na forma de salários e sustento dos criados domésticos e outros trabalhadores improdutivos. Em terceiro lugar, certa parte dos lucros do capital pertence a essa mesma classe, como rendimento proveniente do emprego de seus pequenos capitais. Em toda parte, o volume dos lucros que anualmente produzem os pequenos lojistas, comerciantes e varejistas de todas as espécies é bastante considerável, e perfaz uma parcela bastante considerável da produção anual. Em quarto e último lugar, mesmo uma certa parte da renda da terra pertence a essa classe, que é constituída basicamente por pessoas que estão um pouco abaixo da classe média, e, ainda que em pequeno número, por pessoas da classe inferior, trabalhadores comuns que às vezes possuem um ou dois acres de terra. Portanto, embora seja muito pequena a despesa das pessoas dessas classes inferiores, tomadas individualmente, se as tomarmos coletivamente a massa total dessa despesa, no entanto, equivale sempre à parte maior da despesa total da sociedade; o restante da produção anual da terra e do trabalho do país destinado ao consumo das classes superiores sempre representa muito menos, não apenas em quantidade, como em valor. Assim, entre os impostos incidentes sobre as despesas, os que recaem principalmente sobre as despesas das pessoas pertencentes às classes superiores, ou seja, sobre a parcela menor da produção anual, tendem a gerar uma receita muito inferior à gerada pelos impostos que recaem indistintamente sobre as despesas comuns a todas as classes, sendo inferior até mesmo à receita gerada pelos impostos que recaem principalmente sobre as despesas das pessoas de classe inferior; esses impostos devem também produzir uma receita menor do que a produzida por impostos que recaem indistintamente sobre a totalidade da produção anual, ou mesmo menor do que a produzida por impostos que recaem principalmente sobre a maior parcela dessa produção. É por isso que, entre todos os diferentes impostos incidentes sobre as despesas, o imposto de consumo incidente sobre as matérias-primas e a fabricação de bebidas fermentadas e destiladas produzidas

LIVRO V 1133

no país é, de longe, o mais produtivo; ora, esse ramo do imposto de consumo incide fortemente, talvez principalmente, sobre as despesas da gente comum. No ano que terminou em 5 de julho de 1775, a arrecadação total ou bruta desse ramo do imposto de consumo atingiu 3.341.837 libras, 9 shillings e 9 pence.

No entanto, sempre é preciso lembrar que é a despesa com artigos de luxo das classes inferiores que precisa ser tributada, não a despesa com artigos de primeira necessidade. O pagamento final de qualquer imposto incidente sobre as despesas necessárias dessas classes inferiores recairia inteiramente sobre as classes superiores, isto é, sobre a menor parcela da produção anual, não sobre a maior. Esse imposto deve, inevitavelmente, ou aumentar os salários, ou diminuir a demanda por mão-de-obra. Jamais poderia elevar os salários dessa mão-de-obra sem lançar o pagamento final do imposto sobre os estratos superiores; tampouco jamais poderia diminuir a demanda por mão-de-obra sem diminuir a produção anual da terra e do trabalho do país, fundo que necessariamente paga, em última instância, todos os impostos. Não importa a condição a que um imposto dessa espécie reduziria a demanda por mão-de-obra, pois esse imposto sempre tem o efeito de aumentar os salários acima do que, do contrário, seriam nessa condição; e o pagamento final dessa elevação de salários inevitavelmente recai, em todos os casos, sobre as classes superiores.

Na Grã-Bretanha, as bebidas fermentadas e as bebidas destiladas que se destinam, não à venda, mas ao uso particular, não estão sujeitas a nenhum imposto de consumo. Essa isenção, cuja finalidade é poupar as famílias privadas da odiosa visita e inspeção do coletor de impostos, faz que a carga tributária seja freqüentemente mais baixa para os ricos que para os pobres. Com efeito, não é muito comum destilar bebidas para uso privado, embora isso às vezes aconteça. No entanto, nas regiões rurais muitas famílias pertencentes aos estratos médios e quase todas as grandes e ricas famílias fabricam sua própria cerveja. Portanto, o barril dessa cerveja forte custa-lhes 8 shillings a menos do que custa ao cervejeiro comum, que precisa obter lucro em troca do imposto, assim como em troca de todas as outras despesas cujo pagamento adianta. É por isso que o barril de cerveja que essas famílias consomem deve custar no mínimo 9 ou 10 shillings a menos do que qualquer bebida de mesma qualidade que seja consumida pela gente comum, para quem é muito mais conveniente, em todos os lugares, comprar sua cerveja, pouco ao pouco, na cervejaria ou na taberna. Do mesmo modo, o malte que é fabricado para uso particular não está sujeito à visita ou à inspeção do coletor de impostos, mas nesse caso é necessário que a família concorde em pagar 7 shillings e 6 pence de imposto *per capita*. Esses 7 shillings e 6 pence equivalem a imposto de consumo sobre 10 barris de malte – quantidade absolutamente igual à que todos os diferentes membros de uma família frugal, homens, mulheres e crianças, provavelmente consomem em média. Ora, nas grandes e ricas famílias das províncias, em que há o costume de receber inúmeros hóspedes, as bebidas de malte consumidas pelos membros da família representam apenas uma pequena parte do que se consome na casa. Porém, por causa desse ajuste ou por outras razões, a produção de malte não é, nem de perto, tão comum como a produção de cerveja para uso privado. É difícil imaginar uma boa razão por que a fermentação ou destilação para consumo privado não estejam sujeitas a um ajuste como o existente para o malte.

Afirma-se freqüentemente que o Estado poderia recolher uma receita superior à que hoje recolhe se, em lugar desses elevados impostos sobre o malte, a cerveja e a *ale*, instituísse um imposto muito mais baixo, pois há muito mais oportunidades de fraudar a receita numa taberna do que numa cervejaria, e os que preparam a cerveja para uso privado estão isentos de todos os impostos ou de todos os ajustes para pagamento de impostos, o que não ocorre no caso dos que fabricam malte para uso privado.

Na fábricas de cerveja preta de Londres, utiliza-se normalmente um quarto de malte para fermentar mais de dois barris e meio, às vezes três barris, de cerveja preta. Os diferentes impostos incidentes sobre o malte equivalem a 6 shillings por quarto; os impostos incidentes sobre a cerveja forte e a *ale*, a 8 shillings por barril. Nas fábricas de cerveja preta, portanto, os diferentes impostos incidentes sobre o malte, a cerveja e a *ale* atingem de 26 a 30 shillings sobre o produto de um quarto de malte. Nas cervejarias do interior, que realizam suas vendas dentro desse mercado, raras vezes um quarto de malte resulta, depois de fermentado, em menos de dois barris de cerveja forte e um barril de cerveja fraca; freqüentemente, é utilizado para produzir dois barris e meio de cerveja forte. Os diferentes impostos incidentes sobre a cerveja fraca equivalem a 1 shilling e 4 pence por barril. Nas cervejarias do interior, portanto, os diferentes impostos sobre o malte, a cerveja e a *ale* raras vezes atingem menos do que 23 shillings e 4 pence, e com freqüência atingem 26 shillings sobre o produto de um quarto de malte. Assim, tomando a média do reino inteiro, o montante total dos impostos sobre o malte, a cerveja e a *ale* não pode ser calculado em menos de 24 ou 25 shillings sobre a produção de um quarto de malte. Ora, suprimindo todos os diferentes impostos de importação sobre a cerveja e a *ale,* e triplicando o imposto sobre o malte, ou seja, elevando-o de 6 para 18 shillings sobre o quarto de malte, seria possível, segundo se afirma, recolher mediante esse único imposto uma receita superior à que hoje geram todos esses elevados impostos.

Na verdade, no regime do antigo imposto sobre o malte está embutido um imposto de 4 shillings incidente sobre o tonel de cidra, além de um outro, de 10 shillings, incidente sobre o barril de *mum**. Em 1774, o imposto sobre a cidra gerou apenas 3.083 libras, 6 shillings e 8 pence. Prova-

---

* Espécie de cerveja forte. (N. T.)

velmente ficou um pouco aquém de seu montante usual, já que naquele ano todos os diferentes impostos incidentes sobre a cidra renderam menos que de hábito. O imposto sobre a *mum*, embora seja muito mais elevado, gera uma receita ainda menor, em razão do menor consumo dessa bebida. Mas, para compensar o que possa ser o montante normal desses dois impostos, no chamado "imposto de consumo das províncias"* vêm embutidos, primeiro, o antigo imposto de consumo de 6 shillings e 8 pence incidente sobre o tonel de cidra; segundo, um imposto idêntico de 6 shillings e 8 pence incidente sobre o tonel de agraço; terceiro, um outro imposto de 8 shillings e 9 pence incidente sobre o tonel de vinagre, e, finalmente, um quarto imposto de 11 pence incidente sobre o galão de hidromel ou mel fermentado. A receita gerada por esses quatro diferentes impostos provavelmente mais do que contrabalança o produto dos impostos de importação incidentes sobre a cidra e o *mum* pelo assim chamado "imposto anual sobre o malte".

O malte é utilizado não apenas na fermentação da cerveja, mas também na fabricação de vinhos e bebidas de baixo teor alcoólico. Se o imposto sobre o malte viesse a ser elevado a 18 shillings por quarto, seria necessário fazer algum abatimento nos diferentes impostos de consumo que incidem sobre esses tipos particulares de vinhos e bebidas com baixo teor alcoólico, nos quais o malte é de algum modo empregado como ingrediente. Nas chamadas bebidas maltadas, o malte constitui somente $1/3$ dos ingredientes, sendo os outros $2/3$ constituídos quer por cevada não fermentada, quer por $1/3$ de cevada e $1/3$ de trigo. Na destilaria onde se fabricam as bebidas maltadas, a oportunidade e a tentação de praticar fraudes são muito maiores do que numa taberna ou mesmo numa fábrica de malte; a oportunidade se deve ao menor volume e ao maior valor da mer-

---

* No original, *country excise*. (N. T.)

LIVRO V

	£	s	d
Em 1772, o antigo imposto sobre o malte gerou	722.023	11	11
o imposto adicional	356.776	7	9³/₄
Em 1773, o antigo imposto gerou	561.627	3	7¹/₂
o imposto adicional	278.650	15	3³/₄
Em 1774, o antigo imposto gerou	624.614	17	5³/₄
o imposto adicional	310.745	2	8¹/₂
Em 1775, o antigo imposto gerou	657.357	0	8¹/₄
o imposto adicional	323.785	12	6¹/₄
4)	3.835.580	12	0³/₄
Média desses quatro anos	958.895	3	0³/₁₆
Em 1772, os impostos de consumo gerados no interior do país	1.243.128	5	3
pelas cervejarias de Londres	408.260	7	2³/₄
Em 1773, os impostos de consumo gerados no interior do país	1.245.808	3	3
pelas cervejarias de Londres	405.406	17	10¹/₂
Em 1774, os impostos de consumo gerados no interior do país	1.246.373	14	5¹/₂
pelas cervejarias de Londres	320.601	18	0¹/₄
Em 1775, os impostos de consumo gerados no interior do país	1.214.583	6	1
pelas cervejarias de Londres	463.670	7	0¹/₄
4)	6.547.832	19	2¹/₄
Média desses quatro anos	1.636.958	4	9¹/₂
Acrescentando a isso o imposto médio sobre o malte, ou	958.895	3	0³/₁₆
o montante total desses diferentes impostos equivale a	2.595.853	7	9¹¹/₁₆
Ora, triplicando o imposto sobre o malte, ou seja, aumentando-o de 6 para 18 shillings por quarto de malte, esse único imposto geraria	2.876.685	9	0³/₁₆
essa soma excede a quantia *supra* em	280.832	1	2¹⁴/₁₆

cadoria, a tentação, à maior carga tributária, que equivale a 3 shillings 10²/₃ pence por barril de bebida[27]. Caso se aumentassem os impostos sobre o malte e diminuíssem os impostos sobre a destilação, seria possível reduzir tanto as oportunidades como a tentação de praticar fraudes, o que talvez contribuísse para aumentar ainda mais a receita pública.

Já faz algum tempo que a Grã-Bretanha adotou a política de desestimular o consumo de bebidas alcoólicas, em razão da suposta tendência a arruinar a saúde e corromper a moral da gente comum. De acordo com essa política, a redução dos impostos sobre a destilação não deveria ser tão grande a ponto de provocar, em alguma medida, a redução no preço dessas bebidas. As bebidas alcoólicas poderiam continuar tão caras como antes, enquanto, ao mesmo tempo, bebidas saudáveis e fortificantes como a cerveja e *ale* poderiam sofrer uma considerável redução de preço. Com isso, o povo poderia se ver parcialmente livre de um dos pesos de que hoje em dia mais se queixa, enquanto, ao mesmo tempo, a receita pública aumentaria consideravelmente.

Parecem infundadas as objeções do Dr. Davenant a essa alteração no atual sistema de impostos de importação sobre bens de consumo. Eis as objeções: o imposto recairia inteiramente sobre o lucro do fabricante de malte, em vez de se distribuir com a mais rigorosa justeza, como ocorre hoje, entre o lucro do fabricante de malte, o do cervejeiro e o do varejista; o fabricante de malte não conseguiria obter com tanta facilidade a restituição do montante do imposto aumentando o preço de seu malte como o cervejeiro e o va-

---

27. Embora os impostos de importação incidentes sobre bebidas de gradação alcoólica normal sejam apenas de 2 shillings e 6 pence por galão, estes impostos, somados aos que incidem sobre os vinhos fracos, dos quais aquelas bebidas são destiladas, atingem 3 shillings e 10²/₃ pence. Para impedir fraudes, tanto os vinhos com baixo teor alcoólico como as bebidas de gradação alcoólica normal agora são tributados de acordo com a dose mesma dos produtos em fermentação.

do com o volume ou peso daquilo que consome. Quando essas taxas são cobradas, não de acordo com o volume ou peso, mas de acordo com o suposto valor das mercadorias, então se tornam propriamente uma espécie de taxa de aduana ou de consumo interior, que obstrui muitíssimo o mais importante de todos os setores do comércio, a saber, o comércio interior do país.

Em alguns pequenos Estados, existem impostos semelhantes a essas taxas de pedágio, os quais incidem sobre mercadorias transportadas através do território, seja por via terrestre ou fluvial, para passar de um país a outro. Em alguns países, esses impostos são chamados de 'taxas de trânsito'. Alguns dos pequenos Estados italianos situados às margens do Pó e dos rios que nele desembocam arrecadam certa receita de taxas desse tipo, as quais são exclusivamente pagas por estrangeiros, e talvez sejam as únicas taxas que um Estado pode cobrar dos súditos de um outro, sem colocar nenhuma espécie de entrave a seu próprio trabalho ou comércio. A mais importante taxa de trânsito do mundo é a que o rei da Dinamarca arrecada sobre todos os navios mercantes que atravessam o Estreito.

Todos esses impostos incidentes sobre artigos de luxo – tal como a maior parte das taxas de aduana e dos impostos de consumo – ainda que incidam indiscriminadamente sobre cada espécie distinta de rendimento e sejam ao final, ou sem nenhuma restituição, pagos por todos os que consumam as mercadorias sobre as quais incidem, nem sempre, contudo, incidem de modo igual ou proporcional sobre o rendimento de cada indivíduo. Como é o humor de cada homem que determina o grau de seu consumo, cada um contribui mais de acordo com seu humor do que em proporção a seu rendimento: o pródigo contribui acima da justa proporção, o parcimonioso abaixo dessa proporção. É comum que durante sua menoridade um homem de grande fortuna contribua muito pouco, tendo em vista seu consumo, para a manutenção daquele Estado cuja proteção é, para ele, fonte de um grande rendimento. Os que residem num país estrangeiro em nada contribuem, tendo em vista seu consumo, para a manutenção do governo do país em que está situada a fonte de seu rendimento. Se neste último país não houver nenhum imposto territorial, nem nenhum imposto considerável que incida sobre a transferência de propriedade mobiliária ou imobiliária, como é o caso da Irlanda, então as pessoas ausentes podem usufruir de um vultoso rendimento, graças à proteção de um governo para cuja manutenção não contribuem com um único centavo. Essa desigualdade possivelmente será maior num país cujo governo seja de algum modo subordinado ou dependente do governo de algum outro país. Neste caso, as pessoas que possuem as mais extensas propriedades no país dependente preferirão, em geral, residir no país que governa. A situação da Irlanda é precisamente essa, e por isso não é de admirar que seja tão popular nesse país a proposta de instituir um imposto sobre as pessoas ausentes. Talvez fosse um pouco difícil determinar com precisão que espécie ou que grau de ausência sujeitaria um homem a ser tributado como ausente, bem como qual o período exato em que o imposto deveria começar ou terminar. Porém, excetuado esse caso bastante específico, qualquer desigualdade na contribuição dos indivíduos que possa resultar desses impostos é mais do que compensada pela circunstância mesma que cria essa desigualdade – a circunstância de que a contribuição de todo homem é absolutamente voluntária, já que está em seu poder consumir ou não consumir a mercadoria tributada. Assim, quando os impostos são calculados corretamente e incidem sobre as mercadorias adequadas, as pessoas os pagam com mais boa vontade. Quando são pagos antecipadamente pelo comerciante ou manufator, então o consumidor, que em última instância os paga, logo vem a confundi-los com o preço das mercadorias e quase se esquece de que paga algum imposto.

Esses impostos são ou podem ser perfeitamente fixados, ou seja, podem ser de tal modo calculados que não deixem nenhuma dúvida nem quanto àquilo que se deve pagar, nem quanto ao momento em que deve ser pago, isto é, nem quanto à quantidade nem quanto à data do pagamento. Qualquer incerteza que possa às vezes existir, quer nos impostos de importação na Grã-Bretanha, quer em outros impostos da mesma espécie em outros países, não resulta da natureza mesma desses impostos, mas da falta de precisão ou de perícia nos termos da lei que os institui.

Em geral, os impostos sobre artigos de luxo são, e sempre podem ser, pagos em parcelas ou à medida que os contribuintes tenham necessidade de comprar os bens sobre os quais incidem. No que diz respeito ao prazo e ao modo de pagamento, esses impostos são, ou pelo menos podem ser, os mais convenientes dentre todos os outros impostos. De modo geral, talvez esses impostos sejam tão conformes quanto quaisquer outros às três primeiras das quatro máximas gerais relativas à tributação. Mas violam, em todos os sentidos, a quarta máxima.

Em proporção ao que geram para os cofres públicos, tais impostos sempre retiram ou mantêm fora dos bolsos do povo mais do que praticamente todos os outros impostos. Produzem esse mau efeito, ao que parece, das quatro maneiras em que é possível produzi-lo.

Em primeiro lugar, a arrecadação desses impostos, mesmo quando instituída do modo mais criterioso, exige um grande número de escritórios de alfândega e de funcionários responsáveis pelo recolhimento do imposto de consumo, cujos salários e gratificações adicionais representam para a população um verdadeiro imposto, que nada gera, entretanto, aos cofres públicos. É preciso reconhecer, todavia, que na Inglaterra esse gasto é mais moderado do que na maioria dos outros países. No ano que terminou em 5 de julho de 1775, a arrecadação bruta dos diferentes impostos de importação, sob a gerência dos diretores responsáveis pelo recolhimento do imposto de consumo, atingiu 5.507.308 libras, 18 shillings e $8¼$ pence, montante esse que foi recolhido a um custo um pouco superior a 5,5%. Dessa arrecadação bruta, porém, é preciso deduzir o que foi pago em subsídios e *drawbacks* sobre a exportação de bens de consumo, o que reduzirá a arrecadação líquida a menos de 5 milhões[28]. A arrecadação do imposto sobre o sal, que é também um imposto de consumo, embora esteja sob um regime diferente, é muito mais dispendiosa. A receita líquida proveniente dos tributos alfandegários não atinge 2,5 milhões, montante que é arrecadado a um custo superior a 10% dos salários dos funcionários e outros supervenientes. Mas em todos os lugares as gratificações adicionais dos funcionários das alfândegas superam seus salários; em alguns portos, representam mais do que o dobro ou o triplo desses salários. Assim, se os salários dos funcionários e outros supervenientes atingem mais do que 10% da receita líquida dos tributos alfandegários, o custo total da arrecadação dessa receita pode ultrapassar, somando-se os salários e as gratificações, os 20 ou 30%. Os funcionários responsáveis pelo recolhimento do imposto de consumo recebem pouca ou nenhuma gratificação adicional, e a administração desse setor da receita pública, tendo sido criada mais recentemente, é em geral menos corrupta do que a administração das aduanas, na qual o tempo introduziu e autorizou uma série de abusos. Acredita-se que, ao se transportar sobre o malte o total da receita que é atualmente arrecadada pelos diferentes impostos sobre o malte e sobre as bebidas maltadas, seria possível fazer uma economia de mais de 50 mil libras sobre as despesas anuais decorrentes do recolhimento do imposto de consumo. Se as alíquotas de importação se restringissem a um pequeno número de tipos de bens, e se esses impostos de importação fossem arrecadados em conformidade com as leis relativas aos impostos

---

28. A arrecadação líquida daquele ano, depois de deduzidas todas as despesas e todos os abatimentos, foi de 4.975.652 libras, 19 shillings e 6 pence.

rejista conseguiriam, aumentando o preço de sua bebida; um imposto tão elevado sobre o malte poderia reduzir a renda e o lucro das terras em que se cultivava cevada.

Não existe imposto que possa reduzir por um período de tempo considerável a taxa de lucros de uma atividade específica, já que esta precisa sempre se manter no mesmo nível das outras atividades realizadas nas proximidades. Os atuais impostos sobre o malte, a cerveja e a *ale* não afetam os lucros dos que negociam esses gêneros de mercadoria: todos eles obtêm a restituição do imposto, com um lucro adicional, elevando o preço de seus bens. Na verdade, é possível que o imposto torne tão caros os bens sobre os quais incide, que diminua o consumo deles. Mas o consumo de malte se faz por meio de bebidas maltadas; ora, um imposto de 18 shillings por quarto de malte dificilmente conseguiria tornar essas bebidas mais caras do que são hoje, em razão de diferentes impostos equivalentes a 24 ou 25 shillings. Pelo contrário, essas bebidas provavelmente se tornariam mais baratas, e o consumo delas teria mais probabilidade de aumentar que de diminuir.

Não é muito fácil compreender por que ao fabricante de malte seria mais difícil obter a restituição de 18 shillings com o aumento de preço do malte do que é atualmente ao cervejeiro obter a restituição de 24 ou 25 shillings, às vezes 30 shillings, com o aumento do preço de sua bebida. De fato, o fabricante de malte, em vez de um imposto de 6 shillings, seria obrigado adiantar o pagamento de um imposto de 18 shillings sobre cada quarto de malte; mas hoje o cervejeiro tem de adiantar o pagamento de um imposto de 24 ou 25 shillings, às vezes 30 shillings, sobre cada quarto de malte que fabrica. Não seria mais inconveniente ao fabricante de malte adiantar o pagamento de um imposto mais baixo do que é, atualmente, ao cervejeiro, adiantar o pagamento de um imposto mais elevado. Nem sempre o fabricante de malte mantém em seus celeiros um estoque de malte que só possa ser vendido num prazo maior do que o estoque de cerveja e *ale* que o cervejeiro freqüentemente conserva em suas adegas. Portanto, o primeiro pode obter a restituição de seu dinheiro tão prontamente quanto o último. Mas, por maior que fosse para o fabricante de malte o inconveniente de ter de adiantar o pagamento de um imposto mais alto, esse inconveniente seria facilmente remediado se lhe fossem concedidos alguns meses de crédito a mais do que atualmente se costuma conceder ao cervejeiro.

Nada há que poderia reduzir a renda e o lucro das terras destinadas ao cultivo de cevada sem reduzir também a demanda por cevada. Ora, uma reforma no sistema que reduzisse de 24 ou 25 shillings para 18 shillings os impostos incidentes sobre o quarto de malte fermentado em cerveja e *ale* provavelmente teria antes o efeito de aumentar do que de diminuir a demanda. Além disso, sempre é necessário que a renda e o lucro das terras destinadas ao cultivo da cevada sejam aproximadamente iguais aos de outras terras, igualmente férteis e igualmente bem cultivadas. Se fossem inferiores, logo uma parte das terras destinadas ao cultivo da cevada seria utilizada para algum outro propósito; se fossem superiores, em pouco tempo mais terra seria destinada ao cultivo de cevada. Quando o preço corrente de qualquer produto específico da terra equivale ao assim chamado "preço de monopólio", um imposto que incida sobre esse produto necessariamente reduzirá a renda e o lucro da terra em que ele cresce. Um imposto sobre o produto das preciosas vinhas, das quais o vinho fica tão aquém da demanda efetiva que seu preço está sempre acima da proporção natural que guarda com a produção de outras terras igualmente férteis e igualmente bem cultivadas, necessariamente reduziria a renda e os lucros dessas vinhas. Como o preço dos vinhos já é o mais alto que se poderia alcançar pela quantidade habitualmente levada ao mercado, não seria possível aumentá-lo ainda mais sem também diminuir essa quantidade, e não seria possível diminuir essa quantidade sem provocar um prejuízo ainda maior, uma vez que as terras não poderiam ser destinadas a um outro produto igualmente valioso. Toda a carga do imposto, portanto, incidiria sobre a renda e os lucros, ou, mais propriamente, sobre a renda das vinhas. Cada vez que se propõe instituir um novo imposto sobre o açúcar, nossos produtores de açúcar freqüentemente se queixam de que toda carga desses impostos incide, não sobre o consumidor, mas sobre o produtor, já que, depois de instituído o imposto, nunca têm condições de aumentar o preço do açúcar acima do que era antes. Ao que parece, antes do imposto o preço do açúcar era um preço de monopólio, e o argumento aduzido para mostrar que o açúcar constituía um objeto impróprio de tributação era talvez uma boa demonstração do contrário, pois os ganhos dos monopolistas, não importa o quanto atinjam, certamente constituem o mais apropriado objeto de tributação. Mas o preço normal da cevada jamais foi um preço de monopólio; a renda e os lucros das terras destinadas à cevada jamais estiveram acima de sua proporção natural com a renda e os lucros de outras terras igualmente férteis e igualmente bem cultivadas. Os diferentes impostos que vêm sendo instituídos sobre o malte, a cerveja e a *ale* jamais fizeram baixar o preço da cevada, jamais reduziram a renda e os lucros das terras destinadas ao cultivo da cevada. Para o fabricante de cerveja, o preço do malte tem constantemente aumentado em proporção aos impostos que incidem sobre esse produto; para o consumidor, tais impostos, juntamente com os diferentes impostos de importação incidentes sobre a cerveja e a *ale*, constantemente ou aumentaram o preço, ou, o que vem a ser o mesmo, reduziram a qualidade desses artigos. O pagamento final desses impostos tem incidido constantemente sobre o consumidor, não sobre o produtor.

As únicas pessoas que provavelmente seriam atingidas pela reforma de sistema aqui proposta seriam aquelas que fabricam cerveja para seu próprio consumo. Ora, a isenção de que já gozam atualmente as pessoas de classe superior quanto a impostos bastante elevados que são pagos pelos trabalhadores e artífices pobres é decerto muito injusta e desigual; seria necessário eliminá-la, mesmo que essa reforma jamais viesse a ocorrer. No entanto, é provavelmente o interesse dessa classe superior de pessoas que até aqui vem impedindo uma reforma de sistema, que não deixaria de a um só tempo aumentar a arrecadação do Estado e reduzir a carga sobre o povo.

Além desses impostos, tais como os tributos alfandegários e os impostos de consumo acima mencionados, há vários outros que influenciam o preço das mercadorias de maneira mais desigual e mais indireta. Dessa espécie são as taxas que em francês são denominadas de *péages* – os chamados "direitos de passagem" nos tempos dos antigos saxões –, e que parecem ter sido originalmente criadas com a mesma finalidade de nossos pedágios, ou dos pedágios sobre nossos canais e rios navegáveis, isto é, para conservar as estradas e vias de navegação. A maneira mais adequada de se cobrarem essas taxas, quando aplicadas a essas finalidades, é fazê-las incidir sobre o volume ou peso das mercadorias transportadas. Por serem originalmente taxas locais e provinciais, aplicáveis para propósitos locais e provinciais, na maioria dos casos sua administração ficava a cargo da cidade, paróquia ou domínio particular em que eram recolhidas, e se supunha que de um modo ou de outro essas comunidades prestassem contas de sua aplicação. O soberano, que não presta contas a ninguém, assumiu em muitos países a administração dessas taxas; ainda que na maior parte dos casos ele tenha aumentado consideravelmente o valor da taxa, muitas vezes negligenciou sua aplicação. Os exemplos de tantas outras nações nos permitem saber o que provavelmente aconteceria se os pedágios da Grã-Bretanha algum dia viessem a se tornar uma das fontes de arrecadação do governo. Não resta dúvida de que o pagamento final dos pedágios caberia ao consumidor. Mas o consumidor não é tributado proporcionalmente à sua despesa quando paga, não de acordo com o valor, mas de acor-

com os princípios do sistema mercantil.

Esse sistema veio gradualmente a se tornar a voga dos tempos. O Antigo Tributo foi instituído indistintamente sobre as exportações e importações. Os quatro impostos subseqüentes, bem como os outros impostos que eram ocasionalmente instituídos sobre tipos específicos de bens, foram, com poucas exceções, instituídos integralmente sobre as importações. Em sua maioria, os antigos tributos que haviam sido impostos à exportação de mercadorias e produtos internos ou se tornaram mais baixos, ou foram totalmente eliminados. Na maior parte dos casos, foram eliminados. Até mesmo se ofereceram subsídios à exportação de algumas dessas mercadorias. Quanto às alíquotas do imposto relativo à importação de mercadorias estrangeiras, foram concedidos *drawbacks* à exportação dessas mesmas mercadorias, às vezes restituindo-se ao exportador o valor total do tributo, mas mais freqüentemente apenas uma parte dele. Apenas metade dos impostos instituídos pelo Antigo Tributo sobre a importação é restituída quando da exportação; mas a totalidade dos instituídos por tributos posteriores e outros impostos é, em relação à maior parte das mercadorias, restituída do mesmo modo. Esse favorecimento sempre crescente às exportações, aliado ao desestímulo às importações, tolerou algumas exceções, relativas basicamente a matérias-primas de algumas manufaturas. Quanto a estas, nossos comerciantes e manufatores gostariam que lhes chegassem às mãos ao preço mais baixo possível, e que fossem pagas pelo mais alto preço possível por seus rivais e concorrentes de outros países. Por essa razão, às vezes se permite a importação, livre de impostos, de ma-

LIVRO V

sobre todos os outros bens, que, sendo estabelecido à taxa de tanto por libra-peso do valor presumido desses bens, foi denominado *poundage*. Mediante lei baixada no 47º ano de reinado de Eduardo III, instituiu-se um imposto de 6 pence por libra sobre todos os bens importados e exportados, exceto as lãs, os pelegos, o couro e os vinhos, que estavam sujeitos a impostos específicos. Mediante lei baixada no 14º ano de reinado de Ricardo II, esse imposto foi aumentado para 1 shilling por libra, mas três anos depois foi novamente reduzido a 6 pence. Foi aumentado a 8 pence mediante lei baixada no 2º ano de reinado de Henrique IV, e uma lei instituída no 4º ano de reinado do mesmo príncipe o aumentou para 1 shilling. Permaneceu em 1 shilling por libra desde essa época até o 9º ano de reinado de Guilherme III. Os impostos do *tounnage* e *poundage* eram em geral assegurados ao rei por uma e mesma Lei do Parlamento, e eram chamados de Tributo do *Tounnage* e *Poundage*. Como este tributo permaneceu por muito tempo sendo de 1 shilling por libra, ou seja, de 5%, o termo "tributo" passou, na linguagem aduaneira, a designar um imposto geral desse gênero, de alíquota de 5%. Este tributo, que agora é chamado de *antigo tributo*, continua a ser arrecadado, de acordo com registro contábil de tarifas criado no 12º ano de reinado de Carlos II.* Afirma-se que o método de fixar, por meio de um registro contábil de tarifas, o valor dos bens sujeitos a esse imposto remonta ao reinado de Jaime I. O *novo tributo*, instituído durante o 9º e 10º ano de reinado de Guilherme III, representava um adicional de mais 5% sobre a maior parte dos bens. A terça parte do tributo e os dois terços do tributo formavam juntos um outro imposto de 5%, dos quais eram partes proporcionais. O Tributo de 1747 constituía o quarto tributo de 5% sobre a

---

* Embora a Restauração monárquica seja de 1660, o início do governo de Carlos II data, oficialmente, de 1649, ano em que foi executado seu pai, Carlos I. Portanto, esse registro contábil de tarifas foi criado em 1661. (N. T.)

térias-primas estrangeiras, como, por exemplo, a lã espanhola, o cânhamo e o fio de linho cru. A exportação de matérias-primas produzidas internamente e das que são produzidas especificamente por nossas colônias é às vezes proibida, e outras vezes sujeita a tributos mais elevados. Proibiu-se a exportação de lã inglesa; a exportação de peles e de lã de castor, mais a de goma do Senegal, têm sido sujeitas a tarifas mais elevadas, porque, após a conquista do Senegal e do Canadá, a Grã-Bretanha praticamente adquiriu o monopólio dessas mercadorias.

No Livro IV desta *Investigação*, procurei mostrar que o sistema mercantil não vem sendo muito favorável ao rendimento do grande conjunto do povo, à produção anual da terra e do trabalho do país. Ao que parece, tampouco é favorável à receita do soberano, pelo menos na medida em que essa receita depende dos tributos alfandegários.

Como resultado desse sistema, proibiu-se completamente a importação de várias espécies de mercadorias. Essa proibição contribuiu, em alguns casos, para impedir por completo e, em outros, para diminuir drasticamente a importação dessas mercadorias, submetendo os importadores à necessidade de fazê-las entrar no país por contrabando. Impediu totalmente a importação de lãs estrangeiras, e diminuiu em muito a importação de sedas e veludos estrangeiros. Nos dois casos, aniquilou definitivamente a receita das alfândegas que poderia ter sido arrecadada com essas importações.

As elevadas alíquotas instituídas sobre a importação de várias espécies distintas de mercadorias estrangeiras, com vistas a desestimular seu consumo na Grã-Bretanha, em inúmeros casos serviram apenas para estimular a prática do contrabando, e em todos os casos reduziram a receita da alfândega abaixo do que permitiriam arrecadar taxas mais moderadas. A frase do Dr. Swift, de que na aritmética das alfândegas "dois mais dois, em vez de somarem quatro, algumas vezes somam apenas um", é perfeitamente verdadeira em relação a essas elevadas alíquotas do imposto de importação, que jamais poderiam ter sido criadas, não nos ensinasse o sistema mercantil a utilizar, em muitos casos, os impostos como um instrumento, não de receita, mas de monopólio.

Os subsídios que por vezes são concedidos à exportação de produtos e manufaturas internos, além dos *drawbacks* que são pagos na reexportação da maior parte das mercadorias estrangeiras, deram origem a várias fraudes, e a uma espécie de contrabando mais destrutivo para a receita pública do que qualquer outro. Como se sabe bastante bem, para se beneficiar do subsídio ou do *drawback*, algumas vezes as mercadorias são carregadas num navio que é mandado ao mar, mas logo depois desembarcam clandestinamente em alguma outra região do país. É imenso o desfalque na receita alfandegária provocado pelos subsídios e *drawbacks,* muitos dos quais são, aliás, conseguidos de maneira fraudulenta. No ano que terminou em 5 de janeiro de 1755, a receita bruta das alfândegas alcançou 5.068.000 libras esterlinas. Os subsídios pagos sobre essa receita, ainda que naquele ano não fosse concedido subsídio ao trigo, foram de 167.800 libras. Os *drawbacks* que foram pagos sobre as debêntures e os certificados atingiram 2.156.800 libras esterlinas. Somados, os subsídios e os *drawbacks* equivaleram a 2.324.600 libras esterlinas. Em conseqüência dessas deduções, a receita proveniente das alfândegas foi de apenas 2.743.400 libras esterlinas; deduzindo-se desse valor 287.900 libras esterlinas destinadas a despesas administrativas com salários e outras dotações, a receita líquida da alfândega naquele ano resultou em 2.445.500 libras esterlinas. Assim, a despesa administrativa representa entre 5 e 6% da receita bruta da alfândega e um pouco mais do que 10% do que resta dessa receita depois de deduzido o que se paga como subsídios e *drawbacks*.

Por causa dos altos impostos instituídos sobre quase todas as mercadorias importadas, nossos importadores introduzem ilegalmente a maior quantidade possível de mercadorias, registrando oficialmente a mínima possível. Ao contrário, nossos exportadores registram oficialmente mais do que de fato exportam, às vezes por vaidade e para passarem por homens que fazem grandes negócios com mercadorias que não pagam impostos, outras vezes para conseguirem um subsídio ou *drawback*. Em conseqüência dessas fraudes variadas, nossas exportações parecem nos registros da alfândega superar em muito nossas importações – para o inexprimível alívio dos políticos que medem a prosperidade nacional por aquilo que chamam de balança comercial.

Todas as mercadorias importadas, a menos que gozem de uma isenção específica (e essas isenções não são muito numerosas), estão sujeitas a alguns tributos alfandegários. Caso se importe alguma mercadoria que não esteja mencionada no registro contábil de tarifas, será tributada em 4 shillings $9^{9}/_{20}$ pence para cada 20 shillings de valor, segundo a declaração juramentada do importador, ou seja, cerca de 5 impostos ou 5 taxas de *poundage*. O registro contábil de tarifas é extremamente abrangente: enumera uma grande variedade de artigos, muitos dos quais pouco usados e, portanto, pouco conhecidos. É essa a razão pela qual freqüentemente se torna difícil definir sob que artigo é necessário classificar um tipo específico de mercadorias e, por conseguinte, que alíquota de importação deve pagar. Equívocos como esse às vezes levam à ruína o funcionário da alfândega e freqüentemente causam muita perturbação, despesa e vexação ao importador. Portanto, do ponto de vista da clareza, precisão e definição, os tributos alfandegários são bastante inferiores aos impostos de consumo.

Para que a maior parte dos membros de uma sociedade qualquer contribua para a receita pública em proporção a suas respectivas despesas, não parece necessário tributar cada artigo específico dessas despesas. A receita que se arrecada com os impostos de consumo presumivelmente incide de maneira tão eqüitativa sobre os contribuintes como a que se arrecada com os tributos alfandegários, e no entanto os impostos de consumo são instituídos tão-somente sobre um pequeno número de artigos, de uso e consumo bastante generalizado. Muitos têm a opinião de que, caso fossem administrados corretamente, também os tributos alfandegários poderiam se limitar a um reduzido número de artigos, sem nenhum prejuízo para a receita pública, e com grande vantagem ao comércio exterior.

Os artigos estrangeiros de uso e consumo mais generalizado na Inglaterra parecem consistir, no presente, principalmente em vinhos e conhaques importados, em alguns dos produtos da América e das Índias Ocidentais – açúcar, rum, tabaco, cocos etc. –, e em alguns dos produtos das Índias Orientais – chá, café, porcelana chinesa, especiarias de todos os tipos, várias espécies de tecidos etc. Talvez sejam esses artigos que geram, atualmente, a maior parte da receita proveniente dos tributos alfandegários. Os impostos que hoje subsistem sobre os artigos de manufatura estrangeira, se excetuarmos os incidentes sobre os poucos artigos contidos na enumeração acima, foram, em sua maioria, instituídos com o propósito, não de gerar receita, mas de assegurar um monopólio, ou seja, para garantir aos nossos próprios comerciantes uma vantagem no mercado interno. Caso se eliminassem todas as proibições e se sujeitassem todos os produtos estrangeiros manufaturados a impostos moderados, que, como sabemos por experiência, permitem a cada artigo gerar o máximo de receita pública, então seria ainda possível a nossos próprios trabalhadores usufruir uma vantagem considerável no mercado interno e ao Estado retirar uma grande receita de uma série de artigos de importação, dos quais alguns não geram, atualmente, nenhuma receita, enquanto outros geram uma receita bastante insignificante.

Ora diminuindo o consumo das mercadorias tributadas, ora estimulando a entrada ilegal de mercadorias, os altos imde consumo, provavelmente se faria uma economia ainda maior nas despesas anuais das taxas de aduana.

Em segundo lugar, tais impostos necessariamente criam algum entrave ou desestímulo a certos setores da indústria. Na medida em que sempre provocam uma elevação no preço da mercadoria tributada, desestimulam seu consumo e, conseqüentemente, sua produção. Caso se trate de um produto ou de uma manufatura para consumo local, seu cultivo e produção darão emprego a um menor contingente de mão-de-obra. Caso se trate de manufatura estrangeira cujo preço seja assim aumentado pelo imposto, as mercadorias de mesma espécie que sejam produzidas no próprio país poderão, de fato, conquistar alguma vantagem no mercado interno, e portanto uma quantidade maior de mão-de-obra nacional poderá se voltar para a preparação dessas mercadorias. Mas, embora o aumento de preço de uma mercadoria estrangeira comumente estimule o trabalho interno do país num setor específico, necessariamente representa um desestímulo ao trabalho de todos os outros países. Quanto mais caro custar para o manufator de Birmingham o vinho estrangeiro, mais barata, necessariamente, venderá aquela parcela das ferragens com a qual, ou, o que vem a ser o mesmo, com o preço da qual compra o vinho. Essa parcela das ferragens se torna menos valiosa para ele, e portanto ele se sente menos estimulado a utilizá-la em seu trabalho. Quanto mais caro custar para os consumidores de um país o excedente da produção de um outro, mais barato necessariamente venderão aquela parte de seu próprio excedente de produção com a qual, ou, o que vem a ser o mesmo, com o preço da qual, a compram. Essa parte de seu próprio excedente de produção se torna menos valiosa para eles, o que os faz sentir menos estimulados a aumentar a quantidade desse excedente. Assim, todos os impostos incidentes sobre bens de consumo tendem a reduzir, abaixo do que do contrário poderia ser, o contingente de mão-de-obra produtiva empregada quer na preparação das mercadorias tributadas, caso sejam produzidas no país, quer na preparação das mercadorias com as quais estas são compradas, se são mercadorias estrangeiras. Além disso, esses impostos sempre alteram, em maior ou menor medida, a direção natural da indústria nacional, e a forçam a seguir por canais sempre diferentes, e em geral menos vantajosos, daqueles em que teria seguido espontaneamente.

Em terceiro lugar, a esperança de sonegar esses impostos por meio do contrabando freqüentemente dá ensejo a confiscos e outras punições que arruinam completamente o contrabandista. Pois este homem, embora sem dúvida seja censurável no mais alto grau por violar as leis de seu país, muitas vezes é incapaz de violar as leis da justiça natural, e seria, sob todos os aspectos, um excelente cidadão, não tivessem as leis do país tornado crime ações que a natureza jamais pretendeu incriminar. Nos governos corrompidos em que nem sequer existem a suspeita generalizada de uma profusão de gastos desnecessários e a malversação da receita pública, são pouco respeitadas as leis que protegem essa receita. Poucos são os que têm escrúpulos de praticar o contrabando, quando podem, sem cometer perjúrio, encontrar uma oportunidade fácil e segura de assim agir. Na maioria dos países, simular escrúpulos quanto à compra de mercadorias contrabandeadas, a despeito do claro incentivo à violação das leis fiscais e ao perjúrio que essa violação quase sempre traz em seu bojo, seria considerado como uma dessas pedantes mostras de hipocrisia que, em vez de conferir crédito a alguém, servem apenas para expor a pessoa que afeta praticá-las à suspeita de ser mais velhaco do que seus semelhantes. Graças a essa indulgência do público, o contrabandista é com freqüência incentivado a continuar um comércio que então aprendeu a considerar como coisa até certo ponto inocente; e, quando está prestes a sofrer os rigores da lei fiscal, não raro se dispõe a defender com violência o que se acostumou a ver como sua justa propriedade. Com demasiada freqüência, esse homem que a prin-

LIVRO V

cípio talvez fosse mais imprudente que criminoso passa a ser um dos mais implacáveis e determinados violadores das leis da sociedade. Por causa da ruína do contrabandista, seu capital, que antes havia sido empregado para manter mão-de-obra produtiva, encontra-se absorvido ou na receita do Estado, ou nos rendimentos de um funcionário do fisco, sendo então empregado para manter mão-de-obra improdutiva, em detrimento do capital geral da sociedade e de outros trabalhos úteis que esse capital poderia colocar em atividade.

Em quarto lugar, ao sujeitarem os comerciantes – ou pelo menos os que negociam mercadorias tributadas – às assíduas visitas e à odiosa inspeção dos coletores de impostos, sem dúvida esses impostos os expõem às vezes a algum grau de opressão e sempre a muita tribulação e vexação. Ora, como já se disse, embora a vexação não seja um custo, no sentido estrito da palavra, certamente equivale ao custo em que todo homem estaria disposto a incorrer para se redimir*. A legislação fiscal relativa ao consumo, ainda que mais eficaz para alcançar a finalidade pela qual foi instituída, é, a esse respeito, mais vexatória que a legislação aduaneira. Depois de importar mercadorias sujeitas a certos impostos, depois de pagar tributos alfandegários e de depositar as mercadorias em seus armazéns, o comerciante não mais está, na maioria das vezes, suscetível a novas tribulações e vexações da parte do funcionário das aduanas. O mesmo não ocorre no que diz respeito às mercadorias sujeitas aos impostos de consumo. As constantes visitas e inspeções dos funcionários responsáveis pela arrecadação desses impostos jamais dão trégua ao negociante. Por essa razão, os impostos de consumo são mais impopulares do que os tributos alfandegários, e o mesmo vale para os funcionários que os arrecadam. Ainda que talvez estes fun-

---

* Conferir, *supra*, Livro V, Capítulo II, Parte I. (N. T.)

cionários em geral cumpram seu dever tão bem como os funcionários das aduanas, todavia, como o mais das vezes esse dever os obriga a importunar demasiadamente alguns de seus concidadãos, adquirem, segundo se acredita, uma dureza de caráter que aqueles outros com freqüência não têm. É bastante provável, contudo, que essa observação não passe de mera sugestão dos negociantes fraudadores, cujo contrabando é impossibilitado ou detectado pela diligência desses funcionários.

Porém, esses inconvenientes, que talvez sejam, em alguma medida, inseparáveis dos impostos sobre bens de consumo, não são mais pesados para a população da Grã-Bretanha do que para a população de um país qualquer, cujo governo seja quase tão dispendioso como o nosso. Nosso Estado não é perfeito, e seria possível emendá-lo; mas é um Estado tão bom ou até mesmo melhor que o da maioria de nossos vizinhos.

Como resultado da opinião segundo a qual os impostos de importação incidentes sobre bens de consumo seriam impostos sobre os lucros dos comerciantes, tais impostos têm sido repassados por ocasião de cada venda sucessiva de mercadorias. Se fossem tributados os lucros do importador ou do comerciante manufator, a igualdade pareceria exigir que também fossem tributados os lucros de todos os compradores que servem como intermediários entre um dos dois e o consumidor. É sobre esse princípio que parece se basear o célebre *alcavala* da Espanha. De início, este era um imposto de 10%; mais tarde passou a 14% e atualmente representa apenas 6% sobre a venda de toda espécie de propriedade, mobiliária ou imobiliária, e reincide todas as vezes em que a propriedade é vendida[29]. A arrecadação desse imposto exige uma multidão de fiscais da receita, que seja suficiente para vigiar o transporte de

---

29. J. L. Moreau de Beaumont, *Mémoires concernant les droits* etc., vol. I, p. 455.

LIVRO V

mercadorias não apenas de uma província a outra, mas de uma loja a outra. O imposto sujeita não somente os que negociam algumas espécies de bens, mas todos os negociantes em geral, todos os rendeiros, todos os manufatores, todos os comerciantes e donos de lojas, às constantes visitas e inspeções dos coletores de impostos. Em quase toda a extensão de um país em que vigore um imposto desse gênero, nada se pode produzir para a venda destinada a mercados afastados; a produção de cada região do país necessariamente se torna proporcional ao consumo das vizinhanças. É exatamente por isso que Ustariz culpa o *alcavala* pela ruína das manufaturas da Espanha. Também poderia imputar-lhe o declínio da agricultura, uma vez que incide não apenas sobre as manufaturas, mas sobre o produto bruto da terra.

No reino de Nápoles existe um imposto semelhante de 3% sobre o valor de todos os contratos e, por conseguinte, sobre o valor de todos os contratos de venda. É menos elevado do que o imposto espanhol; além disso, faculta-se à maior parte das cidades e paróquias o pagamento de uma quantia ajustada em lugar desse imposto. Arrecadam essa quantia da forma que mais lhes convém, geralmente de modo que não interrompa o comércio interior da região. Portanto, o imposto napolitano nem de perto é tão ruinoso como o espanhol.

A uniformidade no sistema tributário, que, com poucas exceções, vigora em todas as diferentes regiões da Grã-Bretanha, deixa quase completamente livre o comércio interno do país, isto é, o comércio entre as províncias e o comércio costeiro. O comércio entre as diferentes províncias é quase perfeitamente livre, e se pode transportar a maior parte das mercadorias de uma extremidade a outra do país sem que seja necessário alguma permissão ou salvo-conduto, e sem que se esteja sujeito a questionários, visitas ou inspeções por parte dos fiscais da receita. Há poucas exceções, porém não são tão significativas a ponto de interromper algum importante setor do comércio interno do país. Quanto aos gêneros transportados ao longo da costa, exigem, efetivamente, certificados ou guias de alfândega. Mas, se excetuarmos o carvão, quase todas as demais mercadorias estão isentas de impostos. Essa liberdade de comércio interno, efeito da uniformidade do sistema tributário, talvez seja uma das principais causas da prosperidade da Grã-Bretanha, já que todo grande país é, necessariamente, o melhor e mais extenso mercado para a maioria dos produtos da indústria nacional. Se, como conseqüência da mesma uniformidade, fosse possível estender a mesma liberdade à Irlanda e às colônias, provavelmente a um só tempo a grandeza do Estado e a prosperidade de cada região do império seriam ainda maiores do que são hoje.

Na França, as diferentes leis fiscais vigentes nas diversas províncias exigem uma multidão de fiscais da receita para vigiar não apenas as fronteiras do reino, mas também as fronteiras de quase todas as províncias específicas, seja a fim de impedir a importação de determinados bens, seja para sujeitar a importação ao pagamento de certos tributos alfandegários. A interrupção que isso representa para o comércio interior do país não é nada desprezível. Algumas províncias têm permissão de fazer um ajuste para o pagamento da *gabelle* ou imposto do sal. Outras estão absolutamente isentas desse pagamento. Algumas províncias estão isentas da venda exclusiva de tabaco, o que faz a alegria dos arrematantes de rendas públicas por quase todo o reino. As *aides*, que correspondem ao imposto de consumo na Inglaterra, variam consideravelmente de uma província a outra. Algumas províncias estão isentas delas, e pagam uma alíquota ou equivalente. Nas províncias em que tais impostos estão em vigor e são cobrados em renda, existem muitos impostos locais que não se estendem além de uma cidade ou de um distrito específico. As *traites*, que correspondem ao nosso tributo alfandegário, dividem o reino em três grandes regiões: primeiro, as províncias sujeitas à tarifa de 1664, que são denominadas "províncias das cinco grandes rendas", e incluem a Picardia, a Normandia e a maior parte das províncias do interior do país; segundo, as províncias sujeitas à tarifa de 1667, que são consideradas como "províncias estrangeiras", e incluem a maior parte das províncias fronteiriças; finalmente, terceiro, as províncias que, segundo se considera, devem ser "tratadas como estrangeiras", ou seja, que, por terem permissão de livre-comércio com países estrangeiros, em seu comércio com outras províncias francesas estão sujeitas às mesmas taxas alfandegárias dos outros países estrangeiros. São elas: a Alsácia, as três dioceses de Metz, Toul e Verdun, e as três cidades de Dunquerque, Bayonne e Marselha. Tanto nas "províncias das cinco grandes rendas" (assim chamadas em razão de uma antiga divisão dos impostos de importação em cinco grandes setores, cada um dos quais estava, originalmente, sujeito a uma renda específica, embora atualmente estejam todos reunidos num único), como nas "províncias consideradas como estrangeiras", existem muitos impostos locais que não se estendem para além de uma cidade ou de um distrito determinado. Alguns desses impostos existem até mesmo nas assim chamadas "províncias tratadas como estrangeiras", particularmente na cidade de Marselha. É desnecessário observar até que ponto as restrições ao comércio interior do país e o número de oficiais da receita devem se multiplicar a fim de guardar as fronteiras desses diferentes distritos e províncias que estão sujeitos a esses distintos sistemas tributários.

Além das restrições gerais resultantes desse complicado sistema de legislação fiscal, o comércio de vinho, que, depois do trigo, talvez seja o mais importante produto da França, está na maioria das províncias sujeito a restrições específicas, resultantes do favor demonstrado às vinícolas de determinadas províncias e distritos, em detrimento de outras. A meu ver, se verificará que províncias mais famosas por seus vinhos são aquelas em que o comércio de vinhos está sujeito às menores restrições dessa espécie. O amplo mercado de que desfrutam essas províncias incentiva a boa administração, tanto do cultivo das vinhas, como na subseqüente preparação dos vinhos.

Essa legislação fiscal incerta e complicada não é exclusiva da França. O pequeno ducado de Milão se divide em seis províncias, e em cada uma delas vigora um diferente sistema tributário em relação às várias espécies de bens de consumo. Os territórios ainda menores do duque de Parma se dividem em três ou quatro províncias, e, do mesmo modo, cada uma delas tem um sistema próprio. Com uma administração assim tão absurda, nada, além da grande fertilidade do solo e felicidade do clima, poderia impedir essas regiões de recair em pouco tempo na mais baixa condição de pobreza e barbarismo.

É possível arrecadar os impostos sobre bens de consumo quer por uma administração cujos funcionários sejam nomeados pelo governo e prestem contas diretamente a esse governo – nesse caso, a arrecadação deve variar de um ano a outro, de acordo com as variações ocasionais no produto dos impostos –, quer esses impostos sejam arrendados mediante uma quantia fixa anual, e então o rendeiro tem autorização para indicar seus próprios funcionários, os quais, embora obrigados a arrecadar o imposto segundo as formas prescritas por lei, estão sob direta inspeção desse rendeiro e devem prestar contas diretamente a ele. O melhor e mais frugal meio de arrecadar um imposto jamais pode ser por arrendamento. Além do que é necessário para pagar a renda estipulada, os salários dos funcionários e todas as despesas de administração, o rendeiro deve sempre deduzir do produto dos impostos um certo lucro, no mínimo proporcional aos pagamentos adiantados que faz, ao risco que corre, ao incômodo que sofre e ao conhecimento e à habilidade que a administração de tão complexa atividade exige. Ao instituir uma administração sujeita à sua inspeção direta, do mesmo tipo que a implantada pelo rendeiro, o governo poderia ao menos economizar esse lucro, que é quase sempre exorbitante. Para arrendar qualquer ramo considerável da receita pública, é necessário ou um grande capital, ou um grande crédito – fatores que são suficientes para restringir a concorrência em tal empreendimento a um número muito reduzido de pessoas. Dos poucos que dispõem de capital ou crédito desse porte, um número ainda menor possui o conhecimento ou a experiência necessários – outro fator que restringe ainda mais a concorrência. Os pouquíssimos que estiverem em condições de competir consideram que seja mais conforme a seu interesse associar-se, tornar-se sócios, não concorrentes, de tal modo que, quando o arrendamento for levado a leilão, possam oferecer uma renda muito abaixo do valor real. Nos países em que a receita pública é arrendada, os rendeiros costumam ser as pessoas mais opulentas. Sua riqueza bastaria, por si só, para suscitar a indignação pública, e a vaidade que quase sempre acompanha essas fortunas súbitas, a tola ostentação com que esses rendeiros comumente exibem a riqueza, suscita indignação ainda maior.

Os rendeiros da receita pública jamais consideram demasiado rigorosas as leis que punem qualquer tentativa de sonegação fiscal. Não têm estômago para os contribuintes: estes não são seus súditos e poderiam ir todos à falência um dia depois de expirar o prazo do arrendamento, que isso não afetaria demais os interesses dos rendeiros. Nas maiores exigências do Estado, quando é inevitável que a preocupação do soberano pelo pagamento estrito de sua receita seja a maior, os rendeiros raras vezes deixam de se queixar que, sem leis mais severas do que as já vigentes, será impossível para eles pagar até mesmo a parte costumeira da renda. Nesses momentos de calamidade pública, não há como contestar suas exigências. Em conseqüência, a legislação fiscal vai se tornando, aos poucos, cada vez mais rigorosa. É nos países em que a maior parte da receita pública está arrendada que sempre vigoram as mais sanguinárias leis fiscais; ao contrário, as mais brandas se encontram nos países em que a receita é arrecadada sob a inspeção direta do soberano. Um soberano, mesmo que mau, sente por seu povo uma compaixão maior do que é de esperar dos rendeiros da receita. O soberano sabe que a grandeza permanente de sua família depende da prosperidade de seu povo, e jamais desejará arruinar intencionalmente as fontes dessa prosperidade em nome de algum momentâneo interesse próprio. O mesmo não ocorre com os rendeiros da receita pública, cuja grandeza pode freqüentemente ser efeito, não da prosperidade, mas da ruína do povo.

Algumas vezes é possível não apenas arrendar um imposto por uma quantia fixa, mas que o rendeiro tenha, além disso, um monopólio da mercadoria tributada. É assim que se arrecadam na França os impostos sobre o tabaco e o sal. Nesses casos o rendeiro recolhe, em vez de um, dois exorbitantes lucros: o lucro do rendeiro e o lucro, ainda mais exorbitante, do monopolista. Como o tabaco é artigo de luxo, todo homem tem a faculdade de comprá-lo ou não, conforme queira. Ora, mas o sal é artigo de primeira necessidade, e por isso todo homem está obrigado a comprar do rendeiro uma determinada quantidade desse artigo; do contrário, isto é, se não comprar essa quantidade do rendeiro, presume-se que há de comprá-la de algum contrabandista. São exorbitantes os impostos incidentes sobre os dois artigos. Conseqüentemente, a tentação de praticar contrabando é, para muitas pessoas, irresistível; ao mesmo tempo, porém, é quase certo que o rigor da lei, bem como a vigilância dos funcionários do rendeiro, levarão à ruína quem ceder a essa tentação. A cada ano, o contrabando de sal e tabaco manda às galés vários milhares de pessoas, além de um número considerável que manda para o patíbulo. Os impostos que são assim arrecadados geram uma receita bastante vultosa ao governo. Em 1767, o arrendamento de tabaco gerou 2.541.278 libras por ano; o do sal, 36.494.404 libras. Nos dois casos, o arrendamento devia começar em

1768 e durar seis anos. Aqueles para os quais o sangue do povo nada vale se comparado à receita do príncipe talvez aprovem esse método de arrecadar impostos. Impostos e monopólios similares sobre o sal e o tabaco foram instituídos em muitos outros países, particularmente nos domínios austríacos e prussianos, e na maior parte dos Estados da Itália.

Na França, a maior parte da receita efetiva da Coroa provém de oito diferentes fontes: a talha, a capitação, os dois *vingtièmes*, as *gabelles*, as *aides*, as *traites*, a *domaine* e o arrendamento do tabaco. Na maior parte das províncias, os cinco últimos impostos estão arrendados; os três primeiros são, em todos os lugares, arrecadados por uma administração, sob a inspeção e alçada direta do governo, e todos admitem que, em proporção ao que tiram dos bolsos do povo, contribuem mais para o tesouro do príncipe do que os outros cinco, cuja administração é muito mais ruinosa e cara.

No estado em que atualmente se encontram, as finanças da França parecem suscetíveis de três reformas bastante simples. Em primeiro lugar, suprimindo-se a talha e a capitação, e aumentando do número dos *vingtièmes*, de modo que se gerasse uma receita suplementar equivalente ao montante de todos esses outros impostos, seria possível diminuir consideravelmente o custo da arrecadação e impedir completamente a vexação que a talha e a capitação provocam na gente de classe inferior; além disso, as classes superiores não seriam mais sobrecarregadas do que, em sua maioria, já são atualmente. Já fiz observar que o *vingtième* é um imposto bastante semelhante ao imposto territorial arrecadado na Inglaterra. A carga tributária da talha, como todos reconhecem, incide, ao final, sobre os proprietários de terras; e, como a maior parte da capitação é recolhida aos que estão sujeitos à talha, à proporção de 1 libra por talha, o pagamento final da maior parte da capitação deve igualmente incidir sobre a mesma classe de pessoas – os proprietários de terras. Assim, mesmo que se aumentasse o número dos *vingtièmes* para que gerasse uma receita suplementar equivalente ao montante da talha e da capitação, possivelmente as classes superiores não estariam sujeitas a uma carga fiscal mais elevada do que a atual. Mas muitos outros indivíduos, por sua vez, estariam sujeitos à elevação da carga fiscal, em razão das grandes desigualdades comumente geradas pela incidência da talha sobre as terras e arrendamentos de vários proprietários. O interesse e a oposição desses súditos favorecidos são, muito provavelmente, os maiores obstáculos a essa ou a qualquer outra reforma que tenha a mesma finalidade. Em segundo lugar, se em todas as diferentes regiões do reino a *gabelle*, as *aides*, as *traites*, os impostos sobre o tabaco, bem como todos os diferentes impostos de importação e de consumo, obedecessem a um regime uniforme, então seria possível arrecadar esses impostos a um custo muito menor, o que tornaria o comércio interior do reino tão livre como o da Inglaterra. Em terceiro e último lugar, se a administração de todos esses impostos estivesse submetida à inspeção e alçada direta do governo, seria possível acrescentar à receita do Estado os lucros exorbitantes dos arrematantes de rendas públicas. É provável que a oposição suscitada pelo interesse privado dos indivíduos seja tão eficaz para impedir a aprovação destes dois projetos de reforma, como foi para impedir a aprovação do primeiro.

Sob todos os aspectos, o sistema francês de tributação parece inferior ao britânico. Na Grã-Bretanha, arrecadam-se anualmente 10 milhões de libras esterlinas sobre uma população de menos de 8 milhões de pessoas, e não se pode afirmar que uma classe específica sofra opressão. De acordo com as compilações do abade Expilly e as observações do autor de *Ensaio sobre a legislação e o comércio de trigo*, parece provável que a população da França, incluindo-se as províncias de Lorena e Bar, seja de aproximadamente 23 ou 24 milhões de pessoas – número possivelmente três vezes superior à população da Grã-Bretanha. O solo e o clima da França são melhores do que os da Grã-Bretanha. Na França, o progresso do cultivo e da indústria data de uma época muito mais remota, e esse país conta, por essa razão, com todas aquelas coisas que exigem um longo período de tempo para se produzir e acumular, tais como, grandes cidades, casas confortáveis e bem construídas, tanto na cidade como no campo. Com todas essas vantagens, era de esperar que a manutenção do Estado francês exigisse uma receita de 30 milhões, quantia que se poderia arrecadar com a mesma facilidade com que se arrecadam 10 milhões na Grã-Bretanha. Em 1765 e 1766, a receita total gerada ao Tesouro da França, de acordo com os melhores cálculos que pude obter (ainda que esses cálculos sejam, admito, bastante imperfeitos), normalmente oscilou entre 308 e 325 milhões de libras francesas. Ou seja, a receita total não atingiu 15 milhões de libras esterlinas, nem sequer a metade do que era de esperar, relativamente à população, se os franceses tivessem contribuído na mesma proporção que os britânicos. E, no entanto, em todos os lugares se admite que o povo da França é muito mais oprimido pelos impostos do que o povo da Grã-Bretanha. Apesar disso, dentre todos os grandes impérios da Europa, a França é indubitavelmente, depois da Grã-Bretanha, o que goza do governo mais brando e indulgente.

Na Holanda, conta-se que os elevados impostos incidentes sobre artigos de primeira necessidade arruinaram as principais manufaturas, e é provável que gradualmente venham a desestimular a pesca e a construção naval. Na Grã-Bretanha, os impostos sobre artigos de primeira necessidade são insignificantes, e até o momento não levaram à ruína nenhuma manufatura. Os impostos britânicos que mais pesam sobre as manufaturas são os que incidem sobre a importação de matéria-prima, particularmente sobre a seda em rama. Na Holanda, porém, a receita dos Estados Gerais e das diferentes cidades é superior, segundo se afirma, a 5.250 milhões de libras esterlinas. Ora, se a população das Províncias Unidas equivale, conforme é possível supor, a cerca de um terço da população da Grã-Bretanha, então os habitantes da Holanda pagam, guardadas as proporções, uma carga tributária muito mais elevada.

Depois de exauridos todos os objetos próprios à tributação, caso as exigências do Estado continuarem a reclamar novos impostos, é preciso lançar impostos sobre objetos impróprios à tributação. Portanto, os impostos sobre artigos de primeira necessidade não podem constituir impedimento à sabedoria da República, que, a fim de adquirir e conservar sua independência, precisou se envolver, a despeito de sua extrema frugalidade, em guerras tão caras que foi obrigada a contrair imensas dívidas. Além disso, países tão singulares como a Holanda e a Zelândia exigem até mesmo uma despesa considerável para conservar sua existência, ou seja, para evitar que sejam tragadas pelo mar; isso sem dúvida deve ter contribuído para aumentar em muito a carga tributária nessas duas províncias. A forma republicana de governo parece ser a principal base da grandeza atual da Holanda. Os proprietários de grandes capitais, as grandes famílias de comerciantes, costumam ter na administração desse governo ou uma participação direta ou uma influência indireta. Em nome do respeito e da autoridade que essa situação lhes proporciona, dispõem-se a viver num país em que seu capital lhes gera lucros menores, se eles mesmos o investem, e juros menores, se eles mesmos o emprestam; num país, além disso, no qual o rendimento bastante módico que retiram de seu capital lhes permitirá comprar uma quantidade de artigos necessários e úteis à vida muito menor do que seria possível comprar em qualquer outra região da Europa. Apesar de todas essas desvantagens, a residência dessas pessoas ricas necessariamente mantém no país um certo grau de atividade. Qualquer calamidade pública que destruísse a forma republicana de governo, que lançasse toda a administração nas mãos dos nobres e dos soldados, que aniquilasse inteiramente o prestígio desses ricos comerciantes, logo faria que eles não mais tivessem prazer em viver num país onde não mais poderiam esperar que os tratassem com grande respeito. Em pouco tempo transfeririam suas residências e seus capitais para algum outro país, e então em breve a indústria e o comércio da Holanda seguiriam os capitais aos quais deviam sua atividade.

CAPÍTULO 3

Das dívidas públicas

Quando a sociedade ainda está naquele primitivo estágio que precede a ampliação do comércio e o aprimoramento das manufaturas, quando são totalmente desconhecidos os caros artigos de luxo que apenas o comércio e as manufaturas podem introduzir, então, como procurei mostrar no Livro III desta *Investigação*, aquele que possua uma renda elevada não tem outra maneira de gastá-la ou desfrutá-la que não seja empregando-a na manutenção de um número de pessoas aproximadamente igual ao que essa renda manteria. Pode-se dizer que uma renda elevada consiste, a todo o tempo, no domínio de uma grande quantidade de coisas necessárias à vida. Nesse primitivo estado de coisas, era comum pagar essa alta renda sob a forma de uma grande quantidade de artigos de primeira necessidade, nas matérias-primas dos alimentos simples e das rudes vestimentas, no cereal e no gado, na lã e nas peles cruas. Quando nem o comércio nem as manufaturas fornecem objetos pelos quais o proprietário possa trocar a maior parte dessas matérias-primas que excedem seu consumo individual, tudo o que ele pode fazer com o excedente é alimentar e vestir quase o mesmo número de pessoas que essa renda conseguiria vestir e alimentar. Nesse estado de coisas, as principais despesas dos ricos e eminentes são geradas por uma hospitalidade sem luxos e por uma generosidade sem os-

LIVRO V 1163

tentação. Ora, como também já tratei de mostrar naquele mesmo Livro, é pouco provável que essas despesas levem alguém à ruína. Por outro lado, talvez não exista nenhum prazer egoísta tão frívolo cuja busca não tenha levado algumas vezes à ruína até mesmo homens sensatos. A paixão por brigas de galos já levou muitos à ruína. No entanto, creio que não sejam muitos os casos de pessoas que se tenham arruinado por essa espécie de hospitalidade ou generosidade, ainda que muitos já se tenham arruinado por causa de uma hospitalidade luxuosa ou de uma generosidade ostentadora. Entre nossos antepassados feudais, o longo período de tempo durante o qual as propriedades costumavam permanecer na mesma família é prova suficiente da disposição generalizada do povo a viver de acordo com sua renda. Embora a rústica hospitalidade constantemente praticada pelos grandes proprietários não pareça, a nós que vivemos hoje, compatível com essa ordem de pessoas, que tendemos a considerar como inseparavelmente associadas à verdadeira economia, somos obrigados a convir que se tratava de gente suficientemente frugal, pelo menos para não dissipar toda a sua renda. Em geral, tinham a oportunidade de vender em troca de dinheiro uma parte de suas lãs e peles cruas. Talvez tenham gastado parte desse dinheiro na compra dos poucos objetos capazes de satisfazer sua vaidade e seu desejo de luxo que então podiam encontrar; no entanto, o mais das vezes parecem ter reservado alguma parte desse dinheiro. De fato, não podiam fazer outra coisa senão reservar todo o dinheiro que conseguissem poupar. Praticar o comércio constituía desonra para um cavalheiro, e muito mais desonroso seria emprestar dinheiro a juros, o que então era considerado crime de usura proibido por lei. Naqueles tempos de violência e desordem, além disso, era conveniente ter à mão um tesouro em dinheiro, para que, no caso de serem expulsos de suas próprias casas, pudessem levar consigo algo de reconhecido valor até um lugar seguro. A mesma violência que tornou conveniente entesourar dinheiro tornou também recomendável esconder o tesouro. A grande quantidade de tesouros encontrados, isto é, de tesouros cujos donos eram ignorados, constitui uma prova bastante clara do costume que então existia de guardar e de esconder tesouros. A descoberta de tesouros era, naqueles tempos, uma importante fonte de receita para o soberano. Hoje em dia, mesmo todos os tesouros encontrados do reino talvez nem sequer constituíssem uma fonte importante do rendimento de um cavalheiro, dono de uma razoável propriedade.

Soberanos e súditos eram igualmente dominados pela disposição a poupar e entesourar dinheiro. Já observei no Livro IV que, entre as nações que pouco conhecem o comércio e as manufaturas, a condição do soberano é tal que naturalmente o predispõe à parcimônia necessária à acumulação. Nessa condição, as despesas, até mesmo as do soberano, não podem se nortear pela encantadora vaidade que sobressai no vistoso refinamento da Corte. Pouquíssimas das ninharias que constituem esse refinamento são fornecidas pelas épocas de ignorância. Exércitos permanentes não são então necessários, de modo que mesmo as despesas do soberano, assim como a de qualquer outro grande senhor, não podem consistir em outra coisa que não a generosidade para com seus foreiros e a hospitalidade para com seus dependentes. Ora, enquanto a bondade e a hospitalidade muito raramente levam à extravagância, a vaidade quase sempre a isso conduz. Portanto, quase todos os antigos soberanos da Europa possuíam tesouros, como já observei. Ainda hoje, segundo se afirma, todo chefe tártaro continua a possuir um.

Num país comercial onde exista em abundância toda espécie dos mais caros artigos de luxo, o soberano, assim como quase todos os grandes proprietários de seus domínios, naturalmente gasta uma grande parte de sua receita na compra desses artigos de luxo. Seu país e os países vizinhos lhe fornecem uma farta quantidade dessas valiosas bagatelas que compõem o esplêndido, mas insignificante, fausto de uma Corte. Em nome de um fausto de mesmo gênero, ainda que de ordem inferior, seus nobres dispensam os criados, liberam seus foreiros de toda a dependência, e vão aos poucos se tornando tão insignificantes como a maior parte dos ricos burgueses de seus domínios. As mesmas frívolas paixões que influenciam a conduta desses nobres influenciam a do soberano. Com efeito, como se poderia supor que ele fosse, entre todos os homens ricos de seus domínios, o único a permanecer insensível a essa espécie de prazeres? Supondo-se que não dispense a esses prazeres, como provavelmente acontecerá, uma parte tão considerável de sua receita a ponto de enfraquecer brutalmente o poder defensivo do Estado, não é de esperar que deixe de dispensar a eles aquilo que excede o necessário para manter esse poder defensivo. Sua despesa habitual se torna idêntica a sua receita normal, e será muito bom se não a exceder. Não mais é preciso esperar que o soberano acumule tesouros, e, quando necessidades extraordinárias exigirem despesas igualmente extraordinárias, deverá convocar seus súditos e lhes pedir auxílio extraordinário. Desde a morte de Henrique IV da França em 1610, o atual e o falecido rei da Prússia* são os únicos grandes príncipes da Europa que se supõe tenham amealhado um tesouro considerável. A parcimônia que leva à acumulação se tornou quase tão rara nos governos republicanos como nos monárquicos. As repúblicas italianas, as Províncias Unidas da Holanda, estão todas endividadas. O cantão de Berna é a única república da Europa que amealhou um tesouro considerável. As outras repúblicas suíças não conseguiram esse feito. É comum que o gosto por um fausto qualquer, pelo menos por edifícios esplêndidos e outros ornamentos públicos, predomine tanto no aparentemente sóbrio senado de uma pequena república como na dissipada Corte do mais insigne rei.

---

* Frederico Guilherme I e seu filho, Frederico II, o Grande. (N. T.)

A falta de parcimônia em tempos de paz impõe a necessidade de contrair dívidas em tempos de guerra. Quando sobrevém a guerra, não há nenhum dinheiro no Tesouro além do que é necessário para cobrir a despesa normal das forças armadas, cujo contingente é reduzido em tempos de paz. Nos tempos de guerra, a defesa do Estado exige um contingente três ou quatro vezes superior a essa despesa e, por conseguinte, também uma receita três ou quatro vezes superior à receita dos tempos de paz. Mesmo supondo-se que o soberano dispusesse – o que raramente acontece – de meios imediatos para aumentar sua arrecadação proporcionalmente ao aumento de suas despesas, talvez o produto dos impostos, dos quais se deverá retirar esse aumento da receita, não comece a entrar no Tesouro antes de dez ou doze meses após terem sido instituídos tais impostos. Mas no momento em que inicia a guerra, ou melhor, no momento mesmo em que a guerra ameaça iniciar-se, é necessário que já se tenha aumentado o efetivo do exército; as esquadras precisam estar equipadas, as praças-fortes devem estar guarnecidas de armas, munições e provisões. Há que se incorrer numa imediata e imensa despesa nesse momento de perigo imediato, despesa que não aguardará pelos lentos e graduais pagamentos dos novos impostos. Nessa situação de emergência, o governo pode não dispor de outro recurso senão o empréstimo.

Esse mesmo estágio de atividade comercial em que se encontra a sociedade, esse estágio que, pela ação de causas morais, submete o governo à necessidade de tomar empréstimos, faz nascer também entre os súditos os meios e a tendência a conceder empréstimos. Se usualmente esse estágio traz em seu bojo a necessidade de tomar empréstimos, traz também a facilidade de concedê-lo.

Um país que seja abundante em comerciantes e manufatores necessariamente tem em abundância um grupo de pessoas pelas mãos das quais passam seus próprios capitais, bem como os capitais de todas as outras pessoas que ou lhes emprestam seu dinheiro ou lhes confiam bens, com a mesma ou superior freqüência com a qual o rendimento passa pelas mãos de um indivíduo privado que se limite a viver com sua renda, não se dedicando a nenhum comércio ou atividade. É possível que o rendimento deste homem passe regularmente por suas mãos apenas uma vez por ano. Mas o montante total do capital e do crédito de um comerciante, que negocia numa atividade cujos retornos são bastante rápidos, passa por suas mãos duas, três ou quatro vezes por ano. Portanto, um país em que exista uma abundância de comerciantes e manufatores necessariamente possui em abundância um grupo de pessoas que a todo o momento têm o poder de adiantar, se assim quiserem, uma vultosa soma de dinheiro ao governo. Daí provêm, entre os súditos de uma sociedade comercial, os meios para conceder empréstimos.

É raro que o comércio e as manufaturas floresçam por muito tempo num Estado que não usufrua de uma administração regular da justiça, no qual o povo não sinta a posse de sua propriedade perfeitamente assegurada, no qual a palavra empenhada nos contratos não tenha o amparo da lei*, e no qual não se supõe que a autoridade do Estado tenha o poder de obrigar ao pagamento das dívidas todos aqueles que têm condições de pagá-las. Em suma, o comércio e as manufaturas raramente conseguem florescer num Estado em que a justiça do governo não inspira um certo grau de confiança. A mesma confiança que, em ocasiões normais, leva os grandes comerciantes e manufatores a confiar sua propriedade à proteção de um governo específico leva-os, nas ocasiões extraordinárias, a confiar a esse governo o uso mesmo de sua propriedade. Ao emprestar dinheiro ao governo, eles não restringem, nem por um momento, os meios de gerir seus comércios e manufaturas.

---

* No original, *"in which the faith of contracts is not supported by law"*. (N. T.)

Pelo contrário, comumente os expandem. As exigências do Estado fazem que o governo se disponha, na maior parte das ocasiões, a tomar empréstimos em condições extremamente vantajosas ao emprestador. Os títulos que o Estado oferece ao credor original tornam-se transferíveis a qualquer outro credor, e, em virtude da confiança universal na justiça do Estado, são em geral vendidos no mercado por um valor superior ao que havia sido originalmente pago por eles. O comerciante ou o homem rico gera dinheiro emprestando ao governo, o que, em vez de diminuir, aumenta seu capital comercial. Portanto, o mais das vezes ele considera como um favor da administração pública ser admitido como participante da primeira subscrição para um novo empréstimo. Daí a inclinação ou desejo dos súditos de um Estado comercial para emprestar dinheiro.

O governo de tal Estado está bastante propenso a confiar nos meios ou na boa vontade dos súditos a lhe emprestar seu dinheiro em ocasiões extraordinárias. Assim, prevendo a facilidade de tomar empréstimos, o governo se dispensa da obrigação de poupar.

Num estágio primitivo de sociedade não existem grandes capitais a se aplicar no comércio ou nas manufaturas. Os indivíduos que entesouram todo o dinheiro que puderem poupar, e que escondem seu tesouro, não têm outra razão para agir assim senão a desconfiança na justiça do governo, o medo de serem pilhados, caso alguém venha a saber da existência desse tesouro e do lugar onde está escondido. Nesse estado de coisas, poucas pessoas conseguiriam, e nenhuma desejaria, emprestar seu dinheiro ao governo em ocasiões extraordinárias. O soberano percebe que necessita se precaver contra essas exigências poupando, porque antevê a absoluta impossibilidade de tomar empréstimos. Essa previsão faz aumentar ainda mais sua disposição natural a poupar.

O progresso dessas enormes dívidas que atualmente oprimem e no longo prazo provavelmente levarão à ruína todas as grandes nações da Europa tem sido bastante uniforme. Em geral, as nações, assim como os indivíduos particulares, começaram a tomar empréstimo com base no que se pode chamar de "crédito pessoal", sem adjudicarem ou hipotecarem nenhum fundo particular para o pagamento da dívida; e, quando esse recurso lhes faltou, continuaram a tomar empréstimos em troca de adjudicações ou hipotecas de fundos particulares.

A assim chamada "dívida não consolidada" da Grã-Bretanha é contraída de acordo com o primeiro desses dois modos. Consiste, em parte, numa dívida que não rende ou se supõe não render juros, e que se assemelha às dívidas que um indivíduo particular contrai a prazo; em parte, consiste numa dívida que rende juros, e que se assemelha à que um indivíduo privado contrai contra seus títulos ou notas promissórias. As dívidas contraídas quer por serviços extraordinários, quer por serviços ainda não fornecidos ou não pagos na data em que foram executados, bem como parte dos serviços extraordinários do Exército, Marinha e Artilharia, os saldos atrasados de tributos que se pagam a príncipes estrangeiros, os soldos dos salários dos marinheiros etc. constituem geralmente uma dívida da primeira espécie. Os títulos da Marinha e do Tesouro, que às vezes são emitidos em pagamento como parte das dívidas acima descritas, e, outras vezes, para outros propósitos, constituem uma dívida da segunda espécie – os títulos do Tesouro rendem juros a contar da data de sua emissão, e os títulos da Marinha, seis meses após a data de emissão. Ao descontar voluntariamente esses títulos por seu valor corrente, ou ao concordar com o governo quanto a certas condições para pôr em circulação títulos do Tesouro, ou seja, quanto a recebê-los ao par, pagando os juros que lhes possam ser devidos, o Banco da Inglaterra mantém seu valor e facilita sua circulação; isso freqüentemente faz que o governo contraia uma dívida bastante grande dessa espécie. Na França, onde não existem bancos, os títulos do Estado (*billets d'état*[30]) são às vezes vendidos com 60 ou 70% de desconto. Durante a grande reforma da moeda ocorrida no reinado de Guilherme, quando o Banco da Inglaterra julgou necessário suspender suas transações costumeiras, os títulos do Tesouro e as duplicatas foram vendidos, segundo se afirma, com descontos de 25 a 60%. Não há dúvida de que isso se devesse, em parte, à suposta instabilidade do novo governo instituído pela Revolução, embora se devesse também à falta de solidez do Banco da Inglaterra.

Nas diversas ocasiões em que esse recurso se exauriu e, para levantar dinheiro, tornou-se necessário adjudicar ou hipotecar um ramo específico da arrecadação do Estado para o pagamento da dívida, o governo agiu de duas distintas maneiras. Algumas vezes, a adjudicação ou hipoteca ficou limitada a um curto período de tempo: um ano ou dois, por exemplo; outras vezes, era perpétua. No primeiro caso, imaginava-se que o fundo fosse suficiente para pagar, dentro do prazo fixado, os juros e o valor principal do dinheiro emprestado. No segundo caso, supunha-se que o fundo fosse suficiente apenas para pagar o juro, ou uma anuidade perpétua equivalente aos juros, sendo que o governo sempre tinha a liberdade de pagar a soma principal emprestada. O dinheiro arrecadado da primeira maneira era chamado de "adiantamento de empréstimo"; o outro era chamado de "fundo perpétuo" ou simplesmente de "fundo".

Na Grã-Bretanha, o imposto territorial anual e o imposto sobre o malte são regularmente adiantados a cada ano, em virtude de uma cláusula de empréstimo constantemente inserida nas leis que os instituem. O Banco da Inglaterra em geral adianta a juros, que têm variado, desde a Revolução, de 8 a 3%, somas pelas quais esses impostos são as-

---

30. Veja-se J. Paris-Duverney, *Examen des réflexions politiques sur les finances*, Paris, 1740.

segurados, e recebe o pagamento à medida que entra o produto desses impostos. Se houver déficit, o que sempre acontece, faz-se um aprovisionamento nas verbas do ano seguinte. O único ramo considerável da receita pública que ainda não tenha sido alienado por hipoteca é assim regularmente gasto antes mesmo de ser recolhido. Como um dissipador imprevidente, cujas necessidades sempre urgentes nunca lhe permitem esperar o pagamento regular de seus rendimentos, o Estado tem o hábito freqüente de tomar empréstimo de seus próprios administradores e agentes, e de lhes pagar juros pelo uso do próprio dinheiro.

No reinado de Guilherme e durante grande parte do reinado de Ana, antes de estarmos tão familiarizados como hoje com a prática de criar fundos perpétuos, os impostos, em sua maioria, eram instituídos apenas por um curto período de tempo (por quatro, cinco, seis ou sete anos somente), e grande parte dos subsídios concedidos a cada ano pelo Parlamento consistia em empréstimos contra adiantamentos do produto desses impostos. Como esse produto era muitas vezes insuficiente para pagar dentro do prazo determinado a soma principal e os juros do dinheiro emprestado, começaram a surgir déficits, e, para cobri-los, tornou-se necessário prorrogar os prazos.

Em 1697, por força de lei promulgada no 8º ano de reinado de Guilherme III, Capítulo 20, os déficits de vários impostos foram tributados em troca do que então se chamou de "primeiro fundo ou hipoteca geral", que consistia numa prorrogação, até 1º de agosto de 1706, da cobrança de vários diferentes impostos que teriam expirado num prazo mais curto, e cujo produto foi reunido num único fundo geral. Os déficits correspondentes à prorrogação do prazo atingiram 5.160.459 libras, 14 shillings 9¼ pence.

Em 1701, a cobrança desses impostos, juntamente com a de alguns outros, foi mais uma vez prorrogada por razões semelhantes até agosto de 1710, o que então se chamou de "segundo fundo ou hipoteca geral". Os déficits acumulados correspondiam a 2.055.999 libras, 7 shillings, 11½ pence.

Em 1707, esses impostos continuaram a ser prorrogados até 1º de agosto de 1712, como fundo para novos empréstimos, o que então se chamou de "terceiro fundo ou hipoteca geral". A soma emprestada a este fundo correspondia a 983.254 libras, 11 shillings, 9¼ pence.

Em 1708, todos esses impostos (exceto o Antigo Tributo da Tonelagem e Libra-Peso, do qual somente a metade passou a fazer parte desse fundo, bem como um imposto sobre a importação de linho escocês, que havia sido suprimido pelas cláusulas da União) foram mais uma vez prorrogados, como fundos para novos empréstimos, até 1º de agosto de 1714, e foram chamados de "quarto fundo ou hipoteca geral". A soma emprestada desse fundo equivalia a 925.176 libras, 9 shillings, 2¼ pence.

Em 1709, todos esses impostos (à exceção do Antigo Tributo da Tonelagem e da Libra-Peso, que fora então completamente retirado desse fundo) continuaram a ser cobrados pela mesma razão, até 1º de agosto de 1716, e foram chamados de "quinto fundo ou hipoteca geral". A quantia emprestada contra esse fundo equivalia a 922.029 libras e 6 shillings.

Em 1710, mais uma vez esses impostos foram prorrogados até 1º de agosto de 1720, e foram chamados de "sexto fundo ou hipoteca geral". A soma emprestada contra esse fundo equivalia a 1.296.552 libras, 9 shillings e 11¾ pence.

Em 1711, os mesmos impostos (que nessa época estavam sujeitos a quatro diferentes adiantamentos), juntamente com vários outros, foram prorrogados definitivamente, e constituíram um fundo para pagar os juros do capital da Companhia dos Mares do Sul, que naquele ano havia adiantado ao governo, para pagar dívidas e cobrir déficits, a quantia de 9.177.967 libras, 15 shillings e 4 pence – o maior empréstimo que até então já se havia contraído.

Antes desse período – que é o principal, conforme pude observar –, os únicos impostos que haviam sido instituídos para pagar os juros de uma dívida perpétua foram aqueles destinados a pagar os juros do dinheiro que fora adiantado ao governo pelo banco e pela Companhia das Índias Orientais, e do que se esperava fosse adiantado – mas que jamais foi – por um projeto de banco rural. O fundo do banco equivalia, nessa época, a 3.375.027 libras, 17 shillings, 10½ pence, soma pela qual se pagavam anuidades ou juros de 206.501 libras, 13 shillings, 5 pence. O fundo da Companhia das Índias Orientais atingia 3,2 milhões de libras, pelos quais se pagavam anuidades ou juros de 160 mil libras – sendo que os fundos do banco cobravam 6% de juros, enquanto os da companhia, 5%.

Em 1715, mediante lei baixada do 1º ano de reinado de Jorge I, Capítulo 12, os diferentes impostos que haviam sido hipotecados para pagar a anuidade do banco, juntamente com vários outros que essa lei igualmente tornara perpétuos, foram reunidos num fundo comum intitulado "Fundo Agregado", que ficou responsável pelo pagamento não apenas da anuidade bancária, mas de vários outros encargos e anuidades. Mais tarde esse fundo foi aumentado pelas lei promulgadas, respectivamente, no 3º ano de reinado de Jorge I, Capítulo 8, e no 5º ano de reinado de Jorge I, Capítulo 3, e os diferentes impostos que então foram acrescidos a ele tornaram-se igualmente perpétuos.

Em 1717, mediante lei baixada no 3º ano de reinado de Jorge I, Capítulo 7, vários outros impostos tornaram-se perpétuos, e passaram a ser reunidos em outro fundo comum, intitulado "Fundo Geral", destinado ao pagamento de certas anuidades correspondentes, no total, a 724.849 libras, 6 shillings, 10½ pence.

Em conseqüência dessas diferentes leis, a maior parte dos impostos que antes haviam sido adiantados apenas por um curto período de anos se converteu em impostos perpétuos, como fundo para pagar, não o capital, mas somente os juros do dinheiro que havia sido emprestado contra esses impostos por diferentes e sucessivos adiantamentos.

Caso jamais houvesse outro modo de levantar dinheiro senão o adiantamento, o curso de poucos anos teria sido suficiente para liberar a receita pública, e os únicos cuidados que precisaria ter o governo seriam não sobrecarregar o fundo, lançando sobre ele mais débitos do que poderia pagar no prazo determinado, e não fazer um segundo adiantamento antes do término do prazo do primeiro adiantamento. Mas os governos europeus, em sua maioria, têm se mostrado incapazes desses cuidados. Freqüentemente sobrecarregaram o fundo, mesmo ao primeiro adiantamento, e, quando porventura não foi esse o caso, tiveram em geral o cuidado de sobrecarregá-lo uma segunda e uma terceira vez, antes de expirar o primeiro adiantamento. Ora, como desse modo o fundo se tornou absolutamente insuficiente para pagar a dívida principal e os juros do dinheiro que havia emprestado, foi preciso onerá-lo apenas com os juros, ou com uma anuidade perpétua igual aos juros, e esses adiantamentos, feitos sem previdência, necessariamente deram origem à prática ainda mais ruinosa dos fundos perpétuos. Mas, ainda que essa nova prática tenha por regra o efeito de adiar a liberação da receita pública de um período fixo para um período de tal maneira indefinido que provavelmente jamais virá, por outro lado permite, em todos esses casos, arrecadar uma soma de dinheiro maior do que a prática antiga do adiantamento. Por conseguinte, depois de se terem familiarizado com esta prática, todos os homens a preferem, nas grandes exigências do Estado, em detrimento da antiga. Atender à exigência presente é sempre o principal objetivo dos que se ocupam imediatamente da administração dos negócios públicos. Quanto à liberação futura da receita pública, deixam-na a cargo da posteridade.

Durante o governo da rainha Ana, a taxa de juros de mercado caiu de 6 para 5%, e no 12º ano de seu reinado determinou-se que 5% seria a taxa máxima de juros que se poderia licitamente cobrar por dinheiro emprestado entre particulares. Pouco depois de a maior parte dos impostos temporários da Grã-Bretanha se ter tornado perpétua e ser distribuída entre diferentes fundos – o Fundo Agregado, os fundos dos Mares do Sul e o Fundo Geral –, os credores do Estado, assim como os credores particulares, foram induzidos a aceitar a taxa de 5% pelos juros de seu dinheiro, o que gerou uma economia de 1% sobre o capital da maior parte das dívidas que haviam sido assim reunidas em fundos perpétuos, ou de ⅙ da maior parte das anuidades que eram pagas pelos três grandes fundos acima mencionados. Essa economia permitiu um considerável excedente no produto dos diferentes impostos que se haviam acumulado nesses fundos, ou seja, uma quantia muito superior à necessária para pagar as anuidades de que se encontravam então tributados, formando a base do que mais tarde se chamou de "fundo de amortização". Em 1717, esse excedente atingia 323.434 libras, 7 shillings e 7½ pence. Em 1727, os juros da maior parte das dívidas públicas foram reduzidos ainda mais, para 4%, e em 1753 e 1757, reduzidos para 3,5 e 3%, respectivamente. Essas reduções aumentaram ainda mais o fundo de amortização.

Embora criado para pagar dívidas antigas, um fundo de amortização facilita muitíssimo os meios de contratar novas. Trata-se de um fundo subsidiário sempre disponível, e que pode ser hipotecado para auxiliar outro fundo duvidoso, contra o qual não se proponha emprestar dinheiro em caso de necessidade pública. Veremos em breve a qual dessas duas finalidades os fundos de amortização da Grã-Bretanha têm sido mais freqüentemente aplicados.

Além desses dois métodos de tomar empréstimos – por adiantamentos e por fundos perpétuos –, há dois outros métodos que ficam a meio-termo entre esses dois. São o método de emprestar em troca de anuidades a prazos fixos, e o de emprestar em troca de anuidades vitalícias.

Durante os reinados de Guilherme e Ana, com freqüência se emprestavam grandes quantias de dinheiro contra anuidades a prazos fixos, que podiam ser maiores ou menores. Em 1693, aprovou-se uma lei autorizando o empréstimo de 1 milhão em troca de uma anuidade de 14%, ou 140 mil libras por ano durante 16 anos. Em 1691, aprovou-se uma lei autorizando o empréstimo de 1 milhão em troca de anuidades vitalícias, com condições e prazos que hoje nos pareceriam bastante vantajosos; mas a subscrição não foi preenchida. No ano seguinte, cobriu-se o déficit mediante um empréstimo contra anuidades vitalícias a 14%, ou por pouco mais de 7 anos de renda anual. Em 1695, as pessoas que haviam adquirido essas anuidades foram autorizadas a trocá-las por outras de 96 anos em troca do pagamento ao Tesouro de 63 libras sobre 100; ou seja, a diferença entre 14% vitalícios e 14% por 96 anos foi vendida por 63 libras, ou pelo rendimento de quatro anos e meio. A suposta instabilidade do governo era tão grande, que mesmo essas condições atraíram poucos compradores. No reinado de Ana, em diferentes ocasiões houve empréstimos financeiros em troca de anuidades vitalícias, e em troca de anuidades com prazos de 32, 89, 98 e 99 anos. Em 1719, os proprietários de anuidades de 32 anos foram induzidos a aceitar, em substituição a essas anuidades, títulos da Companhia dos Mares do Sul equivalentes aos rendimentos de onze anos e meio dessas anuidades, juntamente com uma quantidade adicional de ações, igual aos saldos atrasados que então se encontravam devidos contra essas anuidades. Em 1720, a maior parte das outras anuidades a curto e longo prazo foram convertidas em subscrições no mesmo fundo. As anuidades a longo prazo equivaliam, naquela época, a 666.821 libras, 8 shillings e $3^{1}/_{2}$ pence por ano. Em 5 de janeiro de 1775, o que ainda restava ou que não havia sido convertido em subscrições não superava 136.453, 12 shillings e 8 pence.

Durante as duas guerras iniciadas em 1739 e em 1755, houve poucos empréstimos em troca de anuidades a prazo e anuidades vitalícias. No entanto, uma anuidade de 98 ou 99 anos tem aproximadamente o mesmo valor de uma anuidade vitalícia, e, portanto, como se poderia pensar, devia constituir um fundo para empréstimos de valor aproximado. Mas quem compra títulos públicos com vistas a assegurar o legado de sua família e fazer investimentos para o futuro remoto não se preocuparia em comprar um título cujo valor constantemente diminuísse. Ora, são essas as pessoas que formam a maior parte dos proprietários e compradores de títulos. Assim, uma anuidade a longo prazo, ainda que seu valor intrínseco possa ser quase o mesmo de uma anuidade perpétua, não atrairá quase o mesmo número de compradores. Os subscritores de um novo empréstimo, que em geral pretendem vender suas subscrições o quanto antes, preferem muito mais uma anuidade perpétua, resgatável pelo Parlamento, a uma anuidade de longo prazo, não resgatável, e que tenha somente o mesmo valor. É possível supor que o valor da primeira se mantenha sempre igual, ou praticamente igual; portanto, como título negociável e transferível, é muito mais conveniente do que a segunda.

Durante as duas guerras recém-mencionadas, raramente foram concedidas anuidades a prazo e vitalícias, a não ser como bonificações aos subscritores de um novo empréstimo superior à anuidade resgatável ou aos juros sobre o crédito do qual o novo empréstimo seria supostamente feito. Foram concedidas, não para constituir um fundo propriamente dito, contra o qual o dinheiro seria emprestado, mas como um estímulo adicional ao credor.

São dois os diferentes modos em que ocasionalmente se concederam as anuidades vitalícias: enquanto viver o próprio indivíduo, ou enquanto viver um grupo de indivíduos – modalidade esta que na França é chamada de *tontines*, por causa no nome de seu inventor. Quando as anuidades são concedidas enquanto viver o mutuante, a morte de cada um dos beneficiários da anuidade libera a receita pública de pagar a quantia correspondente a sua anuidade. Quando as anuidades são concedidas sob a forma de *tontines*, a liberação da receita pública não inicia antes da morte de todos os beneficiários compreendidos num grupo, o qual pode às vezes ser constituído por vinte ou trinta pessoas; os sobreviventes sucedem às anuidades de todos os que morrem antes deles, sucedendo o último sobrevivente às anuidades do grupo inteiro. Levando em conta a mesma receita pública, sempre é possível arrecadar mais dinheiro pelas *tontines* do que com as anuidades pagas em vida pelo mutuário. Uma anuidade com o direito dos supérstites realmente vale mais do que uma anuidade igual concedida enquanto viver o indivíduo; e graças à confiança que todo homem naturalmente tem em sua boa sorte – princípio sobre o qual se funda o sucesso de todas as loterias –, essa anuidade é em geral vendida um pouco acima do que de fato vale. Nos países em que o governo tem o hábito de arrecadar dinheiro concedendo anuidades, em geral se preferem as *tontines* às anuidades para indivíduos separados. Quase sempre se prefere o expediente que permite arrecadar mais dinheiro ao que tem a possibilidade de efetuar mais rapidamente a liberação da receita pública.

Na França, a proporção das dívidas públicas constituída por anuidades vitalícias é muito maior do que na Inglaterra. De acordo com um relatório apresentado pelo Parlamento de Bordéus ao rei em 1764, estima-se que o total da dívida pública da França seja de 2,4 bilhões de libras francesas, dos quais se supõe existirem 300 milhões, ou seja, $1/8$ de toda a dívida, que formam o capital convertido em anuidades vitalícias. Calcula-se que somente as anuidades atinjam o montante de 30 milhões por ano, ou seja, $1/4$ de 120 milhões – supostos juros da totalidade da dívida. Sei muito bem que esses cálculos não são precisos; mas, tendo sido apresentados como próximos da verdade por uma assembléia tão respeitável, imagino que se possa considerá-los como tal. Esses distintos modos de que se servem a França e a Inglaterra para tomar empréstimos não se devem a que um desses dois governos se preocupa mais do que o outro com a liberação da receita; devem-se exclusivamente, isso sim, à diferença de opiniões e interesses que dirigem os credores.

Na Inglaterra, uma vez que a sede do governo está na maior cidade comercial do mundo, em geral são os comerciantes que adiantam dinheiro ao governo, e, ao fazer isso, não pretendem diminuir, mas, ao contrário, aumentar seu capital mercantil. Com efeito, se não esperassem vender com lucro sua cota na subscrição de um novo empréstimo, jamais fariam subscrições; mas se, ao adiantar seu dinheiro, precisassem comprar, em vez de anuidades perpétuas, somente anuidades vitalícias, suas ou de outras pessoas, provavelmente nem sempre as venderiam com lucro. Sempre teriam prejuízo com a venda das anuidades relativas a suas próprias vidas, porque homem nenhum dará para uma anuidade relativa à vida de outra pessoa, cuja idade e estado de saúde sejam quase iguais aos seus, o mesmo preço que daria para uma anuidade sobre sua própria vida. Não resta dúvida, de fato, de que uma anuidade relativa à vida de uma terceira pessoa tenha o mesmo preço para o comprador e para o vendedor; mas seu valor real começa a diminuir a partir do momento em que é concedida, e continua a se desvalorizar cada vez mais, à medida que subsista. Portanto, essa anuidade jamais pode ser um título transferível tão conveniente como uma anuidade perpétua, cujo valor real se supõe permaneça sempre igual, ou quase igual.

Na França, a sede do governo não está numa grande cidade comercial, e por isso os comerciantes não compõem uma parte tão considerável das pessoas que adiantam dinheiro ao governo. Os homens envolvidos com finanças, os arrematantes de rendas públicas, os coletores de impostos que não estão alocados em rendas, os banqueiros da Corte etc., formam a maior parte das pessoas que adiantam seu dinheiro em todas as exigências públicas. É comum tais homens serem de origem humilde, e todavia possuírem uma grande riqueza e, freqüentemente, um imenso orgulho. São demasiado orgulhosos para se casarem com suas iguais, e no entanto as mulheres da nobreza desdenham casar-se com eles. Assim, muitas vezes decidem permanecer solteiros e, já que não constituíram famílias, nem têm muita consideração pelas famílias de seus parentes – a quem nem sempre estão dispostos a reconhecer –, desejam unicamente levar uma vida de esplendor, sem se importar que sua fortuna termine com eles. Além disso, o número de pessoas ricas que são avessas ao casamento, ou se encontram numa situação que torna o casamento algo inadequado ou inconveniente, é muito maior na França do que na Inglaterra. A essas pessoas, que pouca ou nenhuma preocupação têm para com a posteridade, nada pode ser mais conveniente do que trocar seu capital por uma renda que dure apenas e tão-somente o tempo que desejarem.

Se em tempos de paz as despesas normais da maior parte dos governos modernos forem iguais ou quase iguais a sua receita normal, quando sobrevier a guerra esses governos não terão nem vontade nem meios de aumentar sua receita proporcionalmente ao aumento de suas despesas. Não têm vontade de fazer isso por medo de ofender o povo, que logo ficaria desgostoso com a guerra em razão de tão grande e tão súbito aumento de impostos; e não têm meios de fazer isso por não saberem ao certo que impostos seriam suficientes para gerar a receita de que necessitam. A facilidade de levantar empréstimos os livra da situação constrangedora em que esse medo e inabilidade do contrário os colocariam. O recurso aos empréstimos permite ao governo arrecadar, ano após ano, o dinheiro suficiente para levar a guerra adiante, sem provocar um aumento extorsivo de impostos; a prática de recorrer aos fundos perpétuos lhes permite arrecadar anualmente as maiores somas possíveis de dinheiro, com o menor aumento possível de impostos. Nos grandes impérios, a maioria da população que vive na capital e nas províncias distantes do cenário das ações militares quase não é incomodada pela guerra; pelo contrário, essas pessoas ficam à vontade para desfrutar o prazer de ler nos jornais as façanhas realizadas pelas frotas e tropas de seu país. Para elas, essa diversão compensa a pequena diferença entre os impostos que pagam por causa da guerra e os impostos que estavam acostumadas a pagar em tempo de paz. Em geral, vêem com insatisfação o retorno da paz, que põe fim à sua diversão e às milhares de esperanças quiméricas de conquista e glória nacional que depositavam na continuação da guerra.

Na verdade, o retorno à paz raramente vem libertá-las da maior parte dos impostos instituídos durante a guerra. Esses impostos são hipotecados para pagar os juros da dívida contraída por força da guerra. Se, além do pagamento dos juros dessa dívida e do custeio das despesas normais do governo, a antiga receita, juntamente com os novos impostos, gerar alguma receita excedente, talvez seja possível convertê-la num fundo de amortização para a liqüidação da dívida. Ora, em primeiro lugar, esse fundo de amortização, mesmo supondo que jamais fosse desviado para outro propósito, é em geral absolutamente desproporcional ao que seria necessário desembolsar para pagar, durante todo o período de tempo em que houvesse a expectativa razoável da continuidade da paz, o total da dívida contraída durante a guerra; em segundo lugar, esse fundo quase sempre é desviado para algum outro propósito.

Os novos impostos foram instituídos unicamente com o propósito de pagar os juros do dinheiro emprestado contra eles. Muitas vezes, o que esses impostos geram além do necessário para o pagamento dos juros – quando geram – é algo que não se pretendia ou esperava, e portanto algo raramente muito considerável. O mais comum é os fundos de amortização resultarem, não tanto de algum excedente gerado pelos impostos que originalmente foram instituídos para pagar juros ou anuidades, mas da subseqüente redução desses juros. Assim foi que se criaram o fundo de amortização da Holanda, em 1655, e o fundo do Estado eclesiástico, em 1685. Daí a usual insuficiência desses fundos.

Durante a mais profunda paz, ocorrem vários eventos que tornam necessária uma despesa extraordinária, e, para o governo, sempre é mais conveniente cobrir essa despesa desviando de sua destinação o fundo de amortização, do que instituir um novo imposto. Em maior ou menor grau, o povo imediatamente se ressente de todo novo imposto. Isso sempre provoca algum murmúrio e encontra alguma oposição. Quanto mais os impostos se multiplicarem, maior será o valor dos impostos cobrados sobre os diferentes objetos de tributação; quanto mais o povo se queixar dos novos impostos, mais difícil se tornará, também, descobrir novos objetos de tributação, ou aumentar ainda mais o valor dos impostos já cobrados sobre os antigos objetos de tributação. A suspensão provisória do pagamento da dívida não é sentida imediatamente pelo povo, e não causa nem murmúrios nem reclamações. Para escapar à dificuldade do momento, fazer empréstimos do fundo de amortização sempre constitui um recurso simples e fácil. Quanto mais as dívidas públicas se acumularem, mais necessário se tornará ocupar-se seriamente de reduzi-las, mais ruinoso será desviar qualquer parte do fundo de amortização; quanto menor for a probabilidade de reduzir a dívida pública a um grau considerável, maior será a certeza de que se desviará o fundo de amortização para cobrir todas as despesas extraordinárias geradas em tempos de paz. Quando uma nação já se encontra sobrecarregada de impostos, nada, senão as necessidades imperiosas de uma nova guerra, nada, senão a animosidade da vingança nacional ou a inquietação com a segurança nacional, poderá induzir o povo a se submeter, com um pouco de paciência, a um novo imposto. Daí que os fundos de amortização sejam comumente desviados de sua destinação.

Na Grã-Bretanha, a partir do momento em que recorremos pela primeira vez ao ruinoso expediente de criar fundos perpétuos, jamais a redução da dívida pública em tempos de paz guardou alguma proporção com sua acumulação em tempos de guerra. Foi na guerra iniciada em 1688, e encerrada pelo Tratado de Ryswick, em 1697, que se lançaram as fundações desta enorme dívida que pesa hoje sobre a Inglaterra.

Em 31 de dezembro de 1697, as dívidas públicas da Inglaterra, consolidadas ou não consolidadas, atingiram 21.515.742 libras, 13 shillings e 8½ pence. Grande parte dessas dívidas havia sido contraída contra adiantamentos a curto prazo, e uma parte, contra anuidades vitalícias, de modo que antes de 31 de dezembro de 1701, em menos de quatro anos, havia sido em parte amortizada por liqüidações, em parte por restituição aos cofres públicos, a quantia de 5.121.041 libras, 12 shillings e 0¾ penny. Essa foi a maior redução que até então se havia feito na dívida pública em tão curto espaço de tempo. O restante da dívida, portanto, era de apenas 16.394.701 libras, 1 shilling e 7¼ pence.

Na guerra iniciada em 1702 e concluída com o Tratado de Utrecht, as dívidas públicas cresceram ainda mais. Em 31 de dezembro de 1714, essas dívidas eram de 53.681.076 libras, 5 shillings e 6¹/₁₂ pence. Como às subscrições nas anuidades de curto e longo prazo de fundo da Companhia dos Mares do Sul juntou-se o capital das dívidas públicas, em 31 de dezembro de 1722 estas dívidas atingiam 55.282.978 libras, 1 shilling, 3⅚ pence. A redução da dívida iniciou em 1723, e foi de tal modo lenta que, em 31 de dezembro de 1739, durante dezessete anos de profunda paz, o total da soma liqüidada não ultrapassava a quantia de 8.328.354 libras, 17 shillings e 11³/₁₂ pence; o capital da dívida pública era, naquela época, de 46.954.623 libras, 3 shillings e 4⁷/₁₂ pence.

A guerra contra a Espanha, iniciada em 1739, e a guerra contra a França, que começou logo em seguida, provocaram um novo aumento da dívida, que, em 31 de dezembro de 1748, após a guerra ter sido concluída pelo Tratado de Aix-la-Chapelle, atingia 78.293.313 libras, 1 shilling e 10¾ pence. Durante o período de mais profunda paz, continuada por dezessete anos, não se conseguiu abater dessa dívida pública mais do que 8.328.354 libras, 17 shillings e 11³/₁₂ pence. Por outro lado, uma guerra de menos de nove anos de duração lhe havia acrescentado 31.338.689 libras, 18 shillings e 6¹/₆ pence[31].

Durante a administração do Sr. Pelham, reduziram-se os juros da dívida pública, ou pelo menos tomaram-se medidas para reduzi-los, de 4 para 3%; aumentou-se o fundo de amortização, e uma parte da dívida pública foi então liqüidada. Em 1755, antes da irrupção da última guerra, a dívida consolidada da Grã-Bretanha era de 72.289.673 libras. Em 5 de janeiro de 1763, quando se concluiu a paz, a dívida consolidada era de 122.603.336 libras, 8 shillings e 2¹/₄ pence. Fixou-se a dívida não consolidada em 13.937.589 libras, 2 shillings e 2 pence. Mas as despesas geradas pela guerra não terminaram com a conclusão da paz, de modo que, embora em 5 de janeiro de 1764 a dívida pública tivesse aumentado (em parte por causa de um novo empréstimo, e em parte porque se converteu em dívida consolidada uma parte da dívida que não estava consolidada) para 129.586.789 libras, 10 shillings e 1³/₄ pence, ainda restava (segundo o bem informado autor de *Considerações sobre o comércio e as finanças da Grã-Bretanha*) uma dívida não consolidada, que correspondia nesse ano e no seguinte a 9.975.017 libras, 12 shillings e 2¹⁵/₄₄ pence. Assim, em 1764, somando-se a dívida consolidada e a não consolidada, a dívida pública da Grã-Bretanha equivalia, segundo aquele autor, a 139.516.807 libras, 2 shillings e 4 pence. Além disso, as anuidades vitalícias que haviam sido concedidas como gratificação aos subscritores de novos empréstimos em 1757, calculados com base nos rendimentos de 14 anos, foram avaliadas em 472.500 libras; e as anuidades a longo prazo, também concedidas como gratificação em 1761 e 1762, calculadas com base nos rendimentos de vinte e sete

---

31. Veja-se *History of the Public Revenue*, de James Postlewaite. Londres, 1759.

anos e meio, foram avaliadas em 6.826.875 libras. Durante um período de paz que se prolongou por cerca de sete anos, a administração prudente e verdadeiramente patriótica do Sr. Pelham não foi capaz de liqüidar uma antiga dívida de 6 milhões de libras. Durante uma guerra de aproximadamente a mesma duração, contraiu-se uma nova dívida, superior a 75 milhões de libras.

Em 5 de janeiro de 1775, a dívida consolidada da Grã-Bretanha atingia 124.996.086 libras, 1 shilling e $6\frac{1}{4}$ pence; a não consolidada, excluindo-se a vasta quantia concedida pelo Parlamento para as despesas da Casa Real, atingia 4.150.263 libras, 3 shillings e $11\frac{7}{8}$ pence. As duas juntas somavam 129.146.322 libras, 5 shillings, 6 pence. Segundo esse cálculo, o total da dívida liqüidada durante onze anos de profunda paz era de apenas 10.415.474 libras, 16 shillings e $9\frac{7}{8}$ pence. No entanto, nem sequer essa pequena redução da dívida se deveu totalmente ao que se economizou da receita normal do Estado: várias somas externas, completamente independentes dessa receita normal, contribuíram para essa redução. Entre essas somas, podemos incluir 1 shilling adicional por libra do imposto territorial durante três anos, os 2 milhões recebidos da Companhia das Índias Orientais como indenização por suas aquisições territoriais, e as 110 mil libras recebidas do banco como renovação do alvará da companhia. A estas, podem-se acrescentar várias outras somas que, embora sejam produto da última guerra, talvez devessem ser consideradas como deduções das despesas da guerra. As principais são as seguintes:

Produto da captura de navios franceses	690.449 libras, 18 shillings, 9 pence
Acordo quanto a prisioneiros franceses	670.000 libras
O que se recebeu da venda das ilhas cedidas	95.500 libras
Total:	1.455.949 libras, 18 shillings e 9 pence

Se acrescentarmos a esta soma o balanço das contas do conde de Chatham e do Sr. Calcraft e outras economias de mesma espécie, juntamente com o que se recebeu do banco, da Companhia das Índias Orientais, bem como o shilling adicional por libra de imposto territorial, o resultado total deve ser bastante superior a 5 milhões de libras. Assim, o montante da dívida que, desde o tratado de paz, foi liqüidado com o que se economizou da receita normal do Estado não atingiu, cada ano em média, meio milhão por ano. É certo que o fundo de amortização cresceu consideravelmente desde o tratado de paz, seja por causa da dívida que fora liqüidada, da redução dos 4% resgatáveis a 3%, e por causa da diminuição das anuidades vitalícias; e se a paz pudesse se prolongar, talvez fosse possível economizar anualmente 1 milhão de libras da receita normal para empregar no abatimento da dívida. De fato, se no decorrer do último ano se pagou outro milhão de libras, ao mesmo tempo, por outro lado, deixou-se de pagar a vasta quantia concedida pelo Parlamento para as despesas da Casa Real, e hoje nos vemos envolvidos numa nova guerra, que pode vir a se mostrar tão cara como nossas guerras passadas*[32]. A nova dívida que se contrairá antes do término da próxima campanha talvez seja quase igual à totalidade da antiga dívida, liqüidada com as economias feitas da receita normal do Estado. Seria inteiramente quimérico, portanto, esperar que a dívida pública seja quitada com as economias, quaisquer que sejam, que se façam da receita normal, tal como a que existe hoje.

---

* Trata-se da guerra de independência norte-americana, já mencionada no Livro V, Parte I, Capítulo 1.
32. Essa guerra já se mostrou mais cara do que qualquer uma das guerras anteriores: envolveu-nos numa dívida adicional de mais de 100 milhões de libras. Durante um período de paz de onze anos, pagou-se um pouco mais de 10 milhões de dívida; durante uma guerra de sete anos, contraiu-se uma nova dívida de mais de 100 milhões de libras.

Um certo autor afirmou que os fundos públicos das diferentes nações endividadas da Europa, particularmente os da Inglaterra, são a acumulação de um grande capital acrescido a outros capitais do país, o que permite a extensão de seu comércio, a multiplicação de suas manufaturas, e o cultivo e aprimoramento de suas terras muito acima do que permitiriam somente esses outros capitais. Esse autor não leva em conta que o capital adiantado ao governo pelos primeiros credores públicos representava, desde o momento em que o adiantaram, uma certa parcela da produção anual que havia sido desviada de sua função como capital para fazer as vezes de receita; que deixou de manter trabalhadores produtivos para manter trabalhadores improdutivos, e que foi gasta e dissipada, em geral ao longo de um ano, sem que houvesse sequer a esperança de futuramente reproduzi-la. Com efeito, em troca do capital adiantado obtiveram uma anuidade nos fundos públicos, na maioria dos casos de valor até superior. Essa anuidade, sem dúvida, lhes repôs o capital, e permitiu-lhes dar continuidade a seus comércios e negócios, com a mesma intensidade de antes, talvez até com intensidade maior; ou seja, os credores públicos puderam ou emprestar de terceiros um novo capital contra o crédito dessa anuidade, ou, vendendo-a, obter de terceiros um novo capital a eles pertencente, igual ou superior ao que haviam adiantado ao governo. Porém, esse novo capital, que haviam assim comprado ou emprestado de outras pessoas, necessariamente existia no país antes, e certamente era empregado, como os capitais são, para manter mão-de-obra produtiva. Quando foi adquirido pelos que adiantaram seu dinheiro ao governo, embora em alguma medida fosse para estes um novo capital, não era novo para o país; tratava-se apenas de um capital retirado de certos empregos a fim de ser investido em outros. Ainda que esse novo capital repusesse aos credores o que haviam adiantado ao governo, não o repôs ao país. Caso eles não adiantassem esse capital ao governo, haveria no país dois capitais, duas parcelas da produção anual, em vez de uma, empregadas na manutenção de mão-de-obra produtiva.

Quando, para cobrir as despesas do governo, arrecada-se uma receita durante um ano com o produto de impostos livres e não hipotecados, então uma certa parcela do rendimento de indivíduos particulares somente deixa de manter uma espécie de trabalho não produtivo para manter outra espécie de trabalho, igualmente não produtivo. Não há dúvida de que alguma parte do que essas pessoas pagam como imposto poderia ter-se acumulado em capital e, conseqüentemente, utilizada para manter trabalho produtivo; mas a maior parte provavelmente seria dissipada e, por conseguinte, empregada na manutenção de trabalho improdutivo. Entretanto, quando se cobrem dessa maneira os gastos públicos, criam-se maiores ou menores obstáculos à ulterior acumulação de capital, porém não se provoca, necessariamente, a destruição de qualquer capital efetivamente existente.

Cobrir gastos públicos recorrendo a fundos é cobri-los à custa da destruição anual de algum capital que anteriormente existia no país; ou seja, desvia-se alguma parcela da produção anual que anteriormente havia sido destinada à manutenção de mão-de-obra produtiva para manter mão-de-obra improdutiva. Nesse caso, porém, como a carga tributária é menor do que seria se fosse arrecadada uma receita suficiente para cobrir os mesmos gastos ao longo do ano, o rendimento privado dos indivíduos fica necessariamente menos sobrecarregado, o que prejudica muito menos sua capacidade de poupar e acumular uma parte de seu rendimento em capital. Se o método de instituir fundos destrói mais capital antigo, cria ao mesmo tempo obstáculos menores à acumulação ou aquisição de novo capital do que o método de cobrir gastos públicos com uma receita arrecadada ao longo do ano. Com o sistema de instituir fundos, a frugalidade e o trabalho dos indivíduos privados podem mais facilmente emendar as fissuras que o desperdício e a extravagância do governo ocasionalmente produzem no capital geral da sociedade.

Porém, é somente durante o prolongamento de uma guerra que o sistema de criar fundos leva vantagem sobre os outros sistemas. Se sempre fosse necessário arrecadar uma receita ao longo de um ano para cobrir os gastos da guerra, os impostos dos quais se retiraria essa receita extraordinária não poderiam continuar em vigor após o término da guerra. Se os meios de acumular de que dispõem os indivíduos particulares fossem menores durante a guerra, seriam também maiores durante o período de paz do que com o sistema de fundos perpétuos. A guerra não causaria, necessariamente, a destruição de capitais antigos, e a paz levaria à acumulação de muitos outros novos capitais. Em geral, as guerras seriam mais rapidamente concluídas, e menos temerariamente iniciadas. O povo, sentindo todo o fardo da guerra durante o tempo em que se prolongasse, logo se veria farto dela, e o governo, a fim de satisfazer os anseios do povo, não se acharia obrigado a prolongá-la além do necessário. A antevisão dos pesados e inevitáveis ônus da guerra impediria o povo de caprichosamente clamar por ela quando não houvesse nenhum motivo real ou sólido interesse que a justificasse. Assim, seriam mais raros e de menor duração os períodos durante os quais ficassem de algum modo debilitados os meios de que os indivíduos particulares dispõem para acumular. Por outro lado, os períodos durante os quais esses meios alcançassem seu mais pleno vigor se prolongariam muito mais do que sob o sistema de criação de fundos.

Além disso, quando a prática de criar fundos perpétuos já se encontra avançada, a capacidade de acumulação dos indivíduos privados, mesmo em tempos de paz, é algumas vezes tão prejudicada pela multiplicação dos impostos provocada por tal prática, quanto seria pelo outro sistema, em tempos de guerra. Atualmente, a receita pública da Grã-Bretanha, em tempos de paz, é superior a 10 milhões de libras por ano. Se ficasse livre e não estivesse hipotecada, essa receita seria suficiente, quando devidamente administrada, para levar adiante a mais violenta guerra, sem que fosse necessário contrair um único shilling de dívidas. Hoje em dia, o rendimento privado dos habitantes da Grã-Bretanha está nos tempos de paz tão tributado, e seus meios de acumular tão prejudicados, quanto estariam no tempo da mais cara guerra, caso jamais se adotasse o funesto sistema de emissão de títulos da dívida pública.

Já disse que, no pagamento dos juros da dívida pública, é a mão direita que paga a mão esquerda. O dinheiro não sai do país. O que ocorre é a transferência de parte da receita de um grupo específico de habitantes para um outro grupo, sem que a nação fique um único tostão mais pobre. Essa argumentação funda-se inteiramente no sofisma do sistema mercantil, e, depois do longo exame que dediquei a esse sistema, talvez seja desnecessário me alongar a esse respeito. Essa mesma argumentação supõe, ainda, que o total da dívida pública fique a cargo dos habitantes do país, o que não é verdade, porque os holandeses, bem como muitas outras nações estrangeiras, têm uma participação bastante significativa em nossos fundos públicos. Aliás, mesmo que a totalidade da dívida ficasse a cargo dos habitantes do país, nem por isso ela seria menos perniciosa.

A terra e o capital são as duas principais fontes de toda a renda, seja pública ou privada. O capital paga os salários da mão-de-obra produtiva, quer a empregada na agricultura, nas manufaturas ou no comércio. A administração dessas duas fontes originais de renda pertence a dois distintos grupos de pessoas: os proprietários de terras e os donos ou investidores de capital.

Ao proprietário de terras interessa, pelo bem de seu próprio rendimento, manter suas posses no melhor estado possível, seja construindo ou consertando as casas de seus rendeiros, seja fazendo as drenagens e os cercamentos necessários, além de todas as outras dispendiosas melhorias que cabe pessoalmente ao proprietário realizar e conservar. No entanto, é possível que o rendimento do proprietário diminua tanto por causa dos diferentes impostos territoriais e, além disso, esse rendimento reduzido pode passar a ter um valor real tão pequeno em razão dos diferentes impostos de importação sobre artigos de necessidade e de conforto material, que o proprietário talvez se sinta absolutamente incapaz de realizar ou conservar essas melhorias dispendiosas. Ora, quando o proprietário deixa de fazer sua parte, é completamente impossível que também o arrendatário cumpra a sua. À medida que aumentam as dificuldades do proprietário, necessariamente declina a agricultura do país.

Como resultado da multiplicação de impostos sobre artigos de primeira necessidade e de conforto, quando os donos e investidores de capital vêem que todo o rendimento que possam retirar desse capital não será suficiente para comprar, num certo país, a mesma quantidade de coisas necessárias à vida e ao conforto que um rendimento idêntico permitiria comprar em quase todos os outros países, são levados a buscar outro país para residir. E quando, a fim de aumentar a arrecadação desses impostos, todos ou quase todos os comerciantes e manufatores, ou seja, todos ou quase todos os investidores de grandes capitais, vêm a se expor às humilhantes e vexatórias visitas dos coletores de impostos, a disposição a se mudar de país logo se transformará em mudança definitiva. A atividade do país necessariamente decairá com a evasão do capital que lhe mantinha, e a ruína do comércio e das manufaturas acompanhará o declínio da agricultura.

Uma operação que transfira a maior parte do rendimento proveniente de cada uma dessas duas grandes fontes de renda – a terra e o capital –, dos donos delas, ou seja, das pessoas que têm interesse direto no bom estado de todo pedaço específico de terra e na boa administração de cada parcela específica de capital, para um outro grupo de pessoas (os credores do Estado, que não têm esses interesses específicos), necessariamente provoca, no longo prazo, tanto a negligência da terra como a dissipação e evasão do capital. Sem dúvida, um credor do Estado só tem um interesse geral na prosperidade da agricultura, das manufaturas e no comércio do país e, conseqüentemente, no bom estado de suas terras e na boa gestão de seu capital. Caso qualquer um desses setores viesse a sofrer falência ou queda, o produto dos diferentes impostos talvez não fosse mais suficiente para restituir ao credor do Estado a anuidade ou os juros que lhe são devidos. Ora, um credor do Estado, considerado apenas como tal, não tem interesse algum no bom estado de uma determinada porção de terra, tampouco na administração de uma parcela específica de capital. Como credor do Estado, ignora a existência dessas porções específicas; não estão sob sua inspeção. Não há nada que possa preocupá-lo. Em alguns casos, a ruína de alguma delas talvez lhe seja desconhecida, e não pode atingi-lo diretamente.

A prática de criar fundos vem aos poucos enfraquecendo todos os Estados que a adotaram. Ao que parece, foram as repúblicas italianas que introduziram essa prática. Gênova e Veneza, as duas únicas repúblicas remanescentes que podem reivindicar uma existência independente, parecem enfraquecidas por essa prática. A Espanha parece ter aprendido essa prática das repúblicas italianas, e, como seus impostos provavelmente são menos criteriosos que os delas, enfraqueceu-se ainda mais que elas, em proporção a sua força natural. São muito antigas as dívidas da Espanha. Já estava mergulhada em dívidas antes do final do século XVI, cerca de cem anos antes de a Inglaterra dever um único centavo. A França, a despeito de seus recursos naturais, definha sob a opressão de um sistema semelhante. A República das Províncias Unidas se encontra tão enfraquecida por suas dívidas como Gênova e Veneza. Será possível que uma prática responsável pela fraqueza ou desolação de todos os outros países se mostre inocente unicamente na Grã-Bretanha?

Talvez digam que o sistema tributário instituído nesses diferentes países seja inferior ao da Inglaterra. Acredito que isso de fato aconteça. Mas é preciso lembrar que, quando o mais sábio governo já exauriu todos os objetos apropriados de tributação, deve, em caso de necessidade urgente, recorrer a objetos impróprios à tributação. Em algumas ocasiões, a sensata república da Holanda se viu obrigada a recorrer a impostos tão inconvenientes como a maior parte dos impostos da Espanha. Pode ocorrer que uma nova guerra, iniciada antes que haja uma liberação considerável da receita pública, e que, em seu desenrolar, vai-se tornando tão cara como a última guerra, acabe tornando, por necessidade irresistível, o sistema tributário britânico tão opressivo como o da Holanda ou mesmo da Espanha. Na verdade, para fazer jus a nosso atual sistema tributário pode-se dizer que, até aqui, criou tão poucos entraves à indústria que, mesmo durante o curso das mais dispendiosas guerras, a frugalidade e a boa conduta dos indivíduos parecem ter sido capazes de reparar, pela economia e acumulação, as fissuras que o desperdício e a extravagância do governo produziram no capital geral da sociedade. Ao término da última guerra – a mais dispendiosa que a Grã-Bretanha já empreendeu –, nossa agricultura era tão próspera, nossas manufaturas tão numerosas e tão plenamente ativas, nosso comércio tão extenso, como jamais haviam sido antes. Portanto, o capital que mantinha todos esses diferentes setores da indústria deve ter sido igual ao que existia antes. Com o advento da paz, a cada dia a agricultura se aprimora mais, sobem os aluguéis das casas nas cidades e vilas do país – prova da riqueza e do rendimento crescentes do povo – e continuamente aumenta o volume anual da maior parte dos antigos impostos, particularmente dos principais setores do imposto de consumo e de importação – prova igualmente clara de um consumo sempre crescente e, por conseguinte, de um aumento da produção, sem o que esse consumo não poderia se manter. A Grã-Bretanha parece suportar com facilidade um fardo que, há meio século, ninguém julgaria fosse capaz de suportar. Mas que isso não nos leve a concluir precipitadamente que a Grã-Bretanha seja capaz de suportar qualquer fardo, nem nos deixe estar demasiado confiantes em que poderia suportar, sem grande revés, um fardo um pouco superior ao que já lhe foi imposto.

A meu ver, não há praticamente um único caso em que fosse possível pagar, totalmente e de uma vez por todas, dívidas nacionais que tenham atingido um certo montante. A liberação da receita pública – se é que algum dia isso aconteceu – sempre ocorre em virtude de falência, algumas vezes de falência declarada, mas sempre de falência efetiva, ainda que não raro venha disfarçada sob a aparência de pagamento.

O expediente mais comum de que se lançou mão para disfarçar uma falência pública efetiva sob a aparência de um pretenso pagamento foi o de elevar a titulação oficial da moeda. Por exemplo, se mediante lei do Parlamento ou proclamação do rei uma moeda de 6 pence passasse a receber a titulação de 1 shilling, e vinte moedas de 6 pence recebessem a titulação de 1 libra esterlina, a pessoa que, no tempo da antiga titulação, houvesse tomado emprestado 20 shillings, ou seja, quase 4 onças de prata, pagaria a dívida, sob o regime da nova titulação, com vinte moedas de 6 pence ou com um pouco menos que 2 onças de prata. Assim, seria possível pagar uma dívida nacional de aproximadamente 128 milhões – que constitui aproximadamente o capital da dívida consolidada e não consolidada da Grã-Bretanha – com cerca de 64 milhões de nossa moeda atual. Na verdade, seria somente um pretenso pagamento, e os credores do Estado se veriam realmente fraudados de 10 shillings por libra daquilo que lhes era devido. Mais ainda: a calamidade se estenderia para além dos credores do Estado, porque os credores de todo indivíduo particular sofreriam um prejuízo proporcional. Isso não resultaria em vantagem aos credores do Estado, pelo contrário, em muitos casos traria a eles um prejuízo adicional. Com efeito, se os credores do Estado tivessem em geral contraído grandes dívidas com outras pessoas, poderiam de algum modo compensar seu prejuízo pagando os credores na mesma moeda em que o Estado lhes houvesse pago. No entanto, em muitos países a maior parte dos credores do Estado é constituída por pessoas ricas que, em relação a seus concidadãos, estão mais na posição de credores do que na de devedores. Portanto, na maior parte dos casos um pretenso pagamento como esse agrava, em vez de aliviar, o prejuízo dos credores do Estado, e, sem nenhuma vantagem ao Estado, estende a calamidade a um grande número de outras pessoas inocentes. Provoca uma subversão geral e extremamente perniciosa na fortuna dos particulares, pois em muitos casos enriquece o devedor ocioso e dissipador às expensas do credor industrioso e frugal, e transporta uma grande parte do capital nacional de mãos que provavelmente o fariam aumentar e melhorar para mãos que têm a maior probabilidade de o dissipar e destruir. Quando a necessidade obriga um Estado a declarar sua própria falência, do mesmo modo que quando um particular se vê na mesma necessidade, uma falência honesta, aberta e confessa é sempre a medida menos desonrosa ao devedor, bem como a menos danosa ao credor. Sem dúvida nenhuma, a honra de um Estado está precariamente salvaguardada quando, a fim de disfarçar a desgraça de uma verdadeira falência, recorre a uma impostura como essa, que é tão fácil desmascarar e, ao mesmo tempo, tão perniciosa.

Porém, quase todos os Estados, antigos e modernos, algumas vezes lançaram mão dessa mesma impostura, quando se viram reduzidos a essa necessidade. Ao final da Primeira Guerra Púnica, os romanos reduziram o asse – moeda ou título com o qual calculavam o valor de todas as suas outras moedas – das 12 onças de cobre que continha para apenas 2 onças, ou seja, elevaram 2 onças de cobre a uma titulação que antes sempre expressara o valor de 12 onças. Assim, a República teve condições de pagar as enormes dívidas que havia contraído com apenas ⅙ do que realmente devia. Tenderíamos hoje a imaginar que uma falência tão súbita e considerável necessariamente provocaria os mais violentos clamores populares. Mas, ao que parece, não suscitou clamor algum. Como todas as outras leis relativas à moeda, a lei que promulgou essa medida havia sido proposta e defendida na assembléia do povo por um tribuno, e provavelmente se tratava de uma lei extremamente popular. Assim como em todas as outras antigas Repúblicas, em Roma os pobres estavam constantemente endividados para com os ricos e os grandes, os quais, para assegurar os votos nas eleições anuais, costumavam emprestar dinheiro aos pobres a juros exorbitantes, que, por jamais serem pagos, logo se acumulavam numa proporção tal que era impossível ao devedor pagá-la ou encontrar alguém que a pagasse por ele. Temeroso de uma execução demasiado rigorosa, o devedor era obrigado, sem receber nenhuma retribuição posterior, a votar no candidato que o credor recomendasse. A despeito de toda a legislação contra o suborno e a corrupção, as doações dos candidatos, juntamente com as distribuições de trigo ordenadas de tempos a tempos pelo Senado, constituíam os principais fundos dos quais os cidadãos mais pobres retiravam sua subsistência durante os últimos tempos da República romana. Para se libertar dessa sujeição aos credores, os cidadãos mais pobres constantemente bradavam tanto pela completa abolição das dívidas, como pelo que chamavam de *Novae Tabulae*, ou seja, por uma lei que lhes desse direito a uma quitação total mediante o pagamento de apenas uma parcela determinada de suas dívidas acumuladas. Na medida em que lhes permitiu pagar suas dívidas com ⅙ do que realmente eles deviam, a lei que reduziu as moedas de todos os títulos a ⅙ de seu valor anterior equivaleu às mais vantajosas "Novas Tábuas". Em várias ocasiões distintas, os ricos e os grandes se viram obrigados, para contentar o povo, a dar assentimento a leis que tanto aboliam as dívidas, como introduziam "Novas Tábuas"; e provavelmente foram induzidos a assentir a essa lei em parte pela mesma razão e em parte para que pudessem, ao desonerar a receita pública, restaurar o vigor ao governo de que eles mesmos tinham o principal domínio. Uma operação como essa reduziria de um só golpe uma dívida de 128 milhões para 21.333.333 libras, 6 shillings e 8 pence. No decorrer da Segunda Guerra Púnica, desvalorizou-se ainda mais o asse: primeiro, de 2 onças de cobre para 1 onça, e mais tarde de uma para meia onça, ou seja, para $1/24$ de seu valor original. Reunindo numa única as três operações de desvalorização da moeda romana, uma dívida de 128 milhões em nossa moeda atual ficaria desse modo reduzida, de uma só vez, a 5.333.333 libras, 6 shillings e 8 pence. Com isso, seria possível pagar em pouco tempo até mesmo as enormes dívidas da Grã-Bretanha.

Foi precisamente por meio desses expedientes, segundo creio, que a moeda de todas as nações foi sucessivamente reduzida, cada vez mais, abaixo de seu valor original, de modo que a mesma soma nominal passou gradualmente a conter uma quantidade cada vez menor de prata.

Pelo mesmo motivo, algumas vezes as nações adulteraram o padrão de sua moeda, quer dizer, misturaram nele uma quantidade maior de liga. Assim, por exemplo, se na libra-peso de nossa moeda de prata, em vez de 18 pence-peso, segundo o padrão atual, fossem misturadas 8 onças de liga, então 1 libra esterlina, ou 20 shillings dessa moeda, valeria pouco mais de 6 shillings e 8 pence de nossa moeda atual. A quantidade de prata contida em 6 shillings e 8 pence de nossa atual moeda seria assim elevada aproximadamente à titulação de 1 libra esterlina. A adulteração do padrão da moeda tem exatamente o mesmo efeito que aquilo que os franceses chamam de *augmentation*, ou seja, uma elevação direta da titulação da moeda.

Uma *augmentation*, isto é, uma elevação direta da titulação da moeda, sempre é, e por sua natureza não pode deixar de ser, uma operação aberta e declarada. Por meio dela, peças de peso e volume menores passaram a ser designadas pelo mesmo nome que se dava antes a peças de maior peso e volume. Pelo contrário, a adulteração do padrão tem sido, em geral, uma operação oculta. Por meio dela, a Casa da Moeda emitia peças de um valor muito inferior ao das peças que circulavam até então, mas portando a mesma denominação e sendo muito semelhantes, na medida em que fosse possível forjá-las, em peso, volume e aparência. Quando o rei João da França[33] adulterou as moedas para pagar suas dívidas, todos os funcionários da Casa da Moeda foram obrigados, por juramento, a guardar segredo. As duas operações são injustas. Mas uma mera *augmentation* é de uma injustiça de violência aberta, ao passo que uma adulteração constituiu uma injustiça de insidiosa fraude. Esta última operação, portanto, tão logo é descoberta – e não poderia permanecer oculta por muito tempo – sempre suscita muito maior indignação do que a primeira. É bastante raro que a moeda, depois de ter sofrido uma *augmentation* considerável, possa retornar a seu antigo peso; mas, após grandes adulterações, a moeda quase sempre foi restabelecida à proporção original de metais de que era constituída. Esse era praticamente o único meio que se tinha de aplacar a fúria e a indignação do povo.

No final do reinado de Henrique VIII e no início do reinado de Eduardo IV, a moeda inglesa não apenas sofreu uma alta em sua titulação, mas também foi adulterada em seu padrão. Fraudes semelhantes foram praticadas na Escócia durante a menoridade de Jaime VI. É possível que tenham sido esporadicamente praticadas em muitos outros países.

Parece totalmente inútil esperar que a receita pública da Grã-Bretanha possa algum dia ser completamente libe-

---

33. Veja-se o *Glossaire*, de Ducange, verbete "Moneta", edição dos Beneditinos.

rada, ou mesmo que se possa fazer algum progresso considerável para que isso aconteça, enquanto for tão pequeno o excedente dessa receita, ou seja, o que supera o necessário para cobrir as despesas anuais destinadas ao estabelecimento da paz. É evidente que essa liberação jamais poderá ocorrer, a menos que haja um aumento considerável na receita pública, ou então uma redução igualmente considerável das despesas públicas.

Um imposto territorial mais igualitário, um imposto mais igualitário sobre os aluguéis das casas e alterações no atual sistema de impostos de importação e de consumo, como os que foram mencionados no capítulo precedente, talvez pudesse produzir um aumento considerável da receita, sem aumentar a carga tributária da maior parte da população, mas apenas distribuindo o peso dela de maneira mais igualitária sobre todos. Porém, nem mesmo o mais otimista dos planejadores se iludiria acreditando que um aumento dessa espécie bastaria para inspirar esperanças sensatas quer quanto à total liberação da receita pública, quer mesmo quanto aos avanços na direção dessa liberação em tempos de paz, para prevenir ou contrabalançar, na guerra seguinte, um novo crescimento da dívida pública.

Talvez se pudesse esperar um aumento muito maior da receita, caso se estendesse o sistema tributário britânico a todas as diversas províncias do Império cujos habitantes sejam de origem britânica ou européia. No entanto, dificilmente se poderia fazer isso de um modo compatível com os princípios da constituição britânica, sem admitir no Parlamento britânico ou, se quisermos, nos Estados Gerais do império britânico, uma representação plena e igual de todas essas diferentes províncias; a representação de cada província manteria, em relação ao produto de seus impostos, a mesma proporção que a representação da Grã-Bretanha poderia manter em relação ao produto dos impostos arrecadados na Grã-Bretanha. É verdade que os interesses privados de muitos indivíduos poderosos, os preconceitos arraigados de grandes corporações, parecem hoje opor a uma mudança tão grande obstáculos que talvez seja muito difícil, ou talvez de todo impossível, suplantar. Todavia, sem ter a pretensão de determinar até que ponto essa união é ou não praticável, talvez não seja inoportuno, numa obra puramente especulativa como esta, considerar em que medida o sistema britânico de tributação poderia ser aplicado a todas as diferentes províncias do império; que receita seria possível esperar caso fosse aplicado, e de que maneira uma união como essa poderia afetar a felicidade e a prosperidade das diferentes províncias compreendidas no império. Na pior das hipóteses, pode-se considerar tal especulação como uma nova Utopia*, menos divertida do que a antiga, certamente, porém não mais inútil nem mais quimérica.

Os quatro principais ramos do sistema tributário britânico são o imposto territorial, as taxas de selo e os diferentes impostos de importação e de consumo.

A Irlanda tem tantas condições de pagar um imposto territorial como a Grã-Bretanha, e nossas colônias da América e das Índias Ocidentais têm mais condições ainda. No país onde o proprietário não está sujeito nem ao dízimo nem à taxa de assistência social, certamente ele tem mais condições de pagar esse imposto do que no país em que está sujeito a esses dois encargos. O dízimo, nos lugares onde não existe o *modus***, e onde este é arrecadado em espécie, reduz mais o que seria, sem ele, o rendimento do proprietário, do que um imposto territorial que realmente equivalesse a 5 shillings por libra. Na maioria dos casos se verifica que esse dízimo atinge mais do que ¼ da renda efetiva da terra, ou do que resta depois de repor totalmente o capital

---

* Nova referência à *Utopia* (1516), obra supostamente de ficção em que Thomas More apresenta uma série de críticas veladas, sob a forma de ironias, à sociedade de seu tempo, bem como um possível padrão de boa sociedade. (N. T.)

** Imposto que substituiu o dízimo. (N. T.)

do arrendatário, juntamente com seu lucro razoável. Caso fossem suprimidos todos os *modus* e todas as transferências dos rendimentos da Igreja a laicos* a totalidade do dízimo eclesiástico da Grã-Bretanha e da Irlanda não poderia ser avaliada em menos de 6 ou 7 milhões. Se não houvesse nenhum dízimo na Grã-Bretanha ou na Irlanda, então os proprietários teriam meios de pagar 6 ou 7 milhões a mais de imposto territorial, sem serem mais sobrecarregados do que atualmente uma grande parte deles é. A América não paga dízimo, e portanto poderia muito bem pagar um imposto territorial. É verdade que em geral as terras na América e nas Índias Ocidentais não estão arrendadas nem ocupadas por rendeiros. Não poderiam, pois, ser sujeitas à tributação com base em qualquer relação da renda nominal. Entretanto, em virtude da legislação promulgada no 4º ano de reinado de Guilherme e Maria, tampouco as terras da Grã-Bretanha eram tributadas de acordo com alguma relação nominal de bens, mas de acordo com uma estimativa muito vaga e imprecisa. Seria possível calcular o imposto territorial na América ou da mesma maneira, ou de acordo com uma avaliação justa subseqüente a um levantamento rigoroso, semelhante ao que recentemente se fez no ducado de Milão e nos domínios da Áustria, Prússia e Sardenha.

Quanto às taxas de selo, é evidente que poderiam ser cobradas, sem nenhuma variação, em todos os países nos quais são idênticas ou praticamente idênticas as formalidades dos processos judiciais e os títulos, reais e pessoais, de transferência de propriedades.

A extensão da legislação alfandegária da Grã-Bretanha para a Irlanda e as colônias, desde que se fizesse acompanhar, como em justiça devia ser, de uma extensão da liberdade de comércio, seria extremamente vantajosa para essas

---

* No original, *"if all moduses and all impropriations were taken away"*. (N. T.)

duas diferentes regiões. Acabariam de vez todas as ofensivas restrições que no presente oprimem o comércio da Irlanda: a distinção entre mercadorias da América, enumeradas ou não enumeradas. As regiões localizadas ao norte do cabo Finisterra estariam tão abertas a toda parte da produção da América como estão hoje as localizadas ao sul desse cabo. Em conseqüência dessa uniformidade na legislação alfandegária, o comércio entre todas as diferentes regiões do império britânico seria tão livre como é atualmente o comércio costeiro da Grã-Bretanha. Assim, esse império proporcionaria a si mesmo um imenso comércio interno para todos os produtos de suas diferentes províncias. Uma extensão tão vasta de mercado logo compensaria tanto a Irlanda como as colônias por tudo o que viessem a sofrer em razão do aumento dos impostos de importação.

Os impostos de consumo são a única parte do sistema tributário britânico que exigiria certas modificações conforme as diversas províncias do império às quais se aplicasse. Essa parte do sistema tributário poderia ser aplicada à Irlanda sem nenhuma alteração, já que a produção e o consumo desse reino são de natureza rigorosamente igual aos da Grã-Bretanha. Se aplicada à América e às Índias Ocidentais, cuja produção e consumo diferem consideravelmente dos da Grã-Bretanha, talvez fossem necessárias algumas modificações, semelhantes às efetuadas nos condados da Inglaterra que consomem cerveja e aos que consomem cidra.

Por exemplo, uma bebida fermentada que se denomina "cerveja", mas que, por ser feita de melaço, tem pouquíssima semelhança com a nossa cerveja, é bastante consumida pela população da América. Como essa bebida só se conserva por alguns poucos dias, não pode, como nossa cerveja, ser preparada e estocada para venda em grandes cervejarias; ao contrário, toda família precisa fabricá-la para consumo próprio, do mesmo modo como os americanos cozinham seus alimentos. Ora, submeter toda família às odiosas visitas e inspeções dos coletores de impostos, tal como submetemos os donos de cervejarias e tabernas, seria algo absolutamente incompatível com a liberdade. Se, por questão de igualdade, se considerasse necessário instituir um imposto sobre essa bebida, seria possível fazê-lo tributando a matéria-prima de que é feita, quer no local da fabricação, ou, se as circunstâncias do comércio tornassem inadequado esse imposto de consumo, instituindo um imposto sobre sua importação para a colônia na qual fosse consumida. Além do imposto de importação, equivalente a 1 penny por galão, instituído pelo Parlamento britânico sobre a importação de melaço proveniente da América, existe um imposto provincial dessa espécie sobre a importação desse artigo na baía de Massachusetts, em navios pertencentes a qualquer outra colônia, de 8 pence por casco, e um outro, de 5 pence por galão, sobre a importação das colônias do Norte para a Carolina do Sul. Enfim, se nenhum desses métodos fosse considerado conveniente, se poderia exigir uma cotização da parte de cada família que desejasse consumir essa bebida, seja segundo o número de pessoas que compõem a família, do mesmo modo como as famílias se cotizam para pagar o imposto do malte na Inglaterra, seja de acordo com as diferenças de idade e sexo dessas pessoas, seguindo o modelo de arrecadação de vários impostos na Holanda, seja, finalmente, mais ou menos como *Sir* Mathew Decker propõe arrecadar todos os impostos sobre bens de consumo na Inglaterra. Esta modalidade de tributação, como já se observou, não se mostra muito conveniente quando aplicada a artigos de pronto consumo. Mas poderia ser adotada em casos em que não houvesse melhor solução.

O açúcar, o rum e o tabaco são mercadorias que em lugar algum constituem produtos de primeira necessidade. Todavia, seu consumo acabou por se tornar praticamente universal, o que as torna objetos extremamente apropriados à tributação. Se viesse a ocorrer uma união com as colônias, essas mercadorias poderiam ser tributadas ou antes de saírem das mãos do manufator ou produtor, ou então, se essa modalidade de tributação fosse incompatível com a condição dessas pessoas, essas mercadorias poderiam ser depositadas em armazéns públicos, tanto no local da manufatura como em todos os diferentes portos do império para os quais viessem a ser posteriormente transportadas, permanecendo nesses locais, sob a custódia conjunta do proprietário e do funcionário da receita, até o momento em que fossem liberadas ao consumidor ou ao comerciante varejista, para consumo interno, ou enfim ao comerciante exportador, não sendo o imposto pago antes dessa entrega. Quando essas mercadorias fossem liberadas para exportação, deveria haver isenção de impostos, sob a condição de que se dessem garantias suficientes de que os gêneros seriam realmente exportados para fora do império. Talvez essas sejam as principais mercadorias em relação às quais seriam necessárias algumas alterações consideráveis no atual sistema tributário britânico, em caso de união com as colônias.

Sem dúvida, seria absolutamente impossível determinar com algum grau de precisão qual o montante de receita que produziria esse sistema de tributação, se estendido a todas as diversas províncias do império. Por intermédio desse sistema, arrecada-se anualmente na Grã-Bretanha uma receita superior a 10 milhões, sobre uma população de menos de 8 milhões de pessoas. A população da Irlanda supera os 2 milhões de habitantes, e, segundo cálculos apresentados ao Congresso, as doze províncias unidas da América contêm mais de 3 milhões de habitantes. No entanto, esses cálculos podem ter sido exagerados, talvez para incentivar os habitantes da América ou para intimidar os de nosso país. Podemos supor, portanto, que nossas colônias norte-americanas e das Índias Ocidentais não contêm, juntas, mais do que 3 milhões, ou que todo o império britânico, na Europa e na América, não possui mais do que 13 milhões de habitantes. Assim, se esse sistema de tributação permite arrecadar, sobre uma população inferior a 8 milhões de pessoas, uma receita superior a 10 milhões de libras esterlinas, então deveria permitir arrecadar, sobre uma população de 13 milhões de habitantes, uma receita superior a 16,25 milhões de libras esterlinas. É preciso deduzir dessa receita – supondo que esse sistema fosse capaz de gerá-la – a receita comumente arrecadada na Irlanda e nas colônias para cobrir os gastos com os respectivos governos civis. Os gastos com as instituições civis e militares da Irlanda, juntamente com os juros da dívida pública, equivalem, tomada a média de dois anos que terminaram em março de 1755, a algo inferior a 750 mil libras por ano. Um cálculo bastante preciso revelou que a receita das principais colônias da América e das Índias Ocidentais atingia, antes de se iniciarem os atuais distúrbios*, 148.800 libras. Esse cálculo, porém, omite a receita de Maryland, da Carolina do Norte e de todas as nossas mais recentes aquisições tanto no continente como nas ilhas, o que talvez dê uma diferença de 30 ou 40 mil libras. Assim, para ficarmos com números redondos, suponhamos que a receita necessária para manter o governo da Irlanda e das colônias possa equivaler a 1 milhão de libras. Restaria, por conseguinte, uma receita de 15,25 milhões de libras a ser aplicada para cobrir as despesas gerais do império e pagar as dívidas públicas. Ora, se da atual receita da Grã-Bretanha em tempos de paz se pudesse poupar uma receita de 1 milhão para o pagamento dessa dívida, seria bem possível que dessa receita assim aumentada se poupasse uma quantia de 6,25 milhões. Aliás, esse grande fundo de amortização poderia aumentar a cada ano com os juros da dívida amortizados no ano anterior, crescendo então com tanta rapidez que nos anos seguintes o fundo seria suficiente para pagar toda a dívida e com isso restaurar por completo o vigor hoje fragilizado e desfalecente do império. Nesse ínterim, o povo se veria livre do encargo de alguns dos mais

---

* Mais uma vez, Smith se refere à guerra de independência das colônias norte-americanas. (N. T.)

onerosos impostos: os que incidem sobre artigos de primeira necessidade e sobre matérias-primas da manufatura. Os trabalhadores pobres então teriam condições de viver melhor, produzir a preços mais baixos e enviar ao mercado artigos mais baratos. O baixo preço de suas mercadorias faria aumentar a demanda por elas, e conseqüentemente pela mão-de-obra dos homens que as produziram. Esse aumento na demanda por mão-de-obra a um só tempo faria crescer a população e melhoraria as condições da classe operária. Seu consumo aumentaria e, com isso, também a receita proveniente de todos os artigos que essa classe consome, sobre os quais continuariam a incidir os impostos atuais.

No entanto, a receita gerada por esse sistema de tributação talvez não aumentasse imediatamente em proporção ao número de habitantes sujeitos a ele. Durante algum tempo, seria necessário tratar com grande indulgência as províncias do império que se encontrassem então sujeitas a ônus aos quais não estavam acostumadas antes; mesmo quando os mesmos impostos viessem a ser cobrados em todos os lugares, da maneira mais rigorosa possível, ainda assim não gerariam em toda parte uma receita proporcional ao número de habitantes. Num país pobre, é muito pequeno o consumo dos principais artigos sujeitos aos impostos de importação e de consumo; num país parcamente povoado, são imensas as oportunidades de praticar o contrabando. O consumo de bebidas maltadas entre as classes inferiores da população da Escócia é bastante reduzido, e o imposto de consumo sobre o malte, a cerveja e a *ale* rende lá menos do que na Inglaterra proporcionalmente ao número de habitantes e à taxa dos impostos de importação, que são diferentes, no caso do malte, em razão da suposta diferença de qualidade. Não creio que nesses ramos específicos dos impostos de consumo haja mais contrabando num país do que no outro. Os impostos incidentes sobre a destilação, e a maior parte dos impostos de importação, proporcionalmente ao número de habitantes dos respectivos países, rende menos na

Escócia do que na Inglaterra, não apenas por causa do menor consumo de mercadorias tributadas, como ainda pelas oportunidades muito maiores de se praticar contrabando. Na Irlanda, as classes inferiores da população são ainda mais pobres do que na Escócia, e muitas partes do país são tão despovoadas quanto na Escócia. Na Irlanda, portanto, possivelmente o consumo das mercadorias tributadas, em proporção ao número de habitantes, seja ainda menor do que na Escócia, e a facilidade de praticar contrabando, mais ou menos a mesma. Na América e nas Índias Ocidentais, a população branca, mesmo a da classe mais baixa, vive em condições muito melhores do que as pessoas de mesma classe na Inglaterra, e provavelmente é muito maior o consumo dos artigos de luxo a que essa população tem por hábito se entregar. Na verdade, os negros, que compõem a maior parte dos habitantes tanto das colônias no sul do continente como das ilhas das Índias Ocidentais, por seu estado de escravidão, certamente vivem em condições muito piores que até mesmo os mais pobres habitantes da Escócia ou Irlanda. Mas nem por isso devemos imaginar que sua alimentação seja pior, ou que seu consumo de artigos que poderiam estar sujeitos a impostos moderados seja inferior até mesmo ao das pessoas pertencentes às classes mais baixas na Inglaterra. É interesse do senhor de escravos que estes estejam bem alimentados e dispostos para que possam trabalhar direito, do mesmo modo que é de seu interesse tratar assim o gado que trabalha para ele. É por isso que em quase todos os lugares os negros recebem sua dose de rum e melaço ou de cerveja fermentada com extrato de folhas de abeto e brotos, exatamente como os empregados brancos; e possivelmente essa dose não lhes seria retirada, mesmo que tais artigos estivessem sujeitos a impostos moderados. Portanto, é provável que o consumo de mercadorias tributadas, em proporção ao número de habitantes, fosse tão grande na América e nas Índias Ocidentais como em qualquer região do império britânico. Quanto às oportunidades de praticar contrabando, seriam de fato muito maiores, já que a América, em proporção com a extensão do país, é muito mais despovoada do que a Escócia ou a Irlanda. Todavia, se a receita que hoje é gerada pelos diferentes impostos de importação incidentes sobre o malte e sobre as bebidas maltadas passasse a ser recolhida mediante um único imposto sobre o malte, desapareceria quase completamente a oportunidade de praticar contrabando no mais importante ramo do imposto de consumo; e se os impostos de importação, em vez de incidirem sobre quase todos os diferentes artigos importados, se limitassem a alguns poucos artigos de uso e consumo generalizados, e se a arrecadação dessas taxas alfandegárias estivesse submetida à legislação relativa aos impostos de consumo, a oportunidade de praticar contrabando, ainda que não fosse totalmente eliminada, ficaria bastante reduzida. Em conseqüência dessas duas alterações, manifestamente muito simples e fáceis, os impostos de importação e de consumo provavelmente gerariam uma renda tão grande, proporcionalmente ao consumo da mais despovoada província, quanto geram hoje, em proporção ao consumo da mais populosa província.

Objeta-se, é verdade, que os americanos não têm moedas de ouro e prata, de modo que o comércio interno do país é efetuado unicamente por meio de papel-moeda e, além disso, todo o ouro e a prata que ocasionalmente lá se encontram são enviados à Grã-Bretanha em troca de mercadorias que recebem de nós. Ora, sem o ouro e a prata – acrescenta-se – não há nenhuma possibilidade de pagar impostos. Se já recebemos todo o ouro e a prata que possuem, como é possível retirar deles o que não têm?

A atual escassez de moeda de ouro e prata na América não é efeito da pobreza desse país, ou da incapacidade de seu povo de comprar esses metais. Num país em que os salários do trabalho são tão superiores, e o preço das provisões tão inferiores aos praticados na Inglaterra, certamente a maior parte das pessoas dispõe dos recursos

LIVRO V

necessários para comprar uma quantidade maior desses metais, caso fosse preciso ou conveniente fazê-lo. A escassez desses metais, portanto, é necessariamente fruto de uma decisão, não de uma necessidade.

É apenas para realizar negócios internos ou externos que a moeda de ouro e prata se torna necessária ou vantajosa.

Já se fez ver, no Livro II desta *Investigação*, que os negócios internos de um país qualquer, ao menos em tempos de paz, podem ser tratados por meio de papel-moeda, quase com o mesmo grau de conveniência do ouro e da prata. Para os americanos, que sempre poderiam empregar com lucro, no aprimoramento de suas terras, um capital superior ao que conseguem com facilidade, é sempre conveniente economizar o mais possível as despesas de um instrumento de comércio tão caro como o ouro e a prata e, de preferência, empregar a parcela de sua produção excedente que seria necessária para comprar esses metais na compra de instrumentos de trabalho, de peças de vestuário e de mobília doméstica, bem como as ferragens necessárias para construir e ampliar seus povoamentos e suas fazendas; enfim, prefere adquirir, não capital inativo e morto, mas capital ativo e produtivo. Os governos das colônias consideram de seu interesse fornecer ao povo a quantidade de papel-moeda que seja plenamente suficiente para realizarem seus negócios internos. Alguns desses governos, particularmente o da Pensilvânia, retiram uma receita emprestando esse papel-moeda a seus súditos a juros de tanto por cento. Outros, como o da baía de Massachusetts, adiantam, em situações extraordinárias de emergência, um papel-moeda como esse para custear as despesas públicas, e mais tarde, quando convém à colônia, eles o resgatam pelo valor depreciado ao qual cai gradualmente. Foi assim que em 1747[34] essa colô-

---

34. Veja-se Hutchinson, *History of Massachusetts' Bay*, 1765-8, vol. II, pp. 436 ss.

nia pagou a maior parte de suas dívidas públicas com 10% do dinheiro pelo qual seus títulos estavam assegurados. Para os colonos, é extremamente conveniente economizar as despesas que seriam geradas pelo uso da moeda de ouro e prata em suas transações domésticas; para os governos das colônias, é bastante conveniente fornecer àqueles um instrumento que, embora resulte em algumas desvantagens bastante consideráveis, permite-lhes poupar essa despesa. A abundância de papel-moeda necessariamente bane o ouro e prata das transações internas das colônias, pela mesma razão que baniu esses metais da maior parte das transações internas na Escócia; em cada um desses países, o que originou essa abundância de papel-moeda não foi a pobreza, mas o espírito empreendedor e planejador do povo, seu desejo de empregar, como capital ativo e produtivo, todos os fundos que consiga obter.

No comércio exterior que as diferentes colônias realizam com a Grã-Bretanha, o ouro e a prata são empregados em maior ou menor grau, precisamente à proporção que sejam mais ou menos necessários. Onde esses metais são desnecessários, é bastante raro vê-los; onde são necessários, o mais das vezes são encontrados.

No comércio entre a Grã-Bretanha e as colônias produtoras de tabaco, é comum adiantar aos colonos, a crédito extremamente longo, mercadorias britânicas que depois serão pagas em tabaco, avaliado a determinado preço. Para os colonos, é mais conveniente pagar em tabaco do que em ouro e prata. Qualquer comerciante consideraria mais conveniente pagar as mercadorias que lhe vendessem seus agentes em alguma outra espécie de mercadoria por ele comercializada do que pagá-los em dinheiro. Porque esse comerciante não teria necessidade de manter consigo uma parte de seu capital não aplicada, e em dinheiro vivo, para atender a ocasionais demandas. A todo o tempo, ele poderia conservar em sua loja ou em seu armazém um maior volume de bens, o que lhe permitiria ampliar seu comércio.

LIVRO V

Mas raras vezes acontece de ser conveniente a todos os agentes de um comerciante receber o pagamento pelos bens que lhe vendem em mercadorias de alguma outra espécie de mercadoria com a qual negocia. Coincidentemente, os comerciantes britânicos que fazem negócios com a Virgínia e Maryland vêm a constituir um grupo particular de agentes, para os quais é mais conveniente receber, em vez de ouro e prata, tabaco como pagamento pelas mercadorias que vendem a essas colônias. É que esperam obter lucro com a venda do tabaco, lucro que não obteriam com a venda de ouro e prata. Ouro e prata, portanto, raramente aparecem no comércio entre a Grã-Bretanha e as colônias produtoras de tabaco. Maryland e Virgínia então têm tão pouca necessidade desses metais em seu comércio externo como no comércio interno. É essa a razão pela qual se afirma que possuem menos moedas de ouro e prata do que todas as outras colônias na América. E, no entanto, considera-se que sejam tão prósperas e, por conseqüência, tão ricas quanto qualquer uma das outras colônias vizinhas.

Quanto às colônias do norte – Pensilvânia, Nova York, Nova Jersey, os quatro governos da Nova Inglaterra etc. –, o valor daquilo que exportam de própria produção para a Grã-Bretanha não é equivalente ao valor das manufaturas que importam para uso próprio e para uso de algumas outras colônias para as quais transportam esses produtos manufaturados. É necessário, pois, que esse saldo remanescente seja pago à metrópole em ouro e prata, o que geralmente conseguem fazer.

Nas colônias açucareiras, o valor da produção anualmente exportada à Grã-Bretanha é muito superior ao valor de todas as mercadorias dela importadas. Se o açúcar e o rum anualmente enviados à metrópole fossem pagos nas próprias colônias, a Grã-Bretanha seria obrigada a enviar todo ano para fora um saldo em dinheiro bastante expressivo, e o comércio com as Índias Ocidentais seria considerado, por uma certa espécie de políticos, extremamente desvantajoso. Mas ocorre que muitos dos proprietários de colônias açucareiras residem na Grã-Bretanha. Suas rendas lhe são remetidas em açúcar e rum, produtos de suas propriedades. O açúcar e o rum que os comerciantes das Índias Ocidentais compram nessas colônias por sua própria conta não equivalem em valor aos bens que anualmente lá vendem. Por isso, esses comerciantes necessariamente têm um saldo a receber em ouro e prata, e também esse saldo as colônias geralmente conseguem obter.

A dificuldade e irregularidade que as diversas colônias têm para pagar à Grã-Bretanha não vêm sendo, de modo algum, proporcionais ao fato de serem grandes ou pequenos os saldos que respectivamente devem. Em geral, as colônias do norte têm efetuado pagamentos mais regulares que as colônias produtoras de tabaco, embora em geral as primeiras paguem um saldo muito maior em dinheiro, ao passo que as últimas ou não pagam saldo nenhum, ou pagam um saldo bastante reduzido. A dificuldade de receber pagamento de nossas diferentes colônias açucareiras é maior ou menor, não tanto em proporção ao montante de seus respectivos saldos devedores, como em proporção à quantidade de terra inculta que as colônias contêm, ou seja, proporcionalmente à maior ou menor tentação que experimentam os colonos de estender seus negócios para além de suas forças, ou de empreender o povoamento e o cultivo de maiores quantidades de terras incultas do que comporta a extensão de seus capitais. É essa a razão pela qual os retornos proporcionados pela grande ilha da Jamaica, onde ainda existem muitas terras incultas, são em geral mais irregulares e incertos do que os retornos que proporcionam as ilhas menores de Barbados, Antígua e São Cristóvão, as quais se encontram desde muitos anos completamente cultivadas e, por isso, oferecem menos oportunidades às especulações dos colonos. As novas aquisições de Granada, Tobago, São Vicente e Dominica abriram um novo campo para especulações dessa espécie, de modo que os retornos proporcionados por essas ilhas têm sido, ultimamente, tão irregulares e incertos como os da grande ilha da Jamaica.

Portanto, não é a pobreza das colônias que ocasiona, na maioria delas, a atual escassez de moedas de ouro e prata. Sua grande demanda por capital ativo e produtivo faz que seja conveniente a elas possuir a menor quantidade possível de capital morto e inativo, o que as leva a se contentar com um instrumento de comércio menos cômodo, é verdade, mas também menos caro que o ouro e a prata. Com isso, passam a ter condições de converter o valor desse ouro e prata em instrumentos de trabalho, e peças de vestuário, mobília doméstica e nas ferramentas necessárias para construir e ampliar seus povoamentos e plantações. Quanto aos setores do comércio que não podem ser movimentados sem ouro e prata, essas colônias sempre conseguem, ao que parece, encontrar a quantidade necessária desses metais; e se muitas vezes não a encontram, seu fracasso é em geral efeito, não de sua inevitável pobreza, mas da natureza desnecessária e excessiva de tal empreendimento. Não é porque sejam pobres que fazem pagamentos incertos e irregulares, mas porque são demasiado afoitas para se tornar extremamente ricas. Mesmo quando toda a parte da receita tributária das colônias que excedeu o necessário para cobrir os custos de suas instituições civis e militares teve de ser enviada, em ouro e prata, à Grã-Bretanha, as colônias dispuseram de recursos suficientes para comprar a quantidade necessária desses metais. Na verdade, nesse caso seriam obrigadas a trocar parte de sua produção excedente, com a qual agora compram capital ativo e produtivo, por capital morto e inativo. Ao realizar seu comércio interno, seriam obrigadas a empregar um instrumento de comércio dispendioso, em lugar de um que não lhes custasse quase nada, e as despesas de comprar esse instrumento dispendioso poderiam arrefecer um pouco a vivacidade e o ardor da extrema atividade de seus empreendimentos em benfeitorias da terra. No entanto, talvez não fosse necessário fazer remessa em ouro e prata de parte da receita americana. Essa remessa poderia ser feita em letras de câmbio emitidas e aceitas por comerciantes particulares e companhias de comércio da Grã-Bretanha, aos quais se tivesse consignado parte da produção excedente da América, e que pagassem em dinheiro ao tesouro a receita americana, após terem eles mesmos recebido o valor dela em mercadorias; assim, com freqüência seria possível realizar todos os negócios, sem exportar da América uma única onça de ouro e prata.

Não é contrário à Justiça exigir que tanto a Irlanda como a América contribuam para o pagamento da dívida pública da Grã-Bretanha. Essa dívida foi contraída para sustentar o governo instituído pela Revolução*, um governo ao qual os protestantes da Irlanda devem não apenas toda a autoridade de que atualmente gozam em seu próprio país, como também toda a segurança que lhes assegura sua liberdade, propriedade e religião; um governo ao qual várias das colônias da América devem seus atuais privilégios e, conseqüentemente, sua atual constituição; ao qual, enfim, todas as colônias da América devem a liberdade, a segurança e a propriedade de que desde então desfrutam. Contraiu-se essa dívida pública para a defesa, não da Grã-Bretanha somente, mas de todas as diferentes províncias do império. Particularmente, a imensa dívida contraída na última guerra, e uma grande parte da que se contraiu na guerra que a precedeu, foram, uma e outra, exclusivamente contraídas em defesa da América.

A união com a Grã-Bretanha permitiria à Irlanda ganhar, além de liberdade de comércio, outras vantagens ainda mais importantes, que compensariam em grande medida o aumento de impostos que essa união pudesse trazer em seu bojo. Na Escócia, a união com a Inglaterra fez que as

---

* Ou seja, a Revolução Gloriosa, de 1688. (N. T.)

classes médias e inferiores do povo se libertassem completamente do poder de uma aristocracia que, até então, sempre as oprimira. Pela união com a Grã-Bretanha, a maior parte do povo de todas as classes na Irlanda teria igualmente a vantagem de se ver livre de uma aristocracia ainda mais opressiva; de uma aristocracia que não se funda, como a da Escócia, nas distinções naturais e respeitáveis de nascimento e fortuna, mas na mais odiosa de todas as distinções, nas distinções que, mais do que quaisquer outras, suscitam a insolência dos opressores e fomentam o ódio e a indignação dos oprimidos; e comumente tornam, enfim, os habitantes do mesmo país inimigos mais hostis uns dos outros do que jamais poderiam ser homens de países diferentes: as distinções de preconceitos religiosos e políticos. Sem a união com a Grã-Bretanha, é de presumir que demorará ainda muitos séculos para que os habitantes da Irlanda possam se considerar como um só povo.

Jamais houve o domínio de uma aristocracia opressiva nas colônias. Mas mesmo elas ganhariam consideravelmente, do ponto de vista da felicidade e tranqüilidade, pela união com a Grã-Bretanha. Pelo menos a união as libertaria de todas essas rancorosas e virulentas facções que são inseparáveis das pequenas democracias, e que muitas vezes dividiram as afeições de seu povo, perturbando a tranqüilidade de seus governos, cuja constituição se aproxima tanto da forma democrática. No caso de uma separação total da Grã-Bretanha – acontecimento que parece bastante provável, se não o impedir uma união dessa espécie – essas facções seriam dez vezes mais virulentas do que jamais foram. Antes do início dos atuais distúrbios, o poder coercitivo da metrópole sempre se mostrou capaz de impedir que essas facções rebentassem em algo pior do que a brutalidade e o insulto crassos. Se desaparecesse por completo esse poder coercitivo, provavelmente as facções logo irromperiam em aberta violência e derramamento de sangue. Em todos os grandes países unidos sob uma forma única de governo, o espírito de partido comumente prevalece menos nas províncias remotas do que no centro do império. A distância que essas províncias estão da capital, da principal sede da luta desordenada das facções e da ambição, faz que as províncias partilhem menos das opiniões de qualquer das partes em contenda, convertendo-as em espectadores mais indiferentes e imparciais da conduta de todos. O espírito de partido é menos dominante na Escócia do que na Inglaterra. Caso houvesse uma união, provavelmente o mesmo espírito prevaleceria menos na Irlanda do que na Escócia, e é possível que as colônias em pouco tempo viessem a desfrutar de um grau de concórdia e unanimidade atualmente desconhecido em qualquer região do império britânico. Tanto a Irlanda como as colônias, com efeito, estariam sujeitas a uma carga tributária superior à que pagam hoje. No entanto, em conseqüência de uma aplicação diligente e consciencíosa da receita pública para a quitação da dívida nacional, é possível que a maior parte desses impostos não fosse de longa duração, e que em pouco tempo a receita da Grã-Bretanha ficasse reduzida ao que fosse necessário para conservar um razoável estado de paz.

As aquisições territoriais da Companhia das Índias Ocidentais, direito indubitável da Coroa – ou seja, do Estado e do povo da Grã-Bretanha –, poderiam se tornar uma outra fonte de receita, talvez mais abundante do que todas as já mencionadas. Afirma-se que esses países são mais férteis, mais vastos e, proporcionalmente à sua extensão, muito mais ricos e populosos do que a Grã-Bretanha. Para retirar deles uma grande receita, provavelmente não seria necessário introduzir um novo sistema de tributação em países que já são suficientemente, e mais do que suficientemente, tributados. Talvez fosse mais apropriado diminuir, ao invés de aumentar, a carga tributária desses infelizes países, e tratar de retirar uma receita deles, não instituindo novos impostos, mas impedindo a malversação e o desvio da maior parte dos impostos que esses países já pagam.

Enfim, se entre todos os meios que eu sucessivamente indiquei para garantir à Grã-Bretanha um aumento considerável de receita nenhum fosse considerado praticável, então o único recurso que lhe poderia restar seria a diminuição de suas próprias despesas. Quanto ao modo de arrecadar e ao de gastar a receita pública, ainda que em cada um deles ainda possa haver espaço para aprimoramentos, a Grã-Bretanha parece ser, pelo menos, tão econômica como seus vizinhos. O aparato militar que a Grã-Bretanha mantém para sua própria defesa em tempo de paz é mais modesto do que o de qualquer Estado europeu que possa pretender rivalizar com ela em riqueza ou em poder. Assim, nenhum desses artigos parece comportar uma redução considerável de despesas. Antes de iniciarem os atuais distúrbios, as despesas relativas à conservação da paz nas colônias eram bastante significativas. Ora, trata-se de despesas que poderiam ser totalmente economizadas, o que aliás devia sem dúvida acontecer, caso não se possa retirar delas nenhuma receita. Essas despesas constantes em tempo de paz, ainda que muito altas, são insignificantes em comparação com o que a defesa das colônias nos custa em tempo de guerra. A última guerra, empreendida unicamente por causa das colônias, custou à Grã-Bretanha, como já se observou, mais de 90 milhões. A guerra com a Espanha, de 1739, foi basicamente empreendida por elas; e nessa guerra, assim como na guerra com a França que dela resultou, a Grã-Bretanha gastou mais de 40 milhões, grande parte dos quais devia, com justiça, ficar a cargo das colônias. Nessas duas guerras, as colônias custaram à Grã-Bretanha mais que o dobro do montante da dívida nacional antes do início da primeira delas. Não fosse por causa dessas guerras, essa dívida poderia estar, e a essa altura já estaria, completamente liqüidada; e, não fosse pelas colônias, talvez nem sequer se empreendesse a primeira dessas guerras, e certamente a segunda não teria ocorrido. É porque as colônias eram consideradas províncias do império britânico que fizemos todos esses gastos com elas. Mas os países que não contribuem para a manutenção do império nem com receita nem com força militar não podem ser considerados como províncias. Talvez possam ser considerados como dependências anexas, uma espécie de equipagem esplêndida e aparatosa do império. Ora, se o império não mais tem condições de sustentar os gastos de manutenção de tal cortejo, deve certamente renunciar a ela; e se não conseguir aumentar sua arrecadação proporcionalmente a suas despesas, devia, pelo menos, ajustar as despesas à arrecadação. Se as colônias, malgrado sua recusa de se sujeitar aos impostos britânicos, ainda precisarem ser consideradas como províncias do império britânico, a defesa delas pode representar à Grã-Bretanha, em alguma guerra futura, uma despesa tão elevada como a de qualquer outra guerra passada. Durante mais de um século, os governantes da Grã-Bretanha divertiram o povo, fazendo-o imaginar que possuía um grande império no lado ocidental do Atlântico. Esse império, entretanto, até aqui existiu apenas em imaginação. Até o momento tem sido, não um império, mas o projeto de um império; não uma mina de ouro, mas o projeto de uma mina de ouro; um projeto que custou, continua ainda a custar e nos ameaça de custar no futuro, se for conduzido da mesma maneira como tem sido até o presente momento, uma imensa despesa, sem que haja a menor perspectiva de nos trazer lucro – pois, para o povo em geral, os efeitos do monopólio do comércio colonial, como já se mostrou, nada mais são do que mera perda, e não lucro. Decerto, já é tempo de nossos governantes realizarem esse sonho dourado, no qual talvez eles mesmos se tenham deixado embalar junto com o povo, ou então finalmente acordem dele, e se esforcem por acordar também o povo. Se não for possível levar a cabo o projeto, será necessário abandoná-lo. Se não se alcançar de algumas províncias britânicas que contribuam para a manutenção do império, sem dúvida já é tempo de a Grã-Bretanha se livrar das despesas de defender essas províncias em tempos de guerra, e de sustentar qualquer parte de suas instituições civis e militares em tempos de paz. É tempo, enfim, de a Inglaterra se empenhar em acomodar suas perspectivas e desígnios futuros à mediocridade real de suas condições.

Apêndice

A seguir, vão anexos dois cálculos para ilustrar e confirmar o que eu disse no Capítulo V do Livro IV, a respeito do subsídio da tonelagem concedido à pesca do arenque branco. Creio que o leitor possa confiar na precisão desses dois cálculos.

Cálculo relativo às embarcações equipadas para a pesca de arenque na Escócia durante onze anos, com o número de barris vazios utilizados, e o número de barris com arenques pescados, incluindo a média do subsídio por barril de fisgas e de cada barril depois de cheio.

Anos	Número de embarcações de pesca	Barris vazios utilizados	Barris de arenques pescados	Subsídios concedidos às embarcações		
				£	s	d
1771	29	5948	2832	2085	0	0
1772	168	41316	22237	11055	7	6
1773	190	42333	42055	12510	8	6
1774	248	59303	56365	16952	2	6
1775	275	69144	52879	19315	15	0
1776	294	76329	51863	21290	7	6
1777	240	62679	43313	17592	2	6
1778	220	56390	40958	16316	2	6
1779	206	55194	29367	15287	0	0
1780	181	48315	19885	13445	12	6
1781	135	33992	16593	9613	12	6
Total	2186	550943	378347	155463	11	0

Fisgas	378.347	Média do subsídio para cada barril de fisgas	£ 0 8 2¼.
		Mas como um barril de fisgas conta somente como 2/3 de um barril cheio, se deduzido um terço, o subsídio será de £ 0 12 3¾	

Dedução de 1/3:	126.115 2/3		
Barris cheios:	252.231 1/3		
Além disso, se os arenques forem exportados há um prêmio de		0 2 8	
Assim, o subsídio pago pelo governo, em dinheiro, por barril é de		£ 0 14 11¾	
Mas, se a esse número se acrescentar o imposto de importação de sal normalmente calculado conforme o que se gasta para curar cada barril de arenque, cujo valor em média é de 1 barril e ¼ de barril, a 10s por barril		0 12 6	
O subsídio de cada barril equivaleria a		£ 1 7 5¾	

Se os arenques forem curados com sal britânico, então se terá o seguinte:

Subsídio, como antes £ 0 14 11¾

Mas se a esse subsídio se acrescentar o imposto sobre 2 barris de sal escocês, a 1s 6d por barril, supondo-se que em média seja a quantidade utilizada para curar cada barril, a saber 0 3 0

Então o subsídio sobre cada barril equivalerá a £ 0 17 11¾

E,
Quando as pequenas embarcações dão entrada na alfândega a produtos de consumo interno da Escócia, e pagam 1 shilling por barril, o subsídio fica como antes, a saber em £ 0 12 3¾

Disso é preciso deduzir 1s por barril 0 1 0

 0 11 3¾

Mas a isso é necessário acrescentar novamente o imposto do sal estrangeiro utilizado para curar um barril de arenques, isto é 0 12 6

De modo que o prêmio concedido para cada barril de arenque que dá entrada na alfândega como produto de consumo interno é de £ 1 3 9¾

APÊNDICE 1223

Se os arenques forem curados com sal britânico, teremos o seguinte:

Subsídio em cada barril trazido por embarcações como as acima	£ 0	12	3¾
Disso se deduz 1s por barril pago no momento em que dá entrada como artigo de consumo interno	0	1	0
	£ 0	11	3
Mas se ao subsídio se acrescentar o imposto sobre dois barris de sal escocês, a 1s 6d por barril, supondo-se que esta seja em média a quantidade utilizada para curar cada barril, ou seja	0	3	0
Então o prêmio concedido a cada barril de arenques que dá entrada para consumo interno é de	£ 0	14	3¾

Embora a perda de impostos sobre arenques exportados talvez não possa ser propriamente considerada como subsídio, seguramente se pode considerar como tal a perda de impostos sobre arenques que dão entrada para consumo interno.

Cálculo da quantidade de sal estrangeiro importado pela Escócia, e de sal escocês distribuído, com isenção de impostos, pelas salinas voltadas à indústria da pesca, de 5 de abril de 1771 a 5 de abril de 1782, com uma média de ambos para um ano.

Período	Sal estrangeiro importado	Sal escocês distribuído pelas salinas
	Barris	Barris
De 5 de abril de 1771 a 5 de abril de 1782	936.974	168.226
Média para 1 ano	95.179⁵/₁₁	15.293³/₁₁

Cabe observar que o barril de sal estrangeiro pesa 84 libras, enquanto o de sal britânico pesa apenas 56 libras.

Índice remissivo

(Este é o índice original, que apareceu, pela primeira vez, na terceira edição, com [colchetes] adicionados por Edwin Cannan. Cobre apenas o texto e as notas do autor.)

[Abássidas, riqueza do Império Sarraceno sob os, 503-6]
[Abeville, monopólio de lã, 572-5]
[Abraão pesa os siclos, 31-4]
[Academia de Ciências, *Description des Arts et Métiers faites ou approuvées par Messieurs de l´académie royale des sciences*, 1761, 160-3]
[Academia, atribuída a Platão, 982-5]
[Açambarcamento de terras nos tempos antigos, 478-81; nas colônias, 723-6]
[Açores, 703-6]
Açougue, carne de, [crescimento do preço da, 190-3; parte insignificante da subsistência do trabalhador, 239-42] em nenhum lugar é artigo de primeira necessidade, 1115-8
Açougueiro, atividade brutal e odiosa, 125-8
Açúcar, [moeda corrente em algumas das colônias das Índias Ocidentais, 27-31] produção agrícola muito lucrativa, 199-205
Restituição de impostos quando da exportação de açúcar da Inglaterra, 629-32; poderia ser cultivado pelo arado, em vez de usar todo o trabalho braçal dos escravos, 740-3; [o imposto incidente sobre o açúcar não afeta os salários, 1109-12; gera uma considerável receita alfandegária, 1124-7; o

imposto sobre o açúcar
incide basicamente sobre
as classes média e alta,
1130-3; os plantadores
afirmam que o imposto
incide sobre o produtor,
1138-41;] objeto
apropriado de tributação,
já que é um artigo vendido
ao preço de monopólio,
1138-41; [em nenhum
lugar é artigo de primeira
necessidade, 1202-5]
[Adriático, favorável ao
comércio, 27-31]
Adubo, o fornecimento, em
muitos lugares, depende
do rebanho criado, 281-4
[Advogados, por que são
largamente
recompensados por seu
trabalho, 130-6; o elevado
montante de seus
honorários, 133-6; poucos
homens ricos são tão
eminentes como os
advogados, 963-6]
África, [reis poderosos vivem
numa situação pior que a
do camponês europeu, 15-
8], causa do estado
bárbaro em que se
encontra o interior desse
continente, 27-31. [o
comércio com a América é
o de escravos, 720-3;
recebe rum em troca de
escravos, 729-31;
manufaturas provenientes
de cidades européias, 793-
6; não possui colônias
prósperas, 805-8; sendo
pastores, os nativos não
podiam ser desalojados,
805-8; exportação de
goma-arábica, 834-7;
necessidade dos fortes
para o comércio, 926-9;
música e dança, 979-82]
[Agamenon, suas
recomendações às cidades,
907-10]
[Agen, imposto territorial em,
1082-5]
[Agentes funerários alugam os
acessórios para funerais,
345-8]
Ágio do banco de Amsterdam
[como algumas pessoas o
definem, 410-3;]
explicação, 596-9; ágio do
banco de Hamburgo, 599-
602; ágio em Amsterdam,
como se mantém a uma
taxa média, 607-10
Agregado, fundo das finanças
britânicas, explicação,
1171-4
[Agricultor, posição superior
do agricultor inglês, 488-
91, 494-7]
Agricultores, como a guerra é
sustentada por uma nação
de, 879-82
Agricultura, trabalho que não
é passível das mesmas
subdivisões das
manufaturas, 9-12; essa

impossibilidade de separação impede que a agricultura se aperfeiçoe no mesmo passo que as manufaturas, 9-12; estado natural da agricultura numa nova colônia, 116-9; exige mais conhecimento e experiência que muitas atividades mecânicas, e mesmo assim é realizada sem nenhuma restrição, 160-3; como o proprietário e o arrendatário ajustam as cláusulas do contrato de arrendamento, 183-7; amplia-se graças a boas estradas e canais navegáveis, 187-90; a jardinagem como um emprego pouco lucrativo, 196-9; as vinhas como o produto agrícola mais lucrativo 196-9; projetos com estimativas de lucro muito falaciosas, 196-9; [não deve ser promovida pelo desestímulo às manufaturas, 199-202;] o gado e a lavoura se aprimoram mutuamente, 281-4; observações sobre a da Escócia, 281-7; observações sobre a da América do Norte 284-7; as avícolas como produção lucrativa, 287-90; porcos, 287-93; laticínios, 290-3; evidências da terra completamente cultivada, 293-6; na medida em que faz subir o preço do alimento de origem animal, a extensão do cultivo diminui o de origem vegetal, 310-5; por quem e como era praticada sob o governo feudal, 416-22; suas atividades tendem não tanto a aumentar, mas a dirigir a fertilidade da natureza, 454-7; vem sendo a causa da prosperidade das colônias britânicas na América, 457-60; os lucros da agricultura foram exagerados por projetistas, 468-70; [capaz de absorver mais capital do que se tem investido nela, 468-70;] em condições idênticas, é preferida ao comércio, 471-8; artífices necessários para realizá-la, 475-8; era ignorada pelos nórdicos que destruíram o Império Romano, 478-81; antiga política européia lhe era desfavorável, 494-7; foi promovida pelo comércio e pelas manufaturas das cidades, 521-4; [favorecida pela legislação da Inglaterra, 521-7;] a riqueza originada da agricultura é mais sólida e duradoura do que a produzida pelo comércio, 527; não é

incentivada pelo subsídio
à exportação de cereais,
640-3; por que é a
atividade adequada de
novas companhias
[?colônias], 772-4;
descrição do atual sistema
agrícola de economia
política adotado na França,
840-3; é desestimulada
pelas restrições e
proibições no comércio,
854-6; é favorecida na
China, em detrimento das
manufaturas, 862-5; e no
Indostão, 865-7; não exige
um mercado tão amplo
como as manufaturas, 867-
70; a falsa política de
controlar as manufaturas, a
fim de promover a
agricultura, 870-4;
[pressupõe a fixação do
homem no campo, 879-82;
os proprietários deveriam
ser incentivados a cultivar
parte de suas terras, 1052-8]
[Agrigento desafiou a
metrópole, 714-7]
[Agripina, seu rouxinol
branco, 278-81]
[*Aides*, imposto francês
arrendado, 1156-9]
[Aix-la-Chapelle, tratado de,
944-7; universidade de,
1026-9]
Alcavala, explicação e
consideração desse
imposto, assim chamado
na Espanha, 1150-3; a
ruína das manufaturas
espanholas atribuída a
esse imposto, 1151
Aldeias, como começaram a
se formar, 475-8
Ale, autorização para a venda,
1082-5; incidência de
impostos sobre a, 1115-21
Alemanha, desenvolveu-se
desde a descoberta da
América; nação germânica
destruiu o Império
Romano, 478-81; espécie
de servidão ainda existe
na Alemanha, 484-8;
fornecimento de provisões
ainda é praticada, 491-4;
cidades livres, 500-3;
despesa da última guerra,
548-52, 780-3; comércio
exterior, 590-3]
[Alexandre III, Papa, Bula
pela emancipação, 488-91]
[Alexandre, o Grande, aluno
particular de Aristóteles,
171-4; conquistas, 706-8]
[Alfaiates, a mais baixa
categoria de artífices,
salários em Londres, 130-3;
os salários em Londres são
regulados por lei, 180-3]
[Algodão, mais valioso
produto vegetal das Índias
Ocidentais, 706-8; fardos
de algodão exibidos por
Colombo, 706-8; produtos
manufaturados de algodão
não existiam na Europa
em 1492, 706-8]

[Alienação, multa sobre, 1091-4]
Alimento, sempre compra tanto trabalho quanto consegue manter no local, 187-90; comparação entre o pão e a carne de açougue, 190-6; é a origem de toda as demais produções, 211-3; a fartura de alimento constitui a principal parcela das riquezas do mundo, e fornece valor central a todas as outras espécies de riqueza, 225-8
[Almagro partiu em busca de ouro, 708-11]
[Alsácia, tratada como estrangeira, 1150-3]
América, [a colonização acompanhou o litoral e os rios, 24-7; as minas provocaram a desvalorização do ouro e da prata, 43-6, 245-50, 253-6, 302-4, 310-3, 555-60; os colonos são rendeiros e proprietários, 63-9;] por que o trabalho é mais caro na América do Norte do que na Inglaterra, 85-91; [não é tão rica como a Inglaterra, 88-91;] grande aumento populacional, 88-91; [a população se casa mais cedo e mesmo assim há escassez de mão-de-obra, 88-91; as colônias britânicas ilustram o caráter da constituição britânica, 91-4; rápida propagação, 100-3; Lei do Selo, 106-9;] taxa normal de juro, 116-9; [as aquisições de territórios suscitam interesse na Bretanha, 116-9; a taxa de lucro no comércio com a América é mais baixa que a do comércio jamaicano, 139-42; os cereais não deveriam ser cultivados por fatores semelhantes aos do açúcar, 202-5; os nativos jogam fora as peles, 208-11; os proprietários querem o desmatamento;] é um novo mercado para a produção de suas próprias minas de prata, 259-61; os primeiros relatos sobre os impérios do Peru e do México foram bastante exagerados, 259-61, 558-60; estado de desenvolvimento das colônias espanholas, 558-60; [as Índias Orientais tomam prata da, 261-4; o imposto constitui toda a renda das minas espanholas de ouro e prata, 273-5; descaso com o cultivo nas colônias britânicas, 284-7; gado abatido pelo couro e sebo, 293-6; papel-moeda para pequenas quantias, 401-4;

comércio interior efetuado inteiramente com papel-moeda, 401-7; descrição do papel-moeda nas colônias britânicas, 407-10; [a condição dos selvagens é semelhante à da Inglaterra à época de Júlio César, 430-4;] causa da rápida prosperidade das colônias britânicas, 457-60; [comércio de transporte de mercadorias para a Europa, 465-70;] por que jamais se estabeleceram na América as manufaturas de produtos destinados à venda para mercados distantes, 475-8; [os artífices investem suas economias na compra e cultivo da terra, *ibid*.;] seu rápido desenvolvimento se deve ao auxílio de capitais estrangeiros, 478-81; [nenhum produto gera tantos lucros como o açúcar, 484-8; rápido avanço fundado na agricultura, 521-4;] a compra e melhoria de terras incultas é o emprego mais lucrativo do capital, 521-4; [o primeiro levantamento dos espanhóis sempre tinha em vista a descoberta de ouro e prata, 529-34; a descoberta causou uma revolução no comércio, 540-3; grande parte dos custos da última guerra com a França foi despendida lá, 549-52;] alterações comerciais produzidas pela descoberta da, 555-60; em todo o continente havia apenas duas nações civilizadas, 558-60; [o comércio europeu com a América era mais vantajoso que o comércio com as Índias Orientais, 558-60; eram infreqüentes os retornos do comércio com a América, 618-29; não havia mais de 3 milhões de habitantes nas colônias britânicas na América do Norte; eram mais pobres que a França;] a riqueza das colônias norte-americanas aumentou, embora a balança comercial continuasse desfavorável a elas, 620-9; [revolta, 629-35; imenso litoral e parca autoridade britânica, 632-5;] como se introduziu lá o vinho da Madeira, 633; [subsídios à exportação para a América, 632-8; a guerra, 654-7; sua colonização é distinta da colonização grega e romana, 700-3; não foi fruto da necessidade, 703-6;] análise histórica dos estabelecimentos europeus na América, 706-14; da Espanha, 714-7; da Holanda, 717-23; da França, 720-3; da Grã-Bretanha, 720-3; governo eclesiástico nas várias colônias européias, 723-9; a pesca como principal item no comércio entre a América do Norte, Espanha, Portugal e o Mediterrâneo, 729-31; materiais navais para a Grã-Bretanha, 731-4; [trabalho escravo, 740-3;] atribui-se pouco mérito à política européia pelo sucesso das colônias, 743-6; [loucura e injustiça presidiram os primeiros estabelecimentos, 743-6; *Magna virum Mater* da Europa, 746-8;] em que medida foram vantajosas para a Europa a descoberta e a colonização da América, 746-802; e para a própria América, 791-3; [provocou um aumento na atividade da Europa, 746-8; vantagem para os países que jamais exportaram para lá, 746-51; excedente de produção é a fonte da vantagem da Europa, 748-51; cede força militar às metrópoles; e gera pouca receita, *ibid.*; comércio exclusivo pressupõe uma vantagem específica, 748-51; era imprevisto o rápido progresso, 754-8; o monopólio atrai capital, 760-3; retornos incertos, remotos e irregulares do comércio com a América, 760-3; efeitos da interrupção do comércio, 769-72; a ampliação do mercado europeu para o pão e a carne, 772-4; política dos lojistas adotada em relação à América, 777-80; tributação por requisição, 785-8; ambição dos líderes, 788-91; possível transferência da sede do governo para a América, 791-3; a descoberta da América como um dos dois maiores acontecimentos da história, 791-3; as metrópoles alcançam o esplendor, porém nem todas as vantagens, 793-802;] as colônias na América são governadas por um espírito de monopólio, 799-802; [mais prósperas que as colônias na África, 805-8; subsídios aos materiais navais da América, 816-9; a

Grã-Bretanha por vezes corteja a América e por vezes contende com ela, 816-9; subsídios, 819-22;] o sistema de colonização sacrifica o interesse do consumidor ao do produtor na Grã-Bretanha, 840-3; [os nativos da América eram caçadores, 875-9; e opositores desprezíveis, 879-82; a milícia da colônia está se transformando em exército permanente, 887-90; os nativos consideram a idade como único fundamento da posição social, 899-905; impostos *per capita*, 1088-91; produções americanas de uso comum na Grã-Bretanha, 1124-7;] projeto para a extensão do sistema britânico de tributação para todas as províncias da América, 1199-202; como os americanos poderiam pagar impostos sem papel-moeda, 1208-10; como deveriam, na verdade, contribuir para desonerar a dívida pública da Grã-Bretanha, conveniência da União com a Grã-Bretanha, 1213-6; o império britânico na América não passa de mero projeto, 1216-9

Amor-próprio, princípio governante das relações humanas, 18-21
Amsterdam, [245-8, 564-6, 596-9, 777-80, 825-8, 1036-8;] ágio do banco de Amsterdam [como algumas pessoas o definem, 410-3;] explicado, 596-9; causa de sua criação, 596-602; vantagens dos pagamentos lá realizados, 596-602; taxa exigida para conservar o dinheiro lá, 599-604; é o maior armazém da Europa para lingotes, 604-7; pedidos ao banco, como são feitos e atendidos, 604-7; como se mantém o ágio a uma taxa média, 607-10; é possível apenas conjecturar sobre o volume de seu tesouro, 607-10
[Anderson, Adam, citado, 944-7]
[Anderson, James, citado, 236-9, 273-5, 368-71]
[Angola, 703-6, 805-8]
[Aníbal, 890-3]
[Anos de carestia permitem aos patrões fazer negócios mais vantajosos com os empregados, 103-6]
Antigo Tributo, na aduana inglesa, os *drawbacks* que são restituídos desse tributo, 629-32; origem e significação do termo, 1121-4

[Antígua, 754-8, 1210-3]
[Antuérpia, 527, 596-9]
Anuidades por tempo determinado e anuidades perpétuas nas finanças britânicas, explicação histórica, 1174-9
[Apereá do Brasil, 706-8]
Aprendizagem, explicação da natureza e intenção desse elo de sujeição, 413-6; aumentam os salários, 77; limitações impostas a várias atividades, quanto ao número de aprendizes, 151-4; o estatuto de aprendizagem na Inglaterra, 151-7; aprendizagens na França e Escócia, 154-7; observações gerais sobre a tendência e o efeito de longos períodos de aprendizagem, 154-60; [colocam obstáculos à livre circulação de trabalho de um emprego a outro, 171-4; meios de conseguir fixar residência, 174-80;] a lei de aprendizagem deveria ser revogada, 586-90; Relação com os privilégios dos bacharéis, 966-9
[Aquiles, a oferta de Agamenon a, 907-10]
[Árabes, seu modo de manter guerras, 875-9]
[Arábia, golfo da, favorável ao comércio, 27-31]
[Arábia, hospitalidade dos chefes, 512-5; histórias cheias de genealogias, 518-24; [vitoriosos quando unidos, 879-82; milícia, 887-90; autoridade despótica dos xarifes, 902-5; a receita dos chefes consiste em lucro, 1032-8]
[Aragão, 706-8]
[Arbuthnot, Dr. John, citado, 870-3]
[Argyle, duque de, 515-8]
[Aristocracia rural, lograda pelos argumentos dos comerciantes, 537-40; imitou os manufatores, 575-8]
[Aristocratas, a educação universitária inglesa não é adequada a formá-los, 977-9; receberiam melhor educação se não houvesse instituições públicas de ensino, 985-8]
[Aristóteles, prodigamente recompensado por Felipe e Alexandre, 171-4; atribui-se a ele o Liceu, 979-82; professor, 1026-9; citado, 484-8, 979-82]
[Aritmética política, a habilidade de Gregory King em, 94-7; o autor não deposita grande fé em, 674-7; é inconfiável, 674-7; segundo a das aduanas, dois mais dois somam um, 1121-4]

Armada, sua derrota interrompeu a obstrução espanhola da colonização, 717-20; menos alarmante do que a ruptura com as colônias, 766-9

Armas de fogo, alterações na arte da guerra provocadas pela invenção das armas de fogo, 884-7; invenção que favoreceu a expansão da civilização, 899-902

[Arquipélago, 769-72]

Arrendamentos, [vitalícios, 488-91;] as variadas condições normais dos contratos, 1052-5; [registro do arrendamento, 1052-5]

Arrendatários, distinção dos vários artigos que compõem seu ganho, 63-6; os agricultores precisam ter mais conhecimento e experiência que a maior parte dos manufatores, 163-6; em que consiste seu capital, 341-5; a grande quantidade de trabalho produtivo que seu capital coloca em movimento, 454-7; precisam dos artesãos, 475-8; sua situação é melhor na Inglaterra do que em qualquer outra região da Europa, 488-91; em todos os lugares, seu trabalho está sujeito a grandes inconvenientes, 491-4; origem dos longos contratos de arrendamento, 518-21; os agricultores constituem uma classe de homens menos sujeitos ao amaldiçoado espírito de monopólio, 572-5; por que antigas leis os forçaram a se tornar os únicos comerciantes de trigo, 666-9; raras vezes poderiam vender o trigo a baixo preço, 666-71; o cultivo da terra foi dificultado por essa divisão do capital, 669-71; a utilidade dos negociantes de trigo para os agricultores, 669-71; como contribuem para a produção anual da terra, segundo o sistema agrícola francês de economia política, 843-5

Arroz, item da agricultura bastante produtivo, 205-8; exige um solo inadequado para o cultivo de outros alimentos, 205-8; países produtores de arroz são mais populosos que os produtores de trigo, 261-4

Artífices, proibidos por lei de viajar para países estrangeiros, 837-40; os que residem no exterior e não regressam quando notificados são declarados forasteiros 837-40; [se servirem num exército deverão ser sustentados pelo Estado, 879-84] ver Manufaturas

Artigos de fé, como são regulados pelo magistrado civil, 1007-10

Artigos de luxo, contrapostos a artigos de primeira necessidade, 1106-9; modo de incidência de impostos sobre, 1109-12; [impostos de consumo incidem basicamente sobre, 1118-21; os impostos ingleses sobre artigos de luxo importados atingem basicamente os estratos médio e alto da sociedade, 1130-3; os consumidos pelos estratos inferiores da sociedade deveriam ser tributados, 1130-3;] boas e más qualidades dos impostos sobre artigos de luxo, 1141-4

Artigos de primeira necessidade, [efeito dos impostos sobre, 578-83, 1106-12, 1191-4;] diferenciados dos artigos de luxo, 1106-9; incidência de impostos sobre, 1106-12; principais artigos tributados, 1112-5; [valor, 1127-30; não deveriam ser tributados, 1130-3; impostos sobre artigos de primeira necessidade podem diminuir a renda do proprietário de terras, 1191-4]

[Ás, originalmente equivalia a 1 libra de cobre, 34-7; reduzido a 1/24, 34-7; sempre uma moeda de cobre, 49-51; desvalorizado no fim da Primeira Guerra Púnica, 1194-9]

[Asas de Dédalo do papel-moeda, 399-401]

Asdrúbal, seu exército se aperfeiçoou consideravelmente graças à disciplina, 106-9; [o jovem], como foi derrotado, 890-3

[Asinius Celer pagou caro por um salmonete, 278-81]

Assembléia, câmaras nas colônias britânicas, demonstrada a liberdade constitucional das assembléias, 737-43

Asiento, contrato, 944-7

[Associações, diferença entre elas e as sociedades por ações, 938-41]

[Atenas, elevadas remunerações aos professores, 169-74; artesãos eram escravos, 867-70; paga dos soldados, 882-4]

[Atividade comercial excessiva (*overtrading*)

ocorre quando os lucros são normalmente altos, 543-6]

Atividade, as nações raramente trataram com imparcialidade as diferentes espécies de atividade, 3-4; as espécies de atividade são freqüentemente locais, 21-4; naturalmente adequada à demanda, 69-72; aumenta pela recompensa liberal do trabalho, 100-3; como é afetada por períodos de fartura e escassez, 103-6; exerce-se com mais vantagem nas cidades do que no campo, 160-3; a produção média da atividade econômica sempre se adapta ao consumo médio, 239-42; é promovida pela circulação de papel-moeda, 363-5; três requisitos para colocar a atividade econômica em movimento, 365-8; como o caráter geral das nações é avaliado pela atividade econômica, 419-22; como se determina a proporção entre o ócio e atividade, 422-5; o primeiro esforço se aplica para obter subsistência, e depois se estende aos artigos necessários ao conforto e ao luxo, 471-5; restrições à importação promovem a atividade geral da sociedade?, 560-6; não há como pretender ou saber isso, 566-9; medidas legais para regular a atividade privada constituem uma perigosa presunção de poder, 566-9; a atividade interna não deveria cuidar do que pode ser comprado mais barato do exterior, 566-9; o nível de atividade da sociedade somente pode aumentar proporcionalmente ao crescimento de seu capital, 569-72; quando talvez seja necessário lançar algum encargo sobre a atividade estrangeira, para favorecer a atividade interna, 575-8; o livre exercício de atividades econômicas deveria ser permitido a todos, 586-90; o esforço natural de todo indivíduo para melhorar sua situação resultará, se não sofrer restrições, na prosperidade da sociedade, 679-82 [Atlântico, 791-3]

Atores públicos, pagos pelo desprezo inerente a sua profissão, 133-6

Augusto, imperador, emancipa os escravos de Védio Pólio, dada sua crueldade, 743-6

ÍNDICE REMISSIVO

Aulas nas universidades, freqüentemente inadequadas à instrução, 966-9
[*Aulnagers*, 31-4]
[Áustria, pouco favorecida pelo Danúbio, 27-31; milícia derrotada pelos suíços, 893-6; cálculo para o imposto territorial, 1199-202]
Aveia, pão feito com farinha de aveia não é tão adequado à constituição humana como o pão feito com farinha de trigo, 205-11
Avicultura, razão de seu baixo preço, 287-90; é um artigo da economia rural mais importante na França do que na Inglaterra, 287-90
[Ayrshire, aumento da demanda por trabalho em, 94-7]
[Babilônia, 484-8]
[Bacalhau, utilizado como dinheiro, 27-31]
[Bahamas, 706-8]
Balança comercial, [especulações absurdas a esse respeito; 471-5] não existe um critério exato para determinar, nas relações entre dois países, o lado a que penderá, 590-3; a doutrina corrente da balança comercial, sobre a qual se funda a maior parte das regulações, é absurda, 610-2; se estiver equilibrada, pela troca de suas mercadorias nativas, os dois lados poderão ganhar, 610-2; como ficaria, se mercadorias nativas, de um lado, fossem pagas com mercadorias estrangeiras, de outro, 610-5; como fica quando as mercadorias são compradas com ouro e prata, 612-5; sempre se prevê a ruína de um país pela doutrina de uma balança comercial desfavorável, 620-9
Balança da produção anual e do consumo, explicação, 620-9; pode ser favorável a uma nação quando a balança comercial é desfavorável, 620-9; [ocupações, 659]
[Balboa, Nuñez de, 708-11]
[Báltico, 27-31; lã do, 211-3; fibra de linho e cânhamo, 454-7; tabaco para, 763-6; manufaturas para, 793-6]
Bancária, nota, tem mais valor que a moeda corrente, 596-9; explicação, 599-602
[Bancárias, cédulas, não são emitidas com valor abaixo de £10 em Londres, 401-4;

não deveriam ser emitidas com valores abaixo de £5, 401-4]
[Banco Ayr, história do, 390-3]
[Banco da Escócia, 368-71]
[Banco da Inglaterra, teve que cunhar muito ouro, 374-6, 376-9; descontos, 390-3; história, 396-401] [vultoso capital, 941-4; permite ao governo contrair dívidas não consolidadas, 1168-71; interrompeu suas atividades normais durante a reforma da moeda, 1168-71; adianta o produto de impostos, 1171-4; primeiros impostos hipotecados a título perpétuo para esse adiantamento, 1171-4; adiantamentos em janeiro de 1775, 1182-5]
[Banco de Amsterdam, ver Amsterdam]
Bancos [às vezes pagam em moeda de 6 pence para ganhar tempo, 54-7, 399-401; bancos privados da Inglaterra não pagam juros, nas em Edimburgo se paga 4% sobre cédulas, 113-6, 365-99;] grande aumento do comércio na Escócia, desde a instituição de bancos nas principais cidades, 368-71; seus negócios habituais, 368-71; conseqüências de emitirem tanto papel-moeda, 374-6; necessidade de tomar precauções, durante certo período de tempo, para conceder crédito aos clientes, 376-82; limites dos adiantamentos que possam prudentemente fazer aos negociantes, 379-85; em que medida foram prejudicados pela prática do saque sucessivo de letras de câmbio, 388-90; história do Banco Ayr, 390-6; história do Banco da Inglaterra, 396-401; consideração da natureza e da vantagem pública dos bancos, 399-401; banqueiros podem realizar seus negócios com menos papel-moeda, 401-7; efeitos das cláusulas opcionais nas cédulas escocesas, 404-10; origem de sua fundação, 599-602; explicação das notas bancárias, 599-602. Bancos da Inglaterra, conduta em relação à cunhagem, 796-9; [os de Edimburgo não detêm um privilégio de exclusividade, 957-60] por que as sociedades por ações se adaptam à atividade bancária, 957-63; é discutível se o governo da Grã-Bretanha tem condições de gerir um

ÍNDICE REMISSIVO

banco com lucro, 1036-8
Banqueiros, como se estabeleceu o crédito de suas notas, 360-5; explicação da natureza da atividade bancária, 363-5, 368-71; a multiplicação e a concorrência dos banqueiros sob regulações apropriadas é útil para o crédito público, 412
[Bar, 1159-62]
[Barbados, prosperidade inicial, 754-8; ilha completamente cultivada, 1210-3]
Baretti, Sr. explicação da quantidade de ouro português enviado semanalmente para a Inglaterra, 689-92
Barões feudais, seu poder contratado pela concessão de privilégios nos burgos, 500-3; sua ampla autoridade, 512-8; como perderam a autoridade sobre os vassalos, 515-21; e o poder de provocar distúrbios no país, 518-24; [influência dos barões, rendimento gasto em artigos de luxo, 1016-8]
[Basiléia, principal receita provém do imposto de exportação, 1079-82]
Batatas, item da alimentação, 205-8; cultivo e grande produção, 205-8; a dificuldade de as conservar é o grande obstáculo para o cultivo em larga escala, 208-11
Batávia, causas da prosperidade do estabelecimento holandês, 805-8
[Bath, riqueza decadente da estalagem na estrada de, 434-7]
[Bavária, o Danúbio não lhe é útil, 27-31]
[Bayonne, tratada como estrangeira pela França, 1150-3]
[Bazinghen, Abot de, citado, 695-7]
[Beaumont, J. L. Moreau de, ver *Mémoires*]
[Bebidas alcoólicas, mais caras por causa dos impostos, 97-100; licença para a venda a varejo, 1082-5; os salários não são afetados por impostos incidentes sobre as bebidas, 1109-12; esses impostos são pagos pelos consumidores, 1115-8; fermentadas e destiladas para uso privado, 1133-6; política da Grã-Bretanha para desestimular o consumo de bebidas alcoólicas, 1136-8]
[Becket usava feno e junco, 521-5]
[Bem público, pouco bem praticam os que afetam

comerciar em nome do bem público, 566-9]
[Benefícios do clero, 1013-6]
Benefícios eclesiásticos, por que se tornou segura a posse desses benefícios, 1007-13; como se tomou do papa o poder de conferir benefícios na Inglaterra e na França, 1016-8; igualdade geral dos benefícios entre os presbiterianos, 1024-6; efeitos positivos dessa igualdade, 1024-6
[Benevolência, não nos garante o jantar, 18-21]
Bengala, a que circunstâncias se deveu seu aperfeiçoamento inicial na agricultura e manufaturas, 24-31; atual condição miserável do país, 91-4; observações sobre as altas taxas de juro aí, 116-22; [os lucros consomem a renda e reduzem os salários à mera subsistência, 119-25; artigos de exportação, 261-4; proporção de ouro com a prata, 267-73]
[Regulações inadequadas transformaram a escassez em fome, 663-6;] comportamento opressivo dos ingleses para facilitar seu comércio de ópio, 808-10; [receita proveniente da renda fundiária, 808-10;] por que se destaca mais com a exportação de manufaturas que de grãos, 867-70; [antigo imposto fundiário, 1060-6; boas estradas, 1060-3]
[Bengala, golfo de, favorável ao comércio, 27-31]
[Benguela, 703-6, 805-8]
[Bens de consumo, impostos sobre essa categoria de bens são ao final pagos pelo consumidor, no momento mais conveniente, 1046-9; pagos indistintamente pelas três espécies de rendimento, 1103-6; incidência, 1106-62]
[Berbéria, 503-6, 935-8]
Berna, [arrendatários iguais aos ingleses, 494-7; breve história da república de, 500-3] Estabelecimento da Reforma aí, 1018-21; aplicação do rendimento do clero católico, 1055-8; obtém receita dos juros de seu tesouro, 1038-41; [imposto sobre a alienação, 1091-4; único Estado que possui um tesouro, 1165-8]
[Bernier, François, citado, 924-6]
[Bíblia, comumente recitada em latim, 969-74]
[*Billets d´état*, às vezes com 60 ou 70% de desconto, 1168-71]

ÍNDICE REMISSIVO

[Birch, Dr. Thomas, citado, 193-6]
[Birmingham, produtora de artigos de moda, 145-8; as manufaturas não estão compreendidas no estatuto de aprendizagem, 151-7; usa 50 mil libras em ouro e prata anualmente, 264-70; redução no preço das mercadorias, 313-5; as mercadorias se desenvolveram naturalmente, 509-12; troca maquinaria por vinho, 1144-7]
Bispos, antigo modo de elegê-los, e como se alterou, 1010-3, 1016-8
[Blackstone, William, citado, 43-6, 484-8]
Boêmia, [ainda existem servos na, 484-8; levantamento e avaliação, 1058-60;] análise do imposto que lá se institui sobre a atividade dos artífices, 1100-3
[Bolsas de estudo, efeito sobre os ganhos do trabalho, 166-71]
[Bombaim, 952-5]
[Bordéus, por que é uma cidade de grande comércio, 419-22; relatório do Parlamento, no que se refere à dívida francesa, 1177-9]
[Borgonha, vinícolas da, 199-202; milícia derrotada pelos suíços, 893-6]

[Borlase, citado, 217-20]
[Born, Ralph de, sua festa, 228-31]
[Boston, trabalho bem remunerado é mais barato que o trabalho escravo, 100-3; menos populosa que o México ou Lima, 717-20]
[Botica como uma fonte de lucro para Hamburgo, 1032-8]
Boticários, os lucros de seus remédios são injustamente estigmatizados como exorbitantes, 139-42
[Botões, divisão do trabalho na fabricação de, 12-5]
[Bouchaud, citado, 1091-4]
[Bourbon, a casa que se unificou pela aquisição britânica de Gibraltar e Minorca, 938-41]
[Brady, Robert, citado, 497-500]
[Bragança, família de, 717-20]
Brasil, [os nativos não detinham técnicas nem praticavam a agricultura, 259-61; ouro do, 463-5, 540-3, 612-5, 689-92, 711-4] Tornou-se uma poderosa colônia durante o período em que ficou negligenciado, 717-20; os invasores holandeses foram expulsos pelos colonos portugueses, 717-20; cálculo do número de

habitantes, 717-20; [os
portugueses se
estabelecem no Brasil,
717-20;] o comércio das
principais províncias foi
oprimido pelos
portugueses, 726-9; [judeus
portugueses banidos para
lá, 743-6]
[Breslau, imposto sobre as
terras dos bispos, 1058-60]
[Bretanha, talha incidente
sobre terras cuja posse se
dava a título vil, 1082-5]
[Brigas de galos levaram
muitos à ruína, 1162-5]
[Bristol e a Companhia
Africana, 935-8]
[Bruges, comércio de, 527]
[Bruxaria, medo comparado
ao do atravessador e
intermediário, 671-4]
[Brutus emprestou dinheiro a
48%, 119-22]
[Buenos Aires, preço do boi
em, 190-3, 239-42, 293-6]
[Buffon, G. L. L., citado,
287-90, 746-8]
[Burcester (agora Bicester),
preço das peles em, 296-9]
Burgos livres, origem,
497-500; a que
circunstâncias deveram sua
jurisdição de foral,
497-503; por que se
aceitou que enviassem
representantes ao
Parlamento, 500-6; são
autorizados a proteger
refugiados do campo, 503-6

[Burman, citado, 1091-4]
Burn, Dr., observações sobre
as leis relativas à
residência dos pobres
[citado, 94-7,] 174-7,
177-80, 180-3]
[Byron, Hon. John, citado,
239-42]
[cabo Branco, 935-8]
cabo da Boa Esperança,
[descoberta de uma
passagem pelo, 558-60,
703-6, 746-8, 791-3;] causas
da prosperidade da
colônia holandesa lá
situada, 805-8;
[mencionado, 935-8]
[cabo de Finisterra, 632-5,
731-4, 777-80, 1199-202]
[Cabo Verde, ilhas, 703-6]
[cabo Vermelho, 935-41]
Caça ao tesouro, explicação
do termo, 351-4; por que
um importante ramo da
receita sob os antigos
governos feudais, 1162-5
[Caçador furtivo, homem
extremamente pobre por
toda a Grã-Bretanha, 125-8]
Caçadores, como uma nação
de caçadores sustenta a
guerra, 875-9; não podem
ser muito numerosos,
875-9; entre eles, não é
necessária administração
regular da justiça, 899-902;
a idade é o único
fundamento da distinção
social e da precedência

ÍNDICE REMISSIVO 1243

entre eles, 902-5; não se encontra entre eles nenhuma considerável desigualdade de fortuna, ou subordinação, 902-5; não existem honras hereditárias nesse tipo de sociedade, 902-5; [o espírito se mantém ativo pela ausência de divisão do trabalho, 988-90]

Cadastro das Terras Inglesas, [menciona os impostos *per capita* anuais pagos pelas cidades, 497-500;] a intenção dessa compilação, 1058-60

[Cádiz, importação de lingotes de, 264-70; lucros exorbitantes e profusão em, 777-80, 793-6; concorrência com a Companhia dos Mares do Sul, 947-9]

[Cães jamais fazem trocas, 18-21]

Calções, como eram fabricados no tempo de Eduardo IV, 315-8

[Calcraft, seus cálculos, 1185-8]

[Calcutá, transporte por terra para, 24-7; proporção entre o ouro e prata em, 270-3; conselho, 788-91; 952-5]

Calvinistas, origem dessa seita, 1021-4; princípios do governo eclesiástico, 1021-4

[Câmara de Comércio, 932-5]

Câmbio, o funcionamento do câmbio nas relações comerciais de diferentes países, 534-7; os termos do intercâmbio são um critério incerto para determinar a balança comercial entre dois países, 590-3; [explicação de 'ao par', 'favorável' e 'desfavorável', 593-6;] é em geral favorável aos países que pagam em nota bancária, e desfavorável aos que paguem em moeda corrente, 607-12

Cameron, Sr., de Lochiel, exerceu durante trinta anos jurisdição criminal sobre seus rendeiros, 515-8

[Campo de Marte, 202-5, 979-82]

[Campo, seus encantos atraem capital, 475-8]

Canadá, a colônia francesa no Canadá esteve por muito tempo submetida ao governo de uma companhia exclusiva, 720-3; mas rapidamente se desenvolveu após a dissolução da companhia, 720-3

Canais navegáveis, vantagens, 187-90; como devem ser construídos e conservados, 916-8; como se sustenta e se conserva o de Languedoc, 918-21; pode

ser administrado com êxito pelas sociedades por ações, 957-63
[Canas, batalha de, 884-7]
[Cantão, a prata comprará mais mercadorias aí do que em Londres, 46-9; pobreza nos arredores de, 88-91]
Cantillon, Sr. [Richard], observações sobre seus cálculos a respeito das economias dos trabalhadores pobres, 85-8
[Capeto, Roberto, 1018-21]
Capital, [primitivo estado que precede a acumulação de capital, 57-60;] explicação dos lucros gerados pelo capital nas manufaturas, 60-3; [do dono de manufatura, 60-3, 63-6; da sociedade, 116-22; numa atividade, 136-9; do merceeiro, 139-42; dos comerciantes, 202-5; aplicado numa mina, 213-7;] no comércio, um aumento do capital provoca o aumento dos salários e a diminuição dos lucros, 109-13; [lucros do capital, 109-87;] deve ser maior numa grande cidade do que numa vila rural, 113-6; conseqüências naturais da falta de capital nas novas colônias, 116-9; os lucros sobre o capital são pouco influenciados pela facilidade ou dificuldade de aprender uma atividade, 128-30; mas são afetados pelo risco ou pela inadequação do negócio, 139-42; [obstáculos à circulação do capital, 171-4;] o capital investido com vistas ao lucro coloca em movimento uma parcela maior de trabalho útil, 321-4; não é necessária nenhuma acumulação de capital no estágio primitivo de sociedade, 337-41; a acumulação de capital é necessária para a divisão do trabalho, 337-41; distinção do capital em duas partes, 337-41; como se investe o capital no comércio, 341-5; distinção entre capitais circulantes e fixos, 341-8; característica dos capitais fixos, 345-8; a natureza do estoque geral de riquezas de um país ou sociedade, 345-8; casas, 345-8; terra com benfeitoria, 345-8; habilidades pessoais, 345-8; dinheiro e provisões, 348-51; matérias-primas e mercadorias manufaturadas, 348-51; característica e as várias espécies de capitais

circulantes, 348-51; os capitais fixos são mantidos pelos circulantes, 348-51; como se mantêm os capitais circulantes, 348-51; como se emprega o capital dos indivíduos, 351-4; nos países arbitrários, o estoque de riquezas é freqüentemente enterrado ou escondido, 351-4; propósito de um capital fixo, 354-7; ilustração das despesas de manutenção dos capitais fixo e circulante, 354-7; consideração do dinheiro como um artigo do capital circulante, 354-60; o dinheiro não é a medida do capital, 360-3; a quantidade de trabalho que um capital pode empregar, 365-8; em que medida os capitais podem aumentar por documentos de crédito, 379-85; deve ser sempre reposto com lucro pela produção anual da terra e do trabalho, 413-6; os lucros sobre o capital diminuem proporcionalmente ao aumento dos capitais, 419-22; a proporção entre o capital e a renda regula a proporção entre trabalho e ociosidade, 422-5; como aumenta ou diminui, 422-5; evidências nacionais do aumento do capital, 428-34; em que casos as despesas privadas contribuem para aumentar o capital nacional, 434-7; que princípios justificam o empréstimo de capital a juro, 437-43; o aumento do capital reduz os lucros em razão da concorrência, 443-5; os diferentes modos de empregar um capital, 448-51; como é reposto para as principais classes de negociantes, 451-4; o capital empregado na agricultura movimenta uma quantidade maior de trabalho produtivo do que qualquer capital idêntico empregado em manufaturas, 454-7; o capital de uma manufatura deve residir no país, 454-60; comparação entre o funcionamento dos capitais empregados na agricultura, nas manufaturas e no comércio exterior, 457-60; a prosperidade de um país depende da devida proporção de seus capitais aplicados a esses três grandes objetos, 460-3; diferentes retornos de capitais empregados no comércio exterior, 460-3; é antes empregado na agricultura do que no comércio exterior, 475-81; o progresso natural do emprego do capital, 478-81; o capital adquirido mediante comércio é muito precário enquanto não se consolidar no cultivo e melhoria da terra, 524-7; como se determina o emprego do capital nas diferentes espécies de atividades, 564-6; [o trabalho é proporcional ao capital, 566-9] o capital de toda sociedade se divide entre diferentes empregos, na proporção mais adequada ao interesse público, pelas opiniões privadas dos indivíduos, 796-802; a distribuição natural do capital é perturbada pelos sistemas monopolistas, 799-802; toda perturbação nessa distribuição é prejudicial à sociedade, 802-5; o capital mercantil é estéril e improdutivo, de acordo com o sistema agrícola francês de economia política, 845-8; em que medida a receita gerada por capital é objeto de tributação, 1074-7; [facilmente removível, 1077-9;] um imposto sobre o capital, embutido no imposto territorial, 1077-9; [distribuído entre estratos sociais inferiores anualmente, 1130-3; capital e terra, duas fontes originais de receita, 1188-91]

Carestia, jamais é causada pelos acordos entre os negociantes de trigo, mas por alguma calamidade geral, 660-3; a livre prática do comércio de trigo é o melhor paliativo contra as inconveniências da escassez, 669-71; os negociantes de trigo são o melhor amigo do povo nessas situações, 671-4

[Carlos V, observação sobre a fartura da França e a pobreza da Espanha, 259-61; auxiliou o Papa, 1018-21]

[Carlos VI, início do levantamento de Milão, 1058-60]

[Carlos VIII, expedição a Nápoles, 524-7]

[Carlos XII da Suécia, 555-8]

[Carnatic, 949-52]

Carne bovina, mais barata hoje em Londres do que no reinado de Jaime I, 193-6; comparada aos preços do trigo em várias épocas, 193-6, 196-9; [comparada com a carne de porco na França e Inglaterra, 287-93]

ÍNDICE REMISSIVO

Carne de veado, na Grã-Bretanha seu preço não compensa o custo de um parque de criação de cervos, 287-90
[Carneades, 171-4]
[Carolina do Norte, gastos das instituições civis, 723-6; receita, 1205-8]
[Carolina do Sul, despesas das instituições civis, 723-6; imposto sobre o melaço, 1202-5]
[Carolina, os colonos são ao mesmo tempo arrendatários e proprietários, 205-8; colônia da, 754-8]
[Carrasco, trabalho mais bem remunerado das atividades comuns, 125-8]
Carregadores, comparados aos filósofos, 18-24; somente podem encontrar emprego nas cidades, 21-4; os carregadores irlandeses em Londres, 208-11
Carreira dramática, atores que fazem encenações públicas são pagos pelo desprezo inerente a sua profissão, 133-6; o uso político das representações teatrais, 1005-7
[Carreri, Gemelli, ver Gemelli]
[Carron, 94-7]
[Cartagena, 893-6, 947-9]
[Cartago, marinheiros que navegavam para além de Gibraltar, 24-7; o desfecho de uma grande revolução histórica, 890-3]
Carvão, para ser adotado como combustível, em geral deve ser mais barato que a madeira, 213-7; como foi reduzido seu preço, 213-20; sua exportação está sujeita a um imposto mais elevado que o custo original de sua escavação, 837-40; o mais barato de todos os combustíveis, 1112-5; [manufaturas limitadas a regiões produtoras de carvão na Grã-Bretanha, 1112-5;] o imposto sobre o carvão [transportado por navio] é regulado de maneira absurda, 1112-5
[Casa da Moeda, origem, 31-4; preço dos metais, 51-7; atual sobrecarga, 54-7; suas operações se assemelham ao bordado de Penélope, 692-5]
[Casa da Suábia, 500-3]
[Casa Pública de Penhores, em Hamburgo, 1038-41]
[Casa dos Stewart, 1010-3]
Casa, diferentes acepções do termo na Inglaterra e em alguns outros países, 148-51, [211-3]; casas consideradas como parte do capital nacional, 345-8;

as casas não geram nenhuma receita, 345-8; distinção em duas partes do aluguel das casas, 1063-6; funcionamento de um imposto sobre o aluguel de casas, pagável pelo inquilino, 1066-8; o aluguel da casa é o melhor critério para avaliar as condições do inquilino, 1068-71; regulação adequada de um imposto sobre o aluguel de casas, 1068-71; como é tributado na Holanda, 1071-4; imposto sobre a lareira, 1071-4; imposto sobre janela, 1071-4; [imposto sobre a venda de casas, 1094-7]

[Casamento, a pobreza o desestimula mas nem sempre o impede, 97-100; salários elevados incentivam o casamento, 711-4]

[Castela, 706-11]

[Castelo do Cabo Coast, 938-41]

[Castidade, na moralidade liberal, 1001-5]

[Castracani, Castruccio, baniu as manufaturas de Lucca, 506-9]

[Casuística, ensinada como filosofia moral, 977-9]

[Catão, aconselha a boa alimentação do gado, 193-6; sobre a transmissão de conhecimentos agrícolas, 575-8]

[Catolicismo romano, ver Roma moderna]

[Católicos que se estabeleceram em Maryland, 743-6]

[Celtas cultivavam a música e a dança, 979-82]

[Cenouras, redução no preço, 97-100]

[Cercamentos, onde são raros podem ser particularmente lucrativos, 193-6]

Certificados da paróquia, leis relativas aos, com observações a esse respeito, 177-80

Cerveja preta (*porter*) [imposto incidente sobre esse artigo não aumentou salários, 1109-12; preço de uma caneca de, 1118-21;] proporção de malte utilizado na fabricação dessa cerveja, 1133-6

Cervejaria, razões para transferir para o malte os impostos sobre as cervejarias, 1133-6; [as de uso privado não são tributadas, 1141-4]

Cervejarias, o número delas não é a causa da embriaguez, 451-4, 612-8

[César, seu exército destruiu a república, 896-9]

Chá, grande importação e consumo dessa erva na

Grã-Bretanha, 261-4;
[volume contrabandeado,
540-3; o imposto sobre o
chá não altera os salários,
1109-12; licença para
beber chá na Holanda,
1118-21; gera uma grande
parte da receita
alfandegária proveniente
de tributos, 1124-7; o
imposto incide sobre os
estratos médio e alto,
1130-3]
[Chance de ganho, 133-6]
[Charlevoix, François, citado,
720-3]
[Chatham, Lorde, seus
cálculos, 1185-8]
Child, *Sir* Josiah, [citado,
929-32;] suas observações
sobre as companhias de
comércio, 932-8
[Chile, adquire ferro da
Espanha, 217-20; renda
das minas de ouro, 220-3;
preços dos cavalos, 239-
42; crescimento das
cidades, 261-4; o gado é
abatido por causa da pele
e do sebo, 293-6;
conquista do Chile, 708-11,
743-6]
China, a que se deveu o
desenvolvimento primevo
de suas artes e ofícios, 24-
31; relatos coincidentes a
respeito da miséria das
camadas mais baixas dos
chineses, 88-91; [um dos
países mais ricos do
mundo, 88-91;] não é,
entretanto, um país
decadente, 100-3;
[população estacionária,
100-3; há muito alcançou
uma posição estacionária e
de maior riqueza possível,
119-22; a elevada taxa de
juros do dinheiro lá,
119-22; [os trabalhadores
rurais recebem salários
mais altos que os artífices
etc., 163-6; preço da prata
foi afetado pelo preço no
Peru, 217-20; muito mais
rica do que qualquer
região da Europa, 242-5,
304-10;] o preço do
trabalho é mais baixo lá
do que na maior parte da
Europa, [242-8] 261-7;
[comércio com a China,
261-4;] os poderosos
assumiram um grande
Estado, 261-4 [suas
manufaturas não são muito
inferiores às européias,
264-7;] a prata é o artigo
mais lucrativo para se
vender lá, 264-7; como é
cotada a proporção entre
o ouro e a prata, 270-3;
[quantidade de metais
preciosos foi afetada pela
produtividade das minas
americanas, 302-7;] lá, o
valor do ouro e da prata é
muito mais alto do que em

qualquer lugar da Europa, 304-10; [relatos fantásticos da riqueza e do estado do cultivo, 457-60; nunca se notabilizou pelo comércio exterior, 457-60; rica, apesar de não realizar seu próprio comércio exterior, 478-81; embora não tenha minas, é mais rica e mais desenvolvida que o México ou Peru, 558-60; reposição do capital investido na China, 610-2; adquiriu riqueza por meio da agricultura e do comércio interior, 618-20]; [importância do Cabo e da Batávia para o comércio com a Europa, 805-8;] lá a agricultura é favorecida, em detrimento das manufaturas, 862-5; não favorece o comércio exterior, 862-7; extensão do mercado interno, 862-5; grande atenção dada às estradas, 924-6; [o imposto territorial é a principal fonte de receita, 924-6;] em que consiste a principal receita do soberano, 1060-3; [conseqüente qualidade das estradas e canais, 1060-6;] a receita pública é em parte recolhida em espécie, 1063-6; [seda, 1127-30]
[Chipre, 119-22]

[Chocolate, artigo de luxo dos espanhóis mais pobres, 1109-12; imposto sobre, 1130-3]
[Choisel, duque de, governou o Parlamento de Paris, 1010-3]
[Cibao, 706-8]
[Cícero, citado, 65, 119-22, 193-6, 1115-8]
Cidades, lugar onde se exerce com mais lucro a atividade econômica, 160-3 [163-6]; espírito de conluio predominante entre os manufatores, 160-6; circunstâncias que contribuíram para sua riqueza, 357-60; que circunstâncias justificam a formação do caráter geral dos habitantes, no que se refere à atividade, 419-22; explicação da natureza recíproca do comércio entre o campo e a cidade, 471-5; sobrevive graças ao excedente de produção do campo, 471-5; como se formaram, 475-8; são feiras contínuas, 475-8; [ascensão e progresso, 494-512;] pobreza e servilismo original dos habitantes, 494-7; como obtiveram as primeiras isenções e os privilégios, 497-500; os habitantes das cidades conquistaram liberdade

muito antes dos ocupantes das terras no campo, 497-500; origem dos burgos livres, 497-500; origem das corporações, 497-500; por que foram autorizadas a formar milícias, 500-3; as da Itália foram as primeiras a adquirir relevância, 503-6; o comércio e as manufaturas das cidades causaram o desenvolvimento e cultivo do campo, 521-4; como o crescimento e as riquezas de cidades comerciais contribuíram para o desenvolvimento dos países a que pertenciam, 509-12 [527; favorecidas por Colbert a expensas do campo, 843-5]

[Cidra, imposto sobre a, 1136-8]

Ciência é o maior antídoto contra o veneno do entusiasmo e da superstição, 1005-7

[Cipango, 706-8]

Cipião, sua milícia espanhola se tornou superior à milícia de Cartago graças à disciplina e ao serviço militar, 890-3

Circulação, explicação da perigosa prática de levantar dinheiro por circulação, 385-8; explicação dos dois diferentes setores do intercâmbio, 401-4

[Cítia, os bárbaros ficaram isolados no interior, 27-31; dominaram o Império Ocidental, 478-81; unidos, poderiam conquistar a Europa e a Ásia, 879-82; milícia de Mitríades, 890-3; a organização militar se conservou após a queda do Império Ocidental, 893-6; administração da justiça como fonte de receita, 905-7; não estava muito além do estágio pastoril quando da queda do Império Ocidental, 907-10]

[Cláusula opcional, 404-7]

Cláusulas de inalienabilidade, impedem a divisão da terra por alienação, 478-81; intenção, 481-4

[Cláusulas pétreas, por que o direito inglês as abomina, 481-4; diferentes espécies de posses perpétuas impedem a divisão dos bens de raiz na Europa, 521-4]

[Clero grego, turbulento, 1007-10]

Clero, verba fornecida para a educação do clero, por fundações públicas e privadas, 166-9; curas são bem menos remunerados que muitos artífices, 166-9;

[o clero das colônias norte-americanas não é muito numeroso, sendo mantido por contribuições voluntárias, 726-9; os maiores açambarcadores de terras nas colônias da Espanha, Portugal e França, 726-9;] por que o clero de uma religião oficial não tem êxito contra os professores de uma nova religião, 996-9; por que perseguem seus adversários, 996-9; como se manteve vivo o zelo do baixo clero da Igreja romana, 996-9; utilidade das instituições eclesiásticas, 999-1001; como se relacionam com o magistrado civil, 999-1001; é arriscado ao magistrado civil divergir do clero, 1007-10; deve ser governado sem violência, 1007-13; o clero da Igreja romana constitui um grande exército acantonado por toda a Europa, 1010-3; seu poder é semelhante ao dos grandes barões, durante as épocas do feudalismo monástico, 1010-3; como declinou o poder do clero romano, 1016-8; maus efeitos resultantes de se permitir às paróquias elegerem seus próprios ministros, 1021-4

Cobre, [os romanos utilizavam o cobre em barra sem marca como dinheiro, 31-4;] medida-padrão de valor entre os antigos romanos, 49-51; não é moeda legal na Inglaterra, 49-51; [calculado acima de seu valor na cunhagem inglesa, 51-4; não é moeda legal para mais de 1 shilling, 54-7]

Coche de três parelhas, não há demanda efetiva desse artigo por parte de um homem extremamente pobre, 69-72

[Coche, um homem não é mais rico por possuir um, 94-7]

Cochinchina, observações sobre produtos de sua agricultura, 202-5

[Coisas necessárias à vida e ao conforto, 1-3, 37-43, 205-8, 1191-4]

Colbert, M., discussão da política de suas regulações comerciais, 581-3, 843-5; seu caráter, 840-5

Coligações entre patrões são mais simples do que entre os operários, e não são proibidas [por lei, 82-5]

Colombo, o motivo que o levou a descobrir a América, 703-6; por que deu nome de Índias às

ilhas descobertas, 703-6; a exibição triunfal dos produtos dessas ilhas, 706-11
[*Coloni Partiarii* ou meeiros, 484-91]
[Colônia significa plantação, 703-6]
Colônias dos eólios, 700-3
Colônias gregas, [razões para criar colônias, 700-3;] como se distinguiam das colônias romanas, 703-6; rápido progresso dessas colônias, 714-7; [grande quantidade de boas terras, 714-7; às vezes contribuíam com força militar, mas raramente com receita, 748-51; a Inglaterra e América poderiam imitar o elo entre a metrópole e a colônia, 748-51]
Colônias, novas, o progresso natural, 116-9; [restrições aos aprendizes de chapeleiros nas colônias inglesas, 151-4; os colonos são comumente arrendatários e proprietários, 205-8; papel-moeda nas colônias britânicas, 407-10; trabalho escravo nas colônias britânicas, 484-91;] modernas, as vantagens comerciais que delas derivam, 560-4. Antigas, sobre que princípios foram fundadas, 700-3; antigas colônias gregas não estavam subjugadas pelas pátrias, 700-3; [colônias romanas, 700-6;] distinção entre as colônias romanas e gregas, 703-6; circunstâncias que levaram ao estabelecimento de colônias européias nas Índias Orientais e na América, 703-6; as Índias Orientais descobertas por Vasco da Gama, 703-8; as Índias Ocidentais descobertas por Colombo, 706-8; o ouro foi o objetivo das primeiras expedições espanholas, 708-11; e o de todas as outras nações européias, 711-4; causas da prosperidade das novas colônias, 711-4 [746-8]; rápido progresso das antigas colônias gregas, 714-7; o lento desenvolvimento das colônias romanas, 714-7; a distância da América e das Índias Ocidentais favorece consideravelmente as colônias européias lá, 714-7; exame das colônias britânicas na América, 720-3; despesas de instituições civis na América britânica, 723-6; governo eclesiástico,

723-9; análise geral das restrições impostas ao comércio das colônias européias, 726-9; como se regula o comércio das colônias britânicas, 729-31; especificação dos diferentes tipos de mercadorias não enumeradas, 731-4; mercadorias enumeradas, 731-4; restrições a suas manufaturas, 731-4; concessões dadas a elas pela Grã-Bretanha, 737-40; eram livres sob todos os outros aspectos, salvo em seu comércio exterior, 737-40; pouco mérito da política da Europa pelo sucesso das colônias, 743-6; prosperaram graças às desordens e à injustiça dos governos europeus, 743-6; contribuíram para aumentar o nível de atividade de todos os países da Europa, 746-8; privilégios exclusivos do comércio, um peso morto sobre todos esses esforços na Europa e América, 748-51; em geral foram fonte de despesa, em vez de receita, para as metrópoles, 748-51; apenas beneficiaram as metrópoles pelo comércio exclusivo que realizaram com elas, 748-51; conseqüências da lei de navegação, 751-4; avaliação dos benefícios do comércio colonial para a Grã-Bretanha, 760-3; recomenda-se o gradual relaxamento do comércio exclusivo, 766-9; acontecimentos que impediram a Grã-Bretanha de se ressentir significativamente da perda do comércio colonial, 766-72; distinção entre os efeitos do comércio colonial e o monopólio desse comércio, 769-74; conservar o monopólio é a principal finalidade do domínio que a Grã-Bretanha assume sobre as colônias, 777-83; volume das despesas durante períodos normais de paz, 780-3; as duas últimas guerras que a Grã-Bretanha apoiou, guerras coloniais, para manter o monopólio, 819-22; dois modos de tributá-las, 783-5; é improvável que suas assembléias aceitem tributá-las, 783-5; é pouco provável também que se arrecadem impostos por requisição parlamentar,

783-8; poderiam ser aceitos representantes das colônias no Parlamento britânico, com bons resultados, 785-91; resposta a objeções contrárias à representação americana, 791-3; os interesses do consumidor na Grã-Bretanha são sacrificados aos do produtor, na tentativa de erguer um império na América, 840-3; [deveriam contribuir para a receita, ou então ser abandonadas, 1216-9]

Columela, instruções para cercar uma horta, 196-9; aconselha o plantio de vinhas, 196-202; [citado, 287-90, 484-8]

[Comdom, 1082-5]

Comerciantes, [todo homem é em alguma medida comerciante, 27-31; empenho em adequar sua importação de lingotes à demanda, 54-7; silenciam quanto aos efeitos perniciosos de seu próprio ganho, 122-5; clamor e sofística dos comerciantes, 163-6;] seu discernimento depende mais do respeito aos interesses de seus ramos particulares de negócios do que do interesse público, 321-4; seu capital é inteiramente circulante, 341-5; seus negócios se expandem graças às notas bancárias, 371-4, 376-9; seus costumes primeiro foram adotados para suprir a falta de leis, e mais tarde admitidos como leis, 385-8; como se negociam as letras de câmbio, 385-8; a perniciosa tendência de saque e ressaque, 385-8; que método seguem para aplicar o capital, 448-51; seus capitais são dispersos e mutáveis, 454-7; exame dos princípios do comércio exterior, 465-8; são os que mais introduzem benfeitorias, quando passam a pertencer à nobreza rural, 509-12; [não são cidadãos de um país específico, 524-7; são ouvidos porque supostamente entendem do comércio, 537-40;] como privilegiam uma entre as diferentes espécies de comércio, 564-6; [obtêm as maiores vantagens do monopólio do mercado interno, 569-72;] são tomados pelo superficial espírito de monopólio, [575-8], 615-8. Especificação e consideração dos vários ramos do comércio de trigo, 657-60 [682-6]; o governo de uma companhia de comerciantes é o pior a que se pode sujeitar um país, 720-3; os de Londres não são bons economistas, 777-80; classe improdutiva, de acordo com o atual sistema agrícola de economia política na França, 848-51; rápido retorno do capital mercantil permite aos comerciantes adiantar dinheiro ao governo, 1165-8; seus capitais aumentam por meio de empréstimos ao Estado, 1165-8

Comércio de carvão de Newcastle para Londres emprega mais navios que qualquer outro comércio de transporte da Inglaterra, 463-8

Comércio de exportação, explicação de seus princípios, 465-8; quando o produto bruto pode ser exportado com vantagem, mesmo por um capital estrangeiro, 478-81; por que é incentivado pelas nações européias, 558-60; que meios o promovem, 560-4; os motivos e a tendência do comércio de exportação são a restituição de impostos, 620-32; exame da concessão de subsídios ao comércio de exportação, 635-8; análise das restrições e proibições à exportação de matérias-primas da manufaturas, 819-25

Comércio de peles, primeiros princípios, 208-11

Comércio de transporte, [definição, 363-5;] exame da natureza e operação desse comércio, 463-5; é o sintoma, mas não a causa, da riqueza nacional, e por isso indica os dois países mais ricos na Europa, 465-8; certas atividades que parecem comércio de transporte na realidade não são, 465-8; as desvantagens desse comércio para os indivíduos, 564-6; como os holandeses foram impedidos de ser os responsáveis pelo transporte para a Grã-Bretanha, 575-8; *drawbacks* de impostos foram originalmente concedidos para o incentivo a esse comércio, 632-5

Comércio, diferentes padrões comuns ou meios

utilizados para facilitar a troca de mercadorias, nos primórdios do comércio, 27-31; origem do dinheiro, 27-31; definição do termo *valor*, 34-7; o dobro dos juros é considerado um lucro mercantil razoável no comércio, 122-4; quatro classes gerais do comércio são igualmente necessárias, e dependem umas das outras, 448-51; três diferentes tipos de comércio por atacado, 460-3; os diferentes retornos do comércio interno e exterior, 460-3; exame da natureza e operação do comércio de transporte, 463-5; exame dos princípios do comércio exterior, 465-8; explicação do comércio entre a cidade e o campo, 471-5; pobreza e servilismo originais dos habitantes da cidade sob o governo feudal, 494-7; isenções e privilégios que lhes foram assegurados, 497-500; ampliação do comércio quando as nações primitivas vendem seu produto bruto em troca de manufaturas de países mais civilizados, 503-6; efeitos salutares sobre o governo e os costumes de um país, 509-15; subverteu a autoridade feudal, 515-8; explicação da independência de artífices e negociantes, 518-21; os capitais adquiridos por estes eram muito precários, até que parte deles se efetivasse pelo cultivo e melhoria da terra, 524-7; atividade comercial excessiva, causa das queixas a respeito da escassez de dinheiro, 543-6; a importação de ouro e prata não é o principal benefício resultante do comércio exterior, 555-8; efeito produzido no comércio e nas manufaturas pela descoberta da América, 558-60; e pela descoberta de uma passagem para as Índias Orientais através do cabo da Boa Esperança, 558-60; erro dos escritores comerciais ao estimarem a riqueza nacional por ouro e prata, 558-60; investigação sobre as causas e efeitos das restrições sobre o comércio, 560-4; ao promoverem os próprios interesses, os indivíduos, sem perceberem, promovem os interesses públicos, 566-9; as regulamentações legais do comércio são inconfiáveis, 566-9; regulamentações retaliativas entre nações, 581-3; medidas para abrir o comércio deveriam ser levadas a cabo lentamente, 586-90; exame da política de restrições ao comércio entre França e Inglaterra, 590-3; não constitui critério preciso para determinar para que lado pende a balança comercial entre dois países, 590-3; muitas das regulamentações do comércio se fundam na equivocada doutrina da balança comercial, 610-2; em geral se funda sobre princípios superficiais de política, 615-8; restituição de impostos de importação, 620-32; o negociante que investe todo seu capital num único ramo de atividade goza de uma vantagem idêntica à do operário que emprega todo o seu trabalho numa única operação, 666-9; tratados de comércio, embora vantajosos para os comerciantes e manufatores do comércio favorecido, são necessariamente desvantajosos aos do país favorecido, 682-9; tratado comercial entre Inglaterra e Portugal concluído em 1703, pelo Sr. Methuen, 686-9; restrições impostas às colônias européias na América, 723-6; conseqüências de desviar o comércio de um grande número de pequenos canais para um único grande canal, 766-9; distinção entre comércio colonial e monopólio do comércio colonial, 769-72; o atual esplendor do sistema mercantil, graças à descoberta e colonização da América, 791-6; exame do plano pelo qual o comércio se propõe a enriquecer um país, 813-6 [840-3]; o interesse do consumidor é constantemente sacrificado ao do produtor, 837-40; vantagens resultantes da perfeita liberdade de comércio para as nações que possuem terras, de acordo com o atual sistema agrícola francês de economia política, 851-4; origem do comércio exterior, 851-4; conseqüências de tributos elevados e proibições nas nações que possuem terras, 854-6; como o

ÍNDICE REMISSIVO 1259

comércio faz aumentar a receita de um país, 859-62; [o comércio exterior cria, pelo exemplo, oportunidade para o desenvolvimento, 865-7;] natureza das relações comerciais entre os habitantes das cidades e os habitantes do campo, 870-3. Ver Agricultura, Bancos, Capital, Manufaturas, Comerciante, Dinheiro

Companhia Africana [uma das cinco sociedades por quotas, 929-32]; criação e constituição da, 935-41; recebe uma verba anual do Parlamento para fortificações e guarnições, 935-41; a companhia não está suficientemente controlada, 938-41; história da Companhia Real Africana; declínio da, 941-4; ascensão da atual companhia, 941-4

[Companhia Britânica de Linho, 960-3]

Companhia da Baía de Hudson, natureza de seu estabelecimento e comércio, 941-4; seus lucros não são tão elevados como se relata, 944-7

Companhia das Índias Orientais, [oprime e domina, 91-4; os lucros dos funcionários absorvem a renda, 122-4; importa chá no valor de £1,5 milhão, 261-4; o chá que importa é mais caro do que o importado pelas companhias Holandesa e de Gottemburgo, 540-3; inveja de seus privilégios e conseqüentes críticas a respeito do comércio que realiza, 558-60] [restrições impostas ao comércio de arroz provocou a fome, 663-6;] monopólio contrário à própria nação em que se fundou, 799-802; comparação entre o funcionamento dessa companhia num país pobre e num país rico, 799-802; um país cujo capital não seja grande o suficiente para alcançar esse comércio distante não deveria se envolver neste, 802-8; hábitos mercantis das companhias comerciais os tornam incapazes de consultar seus verdadeiros interesses ao se tornarem soberanos, 808-10; [seu interesse, na qualidade de soberano, de que as importações européias deveriam ser vendidas a preço mais baixo, e as indianas, a preço mais alto, e o inverso, na qualidade de comerciante, 810-3;] a índole da administração da companhia inglesa, 810-3; práticas subordinadas de seus agentes e funcionários, 810-3; o mau comportamento dos empregados na Índia se deve a sua situação, 813-6; uma companhia exclusiva como essa é prejudicial sob todos os aspectos, 813-6; [originalmente criadas para conservar fortes, 926-9; privilégio exclusivo, 941-4;] breve análise de sua história, 947-9 [24-7]; transgressão de seus privilégios, 947-9; formação de uma companhia rival, 947-9; a união das duas companhias, 949-52; acordos entre a companhia e o governo, 949-52; interferência do governo em sua administração territorial, 952-5; e na direção no país, 952-5; por que é inadequada para governar um grande império, 952-7; [pode comerciar após o término de seu privilégio de exclusividade, 957-60;] seu soberano e suas características comerciais são incompatíveis, 1036-8; [o imposto territorial de Bengala antes de sua dominação, 1060-6; o *modus* convertido em pagamento em espécie, 1063-6; seus adiantamentos ao governo, 1171-4, 1182-8;] como as aquisições territoriais dessa companhia poderiam se tornar uma fonte de receita, 1216-9

[Companhia de Fundição de Chumbo, 960-3]

[Companhia de Gottemburgo das Índias Orientais, seu chá é mais barato que o da Companhia inglesa, 540-3]

Companhia de Hamburgo, algumas notas sobre, 929-32

[Companhia de Mineração, falência, 960-3]

[Companhia de Plymouth, 711-4, 729-31]

[Companhia de Trituração de Vidro, 960-3]

Companhia dos Mares do Sul, o incrível capital que a companhia já teve, 938-44, [944-7;] especulação na Bolsa de Valores e projetos mercantis, 944-7; contrato de *asiento*, 944-7; pesca da baleia, 944-7; seu capital se converteu em capital de dividendos, 944-9, 1171-4, [1174-7]

ÍNDICE REMISSIVO

[Companhia Francesa das
Índias Orientais, criada
para conservar os fortes,
926-9]
[Companhia Holandesa das
Índias Orientais, seu chá é
mais barato que o da
Companhia inglesa, 540-3;
de má-fé prejudica a
Companhia inglesa, 947-9]
[Companhia Inglesa de
Cobre, situada em
Londres, 960-3]
[Companhia Londrina de
Seguros, 957-63]
[Companhia Oriental, história,
929-32]
[Companhia Real de Seguros,
957-60]
[Companhia Russa, 929-32]
Companhia Turca, [seu
comércio exigiu um
embaixador em
Constantinopla, 926-9;]
breve análise histórica
dessa companhia, 929-32
Companhia, [o governo de
uma companhia exclusiva
é o pior de todos os
governos, 720-3; mais
eficaz expediente para
interromper o crescimento
de uma colônia, 726-9;]
companhia mercantil é
incapaz de consultar seus
verdadeiros interesses ao
se tornar soberana, 808-10;
uma companhia exclusiva
é nociva ao público, 813-6;
como se formaram as
sociedades comerciais,
926-32; distinção entre
sociedade por quotas e
sociedade por ações,
929-32; especificação das
sociedades por quotas na
Grã-Bretanha, 929-32; são
inúteis, 929-32; finalidade
constante dessas
sociedades, 932-5; por que
as sociedades por quotas
jamais conservam fortes e
guarnições, 932-5;
explicação da natureza das
sociedades por ações,
938-41, 955-7; [raramente
são bem-sucedidas sem
um privilégio exclusivo,
941-4; descrição de várias
companhias, 941-57;] é
necessário um monopólio
para possibilitar a uma
sociedade por ações
realizar um comércio
exterior, 955-7; [lista de
Morellet sobre as 55
sociedades por ações
falidas, 957-60;] que tipo
de sociedades por ações
não necessitam de
privilégios de
exclusividade, 957-60; por
que as sociedades por
ações se adaptam bem à
atividade bancária, 957-60;
uma sociedade por ações
tem condições de realizar
com êxito a atividade

seguradora, 957-60; o mesmo vale para a navegação interna e o fornecimento de água para uma grande cidade, 957-60; fracasso das sociedades por ações noutros empreendimentos, 960-3
[Compiègne, 419-22]
[Comuns, Câmara dos, não é uma representação muito eqüitativa do povo, 737-40; registros inconfiáveis dos debates aí realizados, 935-8]
[Conchas, moeda corrente no litoral da Índia, 27-31]
Concordata, sua finalidade na França, 1016-8
Concorrência, seu efeito na compra de mercadorias, 69-72; entre os vendedores, 69-72, 109-13; [a restrição da concorrência causa desigualdade de salários e lucros, 151-4, 166-9; a única causa da boa administração, 187-90; a concorrência dos lojistas não prejudica o produtor ou o consumidor, 451-4]
[Confiança remunerada, 60-3]
[Congo, 703-6, 805-8]
Congresso Americano, sua força reside no importante papel que atribui a seus membros, 788-91
[Connecticut, despesas de, 723-6; o governador é eleito pela assembléia, 740-3]
[*Considerações sobre o comércio e as finanças da Grã-Bretanha*, citado, 1182-5]
[Constantino, 893-6]
[Constantinopla, 1007-10]
[Consumo, a única finalidade da produção, 837-40]
Contrabando, prática tentadora, mas em geral ruinosa, 139-42; de chá, 261-4; um imposto moderado não incentiva o contrabando, 697-700; incentivado por elevados impostos de importação, [1046-9], 1121-4; saídas para o fim do contrabando, 1124-30; [legislação fiscal é mais eficaz que a aduaneira para impedir o contrabando, 1130-3;] o crime de contrabando, moralmente considerado, 1147-50; [mais oportunidades de contrabando em países escassamente povoados, 1205-8]
[*Contrôle*, a taxa francesa sobre selo de registro, 1097-100]
[Copenhagen, 419-22]
[Copyright, monopólio assegurado ao autor, 955-7]

[*Copyholders*, 1082-5]
Cori, descrição do maior mamífero quadrúpede da ilha de São Domingo, 706-8
[Cornualha, 217-23]
[Coroa, suas terras deveriam ser vendidas, 1044-6]
Corpo, natural e político, analogia entre, 856-9
Corporações, tendência sobre o comércio dos privilégios exclusivos das corporações, 75-8, 151-4; que autoridade as cria, 157-60; vantagens que as corporações obtêm do campo ao seu redor, 157-60; impedem as operações de concorrência, 163-6; seus regulamentos internos são uma coligação contra o público, 163-6; são ofensivas mesmo para seus membros, 166-9; as leis das corporações criam obstáculos à livre circulação de trabalho de um emprego a outro, 171-7; a origem das corporações, 497-500; estão isentas, em virtude de seus privilégios, do poder dos barões feudais, 500-3; as companhias européias das Índias Orientais são prejudiciais ao comércio oriental, 558-60; os privilégios exclusivos das corporações deveriam ser destruídos, 586-90
Correios, [geram receita para o Estado, 916-8;] projeto comercial calculado para ser perfeitamente administrado por um governo, 1036-8
[Cortez, 708-11]
[*Corvées*, principal instrumento da tirania, 926-9]
[Cossacos, tesouros de seu líder, 555-8]
[Costa da Guiné, 615-8, 703-6, 938-41]
[*Cottagers*, na Escócia, descrição de sua situação, 148-51; manufaturam meias a um preço inferior, 148-51; por que diminuíram os *cottagers* na Inglaterra, 290-3]
Couros, produtos de países rudes, usualmente transportados para um mercado distante, 293-6; preço na Inglaterra há três séculos, 296-302; os couros salgados são inferiores aos crus, 299-302; como é afetado pelas circunstâncias em países cultivados e em países sem cultivo, 299-302; restrições à exportação de couro não manufaturado, 831-4;

[verdadeiro artigo de primeira necessidade, 1112-5; imposto sobre couros, 1118-21]
Covarde, características do, 993-6
Crédito, [o de uma pessoa não depende de sua atividade, 130-3; poderia ocupar o lugar da moeda, 540-3;] ver Papel-moeda
Criado, como se distingue do trabalhador contratado, 410-6; as várias categorias de homens pertencentes à classe dos criados, em relação a seu trabalho, 413-6; trabalho improdutivo, 856-9
Crianças, [valor das crianças na América do Norte, 88-91, 711-4;] os ricos não se dispõem a tê-las, e a pobreza extrema não permite criá-las, 97-100; a mortalidade é ainda maior entre as que são mantidas pela caridade, 97-103
[Crioulos, 717-20]
[Cristianismo, instituído por lei, 969-71]
[Cristiano II, a reforma na Suécia foi beneficiada por sua tirania, 1018-21]
[Cromwell, 754-8, 896-9]
[*Cruttenden East Indiaman*, 949-52]
[Cruzadas para a Terra Santa favoreceram a retomada do comércio, 503-6]

[Cuba, 217-20, 743-6]
[Curaçao, 720-3]
[Custo real, definição, 66-9]
[Daniel, Gabriel, citado, 500-3]
[Dantzig, 245-8, 593-6]
Danúbio, por que a navegação desse rio é pouco útil no interior da região onde nasce, 27-31
[Darién, 706-8]
Davenant, Dr., [citado, 94-7;] exame de sua objeção à transferência do imposto sobre a cerveja para o malte, 1136-41
[De Lange, citado, 862-5]
[Décimos-quintos ou dízimos se parecem à *taille*, 491-4]
Decker, *Sir* Mathew, [citado, 646-9; 754-8] sua observação sobre a acúmulo de impostos, 1112-5; análise de sua proposta de repassar todos os impostos ao consumidor, por meio de pagamentos anuais, 1115-8; [citado, 1202-5]
[Defesa, muito mais relevante que a riqueza, 578-81]
[Degradação da cunhagem é praticada em todos os lugares, 34-7]
[Delfinato, 1082-5]
Demanda, [diferença entre demanda absoluta e efetiva, 69-72; determina a multiplicação da espécie humana, 100-3;] embora o

aumento da demanda
possa a princípio aumentar
o preço das mercadorias,
nunca deixa de reduzi-lo
posteriormente, 949-52
[Demarcador, o proprietário
da mina de estanho na
Cornualha, 220-3]
[Demócrito, citado, 196-9]
[Denisart, citado, 113-6]
Dependentes, descrição de
sua condição durante o
sistema de governo feudal,
512-5 [518-21]; como se
rompeu a ligação entre
eles e seus senhores, 515-8
[*Dépense anuelles*, distinção
entre as 'foncières' e as
'primitives', 843-5]
[Dercílidas, citado, 555-8]
[Deserto (do Saara), 703-6]
Despejo, ação de, quando foi
criada na Inglaterra e
como funciona, 488-91
Despesas privadas, como
influenciam o capital
nacional, 434-7; as
vantagens de aplicá-las a
mercadorias duráveis,
434-40
Diamantes, as minas nem
sempre compensam o
trabalho de exploração,
223-5; [mais barato na
Índia do que na Europa,
261-4]
[*Didactron* de Isócrates, 171-4]
[Dignidade do soberano,
gastos com, 1029-32]

Dinamarca [sua agricultura e
suas manufaturas se
desenvolveram
consideravelmente, 259-61;
o comércio das Índias
Orientais iniciou-se no
século XVIII, 261-4; o leito
de Jaime I veio da
Dinamarca, 434-7;
comércio com a Índias
Orientais sob uma
companhia exclusiva,
558-60] [não existem minas
de ouro, prata ou
diamantes nas colônias
dinamarquesas, 711-4;
tentativas de
estabelecimentos na
América no século XVII,
717-20;] descrição dos
estabelecimentos da
Dinamarca nas Índias
Ocidentais, 720-3; [tolheu
as colônias com o governo
de uma companhia
exclusiva, 726-9; sem uma
companhia exclusiva,
jamais teria enviado um
único navio para as Índias
Orientais, 799-802; nada
perderia com isso, 802-5;
excluída da Companhia do
Oriente, 929-32; Reforma
na Dinamarca, 1018-21;
arrecada a taxa de trânsito
no Estreito, 1141-4]
Dinheiro, sua origem, 27-31;
representa o trabalho,
37-40; se desvalorizou

muito com a descoberta das minas americanas, 40-3; como diferentes metais se tornaram padrão de dinheiro em diferentes nações, 46-51; [dinheiro gera dinheiro, 116-9; a grande roda da circulação, 357-60, 360-3, 365-8;] a moeda é a única parte do capital circulante da sociedade cuja manutenção pode diminuir seu rendimento líquido, 357-60; não faz parte do rendimento da sociedade, 357-60; o termo 'dinheiro', na acepção comum, possui um significado ambíguo, 357-60; a moeda circulante na sociedade não serve de medida para sua receita, 360-3; papel-moeda, 360-3; o efeito do papel-moeda na circulação do dinheiro, 360-5; investigação sobre a proporção que o capital circulante de um país guarda com a produção anual que circula por intermédio do dinheiro, 365-8; em qualquer país, o papel-moeda jamais pode exceder o valor do dinheiro, a que substitui, 371-4; a perniciosa prática de levantar dinheiro pela circulação, 385-8; a verdadeira causa de sua exportação, 425-8; análise dos princípios do empréstimo de dinheiro, 437-40; diferença entre o juro monetário e o juro fundiário e comercial, 440-3; investigação sobre as verdadeiras causas da redução do juro, 443-5; dinheiro e riqueza são sinônimos na linguagem popular, 529-34; comparado a bens móveis, 529-34; as nações européias pensaram em acumular dinheiro, 534-7; argumentos mercantis em favor da liberdade de exportação de ouro e prata, 534-7; análise da validade desses argumentos, 537-40; dinheiro e bens são mutuamente o valor uns dos outros, 540-3; o excesso de atividade comercial gera reclamações a respeito da escassez de dinheiro, 543-6; por que é mais fácil comprar mercadorias com dinheiro, do que comprar dinheiro com mercadorias, 543-6; [é ridículo se deter para provar que a riqueza não consiste em dinheiro, 543-6;] investigação sobre a quantidade de moeda circulante na

Grã-Bretanha, 549-52; efeito da descoberta de minas sobre o valor do dinheiro, 555-8; dinheiro e riqueza são coisas distintas, 558-64; explicação das notas bancárias, 599-602; [valor do dinheiro, proporcionalmente ao volume de artigos de primeira necessidade que consegue comprar, 1127-30] ver Moedas, Ouro e Prata

[Diocleciano, 893-6]

[Diógenes, enviado para uma embaixada, 171-4]

[Diomedes, sua armadura custou nove bois, 27-31]

[Dion Cássio, citado, 1091-4]

[Dionísio de Halicarnasso, citado, 982-5]

[Direito romano formou-se com base no precedente, 982-5; posição em relação aos filhos emancipados, 1091-4]

Direito, como se corrompeu a linguagem jurídica, 913-6; não prosperou a ponto de se transformar em ciência na Grécia antiga, 982-5; observações sobre os tribunais de Justiça na Grécia e em Roma, 982-5

Direitos alodiais, confundidos com direitos feudais, 512-8; a introdução da lei feudal tendeu a moderar a autoridade dos senhores alodiais, 515-8

[Direitos de passagem, 494-500, 1141-4]

[Diretores de companhias, administradores ineficientes, 941-4]

Disciplina, sua grande importância na guerra, 887-90; exemplos, 887-90 etc

[Dissidentes, eruditos, mas menos populares que os metodistas, 996-9]

[Distribuição, assunto de parte do Livro I, 1-3, 5-9; preços e produtos distribuídos entre salários, lucro e renda, 63-6, 318-21; a distribuição da riqueza é mais desigual na França que na América, 618-20]

Diversões públicas, seu uso político, 1005-7

[Dívida nacional, ver Dívidas públicas e Fundos]

[Dívida não consolidada, 1168-71]

Dívidas, públicas, [efeito sobre a produção anual, a ser tratado no Livro V, 3-4; são pagas pela desvalorização da moeda, 34-7] [Não é a causa da prosperidade britânica, 679-82; os juros da dívida pública não estão sujeitos ao imposto territorial, 1041-4;] sua origem, traçada, 1162-5; são aceleradas pelos custos da guerra, 1165-8; explicação da dívida não consolidada da Grã-Bretanha, 1168-71; a dívida consolidada, 1168-71; fundos agregado e geral, 1171-4; fundo de amortização, 1174-7, 1179-82; anuidades a prazo fixo e vitalícias, 1174-7; a redução da dívida pública, em tempo de paz, não mantém nenhuma proporção com sua acumulação em tempo de guerra, 1182-5; exame do argumento de que o juro não representa um ônus para a nação, 1188-91; raramente são devidamente pagas quando atingem um certo montante, 1194-6; poderiam ser facilmente pagas com a ampliação do sistema tributário para todas as províncias do império, 1199-202; a Irlanda e a América deveriam contribuir para o pagamento das dívidas públicas da Grã-Bretanha, 1213-6

[Divisão do trabalho, 5-31; dá origem às trocas e ao dinheiro, 27-31, 34-7; no estado original das coisas, teria aumentado os salários, 78-82; é promovida pelos interesses dos detentores de capital, 109-13; nas manufaturas de metal e de lã, 313-5; relação com a troca, 337-41; vantajosa para todas as pessoas empregadas, 471-5; é aperfeiçoada pelo comércio exterior, 555-60; na atividade de guerra, deve ser introduzida pelo Estado, 882-7; é incentivada pelo aumento da demanda, 949-52]

Dízimo, [grande obstáculo ao desenvolvimento, 488-91; não existe nas colônias britânicas na América, 723-6] por que é um imposto desigual, 1060-3; a arrecadação do dízimo constitui um grande desestímulo aos desenvolvimentos, 1060-3; [limitou o cultivo de garança à Holanda, 1032-6;] a fixação de um *modus* para o dízimo seria um alívio para o rendeiro, 1063-6

[Dízimos e décimos-quintos, 491-4]

[Dobbs, Sr., citado, 944-7]

[Doenças, as específicas de diferentes atividades, 103-6]

[Dois mais dois, na aritmética das aduanas, somam um, 1121-4]

[*Domaine*, fonte de receita para a França, 1156-9]

Domicílios dos pobres, breve análise da legislação inglesa relativa ao domicílio dos pobres, 174-7 [180-3]; a remoção dos pobres constitui violação da liberdade natural, 180-3; essa lei deveria ser revogada, 586-90

Domingos, [São, minas de, 217-20;] Colombo a tomou, por equívoco, como uma parte das Índias Orientais, 703-8; seus principais produtos, 706-8; os nativos logo se despojaram de todo o seu ouro, 708-11; análise histórica da colônia francesa lá, 720-3

[Dominica, um novo campo para especulação, 1210-3]

[Dominicanos, reanimaram uma fé languescente, 996-9]

Dórios, onde se estabeleceram as colônias dos antigos dórios, 700-3

[Dotações, efeitos negativos das dotações sobre a educação, 960-88]

[Douglas, Dr., citado, 202-5, 407-10]

[Doze Tábuas, 982-5]

Drácon, 822-5

Drawbacks, explicação de seu papel no comércio, 560-4; explicação dos motivos e tendência para concedê-los, 620-32; nos vinhos, passas de Corinto e tecidos de seda, 629-32; no tabaco e açúcar, 629-32; no vinho, em particular, 629-35; foram originalmente concedidos para incentivar o comércio de transporte, 632-5; a receita dos tributos alfandegários aumentou por conta dos *drawbacks*, 632-5; *drawbacks* concedidos em favor das colônias, 737-40; [concedidos para certos artigos anteriormente sujeitos a impostos de exportação, 1121-4; abrem espaço para fraudes, 1121-7; o que poderia ser evitado, 1127-30; deduções da receita aduaneira, 1144-7]

Drogas, medidas para sua importação e exportação, 834-7

[Drummond, Sr., suas promissórias em guinéus, 49-51]

[Du Cange, citado, 1196-9]

[Du Tot, citado, 396-9]

[Du Verney, citado, 396-9, 1168-71]

[Dumfries, 407-10]

[Dunfermline, 434-7]
[Dunquerque, tratada como estrangeira pela França, 1153-6]
[Dupleix, 949-52]
[Dupré de Saint-Maur, citado, 231-4, 239-42, 253-6, 310-3]
[Economia dos ricos, desordens que comumente se estabelecem na, 100-3]
Economia política, [interesses privados e preconceitos de classes específicas levaram a diferentes teorias de economia política, 3-4; sistema que atribui a riqueza nacional à fartura de ouro e prata, 304-7; sua grande finalidade é aumentar as riquezas e o poder de um país, 465-8;] os dois distintos objetivos e os dois diferentes sistemas de economia política, 529-34; [o título do livro de Mun se tornou máxima de economia política na Inglaterra e em outros países, 537-40; seu objetivo, sob o sistema mercantil, é diminuir as importações e aumentar as exportações, 560-4]; descrição do atual sistema agrícola adotado pelos filósofos franceses, 840-3; estratos sociais que contribuem para a produção anual da terra, 843-5; como contribuem os proprietários, 843-5; como contribuem os cultivadores, 843-5; artífices e manufatores seriam classes improdutivas, 845-8; as classes improdutivas são mantidas pelas outras, 848-51; tendência negativa das restrições e proibições no comércio, 854-6; como esse sistema é delineado pelo M. Quesnai, 854-6; como corrigir os efeitos negativos de uma economia política imprudente, 856-9; o erro capital desse sistema, 856-9; [esse sistema é o melhor já publicado a esse respeito, 862-5; ciência extremamente importante, 862-5; trata da natureza e da causa da riqueza das nações, 862-5; a economia política da Europa favorece as manufaturas e o comércio exterior, 862-5; a grande finalidade da economia política é promover preços baixos e incentivar a produção, 949-52; grande conhecimento de Morellet acerca de economia política, 957-60]
Edimburgo, [comércio por terra e água para Londres,

ÍNDICE REMISSIVO

21-7; o preço do trabalho é de 10 pence por dia, 91-4; banqueiros pagam 4%, 113-6; os salários são a metade dos pagos em Londres, 136-9; moradias são muito mais caras que em Londres, 148-51; na nova cidade de Edimburgo não existe madeira escocesa, 213-7; criação de dois bancos públicos, 368-71; em razão das contas a descoberto, os mercadores levam vantagem sobre os de Londres, 368-74; saque e ressaque sobre Londres, 385-8;] sua atual participação no comércio se deve à remoção da Corte e do Parlamento, 419-22; [comércio com a Inglaterra, 460-3]

[Eduardo VI, moeda adulterada sob, 1196-9]

[Educação das mulheres, nada contém de fantástico, 985-8]

Educação, principal causa dos vários talentos observáveis em diferentes homens, 18-21; [para um emprego específico, deve ser substituída por vencimentos, 410-6] [instituições voltadas à educação, 916-8, 960-96;] matérias para as quais não existem instituições públicas são, em geral, as mais bem ensinadas, 969-71; análise da educação nas universidades, 969-71; análise das viagens para melhorar a educação, 977-9; curso da educação nas repúblicas da Grécia antiga, 977-82; na Roma antiga, 979-82; os antigos professores eram melhores que os dos tempos modernos, 982-5; as instituições públicas são nocivas à boa educação, 985-8; em que medida o público deveria cuidar da educação do povo, 985-8; as diferentes oportunidades de educação nas diferentes camadas da população, 988-90; vantagens da atenção apropriada por parte do Estado na educação do povo, 993-6; [por beneficiar a sociedade como um todo, é justo que seja custeada pela contribuição geral, 1032-6]

[Éfeso, 714-7]

[Efrom, 31-4]

Egito, primeiro país em que a agricultura e as manufaturas parecem ter sido cultivadas [graças ao Nilo], 24-7; [a religião obrigava todo homem a seguir a ocupação de seu pai, 75-8; riqueza do antigo Egito, 457-60, 478-81, 503-6; os egípcios tinham aversão ao mar, 457-60; desprezavam o comércio exterior, 618-20] [forte favorecimento à agricultura, 865-7; sistema de castas, 865-7; grandes obras às margens do Nilo, 865-7;] por muito tempo foi o celeiro do Império Romano, 867-70; [antiga receita provinha basicamente do imposto territorial, 867-70; duas línguas, 969-71; o imposto territorial era, no passado, de 20%, 1060-3; boas vias, 867-70]

[Elboeuf, 106-9]

[Eldorado, 708-11]

[Eleição, Países de, na França, 1085-8]

Embaixadores, primeiro motivo de sua indicação, 926-9

Embriaguez, investigação sobre o motivo desse vício, 615-8; tolerada pela moralidade liberal, 1001-5

Empregos, as vantagens e desvantagens das diferentes espécies de empregos numa mesma localidade continuamente tendem à igualdade, 125-8; especificação das diferenças ou desigualdades entre empregos, 125-8; a constância ou precariedade dos empregos influencia a taxa de salários, 128-30

[Empréstimos a descoberto nos bancos escoceses, 368-74]

Empréstimos, análise de sua natureza, 440-3; a ampla operação de empréstimos, 440-3

[Emulação, efeitos positivos, mesmo nas profissões mais simples, 963-6; sempre suscitada pela competição, 982-5]

[*Épices*, a principal parte da remuneração dos juízes franceses, 910-3; distribuídas proporcionalmente à diligência, 910-3]

[Epicteto, professor, 1026-9]

[Epicuro possuía jardins, 982-5]

Equipagem, 211-3, 437-40; as colônias americanas como uma equipagem ostentadora do Império Britânico, 1216-9

[Esaú, 518-21]

[Escandinavos, os antigos praticavam danças e música, 979-82]

[Escassez, efeito dos anos de escassez na atividade econômica e nos salários, 106-9, 106-13]

ÍNDICE REMISSIVO

Escócia, [nas Terras Altas, todo agricultor é também açougueiro etc., 21-4; vila onde os pregos são moeda corrente, 27-31; desvalorização da moeda, 34-7, 43-6; salários nas Terras Baixas variam menos do que na Inglaterra, 91-4;] comparação com a Inglaterra no que diz respeito aos preços do trabalho e das provisões, 94-7; [grãos mais caros no século XVII, 94-7; salários no século XVII: de 5d. a 6d., 94-7; salários em diferentes regiões, 94-7]; observações sobre as populações das Terras Altas, 97-100; [operários menos diligentes do que na Inglaterra, 100-3; manufatura de linho, 106-9;] a taxa de juro de mercado é mais alta que a taxa legal, 113-6; [salários mais baixos do que na Inglaterra, 113-6; pobreza muito maior e desenvolvimento muito mais lento do que os da Inglaterra, 113-6, 242-5; comparação entre os salários dos mineiros e dos trabalhadores comuns, 130-3;] descrição da situação dos *cottagers*, 148-51; [em muitos lugares, as meias tricotadas são mais baratas que as tecidas, 148-51; salários dos fiandeiros, 148-51;] aprendizados e corporações, 154-7; [clero, respeitável embora mal pago; fácil migração do trabalho, 180-3; a lei regulamentando o peso do pão não pode ser lá instituída, 180-3; corporação de padeiros, 180-3; renda paga pelas salicórnias, 183-7; charnecas desertas geram renda, 187-90; a união com a Escócia abriu o mercado inglês para o gado, 190-3, 281-7; elevada renda das terras cercadas, 193-6; a terra não poderia ser cultivada por feitores, 202-5; afirma-se que o mingau de aveia é um alimento mais saudável que a farinha de trigo, 205-8;] por que o homem comum escocês não é tão forte nem tão bonito como o da mesma classe na Inglaterra, 205-8; [as pedreiras não geram nenhuma renda em algumas regiões, 208-11; a casca da árvore é a única parte da madeira levada ao mercado em algumas regiões das Terras Altas, 211-3; renda pelas pedras que pavimentam Londres, 213-7; 1/6 é a renda comum de minas de chumbo fecundas, 217-20; preços de conversão, 234-6; salários mais altos do que na França, 239-42; comparação entre os preços do trigo na Escócia e na Inglaterra, 242-5;] causa das freqüentes emigrações, 245-8; [proporção de ouro e prata na cunhagem, 273-5; preço do gado foi afetado pela união, 281-7]; desenvolvimento da agricultura antes da união com a Inglaterra, 284-7; atuais empecilhos para aprimorar a agricultura, 284-7; [produção de laticínios, 290-3; antes, as crias eram abatidas cedo, 299-302;] o preço da lã diminuiu em razão da união, 302-4, 825-8; operação das várias sociedades bancárias lá fundadas, 365-99; volume de dinheiro circulante antes da união, 371-2; volume atual de dinheiro circulante, 368-71; curso dos negócios no Banco Escocês, 365-8 [396-9;] [contas a descoberto não eliminam o desconto de letras, 371-4; as cédulas de 20 shillings são as de menor valor em circulação, 371-4;] dificuldades geradas pela excessiva emissão, por parte dos bancos, de papel-moeda, 374-9; precauções necessárias observadas durante algum tempo pelos bancos na concessão de crédito a seus clientes, e os efeitos positivos disso, 379-82; [o limite para emissão de papel-moeda foi alcançado há 25 anos, 382-5;] o sistema de saque e ressaque adotado por negociantes, 385-8; explicação de sua perniciosa tendência, 385-8; história do Banco Ayr, 390-3; [emissão de cédulas de pequeno valor amplia a circulação de papel-moeda ao comércio varejista, 401-4; e abole o ouro e a prata, 401-4;] os preços dos bens em metais não são alterados pela moeda corrente, 404-7; efeito das cláusulas opcionais nas notas, 404-10; [a união fez que a nobreza se mudasse de Edimburgo, 419-22; lã manufaturada em

Yorkshire, 457-60; comércio com Londres, 460-3; 1/3 ou 1/5 das terras está sujeita a cláusulas de inalienabilidade, 481-4; arrendatários *steel-bow*, 488-91; arrendamentos a prazos mais longos, 491-4; nenhum contrato de arrendamento dá previamente direito de voto, 491-4; hospitalidade nas Terras Altas, 512-5; pequena renda gerada pelas fazendas nas Terras Altas, 512-5; jurisdições territoriais nas Terras Altas, 512-8; proibição de exportar ouro e prata, 534-7; fabricação de vinho na Escócia, 569-72; montanhas destinadas à engorda de gado, 572-5;] [pesca de arenque, 651-7, e Apêndice; imposto sobre o sal, 651-4; o arenque constitui uma parte importante da alimentação do homem comum, 654-7; subsídio britânico ao cânhamo importado da Escócia, 816-9; salários dos juízes pagos com o juro do dinheiro, 913-6; escolas paroquiais, 990-3;] causa da rápida expansão da Reforma na Escócia, 1021-4; as desordens que se seguiram à eleição popular do clero fez com que se instituísse o direito de patronagem, 1024-6; [clero respeitável, 1024-6; os eminentes homens de letras são professores, 1026-9;] montante da receita total do clero, 1029-32; [excelente índole da Igreja, 1029-32; egressos da família, 1091-4; sapatos não são artigo de primeira necessidade para as mulheres na Escócia, 1106-9; o linho está sujeito a um imposto de importação na Inglaterra, 1171-4; pequeno consumo de bebidas alcoólicas maltadas, 1205-8; mais contrabando do que na Inglaterra, 1205-8; o excesso de papel-moeda é conseqüência do espírito empreendedor, 1208-10; aboliu o ouro e a prata, 1208-10; espírito de facção menor do que na Inglaterra, 1213-6]

[Escolas de equitação, ineficientes porque em geral são instituições públicas, 969-71]

[Escolas públicas inglesas são menos corrompidas que as universidades, 969-71]

Escolas, [públicas da Inglaterra, 969-71;]

observações sobre as escolas paroquiais [caridade, 990-3]

Escravos negros, por que não são muito utilizados no cultivo de trigo das colônias inglesas, 484-8; por que são mais numerosos nas plantações de açúcar do que nas de tabaco, 484-8; [a exportação de escravos para as Índias Ocidentais não é lucrativa, 941-7; impostos sobre, 1088-91; não são mais mal alimentados do que os baixos estratos de trabalhadores na Inglaterra, 1205-8]

Escravos, seu trabalho é mais caro aos donos do que o trabalho dos homens livres, 100-3; qual a sua situação sob os nobres feudais, 484-8; países em que essa categoria de homens ainda existe, 484-8; por que se prefere o serviço de escravos ao de homens livres, 484-8; por que seu trabalho não é lucrativo, 488-91; causas que levaram à abolição do trabalho escravo na maior parte da Europa, 488-91; [sob os romanos, o cultivo da terra era feito por escravos, 700-3;] recebem mais proteção do magistrado num governo arbitrário do que num governo livre, 740-3; por que os antigos gregos os empregavam nas manufaturas, 867-70; por que não se deve esperar deles nenhuma benfeitoria, 867-70; os pedagogos domésticos costumavam ser escravos na Grécia e em Roma, 979-82

[Espanha e Portugal, países que teriam regredido, 259-61; países miseráveis e mal governados, embora o valor do ouro e da prata seja baixo, 307-10; tentativas ineficazes de restringir a exportação de ouro e prata, 534-7, 540-3, 682-6; quantidade de ouro e prata anualmente importada, 552-5;] [ouro e prata são naturalmente mais baratos nesses países do que em outros, 643-6; exportação de ouro e prata é aproximadamente igual à importação desses mesmos metais, 643-6; a agricultura é desestimulada pelo baixo preço do ouro e da prata, 643-6; ganhariam se abandonassem as restrições, 643-9; história das colônias americanas,

714-20; as colônias têm mais terras férteis que as britânicas, 720-3; direito de *majorazzo* nas colônias impede o desenvolvimento, 723-6; pouca receita se arrecada das colônias, 723-9, 748-51; comércio colonial confinado a um porto e a navios licenciados, 726-9; comércio americano de pescados, 729-31; governo absoluto nas colônias, 740-3; beneficiados pela colonização da América, 746-8; o monopólio colonial foi incapaz de manter as manufaturas, 772-4; e seus efeitos negativos quase sobrepujaram os efeitos positivos do comércio, 772-4; o capital não aumentou pelos lucros exorbitantes de Cádiz e Lisboa, 777-80; as colônias dão maior incentivo à atividade econômica de outros países, 793-6; apenas os lucros do comércio de linho com a América foram gastos na Espanha e em Portugal, 793-6]

Espanha, [marca sobre os lingotes de ouro, 31-4; tributo de 1/5 sobre as minas peruanas, 217-20, 256-9; avidez por ouro em São Domingo, 225-8; seu declínio não é tão acentuado como se costuma imaginar, 259-61; frase de Carlos V de que tudo faltava à Espanha, 259-61; colônias, 259-61; ovelhas abatidas pelos velocinos e pelo sebo, 293-6;] um dos países mais pobres da Europa, apesar de suas minas fecundas, 307-10; [lã, 313-5, 454-7, 506-9, 509-12, 825-8; o embaixador espanhol presenteou a rainha Isabel com meias, 315-8;] seu comércio não produziu manufaturas importantes para a venda em mercados distantes, e a maior parte do país permanece inculta, 524-7; o modo espanhol de avaliar suas descobertas na América, 529-34; [de acordo com os espanhóis, a riqueza consiste em ouro e prata, 529-34; proibição de lãs inglesas em Flandres, 581-3; povo sóbrio, ainda que o vinho seja barato, 615-8;] desvalorização do ouro e da prata em razão da instituição de um imposto sobre a exportação desses metais, 643-6; a agricultura e as manufaturas são desestimuladas pelo excesso de ouro e prata, 643-6; conseqüências naturais que resultariam se esse imposto fosse abolido, 643-6; [tentativa de privar a Grã-Bretanha do comércio com Portugal, 689-95; descrições de Colombo à Corte, 706-8;] motivos reais e pretextos da Corte de Castela para tomar posse das regiões descobertas por Colombo, 708-11; como se reduziu o tributo sobre o ouro e a prata, 708-11; o ouro era o objetivo das investidas ao Novo Mundo, 708-11 [-711-4; a Coroa arrecadava alguma receita das colônias, 714-7;] as colônias espanholas eram menos populosas do que as de outras nações européias, 714-7; afirmava ter direito exclusivo sobre toda a América, até a derrota de sua Invencível Armada, 717-20; política comercial com as colônias, 726-9; os estabelecimentos americanos da Espanha foram obra de aventureiros privados, que pouco recebiam, além de permissão do governo, 743-6; [a Frota privou a Alemanha de muitas mercadorias, 769-72;] perdeu suas manufaturas ao adquirir colônias ricas e férteis, 772-4; [veteranos foram igualados pela milícia americana, 887-90; se uniu à França em razão das aquisições britânicas de Gibraltar e Minorca, 938-41; relações com a Companhia dos Mares do Sul, 944-9; o grego não é ensinado nas universidades, 971-4;] explicação do imposto alcavala, 1150-3; a ruína das manufaturas espanholas atribuída a esse imposto, 1150-3; [imensa dívida nacional, 1191-4; ver Espanha e Portugal]

[Esparta, moeda de ferro, 31-4]

[Especiarias, afirma-se que os holandeses queimam as especiarias em anos de fartura, 202-5, 660-3, 805-8; importadas pela Grã-Bretanha, 1124-7]

Especulação, emprego distinto na sociedade desenvolvida, 27-31; descrição dos comerciantes que especulam, 142-5

Espírito marcial, como se conservava nas antigas repúblicas da Grécia e de Roma, 990-3; a falta de

ÍNDICE REMISSIVO

espírito marcial é agora suprida por exércitos permanentes, 990-3; a criação de uma milícia é pouco capaz de conservá-lo, 993-6

[Estadista ou político, quem tenta dirigir o emprego do capital privado, 566-9; animal insidioso e astuto, 581-3; nas sociedades bárbaras, todo homem é estadista, 988-90]

[Estado eclesiástico, impostos sobre o pão, 1115-8; fundo de amortização criado das economias em juro, 1179-82]

[Estado progressivo da sociedade é o melhor para a população, 100-3]

Estanho, renda média das minas na Cornualha, 217-20; gera, aos proprietários, uma renda maior que a das minas de prata do Peru, 217-20; regulamentações que determinam a exploração das minas, 220-3

[Estatutos de aprendizagem aumentam os salários de forma mais duradoura do que os diminuem, 75-8]

[Estima, freqüentemente se ressalta a presunçosa estima que os homens têm de si mesmos, 133-6]

[Estômago, a vontade de comer é limitada pela capacidade do estômago, 211-3]

Estradas, vantagens públicas de boas estradas, 187-90; [no passado, eram conservadas por trabalho compulsório, 491-4;] como devem ser construídas e conservadas, 916-8 [-924-6]; por que não se pode confiar a conservação das estradas ao interesse privado, 918-21; estado geral das estradas na França, 921-6; na China, 924-6; [não é injusto que sua construção e manutenção sejam pagas com dinheiro de impostos, 1032-6; no passado, eram conservadas por 6 dias de trabalho, 1038-41; boas estradas na antiga Bengala e Egito, 1060-3]

Estrangeiros, comerciantes tributados, 1118-21

[Estreito, taxas de trânsito, 1141-4]

[Eton College, preços do trigo, 236-9, 248-50, 253-6]

Europa, análise geral das várias nações da Europa, em relação ao grau de seu desenvolvimento desde a descoberta da América, 259-61; os dois países mais ricos da Europa detêm a maior participação no comércio de transporte,

465-8; investigação sobre as vantagens obtidas pela Europa em razão da descoberta e colonização da América, 746-8; vantagens específicas obtidas por cada país colonizador, 748-51; e por outros que não possuem colônias, 793-6

[Euxino, 27-31]

Exercícios militares, alteração produzida pela invenção das armas de fogo, 884-7

Exército cartaginês, explicação de sua superioridade em relação ao exército romano, 893-6

Exército, [uma loteria desvantajosa, 136-9;] três diferentes modos pelos quais uma nação pode manter um exército num país distante, 546-9; distinção entre exército permanente e milícia, 884-7; exame histórico, 887-93; o exército macedônio, 890-3; o exército cartaginês, 890-3; o exército romano, 890-6; [corajoso sem exigir serviço ativo, 893-6;] por si só é capaz de perpetuar a civilização de um país, 896-9; é o meio mais rápido de civilizar um país bárbaro, 896-9; sob que circunstâncias é perigoso e sob que circunstâncias é favorável à liberdade, 896-9; [um pequeno exército seria suficiente se prevalecesse o espírito marcial, 990-6; não dá segurança ao soberano contra um clero descontente, 1007-10]

[Expilly, Jean Joseph, citado, 1156-9]

[Fábulas de Esopo, apólogos, 971-4]

Faculdades, investigação da causa que levou à diminuição do valor de suas rendas em dinheiro, 43-6; de onde provêm em geral as dotações das faculdades, 960-3; em que medida atingiram os propósitos de sua instituição, 960-3; essas dotações diminuíram a necessidade de aplicação dos professores, 963-6; os privilégios dos bacharéis por meio da residência e as instituições de caridade que fornecem bolsas de estudo são ofensivas à educação das faculdades, 966-9; disciplina, 966-71

[Falência, mais freqüente em negócios de risco, 139-42; maior e mais humilhante desgraça, 428-30]

Famílias, raramente permanecem em grandes propriedades por muitas

gerações nos países comerciais, 521-4
Farinha de trigo, explicação das partes componentes do preço da, 60-6; [impostos sobre, 1115-8]
[Faz-tudo, 669-71]
Felipe da Macedônia, generosidade para com Aristóteles, 171-4; a superioridade que a disciplina conferiu a seu exército sobre o de seus inimigos, 887-93
[Felipe I, da França, 500-3]
[Fenícios, temor de navegar para além do Gibraltar, 24-7]
[Ferdinando e Isabela, 706-8]
[Ferragens, 546-9, 612-5; manufatores de Birmingham compram vinho com ferragens, 1144-50]
[Fertilidade, a renda da terra varia com a, 187-90]
Fiars públicos na Escócia, [evidência suplementar da queda no preço dos grãos, 94-7, 310-3;] explicação da natureza dessa instituição, 234-6
Fibra de linho, explicação das partes componentes do preço da, 63-6
[Fideicomissos, 481-4]
[Filadélfia, salários elevados, 100-3; terceira maior cidade das colônias inglesas, 717-20]

[Filosofia moral, aviltada na Idade Média, 974-7]
Filosofia, [subdivisão, 12-8; por natureza, um filósofo não é muito diferente de um carregador, 18-21]; filosofia natural, origem e finalidades, 971-4; filosofia moral, explicação de sua natureza, 971-4; lógica, origem e aplicação, 971-4; [o estudo da filosofia deveria ser universal entre os estratos médio e alto, 1005-7; não há nada de tão absurdo que não tenha sido defendido por algum filósofo, 1115-8]
Física, explicação do antigo sistema da filosofia da natureza, 974-7
Flandres, cebolas importadas de, 97-100; lã exportada para, 208-11; manufatura refinada de lã, 318-21; lã inglesa trocada por roupas finas de Flandres, 503-6; antiga manufatura de tecidos finos, 506-9; opera basicamente com lã inglesa e espanhola, 506-9; a antiga prosperidade comercial de Flandres perpetuada por sólidos progressos na agricultura, 527; [proibição da importação de rendas de bilros provenientes de Flandres, 581-3;]

[crescimento do nível de
atividade pela colonização
da América, 746-8;
fornecimento de linho
para a América, 793-6]
Fleetwood, bispo,
observações a respeito de
sua *Chronicon Preciosum*,
234-9; [citado, 236-9, 296-9]
[Florença, colônia romana,
714-7; pagou as dívidas de
Lourenço, 1036-8]
[Flórida, colonos franceses na
Flórida foram assassinados
por espanhóis, 717-20]
Focílides, 971-4
Fome, ver Escassez
[Fontaineblau, 419-22]
Forja de alfinetes, a
extraordinária vantagem
da divisão do trabalho
nesse ofício, 5-9
Fornecimento de provisões,
serviço que ainda se exige
em muitas regiões da
Europa, 491-4
Fortes, quando necessários
para a proteção do
comércio, 926-9
França, [qualidade e preço do
trigo, das sedas, ferragens
e làs, comparado com os
da Polônia e Inglaterra,
9-12; desvalorização da
moeda, 43-6; proporção
do ouro em relação à
prata, 51-4; senhoriagem
de 8%, 54-7, 695-7; alta
renda dos vinhedos, 75-8;

queda no preço dos gràos
desde o século XVII, 94-7,
253-6, 310-3, 638-40;]
flutuações na taxa legal de
juros do dinheiro, durante
este século, 113-6;
observações sobre o
comércio e as riquezas da
França, 113-6; [taxa de
juros do mercado é mais
alta que na Inglaterra, os
salários mais baixos, é
mais rica que a Escócia,
mas não avança tão
rapidamente, 113-6;
comércio de transporte
realizado pelos
holandeses, 113-9;] a
natureza das
aprendizagens, 154-7;
exame da conveniência
das restrições ao plantio
de vinhas, 196-202; [o trigo
é cuidadosamente
cultivado nas províncias
produtoras de vinho,
199-202; a Grã-Bretanha
não precisa invejar-lhe as
vinhas, 205-8;] variações
no preço dos gràos, 231-4;
[os trabalhadores pobres
raramente comem carne
de açougue, 239-42; queda
no preço do trigo, embora
a exportação de gràos
estivesse proibida até
1764, 253-6, 638-40;] o
preço em dinheiro do
trabalho diminuiu

gradualmente com o preço em dinheiro do trigo, 256-9; [vem realizando progressos desde a colonização da América, 259-61; a prata predomina na cunhagem, 273-5; exporta aves para a Inglaterra, 287-90; preço da carne de porco é praticamente igual ao da carne bovina, 287-90;] criação do projeto Mississipi, 396-9; [o trigo é tão barato como na Inglaterra, embora na França exista pouco papel-moeda, 404-7;] nas cidades parlamentares se encontra pouco comércio ou atividade, 419-22; [fútil tentativa de reduzir a taxa de juro, 448-51; os juristas enfeitaram as cláusulas de inalienabilidade com as vestes das substituições e dos fideicomissos, 481-4;] descrição da classe de rendeiros conhecida como *métayers*, 484-8; leis relativas à posse da terra [arrendamentos de curto prazo, 491-4]; serviços que no passado eram cobrados, além da renda, 491-4; a *taille*, o que é e como impede o cultivo da terra, 491-4; origem dos magistrados e conselhos das cidades, 500-3; [vinho trocado por lã inglesa, 503-6; vinho e conhaque trocados por trigo polonês, 503-6; cultura de bichos-da-seda introduzida no reinado de Carlos IX, 506-9; a propriedade alodial precedeu o sistema feudal, 512-8; cultivo e aprimoramento inferiores aos da Inglaterra, 524-7;] nenhum incentivo legal direto é dado à agricultura, 524-7; [proibição de exportar moeda, 537-40; a troca de vinho por ferragens da Inglaterra não é supostamente desvantajosa à Inglaterra, 546-9; a última guerra com a França custou 90 milhões, 549-52; os reis merovíngios possuíam tesouros, 555-8; criou uma companhia exclusiva para o comércio das Índias Orientais, 558-60; a má política das regulações comerciais do Sr. Colbert, 581-3; mercadorias francesas são fortemente tributadas na Grã-Bretanha, 590-3; as relações comerciais entre França e Inglaterra agora são basicamente realizadas por contrabandistas, 590-3; consideração da política de restrições comerciais entre França e Grã-Bretanha, 590-3; [paridade do câmbio, 593-9;] situação da cunhagem, 596-9; [invasão da Holanda, 604-10; vantagens do comércio com a França, 610-5; o vinho barato não é causa da embriaguez, 615-8; vinho desestimulado pelos ingleses em favor dos portugueses, 615-8; por que se desestimulou o comércio com a Inglaterra, 618-29; [muito mais populosa e rica do que as colônias americanas e por isso representa um mercado muito melhor, 618-20;] raiz da inimizade entre esses dois países [França e Inglaterra], 620-9. [a má vontade da Inglaterra para transportar mercadorias francesas, 629-32; a Inglaterra não concede nenhum *drawback* à exportação de vinhos franceses para a América, 632-5; talvez jamais tenha sido necessário restringir a exportação de trigo, 679-82; cláusulas do tratado de Methuen em relação ao vinho e à lã, 686-9; exigiu que Portugal banisse os navios britânicos, 689-92;] observações sobre a senhoriagem da moeda, 695-7; padrão do ouro, 695-7; [não existem minas de ouro ou prata nas colônias americanas, 711-4; estabelecimentos na América, 717-23; abundância de boas terras lá, 692-5; sujeitas aos tributos alfandegários de Paris, 723-6; não obtém receita das colônias, 726-9; política de criação de companhias exclusivas, 726-9;] como se regula o comércio das colônias francesas, 729-31;] a refinação de açúcar prospera nas colônias, 734-7;] o governo das colônias é administrado com moderação, 740-3; as colônias açucareiras da França são mais bem governadas que as da Grã-Bretanha, 740-3; [escravos são mais bem tratados lá, 740-3; capital lá acumulado, 743-6; o nível de atividade aumentou pela colonização da América, 746-8; tabaco mais barato do que na Inglaterra, 751-4; marinha, 754-8; importação de tabaco,

763-6; invasão da Inglaterra, 766-9;] como é tributado o reino da França, 785-8; os membros da Liga lutaram mais em defesa de sua própria importância do que por qualquer outra causa, 788-93; [fornece linho à América, 793-6; o comércio com as Índias Orientais agora se abriu, 799-802; imposto britânico de importação sobre fios, 816-9; proibição inglesa às importações de linho, 816-9; índigo, 816-9; o comércio exclusivo de goma-arábica etc. foi tomado pela Inglaterra, 834-7;] descrição do atual sistema agrícola de economia política adotado lá pelos filósofos, 840-3 [-281; modelo de país agrícola, 848-51; agricultura e comércio de trigo ficaram livres de restrições, graças aos economistas, 862-5; metade ou um terço da população vive da agricultura, 867-70; veteranos derrotados pelo exército inglês, 887-90; vencimentos no Parlamento, 910-3; custo do canal de Languedoc, 918-21;] quem controla os fundos destinados à reparação das estradas, 921-4; condição geral das estradas, 921-6; [apenas as grandes vias são utilizadas, 924-6; tirania da *corvée*, 926-9; a Companhia dos Mares do Sul foi arruinada pelo tráfico de escravos, 944-7;] as universidades são mal governadas, 966-9; observações sobre o governo dos Parlamentos da França, 1010-3; medidas tomadas para reduzir o poder do clero, 1016-8; [Reforma, 1018-21; apenas um único professor cujas obras merecem ser lidas, 1026-9; o Tesouro de Berna foi investido em fundos, 1029-32, 1038-41; os economistas, 1052-5; talha imobiliária, 1058-60, 1082-5;] análise do modo de retificar as desigualdades da talha imobiliária na generalidade de Montauban, 1058-60; explicação da talha pessoal, 1058-60; como foram remediadas as desigualdades provocadas pela talha pessoal, 1085-8; como a talha pessoal desestimula o cultivo, 1085-91; a *Vingtième*, 1088-91; taxas de selo e o *Contrôle,* 1094-100; [a talha representou para os operários um imposto direto sobre salários, 1100-3;] como é cobrado o imposto de capitação, 1103-6; [sapatos de couro não são artigos de primeira necessidade, 1106-9; o tabaco é tributado em 15 vezes o seu valor, 1109-12; tecidos de seda poderiam ser vendidos pelos ingleses a preços muito inferiores, 1127-30; *péages*, 1141-4;] restrições ao comércio interno do país pela variedade local da legislação sobre a receita, 1150-3; como são arrecadados os impostos sobre o tabaco e o sal, 1156-9; as diferentes fontes de receita, 1156-9; como poderiam ser reformadas as finanças da França, 1156-9; comparação entre o sistema francês de tributação e o sistema em vigor na Grã-Bretanha; [poderia arrecadar o triplo da receita britânica, 1156-9; descontos dos 'billet d'état', 1168-71;] explicação da natureza das *tontines*, 1177-9; estimativa do total da dívida nacional francesa, 1177-9; [razão pela qual o montante da dívida em anuidades é maior que o da Inglaterra, 1177-9; mais solteirões ricos, 1179-82; oprime a dívida pública, 1191-4; *augmentation* da moeda, 1196-9]

[Franciscanos, reanimaram a fé languescente, 996-9]

[Frederico de Holstein, 1018-21]

[Frézier, citado, 217-20, 220-3, 261-4]

[Frota espanhola, 769-72]

Frugalidade, em geral, é princípio predominante da natureza humana, 425-8

[Frutas, os lucros que geram são maiores que os do trigo, 196-9]

[Funcionários públicos, salários tributáveis, 1103-6]

Fundo de amortização nas finanças britânicas, explicação, 1174-7; é inadequado para o pagamento de dívidas antigas, e quase inteiramente aplicado a outros propósitos, 1179-82; causas da má aplicação desse fundo, 1179-85

Fundo Geral, nas finanças britânicas, explicação, 1174-7

Fundos britânicos, [participação dos holandeses, 113-9; Tesouro de Berna é em parte

investido em fundos britânicos, 1038-41; [breve análise histórica, 1168-71; o funcionamento desses fundos, do ponto de vista político, 1185-8; a prática de criar fundos vem gradualmente enfraquecendo os Estados que a adotaram, 1191-4
[*Gabelle*, ajuste para o pagamento, 1150-3; uma das maiores fontes da receita francesa, 1156-9]
Gado, [já foi usado como moeda, 27-31;] comparação entre os valores do gado e do trigo nos diferentes estágios da agricultura, 190-3; o preço do gado foi reduzido por meio de pastagens artificiais, 193-6; até que ponto o preço do gado pode subir num país que progride, 281-4; a criação de um rebanho é necessária para o fornecimento de adubo para as fazendas, 281-4; o preço do gado aumenta na Escócia em decorrência da União com a Inglaterra, 284-7; grande multiplicação de gado europeu na América, 284-7; em alguns países, o gado é abatido unicamente por causa da pele e do sebo, 293-6.; o mercado para esses artigos é mais amplo que o mercado para carcaças, 293-6; esse mercado às vezes se aproxima dos lugares de produção pelo estabelecimento de manufaturas, 296-9; como a ampliação do cultivo faz aumentar o preço do alimento animal, 310-3; [o gado de trabalho constitui um capital fixo, 341-5; importação proibida, 524-7;] é talvez o único bem que custa mais transportar por mar que por terra, 569-75; é provável que a Grã-Bretanha jamais seja muito atingida pela livre importação de gado irlandês, 569-75
[Gales, as pedras para pavimentação não geram renda, 208-11; são comuns as antigas famílias, 518-21; montanhas voltadas para a reprodução de gado para a Grã-Bretanha, 572-5]
[Galinholas, a quantidade não poderia aumentar muito, 278-81]
Gama, Vasco da, o primeiro europeu a descobrir um trajeto para as Índias Orientais, 703-6
[Gand, 527]

[Ganges, 24-7, 706-8, 865-7]
Garança, em razão dos dízimos ingleses, o cultivo ficou por muito tempo limitado à Holanda, 1060-3
[Garonne, 419-22]
[Gassendi, professor que ingressou na Igreja, 1026-9]
Gemelli-Carreri, citado, 714-7
[Genebra, clero respeitável de, 1024-6; eminentes homens de letras são professores, 1026-9]
[Gengis Khan, 529-34]
Gênova, por que nesse território o trigo é mais barato, 245-8; [a navegação foi estimulada pelas Cruzadas, 503-6; pequeno Estado obrigado a utilizar moeda estrangeira, 596-9; Banco de Gênova, 596-9; Colombo pertencia a Gênova, 703-6; imposto sobre o pão, 1115-8; enfraquecida pela dívida, 1191-4]
[Geometria deveria ser ensinada em escolas paroquiais, 990-3]
[Geórgia, custo da administração civil, 723-6; não estava cultivada à época da Lei de Navegação, 754-8]
[Gibraltar, estreito de, 24-7; a aquisição de Gibraltar serviu para unir a casa dos Bourbon, 938-41]

[Gilbert, barão, citado, 488-91]
[Ginásio, 882-4, 979-82, 990-3]
Glasgow, [recente aumento na demanda de trabalho, 94-7;] o comércio dobrou em quinze anos graças à fundação de bancos, 368-71; por que a cidade possui um comércio mais intenso que Edimburgo, 419-22
[Glauco, sua armadura custou 100 bois, 27-31]
Goa, 805-8
[Golconda, 223-5]
[Golfo da Índia, 27-31]
[Golfo de Sião, 27-31]
Goma-arábica, análise das regulações impostas ao comércio de goma-arábica, 834-7, [1121-4]
Górgias, evidências da riqueza que ele adquiriu pelo ensino, 171-4
[Gottemburgo, chá contrabandeado de, 89, 261-4; companhia, 540-3]
Governantes políticos, os maiores perdulários da sociedade, 434-7
Governo civil, indispensável para a segurança da propriedade privada, 899-902; como é introduzida a sujeição na sociedade, 899-902; a desigualdade de riqueza exige, para sua conservação, a introdução

do governo civil, 905-7; a administração da justiça constituía fonte de receita nos primeiros tempos, 905-7; por que o governo não deve administrar os pedágios, 921-4; nem outras obras públicas, 924-6; [as despesas de governo são semelhantes às de uma grande propriedade, 1044-6; logo aprende a arte de esvaziar os bolsos dos súditos, 1094-7;] a falta de parcimônia em tempos de paz impõe a necessidade de contrair dívidas para fazer a guerra, 1165-8; origem da dívida nacional, 1168-71; crescimento das dívidas públicas, 1168-71; por que a guerra é geralmente conveniente ao povo, 1179-82

Governo feudal, terrível situação dos ocupantes da terra sob o, 416-9; comércio e juros do dinheiro sob, 416-9; poder dos senhores feudais, 478-81; a situação dos servos, 484-8; títulos de posse da terra, 484-91; tributação, 491-4; pobreza original e condição servil dos comerciantes nas cidades, 494-7; isenções eram raramente concedidas, salvo em troca de uma valiosa compensação, 494-500; origem dos burgos livres, 497-500; o poder dos barões reduzido por privilégios municipais, 500-3; causa e efeito da antiga hospitalidade, 512-5; amplo poder dos antigos barões, 512-8; não se firmou na Inglaterra antes da Conquista Normanda, 515-8; foi silenciosamente subvertido pelas manufatoras e pelo comércio, 515-8; guerras feudais, como eram mantidas, 879-82; não havia grande participação nos exercícios militares durante o governo feudal, 884-7; exércitos permanentes foram gradativamente introduzidos para ocupar o lugar da milícia feudal, 893-6; descrição das *casualties* ou impostos vigentes sob o governo feudal, 1091-4; [desprezo e inveja pelos comerciantes, 1118-21;] como os grandes proprietários gastavam seu rendimento sob o governo feudal, 1162-5

[Governo republicano ampara a grandeza da Holanda, 1159-62.]

Grã-Bretanha, indícios de que o trabalho é aí suficientemente remunerado, 91-4; o preço das provisões é aproximadamente igual na maioria dos lugares, 91-4; grandes variações no preço do trabalho, 91-7; vegetais importados de Flandres no último século, 97-100; explicação histórica das alterações sofridas pelo juro do dinheiro, 109-13, 113-6; o dobro da taxa de juro é considerado um lucro mercantil razoável, 122-4; sob que aspectos o comércio de transporte é vantajoso para a Grã-Bretanha, 463-5; parece deter mais do comércio de transporte da Europa do que realmente acontece, 465-8; é o único país da Europa onde se aboliu a obrigação de aprovisionar, 491-4; investigação dos fundos de que dispõe para manter guerras no exterior, 549-52; por que provavelmente jamais será afetada em demasia pela livre importação de gado irlandês, 569-75; nem de provisões salgadas, 572-5; poderia ser pouco afetada pela importação de trigo estrangeiro, 572-5; exame da política de restrições do comércio com a França, 590-3; o comércio com a França poderia ser mais vantajoso para cada país do que com qualquer outro, 618-20; por que é um dos países mais ricos da Europa, enquanto Espanha e Portugal estão entre os mais pobres, 682-6; análise de suas colônias americanas, 720-9; como se regula o comércio de suas colônias, 729-31; distinção entre mercadorias enumeradas e não enumeradas, 729-31; impede as manufaturas na América, 731-4; liberalidade em relação às colônias, 734-7; liberdade constitucional de seu governo colonial, 737-40; o governo de suas colônias açucareiras é pior que o das colônias francesas, 740-3; desvantagens resultantes de deter o comércio exclusivo de tabaco com Maryland e Virgínia, 751-4; a Lei de Navegação aumentou o comércio colonial, a expensas de muitos outros setores do comércio exterior, 751-8;

estimativa dos benefícios do comércio colonial, 760-3; recomenda-se um gradual relaxamento do comércio exclusivo, 766-9; acontecimentos que concorreram para impedir os efeitos negativos dos prejuízos causados pelo comércio colonial, 766-72; os bons efeitos naturais do comércio colonial mais do que compensam os efeitos negativos do monopólio, 769-72; conservar um monopólio é a principal finalidade do domínio assumido sobre as colônias, 777-83; apenas retirou prejuízo desse domínio, 780-3; talvez seja o único Estado que apenas aumentou seus gastos ampliando seu império, 785-8; a constituição da Grã-Bretanha teria sido completa se admitisse a representação americana, 791-3; análise da administração da Companhia das Índias Orientais, 808-16; o interesse do consumidor é sacrificado ao do produtor enquanto se constrói um império na América, 840-3; a receita anual da Grã-Bretanha, comparada com suas rendas e juros anuais do estoque de capital, 1041-4; consideração do imposto fundiário, 1049-52; dízimos, 1060-3; taxa de janela, 1071-7; taxas de selo, 1094-100; impostos *per capita* no reinado de Guilherme III, 1103-6; a uniformidade da tributação na Grã-Bretanha favorece o comércio interno, 1150-3; o sistema de tributação, comparado com o da França, 1156-9; explicação da dívida não consolidada, 1168-71; dívida consolidada, 1168-71; fundos Agregados e Geral, 1171-4; fundo de amortização, 1174-7; as anuidades perpétuas são o melhor título transferível, 1177-9; a redução da dívida pública em tempos de paz não mantém nenhuma proporção com a acumulação de dívidas durante a guerra, 1182-5; como se realiza o comércio com as colônias produtoras de tabaco sem a intervenção de dinheiro em espécie, 1208-13; explicação do comércio com as colônias produtoras de açúcar, 1208-13; seria justo que a Irlanda e a América contribuíssem para pagar

as dívidas públicas da Grã-Bretanha, 1213-6; como as aquisições territoriais da Companhia das Índias Orientais poderiam se converter em fonte de receita, 1216-9; indicação do único recurso de que dispõe a Grã-Bretanha, se não conseguir nenhum auxílio como esse, 1216-9 [Gracos, 979-82]
[Granada, refinação de açúcar, 734-7; novo campo para especulação, 1210-3]
[Grande proprietário de terras raramente introduz grandes benfeitorias, 481-4]
Grécia, [antiga, não possuía uma palavra para 'aprendiz', 154-7; a escravidão era mais severa de que na Idade Média, 484-8; degeneração do cultivo de trigo, 484-8; os cidadãos eram os proprietários de terras, 494-7; rica e industriosa, 503-6;] comércio exterior promovido [proibido] em vários dos antigos Estados da Grécia, 867-70; [comércio e manufaturas realizados por escravos, 867-70; por muito tempo os cidadãos serviram nas guerras sem receber paga, 879-82; os exercícios militares eram parte da educação geral, 882-4; o soldados não tinham uma profissão distinta, 882-4; [exercícios militares individuais, 884-7; suas milícias foram derrotadas pelos exércitos permanentes dos macedônios e dos romanos, 890-3; mas derrotaram a milícia persa, 893-6; encontrava-se num estágio pouco além do pastoril na guerra de Tróia, 907-10;] educação nas repúblicas gregas, 977-82; a moralidade dos gregos era inferior à dos romanos, 979-82, [982-5; facções sanguinárias, 979-82; exercícios e educação fundamental, 979-82; o direito não era ciência entre os gregos, 982-5; tribunais de Justiça, 982-5; as habilidades da população eram iguais às das nações modernas, 982-5;] como se conservava no povo o espírito marcial, 993-6; [grandes homens de letras eram professores, 1026-9; a receita pública era em grande medida gerada pelas terras do Estado, 1038-41]
Greda de pisoeiro, por que se proibiu sua exportação, 831-4

[Groenlândia, pesca de focas, 813-6; pesca de baleias pela Companhia dos Mares do Sul, 944-7]
[Guastalla, 1115-8]
[Guernsey, 785-8]
Guerras externas, o fundos que as mantêm neste século pouco dependem do volume de ouro e prata existente na nação, 546-52; [os gastos efetuados fora do país são pagos pela exportação de mercadorias, 549-55;] como uma nação de caçadores as mantêm, 875-9; como as mantêm as nações de pastores, 875-9; como as mantêm as nações de agricultores, 879-82; qual a proporção entre a população e os homens em idade militar, 879-82; como se faziam as guerras feudais, 879-82; causas que, no avançado estágio de sociedade, tornaram impossível aos que partem para os campos de batalha se sustentar, 879-84; como a arte da guerra se tornou uma profissão, 882-4; distinção entre a milícia e as forças regulares, 884-7; mudanças produzidas na arte da guerra pela invenção das armas de fogo, 884-90, 896-9; importância da disciplina, 887-90; exército macedônio e exército cartaginês, 890-3; exército romano, 890-3; exércitos feudais, 893-6; um exército permanente e regular é a única defesa de um país civilizado e o único meio de civilizar rapidamente um país bárbaro, 896-9; a falta de parcimônia em tempos de paz submete os Estados à necessidade de contrair dívidas para fazer a guerra, 1165-8, 1179-82; por que a guerra é agradável para aqueles que vivem protegidos de suas calamidades diretas, 1179-82; vantagens de levantar fundos para a guerra ao longo do ano, 1188-91; [como se poderia evitar que as guerras se tornem populares, 1188-91]
[Guiana, 199-202]
[Guicciardini, citado, 524-7]
[Guildas clandestinas, 157-60]
Guilherme III, incapaz de recusar qualquer coisa à aristocracia rural, 253-6
[Guilherme Rufo jantava no salão de Westminster, 512-5]
[Guinéus, as contas não os utilizam, 49-51; as

promissórias do Sr.
Drummond para guinéus,
49-51]
[Gumilla, 708-11]
Gustavo Vasa, como
conseguiu efetuar a
Reforma na Suécia,
1018-21
[Hales, Presidente do
Supremo Tribunal de
Justiça, citado, 94-7]
[Halifax, 509-12]
Hamburgo, [casas mantidas
pelo Banco da Inglaterra,
399-401; mercadorias
importadas são pagas com
letras de câmbio sobre a
Holanda, 593-6; no
passado, o câmbio com
Hamburgo fora
desfavorável, 596-9;
pequeno Estado que
precisa usar moeda
estrangeira, 596-9;]
explicação do ágio do
Banco de Hamburgo,
599-602; [o monopólio
colonial britânico tolhe os
comerciantes, 793-6;
modelo de Estado
mercantil, 848-51;] como o
Estado tributa seus
habitantes, 1079-82
[Hamílcar, 890-3]
[Hawkins, jurisconsulto,
citado, 822-5]
[Hébrides, salários em, 94-7;
pesca de arenque, 651-4]
[Hénault, Presidente, citado,
788-91]

[Henrique IV, da França,
possuía um tesouro,
1165-8]
Henrique VIII, da Inglaterra,
preparou o caminho para
a Reforma ao abolir a
autoridade do Papa,
1018-21; [adulterou a
moeda, 1196-9]
[Henrique, príncipe, 193-6]
[Heptarquia, 430-4]
[Hesíodo, citado, 971-4]
[Hindu, governo da Índia,
865-7; religião, 865-7]
[Hípias, viveu em esplendor,
171-4; peripatético, 979-82]
[Hispaniola, 293-6]
[*História filosófica e política*,
citada, 267-70; ver Raynal]
Hobbes, Sr., observações
sobre sua definição de
riqueza, 37-40
Holanda, [o transporte por
água foi facilitado pelo
Mosa, 24-7; proporção da
prata para o ouro era de
14 para 1, 51-4;]
observações sobre a
riqueza e o comércio da
República da Holanda,
113-9; [mais rica do que a
Inglaterra, salários mais
altos, lucros mais baixos,
conquistou o comércio de
transporte da França,
detém grande volume de
negócios dos fundos
franceses e ingleses, o
comércio não está

decadente, 113-9;] é de mau tom não ser um homem de negócios, 122-4; [a maior parte do trigo é importada, 190-6; queima das especiarias para manter os preços altos, 202-5, 660-3, 805-8;] causa do alto preço do trigo, 245-8; [desenvolveu-se desde a descoberta da América, 259-61; expulsou os portugueses da Índia, 261-4, 558-60; chá contrabandeado da Holanda, 261-4; casas mantidas pelo Banco da Inglaterra, 399-401; funcionamento do comércio de transporte, 463-5;] detém a maior parcela do comércio de transporte da Europa, 465-8; [os rendeiros não são inferiores aos da Inglaterra, 494-7; zelo do legislador para com o comércio e as manufaturas, 524-7; câmbio em relação à Holanda, 534-7; chá da Companhia das Índias Orientais contrabandeado para a Inglaterra, 540-3; importa gado magro, 572-5; empreendimento holandês de manufatura de lã em Aberdeen, 572-5;] como os holandeses foram proibidos de transportar para a Grã-Bretanha, 575-8; [fornece pescado a outras nações, 575-8; mau relacionamento com a Inglaterra, 575-8;] o país prospera mesmo sob elevada carga tributária, 581-3; [contrabando de vinho francês, 590-3; cálculo da situação de débito e crédito, 593-6;] descrição do Banco de Amsterdam, 599-602; [o preço de mercado dos lingotes é superior ao preço da Casa da Moeda, 602-4;] república que retira mesmo sua subsistência do comércio exterior, 620-9; [compra trigo inglês a preço mais baixo e consegue vender mercadorias a preço mais alto em conseqüência do subsídio ao trigo britânico, 646-9; deve realizar a pesca de arenque em embarcações com convés, 651-4; posição em relação ao Tratado de Methuen, 686-9; não há ouro, prata ou diamantes em suas colônias americanas, 711-4; ataque ao Brasil, 717-20; estabelecimentos no século XVII, 717-20; Curaçao e São Eustáquio são portos livres, 720-3;

companhia exclusiva para o comércio colonial, 726-9; poderio naval em 1660, 754-8; possuía Nova York e Nova Jersey, 754-8; importação de tabaco, 763-6; linho exportado para a América, 763-9; detém o monopólio do comércio colonial para as ilhas produtoras de especiarias, 799-802; enviaria mais navios para as Índias Orientais se houvesse livre comércio, 799-805; os estabelecimentos no Cabo e na Batávia são os mais importantes na África e nas Índias Orientais, 805-8; política destrutiva nas Índias Orientais, 808-10; imposto inglês sobre fios, 816-9; goma-arábica exportada clandestinamente da Inglaterra, 834-7; modelo de Estado mercantil, 848-51; subsistência que obtém de outros países, 859-62; grandes cidades são capitais de pequenas repúblicas, 1021-6; clero respeitável, 1024-6; eminentes homens de letras são professores, 1026-9; detém o monopólio de garança por causa da cobrança de dízimo em outros lugares, 1060-3; imposto pago pelas casas, 1071-4; [taxa de juro, 1071-4; 2% de imposto sobre o capital pago voluntariamente, 1079-82; imposto projetado para incidir sobre o capital, 1079-82; imposto sobre criados, 1088-91; descrição do imposto sobre sucessões, 1091-4; taxas de selo, 1094-7; [chá e açúcar são artigos de luxo dos mais pobres, 1109-12; impostos sobre o pão e artigos de primeira necessidade arruinaram as manufaturas, 1115-8;] elevado volume de impostos, 1115-8, 1159-62; [chá tributado pela licença para bebê-lo, 1118-21;] gasto para protegê-la do avanço do mar, 1159-62; sua prosperidade depende da forma republicana de governo, 1159-62

Holandeses, seu estabelecimento na América se desenvolve mais lentamente porque estão submetidos ao governo de uma companhia exclusiva, 720-3; o monopólio impediu seu comércio com as Índias Orientais, 802-5; medidas tomadas pelos

holandeses para assegurar o monopólio de especiarias, 805-8; ver Holanda
[Holstein, gado de, exportado para a Holanda, 859-62]
[Homero, citado, 27-31, 907-10]
Honorários dos alunos aos professores nas faculdades, tendência a acelerar sua diligência, 963-6
[Hortulanas, a engorda dessas aves na França, 287-90]
[Hospitais para enjeitados, elevada taxa de mortalidade nos, 97-103]
Hospitalidade antiga, causa e efeito da, 512-5, 1162-5
[Hotentotes, 805-8]
[Hume, citado, 293-6, 404-7, 443-5, 512-5, 552-5, 996-1001]
[Hungria, o Danúbio tem pouca utilidade, 27-31; ainda existem servos, 484-8; atividade econômica estimulada pela colonização da América, 746-8; minas exploradas por homens livres, 870-3]
[Hutchinson, citado, 1208-10]
[Hyder Ali, 955-7]
[Idade militar, proporção da população em idade militar, 879-82]
Idade, fundamento de posição e precedência nas sociedades primitivas e civilizadas, 899-902
Igreja Presbiteriana, descrição de sua natureza, 1024-6; característica de seu clero, 1024-6, 1029-32; [países isentos de dízimo, 1060-3]
Igreja, [a Anglicana não conseguiu resistir aos entusiastas, 996-9; leal, 1021-4; recruta seus membros nas universidades, 1026-9;] quanto mais rica for a Igreja, mais pobre será o Estado, 1026-9; volume da receita da Igreja escocesa, 1029-32; a receita da Igreja é mais fortemente tributada na Prússia do que a renda dos proprietários laicos, 1058-60; consideração da natureza e do efeito dos dízimos, 1060-3
[Igualdade de tributação, definida, 1044-6]
[Igualdade exige que os operários sejam razoavelmente bem alimentados etc., 97-100]
[Iguana ou Ivana, principal animal de São Domingos, 706-8]
[Ilha de Santa Cruz, colônia dinamarquesa, 717-20]
[Ilha de São Cristóvão, metade é possessão francesa em 1600, 754-8; totalmente cultivada, 1210-3]

[Ilha de São Tomé, colônia
dinamarquesa, 717-20]
[Ilhas Canárias, 703-6]
[Ilhas Cedidas, 729-31, 1185-8,
1210-3]
[Ilhas Célebes, 805-8]
[Ilhas Lucayan, 706-8]
[Ilhas Ocidentais, salários,
94-7]
[Império Britânico, Estados
Gerais do, 1199-202;
províncias coloniais do,
1216-9]
[Impérios, todos são mortais,
mas aspiram à
imortalidade, 1049-52]
Importação, por que se
criaram restrições a dois
tipos de importação, 560-4;
como foi restringida para
assegurar o monopólio do
mercado interno para a
atividade econômica do
país, 560-4; é duvidosa a
verdadeira política dessas
restrições, 560-6; a livre
importação de
manufaturas estrangeiras é
mais perigosa do que a de
matérias-primas, 569-72;
em que medida pode ser
conveniente continuar a
livre importação de certas
mercadorias estrangeiras,
581-3; em que medida
pode ser conveniente
retomar a livre importação
de mercadorias, depois de
interrompê-la, 583-6;
análise dos incentivos
legais concedidos à
importação de
matérias-primas da
manufatura, 813-6; são
inconfiáveis as estatísticas
relativas à importação,
982-5
Imposto de consumo,
principais objetivos,
1118-21; são mais claros e
distintos que os tributos
alfandegários, 1118-21;
atingem pouquíssimos
artigos de consumo mais
geral, 1124-7; [aumenta
mais as dificuldades de
contrabando do que os
tributos alfandegários,
1127-30;] defesa do
sistema tributário de *Sir*
Robert Walpole, 1130-3; o
imposto sobre bebidas
fermentadas e destiladas é
o mais produtivo, 1130-3;
cálculo da despesa de se
arrecadarem esses
impostos, 1144-7; a
legislação tributária é mais
vexatória que a legislação
aduaneira, 1147-50;
[exigira alterações caso se
estendesse às colônias,
1202-5]
[Imposto de transporte, 921-4]
[Imposto sobre as sucessões
na Holanda, 1091-4]
[Imposto sobre criados do
sexo masculino na
Holanda, 1088-91]

Imposto sobre janela na Grã-Bretanha, como era avaliado, 1074-7; tende a reduzir o valor dos aluguéis, 1074-7
[Imposto sobre os Ausentes, considerada a adequação desse imposto, com relação à Irlanda, 1141-4]
[Imposto sobre os coches, é melhor arrecadá-lo como anuidade do que como quantia total, 1115-8]
[Imposto sobre vendedores ambulantes, 1079-85]
Imposto territorial, adicional de 2s., 549-52. [montante do imposto territorial britânico, 1041-4; proporcional à renda, 1046-60; proporcional ao produto, 1060-6; o imposto britânico, incidente sobre casas, 1071-4; não faz aumentar o valor das rendas, 1074-7; o britânico foi projetado para incidir sobre a riqueza e sobre a terra, 1077-9; mas não se pretende que incida sobre o capital, 1079-82; o imposto territorial arrecadado pelo rei da Sardenha incide sobre a terra cuja posse se baseia em título vil, 1082-5; o britânico é parecido à *vingtième*, 1088-91, 1156-9; o britânico é mais elevado quando tributa funcionários públicos, 1103-6; adicional de 1s. por 3 anos, 1182-5; pode impedir o proprietário de introduzir benfeitorias, 1188-91; um imposto territorial mais equitativo na Grã-Bretanha poderia aumentar em muito a receita, 1196-9; a arrecadação aumentaria na Grã-Bretanha, se não houvesse dízimos, 1199-202]
Impostos de capitação, exame da natureza desses impostos, 1103-6; na Inglaterra, 1103-6; na França, 1103-6; [e ver Impostos *per capita*]
Impostos *per capita*, sua origem sob o governo feudal, 494-500; [sobre os escravos negros, é um Imposto sobre lucros específicos, 1088-91;] por que são considerados símbolos da servidão, 1088-91; exame de sua natureza, 1103-6; [francês, 1156-9]
[Impostos sobre carruagens e liteiras de aluguel, 1082-5]
Impostos, receita derivativa, 63-6; os que incidem sobre o ouro e a prata são muito apropriados, 273-5;] a origem dos impostos sob o

governo feudal, 494-500; [moderação dos impostos, uma das causas da prosperidade das colônias britânicas na América, 723-6; impostos da luxúria e extravagância privadas, 726-9; o imposto americano em geral é insuficiente para pagar os custos das colônias, 748-51; o imposto sobre a exportação de lã causaria poucos inconvenientes, 828-31; instituídos por meio de um monopólio, 955-7; discussão geral dos impostos, 1044-153;] as fontes de que devem ser arrecadados, 1044-6; impostos desiguais, 1044-9; deveriam ser claros e certos, 1044-9; deveriam ser arrecadados nas datas de pagamento mais convenientes, 1046-9; é necessário que os contribuintes paguem ou desembolsem o mínimo possível além do que se recolhe ao Tesouro público, 1046-9; como podem se tornar mais onerosos à população que benéficos ao soberano, 1046-9; o imposto territorial da Grã-Bretanha, 1049-52; imposto territorial em Veneza, 1052-5; sugestão de reforma do imposto territorial, 1052-5; como se cobra o imposto territorial na Prússia, 1058-60; os dízimos são impostos muito desiguais e constituem um desestímulo ao aperfeiçoamento, 1060-3; funcionamento de um imposto sobre o aluguel de casas, pagável pelo inquilino, 1066-8; um imposto proporcional sobre as casas seria a melhor fonte de receita, 1068-71; em que medida o rendimento do capital é objeto apropriado de tributação, 1074-7; em que medida os juros do dinheiro são objeto apropriado de tributação, 1074-7; como são pagos os impostos em Hamburgo, 1079-82; na Suíça, 1079-82; impostos sobre empregos específicos, 1079-82; impostos *per capita*, 1088-91; os impostos são símbolos de liberdade, 1088-91; impostos sobre a transferência de propriedade, 1088-94; taxas de selo, 1094-7; sobre quem, principalmente, incidem os vários tipos de impostos, 1094-7; impostos sobre os salários do trabalho, 1097-100; capitações, 1103-6; impostos sobre bens de consumo, 1106-9; sobre artigos de primeira necessidade, 1109-12; sobre artigos de luxo, 1109-12; principais artigos de primeira necessidade tributados, 1109-12; absurdos da tributação, 1112-5; diferentes regiões da Europa têm uma elevada carga tributária, 1115-8; dos diferentes métodos de tributar mercadorias de consumo, 1115-8; exame do projeto tributário de *Sir* Mathew Decker, 1118-21; algumas vezes a tributação não é instrumento de receita, mas de monopólio, 1121-4; proposta de alterações nos tributos alfandegários, 1124-7; impostos embutidos no preço da mercadoria são pouco notados, 1144-7; as boas e as más qualidades dos impostos sobre artigos de luxo, 1144-7; efeitos negativos de arrendá-los, 1153-6; como poderiam ser reformadas as finanças da França, 1156-9; comparação entre os sistemas inglês e francês de tributação, 1156-62; novos impostos sempre geram descontentamento, 1179-82; em que medida o sistema britânico de tributação poderia ser aplicável a todas as diferentes províncias do império, 1199-202; esse plano poderia rapidamente pagar a dívida nacional, 1202-8

Independentes, explicação dos princípios dessa seita, 1001-5

Índias Ocidentais, [açúcar como moeda corrente, 27-31; os colonos cultivam as próprias propriedades, 63-9; salários mais altos do que na Inglaterra, 116-9; as aquisições britânicas fizeram aumentar os lucros, 116-9; colônias açucareiras podem ser comparadas às vinhas, 199-202; os juros caíram desde a descoberta das Índias Ocidentais, 443-5; comércio de transporte entre as Índias Ocidentais e a Europa, 465-8; teriam progredido menos rapidamente se fosse aplicado no comércio de exportação somente capital próprio, 478-81; a escravidão é mais severa do que na Europa medieval, 484-8; elevados lucros do açúcar e o conseqüente grande número de escravos nas colônias açucareiras, 484-8; importação de ouro e prata das colônias espanholas, 540-3; as despesas da última guerra foram, em sua maioria, feitas nas Índias Ocidentais, 549-52;] monopólio britânico do açúcar, 796-9; vinho da Madeira importado diretamente, 632-5; interesses que levaram ao estabelecimento nas Índias Ocidentais, 700-3; não há necessidade de colonização, 703-6; descobertas por Colombo, 706-8; por que têm esse nome, 706-8; produções nativas, 706-8; a sede por ouro é a finalidade de todas as expedições espanholas, 708-11; e de todas as outras nações européias, 711-4; [fartura de terras férteis, 714-7, 720-3;] a distância favorece muito as colônias européias lá, 714-7; [as holandesas estavam submetidas a uma companhia exclusiva, 720-3; São Domingo, a mais importante das colônias açucareiras, 720-3; o preço dos gêneros europeus é exorbitante nas colônias espanholas, 726-9; alguns dos produtos mais importantes são não enumerados, 729-31; liberdade de comércio com as colônias britânicas na América, 731-4;] as colônias francesas são mais bem governadas do que as britânicas, 740-3; [efeitos do monopólio colonial, 760-3; os retornos do comércio com as Índias Ocidentais são mais irregulares e incertos do que os resultantes do comércio com qualquer região da Europa, 763-6; custo da prevenção ao contrabando, 780-3; proposta para conseguir contribuições em tempos de guerra, 785-8; os nativos não se beneficiaram pela descoberta européia, 791-3; goma-arábica tratada como mercadoria enumerada, 834-7; o sistema colonial sacrifica o consumidor ao produtor, 837-40; o comércio de escravos traz prejuízos à Companhia Africana, 941-4; companhias francesas e portuguesas se arruinaram pelo comércio de escravos, 944-7; comércio da Companhia dos Mares do Sul com as colônias espanholas, 944-7; alguns produtos geram grande parte da receita alfandegária da Grã-Bretanha, 1124-7; têm mais condições de pagar um imposto territorial do que a Grã-Bretanha, 1199-202]

Índias Orientais, [os governos nativos não incentivavam o comércio exterior, obtendo riqueza antes da navegação interna, 27-31; conchas utilizadas como dinheiro, 27-31;] descrição do terrível estado de suas províncias sob o governo inglês, 91-4; [facilidade de adquirir grandes fortunas lá, 119-22; mercado para a prata americana, 261-4;] análise histórica do comércio europeu com esses países, 261-4; regiões produtoras de arroz são mais populosas e ricas que as produtoras de trigo, 261-4; o preço real do trabalho é mais baixo na China e no Indostão do que na maior parte da Europa, 261-7; ouro e prata são as mercadorias mais lucrativas que podem ser transportadas para lá, 264-7; como lá é cotado o valor proporcional do ouro em relação à prata, 270-3; [comércio das Índias Orientais para a Europa, um comércio indireto de consumo, 465-8; gastos que a França lá despendeu com a última guerra, 549-52, 780-3; mais ricas e bem cultivadas que o México e o Peru, 558-60; comércio com as Índias Orientais, menos vantajoso para a Europa do que o realizado com a América, 558-60;] grande alcance do comércio exterior pela descoberta de uma passagem pelo cabo da Boa Esperança, 558-60; análise histórica das relações com as Índias Orientais, 558-60; efeito da exportação anual de prata da Europa para as Índias Orientais, 558-60; [a reexportação de mercadorias provenientes das Índias Orientais traz de volta ouro e prata, 590-3; mercadorias mencionadas, 612-5, 703-8;] [*drawbacks* quando da exportação de mercadorias provenientes das Índias Orientais para a América, 632-5, 737-40; Colombo tentou encontrar uma passagem ocidental para as Índias Orientais, 703-6, 711-4; origem do nome, 706-8; passagem noroeste para as Índias Orientais, 711-4; estabelecimentos holandeses sob uma companhia exclusiva, 720-3; vantagens para a Europa da passagem pelo Cabo, 746-8; 799-816; sua descoberta é um dos dois acontecimentos mais importantes da história, 791-3; países que comerciam diretamente com as Índias Orientais desfrutam esplendor, 793-6; regulações comerciais a respeito do comércio com as Índias Orientais perturbam mais que outras a distribuição natural do capital, 799-802;] o comércio com as Índias Orientais é basicamente realizado por companhias exclusivas, 799-802; tendência de seus monopólios, 799-802; [países pobres não deveriam comerciar com as Índias Orientais, 799-808; lá não existem colônias prósperas como na América, 805-8; o Cabo situa-se a meio caminho, 805-8; ver Indostão e Companhia das Índias Orientais]

Índias, ver Orientais e Ocidentais

Indostão, [a violenta polícia obriga todo homem a seguir a profissão do pai, 75-8; os trabalhadores rurais são mais bem remunerados do que a maioria dos artífices, 163-6; os salários reais dos operários são menores do que na Europa, 261-7; quantidade de ouro e prata atingida pelas minas americanas, 304-7; tesouros habitualmente enterrados, 351-4; relatos fantásticos de sua antiga riqueza e agricultura, 457-60; a riqueza obtida pela exportação estava sob o domínio de estrangeiros, 478-81; mais desenvolvido do que México e Peru, 558-60; funcionamento do comércio exterior, 610-2;] [Vasco da Gama chegou ao Indostão pelo Cabo em 1497, 703-6;] as várias classes da população são mantidas distintas, 865-7; como os nativos evitam empreender longas viagens por mar, 865-7; [a receita provém basicamente do imposto territorial, 867-70;

exportação de seda para Roma, 870-3; estradas e canais, 924-6; a receita gerada pelo imposto territorial estimula o interesse do soberano por essas obras, 924-6; presumida necessidade de fortes para proteger o comércio, 926-9; a seda não deveria pagar imposto para entrar na Inglaterra, 1127-30; ver Índias Orientais e Companhia das Índias Orientais]

[Infanticídio, na China, 88-91]

Inglaterra, datas de suas várias espécies de cunhagem, prata, ouro e cobre, 49-51; por que o trabalho é aí mais barato do que na América do Norte, 85-8; comparação entre a taxa populacional dos dois países, 85-91; a produção e o trabalho da Inglaterra vêm gradualmente aumentando desde os primeiros registros históricos, embora os autores descrevam a situação do país como de rápido declínio, 430-4; enumeração dos obstáculos e calamidades que a prosperidade do país permitiu superar, 430-4; circunstâncias que favoreceram o comércio e as manufaturas, 521-7; legislação favorável à agricultura, 524-7; por que no passado era incapaz de levar adiante guerras externas de longa duração, 552-5; por que o comércio com a França ficou sujeito a tantos desestímulos, 618-20; origem da inimizade entre esses países, 620-9; tratado comercial concluído em 1703 com Portugal, 686-92; teria obtido ouro sem o comércio com Portugal, 689-92; conseqüências de se assegurar o comércio colonial pela Lei de Navegação, 751-4

[Interesse público é promovido pelo interesse privado, 566-9, 796-9]

Intermediação e atravessamento, o medo popular dessas práticas é semelhante às suspeitas de bruxaria, 671-4

Invernadores, sujeitos a monopólios obtidos, em seu detrimento, por manufatores, 831-4

Irlanda, [o cultivo da terra não foi feito por meio de feitores, 202-5; fornece a Londres carregadores fortes e belas prostitutas, alimentados com batatas,

208-11; exporta carne salgada, 293-6; não pode exportar lã, exceto para a Inglaterra, 296-9; pode exportar couro cru para a Inglaterra com isenção de impostos, 299-302, 813-6; pode exportar couro para outros países, 299-302; apenas recentemente foi autorizada a exportar gado para a Inglaterra, 524-7; por que provavelmente jamais fornecerá gado para a Grã-Bretanha, para grande prejuízo desta, 569-75; [soldados dispensados do serviço e marinheiros podem exercer qualquer atividade na Irlanda, 586-90;] [subsídio ao cânhamo importado da Grã-Bretanha, 819-22;] consideração da proposta do imposto sobre os ausentes, 1141-7; [tem condições de pagar um imposto territorial, 1199-202;] proposta de ampliação dos tributos alfandegários britânicos para a Irlanda, 1199-202;] seria justo que contribuísse para o pagamento da dívida pública da Grã-Bretanha, 1213-6; conveniência de uma união com a Grã-Bretanha, 1213-6; [se veria livre de uma aristocracia opressiva e de um espírito de facção, 1213-6]

[Isabel de Castela, 703-6]

Isócrates, a bela renda que conseguiu dando aulas, 169-71; homem de letras e também professor, 1026-9

Itália [a maior parte do trigo era importada durante o período de prosperidade de Roma, 193-6; dúvida relativa aos lucros de uma nova vinha, 196-9; as oliveiras não devem ser invejadas pela Grã-Bretanha, 205-8; não retrocedeu desde a descoberta da América, 259-61; introdução de moinhos de vento e de água, 315-8; o gênio artístico declinou, mas os monumentos permanecem, 434-40; a agricultura degenerou quando deixada aos escravos, 484-8; a proibição à exportação e o incentivo à importação de trigo impediram o cultivo, 494-7; os antigos habitantes eram proprietários, 494-7; as cidades se tornaram independentes, 500-3; as cidades foram as primeiras a alcançar riqueza em virtude do comércio, 503-6; lã e veludos trocados por trigo da Polônia, 503-6; introdução do cultivo de bichos-da-seda, 506-9;] o único país grande da Europa cujas regiões foram todas cultivadas e aperfeiçoadas por meio de seu comércio exterior, 524-7; [os italianos são sóbrios, embora o vinho seja barato, 615-8;] [em pequenos Estados, as restrições à exportação de trigo podem às vezes ser necessárias, 679-82;] foi originalmente colonizada pelos dórios, 700-3; [colônias romanas, 703-6, 714-7; colônias gregas, 714-7; escola de filósofos numa colônia grega, 714-7; resultado da concessão de cidadania romana aos cidadãos das colônias, 791-3; as antigas repúblicas obtinham a maior parte da receita das terras estatais, 1038-41; os produtores de seda da Inglaterra poderiam vender a preços muito mais baixos que os produtores italianos, 1127-30; pequenos Estados arrecadam tarifas de tráfego no Pó, 1141-4; todas as republicas estão endividadas, 1165-8; as repúblicas iniciaram a prática de criar fundos, 1191-4]

[Jaime I, seu leito nupcial foi trazido da Dinamarca, 434-7]

Jamaica, [comércio com a Jamaica é mais incerto do que com a América do Norte, 139-42; exemplo de comércio indireto, 460-3;] [crescente desenvolvimento, 729-31; deserta em 1660, 754-8;] por que são irregulares os retornos dessa ilha, 1210-3

Japão, exportação de cobre para a Europa, 217-20; proporção da prata para com o ouro é de 8 para 1, 270-3; não possui minas de ouro e prata, mas é mais rico que o México ou o Peru, 558-60; [Batávia fica na rota para o Japão, 805-8; único país com o qual a China faz comércio, 865-7; dá um exemplo à China, 865-7]

Jardinagem, ganhos que se distinguem nas partes componentes, 66-9; não é uma atividade lucrativa, 196-9

[Jersey, 785-8]

[João, rei da França, adulterou a moeda para pagar suas dívidas, 1196-9]

[João, rei da Inglaterra, generoso benfeitor das cidades, 500-3]
[Jogos Ístmicos, 990-3]
[Jogos Nemeanos, 990-3]
[Jogos Olímpicos, 990-3]
Jóias, ver Pedras preciosas
[Jônicos colonizaram a Ásia Menor e o Egeu, 700-3]
[Jovens, generosidade para com os professores, 969-71, 982-5]
Jurisdições territoriais não foram criadas pelas leis feudais, 512-8
Juro, distinção entre juro monetário, comercial e fundiário, 440-3
Juro pelo uso do dinheiro, explicação do fundamento dessa concessão, 63-6; [varia conforme a taxa de lucro, 109-13;] análise histórica das alterações dos juros na Inglaterra e em outros países, 109-13 [122-4]; observações sobre a alta taxa de juros em Bengala, 119-22; e na China, 119-22; pode ser aumentado por uma falha na legislação, independentemente da influência da riqueza ou da pobreza, 119-22; a mais baixa taxa normal de juros deve mais do que compensar prejuízos ocasionais, 119-22; investigação sobre a proporção relativa comum entre juros e lucros mercantis, 122-4; [capital emprestado a juros, 437-43;] não diminuiu em conseqüência da descoberta das minas americanas, 443-5; como a taxa legal de juros deveria ser fixada, 445-8; conseqüência de ser fixada num patamar alto ou baixo demais, 445-51; a taxa de mercado regula o preço da terra, 448-51; [como fonte de receita pública, 1036-8; nominalmente sujeito ao imposto territorial na Grã-Bretanha, 1041-4;] como poderia ser objeto adequado de tributação, 1077-9; [queda na taxa de juros, 1174-7, 1077-9]
[*Jus majoratus*, 723-6]
Justiça, administração da justiça relegada aos barões feudais, 512-8; é dever do soberano administrá-la, 899-902; nos primórdios dos tempos, era fonte de receita do soberano, 905-10; tornar a justiça subserviente à receita constitui fonte de inúmeros abusos, 907-10; nunca é administrada gratuitamente, 910-3; a administração total da

ÍNDICE REMISSIVO

justiça é apenas uma parte muito pequena dos gastos do governo, 910-3; como o gasto total com a justiça poderia ser custeado pelos honorários dos tribunais, 910-3; descrição de como os vários tribunais ingleses interferem nas respectivas jurisdições, 910-3; como se corrompeu a linguagem do direito, 913-6; por que houve a divisão entre os poderes judiciário e executivo, 910-3; quem deveria arcar com o gasto da administração da justiça, 1032-6; a boa administração da justiça é necessária para o desenvolvimento do comércio e das manufaturas, 1165-8

[Jutland, exportação de gado para a Holanda, 859-62]

Kalm, viajante sueco, sua descrição da agricultura nas colônias britânicas da América do Norte, 284-7

[cã tártaro, história escrita por um, 518-21]

King, Sr., [citado, 94-7;] explicação do preço médio do trigo, 250-3

[Königsberg, 564-6]

Lã, produto de países rudes comumente transportado para um mercado distante, 293-6; o preço na Inglaterra caiu consideravelmente desde o reinado de Eduardo III, 296-9; causa dessa diminuição de preço, 296-9; o preço caiu consideravelmente na Escócia por causa da união com a Inglaterra, 302-4; rigor das leis contra a exportação de lã, 819-25; restrições ao comércio interno de lã, 8, 822-5; restrições ao comércio costeiro de lã, 825-8; alegações sobre as quais se baseiam essas restrições, 825-8; o preço da lã caiu por causa dessas regulamentações, 825-8; exportação deveria ser autorizada, e sujeita a um imposto, 828-31

[Lacedemônia, 540-3]

[Lácio, desestímulo ao cultivo de trigo, 193-6]

[Laço, vale £30 o que se confecciona com 1 penny de fibra de linho, 845-8]

[Lancashire, dieta baseada em aveia, 205-8]

[Languedoc, 199-202, 1082-5]

[Languedoc, canal, 918-21]

[*Lastage*, 494-7]

Laticínios, atividade geralmente realizada como aproveitamento de sobras, 290-3; circunstâncias que impedem ou promovem a

atenção do produtor, 290-3; laticínios ingleses e escoceses, 290-3
Latim, como se tornou disciplina essencial da educação universitária, 969-71; [inúteis noções de latim são às vezes ensinadas em paróquias escocesas e em escolas de caridade na Inglaterra, 990-3]
[Laverdy reduziu a taxa de juro, 113-6]
Lavrador, seu conhecimento é mais abrangente do que o dos artífices em geral, 163-6
Law, Mr., descrição do projeto bancário para o desenvolvimento da Escócia, 396-9; citado, 443-5
[*Le Réformateur*, citado, 1115-8]
[Leeds, 509-12]
[Leghorn, 596-9]
Legislador, comparado ao estadista ou político, 581-3
[Lei Agrária, a fundação de Roma, 700-3]
Lei de Navegação da Inglaterra, principal disposições, 575-8; motivos que ditaram essa lei, 575-8; suas tendências políticas e comerciais, 575-8; suas conseqüências, na medida em que afetou o comércio colonial com a Inglaterra, 751-8; diminuiu o comércio exterior com a Europa, 754-8; manteve altos os lucros no comércio britânico, 758-60; sujeita a Grã-Bretanha a uma desvantagem em todo setor do comércio do qual ela não detenha o monopólio, 758-60; [promulgação de uma verdadeira proposta de lojistas, 777-80]
[Lei do Carrocim e do Pelouro, 234-6]
[Lei do Pão e da Cerveja, observações, 228-34, 234-6]
[Lei do Selo americana, 106-9, 766-9]
[Lei mosaica da herança na Nova Inglaterra, 723-6]
[Leis de sucessão, 478-81]
[Leis suntuárias, restrições supérfluas ao povo comum, 434-7; [semelhança entre os impostos sobre artigos de luxo e essas leis, 1115-8]
Leite, como é possível estocar uma mercadoria que é a mais perecível de todas, 290-3
[Leith, 24-7, 148-51]
[Lerwick, 148-51]
Letras de câmbio [desconto de, principal meio de emissão de notas bancárias, 368-71; como assegurar a pontualidade no pagamento das letras de câmbio, 385-8;

ÍNDICE REMISSIVO

explicação da perniciosa prática de saques sucessivos, 385-8; expedientes utilizados para descobrir essas transações mútuas em letras, 388-90]
[Letras, homens de, categoria infeliz, 169-71; deixam as universidades, atraídos pelos vultosos benefícios oferecidos pela Igreja, 1026-9]
Levante, 506-9
Leviandade, vício ruinoso à gente comum, e portanto severamente censurado, 1001-5
[Liberdade de comércio permitiria fornecer ouro e prata, além de vinho, 540-3; proporcionaria a um país agrícola artífices e comerciantes, 851-4]
[Liberdade natural, as violações da liberdade natural são injustas, 180-3, 404-7, 669-71; claro e simples sistema da, 873-4]
Liberdade, [perfeita liberdade, necessária para que exista correspondência entre preço natural e preço de mercado, 66-9, 75-8; e para que exista igualdade de vantagens em diferentes empregos, 125-8, 151-4; flagrantemente violada pelas leis de domicílio, 180-3; [definição, 497-500;] o soberano deve cumprir somente três deveres para manter um sistema de perfeita liberdade, 873-4
[Libras, variações, 34-7; cálculos em, 49-51]
[Licenças para consumir, o projeto tributário de Decker, 1115-8]
[Liceu, 982-5]
[Licurgo, 540-3]
[Liga Hanseática, causas que a tornaram temível, 500-3; por que não existem vestígios da riqueza das cidades da Liga Hanseática, 527]
Liga, 788-91
Lima, cálculo do número de habitantes dessa cidade, 261-4, 714-7
Lingotes, o dinheiro da grande república mercantil, 549-55; ver Ouro e Prata
Língua grega, como foi introduzida como parte da educação universitária, 971-4; os três grandes ramos da filosofia, 103-6
[Língua hebraica, não fazia parte da educação universitária comum, 969-74]
[Linho exportado pela Inglaterra às colônias recebe *drawback*, 737-40; linho exportado para a

América, 746-8, 766-9, 793-6; esvaziada de mercadorias pela Frota Espanhola, 769-72; comércio com a América, 793-6; poderia ter sido conquistada por Roma, 890-3; justiça como fonte de receita, 905-7; encontrava-se um pouco além do estágio pastoril quando da queda de Roma, 907-10; Reforma, 1018-21; os eminentes homens de letras são freqüentemente professores, 1026-9]
[Lionnois, 217-20]
Lisboa, ouro e prata importados de, 264-7; residência da corte e cidade comercial, 419-22; era fácil transportar ouro de Lisboa, 540-3; exemplo de comércio de transporte, 564-6; notas promissórias pagas em moeda corrente, 596-9;] [volume mensal de ouro levado de Lisboa para Londres, 689-92; lucros exorbitantes em Lisboa, 777-80; comerciantes como senhores magnificentes, 777-80]
[Lísias, professor, 1026-9]
Literatura, suas recompensas se reduzem pela competição, 169-71; era mais lucrativa na Grécia antiga, 169-74; o baixo preço da educação literária é vantajoso ao público, 171-4
[Litoral, primeiro a ser civilizado, 21-4]
[Liverpool, representada no comitê da Companhia Africana, 935-8]
[Livro de Tarifas, 677-9, 834-7, 1121-7]
[Loango, 703-6]
[Lochabar, 515-8]
[Lochiel, Cameron de, 515-8]
Locke, Sr., notas sobre suas opiniões a respeito das diferenças entre os preços de mercado do lingote de prata e os preços da Casa da Moeda, 51-4; exame de sua explicação dos motivos para diminuir as taxas de juro do dinheiro, 443-5; sua distinção entre dinheiro e bens móveis, 529-34
[Locri, 714-7]
Lógica, origem e aplicação, 974-7
[Lojistas, infundado preconceito contra os lojistas, 451-4; nação de lojistas, 777-80; a lei de navegação foi inspirada nos lojistas, 777-80; proposta de tributação sobre essa categoria, 1082-5]

ÍNDICE REMISSIVO   1313

[Lombardia, 527]
[Londres, vias e tráfico
marítimo para Edimburgo
e Calcutá, 24-7; preço da
prata, 46-9; salários mais
baixos do que em Nova
York; salários, 91-4;
decadência física precoce
dos carpinteiros em
Londres, 100-3; os
banqueiros não pagam
juro, 113-6; grandes
companhias emprestavam
a 5% antes da última
guerra, 116-9; salários de
trabalhadores comuns,
pedreiros e alvanéis,
128-30; condutores
empregados como
alvanéis, 128-30; trabalho
de diaristas, 130-3; alfaiates
desempregados, 130-3;
carregadores de carvão,
130-3; salários do trabalho
comum, 130-3; salários de
marinheiros e outros
trabalhadores comparados
aos pagos em Edimburgo,
136-9; moradia mais
barata, 148-51; estatuto
dos tecelões de seda,
151-4; os condados
próximos apresentaram
petição contra os
pedágios, 187-90; o preço
da carne caiu, se
comparado ao do pão,
193-6; sociedades de
comerciantes compram

terra nas colônias
açucareiras, 202-5;
carregadores, condutores,
freteiros e prostitutas
irlandeses, 208-11;
pedreiras próximas de
Londres geram uma renda
considerável, 208-11;
rochas para pavimentação
provenientes de
Edimburgo, 211-3; a guerra
civil fez aumentar o preço
do trigo, 248-50; preço da
carne, 281-4, 287-90; os
comerciantes não são
beneficiados pelas contas
a descoberto dos
escoceses, 371-4;
transações dos bancos
escoceses, 374-6; saque e
ressaque, 385-8; não
cédulas de valor inferior a
£10, 401-4; câmbio com
Carlisle e Dumfries,
407-10; embora seja
residência da corte, é
também cidade comercial,
419-22; incêndio e peste,
430-4; comércio com a
Escócia, 460-3; comércio
de carvão com Newcastle,
463-5; pode importar
cambraias francesas, 590-3;
câmbio com Paris, 593-6; e
outras cidades
estrangeiras, 596-9;]
[companhia de pesca de
arenque, 654-7; 1/5 do
ouro e da prata

encontrados nas colônias é reservado ao rei na patente da companhia londrina, 711-4; os comerciantes não são tão magnificentes como os de Cádiz e Lisboa, nem tão parcimoniosos como os de Amsterdam, 777-80; entreposto para o comércio alemão e americano, 793-6; as ruas são mais bem cuidadas pela administração local, 924-6; porto caro, 932-5; representada no comitê da Companhia Africana, 935-8; imposto territorial, 1041-4, 1077-9; janelas e aluguel, 1074-7; fábrica de cerveja preta, 1133-6]

[Lorena, 1159-62]

Loterias, explicação de sua verdadeira natureza e a causa de seu sucesso, 133-6; [a mineração de ouro e prata é a mais desvantajosa loteria do mundo, 708-11]

[Lourenço de Médici, suas dívidas foram pagas por Florença, 1036-8]

[Lowndes, citado, 248-50, 250-3, 593-6]

[Lucca, 506-9]

[Lucerna, imposto sobre a venda da terra, 1091-4]

[Luciano, citado, 982-5]

Lucro, [o empreendedor que arrisca seu capital deve obter lucro, 57-60; não é meramente um nome diferente para os salários de direção, 60-3; uma das três fontes originais de rendimento, 63-6; várias espécies de ganho que são comumente tomadas por lucro, 63-9; [às vezes está incluído nos salários, 66-9;] taxa média em todos os países, 66-9; [como é afetado pela flutuação dos preços, 72-5; nome habitualmente dado aos ganhos resultantes da posse de segredos comerciais, 72-8; aumentou pelos monopólios e leis das corporações, 75-8; depende do preço das provisões, 103-6; teoria geral do lucro, 109-24;] é extremamente difícil determinar quais os lucros médios, 109-13; o juro do dinheiro é o melhor padrão para o lucro, 109-13; a diminuição dos lucros é conseqüência natural da prosperidade, 113-6; distinção entre lucro bruto e lucro líquido, 119-22; definição da natureza da mais alta taxa normal de lucro, 122-4; o dobro do juro é considerado na Grã-Bretanha como um lucro mercantil razoável,

122-4; em países que prosperam, o baixo lucro pode compensar os altos salários do trabalho, 122-4; comparação entre o efeito dos altos lucros e o efeito de altos salários, 122-4; [diferentes níveis de lucro nas diferentes ocupações, 125-87;] compensa os transtornos e as desgraças, 125-8; como os lucros do capital são afetados [pelas cinco circunstâncias que causam diferenças de salários], 125-8; grandes lucros devem ser produzidos de pequenos capitais, 139-45; por que as mercadorias são mais baratas nas metrópoles do que nas vilas rurais, 142-5; grandes fortunas são mais freqüentemente construídas pelo comércio nas grandes cidades, 142-5; [lucros altos são causa de preços altos, 187-90; um custo precede a renda, 187-90; mais baixo nas regiões remotas do que nas grandes cidades, 187-90;] é naturalmente baixo em países ricos, e alto em países pobres, 321-4; como aumentam os lucros de classes específicas de negociantes, 451-4; lucros privados, o único motivo de investir capitais em qualquer ramo de negócios, 468-70; [mantém-se elevado na Grã-Bretanha graças ao monopólio comercial, 758-60; lucros elevados sujeitam o país a uma desvantagem no comércio, 758-60; e desestimulam a melhoria da terra, 774-7;] quando aumenta por força de monopólios, incentiva o luxo; [em todos os lugares a alta taxa de lucros destrói a parcimônia, 774-80;] pequenas repúblicas arrecadam uma receita considerável dos lucros, 1036-8; uma das três fontes do rendimento privado, 1044-6; o excedente do juro não é tributável, 1074-7; impostos sobre lucros, 1074-82; imposto sobre lucros de particulares, 1079-88; tributos alfandegários foram originalmente projetados como impostos sobre lucros, 1118-21

[*Luctuosa hereditas*, 1091-4]

Luís, o Gordo, 500-3

[Lúpulo, elevados lucros da plantação de, 196-9]

Luteranos, origem e princípios dessa seita, 1021-4

[Luto público, aumenta o preço da roupa preta, 72-5, 145-8]
[Lyon, distante das fontes de matérias-primas e da destinação dos produtos manufaturados, 454-7; manufatura de seda, 506-9]
[Maçãs importadas de Flandres no século XVII, 97-100]
[Machpelah, 31-4]
Madeira, renda da terra produtora, 211-3; preço aumenta proporcionalmente ao cultivo do país, 213-7; o gado impede o crescimento de novas árvores, 213-7; quando o plantio de árvores se torna um investimento lucrativo, 213-7
[Madox, citado, 157-60, 497-500, 500-3]
[Madras, 813-6, 949-55]
[Madri, 419-22]
Magens, ver Meggens
[*Majorazzo*, 723-6]
[Málaga, 805-8]
[Malta, o imposto territorial pago pela Ordem de Malta na Silésia, 1058-60]
Malte, razões para transferir o imposto sobre os fabricantes de cerveja para os fabricantes de malte, 851-4; como impedir o contrabando na destilaria, 1136-8

[Mamelucos, 703-6]
[Manchester, 154-7]
[Mandarins, seu desprezo pelo comércio, 862-5; desfalque nos pagamentos em espécie, 1063-6]
[Manilla, 264-7, 267-70]
Manufaturas de linho, [abertas a todos, 171-4;] estreiteza política do mestre manufator, 816-9; [alto preço do linho na Roma antiga, 870-3; o uso do linho torna o sabão indispensável, 1112-5; imposto sobre o linho escocês, 1171-4]
Manufaturas, grande vantagem resultante da divisão do trabalho nas manufaturas, 5-9; exemplos, 15-8; por que os lucros crescem conforme progridem as manufaturas, 63-6; partes que compõem o ganho do manufator, 66-9; vantagem particular dos segredos nas manufaturas, 72-8; vantagens específicas do solo e da localização, 75-8; privilégios das corporações, 75-8; deduções feitas no trabalho empregado nas manufaturas, 82-5; em que medida são afetadas por períodos de fartura e escassez, 103-6; são menos

ÍNDICE REMISSIVO

substancialmente afetadas por circunstâncias no país onde se estabelecem do que nos países em que seus produtos são consumidos, 106-9; [o preço de produtos manufaturados aumenta mais em razão de lucros altos do que de salários altos, 122-4;] as novas manufaturas pagam salários maiores do que as antigas, 145-8; são mais lucrativas nas cidades do que na zona rural, 160-3; o que faz baixar o preço dos produtos manufaturados, enquanto a sociedade continua a se desenvolver, 313-5; exemplo das maquinarias, 313-5; exemplo das manufaturas de lã, 313-8; que capitais fixos são necessários para levar adiante certas manufaturas, 341-5; por que não se estabeleceram na América do Norte as manufaturas para a venda em locais distantes, 475-8; por que se preferem as manufaturas ao comércio exterior quando se trata de aplicar o capital, 475-8; motivos que levam ao estabelecimento de manufaturas voltadas para a venda em locais distantes, 506-9; circunstâncias naturais que contribuem para o estabelecimento das manufaturas, 506-9; seu efeito sobre o governo e os costumes de um país, 509-15; explicação da independência dos artesãos, 518-21; [quais as melhores mercadorias para pagar exércitos no exterior, 552-5;] podem se desenvolver em meio à ruína de um país, e começar a decair quando recupera a prosperidade, 552-5; [produtos manufaturados específicos podem ser adquiridos mais cedo por meio de regulações, 569-72;] em que medida as manufaturas seriam afetadas pela liberdade de comércio, 583-6; os que são despedidos de uma atividade podem transferir seu trabalho para empregos colaterais, 583-6; espírito de cartel entre os donos de manufaturas para manter os monopólios, 586-90; antigas leis proíbem os donos de manufaturas de ter uma loja ou vender suas mercadorias a varejo, 666-9; a utilidade dos

negociantes atacadistas para os manufatores, 669-71; restrições britânicas aos manufatores na América do Norte, 731-7; proibição da exportação de instrumentos da manufatura, 837-40; os manufatores são uma classe improdutiva, de acordo com o sistema agrícola francês de economia política, 845-8; o erro dessa doutrina, 856-9; como as manufaturas aumentam a receita de um país, 859-65; por que é o principal alicerce do comércio exterior, 865-7; exige um mercado mais amplo que os produtos brutos, 865-7; eram os escravos que produziam manufaturados na Grécia antiga, 867-70; alto preço dos produtos manufaturados na Grécia e em Roma, 870-4; falsa política de opor obstáculos às manufaturas a fim de promover a agricultura, 870-3; por que se fixaram, na Grã-Bretanha, basicamente nas regiões produtoras de carvão, 1112-5; [têm condições de emprestar dinheiro ao governo, 1165-8]
[Mão invisível, 566-9]

[Maquiavel, citado, 506-9, 996-9, 1036-8]
[Máquina a vapor, 12-5]
Máquinas para facilitar operações mecânicas, como foram inventadas e aperfeiçoadas, 12-5; [os homens que receberam uma dispendiosa educação podem ser comparados a essas máquinas, 125-30;] beneficiam toda sociedade, 354-7
[Mar Egeu, ilhas do, 700-3]
Mar Mediterrâneo, particularmente favorável às primeiras tentativas na navegação, 24-7; [facilita o comércio entre a Europa e a Ásia, 27-31; comércio de transporte britânico entre os portos do Mediterrâneo, 465-8; os gastos da última guerra em parte foram feitos no Mediterrâneo, 549-52;] [os navios de Veneza praticamente não iam além do Mediterrâneo, 717-20; pescados americanos enviados para lá, 729-31; o comércio britânico para o Mediterrâneo em parte foi superado pelo comércio americano, 754-60, 769-72; exportação de tabaco da América exportado para o, 763-6; Gibraltar e Minorca tinham a finalidade de

ÍNDICE REMISSIVO

proteger o comércio com o, 938-41]
[Maranhão, 726-9]
[Marcas no linho e na roupa de lã, 31-4, 154-7]
[Marco Polo, citado, 60-3]
[Maria Theresa, 1058-60]
Marinheiros, por que não causa grande transtorno o grande número de marinheiros dispensados ao final da guerra, 583-6
[Marselha, tratada como estrangeira pela França, 1153-6]
[Maryland, as lojas de venda a varejo freqüentemente pertencem a pessoas residentes na Inglaterra, 457-60; exportação de tabaco, 629-32, 751-4, 763-6; custos das instituições civis, 723-6; fundada por católicos, 743-6; receita, 1205-8]
[Mascates, imposto sobre a atividade dos, 1079-85]
[Massachusetts, custos das instituições civis, 723-6; imposto sobre a importação de melaço, 1202-5; papel-moeda, 1208-10]
[Mazeppa, 555-8]
[Mecânica deveria ser ensinada nas escolas das paróquias, 990-3]
Médicos, por que seu trabalho é largamente recompensado, 9-12

Medida do pão, 180-3
Meggens, Sr., sua explicação da importação anual de ouro e prata por Espanha e Portugal, 264-70; que proporção relativa entre esses metais ele fornece, 270-3
Meias, por que seu custo de fabricação é baixo na Escócia, 148-51; quando o uso foi introduzido na Inglaterra, 315-8
[Melaço, impostos incidentes sobre a cerveja fabricada com melaço, 1202-8]
[Melhoria das próprias condições, desejo universal, 425-30, 434-7, 679-82, 848-51]
[*Mémoires concernant les droits et impositions en Europe*, citado, 358, 1036-8, 1038-41, 1052-5, 1058-60, 1071-4, 1079-82, 1085-8, 1091-4, 1094-7, 1100-3; mais preciso em relação aos impostos franceses do que em relação aos dos outros países, 1036-8]
[Mendigo, depende unicamente da benevolência, 18-21; já foi sinônimo de estudante, 169-71]
Mercado de Windsor, quadro cronológico dos preços do trigo, 332-5

[Mercadorias enumeradas, 632-5, 726-31]
Mercadorias, a permuta era insuficiente para satisfazer as necessidades dos homens, 27-31; os metais foram considerados os meios mais adequados para facilitar a troca de mercadorias 27-31; o trabalho é um padrão invariável de valor das mercadorias, 40-3; distinção entre preço real e nominal das mercadorias, 40-3; explicação e ilustração das partes componentes dos preços das mercadorias, 60-3; como se distinguem e regulam o preço natural e o preço de mercado, 66-9; proporção normal entre o valor de duas mercadorias não é necessariamente idêntica à proporção verificada entre as quantidades delas comumente no mercado, 270-3; como o preço do produto bruto é afetado pelo avanço da riqueza e do aperfeiçoamento, 275-8; as mercadorias estrangeiras são originalmente compradas com a produção da atividade nacional, 460-3; quando há vantagem em exportá-las em estado bruto, mesmo por meio de um capital estrangeiro, 475-81; em todo país, a quantidade de mercadorias é naturalmente determinada pela demanda, 540-3; comparação entre a riqueza em bens e a riqueza em dinheiro, 543-6; a exportação de mercadorias para um mercado adequado sempre é mais lucrativa do que a exportação de ouro e prata, 549-52; por vezes não é possível combater as vantagens naturais de países em relação a determinados produtos, 569-72

[Merceeiro, explicação de seus altos lucros, 139-45]

Mercier de la Rivière, característica de sua ordem natural e essencial das sociedades políticas, 865-7

[Messance, citado, 106-9, 253-6, 310-3]

Metafísica, explicação da natureza dessa ciência, 974-7

Metais, por que o melhor instrumento de comércio, 27-34; origem das moedas cunhadas, 31-4; por que diferentes metais se tornaram padrão de valor entre as diferentes nações, 46-51; a durabilidade dos metais é a causa da estabilidade de seu preço, 267-70; em que consiste a quantidade de metais preciosos em cada país, 302-7; restrições à exportação de metais, 831-4; ver Ouro e Prata

Métayers, descrição dessa categoria de rendeiros na França, 484-8

Methuen, tratado comercial entre Inglaterra e Portugal concluído por ele, 686-9; [esse tratado obriga o consumidor a comprar, de um país distante, uma mercadoria de pior qualidade, 840-3]

Metodistas, por que os professores dessa seita são pregadores populares, 996-9

[Metz, tratada como estrangeira pela França, 1150-3]

México, país menos civilizado que o Peru, quando da primeira visita dos espanhóis, 259-61; [inferior à China, ao Japão e ao Indostão, 558-60; Cortez foi atraído ao México pela corrida do ouro, 708-11; algo como um Eldorado, 711-4;] índice populacional na capital, 714-20; baixo nível das técnicas quando da descoberta desse império, 717-20; [conquista planejada pelo governador de Cuba, 743-6; nativos estão além do estágio de caçadores, 805-8]

[Milão, levantamento, 1058-60, 1199-202; antigas terras da Igreja foram avaliadas em 1/3, 1058-60; impostos sobre o pão, 1115-8; seis diferentes províncias com seis diferentes impostos de consumo, 1153-6]

[Mileto, 714-7]

Milícias, por que são autorizadas a se formarem nas cidades, e sua terrível natureza, 500-3; explicação de sua origem e natureza, 884-7; como se diferenciam de um exército permanente regular, 884-7; sempre são inferiores aos exércitos permanentes, 887-90; poucas campanhas bastam para transformar uma milícia em exército permanente, 887-90; exemplos, 890-3

Minas de carvão, seus diferentes graus de fecundidade, 211-7; quando fecundas, às vezes não são lucrativas por causa de sua localização, 213-20; a proporção da renda geralmente paga por elas, 217-20; os instrumentos necessários para explorá-las são caros, 341-5

Minas, se diferenciam por sua fecundidade ou esterilidade, 211-7; comparação entre as minas de carvão e as de metal, 217-20; a concorrência entre as minas se estende a todos os lugares do mundo, 217-20; a exploração de minas é uma loteria, 220-3; nem sempre vale a pena explorar minas de diamante, 223-5; imposto pago ao rei da Espanha pela exploração das minas peruanas, 256-9; a descoberta de minas não depende da habilidade ou do engenho humano, 304-7; por que na Hungria são exploradas a um custo menor do que as da vizinha Turquia, 867-73

[Mineiros e carregadores de carvão, explicação de seus elevados ganhos, 130-3]

Mineração, os projetos são incertos, ruinosos e não suscetíveis de incentivos legais, 708-11

[Mingau de aveia, principal e mais saudável alimento do homem comum escocês, 94-7]

Ministros paroquiais, efeitos danosos de se atribuir ao povo a eleição desses sacerdotes, 1021-6

[Minorca, a aquisição de Minorca uniu a casa dos Bourbon, 938-41]

Mirabeau, marquês de, característica de seu Quadro Econômico, 862-5

[Mississipi, verdadeira origem desse projeto na França, 396-9; fracasso, 720-3, 729-31]

[Mitridates, 893]

[Módena, imposto sobre artigos de primeira necessidade, 1115-8]

Modus, como substituto de todos os outros dízimos, um consolo para os rendeiros, 1063-6

Moeda corrente dos Estados, observações sobre a, 596-9

Moeda cunhada, origem e vantagens peculiares no comércio, 31-4; diferentes espécies, nas diferentes épocas e países, 31-7; causas das alterações em seu valor, 34-7, 40-3, 43-6; como a moeda padrão de diferentes nações veio a ser de metais diferentes, 46-51; sugestão de reforma na cunhagem da Inglaterra, 54-7; [ouro e prata possuem qualidades que lhes confere valor antes mesmo de serem cunhados, 223-5;] conseqüências da desvalorização da moeda, 248-53; [volume de moeda escocesa, 273-5; volume de moeda britânica, 549-52;] exame da cunhagem da França e da Inglaterra, 593-9; por que a moeda é privadamente derretida, 692-7; a Casa da Moeda se dedicava basicamente a restituir a quantidade assim diminuída, 692-5; um imposto para pagar a cunhagem impediria que a moeda fosse fundida ou falsificada, 695-7; padrão da moeda de ouro na França, 695-7; como poderia operar a senhoriagem, 695-7; uma taxa sobre a cunhagem é adiantada por todos, e seu pagamento final não recai sobre ninguém, 697-700; uma receita perdida pelo governo que cobre as despesas de cunhagem, 697-700; volume de cunhagem anual antes da última reforma da moeda de ouro, 697-700; a lei para o incentivo da cunhagem é baseada em preconceitos, 700-3; conseqüências de se aumentar a denominação da moeda, como expediente para facilitar o pagamento de dívidas públicas, 1194-6; adulteração da moeda, 1196-9

[Moeda legal, originalmente a única de valor padrão, 49-51]

Moinhos de vento e água, sua tardia introdução na Inglaterra, 315-8

[Molucas, 261-4, 660-3, 808-10; ver Especiarias]

Monopólios, no comércio e nas manufaturas, tendência, 75-8; são inimigos da boa administração, 187-90; tendência de criar um monopólio no comércio colonial, 769-74; países que não possuem colônias são obrigados a repartir seus ganhos com muitos outros países, 796-9; o principal motor do sistema mercantil, 799-802; como os monopólios perturbam a distribuição natural do estoque de riquezas da sociedade, 799-802; são mantidos por leis injustas e cruéis, 822-5; em que medida se justificam os monopólios por tempo determinado, 955-7; os monopólios perpétuos são prejudiciais ao povo em geral, 955-60; [em particular à produção da terra, 1138-41]

Montauban, como foram retificadas as desigualdades da talha predial [*taille*] nessa generalidade, 1058-60

Montesquieu, como explica a elevada taxa de juro nas nações muçulmanas, 119-22; exame de sua hipótese sobre a baixa taxa de juro do dinheiro, 443-5; citado, 867-70, 979-82

[Montezuma, 717-20]

Moradia, mais barata em Londres do que em qualquer outra capital da Europa, 148-51

Moralidade ascética, ensinada como filosofia moral, 974-7

Moralidade austera, favorecida pela gente comum, 1001-5

Moralidade, dois diferentes sistemas em toda sociedade civilizada, 1001-5; os principais pontos de divergência entre eles, 1001-5; os elos de obrigação segundo cada sistema, 1005-7; por que a moralidade da gente comum é mais regular entre os sectários do que sob a Igreja oficial, 1005-7; como corrigir o excessos da moralidade, 1005-7

[Morávia, 484-8]

Morellet, M., é falha sua descrição das sociedades por ações, 957-60

[Moscou, comércio com a China por caravanas, 261-4; linho, 816-9]

[Mosteiros, sua demolição privou de caridade os pobres, 174-7]

[Mouros, na Espanha, 503-6; na África, 703-6]

[Muçulmanos, alta taxa de juro entre esses povos, 119-22]

Multas para a renovação de contratos, motivos para cobrá-las e sua tendência, 1052-5

[*Mum*, imposto sobre a, 1133-6]

Mun, Sr., explica a função do dinheiro exportado com propósitos comerciais, 534-7

Música, por que fazia parte da educação na Grécia antiga, 979-82; e dança, grandes divertimentos entre as nações bárbaras, 979-82; [não teve muita relevância na formação dos gregos, 982-5]

[Nabo, redução no preço, 97-100]

Nações, às vezes são levadas a ter costumes desumanos, em razão da pobreza, 1-3; o número de trabalhadores

úteis e produtivos numa nação é sempre proporcional ao volume de capital que os emprega, 1-3; as várias espécies de atividades econômicas raramente foram tratadas com imparcialidade, 3-4; por que as nações marítimas são as primeiras a se desenvolver, 21-4; como são levadas à ruína pela negligência da economia pública, 428-30; como as despesas dos indivíduos podem aumentar o capital nacional, 434-7
[Nápoles, 524-7]
Nascimento, superioridade conferida pelo, como confere respeito e autoridade, 1902-5
Navegação interna, um excelente meio de facultar o desenvolvimento das técnicas e do trabalho, 24-31; vantagens, 187-90; pode ser realizada com sucesso pelas sociedades por ações, 957-60
[Navios de Acapulco, viagens entre a América e as Índias Orientais, 261-70]
Necessidades do homem, como são satisfeitas pela ação do trabalho, 27-31; como se estendem à medida que são satisfeitas, 71; a grande maioria delas é satisfeita pela produção do trabalho de outros homens, 49-51
[Negros no litoral da África, bêbados, 615-8; adoram a música e a dança, 1121-4]
[Newcastle, salários dos mineiros, 130-3; preço do carvão, 217-20; o comércio de carvão para Londres exige mais navios do que todo o comércio de transporte, 463-5]
[New Hampshire, custo das instituições civis, 723-6]
[Nicuessa, 708-11]
Nilo, rio que é a causa do desenvolvimento precoce da agricultura e das manufaturas no Egito, 24-7; [famosas obras de irrigação, 865-7]
[Nimègue, paz de, 581-3]
[Norfolk, mestres tecelões só podem ter dois aprendizes, 151-4]
[Normandia, 1150-3]
[Normandos, a jurisdição dos nobres normandos não era maior que a dos saxões, 515-8]
[Northumberland, conde de, sua contabilidade doméstica, 231-4; montanhas destinadas a reproduzir o gado, 572-5]
[Noruega, libertou-se do monopólio da Companhia do Oriente, 929-32]

[Norwich, mestres tecelões só podem ter dois aprendizes, 151-4]
[Nova Bélgica, dividida em Nova York e Nova Jersey, 720-3]
[Nova Escócia, gastos das instituições civis, 723-6]
[Nova Granada, 259-61]
[Nova Inglaterra, em três províncias, o filho mais velho tem a dupla parte, 723-6; conselhos escolhidos pelos representantes, 740-3; mais republicana que a Inglaterra, 740-3 fundada pelos puritanos, 743-6; seu progresso não foi previsto em 1660, 754-8; as exportações para a Inglaterra não se equiparam às importações, 1210-3]
[Nova Jersey, fundada pelos suecos, 717-20; a companhia exclusiva holandesa impôs obstáculos a seu progresso, 720-3; custo das instituições civis, 723-6; possessão holandesa em 1660, 754-8; as exportações para a Grã-Bretanha são inferiores às importações, 1210-3]
[Nova York (cidade), segunda maior cidade das colônias inglesas, 717-20]
[Nova York (província), salários altos, 85-8; trabalho livre é mais barato que o trabalho escravo, 100-3; tragou Nova Jersey e foi adquirida pela Inglaterra, 717-20; a companhia exclusiva holandesa impôs obstáculos a seu progresso, 720-3; gastos das instituições civis, 723-6; possessão holandesa em 1660, 754-8; as exportações para a Grã-Bretanha são inferiores às importações, 1210-3]
[*Novae Tabulae*, exigência dos romanos pobres por, 1194-9]
[Nuñez de Balboa, Vasco, 708-11]
[Nuremberg, banco de, 596-602]
[*O atual estado da nação*, citado, 549-52]
"O que vem fácil vai fácil", provérbio que se aplica a lucros elevados, 777-80
Obras e instituições públicas, como mantê-las, 916-8; igualdade de tarifas para a passagem sobre estradas, pontes e canais, 916-21; por que o governo não deveria administrar os pedágios, 921-4; nem outras obras públicas,

924-9; [falhas nas receitas provenientes das obras públicas devem ser reparadas com impostos, 1032-6; seis dias de trabalho eram originalmente suficientes para todas as obras públicas, 1038-41]
[Obras hidráulicas, atividade adequada para uma sociedade por ações, 957-63]
[Oceana, tão provável como o livre comércio na Grã-Bretanha, 586-90]
[Oceano Índico, 799-802]
Ócio, mau visto na Holanda, 122-4; [por que era maior entre nossos ancestrais, 419-22; vigora onde prevalece a receita, 422-5]
Ofícios, causa e efeito da separação dos diferentes ofícios, 9-12; origem, 18-21
[Oieda, 708-11]
Ontologia, explicação dessa ciência, 974-7
[Ordem Teutônica, imposto territorial na Silésia, 1058-60]
[Ordens mendicantes, zelosas porque mantidas por oblatas voluntárias, 996-9]
[Orléans, duque de, 396-9]
Ouro e prata, como os preços foram afetados pelo aumento da quantidade de metais, 242-5; são mercadorias que naturalmente buscam o melhor mercado, 242-5; são metais de ínfimo valor entre as nações mais pobres, 245-8; o aumento na quantidade de ouro e prata, por meio da riqueza e do aperfeiçoamento, não tem tendência a diminuir o valor desses metais, 245-8; o consumo anual desses metais é bastante considerável, 264-7; importação anual de ouro e prata para Espanha e Portugal, 264-70; não têm a probabilidade de aumentar além da demanda, 267-73; sua durabilidade é causa da estabilidade de seu preço, 267-73; de que circunstâncias depende a quantidade de ouro e prata em cada país, 302-7; o baixo valor desses metais num país não é prova de riqueza, nem seu elevado valor, prova de pobreza, 307-10; se não for utilizado no país, será enviado para fora, apesar de todas as proibições, 425-8; razões pelas quais as nações européias pensaram acumular esses metais, 529-37; argumentos comerciais em favor de

sua exportação, 534-7; estas e todas as outras mercadorias são, respectivamente, o preço umas das outras, 540-3; a quantidade de ouro e prata em cada país é determinada pela demanda efetiva, 540-3; por que o preço desses metais não flutua tanto como os de outras mercadorias, 540-3; conservar a quantidade devida de ouro e prata no país não constitui objetivo apropriado das atenções do governo, 540-3; o ouro e a prata acumulados no país se distinguem em três partes, 546-9; para os propósitos do comércio exterior, uma grande quantidade de barras é alternativamente exportada e importada, 549-52; volume anual desses metais importado por Espanha e Portugal, a importação de ouro e prata não é o principal benefício resultante do comércio exterior, 555-8; como o valor do ouro e da prata foi afetado pela descoberta das minas americanas, 555-8; e pela passagem para as Índias Orientais através do cabo da Boa Esperança, 558-60; efeito da exportação anual de prata para as Índias Orientais, 558-60; expedientes comerciais empregados para aumentar a quantidade desses metais num determinado país, 560-4, 586-93; como são recebidos e pagos os lingotes no Banco de Amsterdam, 599-602; a que preços, 602-4; não é provável que um país comercial sem minas empobreça pela exportação anual desses metais, 612-5; o valor do ouro na Espanha e em Portugal se depreciou pela restrição à sua exportação, 643-6; não são importados para permitir o fabrico de baixelas ou moeda, mas para servir ao comércio exterior, 692-5; a busca de minas é o mais ruinoso de todos os projetos, 708-11; são valiosos porque raros e pela dificuldade de consegui-los, 708-11

Ouro não é o padrão de valor na Inglaterra, 49-51; seu valor tem como medida a prata, 49-51; reforma da moeda de ouro, 51-4; preço do ouro na Casa da Moeda da Inglaterra, 51-4; a exploração das minas de ouro no Peru é bastante improfícua, 220-3; qualidades que tornam esse metal valioso, 223-5; como se avaliava, antes e depois das minas americanas, o valor proporcional do ouro em relação à prata, 270-3; é mais barato no mercado espanhol do que a prata, 273-5; grandes quantidades de ouro eram remetidas anualmente de Portugal para a Inglaterra, 686-92; por que pouco ouro permanece na Inglaterra, 689-92; sempre será obtido por seu valor, 689-92

Ovelhas, freqüentemente abatidas na Espanha para a obtenção do velocino e do sebo, 293-6; rígida legislação contra a exportação de ovelhas e lã, 819-25

Oxford, o cargo de professor nessa universidade é uma sinecura, 963-6

[Oxfordshire, mistura de carvão e madeira, 213-7]

[Padeiros, corporação dos, na Escócia, 183-7]

[Padrão de valor, 49-51]

[Palácio de Saint James, imposto territorial sobre, 1041-4]

[Paládio, citado, 196-9]

[Palos, 703-6]

[Panelas e caçarolas, 546-9]

Pão, seu valor relativo comparado com a carne de açougue, 15-8, 193-6; [imposto sobre o pão, na Holanda, 1115-8; arrecadação desse imposto mediante licença, 1118-21]

Papa de Roma, o grande poder que no passado assumiu, 145-51; como esse poder se enfraqueceu, 1016-8; rápido progresso da Reforma, 1018-21

Papel-moeda, como se criou o crédito baseado em papel-moeda, 360-3; explicação do modo de operar do papel-moeda, 360-5; seu efeito sobre a circulação de dinheiro, 360-5; promove a atividade econômica, 363-5; funcionamento das várias sociedades bancárias fundadas na Escócia, 365-71; em todos os países, jamais pode superar o valor do ouro e da prata, aos quais substitui, 371-4; conseqüências de se emitir muito papel-moeda, 374-6; explicação da prática de saque e ressaque, e seus efeitos perniciosos, 385-8; vantagens e desvantagens do crédito em papel-moeda, 399-401; efeitos negativos da emissão de cédulas de baixo valor, 401-4; a supressão das cédulas de pequeno valor torna o dinheiro mais farto, 401-4; o dinheiro em papel-moeda não atinge o preço dos bens, 404-7; descrição da moeda na América do Norte, 407-10; expedientes do governo da Pensilvânia para arrecadar dinheiro, 407-10, 1038-41; por que convém às finalidades particulares dos norte-americanos, 1208-10

[Paraguai, 259-61]

Paris, [moradia mais cara do que em Londres, 148-51; o operário serve cinco anos como aprendiz e cinco anos mais como jornaleiro, 154-7; Ruão é o entreposto de mercadorias provenientes de Paris, 419-22;] seu comércio é um pouco superior ao necessário para o consumo de seus habitantes, 419-22; [câmbio com Londres, 593-6;] [costumes de Paris, em relação à herança, são seguidos nas colônias, 723-6; defendeu-se contra Henrique IV, 788-91; Parlamento, 1010-3]

[Parlamento, intimidado por interesses particulares, 586-90; dominado pelo soberano, 783-5, 1010-3; poderia ser ampliado às colônias, 1199-202]

[Parlamentos franceses, existe pouco comércio nas cidades onde se reúnem, 419-22; honorários e salários dos tribunais, 910-3; o de Paris é governado por Choiseul, 1010-3; relatório do Parlamento de Bordéus, citado, 1177-9]

[Parma, impostos sobre o pão, 1115-8; várias províncias com diferentes impostos de consumo, 1153-6]

Parcimônia, causa direta do aumento do capital, 422-5; promove a atividade econômica, 422-5; homens frugais são benfeitores públicos, 425-8; [é aniquilada por lucros elevados, 774-7;] é o único meio pelo qual os artífices e manufatores podem contribuir para o rendimento e a riqueza da sociedade, de acordo com o sistema agrícola francês de economia política, 848-51

[Partos, 890-6]

[Passagem noroeste, 711-4]

Pastagens artificiais tendem a reduzir o preço da carne de açougue, 193-6

ÍNDICE REMISSIVO

Pastagens, [não são tão produtivas como os trigais, 190-3;] sob que circunstâncias são mais lucrativas que as terras aráveis, 190-3; por que deveriam ser cercadas, 193-6

Pastores, como uma nação de pastores mantém a guerra, 875-9; [desfrutam de muito tempo livre, 884-7;] a desigualdade de riqueza é fonte de grande autoridade, 902-5; o nascimento e a família são extremamente honrados nas nações de pastores, 902-7; a desigualdade de riqueza começou no estágio pastoril, 905-7; e foi então que se introduziu o governo civil, 905-7; [todo homem exerce suas habilidades entre os pastores, 988-90]

[Patentes, sua justificativa, 955-7]

Patronagem, por que se criou na Escócia o direito de patronagem, 1024-6

[*Péages*, 1032-6, 1141-4]

Pedágios, condados próximos a Londres apresentaram petição contra os pedágios, 187-90; por que é equitativo cobrar o direito de passagem sobre estradas, pontes e canais navegáveis, 916-21; os coches de luxo deveriam pagar mais que os veículos transportando bens de primeira necessidade, 918-21; a administração dos pedágios é freqüentemente motivo de justa reclamação, 918-21; por que o governo não deve administrá-los, 918-24, 1141-4; [o pedágio cobrado aos coches é um imposto geral desigual, 921-4; lançam-se os gastos de conservação das estradas sobre os que delas se beneficiam, 1032-6]

Pedras preciosas, seu uso se limita aos adornos, como se regula seu preço, 223-5; as mais fecundas minas de pedras preciosas pouco acrescentariam à riqueza do mundo, 223-5

Pedreiras, seu valor depende da localização, 208-13, 225-8

[Pedro, o Grande, sua maior reforma foi a criação de um exército permanente, 896-9]

Peixe, explicação das partes componentes do preço do peixe, 63-6; [caso em que a renda forma parte de seu preço, 183-7;] a multiplicação do peixe no mercado, pelo trabalho

humano, é limitada e
incerta, 302-4; como o
aumento da demanda
provoca o aumento no
preço do peixe, 302-4
[Pelaria, 208-11]
Peles de castor, exame da
política empregada no
comércio de, 834-7; [artigo
sujeito a imposto de
exportação, 1121-4]
[Pelham, Sr., citado, 256-9;
resgatou uma dívida de 6
milhões, 1183-4]
[Peloponesos, serviam na
guerra sem receber soldo,
879-82]
[Penélope, 692-5]
Pensilvânia, descrição da
circulação de papel-moeda
lá, 407-10, 1038-41,
1208-10; [os quacres
alforriaram seus escravos,
484-8;] [não existe direito
de primogenitura, 723-6;
gastos das instituições
civis, 723-6; fundada pelos
quacres, 743-6; não foi
colonizada em 1660,
754-8;] conseqüências
positivas de não existir
religião oficial, 1001-5;
arrecada receita de sua
moeda corrente, [1038-41],
1208-10; importações da
Grã-Bretanha superam as
exportações, 1210-3]
[Pensões, rendimento
derivativo, 63-6; valor das
pensões é igual a seu
poder de compra, 360-3]
[Pequim, caravanas vindas de
Moscou, 261-4]
Permuta, propensão a trocar
uma mercadoria por outra,
uma operação ampla e
peculiar ao homem, 15-21;
não é suficiente para
realizar os intercâmbios
mútuos da humanidade,
27-31; [deixa de existir
com a introdução do
dinheiro, 40-3;] ver
Comércio
[Pernambuco, 726-9]
Perseguição por motivo
religioso, sua verdadeira
causa, 996-9
[Pérsia, Golfo da, 27-31;
muitos criados e poucos
soldados, 555-8; milícia
derrotada pelos gregos,
893-6]
Peru, a descoberta de minas
de prata no Peru fez com
que as da Europa fossem,
em sua maior parte,
abandonadas, 217-20;
essas minas geraram
pequeno lucro aos
proprietários, 217-20
imposto pago ao rei da
Espanha pela exploração
dessas minas, [220-3],
256-9; os primeiros relatos
do esplendor e estágio das
técnicas nesse país foram
bastante exagerados,

259-61; atual estado do Peru, sob o governo espanhol, 259-61; a exploração das minas se tornou gradualmente mais cara, 273-5; [comida, vestuário e moradia são o preço pago por ouro e prata, 425-8; prata, 463-5, 540-3, 612-5; mais pobre que a China, o Japão ou o Indostão, 558-60;] [razões da conquista do Peru, 708-11; semelhante a um Eldorado, 711-4;] provavelmente é mais populoso agora que no passado, 717-20; [quantias gastas na recepção a um novo vice-rei, 726-9; pouco auxiliado pela Espanha, 743-6; os nativos estão além do estágio de caçadores, 805-8]

Pesca, observações sobre os subsídios sobre tonéis concedidos à pesca, 649-51; à pesca de arenque, 651-4; esse subsídio arruinou a atividade dos barcos de pesca, 654-7

[Pese e pague, máxima do porto de Londres, 763-6]

[Pfeffel, citado, 497-500 (nota)]

[Piacenza, impostos sobre o pão, 1115-8]

[Picardia, 1150-3]

[Piemonte, 1058-60]

[Pisa, a navegação foi incentivada pelas Cruzadas, 503-6]

[Pitágoras, sua escola foi fundada numa colônia, 714-7]

[Pizarro, 708-11]

[Plano Carpino, citado, 529-34]

[Platão, citado, 171-4, 484-8, 979-82; a Academia lhe foi atribuída, 982-5; professor, 1026-9]

[Plínio, citado, 31-4, 49-51, 278-81, 484-8, 870-3]

[Plutarco, citado, 171-4; professor, 1026-9]

Pneumática, explicação dessa ciência, 974-9

[Pneumatologia, 974-9]

Pobres, história da legislação introduzida para a provisão dos pobres na Inglaterra, 174-7; ver Domicílio

Pobreza às vezes leva as nações a costumes desumanos, 1-3; não impede a reprodução humana, 97-100; mas é muito desfavorável à formação das crianças, 97-100

[Pocock, Dr., citado, 512-5]

Poivre, M., explicação da agricultura da Cochinchina, 202-5

[Políbio, citado, 979-85]

Polícia, medidas que mantiveram o preço de mercado acima do preço natural, 72-8; violenta polícia do Indostão e do antigo Egito, 75-8; importantes regras de polícia no estatuto da aprendizagem, 151-7; leis de domicílio, causadoras das maiores desordens na Inglaterra, 174-7; é improvável que os proprietários de terras sugiram medidas de polícia equivocadas, 321-4; [por vigilantes e severas que sejam, não impedirão que o ouro e a prata saiam da Espanha e de Portugal, 643-6; a da Espanha e de Portugal rebaixa lá o valor dos metais preciosos, 679-86; conservação de estradas e canais é um ramo da polícia, 924-6; a cidade ou distrito deveriam pagar por sua própria polícia, 1032-6]
[Política da Europa, favorável à atividade das cidades, 3-4, 862-5; em lugar algum deixa as coisas em perfeita liberdade, 125-8, 151-4; considera o trabalho rural como trabalho comum, 128-30]
[*Política dos grãos*, citada, 231-4, 253-6;]

[Político, animal insidioso e astuto, 581-3]
Polônia, [trigo tão barato como o da França, 9-12; as desordens aumentaram o preço do trigo, 253-6;] país que ainda vive na pobreza, em razão do sistema feudal de seu governo, 307-10; [produção anual em declínio, 310-3; comércio, 463-5; ainda existem servos na Polônia, 484-8; trigo trocado por vinhos e conhaques da França, 503-6;] [atividade econômica estimulada pela colonização da América, 746-8; divisão e pacificação, 769-72; invasão russa, 893-6]
Pólvora, a grande revolução produzida na arte da guerra pela invenção da pólvora, 884-90, 896-9; essa invenção favorece a expansão da civilização, 899-902
[Pondicherry, 949-52]
[Pondo, 34-7]
[*Pontage*, 494-7]
Pontes, como devem ser construídas e conservadas, 916-8; [originalmente conservadas por seis dias de trabalho, 1038-41]
População, a extrema riqueza e pobreza não beneficiam

a população, 97-100; é
limitada pelos meios de
subsistência, 100-3, 211-3;
[incentivada por altos
salários nas colônias,
714-7; tributação dos
artigos de luxo
consumidos pelos pobres
não constitui desestímulo
ao aumento da população
útil, 1109-12]
[Porrée, padre, 1026-9]
[Pórtico, atribuído a Zenão,
982-5]
[Porto Bello, 947-9]
[Portos, os custos dos portos
deveriam ser pagos por
um imposto portuário
sobre o carregamento de
navios, 916-8]
Portugal, [pequena região da
Europa, 259-61; no século
XVI, era a única nação a
comerciar regularmente
com as Índias Orientais,
261-4; perdeu o comércio
para os holandeses, 261-4,
558-60; produção anual da
terra e do trabalho em
declínio, 310-3; comércio
com a Grã-Bretanha, 460-
3; e com a Polônia, 463-5;]
o comércio não promove a
agricultura do país, 524-7;
[gastos da última guerra
despendidos em Portugal,
549-52;] impostos
britânicos sobre os vinhos,
590-3, 615-8; comércio
exterior, 590-3; o ouro e a
prata lá se desvalorizaram
pela proibição à sua
exportação, 643-6; tratado
comercial concluído em
1703 com a Inglaterra,
686-92; [exame das
vantagens para a
Grã-Bretanha do comércio
com Portugal, 689-95;]
motivos que levaram à
descoberta de uma
passagem para o Oriente
através do cabo da Boa
Esperança, 703-6;
[colonização do Brasil,
717-20; companhias
exclusivas recentemente
criadas para Pernambuco e
Maranhão, 726-9;
proibição de importar
tabaco, exceto o
proveniente das colônias,
734-7; baniu os judeus
para o Brasil, 743-6;]
perdeu suas manufaturas
quando adquiriu colônias
ricas e férteis, 772-4;
[abertura do comércio com
as Índias Orientais,
799-802; apesar disso,
permanece próspero,
802-8; resumo dos efeitos
do Tratado de Methuen,
840-3; o comércio de
escravos não é lucrativo,
944-7; ver Espanha e
Portugal]
[Postlethwaite, citado, 396-9
(nota); 1182-5]

[Potosí, minas, 190-3, 245-8, 256-9]
Povo, como se divide em classes produtivas e improdutivas, de acordo com o atual sistema agrícola francês de economia política, 843-5; a classe improdutiva é de grande utilidade às outras, 848-51; como o grande conjunto do povo deixou de ser beligerante, 884-7; as diferentes oportunidades de educação para os diferentes estratos do povo, 988-93; os estratos inferiores são os maiores consumidores, 1130-3; os únicos gastos desses estratos que deveriam ser tributados dizem respeito aos artigos de luxo, 1130-3
Prata, [varia muito de um século a outro, porém não de um ano a outro, 43-6; utilizada para compras de valor moderado, 46-9;] o primeiro padrão de cunhagem dos nórdicos responsáveis pela destruição do Império Romano, 49-51; seu valor proporcional ao ouro é regulado por lei, 49-51; é medida-padrão do ouro, 49-51; preço na Casa da Moeda da Inglaterra, 51-4; investigação sobre as diferenças entre o preço da Casa da Moeda e o preço de mercado dos lingotes, 51-4; como evitar que a moeda de prata seja derretida a fim de gerar lucro, 54-7; por que as minas de prata na Europa foram em geral abandonadas, 217-20; prova do pequeno lucro que geram as minas aos proprietários no Peru, 217-20; [raramente é encontrada em estado virgem como o ouro, 220-3;] qualidades que tornam esse metal valioso, 220-3; as mais fecundas minas de prata pouco acrescentariam à riqueza do mundo, 223-5; mas o aumento na quantidade de prata provocaria a desvalorização desse metal, 225-8; circunstâncias que poderiam contrabalançar esse efeito, 225-31; visão histórica das variações no preço da prata, durante os últimos quatrocentos anos, 228-31; observações sobre a valorização da prata, em comparação com o trigo, 231-4; circunstâncias responsáveis por induzir em erro os autores que

coletaram o valor da prata, 234-6; o trigo é o melhor critério para julgar o verdadeiro valor da prata, 242-5; como o preço é afetado pelo aumento da quantidade, 242-5; o valor da prata caiu consideravelmente em razão da descoberta das minas americanas, 245-8; quando a desvalorização da prata, por esse motivo, parece ter estancado, 248-50; tributo pago ao rei da Espanha pelas minas peruanas, 256-9; o valor da prata se mantém estável pela ampliação do mercado, 259-61; é a mercadoria mais lucrativa que se pode enviar à China, 264-7; como o valor da prata se manteve proporcional ao do ouro antes e depois da descoberta das minas americanas, 270-3; quantidade comumente no mercado, em proporção ao ouro, é provavelmente maior do que seus valores relativos indicam, 270-3; [objeto apropriado de tributação, 273-5;] o valor da prata provavelmente aumenta, e por que, 273-5; a opinião de que a prata se desvaloriza não é bem fundada, 310-3; o verdadeiro valor da prata se depreciou pelo subsídio à exportação de trigo, 640-3; [imposto incidente sobre a prata, na América, 708-11;] não sofreu variação desde a instituição do imposto territorial inglês, 1049-52; não é necessária aos americanos, 142-5; ver Ouro e Prata]

Prataria, [a marca esterlina confere mais segurança do que a aprendizagem, 154-7; consumo anual, 264-7; a fundição de baixelas pertencentes a famílias para suprir as necessidades do Estado nas emergências gera recursos insignificantes, 549-52; profusão de baixelas nas casas espanholas e portuguesas, 643-6; a prataria nova é basicamente fabricada com a prataria velha, 692-5; [imposto sobre a prataria é pago de forma mais conveniente como anuidade, 1115-8]

Preço de Conversão no pagamento de rendas na Escócia, explicado, 234-6

Preços, [naturais, reais, de mercado e nominais, 34-7, 37-60, 66-82;] distinção entre preço real e preço nominal das mercadorias, 40-3; [do trabalho, 43-6, 187-90, 256-9;] explicação do preço em dinheiro dos bens, 57-60; [partes componentes do preço, 57-69;] a renda da terra entra no preço da maior parte das mercadorias, 60-3; explicação das partes componentes dos preços das mercadorias, 60-3; como se distinguem e se regulam os preços natural e de mercado, 66-72, [75-82], 109-13; embora de início aumentem com o aumento da demanda, sempre acabam se reduzindo também pela demanda, 106-13; [preços de artigos de primeira necessidade e do trabalho, 1097-103, 1127-30]

[Pregos, efeitos da divisão do trabalho na fabricação de pregos, 9-15; moeda corrente numa aldeia escocesa, 27-31]

Primogenitura, origem e motivo da lei de sucessão por primogenitura sob o governo feudal, 478-84; é contrária aos verdadeiros interesses das famílias, 481-4; [opõe obstáculos ao desenvolvimento na Europa, 521-4; não existe na Pensilvânia e é restrita na Nova Inglaterra, 723-6]

Príncipes, por que não são adequados para administrar projetos mercantis voltados à arrecadação de receita, 1036-8

Prodigalidade, tendência natural tanto do indivíduo como do público, 422-5; homens pródigos são inimigos de seu país, 425-8

Produção da terra e do trabalho, fonte de toda a receita, 413-6; como aumentar seu valor, 428-30

[Produção, o consumo é sua única finalidade, 837-40]

Professores nas universidades, circunstâncias que determinam seu mérito, 1024-9

Professores, [ganhos, 169-74;] nas universidades, a tendência das dotações a diminuir o empenho dos professores, 963-6; as jurisdições às quais estão sujeitos não foram planejadas para aumentar sua diligência, 963-6; são freqüentemente obrigados a ganhar proteção mostrando-se servis, 966-9; falhas de sua instituição no cargo, 966-9; os antigos professores gregos e romanos eram superiores aos professores modernos, 982-5; circunstâncias que os atraem para as universidades, ou os afastam delas, 1024-9; seu emprego naturalmente os torna eminentes letrados, 1026-9

Projetos malsucedidos envolvendo as técnicas de produção são prejudiciais ao país, 425-8

Promoções eclesiásticas, meios pelos quais o clero nacional deveria ser governado pelo magistrado civil, 1007-10; alteração no modo de elegê-lo, 1010-3

Propriedade, [de um homem no seu próprio trabalho é o fundamento de todas as outras propriedades, 154-7; sagrados direitos de propriedade, 220-3;] paixões que inclinam os homens a invadir a propriedade, 899-902; o governo civil é necessário para a proteção da propriedade, 899-902; riqueza como fonte de autoridade, 902-7

Proprietários de terras, [adoram colher o que nunca plantaram, 60-3; generosidade e ignorância dos proprietários, 183-7;] por que freqüentemente descuidam de seu interesse particular, 321-4; como contribuem para a produção anual da terra, de acordo com o sistema agrícola francês de economia política, 843-5; deveriam ser estimulados a cultivar parte das próprias terras, 1052-8

[Prosperidade comumente não dura mais do que 200 anos, 524-7]

[Prostitutas irlandesas em Londres, 208-11]

[Protágoras viveu em esplendor, 171-4; ia de um lugar a outro, 979-82]

[Provença, talha na, 1082-5]

[Provérbios de Salomão, 971-4]

Provisões, em que medida a variação no preço das provisões afeta o trabalho e a atividade econômica, 91-4, 103-6, 106-9; em que medida seria mais barata nas metrópoles do que nas vilas rurais, 142-5; seu preço se regula melhor pela concorrência do que pela lei, 180-3; [inquérito parlamentar sobre as causas do elevado preço das provisões, 193-6;] o aumento no preço das provisões deve ser uniforme para evidenciar que procede da desvalorização da prata, 307-10; [preço das provisões e salários, 1097-103, 1127-30]

Provisores, finalidade da legislação relativa aos provisores na Inglaterra, 1016-8

Prússia, [o rei acumula tesouros, 549-52, 1162-8; reconhecida superioridade das tropas, 887-90; tropas veteranas, 893-6;] modo de cobrar o imposto territorial, 1058-60; [levantamento e avaliação, 1058-60, 1199-202]

[Puritanos fundaram a Nova Inglaterra, 743-6]

Quacres, da Pensilvânia, resultado de sua decisão de emancipar todos os escravos negros, 484-8; [fundaram a colônia, 743-6; são a maioria lá, 1001-5]

[Quadro econômico, 854-6]

Quesnai, M., análise de seu sistema agrícola de economia política, 854-6; sua doutrina tem grande aceitação, 862-5

[Quintiliano, professor, 1026-9]

Quito, população dessa cidade, 714-7

[Rainha Isabel, a primeira a calçar meias na Inglaterra, 315-8]

[Raleigh, seu sonho de um Eldorado, 708-11]

[Ramazzini, livro sobre as doenças dos operários, 103-6]

[Raynal, citado, 267-70]

Receita, a aduaneira aumentou em virtude dos *drawbacks*, 632-5; [rigor da legislação destinada à segurança da receita, 822-5;] por que o governo não deveria assumir a administração dos pedágios com a finalidade de arrecadar receita, 921-4; obras públicas de natureza local sempre são mais bem conservadas por receitas provinciais do que pela receita geral do Estado, 924-6; os abusos praticados nas receitas provinciais são insignificantes se comparados aos que se praticam nas receitas de um grande império, 926-9; quanto maior a receita da Igreja, menor a do Estado, 1026-9; a receita do Estado deveria ser arrecadada proporcionalmente, de toda a sociedade, 1029-36; despesas locais devem ser pagas por uma receita local, 1032-6; da república de Hamburgo, 1036-8; o governo da Grã-Bretanha conseguiria empreender a administração de um banco com a finalidade de arrecadar receita?, 1036-8; os correios são um projeto mercantil bem adaptado à administração do governo, 1036-8; príncipes não são qualificados para aumentar suas fortunas pelo comércio, 1036-8; a Companhia das Índias Orientais era boa negociante antes de se transformar em soberano, mas agora cada uma dessas índoles anula a outra, 1036-8; métodos de arrecadação de dinheiro por parte do governo da Pensilvânia, 1038-41; renda da terra, o fundo mais permanente, 1038-41; receitas feudais, 1038-41; Grã-Bretanha, 1041-4; a receita proveniente da terra é proporcional, não à renda, mas à produção, 1041-4; razões para vender as terras da Coroa, 1044-6; sugestão para aperfeiçoar o imposto territorial, 1052-5; explicação da natureza e do efeito dos dízimos, 1060-3; por que não se pode arrecadar receita em espécie, 1063-6; como é afetada por diferentes métodos de avaliação, quando arrecadada em dinheiro, 1063-6; um imposto proporcional sobre as casas é a melhor fonte de receita, 1068-71; solução para a diminuição da receita, conforme suas causas, 1124-30; efeitos negativos do arrendamento das receitas públicas, 1153-6; diferentes fontes de receita na França, 1156-9; como é despendida, no estágio primitivo de sociedade, 1159-65

[Receita local, fonte indicada para a manutenção de obras e serviços públicos, 924-6, 1032-6; às vezes mantém escolas e faculdades, 960-3; *péages* e direitos de passagem formavam parte dessa receita, 1141-4]

[Recrutamento, 145-8]

Reforma, rápido progresso das doutrinas da Reforma na Alemanha, 1018-21; na Suécia e na Suíça, 1018-21; na Inglaterra e Escócia, 1018-24; origem das seitas luteranas e calvinistas, 1021-4

[Reforma da moeda, 51-4; da moeda de prata, no reinado de Guilherme III, 248-50, 1168-71]

[Reformadores julgaram as versões grega e hebraica

da Bíblia melhores que a
  latina, 971-4]
Regateio do mercado, 91-4
[*Regiam majestatem*, citado,
  236-9]
Regiões litorâneas, por que
  são as primeiras a serem
  civilizadas e colonizadas,
  24-7
[Registro de contas do
  tesouro, 1168-71]
[Registros contábeis das
  aduanas, não são
  confiáveis, 590-3]
[Regulamentos, os que
  limitam a concorrência
  podem ser baixados por
  uma corporação, 166-9; de
  burgos, 497-503]
Rei, sob as instituições
  feudais, não passava do
  mais eminente barão da
  nação, 512-5; era incapaz
  de impedir a violência de
  seus barões, 512-5; a caça
  ao tesouro era um
  importante ramo de receita
  para o rei, 1162-5; como
  sua posição era favorável à
  acumulação de tesouros,
  1162-5; num país
  comercial, naturalmente
  gasta sua renda em artigos
  de luxo, 1162-5; é então
  levado a convocar seus
  súditos para obter auxílios
  extraordinários, 119-22
[Reintegração comum, 488-91]
Reis e seus ministros, os
  maiores perdulários de um
  país, 434-7

[Reis merovíngios possuíam
  tesouros, 555-8]
[*Relief, casualty* feudal que
  no passado foi fonte de
  receita pública, 1091-4]
Religião, [legislação do trigo
  se parece às leis relativas à
  religião, 679-82; instrução,
  993-1032;] objetivo da
  instrução religiosa, 993-6;
  vantagem que gozam os
  professores de uma nova
  religião em relação aos da
  religião oficial, 993-6;
  origem da perseguição a
  opiniões heréticas, 996-9;
  como se mantém vivo o
  zelo do baixo clero da
  Igreja romana, 996-9;
  utilidade das instituições
  eclesiásticas, 999-1001;
  como se une ao poder
  civil, 999-1001; [a instrução
  religiosa pode ser, com
  justiça, paga com base em
  impostos, 1032-6]
Relógios, grande redução de
  preço, graças aos
  aperfeiçoamentos
  mecânicos, 313-5
[Renda extorsiva se apodera
  da parte que cabe ao
  rendeiro, 843-5]
Renda, a reservada não deve
  ser expressa em dinheiro,
  40-3; mas em trigo, 43-6; a
  renda da terra constitui a
  terceira parte do preço de
  quase todas as espécies de

ÍNDICE REMISSIVO

bens, 60-3; [às vezes é confundida com o lucro, 63-6;] qual é e como se regula a taxa média de renda em todos os países, 66-9; [menos afetada pela flutuação de preços do que os salários e o lucro, 72-5; de certas vinhas, 75-8; causas que regulam a renda, 78-82;] é a primeira dedução que sofre o produto do trabalho empregado na terra, 78-82; [depende do preço das provisões, 103-6; alta taxa de lucro consome a renda, 122-4;] como se acordam entre o proprietário e o rendeiro os termos do arrendamento, 183-7; por vezes se exige renda do que não é, de modo algum, suscetível de aperfeiçoamento humano, 183-7; é paga e produzida pela terra em quase todos os casos, 187-90; [varia com a fertilidade, 187-90; renda da rizicultura, 205-8;] proporção geral paga por minas de carvão, 217-20; e minas de metal, 217-20; minas de pedras preciosas freqüentemente não geram nenhuma renda, 223-5; [a renda das minas é proporcional à fecundidade relativa, mas a renda da terra é proporcional à fertilidade absoluta, 223-5;] como era paga no passado, 234-6; aumenta, direta ou indiretamente, por todo desenvolvimento nas condições da sociedade, 318-21; distinção entre renda bruta e líquida, 351-4; como era paga e cobrada durante o governo feudal, 416-9; atual proporção média da renda, comparada com a produção da terra, 416-9. [estimativa do volume de renda na Grã-Bretanha, 1041-4; 1/3 da produção, 1041-4; o rendimento do povo não é proporcional ao volume de renda, 1041-4;] o aluguel de casas se distingue em duas partes, 1063-6; diferença entre aluguel de casas e renda da terra, 1068-71; o aluguel de uma casa é a melhor avaliação que se possa fazer da situação do inquilino, 1068-71; [o aluguel de casas é tributável, na medida em que está compreendido no imposto territorial, 1071-4]
[Rendas (ou *rentes*, na França), 1088-91]
Rendas do terreno, sujeitas a grandes variações,

dependendo da localização, 1066-8; são objeto mais apropriado de tributação que as casas, 1071-4; [imposto sobre a venda de terrenos, 1094-7]
[Rendas pagas por burgos, 497-500, 503-6]
Rendeiros da receita pública, seu caráter, 1153-6, 1177-82
Rendimento, demonstração das fontes originais de rendimento, 63-6; [1044-6, 1188-91;] em que consiste o rendimento de um país, 351-4; o rendimento líquido da sociedade é reduzido pela manutenção de um capital circulante, 357-60; o dinheiro não faz parte de nenhum rendimento, 357-60; não deve ser calculado em dinheiro, mas no que o dinheiro poderá comprar, 357-60; como é primeiramente produzido e apropriado, 413-6; produção da terra, 413-6; produção das manufaturas, 413-6; deve sempre repor o capital, 413-6; a proporção entre rendimento e capital determina a proporção entre ociosidade e trabalho, 422-5; ganhos e perdas do rendimento anualmente consumidos, 422-5; o rendimento de toda sociedade é igual ao valor de troca de toda a produção de sua atividade econômica, 566-9
[Reno, 24-7]
[Repolho, custa metade do preço que custava 40 anos atrás, 97-100]
[Representação, princípio ignorado pelos antigos, 791-3]
[Retaliação, quando é eficaz, 581-3]
Revolução de 1688, 1168-71
[Rhode Island, despesas com instituições civis, 723-6; os representantes elegem o governador, 740-3]
[Rico consome mais alimentos que o pobre, 211-3]
[Riga, 460-3, 593-6]
[Rio da Prata, 190-3]
[Rio Mosa, 24-7]
[Rio Pó, tarifas de tráfego, 1141-4]
[Rios, os primeiros progressos da atividade se fazem às margens dos rios, 21-4; beneficiam as regiões remotas do país, 187-90]
[Riquet, o canal de Languedoc lhe foi confiado, 918-21]
Riqueza, [real, a produção anual, 3-4, 307-10, 310-3, 422-5, 434-7, 560-4; nacional, segundo um

ÍNDICE REMISSIVO

sistema de economia política, consiste no imenso volume de ouro e prata, 304-7; a terra é a parte mais importante e durável da riqueza, 310-3; real, 318-21; a da Inglaterra aumentou muito desde 1660, 430-4;] na linguagem popular, riqueza e dinheiro são sinônimos, 529-34, 558-60; comparação entre a estimativa da riqueza espanhola e tártara, 529-34; [a riqueza de um país vizinho é vantajosa ao comércio, 618-20; produção acumulada, 884-7; sujeita uma nação a ataques, 884-7;] a grande autoridade conferida pela posse de riquezas, 902-5

Riquezas, [medidas pelas coisas necessárias à vida, ao conforto e ao divertimento que podem ser desfrutadas, 37-40;] seu principal uso consiste na ostentação, 223-5

Risco, exemplos do descuido dos homens em relação a isso, 136-9; o capitalista é pago por correr riscos, 139-42

[Roberto Capeto, 1018-21]

Roma moderna [i.e., Igreja romana, pagamento aos padres na Inglaterra, 166-9; reivindica seu mérito na emancipação dos servos, 488-91;] [clero obrigado a estudar grego e hebraico, 971-4; exigiu a perseguição aos protestantes;] como se mantém vivo o zelo do baixo clero, 996-9; [turbulento, 1007-10;] o clero católico constitui um grande exército espiritual espalhado por diferentes regiões da Europa, 1010-3; seu poder durante as eras feudais monásticas era similar ao dos barões temporais, 1013-6; [mais temível conluio contra o governo civil, 1013-8;] como enfraqueceu seu poder, 1016-8; [mais rica Igreja da cristandade, 1026-9]

[Roma moderna, como residência da corte, a cidade é ociosa, 419-22]

Romanos, [não possuíam moeda cunhada até a época de Sérvio Túlio, 31-4, 34-7;] por que o cobre se tornou padrão de valor entre eles, 49-51; [não possuíam aprendizes, 154-60; filósofos atenienses eram embaixadores em Roma, 171-4; o trigo era basicamente importado, 193-6; o cultivo era desestimulado pelo baixo preço do trigo, 193-6; minas de prata exploradas pelos romanos, 234-6;] razão dos preços exorbitantes que os romanos pagavam por certos artigos de luxo, 278-81; o valor da prata era mais elevado entre eles do que na atualidade, 278-81; [queda do Império Ocidental, 478-81; não existia direito de primogenitura, 478-81; desconhecimento das cláusulas de inalienabilidade, 481-4; a escravidão era mais severa do que na Europa medieval, 484-8;] [colônias romanas, 700-6;] a república se fundava na divisão de terras entre os cidadãos, 700-6; a legislação agrária foi executada apenas em uma ou duas ocasiões, 700-6; [os escravos é que praticavam a agricultura, 700-6;] como subsistiam os cidadãos que não possuíam terras, 700-6; diferença entre as colônias gregas e as romanas, 703-6; o desenvolvimento destas foi mais lento que o daquelas, 714-7; [dependência das colônias em relação às metrópoles, 714-7; os escravos tinham mais proteção sob os imperadores, 743-6; as colônias forneciam homens e dinheiro, 748-51;] origem da guerra social, 788-91; a ruína da república se deveu à extensão de privilégio de cidadania romana à maior parte dos habitantes da Itália, [788-91], 791-3; [sabedoria do senado, 813-6; desestímulo às manufaturas e ao comércio exterior, 867-70; empregava trabalho escravo nas manufaturas, 867-70; a libra romana, 870-73;] quando foram pela primeira vez arrecadadas contribuições para manter os que iam para a guerra, 879-82; [Campo de Marte, 882-4;] a ocupação de soldado não era uma profissão distinta, 882-4; [ascensão de Roma é a segunda grande revolução histórica, 890-3; guerras cartaginesas, 890-3;] aperfeiçoamento dos exércitos romanos pela disciplina, 890-3; como se perdeu essa disciplina, 893-6; como aconteceu a queda do Império Ocidental, 893-6;

ÍNDICE REMISSIVO

[o cônsul renuncia à administração pessoal da justiça, 913-6;] observações sobre a educação dos antigos romanos, 979-82; sua moral era superior à dos gregos, 979-82; [professores de exercícios militares não eram pagos pelo Estado, 979-82, 990-3;] situação do direito e das formalidades da justiça, 982-5; [iguais a qualquer povo moderno em habilidade, 982-5;] como se conservava no povo o espírito militar, 990-3; [eminentes homens de letras eram professores, 1026-9; viviam com bastante conforto, embora não tivessem o linho, 1106-9;] em situações específicas de emergência, promoveram grandes desvalorizações da moeda, 1194-9; [os pobres, que tinham dívidas com os ricos, exigiram novas tábuas, 1196-9]

Roupas de lã, preços atuais, comparados aos do final do século XV, 313-8; três progressos mecânicos introduzidos na manufatura, 316; [na Roma antiga, o preço era muito mais elevado do que agora, 870-3]

[Rouxinol branco, preço exorbitante pago por um, 278-81]

[Royal Bank, 368-71]

[*Royal Caroline*, 944-7]

Ruão, [estatísticas das manufaturas de seda e linho na generalidade de Ruão, 106-9;] por que é uma cidade de intensa atividade econômica [apesar de sede de um parlamento], 419-22

Ruddiman, Sr., observações sobre sua explicação quanto ao antigo preço do trigo na Escócia, 236-9; citado, 273-5, 368-71

[Ruffhead, edição das leis, 234-6]

[Rum, e melaço, esperava-se que cobrissem as despesas do cultivo de açúcar, 202-5; artigo estrangeiro de uso comum, 843-5; impostos de consumo, 1127-30; objeto apropriado de tributação, 1202-8]

Rússia, [desenvolveu-se desde a descoberta da América, 259-61; ainda existem servos na Rússia, 484-8; paz com a Turquia, 769-72; frota no Arquipélago, 769-72; os soldados não são inferiores aos prussianos, 893-6;] tornou-se civilizada sob o reinado de Pedro I graças a um exército permanente, 896-9; [primeiras embaixadas na Rússia, 926-9]

[Sabão, mais caro em conseqüência dos impostos; o uso do linho o tornou necessário, 1112-5]

Sal, [moeda corrente na Abissínia, 27-31; mais caro em função do imposto, 97-100;] explicação do sal estrangeiro importado pela Escócia, e do sal escocês enviado, livre de impostos, para a pesca, [651-4;] Apêndice, 1223; em todos os lugares está submetido a elevada carga tributária, 1112-5; o recolhimento do imposto sobre o sal é caro, 1144-7; [imposto francês sobre o sal, 1150-3, 1156-9]

[Salão de Westminster, a sala de jantar de Rufo, 512-5]

Salários do trabalho [indenização pela dificuldade e pelo engenho, 37-40; o salário em dinheiro se adapta ao preço médio do trigo, 43-6; o valor que os trabalhadores acrescentam às matérias-primas paga seus salários, 57-60; de inspeção e direção, 60-3; uma das três fontes originais de rendimento, 63-6, 1044-6; às vezes são confundidos ao lucro e à renda, 66-9; taxa média ou natural dos salários normais, 66-9; como são afetados pelo estágio em que se encontra a sociedade, 78-82; discussão geral dos salários, 78-113;] como são fixados entre patrões e empregados, 82-5; os empregados geralmente são obrigados a aceitar as condições dos empregadores, 82-5; a oposição dos empregados é insultuosa e raramente bem-sucedida, 82-5; circunstâncias que contribuem para o aumento dos salários, 85-8; a expansão dos salários é limitada pelos fundos dos quais são criados, 85-8; por que são mais elevados na América do Norte do que na Inglaterra, 85-8; são baixos nos países que permanecem estacionários, 88-91; não são opressivamente baixos na Grã-Bretanha, 91-4; diferença entre salários de inverno e salários de verão na Grã-Bretanha, 91-4; se suficientes em períodos de carestia, devem bastar nos períodos de fartura, 91-4; salários generosos incentivam a atividade econômica e a propagação da espécie, 100-3; um adiantamento dos salários necessariamente faz aumentar o preço de algumas mercadorias, 109-13; não é fácil determinar qual seria o salário médio, 109-13; [têm continuamente aumentado desde o reinado de Henrique VII, 113-6; mais altos nas colônias da América do Norte e das Índias Ocidentais do que na Inglaterra, 116-9; não fazem baixar os lucros lá, 116-9; muito baixos num país que não pudesse se desenvolver mais, 119-22;] comparação entre os efeitos de altos salários e os efeitos de lucros elevados, 122-4; causas da variação de salários em diferentes empregos, 125-8 [183-7]; em geral, nas novas atividades são mais elevados do que nas antigas, 145-8, 171-4; regulamentações legais de salários destroem a atividade econômica e o engenho, 180-3; [salários altos são a causa de preços altos, 187-90;] [os comerciantes se queixam dos altos salários, mas nada dizem sobre os altos lucros, 758-60; reduzidos pelo monopólio comercial, 772-7;] efeito natural de um imposto direto sobre salários, 1097-100; [1103-6, 1106-12; relação entre salários e preço das provisões, 1097-100]

Salicórnia, exige-se renda pelas pedras onde cresce, 183-7

[Salle, 935-8]

[Salmão, a pesca gera renda, 63-6]

[Salmonete, alto preço pago por um, 278-81]

Sanção Pragmática na França, objetivo, 1016-21; seguida pela Concordata, 1016-8

[São Domingos, minas abandonadas, 217-20; Colombo, 706-8; capital acumulado, 743-6]

[São Vicente, novo campo para especulação, 1210-3]

Sardenha, como é cobrado o imposto territorial, 1058-60, [1082-5, 1199-202]

[Sarracenos, 503-6]

[Savoy, levantamento, 1058-60]

Saxões, a autoridade e jurisdição dos nobres saxões eram tão grandes antes, como as dos normandos depois da Conquista, 515-8

Seda, [os fiadores de Londres somente podem ter dois

aprendizes, 151-4;] como a manufatura de seda se transferiu de Lucca para Veneza, 506-9; [cara, na Grécia e em Roma, 870-3; manufatores ingleses poderiam vender a preço muito mais baixo que os franceses e italianos, se houvesse isenção de tributos alfandegários, 1127-30]

["Se for para não ganhar nada, é melhor brincar do que trabalhar", 419-22]

[Segredos de comércio, 72-8]

Seguros contra incêndio e riscos marítimos, exame da natureza e dos lucros, 136-9; a atividade seguradora pode ser efetuada com êxito por uma sociedade por ações, 957-60

Seitas religiosas, quanto mais numerosas, melhor para a sociedade, 1001-5; por que em geral professam o sistema austero de moralidade, 1001-5

[Seius, 278-81]

[Senegal, 834-7, 935-8, 1121-4]

[Senhoriagem, não existe na Inglaterra, 51-4, 374-6, 596-9; em compensação, há uma pequena demora equivalente a esse imposto, 54-7; aumentaria a superioridade da moeda em relação aos lingotes, 54-7; 8% na França, 54-7, 596-9, 695-7; diminui ou abole o lucro quando da fundição de nova moeda, 695-703]

Serviço militar em mar e em terra, comparação, 136-9

[Sérvio Túlio, 31-7]

[Sestércio, moeda de prata avaliada em cobre, 49-51]

[Seymour, 434-7]

[Sheffield produz artigos de primeira necessidade, 145-8; os mestres cuteleiros são autorizados a ter apenas um aprendiz, 151-4; redução no preço dos bens, 313-5; suas manufaturas se desenvolveram naturalmente, 509-12]

Shetland, [salários e preço das meias, 148-51;] como são calculadas e pagas as rendas, 183-7; [pesca de arenque, 651-4]

[Shropshire, 217-20]

[Sibéria, condição de barbárie em razão do isolamento, 27-31; caravanas que a atravessam, 261-4]

[Sicília, preço do trigo na antiga Sicília, 278-81; importação de manufaturas de seda, 454-7; Veneza originalmente importava seda da Sicília, 506-9; colonizada pelos dórios,

ÍNDICE REMISSIVO

700-3; grandeza das colônias gregas, 714-7]
[Silésia, tecidos, 590-3; imposto territorial, 1058-60]
[Siracusa, uma grande colônia, 714-7]
[Síria, 890-3]
Sistema mercantil, [princípios e práticas, 529-843; a lei para o incentivo da cunhagem se deve aos preconceitos comuns desse sistema, 700-3; expedientes mesquinhos e nocivos, 774-7; alcançou esplendor pela descoberta da América e de uma passagem pelo Cabo, 791-6; o monopólio é o único motor do sistema mercantil, 799-802; o incentivo às exportações e o desestímulo às importações são seus dois grandes motores, 813-6; sacrifica o consumidor ao produtor, 837-40; planejado por produtores, 840-3; convém ao pertinaz homem de negócios, 840-3; de fato incentiva as manufaturas e o comércio exterior, 870-4;] explicado, 1121-4; [não favorece a produção anual, 1121-4]
Sistemas agrícolas, 840-74
[Smith, Charles, *Tratados sobre o comércio de trigo*, citado, 256-9]
[Smith, John, *Dissertação sobre a lã*, citado, 296-9, 825-8]
Soberano e comerciante, características incompatíveis, 113-6
Soberano, apenas deve cumprir três obrigações para manter um sistema de liberdade natural, 873-4; como deve proteger a sociedade da violência externa, 875-9, 896-9; e os membros dela, da injustiça e opressão mútuas, 899-902; e manter obras e instituições públicas, 916-8
[Sociedade humana, primeiros princípios, 18-21]
[Sociedade por ações, ver Companhia]
Soldados, observações sobre os motivos que os levam a se alistar no serviço militar, 136-9; comparação entre servir no mar e servir em terra, 136-9; por que a dispensa de um grande número de soldados após o término da guerra não causa nenhum transtorno significativo, 583-6; razão pela qual começaram a servir a soldo, 879-82; [provável proporção de soldados numa sociedade civilizada, 882-4;] como se tornaram uma classe distinta de pessoas, 884-7;

como se distinguem de uma milícia, 884-7; a alteração no treinamento de soldados causada pela invenção das armas de fogo, 884-90]
Soldo militar, origem e razão do, 879-82
[Sólon, leis de, 682-6, 979-82]
[Solorzano, citado, 256-9]
Sorte, exemplos da confiança universal que os homens lhe dedicam, 136-9
[*Sou*, 34-7]
[Spitalfields, manufatura de seda, 506-9]
[*Stallage*, 494-7]
[*Steel-bow*, rendeiros na Escócia, 488-91]
[Stowe, 434-7]
Subordinação, como se introduz na sociedade, 899-902; qualificações pessoais, 899-902; idade e fortuna, 899-905; nascimento, 902-5; nascimento e fortuna são as duas grandes fontes de distinção pessoal, 905-7
Subsídio à exportação de trigo, exame da tendência dessa medida, 248-50; [250-6; e ver Subsídios]
Subsídio às pequenas embarcações de pesca de arenque, observações sobre, 649-51; reivindicações fraudulentas do subsídio, 651-4; a pesca realizada por barcos é a mais natural e lucrativa, 651-4; descrição da pesca ao arenque branco na Grã-Bretanha, 654-7; descrição das pequenas embarcações equipadas na Escócia, o volume de sua carga, e os subsídios concedidos a elas, 1221-2 [-4]
Subsídios, por que são concedidos no comércio, 560-4; exame da política de concessão de subsídios à exportação, 635-8; sobre a exportação de trigo, 635-40; esse subsídio lança dois impostos sobre a população, 638-40; tendência maléfica desse subsídio, 646-9; o subsídio apenas beneficia o exportador e o importador, 646-9; motivos que levam a aristocracia rural a conceder o subsídio, 646-9; o comércio que necessita de subsídio é necessariamente danoso, 649-51; [subsídios à produção, 649-51;] exame dos subsídios de tonéis concedidos à pesca, 649-54; descrição da pesca de arenque, 654-7; observações a respeito de outros subsídios, 654-7; exame dos princípios com

base nos quais geralmente são concedidos, 816-9; os que se concedem às produções da América se baseiam numa política equivocada, 819-22; como afetam o consumidor, 840-3; [professores de instituições públicas recebem uma espécie de subsídio, 985-8; o subsídio ao trigo é pior que um imposto sobre artigos de primeira necessidade, 1112-5; a artigos antes tributados com impostos de exportação, 1121-4; dão ensejo a fraudes, 1121-4; proposta de abolição dos subsídios, 1127-30; deduzidos das receitas aduaneiras, 1144-7]
[Suécia, desenvolveu-se desde a descoberta da América, 259-61; chá contrabandeado, 261-4; criou uma companhia exclusiva para o comércio com as Índias Orientais, 558-60; estabelecimentos em Nova York, 999-1001; piche e alcatrão, 731-4; sem uma companhia exclusiva, jamais teria enviado navios para as Índias Orientais, 799-802; e não teria sofrido nenhum prejuízo, 802-5; eximida do privilégio de exclusividade da Companhia Oriental, 929-32; Reforma, 1018-21; os professores eram eminentes homens de letras, 1026-9]
Suíça, [rendeiros não são inferiores aos britânicos, 494-7; as cidades se tornaram independentes, 500-3; algumas vezes talvez seja necessário restringir a exportação de trigo, 679-82; arregimentação da milícia, 884-7; sua milícia derrotou as milícias da Áustria e da Borgonha, 893-6; todo o povo se exercita em armas, 993-6;] a Reforma em Berna e Zurique, 1018-21; [muitas cidades são capitais de pequenas repúblicas, 1021-4; clero respeitável, 1024-6; eminentes homens de letras eram professores nos cantões protestantes, 1026-9; clero zeloso e industrioso, 1029-32; [duas religiões são professadas em alguns cantões, 1029-32;] como são pagos os impostos lá, 1079-82, 1091-4
Suínos, circunstâncias que tornaram a carne fresca mais barata ou mais cara, 287-90

Suriname, atual estado da colônia holandesa lá, 720-3
[Sussex, restrições ao transporte de lã, 822-8]
Swift, citado, 1121-4
Tabaco, [moeda corrente na Virgínia, 27-31;] por que se limitou o cultivo de tabaco na Europa, 202-5; não é produto agrícola das Índias Ocidentais tão lucrativo como o açúcar, 202-5; volume e procedimento do comércio britânico de tabaco, 465-8; [os lucros podem manter trabalho escravo, 484-8; comércio em tabaco, 612-5] [a totalidade do imposto sobre o tabaco é restituída quando da exportação, 629-32; conseqüências do comércio exclusivo desse artigo que a Grã-Bretanha detém em Maryland e Virgínia, 1109-12; contribui largamente para a receita aduaneira, 1124-7; projeto de Walpole para arrecadar impostos sobre tabaco, 1130-3; monopólio na França, 1156-9; em lugar algum é artigo de primeira necessidade, sendo objeto apropriado de tributação, 1202-5]
Taille, na França, explicação da natureza desse imposto e de seu funcionamento, 491-4, 1082-5; [real ou predial, 491-4; real e pessoal, 1082-5; a incidente sobre a atividade dos operários e dos trabalhadores diaristas constitui um imposto sobre salários, 1100-3; não arrendada, 1156-9; deveria ser abolida e substituída por um aumento das *vingtièmes*, 1156-9]
Talentos naturais não são tão variados em diferentes homens como se supõe, 18-21
[Tales, escola fundada numa colônia, 714-7]
[*Tallage*, 491-4]
[Tarento, uma grande colônia, 714-7]
Tártaros, [bárbaros porque isolados, 27-31; ignorantes, 259-61; caravanas que atravessam a Tartária, 261-4; imposto sobre os viajantes, 494-7; eram comuns as antigas famílias entre os tártaros, 518-21; pastores que não possuem nenhuma regulamentação legal quanto à transmissão de propriedade, 521-4; a riqueza é calculada em gado, 529-34; os chefes possuem tesouros, 555-8;] seu modo de conduzir a guerra, 875-9; suas terríveis

invasões, 879-82; [a milícia serve sob um líder comum, 887-90; a obediência no campo de batalha é superior à dos habitantes das Terras Altas, 887-90; mais temíveis inimigos dos romanos, 890-3; conquistas dos países asiáticos civilizados, 896-9, 996-9; os chefes podem apenas utilizar uma receita excedente para manter mais homens, 902-5; khans despóticos, 902-5; a justiça se tornou fonte de receita após a queda do Império Ocidental, 905-7; fome, 996-9; lucro que o chefe aufere da receita, 1032-6]

Tavernier, seu relato das minas de diamante de Golgonda e Visiapour, 223-5

Taxa de lareira, por que foi abolida na Inglaterra, 1071-4

[Taxa de registro, 1088-94, 1094-7, 1097-100]

Taxas de selo, [sobre os processos de tribunais, poderiam manter os juízes, 913-6; empréstimos tributados por, 1091-4;] observações sobre as taxas de selo na Inglaterra e na Holanda, 1094-7; [sobre os testamentos na Holanda, 1094-7; na França, 1094-7, 1097-100; tornaram-se quase universais na Europa durante um século, 1094-7; freqüentemente são impostos sobre o consumo, 1097-100; um dos três principais ramos dos impostos britânicos, 1199-202; extensão às colônias, 1199-202]

Taxas de trânsito, explicadas, 1141-4

Teatro, uso político, 1005-7

Tecelões, por que seus lucros são necessariamente maiores que os dos fiandeiros, 63-6

[Teócrito, citado, 125-8]

[Teógnis, 971-4]

Teologia monástica, característica, 974-7

[Terra Firma, 706-8]

[Terra Nova, bacalhau seco como moeda, 27-31]

[Terra Santa, 503-6]

Terra, como se origina a necessidade de uma renda da terra, 60-3; o pagamento da renda entra no preço da maior parte de todas as mercadorias, 60-3; [apropriação, 78-82;] geralmente produz mais alimento além do necessário para levá-lo ao mercado, 187-90; as boas estradas e os canais navegáveis nivelam diferentes localizações da terra, 187-90; a terra empregada para produzir alimentos para os homens ou para o gado regula a renda de todas as outras terras cultivadas, 196-9, 202-5; pode dar mais vestimenta e moradia do que alimento, enquanto permanecer inculta, e o inverso acontece quando a terra sofre benfeitorias, 208-11; ao produzir alimento, o cultivo da terra cria uma demanda para a produção de outras terras, 223-5; por meio da agricultura, produz uma quantidade muito maior de vegetais do que de alimento animal, 239-42; a plena melhoria da terra exige um rebanho que forneça adubo, 281-4; causa e efeito da diminuição dos *cottagers*, 287-93; sinais de que a terra adquiriu seu pleno estado de aprimoramento, 290-3; o total da produção anual da terra, ou o preço dela, naturalmente se divide em renda, salário e lucros do capital, 318-21; o preço comum da terra depende da taxa comum de juro do dinheiro, os planejadores exageraram os lucros da agricultura, 468-70; em condições iguais, prefere-se naturalmente o cultivo da terra ao comércio e às manufaturas, 475-8; os destruidores nórdicos do Império Romano se apropriaram de todas as terras, mas não as cultivaram, 478-81; origem da lei de primogenitura sob o governo feudal, 478-81; cláusulas de inalienabilidade, 478-84; obstáculos ao aprimoramento da terra sob os proprietários feudais, 481-8; títulos feudais de posse, 484-91; tributação feudal, 491-4; na França, a *taille* impediu a melhoria da terra, 491-4; o trabalho dos ocupantes da terra estava sujeito a muitas desvantagens, 491-4; origem dos contratos de arrendamento por prazos longos, 518-21; os pequenos proprietários são os que mais introduzem benfeitorias, 521-4; pequenos compradores de terras não podem ter a esperança de amealhar fortunas pelo cultivo, 521-4; posse da terra nas colônias britânicas da América,

720-3; é a mais duradoura fonte de receita, 1038-41; a renda do país inteiro não é proporcional à arrecadação normal de impostos, 1041-4; a receita da terra é proporcional, não à renda, mas à produção, 1041-4; razões para vender as terras da Coroa, 1041-6; análise do imposto territorial da Grã-Bretanha, 1049-52; sugestão de um outro imposto territorial, 1052-5; um imposto territorial, por mais equitativa que seja sua cobrança em razão de um levantamento geral, em pouco tempo se tornará injusto, 1060-3; os dízimos desestimulam as benfeitorias, 1060-3; [imposto sobre a venda de terras, 1094-7; uma das duas grandes de receita, 1188-91]

Terras Altas da Escócia, [não podem manter um fabricante de pregos, 21-4; salários, 94-7;] observações interessantes sobre a população, 97-100; [alta taxa de mortalidade infantil, 97-100; a União permitiu a entrada de gado inglês nas Terras Altas, 190-3, 281-7; são comuns as antigas famílias, 518-21;] características militares de seus habitantes, 887-90

[Terras férteis, as primeiras a serem cultivadas, 116-9]

[Terray, abade que aumentou a taxa de juros na França, 113-6]

Tesouros, [os dos príncipes eram, no passado, um recurso na guerra, 549-52; não são mais acumulados, salvo pelo rei da Prússia, 549-52;] por que no passado os príncipes os acumulavam, 555-8

[Thorn, William, citado, 228-31]

[Timeu, citado, 31-4]

Título vil ou servil, provável causa do abandono dessa posse feudal da terra, 488-91; liberdade adquirida por um servo que residisse por um ano na cidade, 503-6; dependência dos proprietários, 512-5

[Títulos da marinha, 1168-71]

[Títulos do Tesouro, parte da dívida não consolidada, 1168-71]

[Títulos feudais de posse, observações, 416-9; descrição, 478-84]

[Tobago, novo campo para especulação, 1210-3]

[*Tonnage* e *Poundage*, origem desses tributos, 1118-21]

[Tonquin, navios na Batávia, 805-8]
Tontine nas finanças francesas, o que é e qual a significação desse nome, 1177-9
[Toscana, diminuição do comércio e das manufaturas, 527]
[Toul, tratada como estrangeira pela França, 1150-3]
Toulouse, salário pago a um conselheiro ou juiz no Parlamento, 910-3
[Trabalhadores, Lei dos, 228-31]
[Trabalhadores, o número dos produtivos e úteis é proporcional ao capital, 1-3; improdutivos, 410-40]
Trabalhadores, úteis e produtivos, em todos os lugares seu número é proporcional ao estoque de capital que os emprega, 1-3; na maioria dos casos, dividem o produto de seu trabalho com os detentores do capital que os emprega, 60-3; os salários são um assunto constante de disputas entre eles e seus patrões, 82-5; raramente têm êxito em seus acordos abusivos, 82-5; não é fácil determinar qual é a remuneração adequada, 82-8; às vezes os salários aumentam pelo aumento de trabalho, 85-8; suas demandas são limitadas pelos fundos destinados a pagamento, 85-8; há falta de trabalhadores na América do Norte, 88-91; péssimas condições dos trabalhadores na China, 88-91; não são mal remunerados na Grã-Bretanha, 91-4; se forem capazes de sustentar suas famílias em anos de carestia, devem ficar tranqüilos em períodos de fartura, 91-4; prova fornecida pelas queixas a respeito de artigos de luxo, 97-100; por que sua remuneração é pior que a dos artífices, 128-30; seus interesses estão estreitamente ligados aos interesses da sociedade, 321-4; o trabalho é sua única fonte de renda, 341-5; efeitos de uma vida de trabalho sobre a imaginação dos pobres, 985-8
[Trabalho por peça é trabalho fatigante, 100-6]
Trabalho, fundo que originalmente fornece a toda nação seu consumo anual, 1-3; como é determinada a proporção

entre trabalho e consumo, 1-3; as diferentes espécies de atividade foram raramente tratadas com imparcialidade pelas nações, 3-4; consideração da divisão do trabalho, 5-9; essa divisão aumenta a quantidade de trabalho, 9-12; exemplifica-o uma comparação, 15-8; que princípios originam a divisão do trabalho, 15-8; a divisibilidade do trabalho é governada pelo mercado, 21-4; o trabalho é a verdadeira medida do valor de troca das mercadorias, 37-40; não é fácil estimar as diferentes espécies de trabalho por meio de comparação imediata, 37-40; é comparado pelo padrão intermediário do dinheiro, 40-3; é um padrão invariável de valor para mercadorias, 40-3; possui um preço real e um preço nominal, 40-3; a quantidade de trabalho empregado em diferentes objetos constitui a única regra para trocá-los nos rudes estágios de sociedade, 57-60; diferença entre os salários do trabalho e os lucros sobre capital nas manufaturas, 60-3; jamais se executa o trabalho total de um país, 66-9; é, em todos os casos, adequado à demanda, 69-72; efeito da procura extraordinária por trabalho, 72-5; deduções que se fazem do produto do trabalho empregado na terra, 78-82; por que é mais caro na América do Norte do que na Inglaterra, 85-8; é barato em países estacionários, 88-91; a demanda por trabalho declinaria continuamente em países em decadência, 88-94; a província de Bengala mencionada como exemplo, 91-4; não é mal remunerado na Grã-Bretanha, 91-4; a crescente demanda por trabalho beneficia a população, 100-3; o trabalho dos homens livres é mais barato aos empregadores do que o trabalho escravo, 100-3; como é regulado o preço em dinheiro o trabalho, 106-9; é largamente recompensado em novas colônias, 116-9; distinção entre trabalho comum e trabalho especializado, 128-30; as leis das corporações impedem a livre circulação de trabalho de um emprego a outro, 171-4; os diferentes preços do trabalho em diferentes lugares provavelmente se devem à lei de domicílio, 177-83; sempre proporciona subsistência no local onde é comprado, 187-90; como é regulado o preço em dinheiro do trabalho em diferentes países, 242-5; é movimentado pelo capital aplicado na obtenção de lucro, 321-4; a divisão do trabalho depende da acumulação de capital, as máquinas que facilitam o trabalho beneficiam a sociedade, 354-7; distinção entre trabalho produtivo e improdutivo, 410-3; especificação de várias categorias de homens, cujo trabalho é improdutivo, 413-6; todo trabalho improdutivo é mantido por uma renda, 416-9; como o preço do trabalho aumenta por meio do capital nacional, 443-5; ainda que seu preço suba nominalmente, é possível que continue o mesmo, 445-8; é largamente recompensado em novas colônias, 711-4; o trabalho dos artífices e manufatores jamais acrescenta valor ao volume total do produto bruto da terra, de acordo com o sistema francês agrícola de economia política, 845-8; demonstração de que essa doutrina é errônea, 856-62; como se aprimoram as forças produtivas do trabalho, 859-62; [trabalho forçado, 926-9, 1038-41; divisão, ver Divisão do trabalho]

[*Traites*, na França, dividem o país em três partes, 1150-3; são arrendadas, 1156-9]

[Transferência de propriedade, imposto incidente sobre, 1091-4]

Transporte por terra, como é facilitado e tem seu preço reduzido por obras públicas, 916-8

[Transporte, comparação entre o transporte terrestre e por via aquática, 21-7; o transporte por água contribui para aprimorar as técnicas e o trabalho em todos os países em que puder ser utilizado, 54-7, 187-90, 264-7; [ausência de transporte barato faz estabelecerem-se manufaturas mais refinadas, 506-9]

[Trasímeno, batalha de, 890-3]

[Tratados de comércio, 682-9]

[*Tratados sobre o comércio de trigo*, citado, 256-9, 572-5, 635-8, 638-40
[Trébia, batalha de, 890-3]
[Tribunais, ver Justiça]
Tributos alfandegários, motivos e tendência dos *drawbacks* em razão do pagamento desses tributos, 620-9; a receita alfandegária aumentou em razão dos *drawbacks*, 632-5; necessidade da instituição de impostos de importação, 926-9; origem desses impostos, 1118-21; três antigos ramos dos tributos alfandegários, 1118-21; restituição desses tributos, 1121-4; regulam-se segundo o sistema mercantil, 1121-4; fraudes praticadas para se obterem *drawbacks* e subsídios, 1121-4; esses tributos são, em muitos casos, incertos, 1124-7; sugestão para o aperfeiçoamento desses tributos, 1124-7; cálculo dos custos de sua arrecadação, 1144-7
[Triclínios, elevado preço dos, 870-3]
[Trigo indiano, 706-8]
[*Trigo, Ensaio sobre a legislação e o comércio de*, citado, 1156-9]
[Trigo, o cultivo do trigo em diferentes países não está sujeito ao mesmo grau de rivalidade que existe nas manufaturas, 9-12; é a melhor medida das rendas fixadas, 43-6; como é regulado o preço do trigo [varia mais de um ano a outro do que a prata, 43-6;] o preço do trigo é a melhor medida para comparar os diferentes valores de mercadorias específicas em diferentes épocas e lugares, 46-9; as três partes componentes do preço do trigo, 60-3; é mais caro na Escócia do que na Inglaterra, 91-4; [o trigal produz mais alimento que a pastagem de igual dimensão, 190-3;] comparação do valor do trigo com o da carne de açougue nos diferentes períodos da agricultura, 190-3, 196-9; comparação com o valor da prata, 225-31; circunstâncias, numa abordagem histórica dos preços do trigo, responsáveis por induzir a erro autores que consideraram o valor da prata em diferentes períodos, 234-6; [em todos os estágios de desenvolvimento, o trigo custa o preço de quantidades quase iguais

de trabalho, 239-42;] é sempre uma medida de valor mais precisa do que qualquer outra mercadoria, 239-42; por que é mais caro nas grandes cidades do que no campo, 245-8; por que é mais caro em algumas regiões comerciais, como Holanda e Gênova, 245-8; seu preço nominal subiu quando da descoberta das minas americanas, 245-8; e em conseqüência da guerra civil sob o governo de Carlos I, 248-50; e em conseqüência do subsídio à exportação de trigo, 248-50; exame da tendência do subsídio, 250-6; [os recentes preços elevados do trigo se devem a más estações, 253-6;] tabelas cronológicas de preços do trigo, 325-35; produto agrícola menos lucrativo das colônias britânicas das Índias Ocidentais, 484-8; as restrições impostas, no passado, sobre o comércio de trigo prejudicavam o cultivo da terra, 494-7; [subsídios à exportação e impostos sobre a importação, 524-7;] a livre importação de trigo afetaria muito pouco os arrendatários da Grã-Bretanha, 572-5; exame da política de subsídio à exportação de trigo, 635-8; a redução no preço do trigo não foi produzida pelo subsídio, 638-40; o cultivo não é estimulado pelo subsídio, 638-43; o preço em dinheiro do trigo regula o de todas as outras mercadorias de fabricação caseira, 640-3; exemplo, 643-6; efeitos nocivos do subsídio, 646-9; o valor natural do trigo não será alterado com a alteração de seu preço em dinheiro, 646-51; especificação dos quatro diferentes ramos do comércio de trigo, 657-60; o mercado interno é o mais importante para o trigo, 674-7; impostos pagos quando da importação de grãos, antes da legislação instituída no 13º ano de reinado de Jorge III, 674-7; [revogação das restrições ao comércio francês de trigo, 862-5; o subsídio ao trigo é pior que um imposto sobre artigos de primeira necessidade, 1112-5]

[Trocas, 18-21]

[Troll, Arcebispo de Upsala, 1018-21]

ÍNDICE REMISSIVO

Tropas mercenárias, origem e finalidade, 882-4; como limitar seu número, 882-4
[*Troyes*, feira e peso, 34-7]
[Tucídides, citado, 879-82]
[*Turdi*, pássaros alimentados pelos romanos, 287-90]
[Turquia, tesouro enterrado e escondido, 351-4; conquista do Egito, 503-6, 703-6; paz com a Rússia, 769-72]
[Tutores particulares, mais baixa ordem de homens de letras, 985-8]
[Tyrrel, citado, 905-7]
[Ucrânia, 259-61, 555-8]
[Ulloa, citado, 190-3, 217-20, 239-42, 714-7, 726-9]
Universidades, [sete anos de aprendizagem, 151-4; nome apropriado para toda corporação, 151-4;] em que medida a remuneração dos professores é projetada para promover sua diligência, 963-6; a maioria dos professores de Oxford desistiu de dar aulas, 963-6; os da França se sujeitam a jurisdições sem competência, 963-9; os privilégios dos graduados foram obtidos de maneira inadequada, 966-9; mal uso das aulas, 966-9; raramente a disciplina universitária é planejada para beneficiar os estudantes, 966-9; na Inglaterra, estão mais corrompidas do que as escolas públicas, 969-71; fundação original, 969-71; como o latim se tornou fundamental na educação acadêmica, 969-71; como foi introduzido o estudo da língua grega, 969-74; os três grandes ramos da filosofia grega, 971-4; agora se divide em cinco ramos, 974-7; o curso de educação monástica nas universidades, 974-9; não têm se prestado aos aprimoramentos, 977-9; [os aprimoramentos são mais facilmente introduzidos nas universidades mais pobres, 977-9;] não são adequadas a preparar os homens para o mundo, 977-9; como se tornam repletas de bons professores, e como deles são exauridas, 1026-9; onde em geral se encontrarão os melhores e os piores professores, 1026-9; ver Faculdades e Professores
[Unterwald, os impostos são cobrados pelo contribuinte, 1079-82; imposto moderado, 1079-82]

[Usura, proibida, 1162-5; ver
  Juro]
[Utopia, 586-90, 1199-202]
[Utrecht, 607-10]
[Utrecht, tratado, 944-7, 1182-5]
[*Vacations*, honorários de
  tribunais na França, 910-3]
Valor, definição do termo, 34-
  7; [regras que determinam
  o valor relativo ou de
  troca das mercadorias,
  34-78]
[Valores capitais, impostos
  sobre, 1088-100]
[Varrão, citado, 196-9, 287-90]
Védio Pólio, sua crueldade
  em relação aos escravos
  foi contida pelo imperador
  Augusto, o que não
  poderia acontecer sob a
  forma republicana de
  governo, 743-6
[Véios, cerco, 879-84]
[Velas, impostos sobre as,
  97-100; instrumento de
  trabalho, 1112-5]
[Veludo, a proibição à
  importação desse artigo
  seria desnecessária se
  houvesse isenção de
  impostos para a seda em
  rama, 1127-33]
Veneza, [história diferente da
  de outras repúblicas
  italianas, 500-3; navegação
  incentivada pelas
  Cruzadas, 503-6;] origem
  das manufaturas de seda
  nessa cidade, 506-9;
[câmbio com Londres,
  596-9; banco de Veneza,
  596-9] comerciou
  mercadorias das Índias
  Orientais antes da
  descoberta de uma
  passagem pelo cabo da
  Boa Esperança, 703-6;
  [invejada pelos
  portugueses, 703-6; frotas
  que navegavam apenas no
  Mediterrâneo, 717-20;
  extrai lucro de um banco,
  1036-8;] natureza do
  imposto territorial nessa
  república, 1052-5;
  [enfraquecida pela dívida
  pública, 1191-4]
[Vera Cruz, comércio da
  Companhia dos Mares do
  Sul em, 947-9]
[Verdun, tratada como
  estrangeira pela França,
  1150-3]
[Versalhes, ociosa porque
  residência da corte,
  419-22; um ornamento
  para a França, 434-7]
Vestimenta, mais abundante
  que a alimentação nos
  países incultos, 208-11; as
  matérias-primas da
  vestimenta são os
  primeiros artigos que as
  nações rudes têm a
  oferecer, 208-11
Viagens com fins educativos,
  análise sucinta de seus
  efeitos, 977-9

ÍNDICE REMISSIVO

[Vias públicas, originalmente mantidas por seis dias de trabalho, 926-9]

Vicesima hereditatum entre os antigos romanos, explicação de sua natureza, 1091-4

[Videiras poderiam ser cultivadas na Escócia a um custo elevado, 569-72]

[Vidro verde, imposto sobre, 1118-21]

[Viena, pouco capital se emprega nessa cidade, 419-22]

[*Vingtième*, assemelha-se ao imposto territorial inglês, 1088-91; não é arrendado, 1156-9; deveria aumentar, substituindo a talha e a capitação, 1156-9]

Vinha, a elevada renda de algumas terras particularmente adequadas para a vinicultura, 75-8; a produção agrícola mais lucrativa, tanto entre os antigos, como entre os modernos, 196-9; grandes vantagens resultantes da peculiaridade do solo em vinhas, 199-202

Vinho da Madeira, como foi introduzido na América do Norte e Grã-Bretanha, 632-5

[Vinho, seu baixo preço seria causa de sobriedade, 615-8; o comércio de transporte de vinho foi incentivado pela legislação inglesa, 629-32; [adega pública, fonte de receita para Hamburgo, 1036-8; licenças para a venda de vinho, 1082-5; o imposto sobre o vinho é pago pelos consumidores, 1115-8; tonelagem de vinho, 1130-3; artigo estrangeiro comumente consumido na Grã-Bretanha, 1124-7; o plano de Walpole para arrecadar impostos sobre vinho, 1130-3; o imposto incide sobre os estratos médio e alto da sociedade, 1130-3]

Virgínia, tabaco como moeda corrente, 27-31; testemunho de um comerciante que fez negócios lá, 193-6; o tabaco é mais lucrativo do que o trigo, 202-5; juntamente com Maryland, é a principal produtora de tabaco, 202-5; lojas e armazéns pertencentes a residentes na Inglaterra, 457-60; comércio com a Virgínia, 460-5, 610-2; comércio de tabaco, 465-8, 629-32, 751-4, 763-6; [custos das instituições civis, 723-6; progresso imprevisto em 1660, 754-8; não há necessidade de dinheiro em ouro e prata, 1210-3]

[Visiapour, minas de
diamante, 223-5]
[Voltaire, citado, 1026-9]
[Vulgata, 969-71]
Walpole, *Sir* Robert, defesa
de seu projeto tributário,
1130-3
[Warwick, conde de, sua
hospitalidade, 512-5]
[Westminster, imposto
territorial, 1041-4, 1077-82]
[Westmoreland, preço do
carvão, 217-20]
[Whitehall, imposto territorial
pago por este palácio,
1041-4]
[Wilton, ornamento para a
Inglaterra, 434-7]
[Wolverhampton, manufaturas
não compreendidas no
estatuto de aprendizagem,
154-7; as manufaturas se
desenvolveram
naturalmente, 509-12]
[Shilling, 34-7]

[Yorkshire, manufatura de lã,
106-9; o preço das roupas
de lã diminuiu, 313-8;
cédulas de pequeno valor,
401-4, 407-10; a lã
escocesa é lá
manufaturada, 457-60]
[Yucatán, 259-61]
Zama, batalha, 890-3
[Zelândia, vinho francês
contrabandeado, 590-3;
despesas gastas na
proteção contra o mar,
1159-62]
[Zemindares, 1063-6]
[Zenão de Cita, o Pórtico lhe
foi atribuído, 982-5]
[Zenão de Eléia, viajava de
um lugar a outro, 979-82]
[Zurique, a Reforma, 1018-21;
o imposto sobre o
rendimento é cobrado
pelo contribuinte, 1079-82;
impostos moderados,
1079-82]
[Zwínglio, 1021-4]

Impresso por :

gráfica e editora

Tel.:11 2769-9056